# A HORA E A VEZ DO ESG

Provocações e Reflexões em homenagem a
Ricardo Voltolini

MARCO AURÉLIO BORGES DE PAULA
*Coordenador*

Prefácio
*Raj Sisodia*

Posfácio
*Luiza Helena Trajano*

# A HORA E A VEZ DO ESG

Provocações e Reflexões em homenagem a Ricardo Voltolini

Belo Horizonte

2023

© 2023 Editora Fórum Ltda.

É proibida a reprodução total ou parcial desta obra, por qualquer meio eletrônico, inclusive por processos xerográficos, sem autorização expressa do Editor.

Conselho Editorial

Adilson Abreu Dallari
Alécia Paolucci Nogueira Bicalho
Alexandre Coutinho Pagliarini
André Ramos Tavares
Carlos Ayres Britto
Carlos Mário da Silva Velloso
Cármen Lúcia Antunes Rocha
Cesar Augusto Guimarães Pereira
Clovis Beznos
Cristiana Fortini
Dinorá Adelaide Musetti Grotti
Diogo de Figueiredo Moreira Neto (in memoriam)
Egon Bockmann Moreira
Emerson Gabardo
Fabrício Motta
Fernando Rossi
Flávio Henrique Unes Pereira

Floriano de Azevedo Marques Neto
Gustavo Justino de Oliveira
Inês Virgínia Prado Soares
Jorge Ulisses Jacoby Fernandes
Juarez Freitas
Luciano Ferraz
Lúcio Delfino
Marcia Carla Pereira Ribeiro
Márcio Cammarosano
Marcos Ehrhardt Jr.
Maria Sylvia Zanella Di Pietro
Ney José de Freitas
Oswaldo Othon de Pontes Saraiva Filho
Paulo Modesto
Romeu Felipe Bacellar Filho
Sérgio Guerra
Walber de Moura Agra

# FÓRUM
CONHECIMENTO JURÍDICO

Luís Cláudio Rodrigues Ferreira
Presidente e Editor

Coordenação editorial: Leonardo Eustáquio Siqueira Araújo
Aline Sobreira de Oliveira

Rua Paulo Ribeiro Bastos, 211 – Jardim Atlântico – CEP 31710-430
Belo Horizonte – Minas Gerais – Tel.: (31) 99412.0131
www.editoraforum.com.br – editoraforum@editoraforum.com.br

Técnica. Empenho. Zelo. Esses foram alguns dos cuidados aplicados na edição desta obra. No entanto, podem ocorrer erros de impressão, digitação ou mesmo restar alguma dúvida conceitual. Caso se constate algo assim, solicitamos a gentileza de nos comunicar através do e-mail editorial@editoraforum.com.br para que possamos esclarecer, no que couber. A sua contribuição é muito importante para mantermos a excelência editorial. A Editora Fórum agradece a sua contribuição.

Dados Internacionais de Catalogação na Publicação (CIP) de acordo com ISBD

| | |
|---|---|
| H811 | A hora e a vez do ESG: provocações e reflexões em homenagem a Ricardo Voltolini / Marco Aurélio Borges de Paula. Belo Horizonte: Fórum, 2023.<br>602 p. 14,5x21,5cm<br><br>ISBN 978-65-5518-619-2<br><br>1. ESG. 2. Ambiental. 3. Governança. 4. Ética. 5. Compliance. 6. Liderança. 7. Capitalismo consciente. 8. Sustentabilidade. 9. Objetivos do desenvolvimento sustentável. 10. Capitalismo de Stakeholder. 11. Diversidade e inclusão. 12. Hard and Soft Skills. 13. Mercado de carbono. 14. Recursos humanos. I. Borges de Paula, Marco Aurélio. II. Título.<br><br>CDD: 344.046<br>CDU: 349.6 |

Ficha catalográfica elaborada por Lissandra Ruas Lima – CRB/6 – 2851

Informação bibliográfica deste livro, conforme a NBR 6023:2018 da Associação Brasileira de Normas Técnicas (ABNT):

BORGES DE PAULA, Marco Aurélio (Coord.). *A hora e a vez do ESG*: provocações e reflexões em homenagem a Ricardo Voltolini. Belo Horizonte: Fórum, 2023. 602 p. ISBN 978-65-5518-619-2.

# SUMÁRIO

*FOREWORD*
**Raj Sisodia** .................................................................. 17

PREFÁCIO
**Raj Sisodia** .................................................................. 27

APRESENTAÇÃO
**Marco Aurélio Borges de Paula** ............................................ 37

*CHIEF ETHICS WALKER* – A IMPORTÂNCIA DA EVOLUÇÃO DA MATURIDADE ÉTICA PARA A AGENDA ESG
**Marco Aurélio Borges de Paula** ............................................ 41
1    A evolução da consciência ética .................................... 41
2    Amor & Lucro ............................................................ 45
3    Maturidade ética ....................................................... 50
4    Madam C. J. Walker .................................................... 56
5    *Chief Ethics Walker* (conclusão) .................................. 59
     Referências ............................................................. 61

ESG E HUMANIZAÇÃO
**Alexandre Seraphim** ......................................................... 65
1    A jornada ................................................................ 65
2    Burocracia ............................................................... 67
3    Pressão pelo desempenho ............................................. 70
4    Abordagem humanística .............................................. 71
5    ESG e humanização ................................................... 73
     Referências ............................................................. 74

ELEVAR A CONSCIÊNCIA DOS LÍDERES PARA VIVERMOS O ESG
**Hugo Bethlem** ................................................................ 75

AMOR & ESG: PONTE PARA A TRANSFORMAÇÃO
**Fábio Risério** ................................................................. 87

## OS PROFISSIONAIS DO ESG E SUSTENTABILIDADE
**Marcus H. Nakagawa** .............................................. 93
1     Introdução .................................................... 93
2     O desenvolvimento sustentável ........................ 94
3     A ABRAPS .................................................... 100
4     Profissionais pelo desenvolvimento sustentável ......... 103
       Referências .................................................. 105

## LOGROS Y DESAFIOS DE LA AGENDA ESG PARA LAS ORGANIZACIONES EN EL SIGLO XXI
**Julián Leonardo D'Angelo** .......................................... 109
       Referencias ................................................... 117

## A DEMOCRACIA COMO BASE PARA A AGENDA ESG
**Ademar Bueno** ................................................... 119
       Referências ................................................... 126

## A PROVA REAL DO COMPROMISSO COM A AGENDA ESG: A TRANSPARÊNCIA DO *LOBBY*
**Guilherme France** ............................................... 129
1     Introdução .................................................... 129
2     A importância da transparência do *lobby* ........... 130
3     Transparência do *lobby* e (G)overnança ............ 133
4     Transparência do *lobby* e ESG ....................... 136
5     Tendências recentes de promoção da transparência do *lobby* ..... 139
6     Conclusões ................................................... 142
       Referências ................................................... 143

## O SOCIAL: ELO DA BASE E DA INTERAÇÃO (ASSERTIVIDADE) DO ESG
**Leyla Nascimento** ............................................... 147

## ESG, RESPONSABILIDADE SOCIAL CORPORATIVA E CAPITAL HUMANO
**Cristina Rego de Oliveira** ....................................... 155
       Introdução .................................................... 155
1     Responsabilidade social corporativa .................. 156
2     O "capital humano" e a responsabilidade corporativa ......... 159
3     Sustentabilidade e promoção da cidadania: o resultado ambiental .......... 161

| | | |
|---|---|---|
| 4 | Conclusão | 163 |
| | Referências | 163 |

**ART. 23 DA LEI Nº 14.457/2022: O PROGRAMA DE INTEGRIDADE COMO FERRAMENTA DE GOVERNANÇA SOCIAL NA PREVENÇÃO E NO COMBATE AO ASSÉDIO SEXUAL E DEMAIS FORMAS DE VIOLÊNCIA CONTRA A MULHER NO AMBIENTE DE TRABALHO**
**Eduardo Dumont Araújo, André Castro Carvalho** ............ 167

| | | |
|---|---|---|
| 1 | Introdução | 167 |
| 2 | Contexto brasileiro de combate ao assédio e outras formas de violência no ambiente de trabalho | 168 |
| 3 | Pilares do programa de integridade | 170 |
| 4 | Conclusão | 174 |

**COMPLIANCE SOCIAL – LINGUAGEM INCLUSIVA E HUMANIZADA**
**Roberta Acras da Silva Nali** ............ 177

| | | |
|---|---|---|
| 1 | Definição de *compliance* | 178 |
| 2 | *Compliance* & ESG (*compliance* social) | 178 |
| 2.1 | Definição de ESG | 178 |
| 2.2 | O que é uma governança sem o olhar do social, do humano? | 180 |
| 2.3 | Conceito de liderança | 180 |
| 3 | *Compliance* social, disciplina positiva e princípio da realidade fática | 181 |
| 4 | Comunicação ou linguagem? Qual a diferença? | 183 |
| 4.1 | Definição de linguagem | 183 |
| 4.2 | Definição de comunicação | 184 |
| 4.3 | Linguagem x comunicação | 184 |
| 5 | E como praticar a linguagem do *compliance* social através dos valores? | 186 |
| 6 | E o que seria uma linguagem inclusiva e humanizada? | 187 |
| 7 | Conclusão: Mundo sob nova direção – Prática do senso de responsabilidade e ambientes de confiança | 189 |

**AGENDA ESG E IGUALDADE DE GÊNERO: POTENCIALIDADES FEMININAS E NOVAS PERSPECTIVAS**
**Bianca Rosetti, Carolina Beu** ............ 191

| | | |
|---|---|---|
| 1 | Introdução | 191 |
| 2 | Ser mulher: breve contexto histórico | 192 |
| 3 | Desigualdade de gênero no mercado de trabalho | 196 |

| | | |
|---|---|---|
| 4 | Liderança, empreendedorismo e potencialidades | 201 |
| 5 | Conclusões | 203 |
| | Referências | 205 |

## CULTURA DE INTEGRIDADE E ALTA PERFORMANCE: JORNADA DESAFIADORA DA DIVERSIDADE, EQUIDADE E INCLUSÃO
**Bárbara de Abreu Mori, Patricia Godoy Oliveira** ............ 209

| | | |
|---|---|---|
| 1 | "S" de ESG, sob a perspectiva de diversidade, equidade e inclusão | 209 |
| 2 | Diversidade, equidade e inclusão: um breve contexto | 210 |
| 3 | Diversidade, equidade e inclusão como requisito de sustentabilidade das empresas | 212 |
| 4 | Segurança psicológica | 214 |
| 5 | *Compliance* e diversidade | 215 |
| 6 | Sensação de pertencimento, caça às bruxas e paradoxo da tolerância | 216 |
| 6.1 | Esforço coletivo e coordenado | 217 |
| 6.2 | Comprometimento da liderança e conceitos | 218 |
| 6.3 | Indicadores de diversidade, equidade e inclusão | 219 |
| 6.4 | Desconforto, imperfeição e tempo para as mudanças | 220 |

## DIVERSIDADE & INCLUSÃO E CIÊNCIAS COMPORTAMENTAIS: POR QUE É IMPORTANTE TERMOS ATENÇÃO REDOBRADA AO OLHARMOS "PARA FORA" E "PARA DENTRO" DAS NOSSAS ORGANIZAÇÕES
**Izabel de Albuquerque Pereira, Gabriel Cabral, Caio Cruz** ............ 223

| | | |
|---|---|---|
| 1 | Introdução | 223 |
| 2 | Parte 1: O perigo de apenas "olhar para fora". Por que não devemos confiar somente em replicar as boas práticas (*benchmarking*)? | 226 |
| 3 | Parte 2: É preciso "olhar para dentro". A necessidade de um diagnóstico comportamental | 230 |
| 4 | O diagnóstico comportamental | 233 |
| | (i) Redução comportamental (*behavioral reduction*) | 233 |
| | (ii) O mapa comportamental | 234 |
| 5 | Conclusão | 235 |
| | Referências | 235 |

## ESG E RACISMO: COMECE PELA GOVERNANÇA
**Carlos Henrique Nascimento Barbosa** ............ 239

| | | |
|---|---|---|
| 1 | Introdução | 239 |

| | | |
|---|---|---|
| 2 | Histórico do trabalho da população negra no Brasil | 240 |
| 3 | A favor de uma governança antirracista | 243 |
| 4 | Índices corporativos raciais | 246 |
| 5 | Conclusão | 248 |
| | Referências | 249 |

## A INTRÍNSECA RELAÇÃO ENTRE NEGÓCIO SUSTENTÁVEL E A GOVERNANÇA CORPORATIVA

**Giovana Martinez Valeriano** ............ 251

| | | |
|---|---|---|
| 1 | Reflexões iniciais | 251 |
| 2 | O propósito empresarial sustentável como catalizador das boas práticas de governança corporativa | 254 |
| 3 | A dupla materialidade do negócio sustentável e seus impactos na tomada de decisão da alta administração | 258 |
| 4 | Considerações finais | 260 |
| | Referências | 263 |

## ABORDAGEM PRAGMÁTICA DA RESOLUÇÃO CVM Nº 59 E A MATERIALIDADE DAS INFORMAÇÕES ESG

**Fernanda Schramm Holanda** ............ 267

| | | |
|---|---|---|
| 1 | Introdução | 267 |
| 2 | Retrospectiva normativa: obrigação de divulgar informações relacionadas à agenda ESG | 269 |
| 3 | Abordagem pragmática sobre o conteúdo da Resolução CVM nº 59 | 273 |
| 4 | Perspectivas futuras | 278 |
| | Referências | 279 |

## GOVERNANÇA DA ÉTICA: CONSELHOS COMO GUARDIÕES EFICAZES DA PERENIDADE DAS EMPRESAS

**Paulo Roberto Estêves Grigorovski** ............ 281

| | | |
|---|---|---|
| 1 | Introdução | 281 |
| 2 | Breve contexto: entre dinossauros e camaleões, destacam-se as fênix | 282 |
| 3 | Propósito, cultura (valores) e incentivos | 283 |
| 4 | Propósito: sonho que inspira a transformação | 283 |
| 5 | Cultura derruba avião | 284 |
| 6 | Incentivos: acelerando o sucesso ou o desastre | 286 |
| 7 | A ética como elemento transversal e primordial | 287 |

| 8 | Ética na governança e conselhos | 288 |
| 9 | Recomendações | 289 |
| | Referências | 291 |

ATIVISMO ACIONISTA: NOVAS CAUSAS, VELHOS PROBLEMAS?
**Nuno Moraes Bastos** ............ 293

| 1 | Introdução | 293 |
| 2 | Notas sobre o ativismo acionista no contexto internacional | 294 |
| 3 | Direito de informação | 296 |
| 4 | Outras formas de participação dos sócios minoritários na atividade da sociedade | 303 |
| 5 | Outros direitos dos sócios minoritários | 307 |
| 6 | Algumas consequências do exercício abusivo de direitos sociais | 308 |
| 7 | Conclusões | 310 |
| | Referências | 311 |

*BOARDS* DE IMPACTO PARA A BOA GOVERNANÇA NA AGENDA ESG
**Roberta Volpato Hanoff** ............ 313

| 1 | Introdução | 313 |
| 2 | A governança corporativa | 314 |
| 3 | O papel do conselho de administração na governança | 316 |
| 4 | *Boards* de impacto: a sua importância à agenda ESG | 318 |
| 5 | Conclusão | 323 |
| | Referências | 324 |

ESG E OS PROCESSOS DE GESTÃO
**Marcos Assi** ............ 327

| 1 | Contextualizando o GRC | 327 |
| 2 | O processo ESG | 330 |
| 3 | O ESG e o plano estratégico das empresas | 334 |
| 4 | ESG na realidade da gestão | 337 |
| | Referências | 338 |

A RETOMADA DO ESG COMO INSTRUMENTO PRAGMÁTICO PARA A TOMADA DE DECISÕES: PADRONIZAÇÃO ABNT PR 2030 E A CERTIFICAÇÃO ACREDITADA
**Jefferson Carvalho** ............ 341

| 1 | Recontextualização do real papel do ESG | 341 |

| | | |
|---|---|---|
| 2 | Normatização: instrumento legítimo para a confiança ............... | 346 |
| 3 | Dilemas da falta de padronização do ESG e emissão da ABNT PR 2030 – Prática Recomendada para ESG ................................. | 349 |
| 4 | ABNT PR 2030 – Práticas recomendadas de ESG: estruturação e aplicação ........................................................................... | 350 |
| 5 | Avaliação da conformidade do programa ESG com base na ABNT PR 2030 ........................................................................ | 358 |
| 6 | Conclusões sobre a adoção da ABNT PR 2030 para a confiança no ESG no Brasil .................................................................... | 360 |

## PAPEL DO *COMPLIANCE* E DA GESTÃO DE RISCOS NAS QUESTÕES DE ESG

**Ana Paula Carracedo** ............................................................................ 361

| | | |
|---|---|---|
| 1 | Introdução .............................................................................. | 361 |
| 2 | A conexão entre riscos, *compliance* e ESG ............................... | 363 |
| 3 | A conexão entre ESG e os programas de *compliance*: exemplos da União Europeia .................................................................. | 366 |
| 4 | Um olhar para as pessoas, as regulações e os objetivos macro da empresa .............................................................................. | 368 |

## A IMPORTÂNCIA DA AVALIAÇÃO DE RISCOS PARA A RESPONSABILIDADE PENAL CORPORATIVA: ENSAIO EM HOMENAGEM AO PROFESSOR RICARDO VOLTOLINI

**Artur de Brito Gueiros Souza, Matheus de Alencar** ............... 371

| | | |
|---|---|---|
| | Introdução .............................................................................. | 371 |
| 1 | Governança corporativa e avaliação de riscos .......................... | 372 |
| 2 | Ausência, insuficiência e presença da análise de riscos ............ | 376 |
| 3 | Decisões sobre análises de riscos elaboradas e possíveis consequências ......................................................................... | 378 |
| 3.1 | *Business judgement rule* e decisões sobre riscos penais em empresas ................................................................................. | 380 |
| 4 | Riscos residuais, situações imprevisíveis e perigos transformados em riscos ........................................................... | 384 |
| | Conclusão ............................................................................... | 386 |

## CRIMINALIDADE ECONÓMICO-FINANCEIRA: UMA VISÃO SOB O PRISMA DA SUSTENTABILIDADE

**Lia Millecamps, Miguel Trindade Rocha** ................................. 387

| | | |
|---|---|---|
| 1 | Introdução .............................................................................. | 387 |
| 2 | Fenómeno da corrupção .......................................................... | 388 |

| | | |
|---|---|---|
| 3 | Fenómenos do branqueamento e do financiamento ao terrorismo | 389 |
| 4 | Gestão de risco de criminalidade económico-financeira nas organizações | 391 |
| 5 | Análise SWOT | 393 |
| 6 | Objetivos e eixos operacionais | 395 |
| 7 | Conclusão | 398 |
| | Referências | 399 |

## COMO UMA ONDA NO MAR: A RELAÇÃO ENTRE INTEGRIDADE CORPORATIVA E ESG

**Raphael Soré** ............................................................. 401

| | | |
|---|---|---|
| | Introdução | 401 |
| 1 | Como uma onda no mar | 402 |
| 2 | Lavanderia ESG: o papel da integridade corporativa | 405 |

## TENDÊNCIAS EM GESTÃO DA CADEIA DE VALOR: ANÁLISE DA DIRETIVA SOBRE *CORPORATE SUSTAINABILITY DUE DILIGENCE* E POTENCIAIS IMPACTOS NO BRASIL

**Eloy Rizzo Neto, Gabriela Revoredo** .......................... 415

| | | |
|---|---|---|
| 1 | Introdução | 415 |
| 2 | A Diretiva da união europeia sobre *corporate sustainability due diligence* | 417 |
| 2.1 | As obrigações relacionadas ao dever de diligência | 420 |
| 2.2 | A responsabilidade pela cadeia de valor | 423 |
| 3 | Potenciais impactos da diretiva no Brasil | 425 |
| 4 | Conclusões | 429 |
| | Referências | 430 |

## COMO A DIRETIVA DA UNIÃO EUROPEIA PARA A *CORPORATE SUSTAINABILITY DUE DILIGENCE* (CSDD) AFETARÁ AS EMPRESAS BRASILEIRAS?

**Guilherme Brechbühler** ............................................. 433

| | | |
|---|---|---|
| 1 | Introdução | 433 |
| 2 | A proposta de Diretiva europeia | 434 |
| 3 | O admirável mundo novo e os *stakeholders* | 436 |
| 4 | E como a aprovação da Diretiva para CSDD afetará empresas brasileiras? | 438 |
| 5 | Trabalhadores no conselho de administração | 439 |

| | | |
|---|---|---|
| 6 | E as pequenas empresas ficarão alijadas?................................ | 440 |
| 7 | Conclusão.............................................................................. | 441 |

## COMPLIANCE ESG NO LICENCIAMENTO AMBIENTAL
**Bruno Teixeira Peixoto** ............................................................................ 443

| | | |
|---|---|---|
| | Introdução........................................................................... | 443 |
| 1 | Regulação ambiental brasileira e o protagonismo dos grandes licenciamentos.................................................................... | 445 |
| 1.1 | Paradigma de comando e controle e a necessidade de novas abordagens.......................................................................... | 445 |
| 1.2 | Licenciamento ambiental: funções e importância no Brasil........ | 452 |
| 2 | Programas de integridade e *compliance*, agenda ESG e a necessidade de novas estratégias regulatórias em matéria socioambiental.................................................................... | 456 |
| 2.1 | *Compliance*, integridade e sua instrumentalização................... | 456 |
| 2.2 | A agenda ESG e o papel dos programas de integridade e *compliance*........................................................................... | 462 |
| 3 | Perspectiva de implementação de *compliance* ESG nos licenciamentos ambientais de grandes atividades, obras e empreendimentos................................................................. | 465 |
| 4 | Conclusão............................................................................ | 470 |
| | Referências.......................................................................... | 472 |

## MERCADO DE CARBONO NO BRASIL: A TROPICALIZAÇÃO DE UMA FERRAMENTA NECESSÁRIA
**João Daniel de Carvalho** ........................................................................... 477

| | | |
|---|---|---|
| 1 | Introdução: um passado não tão distante................................ | 477 |
| 2 | Horizontes: velhas novidades em movimento.......................... | 478 |
| 3 | Os sistemas de comércios de emissões................................... | 479 |
| 4 | O mercado regulado brasileiro............................................... | 481 |
| 5 | Conclusão............................................................................ | 483 |
| | Referências.......................................................................... | 484 |

## A ATUAÇÃO EXTRAJUDICIAL DO MINISTÉRIO PÚBLICO E SUA REPERCUSSÃO NO ESG
**Terence Trennepohl, Anna Karina Omena Vasconcellos Trennepohl** ... 485

| | | |
|---|---|---|
| 1 | Definindo o ESG................................................................... | 485 |
| 2 | A legitimidade do Ministério Público na atuação extrajudicial junto à iniciativa privada........................................................ | 487 |
| 3 | Os instrumentos extrajudiciais de atuação do Ministério Público, *compliance* e ESG..................................................... | 491 |

| | | |
|---|---|---|
| 4 | Considerações finais | 495 |
| | Referências | 496 |

## A QUESTÃO FUNDIÁRIA NA AMAZÔNIA – DESAFIOS E OPORTUNIDADES DE DESENVOLVIMENTO ATRAVÉS DA BIOECONOMIA

**Yoon Jung Kim** ............ 499

| | | |
|---|---|---|
| 1 | Introdução: os problemas crônicos do sistema de registro público imobiliário no Brasil | 499 |
| 2 | As particularidades da região amazônica: quando o crime se aproveita das deficiências da regularização fundiária | 501 |
| 3 | A necessidade de modernização do regime jurídico de regularização fundiária à luz dos princípios constitucionais da função socioambiental da propriedade, da proteção do meio ambiente e das novas tecnologias de controle da propriedade | 505 |
| 4 | Conclusões: oportunidades de ativação da bioeconomia no bioma amazônico e a necessidade do ordenamento territorial | 508 |
| | Referências | 512 |

## ECOSSISTEMA DE ATIVOS VIRTUAIS: IMPACTOS E DESAFIOS PARA A SUSTENTABILIDADE

**Lia Millecamps, Miguel Trindade Rocha** ............ 515

| | | |
|---|---|---|
| 1 | Introdução | 515 |
| 2 | Ativos virtuais | 516 |
| 3 | Sustentabilidade | 517 |
| 4 | Impactos ambientais dos ativos virtuais | 519 |
| 5 | Impactos sociais dos ativos virtuais | 521 |
| 6 | Impactos de governança dos ativos virtuais | 523 |
| 7 | Mitigação de impactos | 526 |
| 8 | Conclusão | 529 |
| | Referências | 530 |

## CONCORRÊNCIA E SUSTENTABILIDADE EM PORTUGAL E NA EUROPA

**Ricardo Bordalo Junqueiro, Rodrigo Pacheco Bettencourt** ............ 533

| | | |
|---|---|---|
| 1 | Introdução | 533 |
| 1.1 | Considerações gerais | 534 |
| 1.2 | Razão de ordem | 537 |
| 2 | A evolução do direito da concorrência: uma perspetiva europeia | 538 |
| 3 | Prática das autoridades de concorrência dos Estados-Membros | 544 |

| | | |
|---|---|---|
| 3.1 | *Authority for Consumers and Markets* (Países Baixos) ..................... | 544 |
| 3.2 | Hellenic Competition Commission (Grécia) ................................. | 546 |
| 3.3 | Competition and Markets Authority (Reino Unido) ...................... | 547 |
| 4 | Conclusão .................................................................................. | 548 |

## O FUTEBOL É ESG: A JORNADA DE CRIAÇÃO DE CULTURA DENTRO E FORA DE CAMPO

**Roberta Codignoto, Roberto Armelin** ........................................................ 551
    Pilares de um programa de integridade ............................................. 553
    Como relacionar tudo isso ao ESG? ................................................... 557

## O *CRIMINAL TAX COMPLIANCE*: PREVENÇÃO (E MITIGAÇÃO DE CONSEQUÊNCIAS) DE CRIMES TRIBUTÁRIOS E EXIGÊNCIA DE UMA POSTURA ÉTICA EMPRESARIAL

**Fabrizio Bon Vecchio, Francis Rafael Beck** .............................................. 561
| | | |
|---|---|---|
| 1 | Considerações iniciais .............................................................. | 561 |
| 2 | Da autorregulação regulada ao *compliance* ............................ | 561 |
| 3 | *Criminal compliance* e *tax compliance* ................................... | 563 |
| 4 | O *criminal tax compliance*: prevenção (e mitigação de consequências) de crimes tributários e exigência de uma postura ética empresarial ............................................................ | 565 |
| 5 | Considerações finais ................................................................. | 567 |
| | Referências ................................................................................ | 568 |

## WHISTLEBLOWING NO DIREITO PORTUGUÊS: ENQUADRAMENTO E ARTICULAÇÃO ENTRE A PROTEÇÃO DE DENUNCIANTES E O REGIME LABORAL

**Nuno Moraes Bastos, Tiago Cochofel de Azevedo** .................................. 571
| | | |
|---|---|---|
| 1 | Introdução ................................................................................. | 571 |
| 2 | Contexto, evolução histórica e relevância prática dos mecanismos de *whistleblowing* ................................................ | 572 |
| 2.1 | Enquadramento histórico internacional ................................. | 572 |
| 2.2 | A experiência portuguesa: antecedentes históricos .............. | 575 |
| 3 | Regime jurídico de proteção dos denunciantes ..................... | 576 |
| 4 | Aspetos laborais ........................................................................ | 580 |
| 5 | Conclusões ................................................................................ | 588 |
| | Referências ................................................................................ | 589 |

## POSFÁCIO

**Luiza Helena Trajano** ................................................................................ 591

## SOBRE OS AUTORES ............................................................................ 593

# FOREWORD

I am honored to write the foreword for this important volume celebrating the many contributions of a distinguished leader in helping business become a force for good in the world. Ricardo Voltolini has long been a inspiring pioneer and teacher in the sustainability space, blending his innate idealism, grounded pragmatism and strong storytelling skills as a former journalist to bring about a significant transformation in the way businesses, especially in Brazil, think about issues beyond just the bottom line. Ricardo has been at the forefront of a new way of thinking and doing business that brings together integrity and responsibility, transparency, respect for the other and respect for the environment. He has played a major role in bringing these vital issues to the center of the business and political agenda in Brazil and beyond.

## 1 The Urgency of Now

There is a broad consensus that we are at a crucial moment in time. The stakes are incredibly high in what many are calling "the decade of determination." I do not need to delineate here all the planetary boundaries we have crossed or will soon cross if we do not alter the way we live, which is intimately tied together with the way we do business. The actions that we take or do not take now will determine the future trajectory of life on this planet, not only for human beings but also for all the other species that we share the planet with.

To secure our future beyond a few decades, concerted action is needed by all sectors, including business, government, and civil society. These actions need to address the greatest challenges facing humanity and the planet, including but not limited to climate change, species extinction and extreme income inequality. The universal adoption of Conscious Capitalism and ESG (which is included within the tenets of Conscious Capitalism) is at the heart of the needed transformation of society.

## 2 Ending Trade-Off Thinking

For too long, we have operated under the implicit belief that every business decision requires trade-offs. For example, most businesses continue to operate with the assumption that to offer low prices and good value to their customers, they must necessarily pay their employees and suppliers as little as possible. Many leaders believe that that it is not possible to run a business without causing damage to the environment.

Since the business sector has long operated under the sway of the "profit maximization" paradigm, leaders have been conditioned to resolve every trade-off in favor of profits, which often results in suffering for other stakeholders. Ironically, a singular focus on profits and share prices also usually results in declining profits and the destruction of shareholder value in the long-run.[1]

This way of thinking must end. We can no longer afford the so-called "side effects" of business as usual. Businesses must be accountable for all the impacts they have on people, society and the natural systems all life depends on. Consider the negative impacts that most businesses have on the well-being of their employees, resulting in an epidemic of work-related burnout across the planet. Studies have found a sharp increase in heart attacks on Mondays. An estimated 120,000 Americans die every year from stress connected to their work. Shockingly, an estimated 600,000 people die in China every year from too much work.

Similar negative consequences of "business as usual" can be found for customers, suppliers, communities, society and the environment.

Businesses are meticulous about tracking the cost of every aspect of their operations. However, they do not track the biggest costs of all: human and planetary suffering. These are likely the largest costs that the business incurs.

---

[1] As finance Professor Alexandre Di Miceli da Silveira of the University of Sao Paulo concluded after conducting an extensive literature review of the research on the impact of shareholder-centric thinking, "The literature provides compelling evidence that governing companies in order to maximize current stock prices can lead to severe negative consequences for all corporate constituencies, including society and shareholders themselves." See Alexandre di Miceli (2018), "Ten Adverse Outcomes When Manager Focus on Creating Shareholder Value: A Review," *Review of Global Management*, Volume 4, No. 2, Facultad de Negocios, UPC.

## 3 Fake Profits Versus True Profits

For too long, business leaders and academics have been under the influence of false prophets peddling fake profits. Business leaders and thinkers such as Alfred Sloan, Milton Friedman and Jack Welch preached that business is about squeezing out as much profit as possible, and that nothing else matters unless it contributes to an increase in profits or shareholder value. This "selfish, instrumental and narrow" approach to business has inflicted great suffering for people, the planet, and countless other species that we share the planet with.

I define fake profit as any profit that does not fully account for the true cost of the business. If businesses operating under the profit-centric paradigm accounted for the true costs of their operations on people, planet and other species, most if not all of their profits would disappear.

On the other hand, we have plenty of examples of companies that sustainably generate *true* profits. These are conscious companies that are committed to the simultaneous flourishing of all their stakeholders. Rather than impose "negative externalities," they strive to do business with a spectrum of positive effects.

Being a conscious business certainly does not mean believing that profits don't matter. Profits are vital. *True* profit is a social good; it is socially irresponsible *not* to be profitable, because free societies cannot function without corporate profits. Governments do not generate profits; they can only tax and spend the profits generated by businesses. Profits are not just beneficial for owners and shareholders. Profits allow companies to invest in better goods and services for people, and more innovation to the market, create more jobs, contribute to the competitiveness of economies and thus to the well-being of society. But it matters greatly *how* you make the money.

The evidence is overwhelming that conscious businesses are significantly more profitable than traditional businesses. Businesses create or can destroy at least eight kinds of wealth: financial, intellectual, social, cultural, emotional, spiritual, physical, and ecological. Conscious businesses are committed to having a positive impact in all these areas for all their stakeholders. Profit-centric businesses focus only on financial wealth generation and treat everything else as a "side effect." But there is no such thing on this planet called a side effect; we do things and there are effects. All the effects matter, and we are accountable for all of them.

## 4 Why The Backlash Against Conscious Business?

We have made significant progress in the last 15 years in crafting a new story about business thanks to the efforts and contributions of parallel movements like Conscious Capitalism, Stakeholder Capitalism, B Corps, Just Capital, ESG and others. I believe we are approaching a tipping point; at some point, the conscious approach to business will become the default option.

However, we cannot afford to be complacent. The work to transform business is by no means complete.

Indeed, the last few years have seen a distinct backlash against the rise of conscious business practices and philosophy. As the ideas of higher purpose, a stakeholder mindset, conscious leadership and caring culture have become more widely understood and accepted in the world of business, old school business leaders and thinkers have stepped up their attacks. Seeking a return to a purely profit-centered approach to business, many have adopted the disparaging term "woke capitalism" to denigrate all efforts to bring about a more humane and holistic approach.

"Anti-woke" crusaders reject the idea that corporations should play a role in social or environmental issues. They argue that the only role of a business is to generate profit for shareholders. They argue that businesses should focus on their core competencies, like providing good products or services, and leave social and environmental activism to individuals and governments.

Such leaders operate with lower consciousness and are driven by a self-serving agenda. There are several reasons why they resist the movement towards the adoption of Conscious Capitalism and ESG. These include:

1. Short-term Financial Focus: Leaders with a self-serving agenda focus on maximizing short-term profitability at the expense of broader social or environmental considerations. They view Conscious Capitalism or ESG as hindrances to maximizing immediate financial returns.
2. Lack of Understanding or Awareness: Many leaders do not fully understand the concepts of Conscious Capitalism and ESG, or they are unaware of the potential benefits of these approaches. They view them as trendy buzzwords rather than as important shifts in how businesses operate.

3. Perceived Threat to Power: Leaders with a self-serving agenda see the emphasis on accountability, transparency, and stakeholder engagement inherent in Conscious Capitalism and ESG as threats to their power. They fear losing control or being held accountable for their actions.
4. Misalignment of Values: Conscious Capitalism and ESG represent a values-driven approach to business. If a leader's values are not aligned with these principles—for instance, if they only care about personal gain and have no concern for social good—they may resist these changes.

## 5 A Paradigm Shift

The resistance we are seeing is to be expected. In fact, it is surprising that it has taken this long for the backlash to emerge. The historical pattern for major paradigm shifts is that they unfold in a predictable three act structure. It starts with the introduction of a compelling new idea or philosophy that rapidly starts to gain traction. In the second stage, once the new idea becomes a real threat to the existing order, the old paradigm tries to reassert itself. It then engages in an all-out battle to preserve and strengthen the status quo – which served the leaders of the old order very well, enabling them to accumulate extraordinary amounts of wealth and power. If the proponents of the new paradigm stand firm and sustain the courage of their convictions, they can bring about a tipping point, after which the new paradigm becomes conventional wisdom and the old way is rendered unthinkable to most people.

Think of the story arc of the original Star Wars trilogy, which is based on a classic pattern that can be found in myths across the world. Episode 1 was called "A New Hope." Episode 2 was "The Empire Fights Back," and Episode 3 was "The Return of the Jedi." When it comes to spreading the idea of conscious business, we are currently in the middle of Episode 2.

"The New Hope" was about the Rebel Alliance, organized to fight the Galactic Empire and restore freedom to the galaxy. The glimmers of a new possibility started to become visible.

The year 1989 was such a moment in our recent history. In *Firms of Endearment*, we marked 1989 as the beginning of the "Age of Transcendence," when people started to go beyond the narrow confines of the old way of thinking (which was rooted purely in material well-being), and aspire to something more meaningful. That was the year the World Wide Web was invented; soon, ordinary people enjoyed instantaneous access to more information on any subject than the richest people in the world had until then. It was also the year the Berlin Wall fell, bringing freedom and the opportunity for self-determination to a huge portion of the world. In the subsequent 30 years, we saw an extraordinary pace of change in society, alongside the awakening of consciousness on a global scale. We witnessed the end of apartheid, the elevation of rights for gay and other marginalized groups, the rise of women and feminine energy in society, a steep decline in violence, a rapidly escalating hunger for meaning and purpose, and many other epochal changes.

Many people have a hard time absorbing so much change in such a short period of time. This is why we are experiencing a backlash, which in the Star Wars trilogy was "The Empire Strikes Back." The "empire" is the established order in which a small segment of society has accumulated great wealth and power. The old way served billionaires far better than it served the billions of people that inhabit the planet.

Resistance to change is inevitable and healthy if the proponents of change try to go too far too fast. Anything in excess becomes a poison. As the famous Harvard Business School professor Theodore Levitt once said, "An idea is not responsible for the people who believe in it." Some proponents of conscious business wish to curtail and control business to such an extent that we would lose the very things that have made capitalism such an extraordinary engine of progress.

Another cautionary note comes from American moral and social philosopher Eric Hoffer, who said "Every great cause begins as a movement, becomes a business, and eventually degenerates into a racket." Those of us who are involved with movements to reform and elevate business and capitalism must heed both of these warnings: we should not go so far in our thinking as to destroy the very underpinnings of freedom that make capitalism the great force that it has been, and we must make sure that our movements do not degenerate into rackets, that we do not fall prey to a kind of "consciousness washing" or "ESG washing."

\*\*\*

How can we constructively respond to the challenges of the present moment? We must recommit to the foundational ideas and ideals that we stand for, and not cower down to the attacks that we are facing.

We should embody the ethos of Episode 3 of Star Wars: "The Return of the Jedi."

There is an expression in some of the indigenous cultures of the Amazon: "The world is as you dream it." Every object that exists in the world (other than nature) first existed inside a human brain. If we do not like the world we've created, it means that we need to dream a better dream.

It is time for us to elevate our dreams and make sure that they are practical and inspirational at the same time. This means we must rethink the very idea of a business, which requires us to understand the true purpose of a human life.

## 6 The Default Human Purpose: To Grow and to Give

After nearly 20 years of working in the consciousness realm, I have come to believe that we humans are here to evolve and express ourselves. We evolve to become who we are meant to be, and we express ourselves by serving and caring for others in our own unique ways. I believe that this is what a successful human life is all about.

Richard Leider is a much loved and respected expert on discovering and living your purpose. He defines the default human purpose very simply: it is "to grow and to give."

Sadly, too many of us living in capitalist economies have been corrupted to believe that life is about "grab and go." Companies spend trillions of dollars on manipulative marketing worldwide, creating and feeding addictions that make us unhealthy and unhappy. Instead of caring for each other, we prey on each other.

For every other species on the planet, the possibilities of what they can become are severely limited. A bee can only be a bee, and an elephant can only be an elephant. But for human beings, there are no limits. Contained within each of us is the possibility of limitless growth. We are the only ones capable of self-authoring our lives.

The wisest amongst us have long taught us that the deepest source of happiness and fulfillment for human beings is in service of something larger than themselves. As Viktor Frankl beautifully put it, happiness cannot be pursued; happiness *ensues*. It is the outcome of living a life of meaning and purpose. That comes from doing work that matters (i.e., has a positive impact on others), loving without condition, and finding meaning in our suffering.

There is a virtuous cycle between growing and giving; the more we *grow*, the more we are able to give and positively impact others and the world around us. The more we give, the more we grow.

If we accept Richard Leider's premise that the default human purpose is "to grow and to give" (and I have yet to find any evidence to negate it), the implication for business is clear: *Business is a way humans can grow and give at scale!*

As individuals, we can only have a limited impact on a limited number of people. But if we create a business or other organization, our ability to impact others has no limit. That impact can be positive or negative.

## 7 The Default Purpose for Business

> *If we can't respect the way we earn it, money has no value. If we can't use it to make life better for our families and loved ones, money has no purpose.*
> (From the book *Shantaram*)

Most people view business simply as a way to make money. Here is a typical definition:

> "Business is an organized effort by individuals or organizations to produce and sell goods and services for profit."

This definition of business is about the head, the ego, and the wallet. It doesn't connect with our hearts and souls – the most essential elements of what it means to be a human being.

I propose a new definition of the purpose of business:

> "Business is an organized, scalable, fulfilling and self-sustaining way for human beings to develop themselves and serve others, causing no harm in the process."

Done this way, business can function as the only kind of "perpetual motion" machine that exists in the world; it can keep going forever without depleting anyone. Everyone receives more from the business than they put in – including employees, customers, society, taxpayers, other species and the planet.

This way of thinking about business prioritizes human needs and values at every stage, from product design to marketing to customer service. It's about empathizing with the people you're serving, understanding their problems or needs deeply, and creating solutions that genuinely improve their lives or experiences. It is about finding meaning and purpose and joy through your work.

Thought of and practiced this way, business becomes a vehicle for human self-expression and service: the most powerful self-sustaining system ever created that enables humans to care for and serve other humans and all of life. It becomes a noble undertaking that is worthy of the energies and passions of the most inspired and idealistic people on the planet!

## 8 Conclusion

What could be more "good, ethical, noble and heroic" than humans caring for other humans at scale – and doing so without requiring public funds, while providing a joyful, meaningful and fulfilling life for those engaged in the activity? This is the power and the promise of a conscious, caring, healing approach to business that is in deep harmony with what it means to live a purposeful human life.

This is the work to which Ricardo Voltolini has dedicated his heart, mind, soul and life to. I am grateful to him and to the contributors to this volume for illuminating the many enriching dimensions of this journey and how we can all work together to bring about the more beautiful world our hearts know is possible.[2] Let us rededicate ourselves to this sacred journey, and not give in to the doubters and deniers. The eyes of generations yet unborn are upon us.

**Raj Sisodia**

*Distinguished Professor* de Negócios Globais da F.W. Olin Graduate School. Pesquisador acadêmico do Whole Foods Market em Capitalismo Consciente na Babson College. Também é cofundador e presidente emérito do Conscious Capitalism, Inc. Tem PhD em Marketing and Business Policy pela Columbia University. É coautor do *best-seller* do *New York Times* e do *Wall Street Journal, Capitalismo consciente: libertando o espírito heroico dos negócios* (2014) e do *best-seller* do *Wall Street Journal, Todos são importantes* (2015).

---

[2] This phrase was used by Charles Eisenstein in a book with that title.

# PREFÁCIO

Tenho a honra de escrever o prefácio deste importante volume que celebra as diversas contribuições de um distinto líder que se dedica a ajudar as empresas a se tornarem uma força para o bem no mundo. Ricardo Voltolini há muito tempo tem sido um pioneiro e um professor inspirador no espaço da sustentabilidade, combinando seu idealismo inato, seu pragmatismo fundamentado e, como ex-jornalista que é, suas fortes habilidades de contar histórias para provocar uma transformação significativa, especialmente no Brasil, na forma como as empresas pensam sobre questões que vão além dos resultados financeiros. Ricardo tem estado na vanguarda de uma nova forma de pensar e fazer negócios que reúne integridade e responsabilidade, transparência, respeito pelo outro e respeito pelo meio ambiente. Ele desempenhou um papel importante ao trazer essas questões vitais para o centro da agenda empresarial e política no Brasil e além.

## 1 A urgência do agora

Existe um amplo consenso de que nos encontramos em um momento crucial. Os riscos são incrivelmente elevados naquela que muitos chamam de "a década da determinação". Não preciso delinear aqui todos os limites planetários que cruzamos ou que em breve cruzaremos se não alterarmos a forma como vivemos, que está intimamente ligada ao modo como fazemos negócios. As ações que tomarmos ou não agora determinarão a trajetória futura da vida neste planeta, não apenas para os seres humanos, mas também para todas as outras espécies com as quais compartilhamos o planeta.

Para garantir o nosso futuro para além de algumas décadas, é necessária uma ação concertada por parte de todos os setores, incluindo empresas, governo e sociedade civil. Essas ações precisam abordar os maiores desafios que a humanidade e o planeta enfrentam, incluindo, entre outros, as alterações climáticas, a extinção de espécies e a extrema desigualdade de rendimentos. A adoção universal do Capitalismo

Consciente e do ESG (que está incluído nos princípios do Capitalismo Consciente) está no centro da transformação necessária da sociedade.

## 2 Acabando com o pensamento de *trade-off*

Durante demasiado tempo, atuamos sob a crença implícita de que cada decisão empresarial exige *trade-offs*. Por exemplo, a maioria das empresas continua operando com o pressuposto de que, para oferecer preços baixos e um bom valor aos seus clientes, devem necessariamente pagar aos seus funcionários e fornecedores o mínimo possível. Muitos líderes acreditam que não é possível administrar um negócio sem causar danos ao meio ambiente.

Dado que o setor empresarial funciona há muito tempo sob a influência do paradigma da "maximização dos lucros", os líderes foram condicionados a resolver todas as compensações a favor dos lucros, o que muitas vezes resulta em sofrimento para as outras partes interessadas. Ironicamente, um foco exclusivo nos lucros e nos preços das ações também resulta, normalmente, na diminuição dos lucros e na destruição do valor para os acionistas a longo prazo.[3]

Essa forma de pensar deve acabar. Não podemos mais nos permitir os chamados "efeitos colaterais" do *"business as usual"*, ou "negócios como de costume". As empresas devem ser responsáveis por todos os impactos que têm nas pessoas, na sociedade e nos sistemas naturais dos quais toda a vida depende. Considerem os impactos negativos que a maioria das empresas tem no bem-estar dos seus funcionários, resultando numa epidemia de esgotamento profissional em todo o planeta. Estudos mostram um aumento acentuado nos ataques cardíacos às segundas-feiras. Estima-se que 120 mil norte-americanos morrem todos os anos devido ao estresse relacionado ao trabalho. Surpreendentemente, estima-se que 600 mil pessoas morrem na China todos os anos devido ao excesso de trabalho.

---

[3] Como o professor de finanças Alexandre Di Miceli da Silveira (da Universidade de São Paulo) concluiu, após realizar uma extensa revisão da literatura sobre as pesquisas relacionadas ao impacto do pensamento centrado no acionista: "A literatura fornece provas irrefutáveis de que a gestão das empresas com o objetivo de maximizar os preços atuais das ações pode ter graves consequências negativas para todos os grupos de interesse das empresas, incluindo a sociedade e os próprios acionistas". Ver SILVEIRA, Alexandre Di Miceli da. Dez resultados adversos quando o gestor se concentra na criação de valor para o acionista: uma revisão. *Review of Global Management*, v. 4, n. 2, 2018.

Consequências negativas semelhantes do *"business as usual"* podem ser encontradas em clientes, fornecedores, comunidades, sociedade e meio ambiente. As empresas são meticulosas em acompanhar o custo de cada aspecto de suas operações. No entanto, não acompanham o maior custo de todos: o sofrimento humano e planetário. Esses são provavelmente os maiores custos em que a empresa incorre.

## 3 Lucros falsos *versus* lucros verdadeiros

Durante muito tempo, os líderes empresariais e acadêmicos estiveram sob a influência de falsos profetas que vendiam lucros falsos. Líderes empresariais e pensadores como Alfred Sloan, Milton Friedman e Jack Welch pregaram que o negócio consiste em espremer ou extrair o máximo de lucro possível e que nada mais importa, a menos que contribua para um aumento nos lucros ou no valor para os acionistas. Essa abordagem "egoísta, instrumental e estreita" dos negócios causou grande sofrimento às pessoas, ao planeta e a inúmeras outras espécies com as quais compartilhamos o planeta.

Eu defino lucro falso como qualquer lucro que não contabiliza totalmente o custo real do negócio. Se as empresas que operam sob o paradigma centrado no lucro contabilizassem os verdadeiros custos das suas operações sobre as pessoas, o planeta e outras espécies, a maior parte dos seus lucros, se não todos, desapareceriam.

Por outro lado, temos muitos exemplos de empresas que geram lucros verdadeiros de forma sustentável. São empresas conscientes e comprometidas com o crescimento simultâneo de todos os seus *stakeholders*. Em vez de imporem "externalidades negativas", eles se esforçam por fazer negócios com um leque de efeitos positivos.

Ser uma empresa consciente certamente não significa acreditar que os lucros não importam. Os lucros são vitais. O lucro *verdadeiro* é um bem social; é socialmente irresponsável não ser lucrativo, porque as sociedades livres não podem funcionar sem lucros corporativos. Os governos não geram lucros; eles só podem tributar e gastar os lucros gerados pelas empresas. Os lucros não são benéficos apenas para proprietários e acionistas. Os lucros permitem que as empresas invistam em melhores bens e serviços para as pessoas e em mais inovação no mercado, criem mais empregos e contribuam para a competitividade das economias e, por conseguinte, para o bem-estar da sociedade. Mas é muito importante *como* você ganha dinheiro.

A evidência de que as empresas conscientes são significativamente mais lucrativas do que as empresas tradicionais é esmagadora. As empresas criam ou podem destruir pelo menos oito tipos de riqueza: financeira, intelectual, social, cultural, emocional, espiritual, física e ecológica. As empresas conscientes estão empenhadas em ter um impacto positivo em todas essas áreas para todos os seus *stakeholders*. As empresas centradas no lucro concentram-se apenas na geração de riqueza financeira e tratam o resto como um "efeito colateral". Mas não existe neste planeta o tal de efeito colateral; fazemos coisas e há efeitos. Todos os efeitos são importantes e somos responsáveis por todos eles.

## 4 Por que a retaliação contra os negócios conscientes?

Fizemos progressos significativos nos últimos 15 anos na elaboração de uma nova história sobre os negócios, graças aos esforços e às contribuições de movimentos paralelos como o Capitalismo Consciente, o Stakeholder Capitalism, o B Corps, o Just Capital, o ESG e outros. Acredito que estamos nos aproximando de um ponto de virada; em algum momento, a abordagem consciente dos negócios se tornará a opção padrão.

Contudo, não podemos nos dar ao luxo de ser complacentes. O trabalho de transformar os negócios não está de forma alguma concluído.

De fato, nos últimos anos assistimos a uma retaliação característica contra o surgimento de práticas e filosofias empresariais conscientes. À medida que as ideias de um propósito mais elevado, de uma mentalidade de *stakeholders*, de uma liderança consciente e uma cultura cuidadosa têm se tornado mais amplamente compreendidas e aceitas no mundo dos negócios, líderes e pensadores de negócios da velha escola têm intensificado seus ataques. Procurando regressar a uma abordagem empresarial puramente centrada no lucro, muitos adotaram o termo depreciativo "capitalismo *woke*" para desacreditar todos os esforços para implementar uma abordagem mais humana e holística.

Os cruzados "anti-*woke*" rejeitam a ideia de que as empresas devem desempenhar um papel nas questões sociais ou ambientais. Eles argumentam que o único papel de uma empresa é gerar lucro para os acionistas. Argumentam que as empresas devem concentrar-se nas suas competências essenciais, como fornecer bons produtos ou serviços, e deixar o ativismo social e ambiental para indivíduos e governos.

Esses líderes operam com uma consciência inferior e são movidos por uma agenda egoísta. Existem vários motivos pelos quais eles resistem ao movimento em direção à adoção do Capitalismo Consciente e do ESG. Esses motivos incluem:

1. Foco financeiro no curto prazo: Os líderes com uma agenda egoísta concentram-se na maximização da rentabilidade a curto prazo em detrimento de considerações sociais ou ambientais mais amplas. Eles veem o Capitalismo Consciente ou ESG como obstáculos à maximização dos retornos financeiros imediatos.
2. Falta de compreensão ou consciência: Muitos líderes não compreendem completamente os conceitos de Capitalismo Consciente e ESG, ou desconhecem os benefícios potenciais dessas abordagens. Eles os veem como palavras da moda, e não como mudanças importantes na forma como as empresas operam.
3. Ameaça percebida ao poder: Os líderes com uma agenda egoísta percebem a ênfase na responsabilização, transparência e engajamento de *stakeholders* inerente ao Capitalismo Consciente e ESG como ameaças ao seu poder. Eles temem perder o controle ou ser responsabilizados por suas ações.
4. Desalinhamento de Valores: O Capitalismo Consciente e o ESG representam uma abordagem empresarial orientada por valores. Se os valores de um líder não estiverem alinhados com esses princípios – por exemplo, se apenas se preocupa com o ganho pessoal e não se preocupa com o bem social –, ele poderá resistir a essas mudanças.

## 5 Uma mudança de paradigma

A resistência que estamos vendo é esperada. Na verdade, é surpreendente que tenha demorado tanto tempo para que a retaliação surgisse. O padrão histórico para grandes mudanças de paradigma é que elas se desenrolem numa estrutura previsível de três atos. Começa com a introdução de uma nova ideia ou filosofia atraente que rapidamente começa a ganhar força. Na segunda fase, quando a nova ideia se torna uma ameaça real à ordem existente, o velho paradigma tenta reafirmar-se. Envolve-se então numa batalha total para preservar e fortalecer o *status quo* – que serviu muito bem aos líderes da velha guarda, permitindo-lhes acumular quantidades extraordinárias de riquezas e poder. Se os proponentes do novo paradigma permanecerem firmes e mantiverem a coragem de suas convicções, eles poderão provocar um ponto de virada, após o qual o novo paradigma se tornará um pensamento convencional e a velha forma se tornará impensável para a maioria das pessoas.

Pense no arco histórico da trilogia original de *Star Wars*, que se baseia em um padrão clássico que pode ser encontrado em mitos de todo o mundo. O episódio 1 foi chamado de *Uma nova esperança*. O episódio 2 foi *O Império contra-ataca*, e o episódio 3 foi *O retorno de Jedi*. Quando se trata de difundir a ideia de negócio consciente, estamos no meio do episódio 2.

*Uma nova esperança* trata da Aliança Rebelde, organizada para lutar contra o Império Galático e restaurar a liberdade na galáxia. Os vislumbres de uma nova possibilidade começaram a se tornar visíveis.

O ano de 1989 foi um grande momento em nossa história recente. Em *Firms of Endearment* (*Empresas humanizadas*), assinalamos 1989 como o início da "Era da Transcendência", quando as pessoas começaram a ultrapassar os limites estreitos da velha forma de pensar (que estava enraizada puramente no bem-estar material) e a aspirar a algo mais significativo. Esse foi o ano em que a World Wide Web foi inventada; logo, as pessoas comuns desfrutaram de acesso instantâneo a mais informações sobre qualquer assunto do que as pessoas mais ricas do mundo tinham até então. Foi também o ano em que o Muro de Berlim caiu, trazendo liberdade e oportunidade de autodeterminação a uma grande parte do mundo. Nos 30 anos seguintes, assistimos a um ritmo extraordinário de mudança na sociedade, juntamente com o despertar da consciência à escala global. Assistimos ao fim do *apartheid*, à elevação dos direitos dos homossexuais e de outros grupos marginalizados, à ascensão das mulheres e da energia feminina na sociedade, a um declínio acentuado da violência, a uma fome crescente por significado e propósito, e a muitas outras mudanças de época.

Muitas pessoas têm dificuldade em absorver tantas mudanças em tão pouco tempo. É por isso que estamos enfrentando *retaliações*, que na trilogia de *Star Wars* seria *O Império contra-ataca*. O "império" é a ordem estabelecida, na qual um pequeno segmento da sociedade tem acumulado grandes riquezas e poder. A maneira antiga serviu muito melhor aos bilionários do que aos bilhões de pessoas que habitam o planeta.

A resistência à mudança é inevitável e saudável se os proponentes da mudança tentam ir longe demais e rápido demais. Qualquer coisa em excesso vira veneno. Como disse certa vez o famoso professor de negócios da Harvard Business School Theodore Levitt: "Uma ideia não é responsável pelas pessoas que acreditam nela". Alguns defensores de negócios conscientes desejam restringir e controlar os negócios a tal ponto que perderíamos exatamente aquilo que fez do capitalismo um motor de progresso tão extraordinário.

Outra nota de advertência vem do filósofo moral e social norte-americano Eric Hoffer, que disse: "Toda grande causa começa como um movimento, torna-se um negócio e, finalmente, degenera em uma extorsão". Aqueles que estão envolvidos em movimentos para reformar e elevar os negócios e o capitalismo devem prestar atenção a ambos os avisos: não devemos ir tão longe no nosso pensamento a ponto de destruir os próprios alicerces da liberdade que fazem do capitalismo a grande força que tem sido, e devemos garantir que os nossos movimentos não degenerem em extorsão, que não sejamos vítimas de uma espécie de "lavagem da consciência", ou *"ESG washing"*.

\*\*\*

Como podemos responder de forma construtiva aos desafios neste momento? Devemos nos comprometer novamente com os ideais fundamentais e os ideais que defendemos e não nos acovardar perante os ataques que estamos enfrentando.

Devemos incorporar o espírito do episódio 3 de Star Wars: *O retorno de Jedi*.

Existe uma expressão em algumas culturas indígenas da Amazônia: "O mundo é como você o sonha". Todo objeto que existe no mundo (exceto a natureza) existiu primeiro dentro de um cérebro humano. Se não gostamos do mundo que criamos, significa que precisamos sonhar um sonho melhor.

É hora de elevarmos nossos sonhos e garantir que eles sejam práticos e inspiradores ao mesmo tempo. Isso significa que devemos repensar a própria ideia de negócio, o que exige que compreendamos o verdadeiro propósito da vida humana.

## 6 O propósito humano padrão: crescer e dar

Depois de quase 20 anos trabalhando no domínio da consciência, passei a acreditar que nós, humanos, estamos aqui para evoluir e nos expressar. Evoluímos para nos tornarmos quem devemos ser e nos expressamos servindo e cuidando dos outros de nossa forma única. Acredito que uma vida humana de sucesso gire em torno disso.

Richard Leider é um especialista muito querido e um respeitado *expert* em descobrir e viver o seu propósito. Ele define o propósito humano padrão de forma muito simples: é "crescer e dar".

Infelizmente, muitos de nós que vivemos em economias capitalistas fomos corrompidos para acreditar que a vida é uma questão de "pegar e ir embora". As empresas gastam bilhões de dólares em marketing manipulador em todo o mundo, criando e alimentando vícios que nos tornam pouco saudáveis e infelizes. Em vez de cuidarmos uns dos outros, nós nos atacamos uns aos outros.

Para todas as outras espécies do planeta, as possibilidades daquilo que eles podem se tornar são severamente limitadas. Uma abelha só pode ser uma abelha e um elefante só pode ser um elefante. Mas para os seres humanos não há limites. Dentro de cada um de nós está contida a possibilidade de crescimento ilimitado. Somos os únicos capazes de autocriar nossas vidas.

Os mais sábios entre nós há muito nos ensinaram que a fonte mais profunda de felicidade e realização para os seres humanos está no serviço a algo maior do que nós mesmos. Como bem disse Viktor Frankl, a felicidade não pode ser buscada; a felicidade *é o resultado*. É a *consequência* de uma vida com significado e propósito. Isso surge quando trabalhamos com algo que realmente importa (ou seja, que tenha um impacto positivo sobre os outros), quando amamos sem condições e encontramos significado em nosso sofrimento.

Existe um ciclo virtuoso entre crescer e dar; quanto mais *crescemos*, mais somos capazes de dar e impactar positivamente os outros e o mundo que nos rodeia. Quanto mais damos, mais crescemos.

Se aceitarmos a premissa de Richard Leider de que o propósito humano padrão é "crescer e dar" (e eu ainda não encontrei nenhuma evidência para negá-lo), a consequência para os negócios é clara: *os negócios são uma maneira pela qual os humanos podem crescer e dar ao mesmo tempo em escala!*

Como indivíduos, só podemos ter um impacto limitado em um número limitado de pessoas. Mas, se criarmos uma empresa ou outra organização, a nossa capacidade de impactar outras pessoas não tem limites. Esse impacto pode ser positivo ou negativo.

# 7 O objetivo padrão para negócios

> "Se não respeitarmos a forma como o ganhamos, o dinheiro não tem valor. Se não pudermos usá-lo para melhorar a vida de nossas famílias e entes queridos, o dinheiro não terá propósito."
> Do livro *Shantaram*.

A maioria das pessoas vê os negócios simplesmente como uma forma de ganhar dinheiro. Aqui está uma típica definição:

> "Os negócios são um esforço organizado por indivíduos ou organizações para produzir e vender bens e serviços com fins lucrativos."

Essa definição de negócio envolve a cabeça, o ego e a carteira. Ela não se conecta com nossos corações e almas – os elementos mais essenciais do que significa ser um ser humano.

Proponho uma nova definição do propósito do negócio:

> "Os negócios são uma forma organizada, dimensionável, gratificante e autossustentável para os seres humanos se desenvolverem e servirem aos outros, sem causar danos no processo."

Feitos dessa forma, os negócios podem funcionar como o único tipo de máquina de "movimento perpétuo" que existe no mundo; pode continuar funcionando para sempre sem esgotar ninguém. Todos recebem mais do negócio do que investem – incluindo funcionários, clientes, a sociedade, contribuintes, outras espécies e o planeta.

Essa forma de pensar sobre os negócios prioriza as necessidades e os valores humanos em todas as fases, desde o design do produto até o marketing e o atendimento ao cliente. Trata-se de ter empatia com as pessoas que você atende, compreender profundamente seus problemas ou necessidades e criar soluções que melhorem genuinamente suas vidas ou experiências. Trata-se de encontrar significado, propósito e alegria por meio do seu trabalho.

Pensados e praticados dessa forma, os negócios se tornam um veículo para a autoexpressão e o serviço humano: o mais poderoso sistema autossustentável já criado que permite aos humanos cuidar e servir outros humanos e todos seres vivos. Torna-se um empreendimento nobre, digno das energias e paixões das pessoas mais inspiradas e idealistas do planeta!

## 8 Conclusão

O que poderia ser mais "bom, ético, nobre e heróico" do que seres humanos cuidando de outros seres humanos em grande escala – e fazendo-o sem necessidade de fundos públicos, proporcionando ao mesmo tempo uma vida alegre, significativa e plena para aqueles envolvidos na atividade? Esse é o poder e a promessa de uma abordagem consciente, atenciosa e curativa para os negócios, que esteja em profunda harmonia com o que significa viver uma vida humana com propósito.

Esse é o trabalho ao qual Ricardo Voltolini dedicou seu coração, sua mente, sua alma e sua vida. Sou grato a ele e aos colaboradores deste volume por iluminarem as muitas dimensões enriquecedoras desta jornada e como todos podemos trabalhar juntos para criar o mundo mais belo que nossos corações sabem que é possível.[4] Dediquemo-nos novamente a essa jornada sagrada e não cedamos aos que duvidam e negam. Os olhos das gerações que ainda não nasceram estão sobre nós.

**Raj Sisodia**

*Distinguished Professor* de Negócios Globais da F.W. Olin Graduate School. Pesquisador acadêmico do Whole Foods Market em Capitalismo Consciente na Babson College. Também é cofundador e presidente emérito do Conscious Capitalism, Inc. Tem PhD em Marketing and Business Policy pela Columbia University. É coautor do *best-seller* do *New York Times* e do *Wall Street Journal Capitalismo consciente: libertando o espírito heroico dos negócios* (2014) e do *best-seller* do *Wall Street Journal Todos são importantes* (2015).

---

[4] Essa frase foi usada por Charles Eisenstein em um livro com esse título.

# APRESENTAÇÃO

## Sobre o homenageado

Ricardo Voltolini costuma dizer em palestras que teve quatro "encarnações profissionais". Cada uma delas se caracteriza por diferentes esforços de reinvenção, uma das marcas mais distintivas de sua carreira. Na primeira, de seis anos, vivida entre 1985 e 1991, exerceu posições nas revistas *Playboy* e *Placar*, e nos jornais *da Tarde* e *Folha de S.Paulo*, nos quais foi repórter, redator e editor de arte, cultura, política e esportes. Fez crítica de teatro na revista *Vogue*. Foi crítico de produção cultural infantil na *Folha da Tarde*, tema em que acabou por se especializar na Universidade de São Paulo. Encerrou sua breve carreira jornalística, no auge dela, por desejar ampliar estudos e empreender orientado pela ideia de trabalhar com causas.

Na segunda, de apenas dois anos (1992-1993), teve sua primeira e única, breve e marcante, experiência em administração pública. A convite de um mentor, assumiu, por total idealismo, a gestão da Cidade da Criança e do Conjunto Vera Cruz (polo de produção de cinema nos anos 1940-1960), com o firme propósito de revitalizar equipamentos que fizeram parte de sua infância na cidade de São Bernardo do Campo, em São Paulo. Missão dada, missão cumprida. Tornou-se, por consequência, um especialista em lazer e turismo, também pela Universidade de São Paulo.

Na terceira, já como empreendedor, entre 1994 e 2003, e na condição de consultor do Senac-SP, Voltolini dedicou-se a construir o primeiro centro de referência em formação de profissionais para o terceiro setor brasileiro. Organizou à época o mais importante fórum de discussão do tema no Brasil, desenvolveu campanhas de apoio à educação para jovens em situação de primeiro emprego, concebeu diversos programas de educação e ajudou a formar mais de 35 mil líderes de organizações sociais no país em ferramentas de gestão como planejamento, comunicação, avaliação e captação de recursos. Na mesma época, participou da criação da Associação Brasileira de Captadores de Recursos. E atuou em investimento social privado, tendo colaborado para a criação, o planejamento e o replanejamento de institutos e fundações empresariais. Organizou o livro *Terceiro setor: planejamento & gestão* (Senac-SP, 2004). Concebeu o *Guia de gestão para o terceiro setor*, da Fundação Abrinq (1997). Editou os cadernos do *Fórum Permanente do Terceiro Setor* (Senac-SP, 1995-2002), do qual foi fundador e coordenador.

A quarta encarnação profissional teve o seu início em 1998, com a criação da empresa de consultoria Ideia Sustentável e também com mais uma reinvenção de escopo de trabalho: a responsabilidade social corporativa (RSC), conceito que dava os seus primeiros passos no Brasil, com a fundação do Instituto Ethos. Em 2004, visando produzir conhecimento relevante sobre o tema, Voltolini lançou a primeira revista especializada em tendências em RSC. Ao longo de 11 anos (mais de 30 mil páginas de conteúdo, mais de mil especialistas entrevistados, cinco prêmios recebidos), a publicação mudou de nome três vezes (*Ideia Social, Ideia Socioambiental, Ideia Sustentável*) e até hoje é lembrada como referência de informação para toda uma geração de profissionais. As três alterações de nome refletiram a evolução do conceito no Brasil. Acompanharam, por sua vez, a evolução da prática da consultoria: da responsabilidade social corporativa (mais focada na dimensão social) para a sustentabilidade corporativa (incorporando a dimensão ambiental) e, mais recentemente, para o ESG (com adição da governança).

Em 2008, criou metodologia própria para desenvolver estratégia de sustentabilidade em empresas.

De 1998 a 2023, transcorreram 25 anos intensos de dedicação à construção da sustentabilidade empresarial no Brasil. O balanço diz tudo sobre a carreira de Voltolini. Entre as mais de 350 empresas atendidas, incluem-se algumas das mais importantes organizações brasileiras, como Natura, Petrobras, Lojas Renner, Bayer, CVC Corp, Weg, Accor, Votorantim, Tramontina, Alcoa, Vale, Suzano, Bradesco, Ultragaz, TV Globo, Itaipu, Baterias Moura, BRF Foods, Elera Energias Renováveis, AES Brasil, Equatorial Energia, C&A, Cielo, Claro, Fiat, Schneider Electric, Unimed Brasil, Federações de Indústria, Sescs, Senacs, Sicredi, Sescoop.

Realizou mais de 2000 palestras e *workshops*, tendo atuado em todos os estados do Brasil.

Foi professor convidado de Sustentabilidade Corporativa da Fundação Dom Cabral, Fundação Getúlio Vargas, FIA Business, Aberje, ISAE Business, Sustentare Business. Em 2022, convidado pela Fundação Armando Alvares Penteado (FAAP) (SP), aceitou criar, desenvolver conteúdos e coordenar o primeiro programa de pós-graduação em ESG desta importante instituição educacional, denominado ESG, Liderança e Inovação. "Depois de 15 anos dando aulas em escolas de negócio, decidi que era hora de conceber um programa no qual acreditasse, com trilha inteligente, projeto pedagógico contemporâneo, um dream team de professores e ênfase em liderança humanizada e inovação", disse Voltolini no lançamento do programa em março de 2023.

Em 2011, Voltolini lançou o seu primeiro livro sobre sustentabilidade corporativa, *Conversas com líderes sustentáveis* (Senac-SP). À época colunista no jornal de negócios *Gazeta Mercantil*, entrevistou mais de 50 líderes, selecionou 10 importantes CEOs consagrados no tema e traçou o primeiro perfil desse tipo de liderança.

Do livro nasceu a Plataforma Liderança Com Valores, movimento que já realizou 16 grandes eventos, gerou 70 encontros presenciais, impactou 70 mil líderes, e formou o mais importante acervo audiovisual com videopalestras de 260 líderes (CEOs e executivos de sustentabilidade), que já foram vistas por mais de 3 milhões de pessoas. Em 12 anos de atuação, Voltolini entrevistou pessoalmente mais de 500 líderes e escreveu 11 livros e guias, entre os quais *Escolas de líderes sustentáveis* (Elsevier, 2014), *Sustentabilidade como fonte de inovação* (Ideia Sustentável, 2015), *Sustentabilidade no coração da estratégia* (Ideia Sustentável), *10 desafios de sustentabilidade para RHs* (ABRH-Brasil, 2017) e, mais recentemente, *Vamos falar de ESG? Provocações de um pioneiro em sustentabilidade empresarial* (Voo, 2022).

Como consequência deste trabalho, organizou a toeira da 4 Competências Atitudinais que definem um líder sustentável. E trabalha hoje na organização delas sob a forma de *assessment* para profissionais da área.

Cofundador do movimento Todos pela Educação, ex-consultor da TV Cultura e TV Globo, ex-colunista de ESG da revista *Época Negócios* (Globo), ex-membro do Comitê de ESG da Iguá Saneamento, Voltolini é membro do Comitê de Sustentabilidade da AES Brasil e conselheiro da Wiimove, do Centro Sebrae de Sustentabilidade, da Associação Brasileira de Profissionais de Sustentabilidade, Museu Planeta Água e Virada Sustentável. Há seis anos, é diretor de ESG da Associação Brasileira de Recursos Humanos (ABRH-Brasil), sendo responsável, entre outros projetos, pelo Fórum Anual ESG para RHs.

Em 2021, numa *joint venture* com o Projeto Draft, do jornalista Adriano Silva, Voltolini cofundou a Net Zero, plataforma de *brand content* em ESG para empresas brasileiras, hoje um dos mais relevantes veículos temáticos do Brasil.

No momento atual, além de coordenar a equipe de consultores da *Ideia Sustentável*, Voltolini trabalha na consolidação da Escola ESG, um selo de educação corporativa da *Ideia Sustentável*, dedica-se à mentoria de líderes, à produção de um novo livro sobre liderança orientada por valores e à realização de projetos especiais voltados ao fortalecimento do seu legado. Quando perguntado sobre o que ainda falta realizar em sua carreira, ele responde: "Há muito por se fazer na construção de um novo estágio de consciência sobre sustentabilidade nas empresas e na sociedade. Enquanto tiver energia, vou seguir construindo sonhos novos e antigos".

**Marco Aurélio Borges de Paula**

# CHIEF ETHICS WALKER – A IMPORTÂNCIA DA EVOLUÇÃO DA MATURIDADE ÉTICA PARA A AGENDA ESG[1]

MARCO AURÉLIO BORGES DE PAULA

## 1  A evolução da consciência ética

A expressão *walk the talk* é comumente utilizada na literatura de negócios com o fim de realçar a importância da coerência entre o discurso e o comportamento habitual da alta liderança relativamente à ética empresarial. Diz-se que o exemplo deve partir do topo, pela prática da "virtude ética", como já anunciava Aristóteles em 345 a.C.[2]

Aliás, Aristóteles também alertava que, apesar de todos nascermos despidos da virtude ética, muitos de nós somos capazes de aprendê-la e aprimorá-la pelo hábito, pelo esforço que fazemos para nos tornarmos melhores ao longo da vida.[3]

Essa busca pelo autoaperfeiçoamento evidencia uma marca essencial dos líderes virtuosos: a sua vontade posta em prática. "As virtudes humanas emergem através de um exercício da vontade", diz Alexandre Havard, em seu livro *Virtuous leadership*.[4] John Mackey e Raj

---

[1] Dedico este artigo à minha esposa Paula e à nossa pequena Alice, com muito amor.
[2] ARISTÓTELES. *Ética a Nicômaco*. 4. ed. Tradução de Leonel Vallandro e Gerd Bornheim. São Paulo: Nova Cultural, 1991.
[3] ARISTÓTELES. *Ética a Nicômaco*. 4. ed. Tradução de Leonel Vallandro e Gerd Bornheim. São Paulo: Nova Cultural, 1991.
[4] HAVARD, Alexandre. *Virtous leadership*. An agenda for personal excellence. Strongsville: Scepter Publishers, 2007, posição 1926 (Kindle).

Sisodia vão na mesma direção, afirmando que para se tornar um líder consciente é preciso alta intencionalidade e muito esforço.[5]

De fato, esses líderes estão sempre em movimento, buscando a sua progressiva humanização ou evolução da consciência ética, para que possam alcançar a vida boa e feliz.[6] Ocorre que a caminhada para a melhoria do próprio ser – o que Montesquieu chamou de "ampliação da esfera do ser" – é longa e implacavelmente reveladora do aspecto mais humano de qualquer liderança: a imperfeição, a falibilidade. Ninguém está imune a erros e vieses (individuais e coletivos), desde diretores executivos até diretores de ética e *compliance*, passando por outros profissionais, como os professores de ética.[7]

Portanto, até mesmo os líderes eticamente conscientes são falíveis. Mas, sabedores da sua imperfeição e, principalmente, do potencial que têm de aperfeiçoamento, eles não abrem mão de buscar, sobretudo pela *interação humanizada*, a melhor versão de si mesmos.

Esse talvez seja o maior ato de *coragem* desses líderes: apresentarem-se vulneráveis e humildes diante de seus pares ou subordinados para lhes pedir ajuda, para atingir o seu aprimoramento ético e cognitivo através da comunicação interpessoal e do intercâmbio de experiências.[8]

Sem dúvida alguma, a mágica da vida – relativamente à "evolução das consciências pessoais" (Mackey e Sisodia) ou à "maturidade ética" (Gilligan) – acontece nos relacionamentos. Montesquieu já dizia, no século XVIII, que "o homem se humaniza na medida em que vai ampliando suas experiências sensoriais, afetivas, cognitivas e relacionais".[9]

---

[5] MACKEY, John; SISODIA, Raj. *Capitalismo consciente*. Rio de Janeiro: Alta Books, 2018. p. 229 (Kindle).

[6] Segundo Aristóteles, a consequência do processo de desenvolvimento humano é a felicidade (ARISTÓTELES. *Ética a Nicômaco*. 4. ed. Tradução de Leonel Vallandro e Gerd Bornheim. São Paulo: Nova Cultural, 1991).

[7] Como dizem Carlos Mauro e outros, "nem mesmo os professores de ética, pessoas que passaram a vida estudando o assunto, estão imunes a enviesamentos ao responder sobre dilemas éticos" (MAURO, Carlos *et al. Muitos*. Como as ciências comportamentais podem tornar os programas de compliance anticorrupção mais efetivos. Santos: Editora Brasileira de Arte e Cultura, 2021. p. 89. No mesmo sentido: DI MICELI, Alexandre. *Ética empresarial na prática*: soluções para gestão e governança no século XXI. Rio de Janeiro: Alta Books, 2018. p. 10).

[8] Sobre o tema vulnerabilidade, vale conferir BROWN, Brené. *A coragem de ser imperfeito*. Tradução de Joel Macedo. Rio de Janeiro: Sextante, 2016.

[9] *Apud* GALLIAN, Dante; SERAPHIM, Alexandre. *Responsabilidade humanística*. Uma proposta para a agenda ESG. Cotia: Poligrafia Editora, 2022. p. 63.

Naturalmente, a busca pela progressiva humanização leva à "obsessão por ouvir".[10] Não surpreende que esses líderes virtuosos façam gestão by *walking around*, isto é, andando por aí, em contato próximo e exageradamente atento com os membros de sua equipe e também com as pessoas de fora. Segundo Tom Peters, "você não pode liderar a partir do seu escritório ou da sala, ou por mensagem, e-mail, PowerPoint ou balancete. Você lidera por meio de interação plenamente humanizada".[11]

Veja: ao interagir habitualmente com o público feminino, a fim de melhor compreender seus obstáculos, sofrimentos, medos, sonhos e interesses, o líder vulnerável e humilde é capaz de evoluir para um nível mais elevado de "maturidade ética", tornando-se mais *amoroso*, *sensível*, *empático* e *cuidadoso*, o que pode resultar em um ambiente de trabalho verdadeiramente inclusivo, feliz e equânime.

Da mesma maneira, ao ouvir afetivamente os depoimentos de quem já sofreu LGBTQIA+fobia, esse líder amplia e diversifica o seu capital ético e cognitivo, tornando-se capaz de transformar sua empresa em um local psicologicamente seguro, onde ninguém tenha medo de ser quem realmente é, com toda a sua singularidade.[12]

Perceba que essa ampliação e diversificação das experiências relacionais não beneficia apenas o líder virtuoso, pois, sendo um "indivíduo que sente", ele não fica indiferente ao medo e ao sofrimento dos sujeitos negligenciados e rejeitados pelos centros de poder. Ao contrário, sensibilizado pelas necessidades e sofrimentos alheios, ele assume tanto a posição de *recebedor* de ajuda quanto de *doador* de ajuda, tornando-se um empoderador desses sujeitos e, consequentemente, um promotor da reciprocidade e da equidade por eles desejadas (ganha-ganha ou troca equilibrada entre dar e receber).[13]

---

[10] PETERS, Tom. *Humanismo extremo*. O novo padrão de excelência no mundo e nos negócios. São Paulo: Buzz, 2022. p. 281 (Kindle).
[11] PETERS, Tom. *Humanismo extremo*. O novo padrão de excelência no mundo e nos negócios. São Paulo: Buzz, 2022. p. 254 (Kindle). Mais à frente ele afirma (p. 273): "liderança efetiva é liderança atenciosa".
[12] Sobre o conceito de segurança psicológica, cfr. EDMONDSON, Amy C. *The fearless organization*. Creating psychological safety in the workplace for learning, innovation, and growth. New Jersey: Wiley, 2019. p. 8.
[13] Essas ideias foram baseadas na perspectiva ética de RICOEUR, Paul. *O si-mesmo como um outro*. Tradução de Lucy Moreira Cesar. Campinas: Papirus, 1991. "Chamamos 'perspectiva ética', a perspectiva da 'vida boa' com e para outros nas instituições justas" (p. 202).

É essa a relação ética – baseada na vulnerabilidade, na humildade e na *solicitude pelo outro* – que efetivamente transforma a vida das pessoas e das empresas, tornando-as "empresas humanizadas" (Sisodia, Sheth e Wolfe), "empresas que curam" (Sisodia e Gelb) ou, ainda, "empresas de impacto positivo" (Polman e Winston). Preocupado genuinamente com o bem-estar dos seus colaboradores, um CEO eticamente consciente "irá oferecer amplas oportunidades de inclusão de todas as raças e capacidades, e alcançará o equilíbrio de gêneros na administração e a equiparação de salários".[14] Assim agindo, ele poderá curar muitas vidas, de dentro e de fora da organização, do presente e do futuro.

Bob Chapman, por exemplo – "um dos heróis que inspiraram o ideal da Empresa que Cura" – "tocou e alterou a trajetória de milhares de vidas" ao dar voz e vez a todos os funcionários da Barry-Wehmiller (B-W). Um caso bastante simbólico é o do colaborador Randall Fleming, mais conhecido como Randy, um veterano do exército que trabalhava no setor de fabricação de máquinas, e que sofria pela frustração de permanecer nesse setor. Por isso ele foi ouvido afetivamente por um dos líderes da B-W, que queria saber o que ele gostaria de fazer na empresa. Ao término desse período dialógico, ele foi então convidado para trabalhar em um dos setores mais interessantes da companhia, o que deu início a uma enorme transformação na sua vida profissional e pessoal. Talvez a parte mais importante dessa etapa do processo de evolução da consciência de Randall é a cura de seu relacionamento com as filhas. Como ele diz, "minhas filhas cresceram em volta desse cara grande, malvado e assustador". Mas, sentindo-se importante e valorizado no trabalho, tudo mudou na sua vida pessoal. A partir de então, ele revelou às filhas a sua nova e mais humanizada versão. "Agora, elas são minhas melhores amigas e dizem que eu sou seu melhor amigo". "Quantas gerações da família Fleming estão sendo curadas pela experiência de Randall na Barry-Wehmiller?", perguntam Sisodia e Gelb.[15]

Do mesmo modo, muitos outros *stakeholders* estão sendo impactados positivamente pelas decisões de líderes eticamente maduros, com o que teremos, progressivamente, consumidores e comunidades mais conscientes, fornecedores informados da importância das *ajudas recíprocas* entre eles e seus clientes (vale conhecer a parceria feita pela

---

[14] POLMAN, Paul; WINSTON, Andrew. *Impacto positivo*. Como empresas corajosas prosperam dando mais do que tiram. Tradução de Alves Calado. Rio de Janeiro: Sextante, 2022. p. 26.
[15] SISODIA, Raj; GELB, Michael. *Empresas que curam*. Tradução de Edite Siegert. Rio de Janeiro: Alta Books, 2020. p. 97 e segs. (Kindle).

Best Buy com os seus fornecedores),[16] bem como agentes estatais aptos a reconhecer algumas empresas como "parceiros exigentes, e não lobistas interesseiros".[17]

Portanto, a "evolução das consciências pessoais não é benéfica apenas para o próprio indivíduo, mas contribui muito para que a consciência de outras pessoas e organizações também se eleve".[18]

## 2 Amor & Lucro

A verdade é que há líderes, hoje, que, ao atingirem níveis mais elevados de consciência, revelam grande capacidade de amar e de expressar essa "emoção suprema" (Barbara Fredrickson)[19] ao se relacionarem com os seus *stakeholders* – clientes, colaboradores, fornecedores, parceiros comerciais, comunidade local, sociedade em geral e muitos investidores –, não só entendendo que é impossível remover os sentimentos e as emoções do ambiente de negócios, mas, principalmente, que a presença das emoções positivas nesse ambiente é a energia indispensável para a obtenção de lucro.[20]

Amor, aqui, obviamente, não tem a ver com romance ou sexo, mas, sim, com a vontade, a forma e a constância como os líderes e suas organizações fazem os *stakeholders* experimentarem *emoções positivas* em seus ambientes de trabalho.[21] [22] Neste sentido, amar é sobre valorizar constantemente os sonhos e interesses dos seus colaboradores, sobre se

---

[16] HUBERT, Joly; LAMBERT, Caroline. *O coração do negócio*: princípios de liderança para uma nova era do capitalismo. Tradução de Paulo Geiger. Rio de Janeiro: Sextante, 2022. p. 107-110 (Kindle).

[17] POLMAN, Paul; WINSTON, Andrew. *Impacto positivo*. Como empresas corajosas prosperam dando mais do que tiram. Tradução de Alves Calado. Rio de Janeiro: Sextante, 2022. p. 27.

[18] MACKEY, John; SISODIA, Raj. *Capitalismo consciente*. Rio de Janeiro: Alta Books, 2018. p. 239 (Kindle). No mesmo sentido, porém se referindo ao "processo de Humanização", ver GALLIAN, Dante; SERAPHIM, Alexandre. *Responsabilidade humanística*. Uma proposta para a agenda ESG. Cotia: Poligrafia Editora, 2022. p. 66.

[19] Citada por CROWLEY, Mark C. Why engagement happens in employees' hearts, not their minds. *Fast Company*, maio 2015. Disponível em: https://www.fastcompany.com/3041948/why-engagement-happens-in-employeess-hearts-not-their-minds.

[20] Neste sentido, ver SISODIA, Raj; WOLFE, David B.; SHETH, Jag. *Empresas humanizadas*. Tradução de Silvia Morita. Rio de Janeiro: Alta Books, 2020, posição 685 (Kindle).

[21] CROWLEY, Mark C. Why engagement happens in employees' hearts, not their minds. *Fast Company*, maio 2015. Disponível em: https://www.fastcompany.com/3041948/why-engagement-happens-in-employeess-hearts-not-their-minds.

[22] Aproximamo-nos assim da definição de amor dada pelo psiquiatra M. Scott Peck. Ele define o amor como "a vontade de se empenhar ao máximo para promover o próprio crescimento espiritual ou o de outra pessoa". E continua: "O amor é o que o amor faz. Amar é um ato

preocupar, sempre, com o seu bem-estar e crescimento pessoal, sobre lembrar habitualmente que eles são muito importantes para o sucesso da empresa, sobre demonstrar cuidado, afeto, reconhecimento e generosidade, de modo rotineiro.[23]

Vale à pena transcrever a linda história de *conexão emocional* entre a Best Buy – empresa multinacional de eletrônicos dos EUA – e uma de suas jovens vendedoras. "Qual é o seu sonho?". Era dessa maneira que Jason Luciano, gerente da loja de South Bay, Dorchester, sul de Boston, indagava cada membro de sua equipe, registrando, depois, todas as respostas em um quadro branco na sala de descanso. Jason sempre dizia o seguinte após ouvir atentamente cada funcionário: "Vamos trabalhar juntos para ajudar você a realizá-lo". E foi o que ele fez com a jovem vendedora. Ela sonhava morar sozinha, ser independente, ter a sua casa própria. Porém, seria difícil realizar esse sonho se ela permanecesse na base de salário por hora no departamento de celulares. Cientes disso, eles conceberam um plano de desenvolvimento de habilidades para ela se candidatar à primeira posição de liderança que surgisse na empresa. Sentindo-se amada e inspirada, a jovem funcionária perseverou e venceu. "Quando surgiu uma vaga de liderança no departamento de computação, ela foi escolhida. Após um tempo, realizou seu sonho e passou a ter sua casa".[24]

Veja o que disse o então CEO da Best Buy, Hubert Joly, sobre a *liderança servidora* de Jason: "o comprometimento do gerente da loja em ajudar todo membro de sua equipe a realizar seu sonho foi extraordinário, e foi incrível testemunhar isso de perto. As equipes

---

da vontade – isto é, tanto uma intenção quanto uma ação" (*apud* HOOKS, Bell. *Tudo sobre o amor*. Tradução de Stephanie Borges. São Paulo: Elefante, 2021. p. 41).

[23] Cfr. CROWLEY, Mark C. Why engagement happens in employees' hearts, not their minds. *Fast Company*, maio 2015. Disponível em: https://www.fastcompany.com/3041948/why-engagement-happens-in-employeess-hearts-not-their-minds; MACKEY, John; SISODIA, Raj. *Capitalismo consciente*. Rio de Janeiro: Alta Books, 2018; SISODIA, Raj; WOLFE, David B.; SHETH, Jag. *Empresas humanizadas*. Tradução de Silvia Morita. Rio de Janeiro: Alta Books, 2020; MACKEY, John; McINTOSH, Steve; PHIPPS, Carter. *Liderança consciente*. Inspirando a humanidade através dos negócios. Tradução de Luciana Ferraz. Rio de Janeiro: Alta Books, 2021; HUBERT, Joly; LAMBERT, Caroline. *O coração do negócio*: princípios de liderança para uma nova era do capitalismo. Tradução de Paulo Geiger. Rio de Janeiro: Sextante, 2022; SANDERS, Tim. *O amor é a melhor estratégia*: uma nova visão do sucesso e da realização profissional. Tradução de Pedro Jorgensen Junior. Rio de Janeiro: Sextante, 2003.

[24] HUBERT, Joly; LAMBERT, Caroline. *O coração do negócio*: princípios de liderança para uma nova era do capitalismo. Tradução de Paulo Geiger. Rio de Janeiro: Sextante, 2022. p. 162-163 (Kindle).

ganharam energia, o que, somado aos seus talentos, levou a loja a um alto desempenho".[25]

Sem dúvida, um *líder servidor* é aquele que prioriza os sonhos e as necessidades dos outros, legitimando sua autoridade pela ação genuína de servir. Neste sentido, liderança servidora é uma expressão de amor posto em prática.[26][27] E para falar deste tema (inicialmente tratado por Robert Greenleaf, em 1970, no seu texto *The servant as leader*), não há como deixar de citar Herb Kelleher (1931-2019), pois sua prioridade sempre foi o bem-estar dos colaboradores da Southwest Airlines, empresa que fundou com Rollin W. King, em 1967, nos EUA. Para a revista *Fortune*, "Kelleher foi talvez o melhor CEO da América".[28]

Herb colocava as *relações humanas* no coração do negócio, preferindo passar mais tempo com seus funcionários, ouvindo-os e servindo-os, do que com outros CEOs. Vickie Shuler, sua assistente executiva por 30 anos, se fosse indagada sobre isso, certamente diria que ele não alterava sua agenda quando surgia uma reunião de negócios que o impedisse de ir a um evento de funcionários ao qual ele havia prometido comparecer.[29]

De fato, na Southwest, o bem-estar dos funcionários vem em primeiro lugar desde a sua fundação. Kelleher dizia que "o negócio dos negócios são as pessoas",[30] e que funcionários felizes garantem clientes felizes (*that means your customers come back*). E clientes felizes garantem acionistas felizes.[31]

---

[25] HUBERT, Joly; LAMBERT, Caroline. *O coração do negócio*: princípios de liderança para uma nova era do capitalismo. Tradução de Paulo Geiger. Rio de Janeiro: Sextante, 2022. p. 163 (Kindle).
[26] Parafraseamos MACKEY, John; McINTOSH, Steve; PHIPPS, Carter. *Liderança consciente*. Inspirando a humanidade através dos negócios. Tradução de Luciana Ferraz. Rio de Janeiro: Alta Books, 2021. p. 34.
[27] Para mais informações sobre liderança servidora, cfr. MACKEY, John; SISODIA, Raj. *Capitalismo consciente*. Rio de Janeiro: Alta Books, 2018. p. 220 e segs. (Kindle).
[28] *Apud* FREIBERG, Kevin; FREIBERG, Jackie. 20 reasons why Herb Kelleher was one of the most beloved leaders of our time. *Forbes*, 4 jun. 2019. Disponível em: https://www.forbes.com/sites/kevinandjackiefreiberg/2019/01/04/20-reasons-why-herb-kelleher-was-one-of-the-most-beloved-leaders-of-our-time/?sh=1ef735fdb311.
[29] FREIBERG, Kevin; FREIBERG, Jackie. 20 reasons why Herb Kelleher was one of the most beloved leaders of our time. *Forbes*, 4 jun. 2019. Disponível em: https://www.forbes.com/sites/kevinandjackiefreiberg/2019/01/04/20-reasons-why-herb-kelleher-was-one-of-the-most-beloved-leaders-of-our-time/?sh=1ef735fdb311.
[30] Palestra feita por Herb Kelleher (Disponível em: https://www.youtube.com/watch?v=oxTFA1kh1m8).
[31] FREIBERG, Kevin; FREIBERG, Jackie. 20 reasons why Herb Kelleher was one of the most beloved leaders of our time. *Forbes*, 4 jun. 2019. Disponível em: https://www.forbes.com/

Com efeito, o amor sempre foi a melhor estratégia da Southwest, a começar pela sua identidade visual que, em 1971, já exibia um coração vermelho dentro do qual constava a palavra "LUV", para ter o som de *Love*, fazendo alusão à sua amorosidade. "Prefiro ter uma empresa ligada pelo amor do que uma empresa ligada pelo medo", afirmava Kelleher.[32] Não é por outra razão que, até hoje, a empresa só contrata e promove quem tenha um "coração servidor" (*a servant's heart*), ou seja, quem seja capaz de colocar os outros em primeiro lugar, querendo muito mais servir do que ser servido.[33]

Outra empresa que manifesta *amor e cuidado* por meio da contratação e da promoção de pessoas com essas duas virtudes é a SAS, firma estadunidense do ramo de *analytics software*, reconhecida como um dos melhores locais de trabalho do mundo.[34] Tratando seus funcionários como fundamentais para o sucesso da empresa, a SAS é generosa na concessão de benefícios a eles e suas famílias, o que para muitos é uma extravagância, mas para a empresa é só mais uma forma de *lembrá-los* da sua importância.[35] [36]

---

sites/kevinandjackiefreiberg/2019/01/04/20-reasons-why-herb-kelleher-was-one-of-the-most-beloved-leaders-of-our-time/?sh=1ef735fdb311.

[32] FREIBERG, Kevin; FREIBERG, Jackie. 20 reasons why Herb Kelleher was one of the most beloved leaders of our time. *Forbes*, 4 jun. 2019. Disponível em: https://www.forbes.com/sites/kevinandjackiefreiberg/2019/01/04/20-reasons-why-herb-kelleher-was-one-of-the-most-beloved-leaders-of-our-time/?sh=1ef735fdb311.

[33] Estes são os três atributos que a Southwest utiliza para avaliar seus candidatos a emprego ou promoção: a) *A servant's heart*, b) *A warrior spirit*, e c) *A fun-loving attitude*.

[34] Foi reconhecida como *World's Best Workplaces* em 2012 (*Great Place To Work*. Disponível em: https://www.greatplacetowork.com/best-workplaces-international/world-s-best-workplaces/2012).

[35] "Os funcionários da SAS e suas famílias têm acesso gratuito a um enorme ginásio com quadras de tênis e de basquete, sala de musculação e piscina aquecida. Uma clínica de saúde no local, composta por médicos, nutricionistas, fisioterapeutas e psicólogos, também é totalmente gratuita. Estão disponíveis creches com grandes descontos, além de aconselhamento gratuito sobre 'vida profissional e pessoal', que ajuda os funcionários a administrarem com mais eficiência o estresse da vida cotidiana. E, claro, as áreas de trabalho comuns estão sempre cheias lanches e guloseimas" (tradução livre) (CROWLEY, Mark C. How SAS became the world's best place to work. *Fast Company*, jan. 2022. Disponível em: https://www.fastcompany.com/3004953/how-sas-became-worlds-best-place-work).

[36] Outra empresa que desde a década de 1970 contrata apenas "pessoas amáveis" é a Rosenbluth International. "O princípio número um é *Procurar pessoas amáveis*. O resto se ajustará. Com demasiada frequência, dá-se mais valor ao histórico profissional do indivíduo do que a seus valores humanos. O que está no coração de uma pessoa não pode ser descoberto em um currículo" (ROSENBLUTH, Hal; McFERRIN PETERS, Diane. *O cliente em segundo lugar*. Tradução de Roger Maioli dos Santos. São Paulo: M.Books, 2004. p. 25). Colocando os seus funcionários em primeiro lugar, e criando um ambiente interno amoroso, essa empresa deixou de ser um pequeno negócio familiar de 20 milhões de dólares para se tornar uma líder global de mercado, com um capital de mais de 6 bilhões de dólares.

Amor e lucro é, mesmo, uma "conjunção exótica de palavras"[37] que faz muitas pessoas revirarem os olhos. O fato é que as empresas mencionadas até aqui fornecem uma prova irrefutável da importância das emoções positivas para a obtenção de lucro. Na Southwest Airlines, "nunca houve um ano no qual não tivesse lucro, inclusive durantes as crises do petróleo da década de 1970 e início de 2000 e após o 11 de Setembro".[38] Segundo Alexandre Di Miceli, ela é a única empresa aérea do mundo a lucrar por cinquenta anos consecutivos.[39] A SAS, por sua vez, acumula décadas consecutivas de ganhos recordes,[40] e um de seus fundadores, Jim Goodnight, é um dos homens mais ricos do mundo, com patrimônio líquido na ordem dos US$9,4 bilhões.[41] "Trate os funcionários como se eles fizessem a diferença e eles farão", sentencia Goodnight, na página eletrônica da empresa.[42]

Líderes virtuosos como Herb Kelleher e Jim Goodnight (para citar apenas dois CEOs de uma lista que teria, entre outros, Sam Walton, Paul Polman, Bob Chapman e John Mackey) sempre colocaram *as pessoas em primeiro lugar* e, ao fazê-lo, caminharam ao seu encontro para ouvi-las e valorizá-las, em uma relação de ganha-ganha que despertava todo tipo de emoção positiva e confiança. Praticando assim a ética amorosa, eles descobriram que as *emoções positivas* são os verdadeiros impulsionadores do engajamento, da "lealdade de atitude", da inovação e da produtividade dos colaboradores, e que tudo isso contribui para as empresas alcançarem o lucro sustentável.[43]

---

[37] SISODIA, Raj; WOLFE, David B.; SHETH, Jag. *Empresas humanizadas.* Tradução de Silvia Morita. Rio de Janeiro: Alta Books, 2020, posição 699 (Kindle).

[38] SINEK, Simon. *Comece pelo porquê.* Como grandes líderes inspiram pessoas e equipes a agir. Tradução de Paulo Geiger. Rio de Janeiro: Sextante, 2018. p. 84.

[39] DI MICELI, Alexandre. Palestra "A Empresa Resiliente: Três Qualidades para o Sucesso no mundo pós-COVID-19". *YouTube.* Disponível em: https://www.youtube.com/watch?v=lQLDAAq1Cb0.

[40] CROWLEY, Mark C. How SAS became the world's best place to work. *Fast Company*, jan. 2022. Disponível em: https://www.fastcompany.com/3004953/how-sas-became-worlds-best-place-work.

[41] JAMES Goodnight. *Forbes.* Disponível em: https://www.forbes.com/profile/james-goodnight/?list=billionaires&sh=4d0d794b61c8.

[42] Disponível em: https://www.sas.com/en_us/company-information/leadership.html.

[43] Como Raj Sisodia, David Wolfe e Jag Sheth afirmam, "lealdade de atitude vem da ligação emocional. É a lealdade de atitude o que mais importa na sustentação da sobrevivência no longo prazo e sucesso de um negócio" (SISODIA, Raj; WOLFE, David B.; SHETH, Jag. *Empresas humanizadas.* Tradução de Silvia Morita. Rio de Janeiro: Alta Books, 2020, posição 674 [Kindle]).

Mas, "nenhuma emoção é duradoura e as pessoas precisam experimentar emoções positivas com frequência para que o engajamento permaneça alto".[44] Talvez por isso a Southwest Airlines e a Whole Foods Market, entre outras, invistam em programas ou rituais de *reconhecimento* de atos de ajuda ou de conquistas empresariais. Não há dúvida de que o reconhecimento é um motivador emocional poderoso, especialmente se for feito em público, como o fazem essas empresas.[45] [46]

Será de concluir, assim, que o amor – em forma de emoções positivas no local de trabalho – impulsiona os resultados dos negócios. Mas, para a existência de um clima organizacional emocionalmente positivo, é determinante que os líderes se empenhem ao máximo para alcançar a maturidade ética.[47]

## 3 Maturidade ética

Liderar com amor nos negócios é só uma (provavelmente a mais poderosa) entre muitas virtudes que tornam esses líderes dignos de serem seguidos.

Herb Kelleher, por exemplo, além de ter sido um "ouvinte incrível" – "quando você estava com Herb, ele estava 100% lá, totalmente engajado" –;[48] um líder absolutamente acessível e que se importava em aprender sobre a pessoa com quem se relacionava, que se importava com as coisas imensuráveis da vida – "muitas vezes as coisas mais valiosas da vida não são quantificáveis", dizia ele –; um líder que não

---

[44] CROWLEY, Mark C. Why engagement happens in employees' hearts, not their minds. *Fast Company*, maio 2015. Disponível em: https://www.fastcompany.com/3041948/why-engagement-happens-in-employeess-hearts-not-their-minds.

[45] Sobre a Southwest, cfr. MAKOVSKY, Ken. Behind the Southwest airlines culture. *Forbes.com*, nov. 2021. Sobre a Whole Foods Market, cfr. MACKEY, John; McINTOSH, Steve; PHIPPS, Carter. *Liderança consciente*. Inspirando a humanidade através dos negócios. Tradução de Luciana Ferraz. Rio de Janeiro: Alta Books, 2021. p. 25.

[46] Sobre a importância do reconhecimento público, ver KILLINGSWORTH, Scott. Modeling the message: communicating compliance through organizational values and culture. *Georgetown Journal of Legal Ethics*, v. 25, n. 4, 2012. p. 985.

[47] "Mais ou menos de 50% a 70% da nota que os empregados dão para o clima organizacional podem ser atribuídos às ações de uma pessoa: o líder" (GOLEMAN, Daniel; BOYATZIS, Richard; McKEE, Annie. *O poder da inteligência emocional*. Como liderar com sensibilidade e eficiência. Tradução de Berilo Vargas. São Paulo: Objetiva, 2018. p. 33 [Kindle]). Vale conferir a pesquisa realizada por esses autores com 3.871 executivos e seus subordinados.

[48] FREIBERG, Kevin; FREIBERG, Jackie. 20 reasons why Herb Kelleher was one of the most beloved leaders of our time. *Forbes*, 4 jun. 2019. Disponível em: https://www.forbes.com/sites/kevinandjackiefreiberg/2019/01/04/20-reasons-why-herb-kelleher-was-one-of-the-most-beloved-leaders-of-our-time/?sh=1ef735fdb311.

distinguia as pessoas pela classe social, cultura ou opção sexual, ao contrário, incentivava seus colaboradores a expressar toda a sua singularidade; um líder brincalhão e exímio contador de histórias... além de tudo isso, ele era um *líder durão*, o que não era para menos, afinal ele precisava manter os valores, a eficácia e a pontualidade operacional da companhia.[49] [50]

Ou seja, Kelleher *combinou o amor e o cuidado com a força* indispensável para manter a Southwest forte e eficaz.[51] E assim ele cumpriu sua missão de realizar "algo construtivo para a humanidade".[52]

Ocorre que, infelizmente, poucos líderes empresariais atingiram esse nível de consciência ou maturidade ética. E a explicação para isso é que grande parte das lideranças (majoritariamente masculinas) ainda não se abriu à *ética do amor*, principalmente às suas dimensões de cuidado e de reciprocidade nas relações.

Os fatores que inibem essa abertura podem ser os mais variados. Podemos citar, por exemplo, a cultura empresarial patriarcal que não dá espaço para a ética amorosa, já que ela está relacionada, na grande maioria das vezes, às mulheres. Assim é que, a partir da visão dualista e hierárquica de gênero – na qual os homens se consideram superiores por sua racionalidade e as mulheres são encaradas como inferiores

---

[49] Mas Herb dizia "que há uma diferença entre ser durão e ser mau. Ser mau é desumanizar, envergonhar e menosprezar. A maldade cria uma cultura baseada no medo e suga a vida das pessoas". Herb basicamente disse o seguinte aos seus gestores: "Sejam duros, tenham expectativas elevadas e encorajem os seus colaboradores a ir mais fundo e a chegar mais alto, mas a 'maldade' fará com que sejam despedidos" (FREIBERG, Kevin; FREIBERG, Jackie. 20 reasons why Herb Kelleher was one of the most beloved leaders of our time. *Forbes*, 4 jun. 2019. Disponível em: https://www.forbes.com/sites/kevinandjackiefreiberg/2019/01/04/20-reasons-why-herb-kelleher-was-one-of-the-most-beloved-leaders-of-our-time/?sh=1ef735fdb311).

[50] Sobre o rigor na exigência do cumprimento dos valores da Southwest, ele afirmava: "Há um monte de tolerância, mas uma área onde não há meio-termo é valores. Um empregado que os transgride, está fora" (*apud* SISODIA, Raj; WOLFE, David B.; SHETH, Jag. *Empresas humanizadas*. Tradução de Silvia Morita. Rio de Janeiro: Alta Books, 2020, posições 4602-4608 (Kindle).)

[51] Cfr. MACKEY, John; SISODIA, Raj. *Capitalismo consciente*. Rio de Janeiro: Alta Books, 2018. p. 265 (Kindle).

[52] "Nossa mortalidade significa que temos uma chance terrena de deixar uma marca – ser lembrado – como um líder que realizou algo construtivo para a humanidade", disse ele em um discurso de formatura para os graduados da McCombs School of Business da Universidade do Texas (FREIBERG, Kevin; FREIBERG, Jackie. 20 reasons why Herb Kelleher was one of the most beloved leaders of our time. *Forbes*, 4 jun. 2019. Disponível em: https://www.forbes.com/sites/kevinandjackiefreiberg/2019/01/04/20-reasons-why-herb-kelleher-was-one-of-the-most-beloved-leaders-of-our-time/?sh=1ef735fdb311).

por estarem associadas à emoção –,⁵³ amor e cuidado são fraquezas, não virtudes. Ao lado disso, ou como consequência disso, temos ainda algumas metáforas que atrapalham o processo de amadurecimento ético das lideranças, como a lamentável ideia de que o mundo dos negócios é uma grande selva, na qual sobrevivem apenas os mais fortes.⁵⁴

Não surpreende que, a partir daí, tenham surgido práticas empresariais darwinianas, como o sistema de avaliação de desempenho da Enron, companhia de energia norte-americana falida em 2001 e considerada o maior escândalo de governança de todos os tempos. Como dizia seu CEO Jeffrey Skilling, esse sistema de descarte dos mais fracos era o principal processo interno da empresa.⁵⁵ Convenhamos, um sistema como esse é absolutamente antagônico à ética do amor, pois ele instala o medo do fracasso no ambiente interno, e "medo é o contrário do amor".⁵⁶

Nos estudos teóricos dominantes (*mainstream*) sobre o desenvolvimento humano, nomeadamente sobre a evolução da maturidade ética, houve quem tenha silenciado a voz da mulher em suas pesquisas, pregando, entretanto, o caráter universal da teoria delas decorrente.⁵⁷ Adotando como norma o comportamento masculino – baseado na razão – e como desvio, o comportamento feminino – baseado na emoção –, tentaram, então, "vestir a mulher com um traje masculino", já que isso se ajustaria melhor às exigências de um mundo empresarial

---

⁵³ WARREN, Karen J. *The power and promise of ecological feminism*. 1990. Disponível em: https://rintintin.colorado.edu/~vancecd/phil308/WarrenK.pdf.

⁵⁴ Outras metáforas você encontrará em MACKEY, John; McINTOSH, Steve; PHIPPS, Carter. *Liderança consciente*. Inspirando a humanidade através dos negócios. Tradução de Luciana Ferraz. Rio de Janeiro: Alta Books, 2021. p. 26-30.

⁵⁵ "Skilling implantou um sistema de avaliação de desempenho chamado PRC ('Performance Review Committee') que visava liberar o que ele acreditava ser o instinto natural das pessoas ligado à 'sobrevivência dos mais aptos'. [...] Skilling dizia que esse método brutal de 'avaliar e descartar os piores' era o 'principal processo interno da Enron'. [...] Em uma entrevista, um 'trader' da Enron afirmava com orgulho: 'Se eu tiver que pisar no pescoço de alguém para atingir minha meta e dobrar minha remuneração, pode ter certeza que farei isso. É assim que as pessoas trabalham aqui'" (DI MICELI, Alexandre. *Ética empresarial na prática*: soluções para gestão e governança no século XXI. Rio de Janeiro: Alta Books, 2018. p. 78-79).

⁵⁶ MACKEY, John; SISODIA, Raj. *Capitalismo consciente*. Rio de Janeiro: Alta Books, 2018. p. 222 (Kindle).

⁵⁷ Por exemplo: na pesquisa da qual o psicólogo Lawrence Kohlberg extrai sua teoria, "as mulheres simplesmente não existem" (GILLIGAN, Carol. *Uma voz diferente*. Psicologia da diferença entre homens e mulheres da infância à idade adulta. Tradução de Nathanael Caixeiro. Rio de Janeiro: Rosa dos Tempos, 1982. p. 28).

escorado na separação entre razão e emoção, entre força e afeto, entre trabalho e amor.⁵⁸

Ocorre que, em geral, homens e mulheres diferem no modo como veem, falam e solucionam seus dilemas éticos. Com efeito, não faz sentido avaliar o desenvolvimento das mulheres tendo por medida o padrão de desenvolvimento masculino. Foi isso o que a psicóloga norte-americana Carol Gilligan constatou ao entrevistar pessoas de ambos os sexos. Como ela afirma no seu celebrado livro *In a different voice* (1982), quando se começa a estudar as mulheres, o esboço de um novo conceito de ética começa a surgir, modelando uma definição diferente de desenvolvimento. Relacionado à atividade de *cuidado*, este novo conceito centra o desenvolvimento ético em torno da compreensão da responsabilidade e dos relacionamentos, assim como o conceito de ética (descrito pela *mainstream*) como *justiça* vincula o desenvolvimento ético à não interferência nos direitos individuais alheios.⁵⁹

Temos, assim, com Gilligan, uma nova e mais ampla teoria do desenvolvimento ético, estruturada a partir da inclusão da *voz diferente* das mulheres ao lado da *voz padrão* dos homens, de que resultam duas éticas distintas: a "ética da justiça", praticada, em geral, pelos homens, e a "ética do cuidado", praticada, via de regra, pelas mulheres. Conforme o que a autora diz, a primeira difere da segunda em sua ênfase à separação – isto é, ao eu autônomo e fechado sobre si mesmo – em vez de conexão.⁶⁰ "A orientação para o cuidado é baseada no aspecto da relação com o outro e constitui-se como um modelo de interdependência e do pensar conjuntamente, enquanto a orientação para a justiça enfoca as reivindicações do eu e do outro de forma concorrente".⁶¹

---

⁵⁸ GILLIGAN, Carol. *Uma voz diferente*. Psicologia da diferença entre homens e mulheres da infância à idade adulta. Tradução de Nathanael Caixeiro. Rio de Janeiro: Rosa dos Tempos, 1982. p. 16; 20.

⁵⁹ Parafraseamos o que Carol Gilligan escreveu na edição norte-americana: GILLIGAN, Carol. *In a different voice*. Psychological theory and women's development. Thirty-eighth printing. Cambridge: Harvard University Press, 2003. p. 19. Este texto está na página 29 da edição brasileira: GILLIGAN, Carol. *Uma voz diferente*. Psicologia da diferença entre homens e mulheres da infância à idade adulta. Tradução de Nathanael Caixeiro. Rio de Janeiro: Rosa dos Tempos, 1982.

⁶⁰ GILLIGAN, Carol. *Uma voz diferente*. Psicologia da diferença entre homens e mulheres da infância à idade adulta. Tradução de Nathanael Caixeiro. Rio de Janeiro: Rosa dos Tempos, 1982. p. 29.

⁶¹ KUHNEN, Tânia Aparecida. A ética do cuidado como teoria feminista. *Anais do III Simpósio e Políticas Públicas – Universidade Estadual de Londrina*, 27/29 maio 2014. p. 6.

Mas, diferentemente do que Nel Noddings defendeu na primeira edição do seu livro *Caring*, publicado em 1984, Gilligan não propõe a substituição da ética da justiça pela ética do cuidado. Ao contrário, ela defende claramente a *complementaridade* de ambas as perspectivas. Veja o que diz a autora sobre isso:

> O desenvolvimento de ambos os sexos parece, portanto, ocasionar uma integração de direitos e responsabilidades pela descoberta da complementaridade dessas perspectivas díspares. Para as mulheres, a integração de direitos e responsabilidades ocorre mediante um entendimento da lógica psicológica dos relacionamentos. [...] Para os homens, o reconhecimento através da experiência da necessidade de responsabilidade mais ativa em cuidar corrige a indiferença potencial de uma moralidade de não-interferência e desvia a atenção da lógica para as consequências da escolha.[62]

Neste momento, o que mais nos interessa destacar é que, segundo Gilligan, a *maturidade ética* de ambos os sexos é atingida quando ocorre a integração das diferentes perspectivas, isto é, quando homens e mulheres percebem a importância não só de *não prejudicar* os outros, como também de *cuidar* dos outros. Portanto, como bem assinala Tânia Kuhnen, "do mesmo modo que a atitude do cuidado pode ser compartilhada pelos homens, os princípios e regras universalizáveis podem ser partilhados pelas mulheres",[63] afinal, é essa perspectiva que permite que o cuidado alcance muitas outras pessoas que não somente aquelas do círculo mais próximo de relacionamentos do agente cuidador,[64] inclusive pessoas

---

[62] GILLIGAN, Carol. *Uma voz diferente*. Psicologia da diferença entre homens e mulheres da infância à idade adulta. Tradução de Nathanael Caixeiro. Rio de Janeiro: Rosa dos Tempos, 1982. p. 110.

[63] KUHNEN, Tânia Aparecida. A ética do cuidado como alternativa à ética de princípios: divergências entre Carol Gilligan e Nel Noddings. *Ethic@ – Revista Internacional de Filosofia da Moral*, v. 9, n. 3, p. 159-160, set. 2010. Disponível em: https://periodicos.ufsc.br/index. php/ethic/article/view/1677-2954.2010v9n3p155/21778.

[64] "Making personal relationships the whole of ethics seems as wrong-headed as ignoring them altogether. A more sensible approach might be to say that the ethical life includes both caring personal relationships and a benevolent concern for people generally" (RACHELS, James. *The elements of moral philosophy*. 4. ed. Nova Iorque: McGraw-Hill, 2003. p. 169). No mesmo sentido: KUHNEN, Tânia Aparecida. A ética do cuidado como alternativa à ética de princípios: divergências entre Carol Gilligan e Nel Noddings. *Ethic@ – Revista Internacional de Filosofia da Moral*, v. 9, n. 3, p. 159-160, set. 2010. p. 161-165. Disponível em: https://periodicos. ufsc.br/index.php/ethic/article/view/1677-2954.2010v9n3p155/21778. Como indaga esta autora, "por que esse cuidado deve ficar restrito aos que estão próximos da cuidadora e não ser desenvolvido, visando alcançar o maior número de pessoas possíveis?" (p. 163).

das próximas gerações, com o que teremos a concretização do princípio da *sustentabilidade intergeracional*.⁶⁵

Neste sentido, a liderança eticamente consciente ou madura é aquela que integra os universos masculino e feminino, o amor e a força, a razão e a emoção, resistindo, pois, às dualidades mantidas pela cultura patriarcal.⁶⁶

Aqui chegados, é o momento de recordarmos a lição aristotélica mencionada no início desse artigo, porque nenhuma liderança empresarial alcançará a maturidade ética sem muita vontade e dedicação para aprender, praticar e construir continuamente o amor.⁶⁷ Tendemos a acreditar que já nascemos com essa virtude suprema, mas a verdade é que precisamos aprendê-la.⁶⁸ E, em geral, as mulheres têm sido as melhores professoras acerca do significado e prática do amor, especialmente sobre cuidado.⁶⁹ Não é à toa que Cláudio Garcia ressalta que, atualmente, "os homens é que precisam de mentoria para mudar".⁷⁰

Sem dúvida, se quisermos ver mais líderes empresariais eticamente maduros, precisamos não só de muita *criatividade* para despertarmos, lembrarmos e mobilizarmos as nossas lideranças para a ética

---

⁶⁵ Em linha com o conceito de sustentabilidade da ONU – "sustentabilidade é suprir as necessidades do presente sem comprometer a capacidade das gerações futuras de satisfazerem as suas próprias necessidades" –, a *sustentabilidade intergeracional* impõe que se garanta a "equidade entre pessoas vivas no presente e pessoas que nascerão no futuro" (CANOTILHO, José Joaquim Gomes. O princípio da sustentabilidade como princípio estruturante do direito constitucional. *Revista de Estudos Politécnicos*, v. VIII, n. 13, 2010. Disponível em: https://scielo.pt/pdf/tek/n13/n13a02.pdf). O conceito da ONU foi publicado em 1987, no relatório *Our Common Future*, da Comissão Mundial sobre o Meio Ambiente e Desenvolvimento, e que está disponível em: https://sustainabledevelopment.un.org/content/documents/5987our-common-future.pdf. Porém, a preservação dos recursos ambientais em benefício das futuras gerações da humanidade já estava prevista na Declaração da Conferência de Estocolmo, de 1972. Outro documento internacional relevante é a Declaração sobre Responsabilidade das Gerações Presentes em Relação às Gerações Futuras, de 1997.

⁶⁶ Neste sentido: MACKEY, John; SISODIA, Raj. *Capitalismo consciente*. Rio de Janeiro: Alta Books, 2018. p. 228; 264-265 (Kindle).

⁶⁷ Neste sentido: MACKEY, John; McINTOSH, Steve; PHIPPS, Carter. *Liderança consciente*. Inspirando a humanidade através dos negócios. Tradução de Luciana Ferraz. Rio de Janeiro: Alta Books, 2021. p. 26.

⁶⁸ Neste sentido: HOOKS, Bell. *Tudo sobre o amor*. Tradução de Stephanie Borges. São Paulo: Elefante, 2021.

⁶⁹ Vale conferir HOOKS, Bell. *Tudo sobre o amor*. Tradução de Stephanie Borges. São Paulo: Elefante, 2021, bem como o prefácio à edição brasileira, escrito por Silvane Silva.

⁷⁰ GARCIA, Claudio. Os homens é que precisam de mentoria para mudar. *Jornal Valor Econômico*, 20 maio 2021. Disponível em: https://valor.globo.com/carreira/coluna/os-homens-e-que-precisam-de-mentoria-para-mudar.ghtml.

do amor (lançando mão, por exemplo, das artes,[71] de novas metáforas[72] e de muito *storytelling*), como também de uma dose extra de *coragem* para superarmos o paradigma patriarcal e incluirmos cada vez mais mulheres em diversas posições de poder (na alta direção das companhias, no conselho de administração, nos comitês etc.), pois, como bem refere Tânia Kuhnen, essa medida torna "cada vez mais fácil para mulheres e homens alcançarem a maturidade moral em virtude da ampliação do espaço de diálogo entre os gêneros".[73]

Sabendo do poder que os filmes e as séries têm para despertar emoção, identificação e reflexão,[74] e desejando trazer à tona a história de uma mulher que tem muito a nos ensinar sobre tudo o que foi dito acima, vale à pena concluir esse artigo falando um pouco sobre a Madam C. J. Walker (1867-1919) e sugerindo a série que retratou a sua obra.

## 4 Madam C. J. Walker

Foi a partir do aprendizado intencional e contínuo, do propósito maior e da prática da virtude ética manifestada em relações de cuidado com as suas colaboradoras que Madam C. J. Walker construiu um grande império da indústria de cosméticos no início do século XX, nos EUA.

Considerada a primeira mulher norte-americana a se tornar milionária por conta própria, Madam Walker não tinha, porém, um *background* favorável. Filha de escravos e órfã aos setes anos, Walker viveu em uma época na qual a população negra era tratada da pior forma possível. Ela não teve educação formal. Além disso, os empregos que existiam além da coleta de algodão – atividade comum aos escravos

---

[71] Cfr. o texto de Alexandre Seraphim, publicado logo a seguir, no qual ele faz referência à metodologia denominada Laboratório de Leitura (LabLei).

[72] MACKEY, John; McINTOSH, Steve; PHIPPS, Carter. *Liderança consciente*. Inspirando a humanidade através dos negócios. Tradução de Luciana Ferraz. Rio de Janeiro: Alta Books, 2021. p. 30-33.

[73] KUHNEN, Tânia Aparecida. A ética do cuidado como alternativa à ética de princípios: divergências entre Carol Gilligan e Nel Noddings. *Ethic@ – Revista Internacional de Filosofia da Moral*, v. 9, n. 3, p. 159-160, set. 2010. p. 160. Disponível em: https://periodicos.ufsc.br/index.php/ethic/article/view/1677-2954.2010v9n3p155/21778.

[74] Um exemplo bastante interessante: o grupo empresarial Ultra decidiu investir na produção de filmes corporativos para fazer seus funcionários refletirem sobre a integridade nos negócios. Para isso, contratou a produtora Conspiração, o que resultou em quatro prêmios no festival de filmes corporativos de Cannes, na França, para dois desses filmes. Ver sobre o assunto: RYDLEWSKI, Carlos. Luz, câmera, ética e compliance. *Exame*, edição 1150, ano 51, n. 22, 22 nov. 2017, p. 189.

americanos – eram todos de baixos salários. "Eu sou uma mulher que veio dos campos de algodão do Sul. De lá, fui promovida ao tanque. Depois, fui promovida à cozinha. E de lá promovi a mim mesma ao negócio de produção de produtos para cabelo", exclamou Walker.[75]

Com muita força mental, decidida a criar o seu próprio negócio e a fazê-lo prosperar, Madame Walker não parou de aprender, tanto para aprimorar a fórmula do seu produto principal – uma pomada para curar a queda de cabelos que acometia muitas mulheres negras da época –, quanto para redesenhar os pentes quentes até então existentes e para criar outros produtos. Além disso, através de tentativa e erro, ela aprendeu a vendê-los. Walker percebeu que, ao contar a sua própria história – de como o uso do "elixir capilar mágico" lhe devolveu os cabelos e, consequentemente, a alegria, a confiança e os sonhos –, as mulheres que a cercavam começavam a se *conectar emocionalmente* com ela.

Assim, Madame Walker aperfeiçoou sua técnica de *storytelling* e, por despertar o entusiasmo nas pessoas, aumentou suas vendas. O fato é que a sua energia inspiradora decorria do propósito maior existente por detrás de cada palavra falada: criar oportunidades para as mulheres negras saírem da pobreza. "Não estou apenas satisfeita em ganhar dinheiro para mim", afirmou ela em 1914.[76] Como diz o historiador americano Henry Louis Gates Jr., mais do que vender um produto às suas clientes, "ela oferecia um estilo de vida, um conceito de total higiene e beleza que as levaria com orgulho ao progresso".[77]

Muitas das clientes de Madam Walker se tornaram também suas vendedoras. Isso é o que "acontece com grande parcela das empresas conscientes", refere John Mackey e Raj Sisodia.[78]

O cuidado que Madam Walker tinha com o destino das mulheres negras motivou a capacitação de cerca de 40 mil vendedoras e

---

[75] CORRÊA, Alessandra. A filha de escravizados que ficou milionária e agora inspira série da Netflix. *BBC*. Disponível em: https://www.bbc.com/portuguese/geral-51980280.

[76] GATES JR., Henry Louis. Madam Walker, the first black American woman to be a self-made millionaire. *The Root*. Disponível em: https://www.pbs.org/wnet/african-americans-many-rivers-to-cross/history/100-amazing-facts/madam-walker-the-first-black-american-woman-to-be-a-self-made-millionaire/.

[77] GATES JR., Henry Louis. Madam Walker, the first black American woman to be a self-made millionaire. *The Root*. Disponível em: https://www.pbs.org/wnet/african-americans-many-rivers-to-cross/history/100-amazing-facts/madam-walker-the-first-black-american-woman-to-be-a-self-made-millionaire/.

[78] MACKEY, John; SISODIA, Raj. *Capitalismo consciente*. Rio de Janeiro: Alta Books, 2018. p. 97.

cabeleireiras através de um número crescente de cursos de cultura capilar que ela criou em parceria com algumas instituições existentes. Madam também olhava com cuidado para as comunidades dessas *Walker Agents*, razão pela qual ela as incentivava a usarem sua prosperidade e influência para ajudar não só seus familiares, mas também sua vizinhança. "O primeiro dever de vocês é com a humanidade", dizia ela.[79] Isso contribuiu para o crescimento da classe média negra nos EUA.[80]

Madam Walker também não hesitava em fazer doações generosas quando o assunto era a promoção dos direitos civis e a educação da população negra.[81]

Como não podia ser diferente, a relação de Walker com as suas colaboradoras era baseada na ética do cuidado. Parte da sua "política de respeitabilidade" foi retratada na série lançada em 2020 pela Netflix, *Self Made: Inspired by the Life of Madam C. J. Walker*. Vejamos um dos seus vários episódios marcantes.

Pouco antes de inaugurar a 1ª Convenção Anual de Especialistas em Beleza na Filadélfia – evento que se tornou um dos primeiros encontros nacionais de mulheres de negócios nos EUA e que acabou reunindo mais de 200 profissionais –, Madame Walker dá um grande exemplo de virtude ética. Prestes a assinar um acordo que levaria os seus produtos a inúmeras farmácias, ou seja, que expandiria sobremaneira o seu negócio, mas que prejudicaria as suas vendedoras de porta em porta, ela refletiu e, ouvindo ativa e afetivamente as críticas das suas agentes, decidiu desistir do acordo. "Vocês são muito mais que funcionárias para mim. Eu sonhei com a fábrica, mas vocês a tornaram real. Fiquem comigo e controlem o seu destino".

Convenhamos, quem é que não retribuiria uma demonstração genuína de cuidado como essa? Não seria isso suficiente para supermotivar as colaboradoras a fazerem o melhor pela empresa, a salvaguardarem os seus valores e imagem? Indo um pouco além: quem é que não se sentiria à vontade para sugerir boas ideias, ainda que opostas às da líder, quando esta assume as suas vulnerabilidades e é a primeira a

---

[79] BUNDLES, A'Lelia. Netflix's 'self made' suffers from self-inflicted wounds. *The Undefeated*, May 12, 2020. Disponível em: https://theundefeated.com/features/netflixs-self-made-suffers-from-self-inflicted-wounds/.
[80] CORRÊA, Alessandra. A filha de escravizados que ficou milionária e agora inspira série da Netflix. *BBC*. Disponível em: https://www.bbc.com/portuguese/geral-51980280.
[81] CORRÊA, Alessandra. A filha de escravizados que ficou milionária e agora inspira série da Netflix. *BBC*. Disponível em: https://www.bbc.com/portuguese/geral-51980280.

praticar a escuta exageradamente atenciosa? Em uma organização que incentiva seus colaboradores a falarem a verdade às lideranças (*speak truth to power*), quem não se sentiria seguro para alertá-las sobre os seus eventuais vieses? Não seria tudo isso a energia de uma empresa que aprende (com erros, desvios, *blind spots* e experiências mal sucedidas)?

Não há dúvida de que o sucesso da The Walker Company derivou da coragem e da busca pelo aprendizado contínuo da sua líder. Mas foi sobretudo pelo seu propósito e virtude ética que Madame Walker conseguiu se conectar emocionalmente com centenas de mulheres para, então, construir seu império. *Propósito, ética e conexão humana* constituem, de fato, o "verdadeiro coração do negócio".[82]

Madame C. J. Walker deixa, assim, um lindo legado para todos nós. Semeando a ética do cuidado com palavras e atitudes, e sem deixar de lado sua força e eficácia, ela viu florescer a sua maturidade ética, com o que promoveu o engajamento das suas agentes, alcançando, *consequentemente*, o êxito financeiro da sua companhia.

## 5  *Chief Ethics Walker* (conclusão)

Depois de quanto ficou dito, *Chief Ethics Walker* é, desde logo, quem demonstra na prática, *by walking around*, todo o seu compromisso com a ética, incluindo aqui o seu empenho para atingir o mais elevado nível de desenvolvimento pessoal nesse campo – pela integração entre as perspectivas da justiça e do amor –, o que ocorrerá principalmente a partir da ampliação e diversificação das experiências relacionais e da escuta extremamente atenciosa.

Nesse sentido, *Chief Ethics Walker* é quem tem o hábito de ir ao encontro dos mais diversos *stakeholders* (internos e externos) para bem ouvi-los, valorizá-los e servi-los, mediante trocas equilibradas entre dar e receber.

Portanto, será sempre com e para os outros que essa liderança construirá, passo a passo, a sua evolução ética e, *via de consequência*, a vida boa e feliz, afinal, como observa o prêmio Nobel da Paz Albert

---

[82]  Neste sentido: HUBERT, Joly; LAMBERT, Caroline. *O coração do negócio*: princípios de liderança para uma nova era do capitalismo. Tradução de Paulo Geiger. Rio de Janeiro: Sextante, 2022. p. 19 (Kindle).

Schweitzer, feliz é aquele(a) que se esforça para ajudar os outros (através da gestão empresarial, por exemplo).[83]

Nesse caminho, gerir uma empresa *by walking around* é uma questão de colocar as pessoas em primeiro lugar,[84] de se relacionar com elas e de prestar atenção ao que elas dizem, valorizando os seus sonhos e interesses, respeitando as suas diferenças e se preocupando com o seu bem-estar e crescimento pessoal.

É dessa maneira que o(a) *Chief Ethics Walker* edifica o pilar social da agenda ESG. Como diria Ricardo Voltolini, essa liderança possui alto IQH, isto é, alto Índice de Qualidade Humana – "uma combinação de elementos como ética, transparência, empatia, confiança, decência, altruísmo, respeito, escuta afetiva, mente, coração e espírito abertos" –, o que, segundo ele, representa uma variável fundamental das melhores empresas em sustentabilidade.[85]

Com efeito, o gradual amadurecimento ético ou a progressiva humanização do(a) *Chief Ethics Walker* o(a) aproxima, ainda, de quem sequer nasceu, abrindo, portanto, o seu campo de responsabilidade para incluir as futuras gerações, através da proteção, da preservação e da regeneração do meio ambiente. Em outras palavras, essa liderança tem consciência que as suas ações podem impactar negativa e positivamente o bem-estar daqueles que estão por vir, o que dá ensejo às ações de responsabilidade ambiental, que nada mais são que a ética aplicada ao meio ambiente.

Não é por outro motivo que Dante Gallian e Alexandre Seraphim defendem a importância da "humanização" para a concretização da agenda ESG. Segundo eles, "se tivéssemos iniciado a 'sequência' de letras do 'alfabeto' da Responsabilidade pelo H de Humanização, algo como HESG, poderíamos ter avançado mais na pauta social e evitado muitos dos desastres ambientais que presenciamos nas últimas décadas".[86]

*Chief Ethics Walker* é, ainda, uma liderança corajosa o bastante para admitir que não sabe de tudo – ela sabe que a ética é um *walking*

---

[83] Diz Schweitzer: "as únicas [pessoas] que se sentirão realmente felizes serão aquelas que se esforçaram para ajudar os outros e encontraram maneiras para fazer isso" (*apud* MACKEY, John; SISODIA, Raj. *Capitalismo consciente*. Rio de Janeiro: Alta Books, 2018. p. 220).

[84] PETERS, Tom. *Humanismo extremo*. O novo padrão de excelência no mundo e nos negócios. São Paulo: Buzz, 2022. p. 273 (Kindle).

[85] VOLTOLINI, Ricardo. *Vamos falar de ESG?* Provocações de um pioneiro em sustentabilidade empresarial. Belo Horizonte: Voo, 2021. p. 185.

[86] GALLIAN, Dante; SERAPHIM, Alexandre. *Responsabilidade humanística*. Uma proposta para a agenda ESG. Cotia: Poligrafia Editora, 2022. p. 39.

*in progress* – e que precisa de conselhos para tomar as decisões mais acertadas, do ponto de vista da geração de valor sustentável e compartilhável entre todos os *stakeholders*. Portanto, ciente de que não é um "super-herói", essa liderança é absolutamente favorável à criação de mecanismos de governança nas empresas.[87]

É desta maneira – vulnerável, humilde, acessível, atenciosa, empática, humana e corajosa – que o(a) *Chief Ethics Walker* poderá despertar a emoção, a lealdade, o engajamento, a consciência ética, o cumprimento voluntário das regras, a inovação e a produtividade do seu público.

Por tudo isso, uma gestão efetiva é, em grande medida, "uma questão de amor".[88]

## Referências

ARISTÓTELES. *Ética a Nicômaco*. 4. ed. Tradução de Leonel Vallandro e Gerd Bornheim. São Paulo: Nova Cultural, 1991.

AUTRY, James A. *Love & Profit*. Art of caring leadership. Nova Iorque: Morrow, 1991.

BEASLEY, Brett. Humility about your own ethics can inspire your followers to act ethically. *Notre Dame for Ethical Leadership*, Notre Dame. Disponível em: https://ethicalleadership.nd.edu/news/leader-moral-humility-ethical-leaders-should-be-humbleespecially-about-their-own-ethics/#.Xj2lOIHzGiA.linkedin.

BROWN, Brené. *A coragem de ser imperfeito*. Tradução de Joel Macedo. Rio de Janeiro: Sextante, 2016.

BRUGÈRE, Fabienne. *A ética do cuidado*. Tradução de Ercilene Vita. São Paulo: Contracorrente, 2023.

BUNDLES, A'Lelia. Netflix's 'self made' suffers from self-inflicted wounds. *The Undefeated*, May 12, 2020. Disponível em: https://theundefeated.com/features/netflixs-self-made-suffers-from-self-inflicted-wounds/.

CANOTILHO, José Joaquim Gomes. O princípio da sustentabilidade como princípio estruturante do direito constitucional. *Revista de Estudos Politécnicos*, v. VIII, n. 13, 2010. Disponível em: https://scielo.pt/pdf/tek/n13/n13a02.pdf.

CORRÊA, Alessandra. A filha de escravizados que ficou milionária e agora inspira série da Netflix. *BBC*. Disponível em: https://www.bbc.com/portuguese/geral-51980280.

---

[87] Sobre o tema governança corporativa, cfr. DI MICELI, Alexandre. *Governança corporativa no Brasil e no mundo*: teoria e prática. 2. ed. Rio de Janeiro: Elsevier, 2015; e DI MICELI, Alexandre. *Governança corporativa*. O essencial para líderes. 2. ed. Vinhedo: Virtous Company, 2020.

[88] AUTRY, James A. *Love & Profit*. Art of caring leadership. Nova Iorque: Morrow, 1991. p. 13.

CROWLEY, Mark C. How SAS became the world's best place to work. *Fast Company*, jan. 2022. Disponível em: https://www.fastcompany.com/3004953/how-sas-became-worlds-best-place-work.

CROWLEY, Mark C. Why engagement happens in employees' hearts, not their minds. *Fast Company*, maio 2015. Disponível em: https://www.fastcompany.com/3041948/why-engagement-happens-in-employeess-hearts-not-their-minds.

DI MICELI, Alexandre. *Ética empresarial na prática*: soluções para gestão e governança no século XXI. Rio de Janeiro: Alta Books, 2018.

DI MICELI, Alexandre. *Governança corporativa no Brasil e no mundo*: teoria e prática. 2. ed. Rio de Janeiro: Elsevier, 2015.

DI MICELI, Alexandre. *Governança corporativa*. O essencial para líderes. 2. ed. Vinhedo: Virtous Company, 2020.

DI MICELI, Alexandre. Palestra "A Empresa Resiliente: Três Qualidades para o Sucesso no mundo pós-COVID-19". *YouTube*. Disponível em: https://www.youtube.com/watch?v=lQLDAAq1Cb0.

FREIBERG, Kevin; FREIBERG, Jackie. 20 reasons why Herb Kelleher was one of the most beloved leaders of our time. *Forbes*, 4 jun. 2019. Disponível em: https://www.forbes.com/sites/kevinandjackiefreiberg/2019/01/04/20-reasons-why-herb-kelleher-was-one-of-the-most-beloved-leaders-of-our-time/?sh=1ef735fdb311.

GALLIAN, Dante; SERAPHIM, Alexandre. *Responsabilidade humanística*. Uma proposta para a agenda ESG. Cotia: Poligrafia Editora, 2022.

GARCIA, Claudio. Os homens é que precisam de mentoria para mudar. *Jornal Valor Econômico*, 20 maio 2021. Disponível em: https://valor.globo.com/carreira/coluna/os-homens-e-que-precisam-de-mentoria-para-mudar.ghtml.

GATES JR., Henry Louis. Madam Walker, the first black American woman to be a self-made millionaire. *The Root*. Disponível em: https://www.pbs.org/wnet/african-americans-many-rivers-to-cross/history/100-amazing-facts/madam-walker-the-first-black-american-woman-to-be-a-self-made-millionaire/.

GILLIGAN, Carol. *In a different voice*. Psychological theory and women's development. Thirty-eighth printing. Cambridge: Harvard University Press, 2003.

GILLIGAN, Carol. *Uma voz diferente*. Psicologia da diferença entre homens e mulheres da infância à idade adulta. Tradução de Nathanael Caixeiro. Rio de Janeiro: Rosa dos Tempos, 1982.

GOLEMAN, Daniel; BOYATZIS, Richard; McKEE, Annie. *O poder da inteligência emocional*. Como liderar com sensibilidade e eficiência. Tradução de Berilo Vargas. São Paulo: Objetiva, 2018.

HAVARD, Alexandre. *Virtous leadership*. An agenda for personal excellence. Strongsville: Scepter Publishers, 2007.

HOOKS, Bell. *Tudo sobre o amor*. Tradução de Stephanie Borges. São Paulo: Elefante, 2021.

HUBERT, Joly; LAMBERT, Caroline. *O coração do negócio*: princípios de liderança para uma nova era do capitalismo. Tradução de Paulo Geiger. Rio de Janeiro: Sextante, 2022.

KILLINGSWORTH, Scott. Modeling the message: communicating compliance through organizational values and culture. *Georgetown Journal of Legal Ethics*, v. 25, n. 4, 2012.

KUHNEN, Tânia Aparecida. A ética do cuidado como alternativa à ética de princípios: divergências entre Carol Gilligan e Nel Noddings. *Ethic@ – Revista Internacional de Filosofia da Moral*, v. 9, n. 3, p. 159-160, set. 2010. Disponível em: https://periodicos.ufsc.br/index. php/ethic/article/view/1677-2954.2010v9n3p155/21778.

KUHNEN, Tânia Aparecida. A ética do cuidado como teoria feminista. *Anais do III Simpósio e Políticas Públicas – Universidade Estadual de Londrina*, 27/29 maio 2014.

MACKEY, John; McINTOSH, Steve; PHIPPS, Carter. *Liderança consciente*. Inspirando a humanidade através dos negócios. Tradução de Luciana Ferraz. Rio de Janeiro: Alta Books, 2021.

MACKEY, John; SISODIA, Raj. *Capitalismo consciente*. Rio de Janeiro: Alta Books, 2018.

MAKOVSKY, Ken. Behind the Southwest airlines culture. *Forbes.com*, nov. 2021.

MAURO, Carlos *et al*. *Muitos*. Como as ciências comportamentais podem tornar os programas de compliance anticorrupção mais efetivos. Santos: Editora Brasileira de Arte e Cultura, 2021.

ONU. Comissão Mundial sobre o Meio Ambiente e Desenvolvimento. *Our Common Future*. 1987. Disponível em: https://sustainabledevelopment.un.org/content/documents/5987ourcommon-future.pdf.

PETERS, Tom. *Humanismo extremo*. O novo padrão de excelência no mundo e nos negócios. São Paulo: Buzz, 2022.

POLMAN, Paul; WINSTON, Andrew. *Impacto positivo*. Como empresas corajosas prosperam dando mais do que tiram. Tradução de Alves Calado. Rio de Janeiro: Sextante, 2022.

RACHELS, James. *The elements of moral philosophy*. 4. ed. Nova Iorque: McGraw-Hill, 2003.

RICOEUR, Paul. *O si-mesmo como um outro*. Tradução de Lucy Moreira Cesar. Campinas: Papiros, 1991.

ROSENBLUTH, Hal; McFERRIN PETERS, Diane. *O cliente em segundo lugar*. Tradução de Roger Maioli dos Santos. São Paulo: M.Books, 2004.

RYDLEWSKI, Carlos. Luz, câmera, ética e compliance. *Exame*, edição 1150, ano 51, n. 22, 22 nov. 2017.

SANDERS, Tim. *O amor é a melhor estratégia*: uma nova visão do sucesso e da realização profissional. Tradução de Pedro Jorgensen Junior. Rio de Janeiro: Sextante, 2003.

SEN, Amartya; KLIKSBERG, Bernardo. *As pessoas em primeiro lugar*. A ética do desenvolvimento e os problemas do mundo globalizado. Tradução de Bernardo Ajzenberg e Carlos Eduardo Lins da Silva. São Paulo: Companhia das Letras, 2010.

SINEK, Simon. *Comece pelo porquê*. Como grandes líderes inspiram pessoas e equipes a agir. Tradução de Paulo Geiger. Rio de Janeiro: Sextante, 2018.

SISODIA, Raj; GELB, Michael. *Empresas que curam*. Tradução de Edite Siegert. Rio de Janeiro: Alta Books, 2020.

SISODIA, Raj; WOLFE, David B.; SHETH, Jag. *Empresas humanizadas*. Tradução de Silvia Morita. Rio de Janeiro: Alta Books, 2020.

VOLTOLINI, Ricardo. *Vamos falar de ESG?* Provocações de um pioneiro em sustentabilidade empresarial. Belo Horizonte: Voo, 2021.

WARREN, Karen J. *The power and promise of ecological feminism*. 1990. Disponível em: https://rintintin.colorado.edu/~vancecd/phil308/WarrenK.pdf.

---

Informação bibliográfica deste texto, conforme a NBR 6023:2018 da Associação Brasileira de Normas Técnicas (ABNT):

BORGES DE PAULA, Marco Aurélio. Chief Ethics Walker – A importância da evolução da maturidade ética para a agenda ESG. In: BORGES DE PAULA, Marco Aurélio (Coord.). *A hora e a vez do ESG*: provocações e reflexões em homenagem a Ricardo Voltolini. Belo Horizonte: Fórum, 2023. p. 41-64. ISBN 978-65-5518-619-2.

# ESG E HUMANIZAÇÃO

**ALEXANDRE SERAPHIM**

## 1  A jornada

O ESG (*Environmental, Social and Governance*) é resultado de uma longa jornada de amadurecimento das organizações, que criaram consciência das suas responsabilidades, e ampliaram a compreensão do papel que ocupam na sociedade. Esse movimento foi acelerado nas últimas décadas, e gradativamente as organizações passaram a incluir nas suas estratégias os interesses de múltiplos *stakeholders*, assumiram objetivos relacionados à preservação ambiental e responsabilidade social, desenvolveram um arcabouço de governança para estruturar e sistematizar esses avanços, e assim chegamos ao ESG. Todavia, essa jornada está apenas no começo, e a pauta da saúde mental e do *burnout* nos alertam para novos desafios a serem enfrentados.

Ao mesmo tempo que cresce a preocupação com os problemas de saúde mental e *burnout*, a temática da humanização ganha força, e palavras como *vulnerabilidade, humildade, compaixão* e *solidariedade* se tornam cada vez mais presentes no vocabulário do campo da gestão de empresas. Em grande medida, essas questões estão diretamente relacionadas, e a compreensão do fenômeno da desumanização é o elo de conexão.

A desumanização pode ser compreendida como a perda do afeto, da capacidade reflexiva e criativa do ser humano, marcada também pela perda de significado e sentido existencial, afetando a vida como um todo, dentro e fora do ambiente profissional. De acordo com Gallian, Pondé e Ruiz (2012),[1] a desumanização é uma consequência do excesso de racionalização e tecnificação da vida, fruto da matriz filosófica da modernidade, que tem orientado o desenvolvimento da humanidade nos últimos séculos, sendo Descartes um dos seus protagonistas.

As organizações são parte desse problema, mas também podem ser parte da solução. A burocracia, a pressão desmedida por resultados, a demasiada especialização e padronização contribuem com a desumanização. Por outro lado, o desenvolvimento da agenda ESG desperta a consciência para a humanização.

O ESG e a humanização são forças transformadoras que se originam de um lugar comum, pois derivam da reflexão e da mobilização afetiva. A ideia da sustentabilidade é motivada pelo propósito do legado que deixaremos para as gerações futuras, e a humanização coloca a sustentabilidade da nossa própria humanidade como objeto central. Nesse sentido, a responsabilidade socioambiental e a humanização são dimensões de mesma natureza que se completam e reforçam, uma olha para fora e para o coletivo, e a outra olha para dentro e para o indivíduo. Afinal, não é coerente uma organização promover estratégias de preservação do meio ambiente, ou apoiar ações sociais como diversidade e inclusão, e ser uma organização desumanizada, mas isso pode acontecer. Todavia, é bem menos provável que uma organização verdadeiramente humanizada seja ecologicamente e socialmente irresponsável. Nesse caminho, as empresas sustentáveis descobriram que fazer o bem para a sociedade e o meio ambiente é também muito bom para os negócios, e cada vez mais se confirma a correlação positiva entre responsabilidade socioambiental e performance. Da mesma forma, é bom para o negócio humanizar, pois aumenta o engajamento, a motivação, a atração de talentos e promove a criatividade.

Adiante, vamos examinar um pouco mais de perto como se movem essas engrenagens a partir de três reflexões apoiadas em publicações recentes. Primeiro exploraremos o impacto desumanizador da burocracia, apoiados na experiência de Hamel e Zanini com grandes corporações, refletida em *Humanocracia* (2021).[2] Em seguida, refletiremos

---

[1] GALLIAN, Dante; PONDÉ, Luiz Felipe; RUIZ, Rafael. Humanização, humanismos e humanidades: problematizando conceitos e práticas no contexto da saúde no Brasil. *Medica Review. Revista Internacional de Humanidades Médicas*, v. 1, n. 1, p. 5-16, 2012. Disponível em: https://doi.org/10.37467/gka-revmedica.v1.1293.

[2] HAMEL, Gary; ZANINI, Michele. *Humanocracia*. Rio de Janeiro: Alta Books, 2021.

sobre os efeitos da pressão por desempenho inspirados pelo pensamento filosófico do coreano Byung-Chul Han em *Sociedade do cansaço* (2017).³ No terceiro bloco, iremos em busca de respostas para esses desafios através de uma abordagem humanística, com base nas ideias que eu e o professor Dante Gallian apresentamos em *Responsabilidade humanística: uma proposta para a agenda ESG* (2022).⁴ No final, retomaremos a questão da oportunidade de integração da humanização na agenda ESG como parte da cultura das organizações.

## 2 Burocracia

Em uma cena do filme *Tempos modernos* vemos Chaplin como um operário brincando nas engrenagens de uma enorme máquina, escapando de ser esmagado e se divertindo no meio desse mecanismo ameaçador com humor e criatividade.

A especialização e padronização de tarefas, resultado da racionalização do trabalho nas linhas de produção, transformaram a indústria e elevaram a produtividade, mas cobraram um preço alto, tornando o trabalho cada vez mais repetitivo e menos criativo. Hoje, essas mesmas engrenagens operam nos escritórios de grandes corporações, acopladas em estruturas organizacionais hierarquizadas e verticalizadas, compondo assim o pesado mecanismo da burocracia.

O termo *burocracia* foi definido na época da Revolução Industrial, quando os negócios começaram a se expandir além das fronteiras regionais, e as organizações se tornaram maiores e mais complexas. Ao longo do tempo, empresas pequenas e familiares se tornaram corporações multinacionais com milhares de funcionários, e o mercado de capitais se desenvolveu. Essa mudança do modelo de negócio exigia menos improvisação e voluntarismo, mais processos, indicadores de performance e separação entre gestão e tarefas operacionais. A baixa qualificação dos trabalhadores foi contornada pela racionalização das tarefas, em todos os níveis. A burocracia deu resultado, e permitiu a construção das grandes organizações e instituições que conhecemos, mas, agora, em uma economia de mercado globalizada, que privilegia

---

³ HAN, Byung-Chul. *Sociedade do cansaço*. Tradução de Ênio Paulo Giachini. 2. ed. Petrópolis: Vozes, 2017.
⁴ GALLIAN, Dante; SERAPHIM, Alexandre. *Responsabilidade humanística*: uma proposta para a agenda ESG. Cotia: Poligrafia, 2022.

a inovação como diferencial competitivo e conta com trabalhadores altamente qualificados e exigentes, esse modelo já apresenta sinais de esgotamento. O desperdício de criatividade e o bloqueio do espírito empreendedor dos colaboradores, fundamentais para a inovação e o desenvolvimento das organizações, estão entre os principais fatores que explicariam esse efeito. Em *Humanocracia* (2021), Hamel e Zanini exploram essa questão destacando como a burocracia desumaniza as organizações, criando obstáculos para o ser humano praticar os seus dons naturais, e como a tecnologia lubrifica os mecanismos de comando e controle, contribuindo para aumentar o problema. Em uma estrutura burocrática, o sucesso na carreira tem mais a ver com a conformação do indivíduo ao sistema funcional da organização do que com a capacidade de desafiar o sistema, explorar oportunidades e promover a proatividade. Coragem para tomar riscos e inovar, humildade para reconhecer que não controlamos todas as variáveis que impactam o negócio e o afeto de que precisamos para a conexão com o próximo não entram no manual de formação de lideranças burocráticas. A cada volta dessas engrenagens da burocracia, as organizações mais se desumanizam. Porém, periodicamente, essas engrenagens emperram e precisam de uma manutenção de emergência. O alarme é dado pela perda de competitividade e entram em campo os consultores com suas caixas de ferramentas. O recrutamento de uma equipe externa geralmente é necessário, porque a lógica burocrática que rege a liderança dessas organizações gira justamente em torno do eixo da conformidade e não da mudança. Nesses momentos podemos reconhecer claramente os efeitos da deseconomia burocrática, que, semelhantemente ao conceito de deseconomia de escala, define um ponto a partir do qual regras, controles e hierarquia em demasia não só desumanizam, mas também são contraproducentes para o desempenho das organizações. Hamel e Zanini propõem práticas de gestão que operam na direção oposta da burocracia, como a redução de níveis hierárquicos, delegação de responsabilidades, empoderamento, estímulo à formação de grupos de trabalho multidisciplinares com autonomia para tomada de decisões. Todas essas iniciativas minimizam os efeitos da burocracia através da valorização da proatividade, empreendedorismo e contribuição criativa dos colaboradores, conferindo agilidade e versatilidade às organizações. Mas e se as raízes do problema forem ainda mais profundas?

E são! Mais do que rever modelos gerenciais, o que está em jogo é o próprio ser humano. Por isso, a reengenharia de processos, revisão de organogramas, descentralização do comando e flexibilização de controles devem também considerar na sua concepção e execução uma perspectiva antropológica, pois, do contrário, corre-se o risco de agravamento da desumanização. Por exemplo, uma mudança abrupta na atribuição de papéis e responsabilidades na construção de organizações horizontais *unbossed*, que não leva em conta a cultura e as diferenças individuais de competências, experiência e senioridade, assim como o balanceamento na redistribuição da carga de trabalho e a preparação adequada das pessoas para corresponder às novas expectativas, é uma receita para a desorientação, insegurança, ansiedade e, consequentemente, o *burnout*.

A humanização não deve ser pensada como mais uma prática de gestão focada na maximização de um recurso. Propostas que tenham como fundamento a humanização devem ser centradas nas pessoas em primeiro lugar, sendo a maximização da performance como consequência. A humanização requer cuidado, atenção e tempo, e mudanças organizacionais que são executadas sem um olhar que vá além dos processos e modelos gerenciais, provavelmente, produzirão a sobrecarga emocional, muitas vezes silenciosa e gradual, que alimenta os problemas de saúde mental. O excesso de simplificação na elaboração e condução de estratégias de humanização é um equívoco que se traduz na superficialidade de como esse tema é muitas vezes tratado, e podemos elencar alguns motivos para isso. Um deles é a própria desumanização dos formuladores dessas estratégias, que têm dificuldade para romper com o *mindset* desenvolvido na escola da modernidade. Outro motivo é a pressão por resultados de curto prazo, ou mesmo a utilização da humanização como revestimento de uma estratégia que na verdade tem como conteúdo outros objetivos.

Para evitar esses riscos, é fundamental não perder de vista que humanizar é sobre gente, e que o ser humano é complexo e deve ser compreendido por inteiro, não só pelas suas virtudes, mas também pelas suas vulnerabilidades. Humanizar é recuperar a capacidade de sentir, refletir e se transformar do ser humano, e para isso é necessário preparar o terreno, desenvolver um repertório cultural e intelectual que favoreça a reflexão e o afeto.

Construir uma organização de alta performance e genuinamente humanizada é um desafio, exige a ação em diversas frentes e a conciliação de dimensões aparentemente paradoxais. Quanto maior e mais complexa for a organização, menos pode-se prescindir de processos e controles, e por isso mesmo mais se precisa da humanização. A chave é o equilíbrio, e a tecnologia pode ser uma aliada, se aplicada com esse propósito. As empresas que já abraçaram o ESG estão mais próximas desse objetivo por afinidade de princípios, e a adoção de práticas de gestão que desobstruem os gargalos da burocracia, assim como a adoção de ações que promovem a qualidade de vida e o bem-estar, também movem a organização nessa direção. E se juntássemos tudo isso, tendo a humanização como fio condutor? Discutiremos mais adiante, mas antes vamos examinar outro desafio por uma perspectiva filosófica.

## 3 Pressão pelo desempenho

Assim como acontece nas fábricas onde a velocidade das esteiras rolantes é acelerada para aumentar a produtividade, no século XXI podemos imaginar esteiras rolantes virtuais com o seu ritmo cadenciado pelos KPIs (*Key Performance Indicators*) e rotinas corporativas, instrumentalizadas pela tecnologia digital ao alcance dos *smartphones*, rompendo os limites do tempo e do espaço físico do trabalho. O aumento contínuo da performance é um objetivo legítimo e necessário das organizações, o problema começa quando é exagerado ou implementado sem considerar devidamente o impacto no ser humano que faz parte desse processo. Endereçar essa questão se torna ainda mais necessário quando pensamos nas possibilidades abertas pelo avanço contínuo da tecnologia, e em particular, da inteligência artificial. Porém, esse problema está se tornando ainda maior do que parece, e de forma gradativa e sutil aprofunda ainda mais as raízes da desumanização, exigindo a nossa atenção e reflexão.

Em *Sociedade do cansaço* (2017), Byung-Chul Han compartilha uma visão da sociedade do século XXI, marcada pelo paradigma do desempenho. Segundo ele, o inconsciente social já incorpora naturalmente o desejo de maximização da produção, que é bem representado pela expressão *Yes We Can*. Essa expressão traduz um caráter de positividade da sociedade na qual o indivíduo, através dos seus projetos, iniciativa e motivação, é capaz de possibilidades ilimitadas. Essa concepção marca uma grande mudança em relação à sociedade do século XX, que, segundo Foucault, se baseava na disciplina e no controle de ação do indivíduo através de regras e leis, estabelecendo uma cultura de obediência.

A positividade do século XXI, por sua vez, confere uma liberdade ao indivíduo que o impele ao desempenho máximo, sem limites, como se tudo dependesse só dele, e nesse ponto precisamos ter atenção. O excesso de positividade transmitido pela ideia de que tudo podemos, ainda mais equipados com os avanços da tecnologia, cria uma autocobrança também sem limites. A desumanização, que no modelo disciplinar opera a partir de um agente externo, passa a operar no modelo do desempenho a partir de uma exigência do indivíduo consigo mesmo. Dessa forma, a desumanização é interiorizada e pode levar ao que Byung-Chul Han chama de *infarto psíquico*. Com base nessa reflexão, lideranças genuinamente humanizadas devem ter olhar cuidadoso e empático para as pessoas que serão afetadas por processos de reestruturação organizacional, especialmente na implementação de novos modelos de gestão que propõem mudanças abruptas na forma como o trabalho é organizado.

Byung-Chul Han também alerta que, em uma vida saturada de informação e pressão por desempenho, valorizamos exageradamente a hiperatividade e a capacidade de atenção multitarefas (*multitasking*). Para ele, essa atenção dispersa caracterizada por uma mudança de foco constante entre várias atividades e diversas fontes de informação e processos caracteriza um retrocesso civilizatório, que aproxima a sociedade humana da vida selvagem, em que os animais precisam dividir a sua atenção em diversas atividades em prol da sobrevivência. A cultura, em contraposição, suscita a atenção e concentração e restitui a capacidade contemplativa, fundamental para o processo criativo, o que nos leva à próxima reflexão.

## 4 Abordagem humanística

A jornada de humanização de uma organização atravessa diversos campos da gestão, em uma sequência que começa com questões muito básicas relacionadas às condições de trabalho como remuneração, benefícios e ambiente de trabalho, passa pela discussão de como a performance é gerenciada, pela valorização do comportamento ético e transparente, e alcança o desenvolvimento de lideranças mais sensíveis e próximas das pessoas. Organizações que avançam nessa direção têm um senso de propósito bem estabelecido, promovem a saúde e o bem-estar, e adotam o ESG como parte da sua estratégia corporativa. Podemos encontrar inúmeros bons exemplos de práticas gerenciais alinhadas com essa concepção, que visam aperfeiçoar a qualidade da gestão, formar lideranças conscientes, e melhorar a qualidade de vida das pessoas no ambiente de trabalho. Mesmo assim, há um caminho ainda pouco explorado que aborda a humanização sob uma outra perspectiva.

Em *Responsabilidade humanística: uma proposta para a agenda ESG* (2022), eu e o professor Gallian apresentamos uma abordagem para a humanização no ambiente corporativo fundamentada nas humanidades, que compreende a literatura, filosofia, as artes de forma geral. Essa proposta tem como alicerce uma metodologia de humanização baseada na leitura dos clássicos da literatura. Essa metodologia denominada Laboratório de Leitura (LabLei) foi desenvolvida para os alunos de Medicina e Enfermagem da Unifesp pelo professor Gallian, e é aplicada desde 2003. Em 2012 e 2013, replicamos essa metodologia experimentalmente na Natura e, com o sucesso da experiência, que confirmou o potencial humanizador das Humanidades no ambiente corporativo, abrimos um novo caminho de humanização para as organizações através de uma abordagem humanística.[5]

A abordagem humanística adota uma perspectiva antropológica para compreender a humanização, tomando como referência o conceito de "ampliação da esfera do ser" formulado por Montesquieu. Essa ampliação é resultante de uma experiência que envolve as três dimensões que, segundo Aristóteles, caracterizam o humano: o afeto, a inteligência e a vontade. Consideramos que as Humanidades são os agentes mobilizadores dessas dimensões através da experiência estético-reflexiva que provocam, e dessa maneira promovem o pensamento crítico.

Ao longo desses anos, coletamos e analisamos muitos depoimentos dos participantes do LabLei em empresas, documentados em entrevistas e pesquisas. Desses registros emergem consistentemente narrativas relacionadas ao sentimento de gratidão, promoção da reflexão, empatia e o estímulo à criatividade, que é matéria-prima da inovação. O aumento do engajamento, da motivação e do espírito de colaboração é outro desdobramento consistentemente observado.

---

[5] Essa experiência está descrita no artigo SERAPHIM, Alexandre; GALLIAN, Dante. Humanization in the corporate environment: the experience of the reading laboratory at Natura. *International Journal of Business and Marketing (IJBMKT)*, v. 8, n. 1, 2023.

## 5 ESG e humanização

Assim como aconteceu com a sustentabilidade, a humanização despontará cada vez mais como uma demanda da sociedade, e da mesma forma as organizações mais conscientes assumirão essa responsabilidade pioneiramente. Para essas organizações, a integração da responsabilidade humanística no rol das responsabilidades é uma oportunidade de proporcionar às pessoas mais do que desenvolvimento profissional e carreira, é ir mais longe e oferecer possibilidades de desenvolvimento humano.

A integração da humanização na agenda ESG pela abordagem humanística complementa a sustentabilidade e as boas práticas de gestão, e de igual maneira não está isenta de desafios. Um deles, é a conciliação entre humanização e os demais objetivos das organizações. As empresas privadas são empreendimentos que devem gerar lucro e buscar a eficiência continuamente, e a sustentabilidade financeira é uma precondição para a sua existência. Por isso, o equilíbrio entre a maximização da performance e a responsabilidade socioambiental e humanística é uma tarefa que exige muita maturidade das organizações, que é construída no longo prazo. Outro desafio é o *greenwash e socialwash*, termos utilizados para identificar distorções entre o discurso da sustentabilidade e a prática. Sabemos que há casos de organizações que adotam uma narrativa alinhada com os princípios da agenda ESG, porém, como estratégia de marketing e relações públicas, sem que estejam verdadeiramente comprometidas. Com a humanização também pode acontecer o mesmo; contudo, é improvável que o *humanowash* passe despercebido. A humanização deve ser genuína e começar pela liderança.

Por fim, a humanização só pode atingir o máximo do seu potencial e se sustentar, no longo prazo, se fizer parte da cultura organizacional. Esse é um processo gradual, sutil, e que requer muita sensibilidade e uma compreensão ampla e profunda de qual é o papel das organizações na sociedade. A integração da humanização na agenda ESG conduz nesse caminho.

# Referências

GALLIAN, Dante; PONDÉ, Luiz Felipe; RUIZ, Rafael. Humanização, humanismos e humanidades: problematizando conceitos e práticas no contexto da saúde no Brasil. *Medica Review. Revista Internacional de Humanidades Médicas*, v. 1, n. 1, p. 5-16, 2012. Disponível em: https://doi.org/10.37467/gka-revmedica.v1.1293.

GALLIAN, Dante; SERAPHIM, Alexandre. *Responsabilidade humanística*: uma proposta para a agenda ESG. Cotia: Poligrafia, 2022.

HAMEL, Gary; ZANINI, Michele. *Humanocracia*. Rio de Janeiro: Alta Books, 2021.

HAN, Byung-Chul. *Sociedade do cansaço*. Tradução de Ênio Paulo Giachini. 2. ed. Petrópolis: Vozes, 2017.

SERAPHIM, Alexandre; GALLIAN, Dante. Humanization in the corporate environment: the experience of the reading laboratory at Natura. *International Journal of Business and Marketing (IJBMKT)*, v. 8, n. 1, 2023.

---

Informação bibliográfica deste texto, conforme a NBR 6023:2018 da Associação Brasileira de Normas Técnicas (ABNT):

SERAPHIM, Alexandre. ESG e humanização. *In*: BORGES DE PAULA, Marco Aurélio (Coord.). *A hora e a vez do ESG*: provocações e reflexões em homenagem a Ricardo Voltolini. Belo Horizonte: Fórum, 2023. p. 65-74. ISBN 978-65-5518-619-2.

# ELEVAR A CONSCIÊNCIA DOS LÍDERES PARA VIVERMOS O ESG

**HUGO BETHLEM**

O título deste livro: *A hora e a vez do ESG – Provocações e reflexões*, já me instiga a escrever sobre a jornada longeva de Ricardo Voltolini. Sim, longeva de apenas 25 anos, mas que fala da temática sustentabilidade, desde o *triple bottom line* em 1992 até o ESG; este último oriundo da provocação de Kofi Annam, quando secretário-geral da ONU em 2005, fruto do evento "Who care wins". Ao longo deste período, temos visto a Ideia Sustentável se tornar a melhor "criatura" de seu "criador".

Disseminar conhecimento sobre temáticas tão sensíveis, mas tão necessárias para o letramento das pessoas, em especial dos líderes, sobre sustentabilidade (1992 a 2020) e ESG (2020 ao infinito), não deve ter sido tarefa simples, mas com certeza recompensadora, que se dá ao olharmos para trás e termos orgulho do caminho pavimentado, mas que nos instiga a olharmos para frente e dizer: "meu Deus, quanta coisa ainda temos por aprender, transmitir, fazermos juntos e evoluir".

Mas por onde começamos: "a hora e a vez do ESG"?

Entendo que o ideal seria partir de uma importante definição: qual o foco da empresa que deseja implantar os pilares do ESG? Na maximização do lucro do acionista, no curto prazo, muitas vezes às custas da dor, sofrimento e miséria dos demais *stakeholders* (partes relacionadas); numa empresa que agride e machuca as pessoas e o planeta, sendo uma ameaça à beira de destruir o meio ambiente e desestabilizar a sociedade? Ou em uma empresa que foca no seu propósito, cuidando de forma sustentável da vida e gerando riqueza de bem-estar a todos os seus *stakeholders*, de forma equânime, enquanto maximiza o lucro do seu acionista? Nesse caso, optando por ser uma empresa que cura e cuida das pessoas e do planeta e sendo uma das maiores invenções humanas e enorme fonte de prosperidade.

Essa escolha é claramente uma decisão de suas lideranças, uma vez que por trás de todo CNPJ existe um modelo de negócio e um CPF que faz escolhas e renúncias.

Mas se o modelo de negócio for alinhado à primeira opção acima, que é focar no curto prazo, implantar os pilares do ESG se tornará muito perigoso e dificilmente será verdadeiro, já que não é uma simples decisão operacional, ou seja, todos estão fazendo e nossa empresa também tem que dizer que faz ESG.

Mas se o modelo de negócio for a segunda opção, focar no longo prazo, implantar os pilares do ESG pode ser verdadeiro, desde que faça parte da cultura da empresa. Na verdade, essa empresa deverá praticar os pilares ESG como a sua licença para operar no planeta Terra.

Porém, estar apto a praticar os pilares do ESG não significa "sair fazendo".

Vamos considerar que todas as empresas, quando constituídas, celebram um "contrato social" que tem uma "razão social". Mas "social" com quem? Apenas com os sócios legais da constituição da empresa? Não! Com toda a "sociedade".

Vamos lembrar o art. 154 da Lei das S/A (Lei nº 6.404/76), que traz a seguinte redação: "O administrador deve exercer as atribuições que a lei e o estatuto lhe conferem para lograr os fins [leia-se o propósito] e no interesse da companhia, satisfeitas as exigências do bem público e da função social da empresa". O que se entende como "exigências"? Criar empregos dignos, pagar tributos, gerar riqueza para todos *stakeholders*, contribuir para o desenvolvimento econômico, social e cultural da comunidade, adotar práticas sustentáveis de proteção ao meio ambiente e recursos naturais, respeitar os direitos humanos e respeitar as leis e o Código de Defesa do Consumidor.

Mas isso, apesar de fundamental, não basta!

Simon Sinek relembra que "as leis são o mais baixo nível da ética", e isso não o torna um praticante dos pilares ESG.

Para mudarmos o jogo, deveríamos começar mudando a ordem das letras, de ESG para GSE, ou seja, começar pela *governança*, cuidar das *pessoas* (S) para que, juntos, cuidemos do *meio ambiente* (E).

Um outro autor e pensador americano, Dov Seidman, lembra-nos que "leis e regulamentações dizem o que você pode ou não fazer, mas valores dizem o que você deve fazer e; existe uma grande diferença entre fazer o que é permitido e fazer o que é certo".

E aqui ratifico um pensamento do próprio Ricardo Voltolini que tanto repete: "ESG não é apenas implantação de métricas, ESG é praticar a Cultura da empresa". O que diz o propósito da empresa? Como é a cultura e seus valores?

Quem não lembra de Peter Drucker, considerado o pai da administração e gestão modernas, em sua celebre frase: "A cultura come a estratégia como café da manhã"?

Em seu último livro *Empresas que curam*, Raj Sisodia – escritor, professor e cofundador do Conscious Capitalism, ratifica que as empresas têm escolhas conscientes para serem feitas e, caso não escolham o lado da "cura", de maneira consciente, escolherão o lado da dor.

Porém, quando escolhem o lado da cura, as empresas entregam valor à sociedade e ao meio ambiente, que retorna para a marca no curto prazo.

Mas com é escolher ser uma empresa que cura? É alinhar o propósito da empresa, a sua razão de ser, o porquê de ela existir, qual a necessidade das pessoas que ela se propõe a resolver, e qual a sua visão estratégica de longo prazo para proporcionar um impacto socioambiental positivo durante a sua jornada. Mas esse propósito deve ter performance de entrega de resultados financeiros, pois propósito sem resultado é uma frase sem sentido, afinal, uma empresa que não gera resultado positivo gera um desserviço social, como desemprego e falta de recolhimento de impostos. Por isso, sempre tenha um propósito com resultado e um resultado com propósito, não é um ou outro, são ambos.

Mas quem vai garantir que o propósito seja alinhado com todos *stakeholders* e que o resultado financeiro e o impacto socioambiental positivo sejam garantidos e entregues? A liderança! Mas Peter Drucker disse que "apenas três coisas acontecem naturalmente nas empresas: fricção, confusão e baixa performance, para todo resto precisamos de liderança".

Mas que tipo de liderança? Uma liderança consciente que cuide das pessoas para que juntos cuidemos do meio ambiente.

Liderança é como a paternidade/maternidade, é uma escolha. Algumas pessoas querem e outras não, algumas têm vocação e outras não, algumas têm a humildade de querer evoluir e serem líderes melhores e outras não. Mas a escolha é para a vida, pois, ao entrar na jornada da liderança, nunca mais saímos e estamos em constante evolução a cada passo que damos.

Praticar uma liderança consciente requer alguns requisitos básicos, que todo líder deve praticar: pensar e agir como dono; focar no que acredita; tomar atitudes tendo ponderado todos os prós e contras; ter uma visão de gerar valor para as outras pessoas, ou seja, no intuito legítimo de servir; e preparar outras pessoas com esses princípios para liderar.

Venho de uma carreira inteira voltada ao varejo, e "servir" é o lema do varejista. Por isso, não gosto dos desenhos tradicionais de um organograma, que parecem um "monstrinho" cheio de perninhas e uma cabecinha pequena. Para mim, o organograma de uma empresa deve ser representado apenas por dois círculos, um dentro do outro.

Do lado de fora dos círculos estão os clientes, *stakeholders* que investem no seu negócio, por meio da compra de bens ou serviços e, para eles, devemos ter pessoas na empresa que os servem, como as áreas de operações, vendas, comercial, atendimento etc. Mas para suportar o melhor "servir" destas pessoas, a empresa tem as áreas de apoio, como gente e gestão, finanças, marketing, tecnologia de informação, *supply chain*, contabilidade etc. que devem "servir" quem serve. Ou seja, no meu organograma simplificado, só existem duas posições, ou você "serve" os clientes, que investem na empresa comprando bens ou serviços, ou "serve" quem serve esses clientes. Caso você não se enquadre em nenhuma das duas posições, você não serve para a empresa.

Mas o "servir" no papel do líder é muito mais amplo.

Por isso devemos repensar nosso papel como líderes: por que existimos? O que fazemos? Como fazemos? Quem somos como líderes? Qual o nosso horizonte de tempo (pensamos somente no curto prazo, maximizando o retorno e lucro do acionista, nesse caso, às custas da dor, miséria e sofrimento de alguns *stakeholders*. Ou pensamos no longo prazo para construir valor a todos *stakeholders*, enquanto maximizamos o retorno e lucro ao acionista)? E qual é a nossa definição de sucesso? Fama e dinheiro no curto prazo podem até ser legais, principalmente para o ego, mas, e para o eco? Devemos formatar nossa visão de sucesso como o impacto positivo que geramos na vida das pessoas ao longo de nossa jornada como líderes.

A liderança consciente é servidora! Sendo definida como uma pessoa que prioriza a necessidade dos outros, extraindo a sua autoridade do impulso sincero de ajudar.

Praticar uma liderança consciente não é levar as pessoas nas costas e fazer as coisas por elas, mas levar as pessoas no coração, mostrar e orientar o caminho a ser seguido, acompanhar sua evolução, cobrar resultados e dar *feedbacks* sinceros e construtivos, porque isso cria um enorme senso de pertencimento, que começa quando geramos um profundo senso de missão e propósito compartilhados. Mais do que apenas tarefas para as pessoas executarem, líderes conscientes devem dar algo para elas acreditarem.

Tudo isso, para começarmos a falar de ESG (*environmental, social and governance*), mas como não gosto de usar anglicismos desnecessários, deveria ser o ASG (ambiental, social e governança), que pessoalmente acredito que "não vai pegar"; então criei uma versão em português para o ESG – *ecoambiental, social e governança*.

Feita a consideração, vamos ao ponto mais importante, tanto exaltado pelo Ricardo Voltolini, ESG não é apenas uma questão de *compliance*, não é apenas preencher relatórios de GRI ou qualquer outro demandado pelos organismos reguladores e principalmente mercado financeiro, não é apenas ter mulheres em cargos de liderança (isso deveria ser o mínimo esperado) nem cuidar do jardim da praça em frente à sede da empresa (isso também é o mínimo esperado), ESG é muito mais profundo e deveria ser GSE, como já citei anteriormente. Pois começar pela governança seria um ótimo princípio para evitar que ações no social e no ecoambiental fossem apenas de fachada, inclusive aumentando significativamente os riscos da empresa, podendo ferir de morte a imagem da sua marca.

ESG é uma questão de cultura. A empresa precisa ter propósito, valores e cultura que garantam o entendimento e alinhamento de todos os *stakeholders*, na prática de uma "licença de operar" no planeta Terra, baseada na vivência efetiva dos pilares do ESG; e alinhar o propósito à visão estratégica da empresa para gerar impacto socioambiental positivo.

Por isso, viver efetivamente os pilares do ESG é tão complexo para a grande maioria das empresas. Pois, além da cultura como pilar fundamental, as práticas ESG consolidam a governança para que sirva ao propósito sustentável, cuidando do resultado financeiro da mesma forma que cuida dos temas sociais e ecoambientais. É sobre manter o equilíbrio entre a proteção ao meio ambiente, o progresso, a diversidade e a inclusão das pessoas & a geração de resultado e valores compartilhados com ética e transparência de maneira sustentável.

Por que enfatizamos a importância de implantar e viver os pilares ESG como um tema fundamentalmente ligado à cultura? Pois parte da necessidade de alinharmos 5 passos estratégicos e trabalharmos para que aconteçam de forma efetiva:

- Humildade – reconhecer, como companhia e liderança, que não conhece a situação da empresa nos pilares ESG e que deve iniciar um trabalho por meio de um diagnóstico independente, que retrate de forma profissional e isenta, onde a empresa se encontra.
- Arrojo – a partir do diagnóstico, ter a coragem de definir metas ousadas, mas realizáveis da empresa, para cada um dos pilares do ESG. Não olhar a concorrência, afinal, não existem *benchmarks* para seu negócio, pois ele é único. Defina metas factíveis e motivadoras.
- Integração – envolver todos os *stakeholders*, começando pelos colaboradores, para engajá-los, pois não se muda o jeito de se operar num modelo linear para circular sem esse envolvimento e compartilhamento de todos sobre as metas e negociações 1:1 para viabilizar as mudanças e definir os prazos.
- Autonomia – o poder das pessoas em adequar seu trabalho ao ambiente da empresa, se sentido empoderadas para tomar as decisões necessárias para executar as mudanças demandadas para a transformação e atingimento dos objetivos.
- Vulnerabilidade – a empresa tem que garantir um ambiente seguro para inovar, pois, ao realizarmos coisas diferentes daquelas que estamos acostumados, vamos enveredar por caminhos tortuosos e desafiadores e errar será inevitável e parte do aprendizado. Por isso, onde não se permite o erro, não se inova e não se evolui.

Mas se implantar os pilares do ESG é uma questão de cultura, por que tão poucas empresas estão fazendo e principalmente fazendo certo?

O Capitalismo Consciente Brasil, juntamente com o Sistema B, acredita que o nosso principal problema é a necessidade de vivenciarmos, na prática, os 17 ODS (Objetivos do Desenvolvimento Sustentável) da Agenda 2030 da ONU, e para isso precisamos do ODS #Zero, ou seja, "Elevar o grau de consciência dos líderes".

Isto porque um advogado ambientalista americano, Gus Speth, declarou com muita propriedade:

os principais desafios ambientais e sociais NÃO são as mudanças climáticas, a perda da biodiversidade, o colapso dos ecossistemas e as desigualdades sociais. Isto talvez com trinta anos de ciência e tecnologia poderiam ser solucionadas, mas os principais desafios ambientais e sociais são o egoísmo, a ganância e a apatia e, para lidar com eles precisamos de uma transformação cultural, espiritual e moral.

Chegamos à necessidade de definir os 17 ODS por conta de nossas escolhas do passado, sempre focadas no paradigma escassez x egocentrismo. Fizemos tudo errado. As leis da natureza já nos mostravam que se fundamentam na cooperação, dado que a organicidade da vida nunca pode ser individualista. Por isso, precisamos mudar nosso foco de competição para cooperação, em que buscamos gerar valor para todos numa relação ganha/ganha/ganha.

Até pouco tempo, eu defendia essa mudança apenas como uma decisão do indivíduo, mas sem uma metodologia clara para buscarmos elevar o *ser* dentro de cada um de nós, que nos permitisse executar os 17 ODS por meio do *fazer*.

Há pouco tempo, conheci um grupo de cientistas, empresários, pensadores e acadêmicos dos países escandinavos, que criaram o IDG – Inner Development Goals (ODI – Objetivos de Desenvolvimento Interno), uma organização sem fins lucrativos para o desenvolvimento humano interno.

Criado a partir de 5 pilares e 23 ações, os passos são necessários para elevar o *ser* dentro de cada líder, e tem uma sequência lógica, muito interessante de ser aplicada:

- Ser – desenvolver a relação consigo mesmo por meio da:
  – bússola interna,
  – integridade e autenticidade,
  – receptividade e mentalidade de aprendiz,
  – autoconsciência e
  – presença.
- Pensar – desenvolver nossas habilidades cognitivas por meio de:
  – pensamento crítico,
  – percepção da complexidade,
  – perspectiva,
  – significação e
  – orientação em longo prazo e visão.

- Relacionar – importar-se com o outro e com o mundo por meio de desenvolver:
  – apreciação,
  – conexão,
  – humildade e
  – empatia e compaixão.
- Colaborar – desenvolver as habilidades sociais:
  – comunicação,
  – cocriação,
  – mentalidade inclusiva e competência intercultural,
  – confiança e
  – mobilização.
- Agir – para liderar mudanças:
  – coragem,
  – criatividade,
  – otimismo e
  – perseverança.

A Agenda 2030 está no nosso cotidiano, não depende de uma grande ação de impacto, mas de uma atitude protagonista de escolhermos, diariamente, caminhos que podem nos aproximar ou nos afastar dessa agenda.

Porém, ao decidirmos nos aproximar, criamos ações efetivas para acabar com a pobreza extrema, promover a prosperidade e bem-estar para todos, proteger o meio ambiente e combater as mudanças climáticas.

Não podemos esquecer que as empresas são, ao mesmo tempo, os criadores dos problemas socioambientais e os potenciais curadores e provedores das soluções mais sustentáveis, mas, como dizia o físico alemão Albert Einstein, "não existe nada mais irracional que esperar resultados diferentes, fazendo as mesmas coisas". Por isso, cabe às empresas permitir que a invocação seja praticada para que possamos desenvolver essas ações de transformação.

"O bom é que a cada dia entra no mercado de trabalho um jovem ou uma jovem que irá tomar a maioria de suas decisões profissionais baseados nos pilares do ESG e, vai se aposentar uma pessoa que achava que tudo isso era uma grande bobagem. Esse é um processo crescente e irreversível", como profetisa Fabio Barbosa, presidente da Natura & Co.

Mas, será que ao falarmos de capitalismo, em especial de capitalismo consciente, conseguimos provar para os investidores, acionistas e executivos que aplicar os pilares ESG, como licença de operar nossos negócios no planeta Terra, dá mais resultado financeiro e retorno para eles? E a resposta é *sim*, sem dúvida, como aponta há quatro anos a pesquisa Empresas Humanizadas, com o *rating* de ESG que qualifica as empresas "Melhores para o Brasil".

Essa pesquisa foi encomendada pelo Capitalismo Consciente em 2018, quando estava cansado de somente ter *cases* de empresas americanas e europeias para contar, e sentia muita falta de "causos" de empresas brasileiras. Fui apresentado ao Prof. Pedro Paro, da USP de São Carlos, que, incomodado com os escândalos revelados pela Operação Lava Jato, buscava um tema de impacto para a sua tese de doutorado. Bingo, o encontro da necessidade corporativa com a capacidade acadêmica gerou a primeira pesquisa Empresas Humanizadas Brasil, publicada em 2019, com 22 empresas não ranqueadas, mas que por si só tinham um índice de retenção de seus talentos e uma fidelização de seus clientes muitíssimo maior que a média das empresas negociadas da B3 – a Bolsa de Valores do Brasil.

Dessa primeira pesquisa, inclusive, editamos um livro 100% brasileiro, escrito pelo jornalista Rodrigo Caetano e pelo próprio Prof. Pedro Paro, denominado *Empreendedorismo consciente*.

De lá para cá Pedro Paro concluiu seu doutorado e fundou a *startup* de pesquisa e tecnologia em que criou o *rating* Humanizadas e vem desenvolvendo, com grande profundidade e comprovação acadêmica e estatística, a pesquisa *multistakeholders* "Melhores para o Brasil".

Na edição de 2023, com base na pesquisa com 198 empresas brasileiras em 2022, num recorte muito significativo (juntas essas empresas faturam R$221 bilhões, empregam mais de 108 mil colaboradores, atendem mais de 51 milhões de clientes e negociam com mais de 232 mil fornecedores), o *rating* ESG, que tem 11 níveis – indo do E ao AAA –, identificou 87 empresas que conseguiram *ratings* BBB até AA e que foram denominadas "Melhores para o Brasil", comprovando com dados que realmente vale praticar os pilares ESG.

A pesquisa abrange quatro pilares fundamentais:

- Avaliação de *stakeholders*, usando o CBA (*Conscious Business Assessment*), garantindo atingimento das taxas amostrais por público e respeitando políticas de privacidade e segurança, além de auditoria de dados.

- Avaliação de impacto ESG – análise de dados públicos, indicadores de impacto e práticas ESG (ecoambiental, social e governança) das organizações, para comprovar os resultados da avaliação de impacto nos *stakeholders*.
- Auditoria de avaliação – realizada auditoria da avaliação completa por comitê técnico da Humanizadas, visando garantir a segurança e a confiabilidade das amostras e resultados obtidos, monitorando a evolução de cada organização.
- Entrega do *rating* ESG – após aprovação da avaliação em auditoria, as organizações recebem o *rating* Humanizadas e decidem torná-lo público ou não. Organizações com *ratings* BBB, A, AA e AAA ficam elegíveis ao "Melhores Para o Brasil", como já mencionado.

Os *ratings* fortalecem a confiança e a transparência das relações entre a empresa e seus *stakeholders* como:

- investidores e acionistas,
- governança e gestão,
- clientes e consumidores,
- colaboradores e lideranças,
- parceiros de negócios e
- sociedade, governo e outras instituições.

E os resultados específicos da pesquisa 2023 (22) são impactantes na confirmação de que empresas que praticam os pilares do capitalismo consciente têm melhores resultados de imagem, marca, reputação e financeiros, porque (sempre "Empresas Melhores para o Brasil" x média do mercado brasileiro):

- têm o menor *turn-over* do mercado (15% x 48%);
- os clientes e consumidores estão 98% mais satisfeitos (85% x 43%);
- os fornecedores e parceiros estão 95% mais otimistas com o futuro (86% x 44%);
- possuem 164% maior atenção em cuidados com práticas ambientais (64% x 27%).

Ora, vistos esses resultados, qual deveria ser o retorno dos acionistas e investidores no longo prazo (média de 12 anos)? Melhor ou pior que daquelas empresas que não praticam os pilares do capitalismo consciente e as práticas efetivas do ESG? A pesquisa comprova de maneira científica e acadêmica que as "Empresas Melhores para o Brasil" geram um retorno para seus acionistas e investidores de 615% a mais que a média das empresas na B3 e no ISE. Ou seja, fazer o certo e o bem dá certo e faz bem!

As empresas podem escolher um dos 3 Cs para mudar seus negócios para um modelo de capitalismo consciente tendo a sua licença de operar baseada nos pilares do ESG:

- Por convicção – ser o protagonista das mudanças, dar o exemplo, deixar um legado e custar mais barato.
- Por *compliance* – a lei chegou! Tem que fazer! Perde o protagonismo, passa a ser um seguidor, o que já é mais caro, mas ainda viável.
- Por constrangimento – muda porque todos mudaram, a empresa vai perder a relevância e será esquecida, além de penalizada pelos *stakeholders*, custará muito mais caro, mas tem que fazer!

Mas não precisa ser assim, pois a liderança sempre dá o tom. O líder faz escolhas e renúncias que aproximam ou afastam a empresa da perpetuidade e sucesso sustentável. Mais do que apenas tarefas para as pessoas executarem, líderes devem dar algo para as pessoas acreditarem! Por isso, sempre cuide das pessoas para que elas cuidem da empresa. Considere, como líder, que na empresa:

- todos querem contribuir: acredite neles;
- líderes estão em todas as partes: encontre-os;
- todos têm conquistas grandes ou pequenas: celebre-as;
- alguns gostariam de fazer de uma forma diferente: escute-os;
- todas as pessoas são importantes: demonstre de verdade.

Entenda que sucesso vai muito além de fama e do dinheiro. O sucesso verdadeiro deve ser medido pela forma como impactamos, como líderes, a vida das pessoas.

"Nem tudo que é encarado pode ser resolvido, mas nada poderá ser resolvido se não for encarado", já dizia James Baldwin, romancista e escritor americano.

Acho que isso reflete a jornada incansável do Ricardo Voltolini ao longo desses 25 anos de Ideia Sustentável, o de transformar o jeito de se fazer investimentos e negócios no Brasil para práticas mais sustentáveis, éticas e humanas.

Como disse Richard Branson: "somos um pequeno grupo de pessoas inconformadas que simplesmente não aceita o inaceitável". Como não existe "desrealizar", ao realizar, deixe um legado que gere um impacto positivo na vida das pessoas e do planeta, como nosso amigo Ricardo tem feito.

Informação bibliográfica deste texto, conforme a NBR 6023:2018 da Associação Brasileira de Normas Técnicas (ABNT):

BETHLEM, Hugo. Elevar a consciência dos líderes para vivermos o ESG. In: BORGES DE PAULA, Marco Aurélio (Coord.). A hora e a vez do ESG: provocações e reflexões em homenagem a Ricardo Voltolini. Belo Horizonte: Fórum, 2023. p. 75-86. ISBN 978-65-5518-619-2.

# AMOR & ESG: PONTE PARA A TRANSFORMAÇÃO

**FÁBIO RISÉRIO**

Quando recebi o convite para escrever este artigo, estava trabalhando em projetos que envolviam muitas empresas e muitos *stakeholders*: representantes do governo local, da sociedade civil, fornecedores, acadêmicos, entre outros. Era um grupo diverso, no que diz respeito à escolaridade, classe social, visão de mundo e, portanto, muito rico e desafiador. Essas pessoas aceitaram um convite para, juntas, criar referências de como as empresas, em parceria com a sociedade civil e o governo, podem ter um impacto realmente transformador nas regiões onde atuam.

A pergunta mais crucial que usávamos neste contexto era: como ir além de uma atuação orientada para as boas práticas de ESG (ambiental, social e governança), para criar uma verdadeira transformação nas empresas e na sociedade?

O que devemos fazer para que as nossas tentativas de mudança não emperrem ou falhem? O que é preciso fazer para que nossa atuação seja mais efetiva?

É preciso reconhecer que não existem fórmulas prontas para transformar a nossa realidade, porque os desafios com os quais temos que lidar (corrupção, mudanças climáticas, pobreza, fome, entre tantos outros) são desafios que não aceitam soluções prontas, criadas em laboratórios ou escritórios. Para lidar com estes desafios, devemos caminhar por entre eles, de preferência acompanhados de todos os envolvidos na transformação e com os nossos impulsos de amor.

Entender o amor no contexto da consolidação do ESG é fundamental, pois nos ajuda a enxergar dinâmicas socioeconômicas que existem em nosso país e que dificultam, e até impedem, que transformações ambientais e sociais tão necessárias e urgentes aconteçam.

Quantos de nós já participamos de iniciativas em que o sentimento do amor não estava verdadeiramente presente e o resultado não foi positivo? E quantos de nós já participamos de projetos, eventos, reuniões em que havia amor entre os participantes, porém sem levar a uma transformação significativa?

Como utilizar o amor como facilitador de processo de consolidação do ESG nas empresas, nos mercados e na sociedade como um todo?

Na tentativa de responder a esta pergunta, recorro à definição trazida pelo biólogo cognitivo chileno Humberto Maturana, que trabalhou com Peter Senge na sociedade para o aprendizado organizacional:[1] "O amor é o domínio dos comportamentos relacionais por meio dos quais outros (uma pessoa, um ser, uma coisa) despontam como outro legítimo em ecoexistência conosco".

E também do psicanalista junguiano Robert Johnson:[2] "O amor é o único poder que desperta o ego para a coexistência como algo fora de si mesmo".

Essas duas definições são convergentes com a do teólogo americano Paul Tillich:[3] "O amor é o impulso do conhecimento, do respeito e da ajuda ao outro, reunindo o que está separado".

Na mesma linha deste raciocínio, o consultor canadense Adam Kahane[4] sugere que, para resolver problemas complexos, como são os trabalhados pelas iniciativas de ESG, é preciso cocriar novas realidades ambientais e sociais, aceitando o pressuposto que é inerente a todo ser humano: além do poder, é preciso ter a presença do impulso do amor que lida com conexões e comunidades.

Não se pode prescindir do impulso, porque o mundo em que vivemos é um mundo cada vez mais plural, mais diverso e de ideias fortes, antagônicas e polarizadas. E é exatamente esse contexto, de

---

[1] MATURANA, Humberto; BUNNELL, Pille. The biology of business: love expands intelligence. *Reflections*, n. 2, 1999.

[2] JOHNSON, Robert. *We*: understanding the psycology of romantic love. Nova York: HarperOne, 1983. p. 191.

[3] TILLICH, Paul. *Love, power and justice*: ontological analyses and ethical applications. Nova York: Oxford University Press, 1954.

[4] KAHANE, Adam. *Poder & Amor*: teoria e prática da mudança social. São Paulo: Editora Senac, 2010.

vozes diferentes e de grande diversidade, que gera a complexidade e é a principal razão para não fazermos escolha entre o poder e o amor, e sim nos valermos dos dois.

Ainda caminhando pela experiência de Kahane,[5] o autor alerta que o impulso do amor tem dois lados: o generativo e o degenerativo.

O lado generativo do amor é o impulso do conhecimento, do respeito e da ajuda ao outro, a união do que está separado. E o que faz as pessoas se envolverem de maneira profunda é a capacidade enorme de sermos prestativos e generosos, independentemente de laços afetivos. O lado positivo do amor é a predisposição permanente, no sentido de ajudar aqueles com os quais interagiam a se tornarem cada vez mais plenos.

O amor é entendido como uma predisposição na direção de ajudar outra pessoa a tornar-se completa e a desenvolver seu potencial. Amor não é algo que, de repente, nos arrebata, é um ato de vontade. O amor é o impulso do conhecimento, do respeito e da ajuda ao outro, reunindo o que está separado.

Já o lado degenerativo do amor manifesta-se com a imobilidade diante dos problemas mais difíceis. Fixa os seus esforços apenas no diálogo, não levando em conta a necessidade de reconhecer a existência de um poder que, por vezes, se faz necessário.

Muitas vezes, o fracasso do diálogo encontra-se na falta ou ausência de mecanismos que possam institucionalizá-los; e desta forma trazer legitimidade. O amor sem poder é muito arriscado, dado que o poder é uma realidade que pode estar oculta, jamais ausente. E, por isso, o amor se torna degenerativo, pois abafa, reprime e silencia as distintas opiniões e ideias dos indivíduos, impedindo a autorrealização.

Colocado as definições do amor, a sua importância na cocriação de transformações ambientais e sociais e também os seus dois lados, retomamos à pergunta central do nosso artigo: como podemos exercer o amor na superação dos maiores desafios na consolidação do ESG nas empresas?

Na tentativa de responder-lhe, iremos utilizar os estudos de Charles Hampden-Turner,[6] pesquisador da Universidade de Cambridge: "O que faz os valores do amor e do poder parecer tão contrastantes é

---

[5] KAHANE, Adam. *Poder & Amor*: teoria e prática da mudança social. São Paulo: Editora Senac, 2010.
[6] HAMPDEN-TURNER, Charles; TROMPENAARS, Fons. *Riding the waves of culture*: understanding diversity in global business. Nova York: Nicholas Brealey Publishing, 2020.

que nos são apresentados ao mesmo tempo. Na realidade, o tempo é usado para mediar esses contrastes".

Nesse sentido, é necessário aprender a usar o amor no enfrentamento dos desafios ambientais e sociais empresariais como aprendemos a andar. Não podemos andar em uma perna só, do mesmo modo que não podemos enfrentar nossos desafios sociais e ambientais mais sérios apenas com amor ou simplesmente sem ele. Mas andar com as duas pernas não significa mover as duas pernas ao mesmo tempo nem estar sempre estável e equilibrado. Pelo contrário, andar significa mover primeiro uma perna e depois a outra e estar sempre em um equilíbrio dinâmico.

Esse contexto pode ser facilmente notado diante de um desafio ESG numa empresa: quando não há amor ou quando o amor é o único impulso presente, caímos. E quando conseguimos equilibrar e alternar o uso do amor, avançamos.

E o que devemos fazer para equilibrar o impulso do amor neste contexto?

Quando estamos envolvidos em iniciativas ESG, em que não há o impulso do amor, precisamos despertá-lo. No contexto de uma iniciativa com muitos atores para enfrentar um desafio ambiental e social, isso significa privilegiar processos de integração, como reuniões, encontros ou grupos de discussão, que reúnam e conectem os atores que estão separados e os ajudem a enxergar a situação que compartilham de maneira mais empática e holística.

Quando o impulso do amor é predominante, devemos prestar atenção no poder e fortalecê-lo. Isso significa privilegiar os processos de individualização dos atores. Entre esses, incluem-se processos que dão aos atores poder de reconhecer, escolher e agir no sentido de sua autorrealização.

Em nossas iniciativas ESG, precisamos ser capazes de evitar ir tão longe com os projetos a ponto de perder contato com o impulso do amor, ou tão longe com o nosso amor a ponto de perder contato com os projetos. Isso requer ampliar nossa consciência sobre e perceber como estamos exercendo nosso amor e com que resultados.

O atual panorama dos desafios ambientais e sociais do nosso planeta pede, ou, melhor, exige uma profunda mudança de comportamento das empresas, e muitos acreditam que o ESG é o grande indutor desta transformação. Para isso, faz-se necessária a improvável, mas não impossível, a presença do amor nestas iniciativas.

Pois, se escolhermos apenas o amor ou a total ausência dele, ficaremos imobilizados, apenas recriando as realidades existentes, ou pior. Se quisermos criar novas e melhores realidades, precisaremos aprender a integrar o amor nas iniciativas ESG das empresas.

Portanto, se quisermos ter sucesso em nossas iniciativas ESG para criar novas realidades ambientais e sociais nas empresas, não podemos deixar de considerar o amor neste contexto.

Como afirmou Luther King,[7] "o poder sem o amor é imprudente e abusivo, e o amor sem o poder é sentimental e anêmico".

E acreditamos que é exatamente essa dicotomia entre o poder sem amor e o amor sem poder que constitui um dos maiores desafios da consolidação do ESG nas empresas. E, se conseguirmos avançar na construção desta ponte, será possível dela nascerem pessoas, empresas e governos interessados em avançar na transformação de que tanto precisamos.

---

Informação bibliográfica deste texto, conforme a NBR 6023:2018 da Associação Brasileira de Normas Técnicas (ABNT):

RISÉRIO, Fábio. Amor & ESG: ponte para a transformação. In: BORGES DE PAULA, Marco Aurélio (Coord.). *A hora e a vez do ESG*: provocações e reflexões em homenagem a Ricardo Voltolini. Belo Horizonte: Fórum, 2023. p. 87-91. ISBN 978-65-5518-619-2.

---

[7] Martin Luther King Jr. fez um discurso chamado "Para Onde Vamos A Partir Daqui" (Disponível em: https://vimeo.com/11154217?embedded=true&source=video_title&owner=3655387).

# OS PROFISSIONAIS DO ESG E SUSTENTABILIDADE

## MARCUS H. NAKAGAWA

## 1 Introdução

O movimento do desenvolvimento sustentável no mundo corporativo por meio da sustentabilidade empresarial e do ESG está tendo um aumento exponencial. Vemos grandes organizações, investidores, matérias de jornais, revistas, eventos e textos sobre estas temáticas tão fundamentais para as empresas, pessoas e o planeta.

O desenvolvimento sustentável é um desafio em comum para as diferentes nações mundiais. Transmitir informações e comunicar o mundo sobre os objetivos de desenvolvimento sustentável pode colaborar com a disseminação do interesse de governos e organizações privadas para fomentar práticas de sustentabilidade.

Nesta discussão, é obrigatória a inclusão dos Objetivos do Desenvolvimento Sustentável (ODS) da ONU. Os limites ambientais e sociais para a convivência entre os seres humanos dentro do planeta estão se mostrando cada vez mais próximos e alguns já foram ultrapassados. Com a multiplicação exponencial de informações via mídias digitais, internet, *self broadcasts*, entre outras, as pessoas estão sendo bombardeadas por notícias com uma grande concorrência para a temática do desenvolvimento sustentável. Neste momento, após uma epidemia globalizada que necessitou uma base sólida de informações, evidenciamos a importância de conteúdos verdadeiros para uma proteção e acertada tomada de decisão para as questões sociais e ambientais. As instituições tradicionais e as novas digitais foram questionadas, trazendo de volta a credibilidade jornalística. Este fator somado à emergência climática e ao desenfreado modelo de consumo insustentável mostra a verdadeira necessidade de conteúdos verdadeiros como vetor para a compreensão, educação e ação para focarmos em um desenvolvimento sustentável.

Precisamos de mais e mais produção acadêmica, de conteúdo consistente, como este livro, para que a disseminação do ESG e da sustentabilidade entre na cultura corporativa e realmente vire uma gestão revolucionária e regenerativa.

A trajetória do Ricardo Voltolini e da Ideia Sustentável é um destes exemplos de construção de conhecimento e disseminação de conteúdos de educação e qualidade. Muitos aprendizados em todos os seus livros, *sites*, aulas e afins foram fundamentais para que este tema do desenvolvimento sustentável se sedimentasse no país. Que este livro seja mais uma forma de multiplicar e consolidar ainda mais o conhecimento desta temática que urge no planeta.

## 2 O desenvolvimento sustentável

O desenvolvimento sustentável, as mudanças ambientais e o impacto na sociedade estão sendo debatidos em todos os âmbitos organizacionais, passando pelas empresas, escolas, veículos de comunicação, mídias sociais, governos, países e organizações internacionais. Moran (2011) coloca que é um grande desafio compreender as mudanças ambientais e as dimensões humanas a elas subjacentes nestes primeiros anos do século XXI. O autor afirma que para este entendimento são necessárias equipes de pesquisa compostas por vários acadêmicos de tipos de disciplinas diversas dentro da área social e biofísicas. A divisão clássica entre ciências sociais e naturais pode ser um problema ampliado. Moran (2011) cita a teoria malthusiana, escrita por Thomas Robert Malthus na virada do século XIX, sobre ambiente e população, que, sem fome, doenças ou limites de fecundidade, as populações humanas crescem em progressão geométrica; e a produtividade da agricultura cresce linearmente (MALTHUS, 1989). Malthus argumenta que o crescimento populacional superaria a capacidade de provisão do ambiente e que a escassez de recurso provocaria a diminuição da população por causa da fome, das doenças e dos conflitos de terra. Porém, Moran (2011) apresenta falhas na teoria malthusiana, inserindo as questões de inovação agrícola, para a sua produtividade. E, citando o relatório do estado do conhecimento da Academia Nacional de Ciências (National Academy of Sciences – NAS) (NRC, 2005), coloca que o crescimento populacional, a densidade, a fecundidade, a mortalidade e a composição etária/de gênero das unidades domésticas influenciam as mudanças do uso e cobertura da terra. Complementarmente, Moran (2011) mostra que pesquisas recentes também revelam que a condição da cobertura da terra é afetada por políticas de assentamento da terra, construção de estradas, forças de mercado e características da área biofísica. Moran (2011) reforça que o tamanho e a configuração espacial das áreas urbanas têm impacto direto sobre a energia e os fluxos de materiais, como emissões de carbono e demandas de infraestrutura, afetando assim o funcionamento da Terra como sistema.

Já Diamond (2018) evidencia que toda sociedade moderna depende da extração de recursos naturais, sejam recursos não renováveis (como petróleo e metais), sejam renováveis (como madeira e fontes de energia limpa), e que as economias de dezenas de países dependem pesadamente da indústria extrativista. Devido ao fato de um projeto de extração de recursos geralmente exigir desde o começo grandes investimentos de capital, a maior parte é feita por grandes empresas (DIAMOND, 2018). Diamond (2018) comenta que os ambientalistas acusam as empresas de prejudicar as pessoas, comprometendo o ambiente, e rotineiramente colocando os interesses financeiros das empresas acima do bem público. Por outro lado, as empresas acusam os ambientalistas de serem rotineiramente ignorantes e desinteressados da realidade delas, ignorando os desejos dos povos locais e dos governos que as recebem por empregos e desenvolvimento, enquadrando o bem-estar das aves acima do das pessoas, e não reconhecendo quando as empresas praticam boas políticas ambientais. O autor cita várias culturas que foram extintas como os Maias, Yucatan, Rapanui, entre outras. Diamond (2018) explica que este colapso foi em função de alguns pontos, como o impacto das pessoas no meio ambiente, as mudanças climáticas, a relação não amistosa com os vizinhos, as sociedades hostis e as questões políticas, econômicas, sociais e culturais que influenciaram a sociedade mais ou menos propensas a resolver os seus problemas ambientais.

Ainda sobre a realidade da relação entre os seres humanos e os recursos naturais do planeta, Steffen *et al.* (2015), na atualização do *framework* do *Planetary Boundaries* (Limites Planetários), mostram que, das nove fronteiras, três já foram ultrapassadas, sendo elas perda da biodiversidade, mudanças climáticas e alterações no fluxo de biogeoquímicos. E colocam também que a estrutura dos limites planetários surge da evidência científica de que a Terra é um único sistema integrado e complexo – isto é, os limites operam como um conjunto interdependente. Como exemplo, numa análise das muitas interações entre os limites sugere que dois deles – mudança climática e integridade da biosfera – são fenômenos altamente integrados, emergentes no nível do sistema, que estão conectados a todos os outros limites planetários.

Esta visão é reafirmada por Raworth (2012), que reúne as fronteiras planetárias com as fronteiras sociais que graficamente resulta num formato de um *donut* (Figura 1), criando um espaço seguro e justo entre essas duas fronteiras, no qual a humanidade pode desenvolver-se. A mudança para este espaço exige uma equidade muito maior, segundo Raworth (2012) – dentro e entre os países – no uso dos recursos naturais, e muito mais eficiência para transformar estes recursos para atender às necessidades humanas.

Figura 1 – *Donut*: fronteiras planetárias e fronteiras sociais

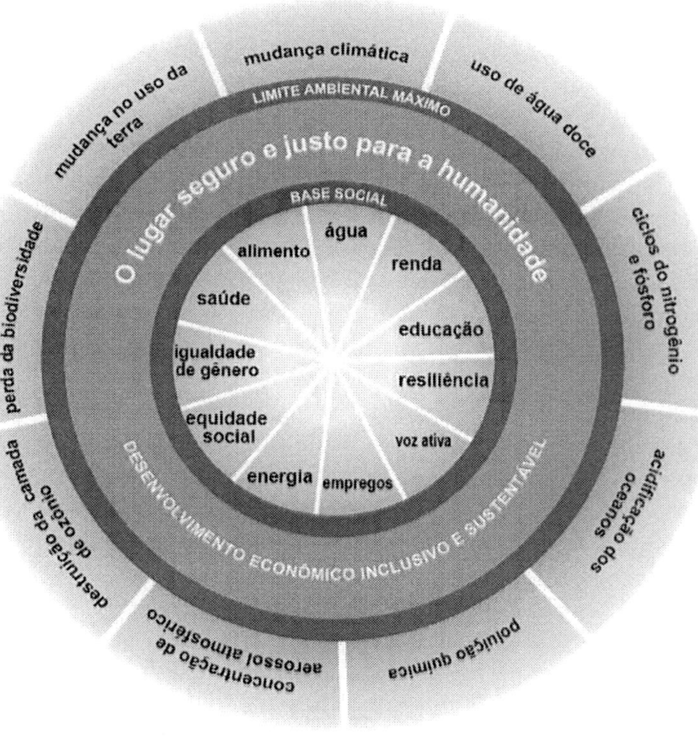

Fonte: Raworth (2012).

Segundo Raworth (2012), tendo o desenvolvimento sustentável como preocupação central, é claro que a vida de todos deve estar apoiada na base social dos direitos humanos, ao mesmo tempo permanecendo abaixo do limite ambiental máximo, e estas economias devem ser estruturadas e gerenciadas para tornar isto possível. Esta estrutura destaca a interligação das dimensões sociais, ambientais e econômicas do desenvolvimento sustentável.

Esta causa tem sido trabalhada também pelo movimento do desenvolvimento sustentável. Segundo Bursztyn e Bursztyn (2012), a economia vem se adaptando, tentando considerar o "custo ecológico" como um tópico importante, contribuindo com medidas impostas pelos governos de vários países. Os autores ainda colocam que o raciocínio é simples, pois, da mesma forma que o trabalho escravo no passado foi suprimido, fazendo com que os empresários paguem salários por força da lei, a qualidade do meio ambiente por meio de leis, impostos e educação fará com que garanta o uso predatório da natureza, com isso sendo benéfico para todos. A complexidade do conceito é ao mesmo tempo interdisciplinar, interinstitucional e intergeracional (BURSZTYN; BURSZTYN, 2012). Esta interdisciplinaridade é inerente ao entrelaçamento das esferas econômicas, social e ambiental, cada uma delas objeto de uma trajetória bem particular no mundo acadêmico e no universo das políticas públicas. Sendo que uma das características da Academia, construída ao longo do século XX, segundo os autores, é a fragmentação em disciplinas, cada uma delas sendo encastelada em departamentos sem comunicação.

Existe a emergência do pensamento e estudo dos temas transversais, típicos dos problemas inerentes ao desenvolvimento sustentável e à política e gestão ambiental. Bursztyn e Bursztyn (2012) continuam que não encontramos na universidade e nas mídias um espaço onde várias disciplinas possam interagir, de modo construtivo, integrativo e pragmático. Este entrelaçamento é mostrado claramente no modelo de sustentabilidade forte de Adams (2006), no qual os autores fundamentam que qualquer ação humana se dá no âmbito dos limites do planeta, ou da biosfera, onde a humanidade habita. Isso inclui a vida social em geral e as atividades econômicas em particular.

Figura 2 – O modelo da sustentabilidade forte

[Diagrama de círculos concêntricos: biosfera, sociosfera, econosfera]

Fonte: Adams (2006).

E o que atualmente as empresas, as universidades e as várias editorias jornalísticas vêm fazendo é utilizando o conceito da sustentabilidade fraca de Adams (2006), que se refere ao equilíbrio entre as esferas econômica, social e ecológica. Pressupõe a possibilidade de compatibilizar a dinâmica das atividades econômicas com a justiça social e o respeito às condições do mundo natural, de modo a que estas se mantenham no longo prazo. Como colocado na Figura 3.

Figura 3 – O modelo tripé da sustentabilidade

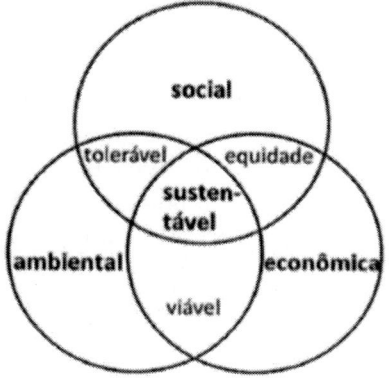

[Diagrama de Venn com três círculos: social, ambiental, econômica; interseções: tolerável, equidade, viável; centro: sustentável]

Fonte: Adams (2006).

Elkington (2018) mostra que, de fato, nenhuma dessas estruturas de sustentabilidade será suficiente, se não tiver o ritmo e a escala adequados – uma intenção radical –, necessários para nos impedir de ultrapassar todas as nossas fronteiras planetárias. O que não se entende é que a e a prosperidade social está entrelaçada, por vezes, inextricavelmente, como apresenta Jackson (2013). Pois a prosperidade é uma visão partilhada, as deliberações sobre ela moldam o mundo político e social.

A fim de promover a preocupação com os direitos humanos e estes principais problemas globais, por meio da cúpula das Nações Unidas, a ONU desenvolveu uma agenda mundial chamada "Os Objetivos de Desenvolvimento Sustentável" (ODS) (REDE BRASIL DO PACTO GLOBAL, 2017, p. 11). Criada em setembro de 2015, essa agenda é composta por 17 objetivos e 169 metas a serem atingidas até o ano de 2030 (ONU, 2016, p. 1). Os objetivos da agenda são ações que tratam das questões de erradicação da pobreza, segurança alimentar, agricultura, consumo, saúde, educação, igualdade de gênero, redução das desigualdades, energia, água e saneamento, mudanças climáticas, proteção e uso sustentável dos oceanos e ecossistemas terrestres, crescimento econômico inclusivo, infraestrutura, industrialização, promoção da paz mundial e parcerias globais para institucionalizar os objetivos também oficializados pelo mesmo relatório da ONU. A construção dos objetivos de desenvolvimento sustentável se deu por meio da contribuição de diversos países, entre eles, países de economias desenvolvidas e emergentes para alcançar um desenvolvimento sustentável.

Além de tratar de questões sociais, os ODS favorecem a conservação e a proteção de recursos do planeta Terra para que as próximas gerações possam ter um futuro sustentável e digno. Pereira e Horn (2009) enfatizam que a natureza é um bem que necessita da preservação e do envolvimento com o ser humano para alcançar uma utilização de seus insumos de maneira responsável e consciente. Os autores ainda acrescentam que o progresso humano e relações entre o consumo e o meio ambiente são fundamentais para que as economias mundiais busquem um equilíbrio e uma estratégia para a preservação do planeta (PEREIRA; HORN, 2009, p. 68).

É de suma importância ressaltar que os objetivos estabelecidos são integrados e indivisíveis, colaborando de maneira recíproca para o atingimento das metas estipuladas, em outras palavras e como forma de exemplificar, ao garantir educação básica, equitativa e de qualidade (ODS 4) é possível estimular uma reflexão sobre um consumo e uma produção mais responsável (ODS 12) no dia a dia das pessoas, ou até mesmo assegurar uma vida saudável (ODS 3) e um crescimento econômico sustentável (ODS 8). A seguir são apresentados os 17 objetivos de desenvolvimento sustentável:

Figura 4 – Objetivos de desenvolvimento sustentável

Fonte: ONU (2016, p. 1).

Diversos países passam a adotar políticas, metas e até leis dentro das dimensões para que esses objetivos possam ser atendidos no prazo. O desenvolvimento sustentável tem sido comunicado, discutido e apresentado por alguns meios de comunicação e pelos veículos jornalísticos. Porém, para atingir estes objetivos até 2030, para atender aos limites ambientais e sociais, é necessário ampliar esta divulgação. É necessário que a temática seja transversal em todas as pautas jornalísticas e que mais editorias entendam isso. Uma nova geração de cidadãos, consumidores e audiência jornalística também está muito preocupada com a temática.

## 3 A ABRAPS

Com este panorama histórico do desenvolvimento sustentável, no Brasil, em 2010, a partir de um evento de premiação do *Guia Exame de Sustentabilidade* do Grupo Abril, alguns amigos que trabalhavam com a temática da sustentabilidade em várias empresas começaram a se reunir para discutir, mobilizar, representar, educar e conscientizar sobre a profissão.

Durante um ano inteiro este grupo se reuniu uma vez por mês e pesquisou os vários modelos de agrupamento, de redes, de associações e de cooperativas formais. Também discutiu ideias, sonhos e ações para melhorar o ecossistema de quem trabalha com as questões de sustentabilidade.

Figuras 5 e 6 – Fotos das primeiras reuniões de planejamento da ABRAPS

Fonte: Autoria própria.

No final desse mesmo ano, montou-se um grupo gestor com mais de dez pessoas, e no ano seguinte foi realizado o evento de lançamento da Abraprosus, nome inicial e não muito comercial. Com isso, iniciaram-se os trabalhos dessa associação, cujo nome hoje é ABRAPS – Associação Brasileira dos Profissionais pelo Desenvolvimento Sustentável, que possui a missão de "Promover e fortalecer o desenvolvimento sustentável, conectando pessoas e organizações, gerando e difundindo conhecimento" (ABRAPS, 2022). Todos e todas na organização são voluntários e trabalham para criar valor aos negócios, manter a resiliência do meio ambiente e gerar riquezas para a sociedade. Por meio dos seus vários GTs (grupos de trabalhos), busca como visão: "Ser a referência como movimento de pessoas que atuam em prol do desenvolvimento sustentável" (ABRAPS, 2022).

Os associados são tanto pessoas físicas como pessoas jurídicas, que ajudam a criar este ecossistema colaborativo, que possui os 4 Cs de eixo para as suas iniciativas: "capacitação para a nova economia; conhecimento e inovação; cultura para a sustentabilidade; e colaboração para o desenvolvimento". Atualmente a organização também é signatária do Pacto Global da ONU (ABRAPS, 2022).

Como alguns exemplos de projetos, a organização possui o Prêmio ABRAPS Virada Sustentável desde 2016, para reconhecer boas práticas e histórias de vida que inspiram mais pessoas a se engajar como profissional pelo desenvolvimento sustentável. A certificação Gestor ABRAPS *Benchmarking* é uma iniciativa do Programa *Benchmarking* para reconhecer e compartilhar a trajetória e legado de profissionais e seus casos de sucesso.

O programa de Liderança da ABRAPS apresenta o *Fellows* ABRAPS desde 2019, com o objetivo de desenvolver profissionalmente e pessoalmente jovens de 20 a 35 anos para a liderança pelo desenvolvimento sustentável. Nesse projeto, existe a interação com os associados voluntários mais experientes que apoiam os *fellows*, sendo esta troca fundamental para a missão da ABRAPS.

Figura 7 – Foto da 1ª turma de *Fellows* ABRAPS

Fonte: ABRAPS (2022).

Além destes projetos, a organização realiza periodicamente eventos, debates e um encontro anual com as temáticas mais atuais do desenvolvimento sustentável. Seu *site* apresenta diversas pesquisas, *e-books*, entrevistas, *podcasts*, entre outros recursos que fazem parte da linha de produção de conhecimento.

Todos os profissionais que trabalham pelos ODS podem se associar e ajudar o movimento pelo desenvolvimento sustentável na ABRAPS.

## 4 Profissionais pelo desenvolvimento sustentável

A definição dos profissionais pelo desenvolvimento sustentável já foi muito debatida dentro da ABRAPS, anteriormente à criação dos ODS, era citado como profissional da sustentabilidade. Com a definição dos 17 objetivos do desenvolvimento sustentável e das 169 metas, ficou mais fácil explicar que é o profissional que trabalha com esta Agenda 2030.

Por meio do GT Pesquisa da ABRAPS, já foram realizadas algumas pesquisas para entender o perfil desse profissional. A última pesquisa foi realizada em 2017 (ABRAPS, 2022), com 244 respondentes de todo o país, sendo a grande maioria destes no Sul e Sudeste do Brasil.

Entre os entrevistados, 60% trabalha em empresas privadas, 23% no terceiro setor, 11% na academia e 6% no governo. Sendo a média de idade de 40 anos, tendo uma maior concentração em pessoas de 30 a 40 anos, com 61% delas se declarando do sexo feminino. E uma formação de 25% com mestrado, 37% MBA e/ou especialização, 22% superior completo (ABRAPS, 2022).

A motivação de trabalho na área é um tema interessante, pois a maioria trabalha por uma realização pessoal ou ainda por admirar o tema, conforme Figura 8.

Figura 8 – Motivo pelos quais os profissionais atuam na área do desenvolvimento sustentável

**MOTIVO DE ATUAR NA ÁREA** — Base: 237

| Realização Pessoal | Admiração pelo tema | Oportunidade de Carreira | Indicação (familiares/amigos) | Retorno Financeiro | Outros Motivos |
|---|---|---|---|---|---|
| 38% | 30% | 21% | 1% | 1% | 9% |

Na pesquisa de 2015, realização pessoal e admiração pelo tema também foram primeiros lugares.

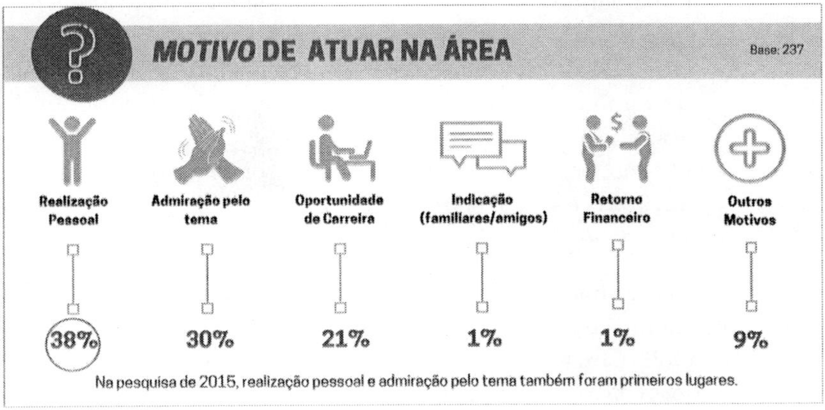

Fonte: ABRAPS (2022).

A pesquisa também mostra os valores de remuneração, os setores de atuação, a relação com o Pacto Global, os ODS, com os selos e certificações, entre outros temas. E alguns dados são comparados inclusive com as pesquisas anteriores, mostrando a evolução deste perfil e da atuação dos profissionais pelo desenvolvimento sustentável. Os atuais participantes do GT Pesquisa estão preparando a próxima pesquisa, que ficou prejudicada pela pandemia. Todos os documentos podem ser encontrados no *site* da ABRAPS.

Como se observou, o profissional pelo desenvolvimento sustentável pode trabalhar em várias frentes, na sequência, alguns exemplos:

- No governo, em departamentos de meio ambiente, direitos humanos, fazendo políticas públicas para os ODS, em algum ODS específico como de combate à fome ou de igualdade de gênero, auxiliando algum parlamentar ou executivo para as questões dos ODS.
- Na academia, dando aulas específicas sobre os temas da sustentabilidade, sobre os ODS, apoiando alunos e alunas em TCCs com a temática do desenvolvimento sustentável, criando um departamento sobre o tema, ou ainda fazendo atividades extracurriculares, como uma incubadora de negócios de impacto.
- Nas empresas trabalhando no departamento de sustentabilidade ou ESG, contratando fornecedores mais sustentáveis, trabalhando com as questões de diversidade, meio ambiente, direitos humanos, governança, entre outros.
- Nas ONGs ou organizações do terceiro setor diretamente no tema da ODS, como água, energia, pobreza, ou ainda apoiando organizações e suas causas.
- Nos negócios sociais ou de impacto social, trabalhando com as causas específicas, criando e gerenciando produtos e serviços que ajudem a sociedade e o planeta.

Existem muitas outras possibilidades de ser um profissional pelo desenvolvimento sustentável. O primeiro passo é entender muito bem os ODS da ONU e buscar qual é a causa que mais faz sentido para você.

Se, por acaso, este capítulo fez sentido e causou um interesse em trabalhar pelo desenvolvimento sustentável, é interessante seguir os seguintes passos:

1. Entender as temáticas: buscar uma temática ou algumas temáticas para aprofundar o conhecimento das problemáticas, dados, informações, especialistas etc.
2. Autoconhecimento: é fundamental se conhecer para entender os seus verdadeiros propósitos, objetivos e ter metas claras de onde você quer chegar.
3. Passo a passo: é necessário traçar as etapas do seu caminhar para chegar na visão desejada.
4. Conhecer pessoas: ter uma rede de relacionamento na área é fundamental, buscar conhecer mais e mais pessoas para entender como foi a trajetória de cada uma delas no desenvolvimento sustentável.
5. Decidir e caminhar: depois desta base de conhecimento, é necessário tomar as decisões e colocar a mão na massa, seja estudando, buscando emprego, empreendendo ou prestando um concurso público.
6. Comemorar e não perder o foco!

O profissional pelo desenvolvimento sustentável sempre estará num processo de aprendizagem, pois os desafios e problemas são complexos e mutáveis. Portanto, estudar será sempre necessário para estes profissionais. Educação para a sustentabilidade não só para os profissionais que trabalham com a temática, mas para todo o cidadão deste planeta.

## Referências

ABRAPS – ASSOCIAÇÃO BRASILEIRA DOS PROFISSIONAIS PELO DESENVOLVIMENTO SUSTENTÁVEL. *Página inicial*. 2022. Disponível em: https://abraps.org.br/. Acesso em: 20 jan. 2022.

ADAMS, W. M. The Future of sustainability: re-thinking environment and development in the twenty-first century. *IUCN*, 2006.

ASEF. *ASEF Media Handbook*: Sustainable development reporting for journalists. Singapore: Asia-Europe Foundation (ASEF), 2014. E-book. Disponível em: https://www.asef.org/pubs/asef-publications/3203-asef-media-handbook-sustainable-development-reporting-for-journalists. Acesso em: 18 set. 2020.

BURSZTYN, Marcel. *Fundamentos de política e gestão ambiental*: os caminhos do desenvolvimento sustentável. Rio de Janeiro: Garamond, 2012.

BURSZTYN, Maria Augusta; BURSZTYN, Marcel. *Fundamentos de política e gestão ambiental*: os caminhos do desenvolvimento sustentável. Rio de Janeiro: Garamond, 2012.

DIAMOND, Jared. *Colapso*. Rio de Janeiro: Record, 2018.

ELKINGTON, J. 25 Years ago I coined the phrase "triple bottom line" – Here's why it's time to rethink it. *Harvard Business Review*, 2018.

GUIMARÃES, Isac de Souza. A sustentabilidade como dispositivo de fala no jornalismo: da exclusão à reconfiguração do discurso ambientalista no jornalismo brasileiro. *Comunicação & Inovação*, São Caetano do Sul, v. 13, n. 24, p. 21-28, jan./jun. 2012.

JACKSON, Tim. *Prosperidade sem crescimento*: vida boa em um planeta finito. São Paulo: Planeta Susetntável; Ed. Abril, 2013.

MALTHUS, T. R. *An essay on the principle of population*. Reimpressão com as edições críticas de 1806, 1807, 1817 e 1823. Organização de P. James. Cambridge: Cambridge University Press, 1989 (1803).

MAXWELL, R.; MILLER, T. Making journalism sustainable/sustaining the environmental costs of journalism. *In*: BERGLEZ, P.; OLAUSSON, U.; OTS, M. (Org.). *What is sustainable journalism?* Integrating the environmental, social, and economic challenges of journalism. New York: Peter Lang, 2017. p. 19-37. Disponível em: https://repository.lboro.ac.uk/articles/Making_journalism_sustainable_sustaining_the_environmental_costs_of_journalism/9462665. Acesso em: 18 set. 2020.

MORAN, Emilio F. *Meio ambiente e ciências sociais*: interações homem-ambiente e sustentabilidade. São Paulo: Editora Senac São Paulo, 2011.

NISHIMURA, Yoichi. How the media can be a meaningful stakeholder in the quest to meet the SDGs. *World Economic Forum*, 2020. Disponível em: https://www.weforum.org/agenda/2020/01/sdgs-sustainable-development-news-media-coverage. Acesso em: 20 set. 2020.

NRC – NATIONAL RESEARCH COUNCIL. *Population, land use and environment*: research directions. Committee on the human dimensions of global change. Washington: National Academies Press, 2005.

ONU. PNUD. *Transformando nosso mundo*: a Agenda 2030 para o desenvolvimento sustentável. 2016.

PEREIRA, Agostinho Koppe; HORN, Luiz Fernando Del Rio. *Relações de consumo*: meio ambiente. Caxias do Sul: EDUCS, 2009.

RAWORTH, Kate. Um espaço seguro e justo para a humanidade – Podemos viver dentro de um "donut"? *Textos para discussão da OXFAM*, 2012.

REDE BRASIL DO PACTO GLOBAL. *Integração dos ODS na estratégia empresarial* – Contribuições do Comitê do Pacto Global para a Agenda 2030. Brasília, 2017.

SHERINIAN, Aaron. Journalists at the front lines of sustainable development reporting. *United Nations Foundation*, 2016. Disponível em: https://unfoundation.org/blog/post/journalists-at-the-front-lines-of-sustainable-development-reporting/. Acesso em: 15 set. 2020.

STEFFEN, Will *et al*. Planetary boundaries: Guiding human development on a changing planet. *Science*, v. 347, n. 6223, p. 1259855, 2015.

UN. *SDG Media Compact*. Disponível em: https://www.un.org/sustainabledevelopment/sdg-media-compact-about. Acesso em: 20 set. 2020.

UNESCO. *Teaching journalism for sustainable development*. Paris: United Nations Educational, Scientific and Cultural Organization, 2015. E-book. Disponível em: https://unesdoc.unesco.org/ark:/48223/pf0000233878. Acesso em: 20 set. 2020.

---

Informação bibliográfica deste texto, conforme a NBR 6023:2018 da Associação Brasileira de Normas Técnicas (ABNT):

NAKAGAWA, Marcus H. Os profissionais do ESG e sustentabilidade. *In*: BORGES DE PAULA, Marco Aurélio (Coord.). *A hora e a vez do ESG*: provocações e reflexões em homenagem a Ricardo Voltolini. Belo Horizonte: Fórum, 2023. p. 93-107. ISBN 978-65-5518-619-2.

# LOGROS Y DESAFIOS DE LA AGENDA ESG PARA LAS ORGANIZACIONES EN EL SIGLO XXI

### JULIÁN LEONARDO D'ANGELO

Como Secretario Ejecutivo de la Red Iberoamericana de Universidades por la Responsabilidad Social Empresaria (RedUniRSE), y Director del Centro Nacional de Responsabilidad Social Empresaria y Capital Social de la Facultad de Ciencias Económicas de la Universidad de Buenos Aires (Cenarsecs FCE-UBA), es un honor para mí participar en esta obra de homenaje a uno de los grandes profesionales y especialistas de la sustentabilidad y la responsabilidad social empresaria en América Latina, el Mag. Ricardo Voltolini, creador, entre otras iniciativas, de la Plataforma Liderazgo con Valores, el mayor movimiento de liderazgo para la sustentabilidad en Brasil.

Voltolini, no es solo uno de los primeros consultores especializados en sostenibilidad corporativa en Brasil, sino que además ha llevado el concepto de ESG (Ambiente, Sociedad y Gobernanza) a otro nivel, impulsando diferentes metodologías de implementación, liderando el desarrollo de estrategias ESG para grandes compañías, y formando nuevos liderazgos en este camino.

El acrónimo ESG, por sus siglas en idioma inglés, se refiere a los factores ambientales, sociales y de gobierno (*Environmental, Social, and Governance*) en el mundo de las organizaciones. Estos factores resultan imprescindibles para evaluar el desempeño sostenible y responsable de una organización o una inversión.

Los factores ambientales incluyen la gestión y el impacto de la empresa en el medio ambiente, como la emisión de gases de efecto invernadero y la huella de carbono, el uso del agua y de los recursos no renovables o la gestión de residuos, entre otros.

Los factores sociales incluyen el cuidado del personal y las condiciones laborales, la atención a las políticas de diversidad, equidad e inclusión, el respeto a los derechos humanos en las políticas corporativas, los asuntos de usuarios y consumidores, la cadena de valor y la comunidad en general.

Los factores de gobierno se refieren básicamente al funcionamiento de la estructura de gobierno corporativo de la empresa, incluyendo la ética empresarial, la transparencia, la política de remuneración de ejecutivos, las prácticas contables y la responsabilidad corporativa.

Actualmente, los asuntos de ESG resultan cada vez más importantes para los inversores y las empresas, ya que están íntimamente relacionados con la sostenibilidad corporativa, la rentabilidad en el largo plazo y la reputación empresaria. De esta manera, las compañías que cuentan con un sólido desempeño en materia ESG, suelen ser consideradas más atractivas para los inversores responsables y pueden estar mejor posicionadas para enfrentar los riesgos y las oportunidades asociados con los cambios sociales y ambientales.

El origen de esta sigla, actualmente muy popular en el mundo de los negocios, está vinculado a los Principios de Inversión Responsable, que son un conjunto de principios de carácter voluntario, elaborados por inversores para inversores, a los efectos de incorporar las variables ambientales, sociales y de gobernanza en sus decisiones de inversión.

El objetivo de estos principios era constituir un sistema financiero global sostenible que permitiera conciliar la rentabilidad de la inversión con las dimensiones social y ambiental del mundo corporativo.

De esta manera, además de las exigencias de mayor ética, transparencia y compromiso con los criterios ESG, por parte de los inversionistas, existen otros requerimientos que empujan a las empresas a asumir plenamente el desafío de la sostenibilidad, como ser los mayores marcos regulatorios gubernamentales, las nuevas normativas de la Unión Europea en la materia, la integración en cadenas de valor globales, la búsqueda de una mejor reputación corporativa y las demandas crecientes de los consumidores (D'Angelo, 2018).

Resulta evidente que encarar plenamente la Agenda ESG en las compañías involucra asumir riesgos y realizar inversiones, pero son inversiones que vuelven en mayores beneficios para el desarrollo de la organización y la sociedad. Por el contrario, suele señalarse que las empresas que priorizan las ganancias en el corto plazo, por sobre la sostenibilidad, están realmente distribuyendo como utilidades, parte de su capital.

El abordaje de la Agenda ESG es tanto, entonces, una exigencia ética de la sociedad, como la forma en que la empresa puede asumir los desafíos del siglo XXI, un siglo donde deberá dialogar y rendir cuentas no sólo a los accionistas o la comunidad, sino a todos sus *stakeholders*.

En 2015, casi una década después de su aprobación, los factores ESG asumieron una nueva dimensión a nivel global, a partir de la aprobación por parte de las Naciones Unidas de la Agenda de Desarrollo Sostenible 2030.

Esa Agenda nos aporta tres ideas fuertes y novedosas: primero, nos presenta un gran consenso mundial, una hoja de ruta, sobre cuáles son los temas importantes para el desarrollo humano hacia 2030, expresado en los diecisiete Objetivos de Desarrollo Sostenible y sus ciento sesenta y nueve metas; segundo, plantea una redefinición del concepto de sostenibilidad, que involucra ahora un amplio abanico de temas económicos, sociales, ambientales y de gobernanza pública; y tercero, nos muestra la importancia fundamental de las alianzas de articulación público-privada para el abordaje de la misma, ya que no es suficiente con las políticas públicas para alcanzar dichas metas, pero tampoco alcanza solo con el esfuerzo de las organizaciones no gubernamentales o los Organismos internacionales, y son asuntos que el mercado tampoco puede resolver por sí solo.

De esta manera, estas metas solo serán alcanzables mediante el compromiso, tanto del sector público, como de las organizaciones de la sociedad civil y de las empresas.

Por ello resulta indispensable fortalecer la Agenda ESG de las compañías, en el sentido de robustecer sus capacidades de respuesta ante las demandas sociales, ambientales o económicas del contexto actual.

Y, en este sentido, el siglo XXI le ha planteado muy fuertes desafíos a cada una de las tres dimensiones de esta Agenda: la ambiental, la social y la gobernanza corporativa.

Es por ello, que puede analizarse como las empresas han venido respondiendo a cuatro importantes desafíos para esta Agenda ESG en los últimos quince años del Siglo XXI, y, en consecuencia, como deberían prepararse para mejorar su capacidad de respuesta ante los próximos que, sin dudas, se les presentarán en el futuro.

He seleccionado para el análisis estos cuatro desafíos - en materia ambiental, social y de gobernanza- porque entiendo que han sido sucesos que pusieron a prueba la robustez del propósito de las empresas, frente a complejos acontecimientos socioeconómicos o ambientales del entorno.

En este sentido, los cuatro desafíos que pueden mencionarse, al menos, en lo que va de nuestro siglo, y afectaron básicamente a cada uno de los diferentes factores de esta Agenda, son: la crisis financiera de las hipotecas *subprime*, la pandemia de Covid-19, la invasión de Rusia a Ucrania y la crisis climática (D'Angelo, 2022).

La crisis de las hipotecas *subprime*, vinculada centralmente con el factor gobernanza, estalló en los Estados Unidos en septiembre de 2008, ocasionando el colapso del mercado financiero global y un descalabro de enormes proporciones que impactó duramente al comercio mundial, generando una gran recesión y el aumento del desempleo. Por supuesto sus consecuencias fueron escalando y rápidamente evolucionó, pasando de ser una crisis financiera, a una económica, social y hasta humanitaria.

Sus causas estuvieron signadas por los escándalos y fraudes a nivel de la gobernanza corporativa, de todo tipo y en todos los ámbitos: ocultamiento de información, complicidad entre reguladores y regulados, conflictos de interés por doquier, elusión de regulaciones financieras y contables, abandono de la protección del interés colectivo, connivencia de las agencias calificadoras de riesgo, etc.[1]

Alfonso Gómez (2010) advirtió que estas causas, no eran de incapacidad técnica, sino más bien producto de faltas graves a la ética, negligencias o distorsiones gravísimas, causadas por reglas de juego mal concebidas o reguladas.

Precisamente, las acusaciones de irresponsabilidad y de falta de ética contra los líderes empresariales y de gobierno impulsaron una intensa demanda social por una revisión de la educación gerencial que empezó a resonar en todo el mundo en aquel entonces.

Para Héctor Larocca, la "irresponsabilidad empresaria contiene la contracara de la RSE, es decir, el funcionamiento de la empresa bajo

---

[1] Sobre las causas y consecuencias de la crisis financiera internacional de 2008 puede verse Abadia (2009), Sen y Kliksberg (2009), Krugman (2012), Roubini (2010) o Stiglitz (2012).

los valores invertidos o la falta de valores, los comportamientos reñidos con la moral y la ética, la falta de prejuicios en las decisiones de los responsables" (Vicente y Ayala, 2008).

En aquel momento, apenas iniciada la crisis, la Comisión Europea reclamó a las empresas que prestaran más atención a la ética, la transparencia y las políticas de responsabilidad social de los gobiernos corporativos. Y el Pacto Global de Naciones Unidas sostuvo que, por la falta de transparencia, se había fallado a los accionistas de las empresas y enfatizó en la necesidad de hacer obligatoria la rendición de reportes no financieros (social y ambiental) para las grandes compañías.

Fue así que esta crisis interpeló y potenció los planes de integridad, los códigos de ética y las áreas de *compliance* de las empresas.

Mientras este desafío puso el foco en la gobernanza y la ética empresarial, el siguiente, la pandemia ocasionada por el coronavirus Covid-19, tuvo su principal impacto en la dimensión social.

Sus orígenes se remontan, al menos, a diciembre de 2019 cuando numerosos casos de una extraña neumonía se diagnosticaron en la ciudad de Wuhan (Provincia de Hubei, China).

En sus primeras semanas, los casos se concentraban en China, el sudeste asiático e Irán, pero, cuando la epidemia hizo una "cabecera de playa" en Italia, habilitando el ingreso a Europa, rápidamente Covid-19 se transformó en pandemia. Y así lo declaró la Organización Mundial de la Salud (OMS) el 11 de marzo de 2020.

Esta crisis, que, comenzó afectando a la salud de la población, y poniendo en jaque los sistemas sanitarios, rápidamente fue también letal con la economía mundial, al desencadenar una profunda crisis económica, y, en consecuencia, también social (D'Angelo, 2020).

Tras las fuertes caídas de las bolsas del mundo, el desplome del precio de los *commodities*, como el petróleo y la soja, la suba de la cotización del oro y el recorte en las tasas, algunos economistas empezaron a hablar de la existencia de un "*coronacrash*" y el economista Paul Krugman, bautizó a esta crisis como el "*coronacoma*" (Krugman, 2020).

Sin dudas, desde el primer semestre de 2020, este desafío representó para las empresas, una severa prueba para su supervivencia, y una fuerte interpelación a su estrategia, sus planes de negocio, su propósito, la cultura empresaria y sus acciones de responsabilidad social. En este escenario, las empresas que ya venían trabajando con una Agenda ESG, fueron las que mostraron una más rápida y positiva respuesta.

En aquel entonces, desde el Centro Nacional de Responsabilidad Social Empresaria y Capital Social de la Universidad de Buenos Aires, nos propusimos estudiar el comportamiento y la respuesta empresarial ante ese escenario complejo, como un reflejo lógico de su compromiso, confeccionando lo que se dio en llamar un Banco de Buenas Prácticas Empresarias Socialmente Responsables ante la pandemia (D'Angelo, 2020).

Dicho estudio se realizó entre marzo y octubre de 2020 e involucró el análisis de un total de 891 empresas, 488 que realizaron acciones en Argentina, y otras 403 en otros 28 países del mundo.

Lo que se buscó indagar en aquel entonces era, como aquella crisis impactaba en las estrategias de las empresas, poniendo a prueba incluso sus propósitos, y que diferencial existía en algunas de ellas, que les permitía actuar como un agente positivo de cambio ante el conjunto de sus partes interesadas, incluso en tiempos tan complejos.

Evidentemente, en muchos casos, la respuesta fue más que positiva.

Tres años después de aquel estudio, la consultora Edelman, de los Estados Unidos, que cada año lleva adelante su estudio sobre el Barómetro de confianza,[2] concluyó que las empresas son la única institución confiable en el mundo hoy en día.

Este estudio, cuyos resultados fueron presentados a comienzos de 2023, está realizado en base a unas 32.000 personas encuestadas en 28 países, y mide, entre otras cosas, la confianza de los ciudadanos en las empresas, los gobiernos, los medios de comunicación y las organizaciones no gubernamentales.

Allí se destaca que el 62% de la población, promedio global, confía actualmente en las empresas, mientras que ni las organizaciones no gubernamentales, ni los gobiernos, ni los medios de comunicación alcanzan el umbral mínimo para estar en nivel de confianza.

Además, las empresas son las únicas organizaciones vistas por los consultados como competentes y éticas. Las empresas están 53 puntos por encima del gobierno en materia de percepción de la competencia, y 29 puntos por arriba con respecto a la ética.

---

[2] Reporte Global 2023 del Barómetro de confianza de Edelman (2023). Recuperado de https://www.edelman.com/sites/g/files/aatuss191/files/2023-03/2023%20Edelman%20Trust%20Barometer%20Global%20Report%20FINAL.pdf.

Particularmente, en estos últimos tres años, la percepción ética de las empresas subió casi 20 puntos, lo que, sin dudas, puede ser atribuible a sus acertadas respuestas frente a los desafíos de la pandemia, y al hecho de haber mantenido activas sus estrategias de sostenibilidad, a pesar de la crisis.

El propio estudio encabezado por el consultor Richard Edelman, sostiene que una gran ventaja comparativa de las empresas, respecto a las demás organizaciones, radica precisamente en mantener bien en alto sus acciones de sostenibilidad, gobernanza, diversidad, equidad e inclusión y una buena política de desarrollo de personal.

El tercer desafío se inició en febrero de 2022, con la invasión rusa a Ucrania, a partir de lo cual se impulsaron una serie de sanciones y fuertes presiones sobre las empresas occidentales que operaban en Rusia, muchas de las cuales debieron abandonar sus negocios en el país.

Otra de las medidas implementadas, fue la desconexión de los principales bancos rusos del sistema SWIFT (Sociedad para las Comunicaciones Interbancarias y Financieras Mundiales), como forma de aislar económicamente al gobierno de Vladímir Putin.

Pero el gobierno ruso, de igual manera, se las ideó para seguir cobrando por sus exportaciones de gas y petróleo, exigiendo ahora el pago en rublos, lo que finalmente resultó funcional para revalorizar su moneda.

¿No hubiera sido más práctico, por ejemplo, si antes se hubiera propuesto desconectar del sistema SWIFT a las instituciones que financian la fabricación y la compra- venta de armas?

Las armas que matan en Ucrania, son las mismas armas que se usan para masacrar chicos en las escuelas de Estados Unidos o en la selva colombiana, o en las guerras civiles de África o en oriente medio, y son las mismas que también utilizaron los cárteles del narcotráfico que dejaron un saldo de 350.000 personas asesinadas y casi 100.000 desaparecidas en México en los últimos veinte años.

El Objetivo de Desarrollo Sostenible 16 de Naciones Unidas, convoca a gobiernos, organismos internacionales, empresas y organizaciones de la sociedad civil a promover sociedades justas pacíficas e inclusivas. Todas esas instituciones siguen en deuda con las metas de dicho ODS.

Desde que fue aprobado en la Agenda 2030 de Desarrollo Sostenible de la ONU, el número de personas desplazadas por la fuerza en el mundo, que huyen de las guerras, las persecuciones y los conflictos, se incrementó año a año, pasando de unos 65 millones en 2015 a más de 100 millones en la actualidad.

Sin dudas, ha llegado el momento de que las empresas se involucren seriamente ante este enorme desafío para nuestra sociedad, y realicen un aporte sustancial para la paz. Esta situación, sin dudas, interpela también a las empresas respecto a la necesidad de involucrarse seriamente y realizar un aporte fundamental para la construcción de sociedades pacíficas. Las buenas prácticas empresarias en favor de la promoción de una paz duradera y sostenible deben ser necesariamente transversales a todas las compañías.

Así como este desafío pivoteó entre los factores sociales y económicos, el siguiente, la crisis climática, que continua hasta nuestros días, tiene su foco en el factor ambiental.

Luego de años de negacionismo y obstaculización a los avances en materia de compromisos ambientales, en diciembre de 2015, ciento noventa y cinco países rubricaron en París un Acuerdo sobre el Clima con compromisos para alcanzar las cero emisiones de gases de efecto invernadero para el año 2050, y emisiones negativas hacia 2100. Pero este hito de ninguna manera puso un punto final a la crisis, sino que más bien fue un punto de partida para que las empresas comprendan la irreversibilidad de las acciones que deben implementarse, en respuesta a la crisis climática y que la opción por el desarrollo sostenible ya no es algo solamente deseable, sino que es necesariamente inevitable.

Los últimos ocho años han sido los más cálidos jamás registrados en el planeta, con temperaturas de 1,15 grados centígrados por encima del promedio preindustrial. El año 2022 fue el quinto año más caliente desde finales del siglo XIX.

El incremento en el nivel del mar también es un dato clave. En el siglo XX había subido 2,5 milímetros y ahora ya ascendió hasta 3,9.

En este contexto, cualquier empresa que planee continuar operando los próximos 5 o 10 años debe abordar la agenda climática con un sentido de urgencia completamente diferente.

Es claro que muchas veces las empresas, aún las más comprometidas social y ambientalmente, no alcanzan a cumplir con todas las demandas ciudadanas y públicas, respecto al cumplimiento del Acuerdo del Clima de París o los Objetivos de Desarrollo Sostenible de Naciones Unidas.

Pero también sería necio no reconocer el esfuerzo que muchas empresas realizan en el mundo, en el marco de un proceso de mejora continua, para cambiar las tendencias de un modelo de producción lineal extractivista insostenible.

Para este cambio de visión y de estrategia, es clave ampliar la mirada del corto al largo plazo.

¿Cuál es el legado que nuestra compañía quiere dejar para el mundo? ¿Una huella positiva o una huella de carbono?

Y ese legado futuro esta inescindiblemente relacionado con el propósito que tiene la empresa hoy en día. Un propósito empresarial que debe constituirse fielmente en el faro que ilumine el camino del desarrollo sostenible sobre el que se implementen las estrategias y decisiones de negocio, y no en algo que simplemente las adorne con la mera finalidad de obtener una mejora en la reputación.

Ética empresarial, pandemias, conflictos armados, acción climática, fueron el eje de los desafíos a la Agenda ESG del primer cuarto de siglo. ¿Cuáles serán los próximos desafíos a superar por parte de la sustentabilidad de las empresas?

## Referencias

Abadia, L. (2009). La crisis ninja y otros misterios de la economía actual. Buenos Aires, Argentina: Espasa.

D'Angelo J. L. (1 de julio de 2022). Las pruebas ácidas de la sustentabilidad en el siglo XXI. *El Economista*, p. 13.

D'Angelo J. L. (2018). *Responsabilidad Social y Universidad. Agenda Latinoamericana*. Ciudad de México, México: Publicaciones Empresariales UNAM FCA Publishing.

D'Angelo J. L. (2020). *"El valor estratégico del "propósito" en las empresas y emprendimientos, ante la crisis de la pandemia de covid-19"*. Revista Argentina de Investigación en Negocios. Volumen 6. Número 2. Diciembre 2020- Junio 2021.

Gómez, A. (2010). *Nuevos paradigmas para formar líderes de negocios*. Harvard Business Review. Tomo 88. Volumen 7. Agosto 2010.

Krugman, P. (2012). *¡Acabemos ya con esta crisis!*. Buenos Aires, Argentina: Editorial Paidós.

Krugman, P. (2020). *Notas sobre el coronacoma (wonkish)*. Recuperado de https://www.nytimes.com/2020/04/01/opinion/notes-on-the-coronacoma-wonkish.html

Roubini, N. y Mihm, S. (2010). *Cómo salimos de ésta*. Santiago de Chile, Chile. Destino.

Sen, A. y Kliksberg, B. (2009) *Primero la Gente*. Buenos Aires, Argentina: Editorial Temas.

Stiglitz, J. (2012). *El precio de la desigualdad*. Buenos Aires, Argentina: Ediciones Taurus.

Vicente, M.A., Ayala, J.C. (Coordinadores). (2008). *Principios fundamentales para la administración de organizaciones*. Buenos Aires, Argentina: Prentice Hall- Pearson Educación.

---

Informação bibliográfica deste texto, conforme a NBR 6023:2018 da Associação Brasileira de Normas Técnicas (ABNT):

D'ANGELO, Julián Leonardo. Logros y desafios de la agenda ESG para las organizaciones en el siglo XXI. *In*: BORGES DE PAULA, Marco Aurélio (Coord.). *A hora e a vez do ESG*: provocações e reflexões em homenagem a Ricardo Voltolini. Belo Horizonte: Fórum, 2023. p. 109-118. ISBN 978-65-5518-619-2.

# A DEMOCRACIA COMO BASE PARA A AGENDA ESG

**ADEMAR BUENO**

O debate em torno de medidas de proteção, preservação e conservação dos recursos naturais no mundo suscitou a necessidade de elevar a pauta e atribuir sua essencialidade a todos os âmbitos que tangem as diretrizes e políticas da sociedade. Com isso, o anseio de concretização da sustentabilidade ambiental e suas influências nas empresas trouxeram consigo a exigência de uma reformulação da própria democracia. O termo *democracia*, originado do grego *demos* (povo) e *kratos* (poder), tem em seu conceito algo que é "dinâmico, em constante aperfeiçoamento, sendo válido dizer que nunca foi plenamente alcançado" (BASTOS, 1992, p. 147), visto seu aprimoramento decorrer de inúmeros acontecimentos históricos. Por ser um instrumento de intermediação entre o princípio da ação e o resultado da realização de valores indispensáveis de convivência social, a democracia se enriqueceu com passar do tempo das lutas sociais, sempre impulsionada pela aspiração do homem na evolução para a liberdade.

A sustentabilidade, o desenvolvimento sustentável se configuram em uma relação cada vez mais conectada com a democracia, pois o princípio de sustentabilidade é um princípio de ordem fundamental, de necessário enfoque e estudo para a possível preservação das presentes e futuras gerações. E a democracia pode ser considerada um instrumento de alcance da efetivação da sustentabilidade, pois aperfeiçoa o atual conceito de democracia e suas temáticas, possibilitando o desenvolvimento de uma cultura política fundamentada em princípios sustentáveis.

O historiador e filósofo Norberto Bobbio disserta, em seu livro *Estado, governo e sociedade – Para uma teoria geral da política*, que a sociedade civil ocupa o espaço reservado à formação das demandas que se dirigem ao sistema político e às quais o sistema político tem o dever de responder. Assim, o "contraste entre sociedade civil e Estado põe-se então como contraste entre quantidade e qualidade das demandas e capacidade das instituições de dar respostas adequadas e tempestivas" (BOBBIO, 2012, p. 36).

Para José Eli da Veiga (2006), no debate da sustentabilidade ambiental, o desenvolvimento humano está diretamente atrelado à liberdade da sociedade civil para exercer o seu direito de escolha:

> Só há desenvolvimento quando os benefícios do crescimento servem à ampliação das capacidades humanas, entendidas como o conjunto das coisas que as pessoas podem ser, ou fazer, na vida. E são quatro as mais elementares: ter uma vida longa e saudável, ser instruído, ter acesso aos recursos necessários para um nível de vida digno e ser capaz de participar da vida da comunidade. Na ausência dessas quatro, estarão indisponíveis todas as outras possíveis escolhas. E muitas oportunidades na vida permanecerão inacessíveis. Além disso, há um fundamental pré-requisito que precisa ser explicitado: as pessoas têm que ser livres para que suas escolhas possam ser exercidas, para que garantam seus direitos e se envolvam nas decisões que afetarão sua vida. (VEIGA, 2006, p. 23)

A democracia requer a ativa participação dos cidadãos em prol de uma sociedade mais equitativa, justa e sustentável. Assim, o sistema democrático, na sua prática participativa, é fundamental para que se manifeste o desenvolvimento sustentável.

A estreita relação entre democracia e sustentabilidade foi estabelecida no Relatório Brundtland, divulgado em 1987, pela Comissão Mundial sobre Meio Ambiente e Desenvolvimento das Nações Unidas, quando marcou o surgimento do conceito de desenvolvimento sustentável. O relatório sugeriu que a concretização da sustentabilidade ambiental não poderia ser realizada sem a reformulação da democracia. No entanto, a relação entre ambas não envolve apenas uma relação de simbiose, mas encerra uma série de desafios que nem sempre são reconhecidos por aqueles que acreditam numa associação quase que espontânea entre essas duas realidades. Na verdade, a questão sobre até que ponto a democracia liberal pode fornecer os meios adequados para tratar a crise ecológica e até que ponto temas caros ao ambientalismo podem ser vistos como compatíveis com a democracia liberal mantêm-se ainda hoje como objeto de intenso debate.

Em tempo, vale ressaltar que a democracia é um conceito elástico. E essa elasticidade se justifica pelo fato de que a democracia não é um sistema acabado; está em constante construção e mudança, de acordo com os interesses da sociedade, como já dito anteriormente. O termo *democracia liberal* não rivaliza com as formas diferentes de como a democracia pode se configurar. O sistema democrático pode ser operado de diferentes formas, como em uma disputa entre pessoas por cargos públicos; uma conciliação entre participação cidadã e contestação às políticas; e a participação cidadã nas decisões políticas. A democracia liberal, na verdade, representa o conjunto de valores e ideais que orientam a forma como as democracias são conduzidas. Nesse sentido, a democracia é estudada a partir de níveis, em que estes graus funcionam também como parâmetros para dimensionar o quanto a democracia está realmente consolidada. A respeito desses níveis, há percepções distintas de como a democracia se manifesta, que funcionam como degraus para um aprofundamento da democracia (CHAUÍ *et al.*, 2019).

Ao nos referirmos ao conceito de democracia, descrevemos ser esta não um regime da "lei do mais forte", em que a conquista é obtida pelo maior número de pessoas apoiadoras de determinada escolha. Mas, sim, um regime em que as minorias podem ter condições de apresentar suas opiniões com a mesma liberdade que a maioria e podem sempre se manifestar e se fazer representar na proporção de sua importância reconhecida e de seu peso aferido na coletividade.

O sentido da política democrática está diretamente atrelado à liberdade dos cidadãos e não à igualdade em virtude do ato de tomadas de decisões, pois a democracia não é sinônimo de regime eleitoral. Ela é um valor universal para quem a deseja e valoriza porque é um processo de desconstituição da autocracia (forma de governo na qual há um único detentor do poder político-estatal, isto é, o poder está concentrado em um único governante), sobretudo, é um modo de vida ou de convivência social desapegada de quaisquer doutrinas. Temos na democracia o atributo de uma sociedade aberta às "novidades", resiliente, capaz de construir e reconstruir a sua própria "tradição", sendo infiel às origens e não repetindo coisas do passado. Ou seja, se reinventando. Com o olhar para o futuro.

A democracia e a sustentabilidade legitimam-se como bases da atual sociedade, a partir da efetividade das suas práticas, como importante desafio da humanidade para o bem-viver no planeta. O caráter democrático de uma sociedade insere conceitos vitais e orientadores para as ações individuais e coletivas das pessoas. Nesse patamar, quando se trata do desenvolvimento sustentável, abarcam-se situações norteadoras de posturas e atitudes que demandam adequação na sociedade atual.

Tratando-se de Brasil, considerando que o país tem experimentado, desde o passado até o presente, períodos de democracia e autoritarismo, torna-se importante examinar os indicadores específicos relacionados à atitude da sociedade quanto à valorização da democracia como ideia normativa, isto é, a sua valorização pela superioridade de suas regras e procedimentos. Estes indicadores compõem um traço importante das chances efetivas de consolidação da democracia no país.

A necessidade que o mundo nos impôs, quanto à urgente aplicação de ações ambientais em prol de mantermos saudável e produtivo o meio em que vivemos e com o qual nos relacionamos, exige que o princípio de democracia seja concebido – ou resgatado – de modo inovador, criativo e cooperativo. Afinal, temos enfrentado situações desafiadoras que se caracterizam não apenas pela destruição iminente do meio ambiente e da vida humana, mas por suas consequências para as gerações futuras, as quais requerem de toda sociedade mudanças de comportamento e comprometimento para com o todo.

Em se tratando de discussão ambiental, desde meados do século XX, o tema sustentabilidade tem se tornado uma questão-chave nas relações socioeconômicas entre cidadãos, instituições e Estados. Em 2004, a Organização das Nações Unidas, em parceria com o Banco Mundial, em uma publicação do Pacto Global intitulada *Who Cares Wins*, cunhou pela primeira vez o termo ESG (sigla em inglês de *Environmental, Social and Governance*). Na ocasião, a ONU desafiou 50 CEOs de organizações financeiras a obter respostas de suas empresas sobre como integrar os princípios de questões ambientais, sociais e de governança ao mercado de capitais.

De acordo com o jornalista e fundador da consultoria Ideia Sustentável, Ricardo Voltolini (2021), "as questões ambientais, sociais e de governança nunca deixaram de ser importantes para a humanidade", porém, a adoção das empresas para a prática das ações do valor intrínseco do conceito de sustentabilidade está conectada com a mudança lógica de quem define o que é valor no mercado:

[...] Os investidores entenderam que as empresas que poluem rios, descuidam dos seus colaboradores e desrespeitam as comunidades apresentam mais riscos. Pelo mesmo raciocínio, as empresas que usam os recursos naturais de forma equilibrada, impedem a corrupção, promovem os direitos humanos na cadeia de valor e produzem valor para todos os *stakeholders* representam menor ameaça ao investimento, simplesmente, porque na ponta do lápis, ao gerarem menos externalidades negativas custam menos para a sociedade e o meio ambiente. (VOLTOLINI, 2021)

A adesão às práticas de ESG traz inúmeros benefícios, e a avaliação de empresas, atualmente, é diretamente afetada por essa escolha. As organizações que adotam o ESG refletem boa reputação ante o público geral, além, é claro, de ganhar visibilidade no mercado, pois são mais flexíveis para lidar com mudanças nos padrões, relacionadas à produção e ao consumo. Agora, no pós-pandemia, investidores e consumidores são atraídos principalmente por empresas dispostas a promover o desenvolvimento sustentável. Afinal, nos dias atuais, é facilmente detectável quais empresas se preocupam com ESG e quais se dizem sustentáveis, mas continuam apegadas ao passado. Portanto, é de fundamental importância as organizações reconhecerem que, em meio a este novo cenário, está surgindo um novo consumidor e um novo investidor, com mais consciência social e ambiental, decididos a optar por produtos e serviços de empresas verdadeiramente comprometidas com a redução dos impactos ambientais, atentas às questões sociais e de interesse público, entre outras práticas de governança.

Assumir essas responsabilidades, até pouco tempo, era considerado uma questão moral, que permeava a imagem da instituição. Hoje, tem *status* econômico, de sobrevivência e de competitividade. Inúmeros fundos de investimentos, com bilhões de dólares disponíveis para aplicação, já decidiram apoiar unicamente empresas que desenvolvam modelos de negócios sustentáveis e responsáveis, comprometidos com os princípios da ESG. As empresas precisam estar atentas a este relevante movimento global, caso contrário, logo encontrarão dificuldades para permanecer competitivas.

Mas é importante reforçar que os indicadores ESG vão além de questões ligadas à sustentabilidade. Também compõem a sigla o S de social e o G de governança, e é preciso haver equilíbrio entre cada um destes fatores. De nada adianta promover melhorias em comunidades locais se essas ações prejudicarem o meio ambiente. É preciso haver comprometimento com uma operação mais sustentável em termos ambientais, sociais e de governança. Ética, transparência e respeito relacionados a todo o processo produtivo devem ser considerados neste novo caminho.

A governança dentro dos padrões ESG, pautada em novos princípios e regras, chega com um novo modelo de gestão que, entre outros aspectos, impõe novas formas de buscar resultados às empresas. Este movimento, já consolidado e em expansão no mundo, efetivamente, está mudando a forma como acontecem as relações sociais e ambientais. Quanto mais cedo entenderem e passarem a adotar os critérios ESG, maiores serão os retornos para as empresas.

O mundo mudou significativamente, sobretudo, no quesito sustentabilidade, e quem não se adequar a este novo conceito vai perder investimentos, clientes e mercado. É um caminho irreversível. Assim como a revolução digital promoveu grandes transformações no mundo, nas últimas décadas, os conceitos da sigla ESG são a nova realidade e chegam com potencial transformador. Como nas tecnologias disruptivas, que não param de mudar organizações, empresas e sociedade, também o ESG começa a mostrar seu potencial transformador.

Deve-se haver processos de transformação organizacional e não apenas mudanças isoladas, isto é, mudanças estratégicas que abranjam toda a organização de forma constante, estabelecendo nova relações de poder e autoridade, com uma gestão compartilhada, entre líder e colaboradores, com processos de coparticipação e cocriação com os colaboradores da organização, mas também com clientes e outros *stakeholders* e a potencialização da inovação tecnológica em conjunto com a inovação social e *marketing* verde, como visto hoje nas *startups*. Nesse contexto, adquire novo destaque a gestão intercultural, que envolve questões como as de biodiversidade, diversidade de gênero, étnica-racial, idade, pessoas com necessidades especiais, pessoas de diferentes países e regiões de origem e formas de pensar, entre outras.

Com o tema sustentabilidade em pauta há décadas, países desenvolvidos entenderam a importância de investir no mercado sustentável e se integram à cultura ESG. No Brasil, as discussões sobre ESG demoraram tempo para ganhar relevância. Até 2018, pouco se falava sobre ESG no país. O debate de boas práticas em instituições de capital aberto já existia na Bolsa de Valores, embora grandes companhias do país tenham se envolvido em escândalos de governança na ocasião. A pauta socioambiental ainda não era considerada tão relevante, e o conceito ESG começou a ser aceito apenas a partir de 2019, como reação às políticas do governo brasileiro que traziam prejuízos incalculáveis em virtude do aumento de desmatamento de biomas nacionais.

Mesmo assim, o impacto das premissas do ESG ainda é pequeno no Brasil. Por aqui, o conceito ESG segue ainda restrito ao setor corporativo, em especial às empresas globalizadas. Mas, aos poucos, o tema começa a repercutir também na mídia e ganha espaço na sociedade. Vemos, cada vez mais, o brasileiro cobrando práticas compatíveis com o ESG, levando governos e setor empresarial a se mobilizarem, fazendo com que o tema mercado sustentável passe a integrar a agenda de investimentos de seus gestores. Eis, aí, a força sinérgica do conceito de democracia na sua real essência, atribuída à liberdade, associada à manifestação de uma parcela da sociedade civil, dando voz à pauta da sustentabilidade decorrente do novo contexto vivido no mundo, que exige a aplicabilidade de medidas imediatas para adequação do comportamento de organizações na prática de ações socioambientais e de governança para com o meio ambiente.

Em 2020, impulsionado em grande parte por mudanças no cenário regulatório e pela pandemia de Covid-19, o interesse em investimentos sustentáveis aumentou. Nesse sentido, transparência se tornou a palavra de ordem e todos querem ter indicadores mais precisos e informação detalhada e atualizada com frequência. Com parâmetros, objetivos e metas é possível tornar o impacto das estratégias de ESG tangível e com maior potencial de angariar recursos. Além disso, possibilita contornar desafios, como o *greenwashing*, a falsa aparência de sustentabilidade promovida por ações pontuais de empresas que não estão de fato realizando as iniciativas que divulgam.

Para incentivar a adoção de projetos de ESG no Brasil, no entanto, é fundamental que haja um maior engajamento do mercado financeiro como um todo – bancos, corretoras, gestores de fundos e investidores. O papel de todos esses atores é relevante no sentido de distinguir as melhores práticas, indicando quais são os anseios e tendências que devem receber investimentos.

Embora seja uma questão urgente e atual, da qual depende o futuro não só das empresas, mas do planeta, o conceito de ESG ainda está em fase de amadurecimento no Brasil. Em um mercado global, com cada vez mais legislações restritas em vigor, gestores de empresas e de investimentos precisarão se adaptar e se manter a par dos requisitos ESG à medida em que a transformação sustentável se torna uma realidade. A transição para integrar o ESG é complexa, mas não precisa parar os seus negócios. Na prática, isso pode significar reduzir ou zerar emissões de carbono, melhorar o gerenciamento de resíduos ou buscar caminhos para implantar a economia circular.

Em tempo, destacamos a afirmação de Veiga (2006), o qual ressalta que, além das necessidades das atuais e futuras gerações debatidas na sustentabilidade ambiental, é preciso ter consciência de que as pessoas são importantes atores neste contexto, pois valorizam a própria capacidade de pensar, avaliar, agir e participar:

> As pessoas não são apenas pacientes, cujas demandas requerem atenção, mas também agentes, cuja liberdade de decidir qual valor atribuir às coisas e de que maneira preservar esses valores pode se estender para muito além do atendimento de suas necessidades. É preciso perguntar, então, se as prioridades ambientais não deveriam também ser encaradas em termos de sustentação das liberdades humanas. (VEIGA, 2006, p. 90)

Com a atual leitura do cenário qual vivencia-se todos os atores nele inseridos, podemos afirmar que uma empresa somente consegue estabelecer os conceitos de ESG se gerar um ambiente democrático com seu público (colaboradores, investidores etc.). Em se tratando de um cenário nacional, um país que exerce a prática da democracia cujo conceito basilar é a liberdade, de economia liberal, estabelece para si instituições sociais mais fortes e política ambiental de força pujante também. A democracia é boa para quem quer ser cidadão, não súdito.

## Referências

BASTOS, Celso Ribeiro. *Curso de direito constitucional*. 14. ed. São Paulo: Saraiva, 1992.

BOBBIO, Norberto. *Estado, governo e sociedade* – Para uma teoria geral da política. Rio de Janeiro: Paz e Terra, 2012.

CHAUÍ, Marilena *et al*. *Democracia em colapso*. Curso: a democracia pode ser assim. História, formas e possibilidades. São Paulo: Sesc, out. 2019. Disponível em: https://democraciaemcolapso.files.wordpress.com/2019/10/apostila_curso_a-democracia-pode-ser-assim_boitempo-sesc-2019-1.pdf?. Acesso em: 24 nov. 2022.

COMISSÃO MUNDIAL SOBRE MEIO AMBIENTE E DESENVOLVIMENTO. *Nosso Futuro Comum*. Rio de Janeiro: Editora FGV, 1991.

LIMONGI-FRANÇA, Ana Cristina; ARELLANO, Eliete Bernal. *Os processos de recrutamento e seleção*. As pessoas na organização. São Paulo: Gente, 2002.

PACTO GLOBAL BRASIL. 2022. Disponível em: pactoglobal.org.br. Acesso em: 26 nov. 2022.

VEIGA, José Eli da. *Meio ambiente & Desenvolvimento*. São Paulo: Editora Senac São Paulo, 2006.

VOLTOLINI, Ricardo. *Vamos falar de ESG?* – Provocações de um pioneiro em sustentabilidade empresarial. São Paulo: Voo, 2021.

Informação bibliográfica deste texto, conforme a NBR 6023:2018 da Associação Brasileira de Normas Técnicas (ABNT):

BUENO, Ademar. A democracia como base para a agenda ESG. *In*: BORGES DE PAULA, Marco Aurélio (Coord.). *A hora e a vez do ESG*: provocações e reflexões em homenagem a Ricardo Voltolini. Belo Horizonte: Fórum, 2023. p. 121-127. ISBN 978-65-5518-619-2.

# A PROVA REAL DO COMPROMISSO COM A AGENDA ESG: A TRANSPARÊNCIA DO *LOBBY*

**GUILHERME FRANCE**

## 1 Introdução

Empresas têm colocado a agenda ESG, ao menos nominal e publicamente, no centro de seus planos de negócio com crescente frequência. A preocupação em se alinhar às pautas sociais e ambientais e em se mostrar aderente às melhores práticas de governança ganhou destaque, conforme consumidores e investidores pressionam empresas para estar na vanguarda dos movimentos que buscam concretizar os Objetivos do Desenvolvimento Sustentável (ODS) 2030 no âmbito nacional e global.

Em um campo específico, no entanto, as empresas ainda enfrentam desafios substanciais para avançar de forma significativa: suas atividades de *lobby*, que podem ser definidas como atividades realizadas para influenciar as políticas ou decisões de um governo ou de uma instituição em benefício de uma causa ou buscando um resultado.[1] Do ponto de vista da (G)overnança, isso se explica pela fragilidade dos mecanismos destinados a assegurar a integridade e a transparência destas atividades. Já do ponto de vista (S)ocial e (A)mbiental, o dilema

---

[1] TRANSPARENCY INTERNATIONAL. *Lobbying*. Disponível em: https://www.transparency.org/en/corruptionary/lobbying. Acesso em: 30 mar. 2023.

se encontra no desalinhamento entre as posições públicas das empresas em favor destas pautas e as posições que adotam em suas interações com agentes públicos.

Na ausência de legislações nacionais que imponham obrigações detalhadas para empresas brasileiras quanto às suas interações com agentes públicos, estas demoraram a desenvolver práticas e políticas direcionadas a reduzir os riscos derivados de suas atividades de *lobby*. Tais lacunas chamam atenção justamente porque as interações público-privadas são notoriamente áreas de elevado risco, que um programa de integridade robusto deveria endereçar. A preocupação principal aqui é "como" o *lobby* é feito, se de maneira ética e íntegra.

Há uma preocupação adicional, no entanto, para as empresas que pretendem aderir à agenda ESG efetivamente. É a necessidade de que o "conteúdo" do *lobby* também se adeque às preocupações publicamente externadas da empresa com seu impacto no mundo e na sociedade. Assim, ainda que a defesa de um interesse específico junto a um órgão público seja realizada de forma legal, ética e transparente, se aquele interesse defendido representa uma contradição com relação ao que a empresa defende publicamente em relação ao meio ambiente, por exemplo, tem-se uma demonstração cabal de fragilidade do seu compromisso com a agenda ESG.

Isso porque ganhou força o reconhecimento de que os valores públicos de uma empresa devem ser compatíveis com suas atividades de *lobby*. Não se trata, portanto, apenas de um risco reputacional, mas também de que a própria mensagem e identidade da empresa se percam e, principalmente, que sejam despendidos recursos financeiros de modo contraditório e, portanto, ineficiente.

Nesse sentido, adotar políticas e práticas que assegurem a transparência do *lobby* é essencial para efetivar o compromisso de qualquer empresa com a agenda ESG. Por isso, este estudo demonstrará, de forma inequívoca, os riscos (para as empresas e para a sociedade como um todo) e as contradições de se rejeitar estas políticas, bem como as vantagens de se fazê-lo.

## 2 A importância da transparência do *lobby*

A transparência gerada a partir da adoção de boas práticas de governança e integridade sobre as interações entre empresas e agentes públicos é elemento necessário para que se reduzam os riscos de corrupção e outras irregularidades. Com frequência, empresas se engajam em condutas ilegais ou questionáveis do ponto de vista ético para defender seus interesses.² O pagamento de subornos, a concessão de presentes e hospitalidades excessivos e a contratação de ex-agentes públicos são práticas, em diferentes níveis, problemáticas que precisam ser regulamentadas – e o incremento da transparência desempenha um papel importante nessa regulamentação – e, em alguns casos, proibidas.

Além disso, o processo de abertura dos dados sobre engajamento político corporativo, conforme definido de forma mais ampla como o engajamento das empresas com atividades políticas,³ é um antecedente necessário às análises, não só sobre a compatibilidade destas atividades com as suas posições públicas, mas também para se compreender o impacto desta atuação sobre o próprio processo de formulação e implementação de políticas públicas, o que se mostra relevante para sua avaliação.⁴

Como afirma a OCDE, "garantir o acesso de todas as partes interessadas – do setor privado ao público em geral – a oportunidades iguais para informar e influenciar políticas públicas é essencial para alcançar melhores políticas".⁵ Ouvir um conjunto mais variado de atores, com interesses e perspectivas diversas, contribui para resultados mais efetivos e inclusivos. Nos últimos anos, ganhou força a preocupação com a igualdade de condições dos interessados nos processos decisórios. Esta igualdade passou a ser percebida como um elemento fundamental do conjunto de direitos políticos que são garantidos a todos e todas. Além disso, reconheceu-se que uma maior diversidade de opiniões produz

---

[2] TRANSPARENCY INTERNATIONAL. *Conflicts of interest and undue influence in climate action*: putting a stop to corporate efforts undermining climate policy and decisions. Berlim, 2021. Disponível em: https://images.transparencycdn.org/images/2021_ConflictsOfInterestClimateAction_PolicyBrief_EN.pdf. Acesso em: 16 mar. 2023.

[3] Em geral, essas atividades alcançam doações políticas e eleitorais, *lobby*, a contratação de ex-funcionários públicos (chamada "portas giratórias"). No Brasil, como as empresas são legalmente proibidas de realizar doações para partidos, candidatos e campanhas, referimo-nos, principalmente, às atividades de *lobby* (TRANSPARENCY INTERNATIONAL UK. *Open Business*: principles and guidance for anti-corruption corporate transparency. 2020. Disponível em: https://www.transparency.org.uk/sites/default/files/pdf/publications/TIUK_OpenBusiness_WEB4.pdf. Acesso em: 16 mar. 2023).

[4] COHEN, H. R.; SAWYER, M. Corporate Political Contributions. *Harvard Law School Forum on Corporate Governance*, Cambridge, fev. 2021. Disponível em: https://corpgov.law.harvard.edu/2021/02/03/corporate-political-contributions/. Acesso em: 15 mar. 2023.

[5] ORGANIZAÇÃO PARA COOPERAÇÃO E DESENVOLVIMENTO ECONÔMICO. *Lobbying in the 21st Century*: Transparency, Integrity and Access. Paris, 2022. Disponível em: https://www.oecd-ilibrary.org/sites/cf72ac12-en/index.html?itemId=/content/component/cf72ac12-en. Acesso em: 16 mar. 2023.

políticas públicas melhores. Ao fim e ao cabo, fortalece-se a democracia que se torna mais representativa e confiável.

Recomendações internacionais apontam que agentes públicos deveriam ter uma obrigação de oferecer oportunidades iguais de participação nos processos decisórios sob sua responsabilidade aos vários grupos de interesse e ao público em geral. Mais do que isso, eles deveriam fornecer uma justificativa por escrito no caso de negação ao direito de participar, com possibilidade de recurso para aqueles que forem prejudicados.[6]

O desequilíbrio no processo de formulação, implementação e monitoramento de políticas públicas, com um dos lados sendo capaz de incidir com maior intensidade, pode resultar em processo de captura daquela política pública, que passa a refletir apenas os interesses de um restrito grupo de interesse (*policy capture*).[7] De forma mais ampla, a opacidade do processo legislativo contribui para a desconfiança na democracia, conforme o público não compreende as origens de políticas públicas com amplo alcance e impacto. Uma pesquisa recente mostrou que, no Brasil, uma grande parcela da população acredita que o governo é controlado por alguns poucos "grandes interesses" que se preocupam apenas consigo.[8]

Casos frequentes que evidenciam o impacto desproporcional de empresas sobre processos legislativos confirmam e reforçam estas percepções. Por exemplo, em 2015, descobriu-se que partes importantes de um projeto de lei que pretendia instituir o novo Código de Mineração brasileiro haviam sido escritas diretamente nos computadores de um escritório de advocacia que tinha como clientes grandes empresas mineradoras.[9]

---

[6] TRANSPARENCY INTERNATIONAL; ACCESS INFO EUROPE; SUNLIGHT FOUNDATIONS; OPEN KNOWLEDGE. *The International Standards for Lobbying Regulation*. Berlim, 2015. Disponível em: https://legalinstruments.oecd.org/en/instruments/OECD-LEGAL-0379. Acesso em: 21 mar. 2023.

[7] ORGANIZAÇÃO PARA COOPERAÇÃO E DESENVOLVIMENTO ECONÔMICO. *Regulating Corporate Political Engagement*. Paris, 2022. Disponível em: https://www.oecd-ilibrary.org/governance/regulating-corporate-political-engagement_8c5615fe-en. Acesso em: 16 mar. 2023.

[8] TRANSPARÊNCIA INTERNACIONAL BRASIL. *Barômetro Global da Corrupção América Latina e Caribe 2019*: opiniões e experiências dos cidadãos relacionadas à corrupção. 2019. Disponível em: https://comunidade.transparenciainternacional.org.br/asset/54:bgc---barometro-global-da-corrupcao-2019?stream=1. Acesso em: 16 mar. 2023.

[9] NOVO Código de Mineração é escrito em computador de advogado de mineradoras. *BBC Brasil*, São Paulo, 7 dez. 2015. Disponível em: https://www.bbc.com/portuguese/

Por fim, a falta de isonomia no processo de elaboração de políticas públicas aumenta o risco de que sejam impactadas por formas variadas de influência indevida, como o fornecimento de informações enganosas, incorretas ou secretas a agentes públicos, a manipulação da opinião pública ou outras formas de manipulação de decisões destes agentes.[10]

Por exemplo, muitas empresas desenvolvem práticas de *lobby* indireto, que têm por objetivo disfarçar o seu papel na defesa de determinado interesse, seja para evitar sua associação com uma causa, seja para garantir maior credibilidade ao desvincular a defesa daquele interesse de interesses econômicos e comerciais diretos. Um exemplo disso é quando empresas apoiam ou constituem *think tanks* ou ONGs que atuam na defesa destes interesses. Podem publicar relatórios de "pesquisa" ou participar do debate público de outras formas. Adicionalmente, tem se tornado mais comum uma prática que ficou conhecida como *astroturfing*, por meio da qual empresas criam a percepção de que determinada posição política goza de apoio popular graças à manipulação ou à "aquisição" ilegítima de manifestações de apoio e de opiniões.[11]

## 3 Transparência do *lobby* e (G)overnança

A partir do reconhecimento de que as interações público-privadas consistem em uma atividade de alto risco de corrupção – especialmente a realização de pedidos e ofertas de vantagens indevidas, a concretização de conflitos de interesse, o exercício de formas variadas de influência indevida e a captura regulatória e/ou do Estado –, reconhece-se a importância de adoção de práticas e políticas de transparência e integridade, com objetivo de se prevenir casos de corrupção e fortalecer a governança das organizações.

Por isso, a adoção de políticas e práticas de transparência nas relações com agentes públicos é considerada um importante elemento

---

noticias/2015/12/151202_escritorio_mineradoras_codigo_mineracao_rs. Acesso em: 20 mar. 2023.

[10] ORGANIZAÇÃO PARA COOPERAÇÃO E DESENVOLVIMENTO ECONÔMICO. *Regulating Corporate Political Engagement*. Paris, 2022. Disponível em: https://www.oecd-ilibrary.org/governance/regulating-corporate-political-engagement_8c5615fe-en. Acesso em: 16 mar. 2023.

[11] JENKINS, M.; MULCAHY, S. Businesses' lobbying practices. *Transparency International Anti-Corruption Helpdesk*, Berlim, out. 2018. Disponível em: https://knowledgehub.transparency.org/assets/uploads/helpdesk/Businesses-Lobbying-Practices_2018.pdf. Acesso em: 21 mar. 2023.

do programa de integridade de qualquer empresa. Este reconhecimento já foi realizado pela própria legislação brasileira. Como se sabe, a Lei Anticorrupção (Lei nº 12.846, de 2013) prevê a importância do programa de integridade como elemento de prevenção à corrupção, prevendo a sua existência e efetividade como elemento mitigador de eventuais sanções. Ao detalhar os elementos que compõem este programa, o Decreto nº 11.129, de 2022, indica a importância de:

> Procedimentos específicos para prevenir fraudes e ilícitos em diversas interações com agentes públicos, como processos licitatórios, na execução de contratos administrativos, no pagamento de tributos, na sujeição a fiscalizações ou obtenção de autorizações, licenças, permissões e certidões. (Art. 57, VII)

Ao prever, de forma genérica, a relevância destes procedimentos nas "interações com agentes públicos", entende-se que o legislador previu amplo escopo que engloba não apenas os exemplos apresentados em seguida, mas também as interações realizadas com objetivo de influenciar as decisões ou políticas dos governos e órgãos públicos dos quais estes agentes fazem parte.

Outras normas regulamentam, de forma indireta, atividades que se incluem também neste escopo. Por exemplo, a Lei de Conflito de Interesses (Lei nº 12.813, de 2013) estabelece restrições à contratação de agentes públicos em situações que possam configurar conflitos de interesse. O Decreto nº 10.889, de 2021, estabelece restrições e proibições para agentes públicos do Poder Executivo federal no que se refere ao recebimento de presentes e hospitalidades, além de prever uma regulamentação detalhada sobre a transparência das agendas destes agentes. De forma mais ampla, a própria Lei de Acesso à Informação (Lei nº 12.527, de 2011) já previa regras de transparência a serem obedecidas por agentes e órgãos públicos.

Para além destas normas já em vigor, existe forte pressão da sociedade e até mesmo do governo para detalhar obrigações específicas de lobistas e de empresas cujos interesses são representados por estes profissionais. Ao final de 2022, a Câmara dos Deputados aprovou uma proposta de regulamentação do *lobby*, o Projeto de Lei nº 1.202, de 2007, que impõe regras diversas à "representação de interesse realizada por pessoas naturais ou jurídicas perante agentes públicos com o fim de efetivar as garantias constitucionais, a transparência e o acesso a informações".

Fora do âmbito estritamente legal, já surgiram diversas iniciativas que buscam encorajar a adoção de políticas e práticas de transparência mais adequadas para empresas com relação às suas interações com agentes públicos. O Programa de Empresas Pró-Ética, estabelecido pela Controladoria-Geral da União, avalia, ao decidir sobre a inclusão de empresas no seu âmbito, se elas adotam "orientações e controles sobre temas como realização de reuniões, encontros e outros tipos de interação entre administradores e empregados da empresa com agentes públicos".[12] A existência destes mecanismos também é avaliada no âmbito de processos administrativos de responsabilização, conforme busca-se aferir a efetividade de programas de integridade das empresas sob investigação para que eventualmente se mitiguem as sanções aplicadas sobre estas empresas.[13]

Organizações da sociedade civil também encorajam a adoção de procedimentos que garantam a realização de atividades de representação de interesses privados com integridade e transparência. O Instituto Ethos, por exemplo, recomenda que empresas desenvolvam "diretrizes, políticas e procedimentos internos com vistas a garantir que a defesa de interesse (lobby) seja pautada pela ética e integridade e que exista clareza, transparência e fidelidade nas informações transmitidas".[14]

Já o Pacto Global das Nações Unidas no Brasil desenvolveu o Movimento Transparência 100%. Trata-se de iniciativa que busca incentivar a adoção de políticas e práticas mais transparentes, com um pilar especificamente dedicado às relações público-privadas. No âmbito deste pilar, espera-se que as empresas participantes tenham "100% de transparência das interações com a Administração Pública", incluindo a publicação de informações sobre as interações relevantes (data e local

---

[12] CGU. *Empresa Pró-Ética 2022-2023*: Formulário de Conformidade. Brasília: CGU, 2022. Disponível em: https://www.gov.br/cgu/pt-br/assuntos/etica-e-integridade/empresa-pro-etica/arquivos/2022-2023/formulario-de-conformidade-empresa-pro-etica-2022-2023.pdf. Acesso em: 30 mar. 2023.

[13] CGU. *Manual prático de avaliação de programa de integridade em PAR*. Brasília: CGU, 2018. Disponível em: https://www.gov.br/infraestrutura/pt-br/centrais-de-conteudo/manual-pratico-integridade-par-pdf. Acesso em: 30 mar. 2023.

[14] INSTITUTO ETHOS. *Adesão à Carta Compromisso do Movimento Empresarial pela Integridade e Transparência*. Disponível em: https://www.ethos.org.br/conteudo/adesao-a-carta-compromisso-do-movimento-empresarial-pela-integridade-e-transparencia/. Acesso em: 30 mar. 2023.

das interações/reuniões, participantes, interesses defendidos etc.) e sobre os temas de interesse em política pública.[15]

## 4 Transparência do *lobby* e ESG

Há uma crescente preocupação da população com o impacto de suas escolhas como consumidores para o meio ambiente e um reconhecimento cada vez maior do seu papel como agentes de transformação com poder de influenciar as práticas empresariais. Mais da metade dos brasileiros, por exemplo, se sente culpada pelo seu impacto negativo sobre o meio ambiente e estão dispostas a pagar mais por produtos ou marcas que contribuem para melhorar a sociedade e o meio ambiente. Atentas a essas tendências, empresas têm adotado práticas sustentáveis com objetivo de se apresentarem como mais ambientalmente conscientes, oferecendo produtos e serviços que causam um impacto negativo menor sobre o meio ambiente.

No Brasil, percentuais significativos da população indicam que já foram impactados por marcas comunicando ou promovendo informações sobre o quanto elas são ecologicamente corretas. Mais da metade dos brasileiros afirmam já ter ouvido ou lido informações do tipo sobre empresas dos setores de produtos de cuidado pessoal, alimentos e bebidas embalados, produtos de limpeza e carros.[16] Há um número crescente de brasileiros que mudaram seu comportamento como consumidores em função do fator ambiental. Por exemplo, muitos deixam de adquirir produtos e serviços que são considerados ecologicamente danosos. Como resultado, há indícios de que empresas com forte relação e identidade com a proteção ambiental têm crescido mais do que a média do mercado.[17]

Em múltiplas instâncias, no entanto, estas empresas são acusadas de *greenwashing*, prática conhecida como a realização de propagandas

---

[15] PACTO GLOBAL DAS NAÇÕES UNIDAS. *Movimento Transparência 100%*. Disponível em: https://www.pactoglobal.org.br/movimento/transparencia100porcento/. Acesso em: 30 mar. 2023.

[16] VIDA Saudável e Sustentável 2022: um estudo global de percepções do consumidor. *Akatatu*, 2022. Disponível em: https://akatu.org.br/wp-content/uploads/2022/11/Pesquisa-VSS-2022-Relatorio-Publico.pdf. Acesso em: 30 mar. 2023.

[17] PANDEMIA aumenta preocupação dos consumidores com meio ambiente. *Mercado e Consumo*, São Paulo, 1º dez. 2021. Disponível em: https://mercadoeconsumo.com.br/01/12/2021/sustentabilidade/pandemia-aumenta-preocupacao-dos-consumidores-com-ambiente/?cn-reloaded=1. Acesso em: 30 mar. 2023.

falsas ou enganosas por meio das quais as empresas se apresentam como mais sustentáveis do que efetivamente são. Com maior frequência, as alegações de *greenwashing* se referem à fragilidade ou ao não cumprimento de metas de sustentabilidade ou à apresentação de determinados produtos e serviços como menos poluidores do que efetivamente são. Podem, ainda, se referir a empresas envolvidas em acidentes ou práticas com grande impacto negativo sobre o meio ambiente, mas que minimizam estes impactos ou pretendem mascará-los.[18] Não há dúvidas, todavia, que o hábito de empresas se apresentarem como ambientalmente conscientes, mas defenderem, em suas interações privadas com agentes públicos, políticas prejudiciais ao meio ambiente também se caracteriza como *greenwashing*.

Isso se torna ainda mais relevante considerando que grandes e poderosos interesses das empresas têm ampla capacidade financeira de sobrepujar pequenas comunidades, organizações da sociedade civil, minorias e outros grupos com menos recursos e acesso aos tomadores de decisão. Como estes grupos se encontram, frequentemente, na liderança de movimentos em defesa de bandeiras essenciais para a agenda ESG, como sustentabilidade ambiental, direitos humanos e diversidade, o desequilíbrio na defesa destes interesses têm graves impactos para o mundo.

Em especial, empresas do setor de energia atuam pelo retardamento da adoção de políticas emergenciais que enderecem a crise climática global. Estas empresas têm capacidade financeira muito superior às organizações que defendem pautas climáticas e atuam na promoção daquelas políticas. Por exemplo, de acordo com a InfluenceMap, as cinco maiores empresas de petróleo do mundo gastaram mais de 1 bilhão de dólares entre a assinatura do Acordo de Paris, em 2016, e 2019, com materiais de comunicação pública, inclusive para agentes públicos, que pretendem apresentá-las como responsivas à crise climática e atuando em benefício de políticas verdes.[19] Os valores gastos anualmente por

---

[18] ROBINSON, D. 10 Companies Called out for Greenwashing. *Earth.org.*, Hong Kong, 17 jul. 2022. Disponível em: https://earth.org/greenwashing-companies-corporations/. Acesso em: 30 mar. 2023.

[19] INFLUENCEMAP. *Big Oil's Real Agenda on Climate Change*. Disponível em: https://influencemap.org/report/How-Big-Oil-Continues-to-Oppose-the-Paris-Agreement-38212275958aa21196dae3b76220bddc. Acesso em: 15 mar. 2023.

estas empresas apenas com atividade de *lobby* superam em mais de duas vezes o orçamento anual da ONG Greenpeace, por exemplo.[20]

Mais recentemente, concluiu-se que estas mesmas empresas gastam em torno de 750 milhões de dólares por ano em comunicações relacionadas à agenda climática, o que se mostra inconsistente com os planos de investimento gerais destas empresas. Este esforço de comunicação é inconsistente, ainda, de acordo com o InfluenceMap, com as atividades de *lobby* dessas empresas que têm como objetivo impedir a adoção de políticas climáticas mais robustas.[21] Nos Estados Unidos, empresas do setor de energia gastaram, em 2022, pelo menos 359 milhões de dólares em atividades de *lobby* apenas no plano federal, ficando entre os cinco setores econômicos com maiores gastos. Considerando grupos menos segregados de indústrias, empresas de petróleo e gás investiram cerca de 125 milhões de dólares naquele mesmo ano.[22]

Não são apenas empresas ligadas a combustíveis fósseis que superam em muito os recursos despendidos por organizações que defendem interesses opostos. No âmbito da União Europeia, a indústria de serviços financeiros gasta mais de 120 milhões de euros em atividades de *lobby* (dados de 2018), contando com mais de 1.700 lobistas em Bruxelas – um número duas vezes maior do que o número de parlamentares europeus. Como consequência, mais de 90% das reuniões da Diretoria-Geral para Assuntos Financeiros foram com representantes de interesses corporativos.[23]

Ainda que a maioria dos exemplos mencionados neste capítulo se refiram a questões no campo ambiental, dinâmicas semelhantes se manifestam em relação a outras temáticas incluídas no âmbito (S)ocial, como medidas de prevenção a abusos e violações de direitos humanos. Por exemplo, durante o desenvolvimento de uma regulamentação

---

[20] MULLARD, S. How corruption and unequal lobbying can undermine COP26 goals – Part 1: The problem. *CMI U4*, Bergen, 31 out. 2021. Disponível em: https://www.u4.no/blog/how-corruption-and-unequal-lobbying-can-undermine-cop26-goals-part-1-the-problem. Acesso em: 30 mar. 2023.

[21] INFLUENCEMAP. *Big Oil's Real Agenda on Climate Change 2022*. Disponível em: https://influencemap.org/report/Big-Oil-s-Agenda-on-Climate-Change-2022-19585. Acesso em: 22 mar. 2023.

[22] OPEN SECRETS. *Lobbying Data Summary*. Disponível em: https://www.opensecrets.org/federal-lobbying/summary. Acesso em: 15 mar. 2023.

[23] JENKINS, M.; MULCAHY, S. Businesses' lobbying practices. *Transparency International Anti-Corruption Helpdesk*, Berlim, out. 2018. Disponível em: https://knowledgehub.transparency.org/assets/uploads/helpdesk/Businesses-Lobbying-Practices_2018.pdf. Acesso em: 21 mar. 2023.

europeia sobre práticas e políticas de *due dilligence* na cadeia de valor das empresas com relação a abusos de direitos humanos, descobriu-se que diversas empresas haviam realizado esforços para que fossem adotados parâmetros legais mais baixos ou frouxos, em contradição com os seus compromissos públicos.[24] Este tipo de desencontro entre as posições públicas e privadas das empresas representa um grande risco reputacional, além de evidenciar a superficialidade e a fragilidade do efetivo compromisso destas empresas com a agenda ESG.

Em resumo, identificam-se dois problemas possivelmente cumulativos com relação à atuação das empresas que realizam *lobby* em tópicos relacionados à agenda ESG: (i) a (in)compatibilidade das posições assumidas por estas empresas em suas interações com agentes e órgãos públicos com relação às posições assumidas publicamente; e (ii) o impacto desproporcional que estas atividades de *lobby* podem ter sobre a determinação das políticas públicas adotadas e implementadas pelos órgãos públicos em questão, em descompasso com as recomendações internacionais de igualdade de acesso e de oportunidade às partes interessadas em processos decisórios.

## 5 Tendências recentes de promoção da transparência do *lobby*

Consumidores não são, no entanto, os únicos atores preocupados com o real alinhamento das empresas com relação à pauta ESG. Investidores também têm considerado este um ponto cada vez mais relevante nas suas escolhas, como mostra uma pesquisa recente da PricewaterhouseCoopers. Parcelas significativas dos investidores entrevistados ressaltou a importância de que empresas reduzam as emissões de gases do efeito estufa em suas operações e cadeias de valor (44%), adotem práticas responsáveis de combate à escravidão em sua cadeia de valor (36%), minimizem o impacto sobre a natureza e a biodiversidade (29%) e melhorem as práticas de diversidade, equidade e inclusão (25%).

Muitos investidores notam, ainda, que há um déficit de transparência com relação às informações apresentadas pelas empresas com

---

[24] FRIENDS OF THE EARTH EUROPE; EUROPEAN COALITION FOR CORPORATE JUSTICE; CORPORATE EUROPE OBSERVATORY. *Off the hook?* How business lobbies against liability for human rights abuses. Jun. 2021. Disponível em: https://corporatejustice.org/publications/off-the-hook-how-business-lobbies-against-liability-for-human-rights-and-environmental-abuses/. Acesso em: 30 mar. 2023.

relação às suas práticas ambientais. A grande maioria (87%) acredita, inclusive, que relatórios de sustentabilidade contêm níveis variados de *greenwashing*, o que denota uma falta de confiança substancial. Maior transparência é considerada, assim, essencial para garantir que seja possível avaliar o progresso das empresas no atingimento de metas de sustentabilidade e, assim, exigir ações efetivas nesse processo.[25]

Como resultado, nos Estados Unidos, um movimento vem ganhando força nos últimos anos, para garantir que grandes empresas adotem políticas mais transparentes também com relação às suas atividades de *lobby*: acionistas destas empresas têm apresentado e, em alguns casos, assegurado a aprovação de resoluções, no âmbito de assembleia gerais, exigindo maior transparência das atividades de engajamento político corporativo.[26]

De modo geral, isso segue uma tendência mais ampla de crescimento do número de propostas de resolução por acionistas com relação à agenda ESG. Estas propostas têm, inclusive, aprofundado seu escopo para além de exigir mais transparência sobre as informações relativas a essa agenda. Algumas chegam a demandar a adoção de ações específicas ou estabelecem metas para a empresa.[27] De acordo com o Interfaith Center on Corporate Responsbility, foram apresentadas ao menos 55 resoluções tratando de *lobby* e doações corporativas, nos EUA, em 2022. Isso representa um aumento de mais de 100%, considerando que foram 25 resoluções identificadas por esta mesma entidade em 2021.[28] Houve,

---

[25] PRICEWATERHOUSECOOPERS. *The ESG execution gap*: What investors think of companies' sustainability efforts – PwC's Global Investor Survey 2022. Disponível em: https://www.pwc.com/gx/en/issues/esg/global-investor-survey-2022.html. Acesso em: 30 mar. 2023.

[26] Há diferentes níveis de engajamento que acionistas podem adotar em defesa de determinada política corporativa, como a de transparência do *lobby*. Podem, por exemplo, deixar de apoiar resoluções contrárias a estas políticas ou votar de forma favorável a propostas que pretende fortalecê-las. Em um nível de maior engajamento, acionistas podem apresentar resoluções neste sentido e/ou realizar campanhas em seu favor. Indo além, a relevância destas políticas pode passar a impactar outras votações dos acionistas não diretamente relacionadas a este tema. Por exemplo, podem deixar de apoiar diretores que não adotam as medidas necessárias para implementar uma política de maior transparência corporativa (COHEN, H. R.; SAWYER, M. Corporate Political Contributions. *Harvard Law School Forum on Corporate Governance*, Cambridge, fev. 2021. Disponível em: https://corpgov.law.harvard.edu/2021/02/03/corporate-political-contributions/. Acesso em: 15 mar. 2023).

[27] REALI, P.; GRZECH, J.; GARCIA, A. ESG: Investors increasingly seeking accountability and outcomes. *Harvard Law School Forum on Corporate Governance*, Cambridge, abr. 2021. Disponível em: https://corpgov.law.harvard.edu/2021/04/25/esg-investors-increasingly-seek-accountability-and-outcomes/. Acesso em: 15 mar. 2023.

[28] INTERFAITH CENTER ON CORPORATE RESPONSIBILITY. *ICCR's 2022 Proxy Resolutions & Voting Guide*. 2022. Disponível em: https://www.iccr.org/sites/default/files/iccrs_2022_proxy_resolutions_and_voting_guide_v5.pdf. Acesso em: 15 mar. 2023.

ainda, um aumento no apoio médio que resoluções demandando maior transparência sobre engajamento político corporativo receberam: de 25% em 2018, para 40% em 2020.[29]

O sucesso desse movimento se deve, em grande medida, ao apoio que estas resoluções receberam de grandes fundos de investimento. Ao endossar uma resolução exigindo maior transparência das atividades de *lobby* da empresa ExxonMobil, o fundo de investimento BlackRock apontou que informações adicionais sobre estas atividades, especialmente no nível local e estadual, bem como detalhes sobre pagamentos feitos a associações coletivas que também conduzem este tipo de atividade iriam contribuir para que os acionistas pudessem avaliar melhor o gerenciamento das atividades de engajamento político, bem como seus riscos e benefícios.[30]

De modo semelhante, a empresa Glass Lewis, especializada em fornecer informações para investidores, reconhece que "quando uma empresa pratica lobby que, direta ou indiretamente, contradiz suas prioridades e posições, isso pode resultar no uso ineficiente de recursos corporativos, confundir a mensagem da empresa e expô-la a significativos riscos reputacionais".[31] Por isso, passou a recomendar aos acionistas que endossem resoluções direcionadas a garantir que sejam produzidas e publicadas informações relativas a atividades de *lobby* com impacto sobre o meio ambiente.

Assim, nota-se uma tendência crescente de interesse e, principalmente, de atuação dos investidores em defesa da maior transparência do *lobby* realizado por grandes empresas, especialmente no que se refere ao possível impacto destas atividades sobre políticas climáticas.

---

[29] COHEN, H. R.; SAWYER, M. Corporate Political Contributions. *Harvard Law School Forum on Corporate Governance*, Cambridge, fev. 2021. Disponível em: https://corpgov.law.harvard.edu/2021/02/03/corporate-political-contributions/. Acesso em: 15 mar. 2023.
[30] INVESTMENT Stewardship – Vote Bulletin: ExxonMobil Corporation. *Blackrock*, 2021. Disponível em: https://www.blackrock.com/corporate/literature/press-release/blk-vote-bulletin-exxon-may-2021.pdf. Acesso em: 15 mar. 2023.
[31] GLASS LEWIS. *2023 Policy Guidelines*: ESG Initiatives. 2023. Disponível em: https://www.glasslewis.com/wp-content/uploads/2022/11/ESG-Initiatives-Voting-Guidelines-2023-GL.pdf?hsCtaTracking=e61a3dd4-34c6-4db9-b01f-aa747107df46%7C61a49f41-b5fc-49f5-902e-dd2516ccf120. Acesso em: 15 mar. 2023.

## 6 Conclusões

O compromisso de uma empresa com a pauta ESG pode se manifestar de variadas formas, desde a adoção de práticas mais sustentáveis ambientalmente até a prevenção de abusos de direitos humanos nas suas operações e em sua cadeia de valor. Recebem menor destaque, no entanto, as conexões e, principalmente, os riscos derivados de sua atuação como interessada e influenciadora em processos de tomada de decisão no âmbito público, atividades conhecidas como relações governamentais, relações institucionais ou, simplesmente, *lobby*.

As interações público-privadas de empresas são presentes no dia a dia da grande maioria das empresas, especialmente de grandes corporações. Quando elas buscam influenciar processos decisórios para efetivar seus interesses, os riscos destas interações se multiplicam. Mesmo indiretamente, pela participação em associações comerciais ou industriais que realizam atividade de *lobby* em seu nome, há riscos substanciais que precisam ser considerados.

Nesse sentido, argumentou-se que existem duas vertentes relevantes de políticas e práticas de *lobby* que precisam ser consideradas ao analisar o real alinhamento de uma empresa com a agenda ESG. De um lado, o *lobby* representa uma área de grande risco para corrupção e outras irregularidades, razão pela qual devem ser adotadas medidas de mitigação no âmbito do programa de integridade das empresas que realizam estas atividades. Assim, entre as práticas de (G)overnança das empresas, é relevante se avaliar a existência e a efetividade de medidas que assegurem maior transparência e integridade às atividades de *lobby*.

De outro lado, há uma preocupação legítima de que os compromissos públicos de empresas com as agendas (S)ociais e (A)mbientais não se confirmem em instâncias que importam bastante: os seus esforços de influenciar políticas públicas. Assim, a transparência contribui para validar a compatibilidade das posições públicas e privadas das empresas. Assegura também que a vasta capacidade financeira destas corporações não se sobreponha de tal forma aos demais interesses envolvidos em um processo decisório que impeça a concretização dos direitos políticos e a igualdade de oportunidade e acesso aos processos decisórios. Afinal, como afirma a OCDE, a igualdade de oportunidade assegura que todos "tenham acesso justo e equitativo ao processo de desenvolvimento e implementação de políticas públicas".³²

## Referências

CGU. *Empresa Pró-Ética 2022-2023*: Formulário de Conformidade. Brasília: CGU, 2022. Disponível em: https://www.gov.br/cgu/pt-br/assuntos/etica-e-integridade/empresa-pro-etica/arquivos/2022-2023/formulario-de-conformidade-empresa-pro-etica-2022-2023.pdf. Acesso em: 30 mar. 2023.

CGU. *Manual prático de avaliação de programa de integridade em PAR*. Brasília: CGU, 2018. Disponível em: https://www.gov.br/infraestrutura/pt-br/centrais-de-conteudo/manual-pratico-integridade-par-pdf. Acesso em: 30 mar. 2023.

COHEN, H. R.; SAWYER, M. Corporate Political Contributions. *Harvard Law School Forum on Corporate Governance*, Cambridge, fev. 2021. Disponível em: https://corpgov.law.harvard.edu/2021/02/03/corporate-political-contributions/. Acesso em: 15 mar. 2023.

FRIENDS OF THE EARTH EUROPE; EUROPEAN COALITION FOR CORPORATE JUSTICE; CORPORATE EUROPE OBSERVATORY. *Off the hook?* How business lobbies against liability for human rights abuses. Jun. 2021. Disponível em: https://corporatejustice.org/publications/off-the-hook-how-business-lobbies-against-liability-for-human-rights-and-environmental-abuses/. Acesso em: 30 mar. 2023.

GLASS LEWIS. *2023 Policy Guidelines*: ESG Initiatives. 2023. Disponível em: https://www.glasslewis.com/wp-content/uploads/2022/11/ESG-Initiatives-Voting-Guidelines-2023-GL.pdf?hsCtaTracking=e61a3dd4-34c6-4db9-b01f-aa747107df46%7C61a49f41-b5fc-49f5-902e-dd2516ccf120. Acesso em: 15 mar. 2023.

INFLUENCEMAP. *Big Oil's Real Agenda on Climate Change 2022*. Disponível em: https://influencemap.org/report/Big-Oil-s-Agenda-on-Climate-Change-2022-19585. Acesso em: 22 mar. 2023.

INFLUENCEMAP. *Big Oil's Real Agenda on Climate Change*. Disponível em: https://influencemap.org/report/How-Big-Oil-Continues-to-Oppose-the-Paris-Agreement-38212275958aa21196dae3b76220bddc. Acesso em: 15 mar. 2023.

INSTITUTO ETHOS. *Adesão à Carta Compromisso do Movimento Empresarial pela Integridade e Transparência*. Disponível em: https://www.ethos.org.br/conteudo/adesao-a-carta-compromisso-do-movimento-empresarial-pela-integridade-e-transparencia/. Acesso em: 30 mar. 2023.

---

[32] ORGANIZAÇÃO PARA COOPERAÇÃO E DESENVOLVIMENTO ECONÔMICO. *Reccomendation of the Council on Principles for Transparency and Integrity in Lobbying*. Paris, 2010. Disponível em: https://legalinstruments.oecd.org/en/instruments/OECD-LEGAL-0379. Acesso em: 20 mar. 2023.

INTERFAITH CENTER ON CORPORATE RESPONSIBILITY. *ICCR's 2022 Proxy Resolutions & Voting Guide*. 2022. Disponível em: https://www.iccr.org/sites/default/files/iccrs_2022_proxy_resolutions_and_voting_guide_v5.pdf. Acesso em: 15 mar. 2023.

INVESTMENT Stewardship – Vote Bulletin: ExxonMobil Corporation. *Blackrock*, 2021. Disponível em: https://www.blackrock.com/corporate/literature/press-release/blk-vote-bulletin-exxon-may-2021.pdf. Acesso em: 15 mar. 2023.

JENKINS, M.; MULCAHY, S. Businesses' lobbying practices. *Transparency International Anti-Corruption Helpdesk*, Berlim, out. 2018. Disponível em: https://knowledgehub.transparency.org/assets/uploads/helpdesk/Businesses-Lobbying-Practices_2018.pdf. Acesso em: 21 mar. 2023.

MULLARD, S. How corruption and unequal lobbying can undermine COP26 goals – Part 1: The problem. *CMI U4*, Bergen, 31 out. 2021. Disponível em: https://www.u4.no/blog/how-corruption-and-unequal-lobbying-can-undermine-cop26-goals-part-1-the-problem. Acesso em: 30 mar. 2023.

NOVO Código de Mineração é escrito em computador de advogado de mineradoras. *BBC Brasil*, São Paulo, 7 dez. 2015. Disponível em: https://www.bbc.com/portuguese/noticias/2015/12/151202_escritorio_mineradoras_codigo_mineracao_rs. Acesso em: 20 mar. 2023.

OPEN SECRETS. *Lobbying Data Summary*. Disponível em: https://www.opensecrets.org/federal-lobbying/summary. Acesso em: 15 mar. 2023.

ORGANIZAÇÃO PARA COOPERAÇÃO E DESENVOLVIMENTO ECONÔMICO. *Lobbying in the 21st Century*: Transparency, Integrity and Access. Paris, 2022. Disponível em: https://www.oecd-ilibrary.org/sites/cf72ac12-en/index.html?itemId=/content/component/cf72ac12-en. Acesso em: 16 mar. 2023.

ORGANIZAÇÃO PARA COOPERAÇÃO E DESENVOLVIMENTO ECONÔMICO. *Reccomendation of the Council on Principles for Transparency and Integrity in Lobbying*. Paris, 2010. Disponível em: https://legalinstruments.oecd.org/en/instruments/OECD-LEGAL-0379. Acesso em: 20 mar. 2023.

ORGANIZAÇÃO PARA COOPERAÇÃO E DESENVOLVIMENTO ECONÔMICO. *Regulating Corporate Political Engagement*. Paris, 2022. Disponível em: https://www.oecd-ilibrary.org/governance/regulating-corporate-political-engagement_8c5615fe-en. Acesso em: 16 mar. 2023.

PACTO GLOBAL DAS NAÇÕES UNIDAS. *Movimento Transparência 100%*. Disponível em: https://www.pactoglobal.org.br/movimento/transparencia100porcento/. Acesso em: 30 mar. 2023.

PANDEMIA aumenta preocupação dos consumidores com meio ambiente. *Mercado e Consumo*, São Paulo, 1º dez. 2021. Disponível em: https://mercadoeconsumo.com.br/01/12/2021/sustentabilidade/pandemia-aumenta-preocupacao-dos-consumidores-com-ambiente/?cn-reloaded=1. Acesso em: 30 mar. 2023.

PRICEWATERHOUSECOOPERS. *The ESG execution gap*: What investors think of companies' sustainability efforts – PwC's Global Investor Survey 2022. Disponível em: https://www.pwc.com/gx/en/issues/esg/global-investor-survey-2022.html. Acesso em: 30 mar. 2023.

REALI, P.; GRZECH, J.; GARCIA, A. ESG: Investors increasingly seeking accountability and outcomes. *Harvard Law School Forum on Corporate Governance*, Cambridge, abr. 2021. Disponível em: https://corpgov.law.harvard.edu/2021/04/25/esg-investors-increasingly-seek-accountability-and-outcomes/. Acesso em: 15 mar. 2023.

ROBINSON, D. 10 Companies Called out for Greenwashing. *Earth.org.*, Hong Kong, 17 jul. 2022. Disponível em: https://earth.org/greenwashing-companies-corporations/. Acesso em: 30 mar. 2023.

TRANSPARÊNCIA INTERNACIONAL BRASIL. *Barômetro Global da Corrupção América Latina e Caribe 2019*: opiniões e experiências dos cidadãos relacionadas à corrupção. 2019. Disponível em: https://comunidade.transparenciainternacional.org.br/asset/54:bgc---barometro-global-da-corrupcao-2019?stream=1. Acesso em: 16 mar. 2023.

TRANSPARENCY INTERNATIONAL UK. *Open Business*: principles and guidance for anti-corruption corporate transparency. 2020. Disponível em: https://www.transparency.org.uk/sites/default/files/pdf/publications/TIUK_OpenBusiness_WEB4.pdf. Acesso em: 16 mar. 2023.

TRANSPARENCY INTERNATIONAL. *Conflicts of interest and undue influence in climate action*: putting a stop to corporate efforts undermining climate policy and decisions. Berlim, 2021. Disponível em: https://images.transparencycdn.org/images/2021_ConflictsOfInterestClimateAction_PolicyBrief_EN.pdf. Acesso em: 16 mar. 2023.

TRANSPARENCY INTERNATIONAL; ACCESS INFO EUROPE; SUNLIGHT FOUNDATIONS; OPEN KNOWLEDGE. *The International Standards for Lobbying Regulation*. Berlim, 2015. Disponível em: https://legalinstruments.oecd.org/en/instruments/OECD-LEGAL-0379. Acesso em: 21 mar. 2023.

VIDA Saudável e Sustentável 2022: um estudo global de percepções do consumidor. *Akatutu*, 2022. Disponível em: https://akatu.org.br/wp-content/uploads/2022/11/Pesquisa-VSS-2022-Relatorio-Publico.pdf. Acesso em: 30 mar. 2023.

---

Informação bibliográfica deste texto, conforme a NBR 6023:2018 da Associação Brasileira de Normas Técnicas (ABNT):

FRANCE, Guilherme. A prova real do compromisso com a agenda ESG: a transparência do lobby. *In*: BORGES DE PAULA, Marco Aurélio (Coord.). *A hora e a vez do ESG*: provocações e reflexões em homenagem a Ricardo Voltolini. Belo Horizonte: Fórum, 2023. p. 129-145. ISBN 978-65-5518-619-2.

# O SOCIAL: ELO DA BASE E DA INTERAÇÃO (ASSERTIVIDADE) DO ESG

**LEYLA NASCIMENTO**

Ao ser convidada para escrever um capítulo para este livro, foi inevitável voltar o meu pensamento para o ano de 2015, quando conheci Ricardo Voltolini. Ele participou do painel com o tema a *Sustentabilidade presente no mundo do RH*, organizado pela ABRH Brasil – Associação Brasileira de Recursos Humanos.

Naquela ocasião, desnudou-se para mim a atenção que deveríamos ter sobre o tema da sustentabilidade, que até então estava envolto em uma nuvem de discursos prontos sobre responsabilidade social e de muito pouca praticidade no mundo corporativo.

As palavras do Voltolini soaram como alerta a tudo que viria a seguir. Chamou atenção para o impacto dos desarranjos no planeta que atingiriam a sociedade e sobre a urgente necessidade de mudança de vida, assim como dos negócios, alertando para um caminho sem volta.

A partir de então, tornou-se impossível para a ABRH ficar indiferente ao necessário protagonismo do RH para a mudança de chave sobre o tema em nosso país.

Com o apoio do Voltolini e voluntários da ABRH Brasil, iniciou-se uma jornada de mobilização dos RHs nos 22 estados e Distrito Federal, áreas de abrangência da associação. Inúmeros fóruns, artigos, painéis em congressos estaduais e no CONARH, congresso em âmbito nacional, foram realizados para disseminar a importância do olhar sobre a sustentabilidade: comungando planeta, sociedade e negócios.

Em 2020, ao ter o privilégio de participar presencialmente do WEF – World Economic Forum, em Davos, observei que os ensinamentos do Voltolini, há cinco anos, estavam mais reais do que nunca no âmbito global. Davos alertou para a importância de a economia e a ecologia caminharem juntas. As gigantescas fábricas e unidades de operação do mundo estavam em áreas de risco climático. Uma ocorrência nessas áreas faria as empresas da *S&P 500*, bolsa americana das maiores empresas globais, terem os seus negócios seriamente abalados.

Ao analisar os cenários de um mundo em transformação, compreendemos que o ESG é um caminho sem volta nas organizações. A transformação pelo viés fundamental da sustentabilidade levaria a novos modelos de negócios inclusivos, uma sociedade mais seletiva ao colocar a qualidade de vida como valor incontestável.

Tal discussão passa pela transformação digital e o papel da inteligência artificial. O Centro da 4ª Revolução Industrial do WEF, com sede em São Francisco, Estados Unidos, apresentou a necessidade de se criar uma plataforma de orientação às áreas de recursos humanos para a importância ética da escolha de atributos que contemplassem a diversidade na aplicação da inteligência artificial nas questões de seleção e qualificação dos seus profissionais. A IA tem sido adquirida pelas empresas e governos sem qualquer formação pelas pessoas que deveriam analisar os dados e tomar decisões. Tive o privilégio de integrar essa plataforma e colaborar com ela e com especialistas globais de várias partes do mundo.

Não temos dúvidas de que a IA também impactará a sociedade e a qualidade de vida e negócios em um mundo que vive sob a constante preocupação com a sobrevivência humana. Em larga escala e de repercussões ainda em estudos e análises, reforça-se a importância de se reavaliar no ESG a importância do social, que requer compreender no que o avanço da tecnologia repercutirá na forma como as empresas atuarão na cadeia de valor: sociedade, clientes e fornecedores.

O braço de suporte de dados que a IA oferecerá deixará claro que um pensamento analítico e com o viés dos fatores primordiais de aumento da sustentabilidade dos negócios e da valorização humana serão atributos essenciais de sobrevivência em um mercado que reconheceu a importância do ESG e seus pilares de fundamentação.

A educação, e não poderia ser diferente, também tem um protagonismo social nesse contexto da economia, negócios, tecnologia e qualidade de vida. A necessidade de uma educação que estimule o pensamento diverso, a análise e a condição de aprendizagem contínua em um mundo em transformação contribuirão para que haja um alinhamento diante desses cenários. O *emprego verde* se insere com ênfase no sistema educacional global.

Olhando diretamente para o nosso país, abrigamos a maior biodiversidade do mundo, estima-se que em território nacional estejam de 10% a 15% de toda a biodiversidade do planeta. Onde estão esses conteúdos de sustentabilidade no sistema educacional brasileiro para alcançarmos um país conectado com esses nossos desafios? Temos sido pauta permanente nas reuniões dos maiores líderes globais. Olham para o Brasil como uma reserva possível de contribuição a um mundo em fragmentos, face os descalabros oriundos da perversidade e ganância de lucros e ações de retorno imediatos que destroem possibilidades para as gerações futuras.

Essa discussão só será possível se educação e trabalho caminharem juntos na reconstrução de vieses que possibilitem o retorno da preservação de posturas e condutas na formação de profissionais a favor de um mundo sustentável.

Busquei essa linha do tempo para analisar a importância da bandeira levantada por Voltolini, de ser pioneiro na promoção e divulgação do ESG no Brasil, por crer no nosso amadurecimento para esta fase e que não se trata tão somente de uma alternativa para as empresas em nosso país.

É dado o momento de as lideranças no Brasil enxergarem a importância de empresas de outros países adotarem o ESG. A sociedade e os negócios estão em outro compasso de evolução, no qual o valor da dignidade humana e da sobrevivência do planeta é prioridade.

O *ambiente*, o *social* e a *governança* não estão sob a lente do foco exclusivamente financeiro e econômico, mas sob a batuta das lideranças e com o apoio fundamental das áreas de recursos humanos para dar o fundamento necessário da interação entre eles no foco do humano.

Como sendo da área de recursos humanos, gostaria de dar atenção ao pilar do social, embora nada seria possível sem a devida importância ao *ambiente* e a necessária *governança*. O social chama a atenção para tudo que se refere às relações das empresas com colaboradores, fornecedores, consumidores e comunidades do entorno.

Vejo o social como o elo forte que promove o despertar para esta nova concepção de mundo e sociedade. A sociedade atual exige das lideranças um retorno ao estudo das ciências.

A pandemia de Covid-19 trouxe-nos o despertar do quanto a ciência da saúde tornou vital a sua compreensão. Entender que a nossa sobrevivência foi ameaçada por um vírus, até aquele momento desconhecido, e que tirou por quase dois anos a nossa liberdade de ir e vir era algo até então inimaginável.

A sociedade atual encontra-se em processo de ressignificar modelos, seja de negócios ou na busca incessante de uma qualidade de vida, com impactos cuja extensão os especialistas já apontam para muitos anos de compreensão das suas consequências.

É preciso compreender que qualquer atividade promotora do desenvolvimento econômico impactará diretamente a qualidade de vida das pessoas que integram determinada sociedade.

Construímos cidades e bairros sem o cuidado com a mobilidade urbana e as consequências disso têm repercutido nos planejamentos familiares, como exemplo, os gastos desnecessários para deslocamentos à escola e ao trabalho. Ou construções que não favorecem a saúde das pessoas que nelas habitam.

Recorrer às ciências, como filosofia (quem sou? Para onde vou?), sociologia (que sociedade é esta cuja amostra se reflete na minha empresa?) e a antropologia (mostrando que este ser humano vem sofrendo duras mutações que refletem diretamente na própria existência), ampliam o nosso lastro de conhecimento e aprofundamento no espectro de que essas transformações estão claramente apontando para uma nova ordem social.

Dentro dessa estrutura, enfatizo a gestão geracional, que não se trata mais de classificar por faixa etária e sim na compreensão de que as diversas gerações se completam e são necessárias no mundo corporativo. O cerne da questão hoje é entender que, ao acelerar os acontecimentos e as transformações de modelos até então válidos, precisamos da ousadia das novas gerações e das lições aprendidas das demais gerações.

O que quero dizer é que teremos dados suficientes oriundos da IA, porém precisaremos analisá-los para tomadas de decisão. E a decisão passará pela capacidade da bagagem de experiências vividas, porque o modelo ágil exigirá qualidade nas escolhas.

Dediquei a minha vida profissional ao incentivo dos talentos jovens por meio de desenvolvimento de programas de estágios e *trainees* nas empresas, e vejo que é preciso acelerar para que os estudantes vivenciem cedo a sua experiência nos ambientes corporativos, de modo a se prepararem dentro das transformações que as organizações vivenciam.

Lembro-me quando fui entrevistada por uma reconhecida jornalista sobre os hiatos existentes entre as empresas e escolas, lembrei dos antigos escritórios modelos que as universidades ofereciam e que tudo funcionava exatamente de forma tranquila e previsível. E que hoje há a necessidade de os estudantes terem um estágio prático, de vida e trabalho em um ambiente corporativo. Ela refletiu e disse: "aconteceu comigo, que ao começar na redação de um jornal precisei escrever matérias com rapidez e ter uma linha de raciocínio que encadeasse as ideias com absoluta agilidade".

O ganho das novas gerações é que são multitarefas e lidam com diferentes situações e ambientes ao mesmo tempo e compreendem que as mudanças fazem parte do seu dia a dia. Essas gerações precisam ter um espaço cativo e reservado no olhar social do ESG. Elas garantirão a sobrevida de negócios sustentáveis e humanidade preservada.

Entendendo o ESG com o propósito de deixar um legado da empresa e o seu compromisso com a visão de futuro, ao não olharmos para as novas gerações, estaremos criando ambientes corporativos em modelos defasados em relação às percepções das demandas da sociedade.

Retomo a necessidade de as escolas e universidades implantarem as disciplinas que contribuem para o *emprego verde*. Os profissionais e as gerações futuras precisam ser preparados para a importância da sustentabilidade do planeta como uma prática necessária de sobrevivência e parte integrante da sua formação.

Outro ponto são os resultados do foco social que o sistema híbrido pós-pandemia nos trouxe. O trabalho em *home office* criou um elo forte entre a vida pessoal do profissional e a empresa na qual trabalha. É certo que não temos mais um lugar de trabalho, temos um espaço de trabalho e um espaço de vida.

A maioria das organizações gerencia uma força de trabalho híbrida, incluindo trabalhadores nas relações de trabalho tradicionais e os que estão dentro do conceito *gig economy*. Dentro dessas novas demandas, há a necessidade de absorver diferentes perfis como temporários, *freelancers* e autônomos, intitulados no grupo do *gig economy*. Isto significa que novas políticas e estratégias de recursos humanos sejam introduzidas e uma necessidade urgente de rever as relações do trabalho.

Essa complexa força de trabalho que os resultados da pandemia apontam faz com que as empresas pressionem as áreas de recursos humanos a assumir um papel mais ativo na redefinição de como e onde o trabalho é realizado.

Iniciativas como repensar processos de trabalho e implementar uma nova estrutura organizacional com o *mix* de profissionais requerem um mapeamento da organização, que chamo de *clusters* de competências futuras. Nessas competências futuras, a flexibilização de trabalho em locais diversos e com relações de trabalho fora do que víamos, até então, requer um ressignificar das estratégias de recursos humanos.

É impossível não refletir sobre a sobrevivência do chamado "mapeamento de competências" que algumas empresas ainda insistem em realizar. Quais competências o futuro aponta para ressignificar modelos organizacionais e relações de trabalho inclusivas? Temos como classificar as competências necessárias para todas essas mudanças?

Com a pandemia, o olhar social se ampliou. As áreas de recursos humanos foram chamadas a compreender que suas funções extrapolaram o modelo fechado dos muros da empresa, ou, mesmo, transcenderam ao que julgavam ser uma boa estratégia social, como o oferecimento de um bom pacote de benefícios aos seus profissionais.

Os projetos sociais concebidos, voltados para a comunidade, ganharam o olhar de que também deveriam incluir as famílias de seus profissionais, de seus fornecedores e clientes que nela estavam inseridos. Isto porque conviviam no sistema híbrido com os desafios diários das empresas. A transparência do *modus operandi* da organização está a mostra em todas as casas desses agentes com os quais ela se relaciona.

A sociedade está transparente e as empresas estão transparentes. A relação de confiança é um valor essencial para uma gestão com o foco no social.

Os processos e sistemas de recursos humanos deverão ser reavaliados com o olhar dessa sociedade, que passou a conviver com novas formas em sua rotina familiar, alterando a convivência e, em alguns casos, impactos na saúde mental e emocional.

As políticas de recursos humanos que não estudarem e não reconhecerem o quanto será importante estudar esses movimentos de mudança social tenderão a ser estéreis e têm risco de gerar um impacto grande nos resultados da empresa.

Processos seletivos, educação corporativa, avaliação de desempenho, mentoria se revestem desse olhar do foco social, fundamental no trabalho de implantação e condução das ações do ESG.

Como profissionais globais, e não mais de um país ou uma cidade, torna-se imperativo que as lideranças sejam preparadas com o olhar de fora. Creio ser este um dos maiores desafios para um líder de recursos humanos, quando identifica que a mudança passa para um *benchmarking* global. Entender que não temos repostas prontas e que não é um trabalho de autoria única. É preciso compreender que estamos no mundo do compartilhamento das experiências vividas por outros grupos e organizações.

Essa experiência tornou-se possível de colocar em prática, quando, diante do impacto da Covid-19, os concorrentes passaram a se olhar com o espírito de time e do reconhecimento de que o desafio seria coletivo. Construção coletiva também é a chave para compreender a melhor forma e aprendizado na implantação do ESG e descobrir a vocação da empresa e, só então, customizar suas ações.

O aprendizado, o compartilhamento de experiências e conhecimento cresceu entre as empresas com a pandemia. As boas práticas resultantes desse período pandêmico contribuíram para assegurar a importância do ESG e sua implantação. Talvez ainda não tenhamos como medir o impacto no social que essas ações propiciaram, mas se reconhece que gerou um olhar atento ao tripé: ambiente, social e governança.

Sem as métricas, teremos dificuldades de monitorar e acompanhar toda essa ebulição. Existem várias métricas que acompanham o impacto do ESG nas organizações e a importância e o valor das empresas que implantaram a prática de mensurar esses resultados. Comprovadamente ganham melhor performance e aumentam a sua imagem e visibilidade diante de uma sociedade mais exigente com o seu nível de qualidade de vida e, por que não, ganham índices maiores de investimentos diante do mercado.

A sociedade também possui um papel inquestionável, que é o de compreender o seu protagonismo na preservação dos recursos naturais para as gerações futuras. Nessa mobilização e conscientização, as empresas abraçam uma missão importante por serem pequenas células ativas dessa sociedade.

Encerro este meu artigo abordando o tema da diversidade dentro desta composição do social. Creio que a ação do ESG deve ser não somente reconhecendo o quão importante é o pensamento diverso, como as diferentes formas de inclusão por gênero, sexo, raça, faixa etária, etnia, orientação sexual, crenças religiosas e outras que privilegiem a pluralidade.

É um componente que estimula a cadeia de valor alinhada à missão e visão e fundamenta o quanto a empresa está comprometida com o humano em um negócio inclusivo e com o olhar essencial no sustentável.

Visão estratégica sem diversidade é alimentar uma gestão defasada, com perda do potencial que poderia alcançar. É apresentar à comunidade uma empresa estéril e indiferente ao que a sociedade da transparência exige.

A vertente *social* do ESG, como fundamento para se estabelecer a *governança* e reconhecer o *ambiente*, é o cerne para olharmos além do que até então conhecíamos.

Espero que este capítulo tenha trazido um pouco dos ensinamentos oriundos da convivência com Ricardo Voltolini. Com a sua coragem, ousadia e determinação, tem deixado um grande legado para o Brasil. Este legado se reflete nas lideranças e gestores que, como eu, apreenderam os seus ensinamentos e a sua capacidade de aglutinar em torno de si líderes com a missão de transformar suas organizações em referências na gestão da mudança. Não mudar por mudar. Mudar no compasso de uma sociedade que clama por inclusão e negócios que contribuam à percepção que o nosso maior *stakeholder* é o planeta. Um mundo melhor e inclusivo é feito por lideranças que têm a sede da transformação a partir das pessoas e de uma gestão que não estão nos livros, mas na arte da sabedoria da pluralidade.

---

Informação bibliográfica deste texto, conforme a NBR 6023:2018 da Associação Brasileira de Normas Técnicas (ABNT):

NASCIMENTO, Leyla. O social: elo da base e da interação (assertividade) do ESG. In: BORGES DE PAULA, Marco Aurélio (Coord.). *A hora e a vez do ESG*: provocações e reflexões em homenagem a Ricardo Voltolini. Belo Horizonte: Fórum, 2023. p. 147-154. ISBN 978-65-5518-619-2.

# ESG, RESPONSABILIDADE SOCIAL CORPORATIVA E CAPITAL HUMANO

**CRISTINA REGO DE OLIVEIRA**

## Introdução

Nos últimos anos, a observância dos indicadores ESG passou a ser obrigatória para instituições que pretendam adquirir relevância no mercado. Ainda que conduzidas pelo imperativo da atração de capital ou pela forma como impactam o consumidor na decisão da aquisição de produtos/serviços, os ESG têm sido considerados parâmetros úteis para que as corporações estejam empenhadas na promoção de sustentabilidade através da consolidação de novas políticas de governança, participação social e proteção ambiental. Aqui endossamos, tal como dito por Ricardo Voltolini, que a adesão aos ESG "não tem nada a ver com o valor intrínseco do conceito de sustentabilidade, mas com mudanças na lógica de quem define o que é valor no mercado".[1]

Tendo isso como contexto, o artigo pretende deter atenção na importância do indicador *social* – frise-se, ainda pouco relevante dentro da discussão da mensuração da eficiência/eficácia dos indicadores ESG –[2] para refletirmos sobre uma proposta inclusiva e emancipató-

---

[1] VOLTOLINI, Ricardo. *Vamos falar de ESG?* Provocações de um pioneiro em sustentabilidade ambiental. Belo Horizonte: Voo, 2021. p. 16.

[2] O'CONNOR, Casey; LABOWITZ, Sarah. Putting the "S" in ESG: measuring human rights performance for investors. New York: NYU/Stern/Center for Business and Human Rights, 2017. p. 2,

ria da comunidade que seja impactada pela via da responsabilidade social corporativa e que seja capaz de promover proteção ambiental. Para assim proceder, importa refletir sobre as responsabilidades sociais que precisam ser assumidas pelas corporações, no âmbito interno (na relação cotidianamente firmada com seus colaboradores/as) ou com agentes externos da sociedade.

## 1 Responsabilidade social corporativa

Os alarmantes índices de degradação da natureza suscitam estratégias urgentes para a restauração e preservação do meio ambiente, colocando em alerta organizações internacionais, Estados, cidadãos e representantes do mercado na tentativa de um esforço conjunto para a salvação do (que restou do) planeta.[3] Severas mudanças climáticas (sentidas através do aquecimento global, poluição, desertificação e incidência de eventos climáticos catastróficos) resultam no aumento dos refugiados, na insegurança alimentar e no crescimento da população em condição de miséria – situações que também representam os limites planetários e os grandes desafios do século.

Essas reiteradas ameaças ao meio ambiente, associadas aos ineficazes marcos regulatórios brasileiros (e, obviamente, internacionais) destinados à sua proteção,[4] pugnaram por estratégias que fomentem formas mais responsivas de atuação na tentativa de evitar o esgotamento da natureza. Adotada na Assembleia-Geral da ONU, em 2015, a Agenda 2030 tendeu a ser uma condutora das ações da comunidade internacional, tornando-se um plano de ação para "colocar o mundo em um caminho mais sustentável e resiliente até 2030".[5] Para tanto, foram elencados 17 Objetivos de Desenvolvimento Sustentável (ODS) como metas que, ao serem alcançadas, representariam as dimensões

---

[3] OLIVEIRA, Cristina R. "Justapondo as lentes"? ESG e práticas restaurativas no caso Braskem. In: SAAD-DINIZ, Eduardo; DUARTE, Gabrielli. ESG e justiça climática. São Paulo: Tirant lo Blanch, 2022. p. 173-186.

[4] Para conferir a regressão das (já limitadas) garantias previstas nos marcos regulatórios nacionais, cfr. GIANNECCHINI, João Victor Palermo; SAAD-DINIZ, Eduardo. Taking the regulatory crisis in the Amazon seriously. The Regulatory Review, jul. 2021. Disponível em: https://www.theregreview.org/2021/07/20/gianecchni-saad-diniz-taking-regulatory-crisis-in-amazon-seriously/. Acesso em: 14 nov. 2022.

[5] PLATAFORMA AGENDA 2030. Disponível em: http://www.agenda2030.org.br/sobre/. Acesso em: 22 out. 2022.

econômica, social e ambiental da sustentabilidade.⁶ No mesmo sentido, a criação dos ESG (*Environmental, Social, Governance*) revelaria, ao menos em tese, o compromisso internacional de eleição de comportamentos que promovam ações sustentáveis interconectadas nos âmbitos econômico, ambiental e social.

No que toca ao compromisso do mercado em "endereçar uma mensagem significativa contra a injustiça social resultante de comportamento corporativo socialmente danoso",⁷ o desenvolvimento da responsabilidade social das empresas (*corporate social responsability*) surge como pauta urgente para a transformação do atual cenário de esgotamento da natureza.

Conceito de difícil e plural definição – especialmente por estar confundido e diluído nos elementos componentes do ESG –,⁸ a responsabilidade social corporativa abrange as expectativas econômicas, legais, éticas e filantrópicas (voluntárias) que a sociedade possui em relação a uma organização em determinando momento histórico – pilares estes que ajudam a delinear a natureza do negócio e das suas consequentes responsabilidades sociais.⁹ Para Kraemer, deve-se pautar no princípio de que as organizações "têm sua origem e seus fins essenciais nas pessoas, as quais se organizam e se dispõem em diversos grupos de interesses, com peculiaridades e distintos tipos de relação".¹⁰ Em outras palavras, Rodrigues observa que a "função econômica" das instituições correlacionadas à produção de bens e serviços deve estar agregada "aos valores que são respeitados pela sociedade", além de "contribuir de

---

⁶   De acordo com o IV Relatório Luz de 2020, houve um retrocesso no alcance dos ODS durante o governo de Jair Bolsonaro. Os indicadores de cada ODS podem ser acessados em: IV RELATÓRIO Luz da Sociedade Civil da Agenda 2030 de Desenvolvimento Sustentável – Brasil. *Grupo de Trabalho da Sociedade Civil para a Agenda 2030*, 2020. Disponível em: https://gtagenda2030.org.br/relatorio-luz/relatorio-luz-2020/. Acesso em: 2 nov. 2022.

⁷   SAAD-DINIZ, Eduardo. *Vitimologia corporativa*. São Paulo: Tirant lo Blanch, 2019. p. 197.

⁸   Sobre os conceitos de responsabilidade corporativa e ESG, conferir SILVA, Fábio Coelho Neto Santos e; BARRETO, Cristiane Gomes. Sustentabilidade empresarial e ESG: uma distinção imperativa. *Open Science Research II – CONAD - Congresso Nacional de Administração 26ª Edição*, v. 2, p. 1062-1072, 2022.

⁹   CARROLL, Archie. Carroll's pyramid of CSR: taking another look. *International Journal of Corporate Social Responsibility*, v. 1, n. 3, p 1-8, 2016. Disponível em: https://ecampusontario.pressbooks.pub/businessfuncdn/chapter/article-carrolls-corporate-social-responsibility-pyramid/. Acesso em: 10 nov. 2022.

¹⁰  KRAEMER, Maria Elisabeth Pereira. Responsabilidade social corporativa: uma contribuição das empresas para o desenvolvimento sustentável. *Revista Eletrônica de Ciência Administrativa*, v. 4, n. 1, p. 1-50, 2005. p. 3. A autora ainda aponta que a responsabilidade social corporativa deve atender aos princípios da transparência, materialidade, verificabilidade, visão ampla e melhora contínua. Para mais detalhes, cf. p. 10-11.

forma positiva para problemas a uma escala maior, como por exemplo, a pobreza mundial".[11]

Obviamente, para que a responsabilidade corporativa resulte em impacto e transformação social, defende-se que as empresas não mais devam atender apenas aos interesses de seus acionistas (*shareholders*), passando a alcançar e dialogar com todos os públicos afetados pela sua atividade, inaugurando novos modelos de negócios – que devem ser especialmente conduzidos por uma perspectiva ecocêntrica na sua relação com a natureza. Aqui, o "capitalismo de *stakeholder*" ganha espaço ante a lógica das "empresas focadas exclusivamente no interesse de donos e acionistas, orientadas pela ideia do lucro a qualquer custo para as comunidades e o planeta".[12] Nesse passo, a empresa é socialmente responsável quando "gera valor não apenas para seus proprietários e acionistas, mas para todos os demais públicos – empregados, fornecedores, clientes, governo, meio ambiente e comunidade".[13]

Serafeim destaca que a razão fundamental pela qual as empresas precisam alcançar altos níveis de performance em ESG decorreria, ao menos em tese, da obrigação de todos os sujeitos se comportarem em *prosocial ways* –[14] enquanto exercício e promoção de uma perspectiva de cidadania global que reconheça que todas as nossas ações e comportamento são capazes de afetar as condições de existência de toda a população. Não sem razão, a discussão sobre a criação de propósitos, valores e culturas compartilháveis por todos os níveis de atores envolvidos na corporação torna-se a estratégia de maior impacto na construção de responsabilidade social e *good governance*.[15]

---

[11] RODRIGUES, Ana Luísa Ferreira. *O impacto da responsabilidade social no desempenho financeiro de grandes empresas*. 62 p. Dissertação (Mestrado) – Faculdade de Economia, Universidade do Porto, Porto, 2020. p. 8.

[12] VOLTOLINI, Ricardo. 11 tendências de sustentabilidade ambiental no "outro normal". *Voluntariado Empresarial*, 2020. p. 13. Disponível em: https://voluntariadoempresarial.org.br/wp-content/uploads/2020/10/11-tendencias-de-sustentabilidade-voltolini.pdf.

[13] KRAEMER, Maria Elisabeth Pereira. Responsabilidade social corporativa: uma contribuição das empresas para o desenvolvimento sustentável. *Revista Eletrônica de Ciência Administrativa*, v. 4, n. 1, p. 1-50, 2005. p. 7.

[14] SERAFEIM, George. Social-Impact efforts that create real value. *Harvard Business Review*, 2020. Disponível em: https://hbr.org/2020/09/social-impact-efforts-that-create-real-value.

[15] SERAFEIM, George. Social-Impact efforts that create real value. *Harvard Business Review*, 2020. Disponível em: https://hbr.org/2020/09/social-impact-efforts-that-create-real-value.

## 2 O "capital humano" e a responsabilidade corporativa

O aspecto social da atuação corporativa responsável pressupõe não apenas a forma como a empresa se relaciona com os seus colaboradores no espaço laborativo, mas também na relação firmada com a comunidade externa (nos níveis local, regional e global). Na primeira perspectiva, concordamos com Voltolini ao dispor que as pessoas são o "principal ativo de uma empresa", razão pela qual "não poderão mais ser tratadas, de modo utilitário, apenas como 'recursos' cujo valor depende da função que exercem e do tempo destinado a ela".[16]

Nessa seara, a implementação de um ambiente laborativo preocupado com a qualidade de vida e bem-estar das pessoas precisa ser o pilar de uma cultura organizacional que prime pela saúde física e mental, proteção e escuta ativa dos agentes, modelos éticos de ação, respeito e cuidado, de forma a elevar positivamente os níveis de responsabilidade social corporativa e seus impactos na vida de cada indivíduo.

Assim, o resultado de uma filosofia empresarial preocupada com o respeito aos direitos humanos e a garantia de atuação em conformidade (ética e legal) afeta não apenas os seus trabalhadores diretos, mas alcança toda a cadeia produtiva (fornecedores e subcontratados) que deve estar comprometida com a "não existência de denúncias de maus tratos, de trabalho escravo, de desperdício, além do investimento social nas comunidades em que essas empresas estão inseridas".[17] Em outras palavras, uma gestão socialmente responsável pauta-se em relações éticas e transparentes com todos os públicos que se relacionam com a empresa e que são importantes para o desenvolvimento do seu negócio – sejam eles atores das gerações presentes ou futuras.

Novamente citando Voltolini, um dos temas urgentes relacionados à responsabilidade social corporativa está relacionado "à diversidade e inclusão com uma ênfase com a questão de gênero e equidade racial" –,[18] fato pouco evidenciado nos cargos de liderança de muitas

---

[16] VOLTOLINI, Ricardo. 11 tendências de sustentabilidade ambiental no "outro normal". *Voluntariado Empresarial*, 2020. p. 17. Disponível em: https://voluntariadoempresarial.org.br/wp-content/uploads/2020/10/11-tendencias-de-sustentabilidade-voltolini.pdf.

[17] CAVALCANTI, Crisley. Ricardo Voltolini fala sobre ESG como novo modelo de pensar e fazer negócio – O otimista. *Resumo Cast*, 2022. Disponível em: https://www.resumocast.com.br/ricardo-voltolini-fala-sobre-o-esg-como-novo-modelo-de-pensar-e-fazer-negocio-o-otimista/. Acesso em: 14 nov. 2022.

[18] CAVALCANTI, Crisley. Ricardo Voltolini fala sobre ESG como novo modelo de pensar e fazer negócio – O otimista. *Resumo Cast*, 2022. Disponível em: https://www.resumocast.

empresas. Obviamente, faz-se urgente a incorporação das dimensões interseccionais de gênero e raça nas discussões sobre ESG, criando-se, sobretudo, indicadores claros, objetivos e aptos a mapearem os impactos de medidas e estratégias que devem ser destinadas à democratização dos espaços de decisão das corporações.[19]

No contexto externo, a responsabilidade social corporativa deve comprometer-se com a melhoria do índice de desenvolvimento humano das comunidades,[20] especialmente na promoção de cidadania plena e empoderamento de populações vulneráveis. Aqui, corporações que destinam parcela de seus lucros para ações estruturais que combatam injustiças sociais podem causar impactos e, assim, promover sustentabilidade (ambiental, econômica e social). A transparência de informações e a confiabilidade dos dados reportados pelas corporações também sustentam relações responsáveis com a comunidade.

Ressalta-se que o financiamento de ações sociais, a manutenção de constante relacionamento com as organizações comunitárias locais, o estímulo ao voluntariado são exemplos de condutas que promovem empoderamento social. Entretanto, a participação do público externo não se deve limitar ao entorno da empresa, de forma passiva. Mais do que isso. Novamente, concordamos com Voltolini quando aponta para a urgência no crescimento de participação (ativa) de membros da comunidade em comitês de sustentabilidade/ESG nas empresas. "Eles têm o papel importante de traduzir os grandes desafios de ESG da empresa para tomada de decisão do conselho de administração. Este tipo de instância adiciona valor de transparência à governança do tema".[21]

---

com.br/ricardo-voltolini-fala-sobre-o-esg-como-novo-modelo-de-pensar-e-fazer-negocio-o-otimista/. Acesso em: 14 nov. 2022.

[19] A ausência de dados organizados a respeito das iniciativas ESG no Brasil, em especial àqueles relacionados com a intersecção entre gênero e raça, e a necessidade de definição de uma agenda direcionada à implantação dessa perspectiva foi defendida por SALOTTI, Carolina Sabbag. ESG & HER: a necessidade de inclusão do debate de gênero no "E" do ESG. In: SAAD-DINIZ, Eduardo; DUARTE, Gabrielli. *ESG e justiça climática*. São Paulo: Tirant lo Blanch, 2022. p. 113-123.

[20] CAVALCANTI, Crisley. Ricardo Voltolini fala sobre ESG como novo modelo de pensar e fazer negócio – O otimista. *Resumo Cast*, 2022. Disponível em: https://www.resumocast.com.br/ricardo-voltolini-fala-sobre-o-esg-como-novo-modelo-de-pensar-e-fazer-negocio-o-otimista/. Acesso em: 14 nov. 2022.

[21] ROVANI, Andressa. As 20 tendências de ESG que vão guiar a forma como empresas fazem negócio no Brasil em 2020, segundo Ricardo Voltolini. *Netzero*, 2022. Disponível em: https://netzero.projetodraft.com/as-20-tendencias-esg-para-2022-segundo-ricardo-voltolini/. Acesso em: 15 nov. 2022.

## 3 Sustentabilidade e promoção da cidadania: o resultado ambiental

Diretamente correlacionados, responsabilidade corporativa e empoderamento social, impulsionados pela observância de indicadores ESG, podem (ou, devem!) resultar em impactos relevantes para a eliminação da *injustiça socioambiental* – aqui tida como

> o mecanismo pelo qual sociedades desiguais, do ponto de vista econômico e social, destinam a maior carga dos danos ambientais do desenvolvimento às populações de baixa renda, aos grupos sociais discriminados, aos povos étnicos tradicionais, aos bairros operários, às populações marginalizadas e vulneráveis.[22]

Em outras palavras, a distribuição de riscos ambientais a populações ambientalmente vulneráveis[23] precisa ser contida e, em muitos casos, os danos que já foram causados precisam ser reparados – especialmente, quando é notório que desastres ocorrem com frequência em países como o Brasil, como recentemente evidenciado nos rompimentos de barragens, enchentes ou deslizamentos de terras.[24]

Vale destacar que esse grupo de pessoas, geralmente periférico e marginal, é composto por aqueles com recorte étnico-racial definido (negros, indígenas, comunidades quilombolas) e com reduzida capacidade econômica – portanto, mais suscetíveis de enfrentar ou sofrer as consequências dos perigos climáticos. São, também, vítimas de racismo

---

[22] ACSELRAD, Henri; HERCULANO, Selene; PÁDUA, José Augusto. A justiça ambiental e a dinâmica das lutas socioambientais no Brasil – Uma introdução. *In*: ACSELRAD, Henri; HERCULANO, Selene; PÁDUA, José Augusto (Org.). *Justiça ambiental e cidadania*. Rio de Janeiro: Relume-Dumará, 2004. p. 14.

[23] A vulnerabilidade socioambiental pode ser conceituada como uma "coexistência ou sobreposição espacial entre grupos populacionais pobres, discriminados e com alta privação (vulnerabilidade social), que vivem ou circulam em áreas de risco ou de degradação ambiental (vulnerabilidade ambiental)" (CARTIER, Ruy *et al*. Vulnerabilidade social e risco ambiental: uma abordagem metodológica para avaliação de injustiça ambiental. *Cadernos de Saúde Pública*, v. 25, n. 12, p. 2695-2704, 2009. p. 2696).

[24] PINTOU um climão! Ep. 2. Afinal, o que é o racismo ambiental? *Greenpeace*, 2021. Disponível em: https://www.greenpeace.org/brasil/podcast/pintou-um-climao-ep-2-afinal-o-que-e-racismo-ambiental/?utm_term=&utm_campaign=pareto.de.gsn+-+Sales-Performance+Max+-+DOA%C3%87%C3%83O&utm_source=google&utm_medium=cpc&hsa_acc=3659611372&hsa_cam=16555859233&hsa_grp=&hsa_ad=&hsa_src=x&hsa_tgt=&hsa_kw=&hsa_mt=&hsa_net=adwords&hsa_ver=3&gclid=Cj0KCQiAmaibBhCAARIsAKUIaKSkInpkZU9nk0VoSaYKIKCERJlqKAnIluAnfM09uYb9mFRfDigKIc8aAhXxEALw_wcB. Acesso em: 15 nov. 2022.

ambiental,[25] como primeiramente cunhado por Benjamin Chavis.[26] Não sem razão, segundo Carvalho, não se trata de uma coincidência que tais populações sejam as mais afetadas pelos danos ambientais. Isto está correlacionado ao nosso passado colonial, em que estruturas sociais foram (e continuam sendo) sustentadas na escravização de pessoas negras, invisibilizadas, abandonadas e alocadas nos espaços sociais de maior vulnerabilidade.[27]

Para minar o racismo ambiental, as empresas devem priorizar o mapeamento de riscos ambientais, tomando medidas que mitiguem ou restaurem os danos. Nessa linha, defende-se que lideranças representativas das comunidades participem de forma ativa nos programas de conformidade corporativos – seja para promover, no âmbito interno, diversidade, além de consolidar vozes plurais nas estruturas de poder das instituições. Significa dizer que a experiência de lideranças locais nas deficiências dos campos sociais em que atuam promoveriam ações direcionadas às necessidades reais e sentidas das comunidades, de forma a viabilizar alternativas aos problemas identificados.

Claro que, nesse ponto, a política de governança das instituições também precisa estar adequada e interconectada com os indicadores ESG e com as mudanças que a pós-modernidade exige – "refletindo a qualidade de um regime sociopolítico que impacta a qualidade de vida da organização com um todo e dos indivíduos que a compõem".[28] Transparência, acesso às informações e responsabilidade (*accountability*) devem ser valores éticos que orientam as tomadas de decisões, sempre voltadas para a promoção e proteção do bem comum (aqui, *socioambiental*). Ao que parece, também o maior desafio do século.

---

[25] Frise-se que foi um dos temas centrais da Conferência das Nações Unidas sobre Mudanças Climáticas (COP26) (Disponível em: https://www.greenpeace.org/brasil/blog/cop26-chega-ao-fim-mas-ainda-ha-muito-a-ser-feito/. Acesso em: 15 nov. 2022).

[26] FUENTES, Patrick. Racismo ambiental é uma realidade que atinge populações vulnerabilizadas. *Jornal da USP*, 2021. Disponível em: https://jornal.usp.br/atualidades/racismo-ambiental-e-uma-realidade-que-atinge-populacoes-vulnerabilizadas/#:~:text=O%20racismo%20ambiental%20%C3%A9%20um,sofrem%20atrav%C3%A9s%20da%20degrada%C3%A7%C3%A3o%20ambiental. Acesso em: 10 nov. 2022.

[27] FUENTES, Patrick. Racismo ambiental é uma realidade que atinge populações vulnerabilizadas. *Jornal da USP*, 2021. Disponível em: https://jornal.usp.br/atualidades/racismo-ambiental-e-uma-realidade-que-atinge-populacoes-vulnerabilizadas/#:~:text=O%20racismo%20ambiental%20%C3%A9%20um,sofrem%20atrav%C3%A9s%20da%20degrada%C3%A7%C3%A3o%20ambiental. Acesso em: 10 nov. 2022.

[28] IFRAIM FILHO, Rubens; CIERCO, Agliberto. *Governança, ESG e estrutura organizacional*. São Paulo: Almedina Brasil, 2020. p. 15.

## 4 Conclusão

Voltolini, antecipadamente, destacou a dificuldade de adesão do mercado aos padrões ESG, especialmente pela "crença de que o conceito representa uma distração, um custo, um desvio da finalidade empresarial ou um fardo extra de obrigação financeira (que) segue resistente ainda, embora silenciosa, nos bastidores de muitas empresas".[29] Entretanto, parece notório que a população não discorda da necessidade de proteger o ambiente e que, em âmbito corporativo, isso resultaria em atos direcionados a "promover diversidade, zelar pelos direitos humanos na cadeia de valor, desenvolver as comunidades do entorno, reduzir o consumo de água, adotar energias renováveis, descarbonizar operações ou atuar com ética e transparência",[30] entre outras atitudes destinadas à atuação responsável.

Obviamente, a responsabilidade corporativa perpassa também o cuidado com os atores protagonistas – seja internamente, no espaço laboral, seja na comunidade direta/indiretamente afetada pela ação da empresa. Aqui, a promoção de igualdade e redução da injustiça social (ambiental) se revelam como grande desafio a ser enfrentado pelas instituições, com ou sem o apoio do Estado, mas sempre destinando esforços à construção de bem comum e de proteção da natureza.

## Referências

ACSELRAD, Henri; HERCULANO, Selene; PÁDUA, José Augusto. A justiça ambiental e a dinâmica das lutas socioambientais no Brasil – Uma introdução. *In*: ACSELRAD, Henri; HERCULANO, Selene; PÁDUA, José Augusto (Org.). *Justiça ambiental e cidadania*. Rio de Janeiro: Relume-Dumará, 2004.

CARROLL, Archie. Carroll's pyramid of CSR: taking another look. *International Journal of Corporate Social Responsibility*, v. 1, n. 3, p 1-8, 2016. Disponível em: https://ecampusontario.pressbooks.pub/businessfuncdn/chapter/article-carrolls-corporate-social-responsibility-pyramid/. Acesso em: 10 nov. 2022.

---

[29] VOLTOLINI, Ricardo. ESG e uma nova noção de valor para os negócios. *Época Negócios*, 10 jul. 2021. Disponível em: https://epocanegocios.globo.com/Brasil/noticia/2021/07/esg-e-uma-nova-nocao-de-valor-para-os-negocios.html. Acesso em: 16 nov. 2022.

[30] VOLTOLINI, Ricardo. ESG e uma nova noção de valor para os negócios. *Época Negócios*, 10 jul. 2021. Disponível em: https://epocanegocios.globo.com/Brasil/noticia/2021/07/esg-e-uma-nova-nocao-de-valor-para-os-negocios.html. Acesso em: 16 nov. 2022.

CARTIER, Ruy *et al.* Vulnerabilidade social e risco ambiental: uma abordagem metodológica para avaliação de injustiça ambiental. *Cadernos de Saúde Pública*, v. 25, n. 12, p. 2695-2704, 2009.

CAVALCANTI, Crisley. Ricardo Voltolini fala sobre ESG como novo modelo de pensar e fazer negócio – O otimista. *Resumo Cast*, 2022. Disponível em: https://www.resumocast.com.br/ricardo-voltolini-fala-sobre-o-esg-como-novo-modelo-de-pensar-e-fazer-negocio-o-otimista/. Acesso em: 14 nov. 2022.

FUENTES, Patrick. Racismo ambiental é uma realidade que atinge populações vulnerabilizadas. *Jornal da USP*, 2021. Disponível em: https://jornal.usp.br/atualidades/racismo-ambiental-e-uma-realidade-que-atinge-populacoes-vulnerabilizadas/#:~:text=O%20racismo%20ambiental%20%C3%A9%20um,sofrem%20atrav%C3%A9s%20da%20degrada%C3%A7%C3%A3o%20ambiental. Acesso em: 10 nov. 2022.

GIANNECCHINI, João Victor Palermo; SAAD-DINIZ, Eduardo. Taking the regulatory crisis in the Amazon seriously. *The Regulatory Review*, jul. 2021. Disponível em: https://www.theregreview.org/2021/07/20/gianecchni-saad-diniz-taking-regulatory-crisis-in-amazon-seriously/. Acesso em: 14 nov. 2022.

IFRAIM FILHO, Rubens; CIERCO, Agliberto. *Governança, ESG e estrutura organizacional*. São Paulo: Almedina Brasil, 2020.

IV RELATÓRIO Luz da Sociedade Civil da Agenda 2030 de Desenvolvimento Sustentável – Brasil. *Grupo de Trabalho da Sociedade Civil para a Agenda 2030*, 2020. Disponível em: https://gtagenda2030.org.br/relatorio-luz/relatorio-luz-2020/. Acesso em: 2 nov. 2022.

KRAEMER, Maria Elisabeth Pereira. Responsabilidade social corporativa: uma contribuição das empresas para o desenvolvimento sustentável. *Revista Eletrônica de Ciência Administrativa*, v. 4, n. 1, p. 1-50, 2005.

O'CONNOR, Casey; LABOWITZ, Sarah. Putting the "S" in ESG: measuring human rights performance for investors. New York: NYU/Stern/Center for Business and Human Rights, 2017.

OLIVEIRA, Cristina R. "Justapondo as lentes"? ESG e práticas restaurativas no caso Braskem. *In*: SAAD-DINIZ, Eduardo; DUARTE, Gabrielli. *ESG e justiça climática*. São Paulo: Tirant lo Blanch, 2022. p. 173-186.

PINTOU um climão! Ep. 2. Afinal, o que é o racismo ambiental? *Greenpeace*, 2021. Disponível em: https://www.greenpeace.org/brasil/podcast/pintou-um-climao-ep-2-afinal-o-que-e-racismo-ambiental/?utm_term=&utm_campaign=pareto.de.gsn++Sales-Performance+Max+-+DOA%C3%87%C3%83O&utm_source=google&utm_medium=cpc&hsa_acc=3659611372&hsa_cam=16555859233&hsa_grp=&hsa_ad=&hsa_src=x&hsa_tgt=&hsa_kw=&hsa_mt=&hsa_net=adwords&hsa_ver=3&gclid=Cj0KCQiAmaibBhCAARIsAKUlaKSklnpkZU9nk0VoSaYKIKCERJlqKAnIluAnfM09uYb9mFRfDigKIc8aAhXxEALw_wcB. Acesso em: 15 nov. 2022.

PLATAFORMA AGENDA 2030. Disponível em: http://www.agenda2030.org.br/sobre/. Acesso em: 22 out. 2022.

RODRIGUES, Ana Luísa Ferreira. *O impacto da responsabilidade social no desempenho financeiro de grandes empresas*. 62 p. Dissertação (Mestrado) – Faculdade de Economia, Universidade do Porto, Porto, 2020.

ROVANI, Andressa. As 20 tendências de ESG que vão guiar a forma como empresas fazem negócio no Brasil em 2020, segundo Ricardo Voltolini. *Netzero*, 2022. Disponível em: https://netzero.projetodraft.com/as-20-tendencias-esg-para-2022-segundo-ricardo-voltolini/. Acesso em: 15 nov. 2022.

SAAD-DINIZ, Eduardo. *Vitimologia corporativa*. São Paulo: Tirant lo Blanch, 2019.

SALOTTI, Carolina Sabbag. ESG & HER: a necessidade de inclusão do debate de gênero no "E" do ESG. *In*: SAAD-DINIZ, Eduardo; DUARTE, Gabrielli. *ESG e justiça climática*. São Paulo: Tirant lo Blanch, 2022. p. 113-123.

SERAFEIM, George. Social-Impact efforts that create real value. *Harvard Business Review*, 2020. Disponível em: https://hbr.org/2020/09/social-impact-efforts-that-create-real-value.

SILVA, Fábio Coelho Neto Santos e; BARRETO, Cristiane Gomes. Sustentabilidade empresarial e ESG: uma distinção imperativa. *Open Science Research II – CONAD - Congresso Nacional de Administração 26ª Edição*, v. 2, p. 1062-1072, 2022.

VOLTOLINI, Ricardo. 11 tendências de sustentabilidade ambiental no "outro normal". *Voluntariado Empresarial*, 2020. Disponível em: https://voluntariadoempresarial.org.br/wp-content/uploads/2020/10/11-tendencias-de-sustentabilidade-voltolini.pdf.

VOLTOLINI, Ricardo. ESG e uma nova noção de valor para os negócios. *Época Negócios*, 10 jul. 2021. Disponível em: https://epocanegocios.globo.com/Brasil/noticia/2021/07/esg-e-uma-nova-nocao-de-valor-para-os-negocios.html.

VOLTOLINI, Ricardo. *Vamos falar de ESG?* Provocações de um pioneiro em sustentabilidade ambiental. Belo Horizonte: Voo, 2021.

---

Informação bibliográfica deste texto, conforme a NBR 6023:2018 da Associação Brasileira de Normas Técnicas (ABNT):

OLIVEIRA, Cristina Rego de. ESG, responsabilidade social corporativa e capital humano. *In*: BORGES DE PAULA, Marco Aurélio (Coord.). *A hora e a vez do ESG*: provocações e reflexões em homenagem a Ricardo Voltolini. Belo Horizonte: Fórum, 2023. p. 155-165. ISBN 978-65-5518-619-2.

# ART. 23 DA LEI Nº 14.457/2022: O PROGRAMA DE INTEGRIDADE COMO FERRAMENTA DE GOVERNANÇA SOCIAL NA PREVENÇÃO E NO COMBATE AO ASSÉDIO SEXUAL E DEMAIS FORMAS DE VIOLÊNCIA CONTRA A MULHER NO AMBIENTE DE TRABALHO

**EDUARDO DUMONT ARAÚJO**
**ANDRÉ CASTRO CARVALHO**

## 1 Introdução

Este artigo pretende abordar, sob a ótica dos programas de integridade, as medidas necessárias para que as entidades empresariais da iniciativa privada, considerando os ditames da governança social – componente do ESG, adequem-se às novas regras de boas práticas introduzidas ao ordenamento jurídico pelo art. 23 da Lei nº 14.457/2022, cuja recente promulgação é o marco legal do Programa Empresa + Mulheres que, entre outros objetivos, nos termos previstos pelo inc. VI do art. 1º, pretende robustecer o sistema jurídico de prevenção e combate ao assédio sexual e outras formas de violência contra a mulher nas relações de trabalho.

## 2 Contexto brasileiro de combate ao assédio e outras formas de violência no ambiente de trabalho

Há mais de duas décadas, com a entrada em vigor da Lei nº 10.224/2001, que acresceu o art. 216-A ao Código Penal brasileiro, restou tipificado como conduta criminosa, sujeita à pena de detenção de 1 (um) a 2 (dois) anos, a prática do assédio sexual no específico cenário das relações de trabalho, encontrando-se o ilícito penal descrito da seguinte forma: "Constranger alguém com o intuito de obter vantagem ou favorecimento sexual, prevalecendo-se o agente da sua condição de superior hierárquico ou ascendência inerentes ao exercício de emprego, cargo ou função".

A despeito da longeva criminalização do assédio pela tutela penal do Estado, com enfoque normativo nas relações de trabalho, há uma série de dados divulgados pelo Tribunal Superior do Trabalho – TST[1] que aponta, somente no ano de 2021, o registro de mais de 52 (cinquenta e dois) mil casos de assédio moral e mais de 3 (três) mil casos de assédio sexual pela Justiça do Trabalho em todo o território nacional. Cabe refletir, ainda, que a grande cifra apresentada pode ser ainda mais numerosa, tendo em vista o potencial volume de ilícitos que deixam de ser levados ao conhecimento de autoridades competentes.

O tema é objeto de preocupação em dimensões globais, tendo a Organização Internacional do Trabalho – OIT realizado estudos em mais de 80 (oitenta) países, que resultaram no desenvolvimento do relatório denominado "Acabar com a violência e o assédio contra homens e mulheres no ambiente de trabalho". De acordo com a organização, o cometimento de condutas como violência e assédio no ambiente laboral afetam 1 (uma) a cada 5 (pessoas) ao redor do globo.[2]

Ademais, estabeleceu a OTI, no bojo da Convenção nº 190, um conjunto de preceitos amplamente aplicáveis pelas partes signatárias, com o objetivo de erradicar as condutas de assédio e qualquer tipo de violência no ambiente de trabalho, a qual já foi aderida por mais de 25 (vinte e cinco) nações. A ratificação da norma internacional pelo

---

[1] Disponível em: https://www.trt13.jus.br/informe-se/noticias/em-2021-justica-do-trabalho-registrou-mais-de-52-mil-casos-de-assedio-moral-no-brasil.

[2] CALCINI, Ricardo; MORAES, Leandro Bocchi de. Novo passivo das empresas: entenda as atuais regras da CIPA. *Conjur*, 2023. Disponível em: https://www.conjur.com.br/2023-mar-23/pratica-trabalhista-passivo-empresas-entenda-atuais-regras-cipa#:~:text=Com%20efeito%2C%20dentre%20as%20diversas,trabalho%20por%20meio%20da%20Cipa.

Governo brasileiro, conforme noticiado pela própria OIT, ainda se encontra em processo.

Entre uma variedade de iniciativas legislativas e políticas públicas, há grande destaque para as inovações que foram trazidas pelo art. 23 da Lei nº 14.457/2022, cuja redação preleciona os seguintes termos:

> Art. 23. Para a promoção de um ambiente laboral sadio, seguro e que favoreça a inserção e a manutenção de mulheres no mercado de trabalho, as empresas com Comissão Interna de Prevenção de Acidentes e de Assédio (Cipa) deverão adotar as seguintes medidas, além de outras que entenderem necessárias, com vistas à prevenção e ao combate ao assédio sexual e às demais formas de violência no âmbito do trabalho:
> I - inclusão de regras de conduta a respeito do assédio sexual e de outras formas de violência nas normas internas da empresa, com ampla divulgação do seu conteúdo aos empregados e às empregadas;
> II - fixação de procedimentos para recebimento e acompanhamento de denúncias, para apuração dos fatos e, quando for o caso, para aplicação de sanções administrativas aos responsáveis diretos e indiretos pelos atos de assédio sexual e de violência, garantido o anonimato da pessoa denunciante, sem prejuízo dos procedimentos jurídicos cabíveis;
> III - inclusão de temas referentes à prevenção e ao combate ao assédio sexual e a outras formas de violência nas atividades e nas práticas da Cipa; e
> IV - realização, no mínimo a cada 12 (doze) meses, de ações de capacitação, de orientação e de sensibilização dos empregados e das empregadas de todos os níveis hierárquicos da empresa sobre temas relacionados à violência, ao assédio, à igualdade e à diversidade no âmbito do trabalho, em formatos acessíveis, apropriados e que apresentem máxima efetividade de tais ações.
> §1º O recebimento de denúncias a que se refere o inciso II do caput deste artigo não substitui o procedimento penal correspondente, caso a conduta denunciada pela vítima se encaixe na tipificação de assédio sexual contida no art. 216-A do Decreto-Lei nº 2.848, de 7 de dezembro de 1940 (Código Penal), ou em outros crimes de violência tipificados na legislação brasileira.
> §2º O prazo para adoção das medidas previstas nos incisos I, II, III e IV do caput deste artigo é de 180 (cento e oitenta) dias após a entrada em vigor desta Lei.

Cabe esclarecer que, há muito tempo, o empregador é incumbido do dever de garantir a manutenção de um ambiente de trabalho seguro e salubre a todos os que nele convivem, assegurando a todas as pessoas o tratamento digno e as condições necessárias para evitar o advento de constrangimentos e da violência nas relações corporativo-funcionais. É o que se encontra previsto, de longa data, no art. 157, inc. I, da Consolidação das Leis do Trabalho – CLT.

Destaca-se que, na mesma toada da Lei Anticorrupção, cujo teor atribuiu um papel mais proeminente às empresas no que concerne à prevenção e o combate à corrupção e demais crimes contra a Administração Pública, a sofisticação dos mecanismos de prevenção e combate ao assédio sexual e outras formas de violência contra a mulher, sob a égide do ESG, fomenta um maior protagonismo corporativo na concretização autorregulatória da erradicação de ilícitos que, demasiadamente danosos às vítimas e nocivos à boa imagem reputacional da pessoa jurídica, urgem por soluções mais capilarizadas e contundentes na dimensão *interna corporis* das companhias.

A inércia das empresas que estão obrigadas a adaptar-se aos termos da norma pode acarretar a autuação e aplicação de penalidades por parte das autoridades fiscalizatórias competentes, como se vê nas atribuições do Ministério Público do Trabalho – MPT.

Nesse sentido, com enfoque nos pilares dos programas de integridade, como mecanismos essenciais à consecução da boa governança social no ambiente de trabalho, expor-se-á a seguir um paralelo entre o *compliance* e os preceitos impostos ao empresariado pelo art. 23 da Lei nº 14.457/2022.

## 3 Pilares do programa de integridade

Em harmonia com o ritmo em que ocorrem as transformações contextuais na economia e na sociedade, os propósitos empresariais, longe da ultrapassada concepção de busca incondicional pelo lucro, passam a ficar impregnados por um viés transcendente, que se caracteriza pela responsabilidade sustentável negocial, ambiental e social. Daí é possível traçar o paralelo entre o ESG e o *compliance*, como se vê na lição de Blanchet:[3]

> O papel da governança corporativa e do seu sistema de conformidade (compliance) e monitoramento, desenhado em torno do respectivo código de conduta da organização, continua relevante nessa jornada

---

[3] BLANCHET, Gabriela Alves Mendes. ESG: environmental, social and governance. *In*: CARVALHO, André C. et al. *Manual de compliance*. Rio de Janeiro: Grupo GEN, 2021. p. 69-82.

transformacional, uma vez que toda mudança traz consigo riscos agregados que podem advir de iniciativas tecnológicas disruptivas, ameaças de cyber segurança, busca por negócios que gerem alto impacto e sejam sustentáveis, dentre outros, que devem ser considerados na tomada de decisões no processo de adaptação da empresa a esta nova realidade.

Mais ainda, a responsabilidade dos agentes de governança corporativa (indivíduos e órgãos societários envolvidos no sistema de governança corporativa, tais quais: sócios, diretoria, conselho de administração etc.) está cada vez mais em evidência diante de temas relacionados às questões ambientais, sociais e de ética na condução dos negócios.

Nessa linha, a implantação dos novos preceitos de governança social previstos no art. 23 da Lei nº 14.457/2022, de forma a garantir os mais elevados parâmetros de irradiação em estruturas corporativas, a título de recomendação, tem como base estrutural análoga as Diretrizes de Programa de Integridade para Empresas Privada, desenvolvidas e disponibilizadas pela Controladoria-Geral da União.[4]

Trata-se de um *standard* que, inicialmente concebido para a prevenção e combate à corrupção e demais crimes contra a Administração Pública, detém o potencial de dar corpo a qualquer sistema interno de normas que, no campo das boas práticas de governança, vise irradiar em determinada estrutura empresarial um conjunto de princípios e regras que denotem a materialização de compromissos amplos com a ética e a conformidade jurídica.

São elementos de *compliance* essenciais à prevenção e combate ao assédio e violência contra a mulher no ambiente de trabalho, sem prejuízo de outros, concretizados pela devida adequação e aprimoramento dos componentes que integram o programa de integridade:[5]

(A) *Comprometimento da alta direção – Tone at the top*: afigura-se como o tom de liderança que advém da alta administração corporativa, cujo padrão hígido de conduta, comprometido com a irradiação da ética da estrutura da empresa, tende a influenciar todo o plexo escalonado de *stakeholders*, empregados e colaboradores que vem logo abaixo. São soluções

---

[4] Disponível em: https://www.gov.br/cgu/pt-br/centrais-de-conteudo/publicacoes/integridade/arquivos/programa-de-integridade-diretrizes-para-empresas-privadas.pdf.

[5] CARVALHO, Itamar; ABREU, Bruno Cesar Almeida de; TAKAKI, Eloa Buzatto. Programas de compliance: o programa de integridade. *In*: CARVALHO, André C. et al. *Manual de compliance*. Rio de Janeiro: Grupo GEN, 2021. p. 97-118.

práticas inerentes ao comprometimento da alta direção: (i) uso de mecanismos de comunicação, como mensagens personalizadas, com fulcro na difusão dos preceitos que compõem o programa; (ii) abordagem de temas prioritários voltados à ética, sempre que possível, durante conferências, reuniões e exposições que envolvam quantidade relevante de colaboradores; (iii) presença e participação ativa nos treinamentos corporativos, a fim de estimular a adesão generalizada do corpo funcional e, além disso, enaltecer os padrões éticos de conduta de caráter exemplar; (iv) expor de forma constante, seja pela veiculação midiática, seja pela comunicação interna da empresa, quaisquer mudanças e inovações acerca do conteúdo das políticas internas, assegurando a atualização constante dos colaboradores.

(B) *Criação de regras e procedimentos*: é cabível a inserção de um capítulo específico no código de ética e conduta da companhia, a fim de prover fundamento às normas internas e demais providências correlatas, com as diretrizes gerais que denotem a solidificação do compromisso corporativo com a proteção aos direitos da mulher no ambiente de trabalho. Uma vez adequado o código, cabe robustecer o sistema de políticas internas, em especial, (i) criar polícia específica voltada a difundir as melhores práticas de prevenção, combate e conscientização quanto aos atos de assédio e violência nas dependências da empresa; (ii) adequar o sistema de canal de denúncias, a fim de que os seus operadores obtenham o devido preparo para identificar e manejar reportes de assédio e violência, bem como adquiram condições de prover o devido atendimento às vítimas, respeitado incondicionalmente o seu direito ao sigilo; (iii) aprimorar os procedimentos de investigações internas, com enfoque nas especificidades que são pertinentes à apuração e esclarecimento dos fatos, além das devidas diligências para a colheita de provas; (iv) tipificar, no âmbito da política de consequências, as devidas sanções àqueles que venham a incorrer em condutas de assédio ou violência, com a cominação de sanções que denotem não só a punição do infrator, mas também sirvam como exemplos educativos para prevenir o cometimento de novos ilícitos por qualquer integrante do corpo funcional.

(C) *Comunicação*: a conscientização quanto à prevenção e identificação de casos de assédio e violência, a fim de tornar palpável a detecção de toda e qualquer infração dessa natureza, tem o sucesso de sua difusão atrelado à constante divulgação das normas internas da empresa, cujo teor deve estar ostensivamente divulgado nos mais diversos ambientes que compõem as dependências da empresa, mediante a adoção das seguintes providências: (i) fácil e prática disponibilização do código de ética e demais políticas internas; (ii) divulgação de materiais que promovam campanhas de conscientização da empresa, por meio do uso de materiais físicos como panfletos, *banners*, *outdoors*, além de recursos virtuais em dispositivos amplamente visualizados ou acessados pelos colaboradores.

(D) *Treinamentos*: abarcam a premissa de que não há utilidade prática em programas de integridade que, meramente semânticos, carecem de devida compreensão, ou, por vezes, conhecimento, por parte do corpo funcional que integra a estrutura corporativa. Os treinamentos devem integrar o dia a dia da empresa, de maneira a fomentar o amplo conhecido das normas éticas que regem a atividade da empresa, recomendando-se a utilização de técnicas como (i) *keep it simple and short* – KSS; (ii) *show, don't tell*; (iii) *tell, explain and describe*.[6]

(E) *Canais de denúncia*: mecanismo que garante o devido conhecimento dos setores competentes acerca de qualquer infração às normas internas, assegurando a fiscalização e tomada de providências em face de qualquer ilícito e irregularidade para o devido exercício e ampliação de controles internos, adotando-se procedimentos como (i) denúncias via telefone, *e-mail* específico, canais *on-line* e quaisquer outros meios reputados adequados para que a vítima forneça o relato da agressão sofrida; (ii) manutenção de canais que não fiquem integralmente adstritos ao horário comercial, a fim de que não ocorra desestímulo à realização de denúncias; (iii) disponibilização de meios para que a vítima possa acompanhar

---

[6] CARVALHO, André Castro. Treinamentos corporativos. *In*: CARVALHO, André C. *et al*. *Manual de compliance*. Rio de Janeiro: Grupo GEN, 2021. p. 119-154.

o andamento da denúncia realizada, de maneira a assegurar maior higidez ao procedimento; (iv) preservação da identidade do denunciante, assegurando-lhe a integridade moral, anonimato, confidencialidade de vedação a qualquer hipotética retaliação, angariando dessa forma a confiança de qualquer pessoa que venha a sofrer qualquer tipo de assédio, violência ou agressão no contexto das relações de trabalho.[7]

A sucinta exposição de questões práticas envolvendo as ferramentas de *compliance* acima expostas, de caráter não exaustivo, pode variar a depender do contexto corporativo analisado, das deficiências preexistentes em determinados programas de integridade, bem como dos desafios concretos encontrados para a conformação com os preceitos previstos no art. 23 da Lei nº 14.457/2022.

## 4 Conclusão

Conclui-se que as práticas de governança social, como parte integrante do ESG, são um fator de aprimoramento das relações estabelecidas no ambiente de trabalho, especialmente quanto à proteção de direitos como a saúde, a segurança e a dignidade de colaboradores no desempenho de suas atribuições laborais.

O conteúdo previsto no art. 23 da Lei nº 14.457/2022, de forma conjugada à tutela estatal preexistente, inclusive no âmbito penal, denota o potencial de capilarizar, nos meandros da seara corporativa, a difusão da ética e da conformidade jurídica na seara corporativa.

Há forte expectativa de que a adesão da iniciativa privada aos termos da novel legislação, além de proporcionar à sociedade em geral maior conscientização, tornará mais eficiente a detecção de condutas infracionais e contribuirá, diretamente, para uma significativa redução, quiçá erradicação, de casos que envolvam a prática de assédio sexual e outras formas de violência no ambiente de trabalho.

---

[7] CARVALHO, André Castro; ALVIM, Thiago Cripa. Funcionamento da linha ética. *In*: CARVALHO, André C. et al. *Manual de compliance*. Rio de Janeiro: Grupo GEN, 2021. p. 211-238.

Informação bibliográfica deste texto, conforme a NBR 6023:2018 da Associação Brasileira de Normas Técnicas (ABNT):

ARAÚJO, Eduardo Dumont; CARVALHO, André Castro. Art. 23 da Lei nº 14.457/2022: o programa de integridade como ferramenta de governança social na prevenção e no combate ao assédio sexual e demais formas de violência contra a mulher no ambiente de trabalho. In: BORGES DE PAULA, Marco Aurélio (Coord.). A hora e a vez do ESG: provocações e reflexões em homenagem a Ricardo Voltolini. Belo Horizonte: Fórum, 2023. p. 167-175. ISBN 978-65-5518-619-2.

# *COMPLIANCE* SOCIAL – LINGUAGEM INCLUSIVA E HUMANIZADA

### ROBERTA ACRAS DA SILVA NALI

Antes de adentrar no conteúdo deste capítulo, agradeço o convite para participar desta importante obra, em coautoria com profissionais gabaritados e conteúdo único. É uma honra fazer parte deste momento.
Iniciarei com uma pergunta: o que me fez escolher este tema?

A escolha do tema foi principalmente por acreditar piamente nos efeitos do *compliance* social por meio de uma linguagem inclusiva e humanizada, assunto este em que venho trabalhando há alguns anos. Acreditar é sempre o primeiro passo, seguido do agir com coerência. Conectar o *compliance* com o social, buscando ferramentas, metodologias e experiências para criação de ambientes mais confiáveis, saudáveis, culturas mais humanizadas e conscientes, traz um sentimento genuíno de esperança de dias melhores e plenitude na jornada.

Com intuito de facilitar o entendimento do tema deste capítulo, trarei as definições de cada palavra de forma individual, sob a minha perspectiva e outras também, já que cada ser humano tem suas próprias bagagens, experiências, conhecimentos, formas de ver, interpretar e perceber a vida. Neste sentido, as seguintes definições serão importantes: *compliance*, social (*ESG*), linguagem, comunicação, inclusão e humanização.

## 1 Definição de *compliance*

*Compliance* em sua tradução quase que literal significa "estar em conformidade" com algo, com as regras, códigos de conduta, políticas, leis, regulamentos, entre outros. No entanto, na minha visão, *compliance* é muito mais que isso, *compliance* é estar em conformidade com seus próprios valores, é ter a consciência de que nossas decisões diárias serão mais desafiadoras, pois será necessário observar os valores dos diversos ambientes que frequentamos e conectá-los com nossos próprios, é ter coerência entre o pensar, falar, sentir e agir. É respeitar os valores individuais e diretrizes coletivas de forma equilibrada. *Compliance* é também movimentar a cultura dos ambientes com efetividade.

Vale trazer a visão de Christian Lamboy,[1] o qual define *compliance* "como uma estratégia não apenas voltada a obter ganho de valor e competitividade em longo prazo, mas também contribui decisivamente para a própria sobrevivência da organização".

## 2 *Compliance* & ESG (*compliance* social)

### 2.1 Definição de ESG

Darei início à definição da sigla *ESG* por sua tradução: *environmental, social and governance* ou ASG = ambiental, social e governança. De forma diversa do que costumamos ver, o *ESG* não é uma lei específica, mas um movimento, são práticas.

> *ESG* é um movimento mundial que surgiu de uma provocação em 2006 do secretário-geral da ONU Kofi Annan em uma reunião com 50 (cinquenta), presidentes de grandes instituições financeiras, sobre como integrar fatores sociais, ambientais e de governança no mercado de capitais, ou seja as empresas em geral precisam desafiar-se a integrar estas 3(três) letras em tudo que fazem sob o risco de perder mercado, clientes e até falir.[2]

O desafio do secretário da ONU foi de as empresas investirem em toda a cadeia produtiva nas 3 (três) letras de forma igualitária. Não adianta uma instituição ser bastante preocupada com ambiental se não

---

[1] LAMBOY, Christian K. de. *Manual de compliance*: introdução ao corporate compliance, ética e integridade. 1. ed. São Paulo: Instituto ARC, 2017. p. 9.
[2] Trecho e citação inspirada no *site*: https://www.pactoglobal.org.br/pg/esg.

tem preocupação com geração de empregos na comunidade ou se seus líderes, diretores, gestores (governança administrativa) não estiverem olhando na mesma direção.

O movimento ESG não é aplicável apenas a grandes empresas e instituições, mas a toda cadeia produtiva, inclusive pessoas físicas, sem as quais nenhum movimento pode ser efetivo e concreto.

Ainda trazendo definições,[3] o ESG sob minha perspectiva e visão é:

- movimento de cultura;
- olhar ao lado e além;
- fazer escolhas conscientes e efetivas;
- ter senso de responsabilidade;
- coerência entre teoria e prática;
- atitudes individuais e coletivas responsáveis e conectadas;
- colaborar, com diversidade de ideias, mas olhando na mesma direção;
- praticar aprendizados de cursos, estudos, não apenas ter "diplomas" e certificados sem utilização efetiva;
- participar dos diversos diálogos para ações em rede, conjuntas;
- ter consciência de que somos todos iguais ou com equidades, porém com experiências e necessidades diferentes;
- perceber a esperança em movimento.

Na visão do professor Lívio Giosa,[4] "o ESG é um estado de espírito". E, ao conectarmos *compliance* com *ESG* (*enviromental, social and governance*) – logo vem em mente primeiro a letra "G", que é a essência do *compliance*, a liderança, a governança, o *tone from the top* ou, como se diz atualmente, *act from de top* – ação e atitude da liderança, mas a intenção neste capítulo é demonstrar a conexão que o *compliance* tem com o S (*social*) do *ESG*.

---

[3] Esta definição de ESG também foi mencionada no prefácio e nota de prefácio *Acessibilidade e ESG*, escritos por Roberta Acras da Silva Nali, do livro-cartilha MULTI INCLUSÃO SOCIAL; SOLARES CIDADANIA. *Acessibilidade e empregabilidade para inclusão de pessoas com deficiência*. [s.l.]: [s.n.], [s.d.]. p. 15.

[4] Citação inspirada nas aulas do professor Lívio Giosa e Augusto Roque na Fipe (Fundação Instituto de Pesquisas Econômicas). Para maiores detalhes dos professores, da fundação e tema ESG, sugiro: FIPE – diálogos ESG com Lívio Giosa. *YouTube*. Disponível em: https://www.youtube.com/watch?v=OhMUZCkQ1mI.

O *compliance* social (*compliance* + *ESG*) traz um olhar além e complementar à visão do *compliance* focado apenas no "G" da governança. Reforço o complementar, pois no *ESG* as 3 (três) letras precisam caminhar necessariamente em conjunto ou não há o que se falar em efetividade ou real aplicação do *ESG*. A conexão do "E", do "S" e do "G" deve ser verificada primordialmente pelas lideranças, aliás, em algumas discussões (rodas de conversa), sobre o tema muito se fala em GSE para destacar o "G" em primeiro plano e reforçar a importância das lideranças, mas faço a pergunta a seguir.

## 2.2 O que é uma governança sem o olhar do social, do humano?

Hodiernamente, as lideranças precisam ir além do trazer apenas o "tom" de cima, e efetivamente serem exemplos (desde sua vida pessoal), demonstrarem atitude, coerência, inspirarem confiança com um olhar mais humanizado. É praticar seus "diplomas", certificados, cursos, experienciar a vida com ações efetivas, fazendo acontecer, com esperança, autoconhecimento e também o equilíbrio na tomada de decisões. O "S" (*social*) não é só sair praticando ações voluntárias por meio de organizações sociais, é também trazer o senso de responsabilidade em cada palavra, ação e atitude praticada, indicar os caminhos já percorridos para descobertas individuais que trarão maior confiança, conexão e segurança nos diversos ambientes que vivemos.

## 2.3 Conceito de liderança

Segundo Wagner Giovanini,[5] em seu livro:

> Ao relembrar as bases sobre liderança, Bernard Bass faz considerações interessantes, desde as origens primitivas até as mais atuais abordagens do conceito: "é um fenômeno universal nos seres humanos e em muitas espécies de animais" (Bass, apud Vecchio, 2007, p.2). O estudo da evolução das civilizações emerge de seus líderes e o quanto eles conformaram suas influências. De fato, Bass observa várias teorias de liderança e questões com as quais busca as raízes para argumentar que "o estudo da história

---

[5] GIOVANINI, Wagner. *Compliance*: a excelência na prática. 1. ed. São Paulo: [s.n.], 2014. p. 110-p. 111.

tem sido o estudo de seus líderes – o que fizeram e o que não fizeram" (Bass, apud Vecchio, Robert, 2007, p.3). Como afirma o autor, através de séculos, o esforço de formular os princípios da liderança alastra-se sobre o estudo da história e da filosofia, associada com o desenvolvimento das ciências sociais. [...]
O conceito mais trivial de líder foi exemplificado pelos heróis, aos inspirarem a lei e a ordem. De fato, os líderes influenciam seguidores, daí advêm outras qualidades próprias da liderança: a capacidade de discernimento, o dom de julgamento, a prudência, perspicácia e valores próprios. Por este motivo conclui-se que os líderes tenham por obrigação a ética em suas decisões.

Líder na minha visão é ser, estar presente, influenciar positivamente, inspirar, ser exemplo, ter atitude, humildade no servir, buscar conexões, ter coerência e desapegar-se dos cargos, porque estamos em movimento e somos eternamente aprendizes.

O líder mais humanizado não é aquele que permite tudo, que entende e aceita tudo porque sabe que somos todos humanos, mas sim aquele que tem uma comunicação adequada, é gentil e firme em suas colocações, estabelece limites com respeito e até na hora de "penalizar", ou, melhor, responsabilizar, é equilibrado, respeitoso e coerente. Tem a dosimetria da sanção de forma inata, aplicando-a com naturalidade.

## 3 *Compliance* social, disciplina positiva e princípio da realidade fática

É, na visão de liderança trazida pela disciplina positiva,[6] que encontraremos pessoas mais conectadas com senso de responsabilidade, pertencimento e propósito. A disciplina positiva foi divulgada no Brasil e Portugal inicialmente por Fernanda Lee, mas foi cunhada por Jane Nelsen, com intuito de trazer uma filosofia de vida com ferramentas interativas para aplicação na educação de filhas(os), crianças em formato gentil e firme, sem ser permissivo nem autoritário, é o equilíbrio. Vale destacar que o foco da disciplina positiva vem sendo amplamente divulgado em conjunto por Jane, Fernanda, Nadine Gaudin e especialmente por Dina Emster,[7] quando aplicado no ambiente de trabalho.

---

[6] Para mais detalhes sobre *disciplina positiva*, sugiro o *site*: https://filosofiapositiva.com.br/.

[7] O conteúdo da disciplina positiva trazido neste capítulo foi inspirado nos cursos e seguintes apostilas: 1) *Empoderar pessoas no ambiente de trabalho* (no modelo da disciplina positiva), no manual do facilitador por Jane Nelsen e Dina Emster (2018, publicado nos Estados Unidos

Neste sentido e mencionando uma frase conhecida de Simon Sinek:[8] "100% dos clientes são pessoas, 100% dos funcionários são pessoas. Se você não entende de pessoas, você não entende de negócios". E, acrescento, ainda, 100% dos líderes e liderados são pessoas, então, se não entendermos de pessoas, não há o que se falar em governança, pois, apesar de a tecnologia evoluir a cada segundo, e muitas vezes ser essencial em nossas vidas, ainda não lideramos máquinas, não encorajamos ou inspiramos as máquinas, apenas as utilizamos.

Outro ponto importante enfatizado por Simon Sinek e reforçado na disciplina positiva é sobre começar com o seu "porquê": "Se quisermos sentir uma paixão eterna pelo nosso trabalho, se quisermos sentir que estamos contribuindo para algo maior do que nós, todos nós precisamos saber o nosso PORQUÊ".[9] Diante disso, conecte-se com seu propósito de vida e siga em frente, busque autoconhecimento e confie no processo de evolução social.

O *compliance* social trazido neste capítulo foi inspirado na disciplina positiva, no *ESG* e também foi pautado no princípio da realidade fática trazido pelo direito do trabalho. A observação e aplicação deste princípio na prática traz a diferença nos programas de integridade (Lei nº 12.846/2013 e regulamento), já implementados ou em processo de implementação pelas empresas.

A disciplina positiva, por exemplo, tem 5 (cinco) princípios[10] que, se inseridos em alguns pilares do programa de integridade, trazem efeitos únicos, mesmo que os programas, como já sabemos, não tenham receita de bolo pronta. O primeiro princípio é respeito, o segundo é senso de aceitação, pertencimento e responsabilidade (Alfred Adler), o terceiro é efetivo em longo prazo, o quarto é ensinabilidade social para formação de bom caráter, e o quinto é descobrir sua capacidade interna

---

por *Empowering People*: www.empoweringpeople.com e publicado por *Filosofia Positiva*: www.filosofiapositiva.com.br; www.positivediscipline.org); 2) *A arte da facilitação em disciplina positiva – Habilidades de facilitação em disciplina positiva para facilitadores e treinadores*, por Jane Nelsen e Nadine Gaudin (edição brasileira em 2021).

[8] Nos encontros da disciplina positiva, Simon Sinek é sempre mencionado, em especial seu livro: *Comece pelo seu porquê*, que traz a ferramenta do círculo dourado e referenciado no *Manual do facilitador sobre empoderar pessoas no ambiente de trabalho*, da Jane Nelsen e Dina Emster. O pensamento citado foi retirado do seguinte site: https://www.pensador.com/frase/MjUzNzc1Mg/.

[9] Frase de Simon Sinek, mencionada no *Manual de facilitadores da disciplina positiva no ambiente de trabalho* (edição brasileira, p. 19).

[10] Para maiores detalhes: https://www.youtube.com/watch?v=aSQUzKAIO-M.

e poder pessoal. O autoconhecimento também deve estar presente nos programas de integridade no olhar do *compliance* social.

E a inspiração no princípio da realidade fática, como fica? Este princípio do direito do trabalho nos ensina que o que realmente deve ser verificado e tem valor é o que ocorreu na prática, ou seja, você pode ter assinado um contrato, um código de conduta, uma política, mas de nada adianta a assinatura de tais documentos se a prática é diferente, suas atitudes devem contar. O social precisa estar conectado com esta prática, com os fatos, com atitudes e experiências.

O *compliance* social nada mais é do que praticar o compliance focando no "S" do ESG, observando os princípios da disciplina positiva, da realidade fática, criando ambientes de confiança, saudáveis e experienciando a linguagem dos valores. É conectar os valores pessoais com valores do ambiente, trazendo de forma mais enfática a responsabilidade pessoal e social de cada ser humano primeiro individualmente (autoconhecimento) e posteriormente de forma coletiva.

Em 2020, em meio aos estudos do *compliance* social,[11] consegui definir 7 (sete) pilares que acredito fundamentais para criação de ambientes ou relações confiáveis e íntegras:

- autoconhecimento;
- comunicação transparente e gentil;
- observação neutra – sem julgamentos e em pé de igualdade;
- empatia – sem rótulos;
- responsabilidade – preparo – competência;
- fé na evolução do ser humano;
- senso de coletividade – fraternidade.

## 4 Comunicação ou linguagem? Qual a diferença?

### 4.1 Definição de linguagem

A linguagem é descrita como uma ferramenta que ajuda na transmissão de sentimentos e pensamentos, de uma pessoa para outra. É o meio de expressão do que uma pessoa sente ou pensa, através de símbolos ou

---

[11] Para maiores detalhes, segue artigo na íntegra: https://www.linkedin.com/pulse/confian%25C3%25A7a-e-integridade-na-evolu%25C3%25A7%25C3%25A3o-das-rela%25C3%25A7%25C3%25B5es-humanas-acras-sn/?trackingId=DAnwzT8SSUaqeIPkS GTUTQ%3D%3D-linkedin.com/in/roberta-acras.

sons arbitrariamente produzidos, tais como palavras (faladas ou escritas), sinais, sons, gestos, posturas, entre outras formas, que transmitem um certo significado. É o único meio de comunicação entre duas pessoas, através do qual elas podem compartilhar seus pontos de vista, ideias, opiniões e emoções uns com os outros. Destina-se a dar sentido ao pensamento complexo e abstrato e também sem confusão.[12]

## 4.2 Definição de comunicação

Já a comunicação é descrita como um ato de intercambiar ideias, informações ou mensagens de uma pessoa ou lugar para outro, através de palavras ou sinais que são compreendidos por ambas as partes. A comunicação é vital porque é um meio principal pelo qual os membros de uma organização trabalham uns com os outros. Ela flui em várias direções, como para cima, para baixo, horizontal ou diagonal.[13]

O *compliance* social utiliza a linguagem dos valores, que pode ser sentida por qualquer um em qualquer parte do mundo, para além de ser uma linguagem acessível. Entendendo a essência desta linguagem por valores trazida pelo *compliance* social, qualquer pessoa de qualquer nacionalidade conseguirá praticá-la. A inspiração no princípio (realidade fática) traz ao *compliance* social um olhar mais real, prático, verdadeiro, pois nem mesmo tantas leis serão necessárias, basta verificar se estão presentes os valores acordados e ter atitude. Linguagem dos valores com aplicação da realidade fática e inspiração na disciplina positiva. A indicação aqui é de serem definidos sempre 4 (quatro) ou no máximo 5 (cinco) valores e praticá-los intensamente em um grupo.

## 4.3 Linguagem x comunicação

Qual a diferença entre linguagem e comunicação? "Comunicação é o ato de passar a mensagem que queremos a um interlocutor e linguagem é o sistema de sinais que utilizamos para nos comunicarmos".

O dicionário *Priberam* nos traz as seguintes definições:

---

[12] Definições retiradas de: https://pt.gadget-info.com/difference-between-language; https://brasilescola.uol.com.br/portugues/diferenca-entre-lingua-linguagem.htm; https://www.educamundo.com.br/blog/comunicacao-linguagem-curso-online.

[13] Definição inspirada em https://www.educamundo.com.br/blog/comunicacao-linguagem-curso-online.

Linguagem
substantivo feminino
1. Expressão do pensamento pela palavra, pela escrita ou por meio de sinais.
2. O que as coisas significam.
3. Voz dos animais.
4. Estilo.[14]

Comunicação
substantivo feminino
1. Informação; participação; aviso.
2. Transmissão.
3. Notícia.
4. Passagem.
5. Ligação.
6. Convivência.
7. Relações.
8. Comunhão (de bens).[15]

Ainda, as definições de comunicação e linguagem trazidas em artigo do *site Resumo Escolar*[16] foram as que melhor se conectaram com a intenção deste capítulo:

Sobre a comunicação
O termo comunicação é derivado do latim "communicare", que significa partilhar, tornar comum. Portanto, de acordo com a etimologia, podemos dizer que a comunicação é o processo por meio do qual um indivíduo pode partilhar informações, pensamentos, histórias, sensações, ideias ou qualquer outra coisa.

Sobre a linguagem
A linguagem nada mais é do que o sistema de símbolos do qual o homem se utiliza para se comunicar com os demais, expressar suas ideias e suas emoções. É o código que possibilita a comunicação, ou seja, só é possível se comunicar quando todos conhecem o código usado. É por isso que linguagem e comunicação são inseparáveis!

---

[14] LINGUAGEM. *Dicionário Priberam da Língua Portuguesa*. Disponível em: https://dicionario.priberam.org/linguagem. Acesso em: 21 abr. 2023.
[15] COMUNICAÇÃO. *Dicionário Priberam da Língua Portuguesa*. Disponível em: https://dicionario.priberam.org/comunica%C3%A7%C3%A3o. Acesso em: 21 abr. 2023.
[16] Disponível em: https://www.resumoescolar.com.br/portugues/linguagem-e-comunicacao/.

Apesar de sabermos que linguagem e comunicação são inseparáveis, no título deste capítulo a escolha pela palavra *linguagem* e não *comunicação* deve-se ao fato de o *compliance* social utilizar valores para guiar as atitudes das pessoas e conectar valores individuais (pessoais) com os do ambiente, a intenção não é de apenas "passar mensagens", transmiti-las aos outros, *mas sim sentir os valores, experienciá-los e praticá-los.*

## 5   E como praticar a linguagem do *compliance* social através dos valores?

O exemplo que costumo dar é em relação às diversas reuniões que acontecem no ambiente de trabalho. Vamos supor que uma instituição "X" tenha definido como seus valores o respeito e inclusão, e vem buscando conectá-los com os valores de seus colaboradores. Como seria isso na prática? Seria como vivenciar o respeito e inclusão por meio de ações coerentes: os colaboradores precisarão começar a reunião no horário e encerrá-la no horário, também, em respeito ao tempo dos participantes, usar linguagem e comunicação inclusiva, muitas vezes neutra, com pronomes adequados ou expressões gerais para ser respeitosa e inclusiva. Perceber se existe pessoa cega ou surda ou muda na reunião para iniciar audiodescrição de imagens, descrever pessoas, ambientes, fotos, *PowerPoint* e buscar legendas ou profissionais de libras para pessoas surdas.

Todas essas questões devem estar conectadas aos valores que a instituição e seus colaboradores traçaram e precisarão praticar no dia a dia, desde um simples "encontro informal no café", reuniões rotineiras ou reuniões de tomadas de decisões e, nestes exemplos concretos, a não observância de tais valores deverá ter como consequência o encerramento imediato da reunião, ou seja, humanizar não é deixar de demonstrar as consequências das ações em desacordo com os valores praticados, mas informar com foco na responsabilidade de cada um e não de forma autoritária, mas sim gentil e firme.

Ainda neste exemplo, e no caso de algum colaborador utilizar comunicação não adequada ou violenta, a consequência, ou, para alguns olhares, a "penalidade", deverá ser uma suspensão ou advertência quando primário (ainda não tiver cometido infrações anteriores).

## 6 E o que seria uma linguagem inclusiva e humanizada?

Uma linguagem inclusiva e humanizada ocorre quando as pessoas se conectam através de seus valores, percebendo o ambiente e incluindo as diferenças. Humanização não é dizer sim para tudo ou aceitar os atos simplesmente porque somos todos humanos, mas sim trazer o senso de responsabilidade de forma mais presente, assim como também ressaltar as consequências de cada escolha.

Mais um exemplo que gosto de mencionar é escrever o código de conduta e ética de uma instituição em um formato mais positivo e propositivo e, no lugar de escrever "não pode isso, não pode aquilo", tudo pode, desde que observados os valores do ambiente, os limites e suas consequências estejam claras, ou seja, ressaltando o senso de responsabilidade. Se você praticar tal ato a consequência é esta, a escolha e responsabilidade é sua e de ninguém mais.

Ainda, trazendo o *compliance* social novamente para prática, quando estamos em um ambiente em que existe uma pessoa cega, uma pessoa idosa ou pessoa transgênero, por exemplo, será necessária uma linguagem inclusiva, acessível e respeitosa. Neste caso, a pessoa líder ou qualquer colaborador da instituição estará *compliant* e utilizando a linguagem dos valores, se fizer sua autodescrição, não usar PowerPoint sem descrevê-lo, mostrar ou postar fotos sem descrição prévia, perguntar o pronome que deixará a pessoa transgênero mais confortável, cuidar das necessidades da pessoa idosa, em especial com tecnologia.

A linguagem do *compliance* social através de valores é plenamente acessível e pode ser aplicada por qualquer pessoa, mesmo quando pessoas cegas, surdas ou mudas, pois se trata de valores a serem sentidos e praticados, e não apenas transmissão de informações, como traz o conceito de "comunicação", estamos falando de "linguagem" aqui.

Nestes casos, bastará que todos envolvidos estejam atentos aos valores, necessidades, para perceberem que não há obrigatoriedade de lei expressa para seu cumprimento. O não cumprimento dos valores poderá ter consequências ou "penalidades", que o próprio grupo trará (exclusão após reincidência, por exemplo).

Os temas são entrelaçados, bem conectados e interdependentes, pois não há o que se falar em *ESG* (social, especialmente), sem inclusão, diversidade e acessibilidade. *ESG* é responsabilidade de todos nós. O ambiental (letra E) é responsabilidade do país e do mundo e, atualmente, não há como uma instituição se sustentar por muito tempo sem o cuidado com o meio ambiente, com a criação de práticas e ações de sustentabilidade, pois o mundo está mudando, o consumidor e toda cadeia de produção estão mudando. Assim como a letra S, em que as instituições precisam observar o social, acessibilidade, inclusão e diversidade, desde seu processo de recrutamento seletivo, da forma como faz a comunidade ser incluída em seus projetos, e a letra G, que significa governança, quem governa, os líderes, gestores, precisam ter diversidade entre eles, incluir mulheres, negros, pessoas com deficiência nos cargos ou "cadeiras" de gestores, diretores e líderes em geral. É de fato um desafio estas três letras caminharem conjuntamente.

Vale destacar que a geração atual (em que também devemos nos incluir) não compra mais produtos de empresas sem saber sua origem, se quer um tênis, sapato, bolsa, roupa ou qualquer produto, por exemplo, verificará se foi utilizado trabalho análogo a escravo na confecção, se o produto é realmente sustentável, se seus líderes são conscientes e coerentes (primeiro CPF e depois CNPJ), ou seja, o *mindset* e também atitudes mudaram e as empresas e instituições precisarão seguir o movimento social/*ESG* ou não se sustentarão por muito tempo.

Voltando aos conceitos e definições, vale mencionar que, segundo dicionário *Dicio online*:

- Diversidade:[17] conjunto diverso, múltiplo, composto por variadas coisas ou pessoas; multiplicidade: a diversidade das espécies.
- Inclusão:[18] integração absoluta de pessoas que possuem necessidades especiais ou específicas numa sociedade: políticas de inclusão. Introdução de algo em; ação de acrescentar, de adicionar algo no interior de; inserção. Condição do que foi incluído: inclusão do artigo no jornal.
- Acessibilidade:[19] qualidade do que é acessível, do que tem acesso.

Acessibilidade e inclusão são palavras e definições que devem vir acompanhadas dos valores respeito e acolhimento.

Neste sentido, conforme citado por alguns pensadores, entre eles Vernā Myers e Ricardo Salles, "Diversidade é convidar para o baile e

---

[17] Disponível em: https://www.dicio.com.br/diversidade/.
[18] Disponível em: https://www.dicio.com.br/inclusao/.
[19] Disponível em: https://www.dicio.com.br/acessibilidade/.

inclusão é convidar para dançar", e resolvendo aprimorar esta frase já conhecida, complemento: "A diversidade + inclusão + acessibilidade é convidar para baile, para dançar e saber respeitar e acolher se a pessoa convidada não quiser dançar (falar 'não'), ou se o ambiente não estiver adequado para dança".[20]

O maior desafio do ESG é encontrar métricas e metodologias, que consigam medir com efetividade a adesão das instituições a este movimento, que necessariamente precisa equilibrar de forma saudável e harmônica as três letras, ou seja, a instituição privada, pública ou terceiro setor precisam focar de forma equilibrada e igual no ambiental (questões do meio ambiente, descarte de resíduos, lixo, uso de água, energia, entre outros), social (comunidade – gerar emprego, humanização, trabalho digno, inclusão, diversidade, acessibilidade, salário justo, entre outros) e governança (lideranças engajadas, *compliance*, ética, integridade, controles, conformidades, entre outros).

## 7 Conclusão: Mundo sob nova direção – Prática do senso de responsabilidade e ambientes de confiança

A ideia é que o mundo esteja sob uma nova direção, dos consumidores estarem mais conscientes, como se fosse um novo acordo ou até contrato com a sociedade, e a melhor forma de concretizarmos este novo acordo é por meio da construção de ambientes de confiança, cultura de integridade, conexões saudáveis, uma linguagem acessível, adequada, humanizada e efetiva, com maior consciência e prática do senso de responsabilidade (mais que palavras), que o *compliance social* trouxe neste capítulo.

Informação bibliográfica deste texto, conforme a NBR 6023:2018 da Associação Brasileira de Normas Técnicas (ABNT):

NALI, Roberta Acras da Silva. Compliance social – Linguagem inclusiva e humanizada. In: BORGES DE PAULA, Marco Aurélio (Coord.). *A hora e a vez do ESG*: provocações e reflexões em homenagem a Ricardo Voltolini. Belo Horizonte: Fórum, 2023. p. 177-189. ISBN 978-65-5518-619-2.

---

[20] Para aprofundar um pouco em inclusão com disciplina positiva, sugiro: SEMANA da Inclusão "Menos Burnout e mais propósito". *YouTube*. Disponível em: https://www.youtube.com/watch?v=8Q28a3Kozko – Roberta Acras.

# AGENDA ESG E IGUALDADE DE GÊNERO: POTENCIALIDADES FEMININAS E NOVAS PERSPECTIVAS

**BIANCA ROSETTI**
**CAROLINA BEU**

## 1 Introdução

A construção social da mulher, ao longo do tempo, enfrenta diversos desafios em termos de legitimidade e pertencimento. Para além das atribuições preestabelecidas ao longo da história, meninas e mulheres enfrentam cotidianamente uma série de desafios culturais, sociais e de inclusão e, apesar dos esforços para a inserção das mulheres nos mais diversos espaços e ambientes, essas relações ainda não estão niveladas na sociedade (NUNES et al., 2015).

Como mulheres, enfrentamos diariamente atravessamentos das questões de gênero em todos os âmbitos de atuação, sejam eles familiares, sociais, afetivos ou profissionais. Considerando a urgência do debate sobre essas questões, buscando compreender parte dessas complexidades, a pauta de igualdade de gênero passou a ser discutida em diversos estudos e contextos, associada à temática dos direitos humanos e da promoção do estado de justiça social (NUNES et al., 2015).

A fim de propor novos caminhos e gerar oportunidades que perpassem os ideais de igualdade e equidade, as premissas dos Objetivos de Desenvolvimento Sustentável da ONU, precisamente o 5º, que preconiza a importância da igualdade de gênero e inclusão das mulheres na esfera social, ganha relevância e se projeta como passo fundamental na construção de uma sociedade sustentável. Divulgados em 2015 no âmbito da Agenda 2030 para o Desenvolvimento Sustentável da ONU, os ODS visam promover uma sociedade mais pacífica, saudável, inclusiva e sustentável, conforme ressaltam Candido e Canguçu (2021).

Nesses termos, as iniciativas para a promoção da igualdade de gênero são compreendidas como um critério fundamental e necessário para a igualdade e o desenvolvimento sustentável (NUNES *et al.*, 2015). Dessa forma, convém problematizar: como as premissas do ESG, com olhar especial para a aplicação prática do *social*, podem contribuir para a efetivação do ODS 5 da Agenda 2030 da ONU, fomentando a igualdade de gênero?

## 2  Ser mulher: breve contexto histórico

"Não se nasce mulher, torna-se uma". A famosa citação da filósofa e escritora francesa do século XX, Simone de Beauvoir (1980), apresenta uma inquietação que, para além da definição dos papéis de gênero, fala das atribuições preconcebidas para as mulheres na sociedade, bem como as relações de poder e a legitimidade que lhes foi conferida ao longo do tempo. O conceito de "gênero" está intrinsecamente relacionado à instituição do movimento feminista e trata, em termos gerais, de uma categoria por meio da qual é possível avalizar, de acordo com Nunes *et al.* (2015) "a qualidade e quantidade de poder estabelecido nas relações entre o feminino e o masculino numa determinada sociedade".

Historicamente, o papel da mulher na sociedade passa por uma evolução lenta, porém, em constante transformação. Traçando uma breve linha do tempo do cenário brasileiro, na primeira Constituição de 1824, a participação feminina na sociedade sequer era cogitada. Há registros de que apenas no início do século XIX um grupo de mulheres se uniu para começar a lutar pelo acesso à educação e ingresso no mercado de trabalho (NUNES *et al.*, 2015), ainda que em condições precarizadas, sem direitos trabalhistas e sem nenhuma segurança. Em 1894, foi promulgado o direito ao voto, o qual foi derrubado no ano seguinte e retomado apenas em 1932, outorgando à mulher o papel de cidadã.

Após 110 anos da primeira Constituição do Brasil, que claramente conferia reconhecimento apenas aos homens, as mulheres são colocadas em "pé de igualdade" na definição de cidadania, fato ocorrido no texto constitucional de 1934. A mulher passa, então, a ter direitos políticos, podendo, por exemplo, desfazer o vínculo matrimonial. Mas, embora isso fosse uma grande conquista no papel, ainda não era visto com bons olhos na sociedade.

Apesar dos avanços, era preciso conceber um princípio de igualdade constitucional capaz de atender às necessidades específicas das mulheres. E, após muitas manifestações e enfrentamentos, muitas vezes violentos, Nunes *et al.* (2015) destacam que o poder de decidir a quantidade de filhos, o direito ao voto, o divórcio e o acesso à educação figuram como "contribuições significativas para uma legítima modificação de identidade feminina". Ademais, a conquista da licença-maternidade representou o primeiro tratamento diferenciado, sendo ele considerado até hoje um marco fundamental na luta pela igualdade de gênero.

Nota-se que o papel social da mulher sempre esteve muito atrelado às designações e atribuições no contexto doméstico, familiar e, sobretudo, matrimonial. No tocante ao conceito de família, é importante entender que ele é amplo e pode ter abordagens e significados diferentes conforme a perspectiva histórica e a circunstância jurídica por meio das quais é analisado. Segundo Abreu (2016), em uma análise genética e biológica, a família pode ser definida como um conjunto de pessoas que descendem de um tronco ancestral comum e, de forma restrita, a família refere-se, então, ao grupo formado pelos genitores e filhos.

A família pode ser encarada, ainda, como a pedra fundamental da sociedade, visto que ela é a base da organização social e, por esse motivo, tem proteção especial do Estado. No entanto, segundo Pereira (2004), por muito tempo a noção de "família" foi constituída de forma patriarcal, em que a mulher não tinha nenhuma voz, cuidava apenas dos afazeres do lar, muitas vezes sendo vista como incapaz e tendo sua guarda transferida do pai para o marido.

> [...] Aceitar como certa a existência de um tipo de família preenchendo todo um período evolutivo, no qual a mulher estaria reservada a direção do lar, parece pouco provável. Fato certo e comprovado, este, sim pelos registros históricos, pelos monumentos literários, pelos fragmentos jurídicos, é que a família ocidental viveu largo período sob a forma "patriarcal". Assim a reconheceram as civilizações mediterrâneas. Assim a divulgou a documentação bíblica. (PEREIRA, 2004, p. 25)

Da perspectiva histórica, o casamento era definido como um contrato celebrado entre duas pessoas de sexo diferente, sem intervenção de terceiros nem exigências de formalidades determinadas. Foi a partir do século XII que começou a ser visto como um sacramento delimitado por regras de caráter divino, em que a validade se confirmava pela conjunção carnal, inexistindo divórcio, mas apenas a sua dissolução na hipótese de não consumação.

Somente no século XIX, o Estado começa a regulamentar o casamento, levando-o à secularização e laicização, passando a ser visto e definido como um contrato civil. Após esse entendimento, passa a ser prevista a autorização de divórcio na França, em 1884. A legalização do divórcio foi necessária, pois tinha como objetivo garantir a liberdade de culto religioso, visto que algumas religiões admitiam a dissolução do matrimônio, valorizando deste modo os interesses da sociedade em primeiro lugar e, depois, os ínsitos à família (MALUF; MALUF, 2018).

Salienta-se ainda que a introdução de uma concepção mais individualista durante o século XIX valorizou, na Europa, o nascimento da família nuclear, surgindo ainda a família monoparental, que é fruto do divórcio e da filiação extramatrimonial, passando a coexistirem novas modalidades de família.

No contexto brasileiro, a "noção de família" da atualidade teve influências das concepções da família romana, da família canônica e da família germânica, com vasto histórico de formulações legislativas acerca do assunto. Em 1988, a família passa a ser prevista como princípio constitucional, cujo favor maior é a pronta e notória permeabilidade do tecido constitucional, ancorada nos direitos fundamentais: direitos individuais e coletivos, incs. I, XXVIII; dos direitos sociais, arts. 6º ao 11, bem como o subprincípio da dignidade da pessoa humana:

> Família é um espaço usual da mais próxima topograficamente e da mais íntima intimidade e afinidade, convivência humana ou mais apropriado estado *locus* de desfrute de direitos fundamentais à intimidade e à privacidade, estes estabelecidos na Constituição Federal, no seu artigo 5º, inciso X, porquanto significativo a vida em comunhão (comunidade, vem de comum unidade é sempre bom remarcar). (STF, 1ª T. RE nº 397.762-8-BA, voto vista do Ministro Carlos Ayres Brito, de 3.6.2008)

Com o advento do Código Civil de 2002, passou a ser instituída uma nova e revolucionária arquitetura da unidade familiar, reforçada a partir dos princípios da dignidade da pessoa humana, da igualdade jurídica entre os cônjuges e de todos os filhos (DRESCH, 2016). Para Villela (2014), a prática das instituições de família depende, em última análise, da competência em dar e receber amor. Além do modelo de uma família matrimonial, inscreve-se o preceito constitucional, que são: a) união estável; b) a entidade familiar – comunidade familiar composta por qualquer dos pais e descendentes.

A contextualização do conceito e evolução histórica da instituição familiar na legislação brasileira denota a correlação entre os papéis atribuídos à mulher, antes com notória subalternização da figura feminina, cuja independência e liberdade nas decisões eram avalizadas por uma perspectiva excludente. Nunes *et al*. (2015) ressaltam, no entanto, que os valores patriarcais atravessaram gerações e seus vestígios ainda se fazem presentes na contemporaneidade, por meio de "traços de conflitos, desigualdades, processos de subjugação e de dominação entre os indivíduos, de modo a transformar as relações de gênero, humanas e sociais em dispositivos de poder e submissão".

Em consonância com as conquistas sociais que conferiram à mulher o direito básico à expressão, participação social, direitos trabalhistas e liberdade afetiva, foram ocorrendo mudanças legislativas para adequação da lei em face da evolução da sociedade, merecendo destaque a já mencionada Constituição Federal de 1988, que trouxe como princípio basilar a dignidade da pessoa humana. Assim, preceitos sobre igualdade, fraternidade, justiça, direitos humanos, direitos da personalidade, honra etc. passaram a ser base e fundamento da sociedade democrática brasileira. Apresenta, então, o art. 5º:

> Art. 5º Todos são iguais perante a lei, sem distinção de qualquer natureza, garantindo-se aos brasileiros e aos estrangeiros residentes no País a inviolabilidade do direito à vida, à liberdade, à igualdade, à segurança e à propriedade, nos termos seguintes:
> I - Homens e mulheres são iguais em direitos e obrigações, nos termos desta Constituição; [...]. (BRASIL, 1988)

Esse cenário no qual homens e mulheres passam a ser encarados como iguais, tendo os mesmos direitos e garantias sem distinção, é um marco na equidade de direitos, ao menos perante a lei. Nota-se, ante todo o exposto até o momento, que, nas mais variadas épocas, as mulheres sempre foram obrigadas a seguir determinado padrão estabelecido pela sociedade patriarcal, principalmente ligado à submissão, visto que não tinham voz, direitos, garantias etc.

Foi com muita luta e garra que as mulheres foram alcançando direitos e premissas de igualdade. Os movimentos feministas e suas diversas interseccionalidades foram essenciais para a prevalência da situação vivida hoje pela mulher, louvável aos direitos hoje garantidos em face de épocas mais remotas da história.

Para Beauvoir (1980), as percepções sobre os indivíduos são social e culturalmente produzidas, ou seja, não são intrínsecas desde o nascimento, mas sim apreendidas por meio dos processos de socialização. Nesses termos, é possível inferir que nos tornamos mulheres quando somos reconhecidas e legitimadas social, política e juridicamente. Ainda que determinados aspectos possam permitir algumas reconfigurações, nos parece, também, que "outros esforçam-se em permanecer inalterados, admitindo-se a possibilidade de mudança apenas no interior dos conceitos e não na relação que entre eles se estabelece" (WISNIEWSKI, 2014).

## 3 Desigualdade de gênero no mercado de trabalho

Até o fim do século XIX, as mulheres trabalhavam exclusivamente em casa ou em negócios de família, sendo permitidos trabalhos fora de casa somente se para educação de crianças, enfermagem e serviço doméstico (limitados às classes sociais mais baixas). Com a chegada da Segunda Guerra Mundial, a mão de obra masculina presente nas indústrias ficou escassa, visto que os homens precisavam prestar serviços ao exército. Dessa forma, as mulheres passaram a substituir os homens nos trabalhos de fábricas (AMARAL; FINELLI; SILVA, 2015).

No início do século XX, as mulheres passam a trabalhar no comércio como vendedoras e nos escritórios como secretarias, havendo também uma evolução na sua participação no ensino e na indústria. A busca pela liberdade sexual surgiu com a pílula anticoncepcional nos anos 60, trazendo a possibilidade de a mulher realizar o seu planejamento familiar. A luta ganhou força e a mulher passou a ter certa autonomia sob seu corpo no que se refere à maternidade.

Embora muitas tenham sido as conquistas das mulheres na sociedade e no convívio familiar, uma pesquisa realizada com idosas que nasceram nos séculos XIX e início do XX demonstrou que as questões relacionadas à moral, ao comportamento feminino e ao masculino ainda estavam muito presentes:

> A observação do relato de idosos/idosas que passaram a infância no final do século XIX e início do XX evidencia um conjunto de valores presentes, de forma maciça, em diferentes camadas da população

(médias e populares); alguns aplicar-se-iam indistintamente ao menino e à menina: "Respeito", "Obediência", "Honestidade", "Trabalho"; mas outros seriam apenas ligados ao contingente feminino: "Submissão", "Delicadeza no Trato", "Pureza", "Capacidade de Doação", "Prendas Domésticas e Habilidades Manuais". Esses valores recebem o rótulo de tradicionais, e cada grupo mostra, claramente, o que é esperado de um menino/rapaz e o que vem a ser o desejável para uma menina/moça. Ou seja, a educação não só se fazia diferente quanto propiciava que as distinções ficassem bem-marcadas. (ALVES, 2000)

Apesar de expostas a uma visão muito patriarcal e machista, típica da época, as mulheres passaram a obter mais direitos e terem voz na relação familiar a partir deste período, chegando hoje a serem "chefes" de família e/ou exercendo o poder familiar sozinhas. Mesmo com os conflitos decorrentes das premissas geracionais, a discussão sobre a igualdade entre homens e mulheres tomou corpo a partir da chamada Década da Mulher (1975-1985) e foi retomada pela Conferência Mundial da Mulher, realizada em Beijing em 1995 (ONU MULHERES, 2020).

A partir da definição da igualdade de gênero como uma agenda de direitos humanos, a Organização das Nações Unidas (ONU) e suas agências avançaram nas transformações proporcionadas pelas mudanças de perspectiva sobre a própria categoria gênero e diversidade.

Segundo Mor Barack (2011), o conceito da diversidade deve ser amplo e sem restrições e com fácil adaptação e flexibilidade, devendo ter a capacidade de quebrar barreiras internacionais. Já o conceito defendido por Fleury (2003) destaca que a diversidade deve ser contemplada através da união de diversas pessoas com identidades diversificadas, interagindo no mesmo sistema social, o qual também pode ser compreendido como uma empresa ou organização.

Fleury (2000) destaca ainda os efeitos da lentidão da percepção das organizações no Brasil em se preocuparem com a discriminação no interior da empresa. Isso se dá através do bloqueio cultural implícito: que remete à ausência da aceitação da ocorrência da discriminação de gênero e racial, por exemplo. Degler (1971) conceitua que, assim como o preconceito, a discriminação é um resultado da ideia de inferioridade de um grupo sobre o outro. O autor retrata, ainda, a diferenciação entre estes dois preceitos, discorrendo que o "preconceito pode ser definido como uma atitude e a discriminação pode ser considerado como uma ação". Vale ressaltar que ambos nem sempre andam juntos e suas ocorrências podem acontecer de maneira isolada.

Um estudo conduzido pela Organização Internacional do Trabalho (OIT, 2009) demonstra que as mulheres passaram a representar 40% no mercado de trabalho, em âmbito mundial e, no Brasil, segundo informações fornecidas pelo IBGE (2017), representam atualmente 37,8%, em termos de empregabilidade formal. A pesquisa de Henderson *et al.* (2016) destaca, no entanto, que, apesar do aumento da representatividade da mulher no mercado de trabalho, das alterações que foram instituídas através de legislações positivas a favor delas e das conquistas ao longo do tempo, dados mais atuais (2019) mostram que esses acessos ainda não fazem com que as mulheres consigam ter chances iguais de cargos de chefia e liderança, representando 5% de cargos de presidência, 3% CEOs e 16% executivos.

Gráfico 1 – Representatividade das mulheres no mercado corporativo

**Mercado corporativo**
Representatividade das mulheres

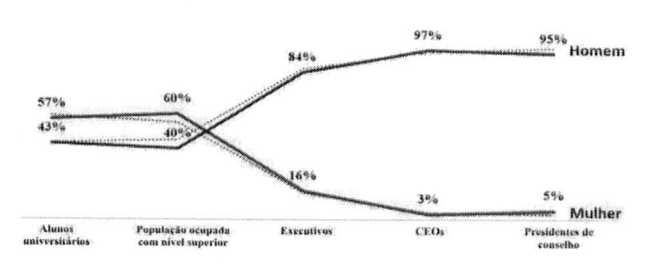

| | Alunos universitários | População ocupada com nível superior | Executivos | CEOs | Presidentes de conselho |
|---|---|---|---|---|---|
| Homem | 57% | 60% | 84% | 97% | 95% |
| Mulher | 43% | 40% | 16% | 3% | 5% |

2013 = linha tracejada
2019 = linha cheia

Fonte: INEP, PNAD, IBGE, Insper, Valor.

Apesar da baixa equidade em cargos de liderança, Chênevert e Tremblay (2002) ressaltam que um dos fatores que favorece o ingresso de mulheres no mercado de trabalho consiste no fato de elas buscarem investir em treinamento e desenvolvimento, elevando consideravelmente o seu capital humano.

Tanure *et al.* (2006) concordam que, tempos atrás, por fatores históricos já mencionados, os homens investiam mais em suas carreiras do que as mulheres, o que aumentava suas possibilidades de ocuparem cargos executivos. No entanto, Betiol (2000) aponta que essa realidade vem mudando, ao passo que as mulheres estão tendo oportunidades de investirem em seu capital humano. Nas universidades, por exemplo, a cada dia que passa o número de mulheres está aumentando em termos de participação. Henderson *et al.* (2016) fizeram uma pesquisa empírica com base nos dados de Betiol (2000) acerca da evolução das mulheres em nível de escolaridade.

Os autores referenciados fizeram uma pesquisa com ex-alunos na Universidade de São Paulo (USP), no curso de Administração, entre o período de 1958 e 1995. E verificou-se que a proporção de mulheres com formação superior subiu 122,3%, conforme dados tabelados a seguir.

Tabela 1 – Evolução do estudo superior entre homens e mulheres

| Intervalo | % formandos homens | Evolução formandos homens | % formandos mulheres | Evolução formandos mulheres |
|---|---|---|---|---|
| 1958 - 1979 | 82,5% | -- | 17,5% | -- |
| 1980 - 1989 | 71,9% | -12,8% | 28,1% | 60,6% |
| 1990 - 1995 | 61,1% | -15% | 38,9% | 38,4% |

Fonte: Henderson *et al.* (2016) baseados em Betiol (2000).

Apesar das evidências apontadas sobre o aumento de investimentos em educação e qualificação profissional por parte das mulheres, um levantamento realizado em fevereiro de 2021, por uma das maiores empresas de recrutamento do Brasil, a Catho (2021), constatou que, mesmo ocupando os mesmos cargos e realizando tarefas iguais às dos homens, as mulheres chegam a ganhar até 34% menos do que eles. Em funções como gerente e diretor, essa diferença é de 24%.

Mesmo após décadas de ativismo e das dezenas de leis sobre igualdade salarial, as mulheres ainda ganham menos de 80 centavos para cada dólar recebido por homens. Em 2020, o secretário-geral das Nações Unidas, António Guterres, alertou para a estimativa do Fórum Econômico Mundial de que, no ritmo atual, o mundo levará exatos 257 anos para superar o índice de desigualdade de gênero no trabalho (ONU BRASIL, 2020). De acordo com Guterres:

> Precisamos perguntar por que são as mulheres relegadas a empregos com salários baixos; por que as profissões dominadas por mulheres têm salários mais baixos, incluindo empregos no setor da prestação de cuidados; por que tantas mulheres trabalham a meio tempo; por que as mulheres veem os seus salários diminuir com a maternidade, enquanto os homens com filhos muitas vezes desfrutam de um aumento salarial; e, finalmente, por que as mulheres esbarram no acesso a profissões com salários mais elevados. (ONU BRASIL, 2020)

É nessa perspectiva que os pressupostos do ODS 5, em consonância com todas as metas estabelecidas para a Agenda 2030, buscam engajar os atores da sociedade civil, política, empresarial e acadêmica para a emergência do tema, com destaque especial para iniciativas que buscam "acabar com os estereótipos de gênero prejudiciais; remover barreiras institucionais; e compartilhar responsabilidades familiares de forma igual" (ONU BRASIL, 2020).

O ODS 5, cujo pressuposto é "alcançar a igualdade de gênero e empoderar todas as mulheres e meninas", estabelece 9 metas a serem cumpridas, visando à melhoria de vida das mulheres e benefícios múltiplos para o desenvolvimento sustentável. As metas são:

> 5.1 Acabar com todas as formas de discriminação contra todas as mulheres e meninas em toda parte.
> 5.2 Eliminar todas as formas de violência contra todas as mulheres e meninas nas esferas públicas e privadas, incluindo o tráfico e exploração sexual e de outros tipos.
> 5.3 Eliminar todas as práticas nocivas, como os casamentos prematuros, forçados e de crianças e mutilações genitais femininas.
> 5.4 Reconhecer e valorizar o trabalho de assistência e doméstico não remunerado, por meio da disponibilização de serviços públicos, infraestrutura e políticas de proteção social, bem como a promoção da responsabilidade compartilhada dentro do lar e da família, conforme os contextos nacionais.
> 5.5 Garantir a participação plena e efetiva das mulheres e a igualdade de oportunidades para a liderança em todos os níveis de tomada de decisão na vida política, econômica e pública.
> 5.6 Assegurar o acesso universal à saúde sexual e reprodutiva e os direitos reprodutivos, como acordado em conformidade com o Programa de Ação da Conferência Internacional sobre População e Desenvolvimento e com a Plataforma de Ação de Pequim e os documentos resultantes de suas conferências de revisão.
> 5.a Realizar reformas para dar às mulheres direitos iguais aos recursos econômicos, bem como o acesso à propriedade e controle sobre a terra e outras formas de propriedade, serviços financeiros, herança e os recursos naturais, de acordo com as leis nacionais.
> 5.b Aumentar o uso de tecnologias de base, em particular as tecnologias de informação e comunicação, para promover o empoderamento das mulheres.
> 5.c Adotar e fortalecer políticas sólidas e legislação aplicável para a promoção da igualdade de gênero e o empoderamento de todas as mulheres e meninas em todos os níveis. (ONU BRASIL, [s.d.])

## 4 Liderança, empreendedorismo e potencialidades

Três em cada dez empreendimentos no Brasil são liderados por mulheres. É o que mostra o Serviço Brasileiro de Apoio às Micro e Pequenas Empresas (SEBRAE, 2022). Em relação aos microempreendedores individuais, a participação feminina chega a 48%, quase metade dos empreendedores do país. E, para conscientizar a população sobre os desafios enfrentados pelas mulheres no mercado de trabalho, especialmente no tocante a abrir um negócio próprio, está tramitando no Senado Federal o Projeto de Lei nº 2.458/2019, que oficializa a Semana Nacional do Empreendedorismo Feminino. A data deve ser comemorada anualmente em novembro, em razão do Dia Mundial do Empreendedorismo Feminino (19 de novembro).

A então deputada federal pelo partido Cidadania-DF e autora do PL nº 2.458/2019, Belmonte ([s.d.]), afirmou que proporcionar oportunidades para as mulheres empreenderem pode afastá-las da violência doméstica. Quando uma mulher busca por empreender, seu objetivo é a busca por liberdade e autonomia financeira e, em consequência disso, ela também acaba saindo do campo de vulnerabilidades sociais de violências, que muitas vezes acontecem dentro de casa, por serem dependentes de seus parceiros, e acabam por se submeter a essa realidade de violências e abusos físicos e psicológicos.

Atualmente, para muitas mulheres, empreender se tornou uma das principais alternativas na busca por sua essência e potência. Porém, a proposta dessa reflexão não é romantizar esse crescente cenário e, sim, analisar o crescimento do empreendedorismo feminino, bem como avaliar as adversidades enfrentadas pelas mulheres para obter destaque e se manterem no mercado corporativo. Uma análise inicial do cenário geral pode ser demonstrada por meio dos dados divulgados pelo IBGE (2021) de empreendedores no Estado de São Paulo, divididos por segmentos.

Gráfico 2 – Perfil de empreendedores por segmento

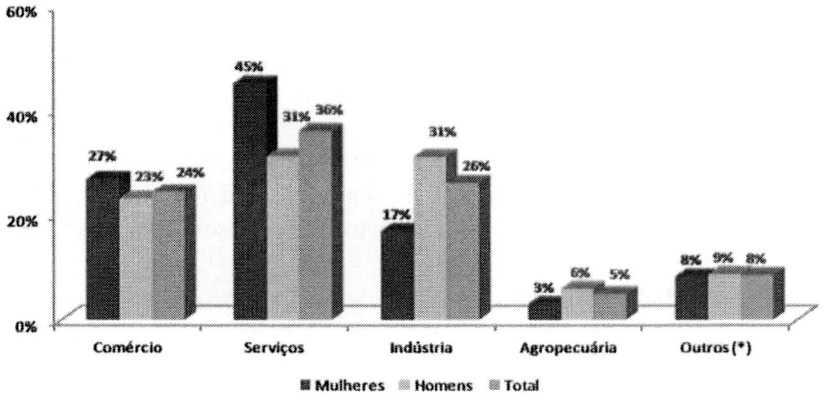

| Segmento | Mulheres | Homens | Total |
|---|---|---|---|
| Comércio | 27% | 23% | 24% |
| Serviços | 45% | 31% | 36% |
| Indústria | 17% | 31% | 26% |
| Agropecuária | 3% | 6% | 5% |
| Outros (*) | 8% | 9% | 8% |

Fonte: IBGE (2021).

Pode-se constatar que, enquanto empreendedoras, as mulheres estão em constante ascensão. E, nesse sentido, evidenciou-se que o setor de serviços é o que mais tem a representação de mulheres, com 45%, enquanto os homens aparecem com 31% e os dois chegam a 36%. E o mesmo ocorre no comércio, no qual as mulheres aparecem com 27%, em detrimento aos homens, com 23%.

As lideranças femininas têm ainda grande potencial transformador dentro das empresas, oxigenando o mercado, diversificando os pontos de vista na tomada de decisões e dando mais visibilidade para questões de gênero no cotidiano de colegas de equipe ou mesmo na relação cliente/prestador de serviço. A junção da desvalorização da mulher no mercado de trabalho com a pandemia trouxe uma crescente de desemprego e falta de novas oportunidades, fazendo com que a mulher buscasse se reinventar para se libertar.

Para se ter uma ideia desta potencialidade, de acordo com relatório da McKinsey Global Institute (2019) sobre o futuro das mulheres no mercado de trabalho, caso houvesse participação plena das mulheres no mundo dos negócios, a estimativa de projeção de ganhos no PIB mundial chegaria a US$28 trilhões até 2025. Ou seja, dirimir a desigualdade de gênero em todas as suas dimensões não é só uma questão de justiça básica: é também essencial para o desenvolvimento econômico.

## 5 Conclusões

A partir do levantamento histórico e das premissas que foram objeto de análise do presente artigo, fica evidenciado que até meados do século XX a mulher era vista simplesmente como um encargo para o homem, relegada a dois papéis primordiais: cuidar dos afazeres domésticos e perpetuar a espécie.

Os movimentos feministas iniciados na metade do século XX foram importantes para as alterações no entendimento do papel das mulheres na sociedade, pois proporcionaram à mulher maiores possibilidades não só para desempenhar tarefas diferentes das de esposa e mãe, mas também para legitimar seu empenho pela igualdade de gênero e desenvolver novas representações sobre o posicionamento feminino na sociedade e, consequentemente, nas organizações. (COUTINHO; MENANDRO, 2015)

Notou-se também que a evolução do conceito de instituição familiar e a consequente atualização da legislação brasileira, que em um contexto arcaico e patriarcal já denominou a mulher como um ser submisso ao homem, figuram como aspectos determinantes na análise dos desafios para a implantação de uma agenda de igualdade de gênero, conforme preconizado pelo ODS 5, bem como os desafios emergentes de expansão do tema no escopo das organizações brasileiras e os esforços em termos da agenda ESG.

Na prática, ser mulher é muitas vezes enfrentar jornadas duplas de trabalho, discriminação e violência. Mas, conforme citado no início deste texto, a transformação é constante. O papel das mulheres tem crescido no mercado de trabalho, e muitas veem no empreendedorismo a saída para o seu crescimento profissional, podendo através dele dar voz a toda a sua história e potência.

Porém, não basta apenas que mulheres se unam a outras mulheres para ressignificar suas realidades. É necessária uma mudança de hábito, pois existe uma cultura que já está enraizada. Combater a desigualdade de gênero no mercado de trabalho é considerado uma prática ESG, pois esta ação "garante a participação plena e efetiva das mulheres e a igualdade de oportunidades para a liderança em todos os níveis de tomada de decisão na vida política, econômica e pública" (ODS 5.5) (ONU BRASIL, [s.d.]).

O relatório "A dimensão de gênero no Big Push para a Sustentabilidade no Brasil", organizado pela ONU Mulheres Brasil

(2021), endossa a pertinência da temática abordada no presente artigo. O documento ressalta que as mulheres são o grupo mais vulnerável em termos de pobreza monetária, pobreza de tempo, sobrecarga de trabalho não remunerado e de cuidados e inserção precária no mercado de trabalho e que, devido a essas desigualdades estruturais, elas também são mais suscetíveis ao sofrimento devido às mudanças climáticas, quando comparadas aos homens. "Muitas mulheres já estão no seu limite físico, psicológico e emocional. E, contam com menos ferramentas e renda para enfrentar os impactos das mudanças climáticas" (ONU MULHERES BRASIL, 2021).

Por fim, existe uma questão em comum em todos os temas que foram abordados acima, seja através dos contextos históricos, cenários atuais, entrevistas, entre outros assuntos. É algo que em alguns momentos torna-se mais evidente, em outros, mais subjetivo, mas está ali: a essência do cuidado. Essa sempre estará presente, transformando não só a realidade de mulheres, mas também todo o seu entorno. "Seriam as mulheres mais sensíveis a questões ambientais, sociais e de governança?". Esta pergunta norteou o estudo realizado na FGV por Cardoso e Andrey (2021). Inédita no Brasil, a pesquisa ressalta a relação positiva existente entre a presença feminina na liderança e o alto desempenho em ESG nas organizações.

> Ao discorrerem sobre a própria trajetória, executivas em empresas de alta performance ESG destacaram a importância da liderança democrática e aberta ao diálogo; a resiliência e capacidade de adaptação e a necessidade de ser muito política. Já aquelas que estão em empresas com pior nota falaram em valorizar e promover a equipe, em ter e ser exemplo e em construir boas relações – características que podem levá-las a ajudar suas empresas a melhorar a pontuação ESG. (FGV, 2022)

A partir deste contexto, é possível compreender que, embora as mulheres pensem e desenvolvam ações relacionadas à agenda ESG, carecem de ser incluídas no centro dessas discussões. Em termos conclusivos, Cardoso e Andrey (2021) sugerem que novos critérios sejam incorporados à nota atribuída às empresas nas metodologias de análises ESG: ações de diversidade e/ou a quantidade de mulheres nos conselhos administrativos ou em posições de diretoria. "Na medida em que aumenta a pressão sobre o tema, aumenta a chance de reduzir as barreiras encontradas por mulheres executivas no exercício de sua liderança" (CARDOSO; ANDREY, 2021).

Em relação às conjecturas de caminhos efetivos que contribuam para igualdade social, política, cultural e econômica das mulheres na sociedade, o relatório da ONU Mulheres Brasil (2021) apresenta proposições acerca da interface entre os aspectos da dimensão de gênero e sustentabilidade. O documento destaca que ações de enfrentamento à crise climática são de extrema importância e urgência, visto que também influenciam a redução das desigualdades entre os gêneros. "As mulheres podem ser beneficiárias dos investimentos sustentáveis em áreas estratégicas para uma recuperação transformadora com sustentabilidade ambiental e igualdade de gênero" (ONU MULHERES BRASIL, 2021).

Em concordância com as prerrogativas do ODS 5, o relatório também ressalta que investimentos em áreas como energias renováveis, produção agrícola sustentável, mobilidade urbana sustentável, entre outros, "podem criar oportunidades de emprego e renda para as mulheres, se combinados com políticas adequadas de inserção no mercado de trabalho, contribuindo com sua autonomia econômica" (ONU MULHERES BRASIL, 2021). Além disso, investimentos em infraestrutura de cuidados podem não apenas preparar a sociedade para enfrentar os eventos climáticos extremos, mas também contribuir para liberar o tempo das mulheres, de modo a reduzir a pobreza de tempo e propiciar aspectos de autocuidado, legitimidade e pertencimento.

A proposição a ser considerada é a de que o investimento em oportunidades dá resultados positivos na busca por equiparação em situações que antes eram difíceis de alcançar, como: salários compatíveis, cargos antes apenas ocupados por homens, liberdade sexual, poder de fala, maneiras de pensar, agir, vestir, ressignificação do papel dentro da estrutura familiar etc. Atualmente, as mulheres ainda sentem cotidianamente o impacto negativo que a falta de oportunidade e a deslegitimação dos direitos geram em suas vidas. O machismo e misoginia, frutos da herança patriarcal, ainda são bastante enraizados na sociedade e seguem afetando (não raro, fatalmente) meninas e mulheres, cis e transgêneras. É preciso o engajamento de todos (governos, organizações e sociedade civil) para mudar essa triste realidade.

## Referências

ABREU, K. A. S. Conceito de família. *JusBrasil*, 2016. Disponível em: https://karinasabreu.jusbrasil.com.br/artigos/151335962/conceito-de-familia. Acesso em: 23 abr. 2023.

AMARAL, R. A.; FINELLI, L. A. C.; SILVA, J. L. Trajetória da família brasileira: o papel da mulher no desenvolvimento dos modelos atuais. *Humanidades*, v. 4, n. 2, jul. 2015. Disponível em: http://www.revistahumanidades.com.br/arquivos_up/artigos/a67.pdf. Acesso em: 23 abr. 2023.

BEAUVOIR, S. *O segundo sexo*. Rio de Janeiro: Nova Fronteira, 1980.

BELMONTE, P. Empreendedorismo representa avanço para mulheres no mercado de trabalho, afirma Paula Belmonte. *Deputada Distrital Paula Belmonte*. Disponível em: https://paulabelmonte.com.br/empreendedorismo-representa-avanco-para-mulheres-no-mercado-de-trabalho-afirma-paula-belmonte/. Acesso em: 22 abr. 2023.

BETIOL, M. Ser administrador é o feminino de ser administrador? *Anais EnANPAD*, Florianópolis, v. 24, 2000.

BORGES, A. de M.; VALENTE, C. M. W. Direito de família: considerações sobre a sujeição passiva na jurisprudência do STF e do STJ. *Fórum de Direito Tributário*, v. 1, p. 81-98, 2020.

BRASIL. [Constituição (1988)]. *Constituição da República Federativa do Brasil de 1988*. Brasília, DF: Presidente da República, [2016].

CANDIDO, W. P.; CANGUÇU, L. R. Análise da ODS 5: igualdade de gênero nas organizações. *Braz. J. of Bus.*, Curitiba, v. 3, n. 3, p. 2349-2363, jul./set. 2021. Disponível em: https://ojs.brazilianjournals.com.br/ojs/index.php/BJB/article/view/33926. Acesso em: 21 abr. 2023.

CARDOSO, M. O.; ANDREY, G. *Agenda ESG, substantivo feminino*: a relação entre presença de mulheres na alta liderança e sustentabilidade nas empresas. Dissertação (Mestrado) – Fundação Getúlio Vargas, São Paulo, 2021.

CHÊNEVERT, D.; TREMBLAY, M. Managerial career success in Canadian organizations: is gender a determinant? *International Journal of Human Resource Management*, v. 13, n. 6, p. 920-941, 2002.

COUTINHO, S. M. S.; MENANDRO, P. R. M. Representações sociais do ser mulher no contexto familiar: um estudo intergeracional. *Psicologia e Saber Social*, Rio de Janeiro, v. 4, n. 1, p. 52-71, 2015.

DESIGUALDADE de gênero no mercado de trabalho: mulheres ainda ganham menos que os homens. 2021. *Catho Comunicação*, abr. 2023. Carreira & Sucesso. Disponível em: https://www.catho.com.br/carreira-sucesso/desigualdade-de-genero-no-mercado-de-trabalho-mulheres-ainda-ganham-menos-que-os-homens/. Acesso em: 4 abr. 2023.

DRESCH, M. A instituição familiar na legislação brasileira: conceitos e evolução histórica. *Jus*, set. 2016. Disponível em: https://jus.com.br/artigos/51795/a-instituicao-familiar-na-legislacao-brasileira-conceitos-e-evolucao-historica. Acesso em: 22 abr. 2023.

ESG: Mulheres fazem a diferença na performance da agenda sustentável. *FGV*, jun. 2022. Administração. Disponível em: https://portal.fgv.br/noticias/esg-mulheres-fazem-diferenca-performance-agenda-sustentavel. Acesso em: 24 abr. 2023.

FLEURY, M. T. L. Gerenciando a diversidade cultural: experiências de empresas brasileiras. *Revista de Administração de Empresas*, v. 40, n. 3, p. 18-25, jul./set. 2000.

HENDERSON, P. A. *et al.* As barreiras para a ascensão da mulher as posições hierárquicas: um estudo sob a óptica da gestão da diversidade no Brasil. *Revista de Administração da UFSM*, v. 9, n. 3, p. 488-505, 2016.

MALUF, A. C. R. F. D.; MALUF, C. A. D. *Curso de direito de família*. São Paulo: Saraiva, 2018.

MOR BARAK, M. *Managing diversity*: Toward a globally inclusive workplace. Thousand. Oaks: Sage Publications, 2011.

NUNES, A. *et al.* Relação entre igualdade de gênero e o desenvolvimento sustentável (ODS 5): um panorama internacional da evolução das publicações na web of science. *Gênero*, Niterói, v. 22, n. 1, 2021. Disponível em: https://periodicos.uff.br/revistagenero/article/view/50026/30727. Acesso em: 21 abr. 2023.

O FUTURO das mulheres no mercado de trabalho: transições na era da automação. *Mckinsey & Company*, jul. 2019. Disponível em: https://www.mckinsey.com/featured-insights/gender-equality/the-future-of-women-at-work-transitions-in-the-age-of-automation/pt-BR. Acesso em: 23 abr. 2023.

ONU BRASIL. *No ritmo atual, desigualdade salarial entre homens e mulheres só acabará em 257 anos*. Set. 2020. Disponível em: https://brasil.un.org/pt-br/91595-no-ritmo-atual-desigualdade-salarial-entre-homens-e-mulheres-s%C3%B3-acabar%C3%A1-em-257-anos. Acesso em: 22 abr. 2023.

ONU BRASIL. *Objetivo de Desenvolvimento Sustentável 5*: Igualdade de gênero. [s.d.]. Disponível em: https://brasil.un.org/pt-br/sdgs/5. Acesso em: 22 abr. 2023.

ONU MULHERES BRASIL. *Relatório aponta urgência para enfrentar as mudanças climáticas e as desigualdades de gênero*. Mar. 2021. Disponível em: https://www.onumulheres.org.br/noticias/relatorio-aponta-urgencia-para-enfrentar-as-mudancas-climaticas-e-as-desigualdades-de-genero/. Acesso em: 24 abr. 2023.

ONU MULHERES. *Sobre a ONU Mulheres*. Brasília, DF: ONU Mulheres Brasil, 2020. Disponível em: https://bit.ly/3uLrs8U. Acesso em: 20 dez. 2020.

PEREIRA, C. M. S. *Instituição de direito civil*. Rio de Janeiro: Forense, 2004.

TANURE, B. *et al.* A importância do RH. *Revista GV Executivo*, v. 5, 2006.

WISNIEWSKI, A. P. R. Não se nasce mulher, torna-se mulher. *Núcleo de Direitos Humanos – Universidade do Vale do Rio dos Sinos*, jul. 2014. Disponível em: http://unisinos.br/blogs/ndh/2014/07/21/nao-se-nasce-mulher-torna-se-mulher/. Acesso em: 22 abr. 2023.

---

Informação bibliográfica deste texto, conforme a NBR 6023:2018 da Associação Brasileira de Normas Técnicas (ABNT):

ROSETTI, Bianca; BEU, Carolina. Agenda ESG e igualdade de gênero: potencialidades femininas e novas perspectivas. *In*: BORGES DE PAULA, Marco Aurélio (Coord.). *A hora e a vez do ESG*: provocações e reflexões em homenagem a Ricardo Voltolini. Belo Horizonte: Fórum, 2023. p. 191-207. ISBN 978-65-5518-619-2.

# CULTURA DE INTEGRIDADE E ALTA PERFORMANCE: JORNADA DESAFIADORA DA DIVERSIDADE, EQUIDADE E INCLUSÃO

**BÁRBARA DE ABREU MORI**
**PATRICIA GODOY OLIVEIRA**

## 1 "S" de ESG, sob a perspectiva de diversidade, equidade e inclusão

O "S" do ESG refere-se a fatores sociais, ou seja, à maneira como a instituição interage com a sociedade, que inclui seus empregados, clientes, fornecedores e, de forma mais abrangente, as comunidades em que opera. E os investidores, que incorporam fatores sociais em suas decisões de investimento, também integram esse conjunto complexo de interlocutores. Há inúmeras razões pelas quais as instituições focam em fatores sociais. Primeiro, porque existe uma demanda cada vez maior dos consumidores por instituições socialmente responsáveis. Segundo, porque a forma como as instituições lidam com fatores sociais tem se mostrado cada vez mais relevante nas decisões de investimento (sim, ser socialmente responsável atrai mais capital, como apontam diversos estudos, vinculando a capacidade de trazer resultados financeiros com a maneira como a instituição se relaciona com a sociedade).[1] Terceiro,

---

[1] MORCEF, Sônia de Oliveira. *Responsabilidade social empresarial* – Uma ferramenta estratégica de gestão. Dissertação (Mestrado em Gestão e Estratégia de Negócios) – Universidade Federal Rural do Estado do Rio de Janeiro, Rio de Janeiro, 2007. Disponível em: https://www.aedb.

porque há uma crescente onda regulatória que impõe obrigações sociais às empresas.

Há uma série de ações que as instituições podem tomar para melhorar sua performance social, como: promover a diversidade, equidade e inclusão (DEI) no ambiente de trabalho, garantir que empregados sejam tratados de maneira justa e com respeito, aderir às melhores práticas trabalhistas, pautar-se pelo respeito aos direitos humanos, engajando-se às comunidades em que opera, entre tantas outras iniciativas.

Neste artigo, refletiremos sobre como o sistema de *compliance* atua em relação a esses fatores sociais, na promoção de diversidade, equidade e inclusão. O tema é bastante amplo, e a nossa abordagem apenas cita alguns aspectos, para suscitar a reflexão, de maneira a contribuir com o debate maior que se apresenta.

## 2 Diversidade, equidade e inclusão: um breve contexto

A relevância do tema da diversidade no contexto corporativo é relativamente recente, apesar de ser, essencialmente, uma característica (e uma realidade) da sociedade. As empresas passaram a demonstrar maior preocupação com o tema diversidade como elemento da cultura corporativa entre o fim dos anos 90 e início dos anos 2000, quando uma série de ações judiciais e acordos milionários trouxe à tona os primeiros escândalos de discriminação envolvendo grandes bancos de investimento norte-americanos, como Merrill Lynch[2] e Morgan Stanley.[3]

Naquele contexto, o conceito de diversidade emergia nas empresas como sinônimo de representatividade de diferentes grupos tradicionalmente conhecidos como sub-representados. Apesar do aparente "avanço", na prática, esse entendimento se mostrava problemático e

---

br/seget/arquivos/artigos06/669_RESPONSABILIDADE%20SOCIAL%20EMPRESARIAL.pdf. Acesso em: 28 abr. 2023 (nota das autoras: este é somente um dos exemplos de estudos que relacionam a capacidade de trazer resultados financeiros com a maneira como a instituição se relaciona com a sociedade).

[2] FOX, Mario. Merrill Lynch Settles Bias Case. *CBS News*, 1998. Disponível em: https://www.cbsnews.com/news/merrill-lynch-settles-bias-case/. Acesso em: 26 abr. 2023; MCGEEHAN, Patrick. Merrill Lynch firm is told it must pay in sexual bias case. *The New York Times*, 2004. Disponível em: https://www.nytimes.com/2004/04/21/business/merrill-lynch-firm-is-told-it-must-pay-in-sexual-bias-case.html. Acesso em: 26 abr. 2023.

[3] MCGEEHAN, Patrick. Morgan Stanley settles bias suit with $54 million. *The New York Times*, 2004. Disponível em: https://www.nytimes.com/2004/07/13/business/morgan-stanley-settles-bias-suit-with-54-million.html. Acesso em: 26 abr. 2023.

ineficaz, pois limitava a diversidade à inserção daqueles grupos no quadro de colaboradores, como se a mera presença deles fosse resolver as diferentes camadas de discriminação, assédio e inequidade no ambiente corporativo.

Em multinacionais norte-americanas, não seria incomum ver uma mulher de origem hispânica sendo alocada para trabalhar com a subsidiária argentina daquela empresa por supostamente "entender o contexto", mesmo que ela fosse totalmente alheia à economia e ao mercado argentinos. A equação era bem simples: recrutar pessoas de grupos sub-representados e designá-las a cargos e atividades que tivessem alguma relação com o que se imaginava de seu contexto cultural ou socioeconômico, sob a lógica de que poderiam contribuir com seu "conhecimento de causa". Ainda que esta premissa não esteja totalmente equivocada, é extremamente superficial e limitante assumir que essa seja a maior (ou única) contribuição dos profissionais de grupos sub-representados, imprimindo a falsa ideia de igualdade e identidade entre os indivíduos de um mesmo grupo.

Ao longo dos anos, o conceito de diversidade evoluiu e se aprimorou. Se antes o nível de diversidade nas empresas era avaliado de acordo com o recrutamento e retenção de pessoas de diferentes grupos (representatividade), a crescente desigualdade, os debates cada vez mais complexos e o número significativo de práticas discriminatórias permeadas por vieses inconscientes (principalmente no ambiente de trabalho) trouxeram a necessidade de olhar para o tema com mais atenção.

O discurso de que "somos todos iguais" não reflete mais (e talvez nunca tenha refletido) o conceito de diversidade. Na verdade, é exatamente o oposto: diversidade é o reconhecimento de que as diferenças existem e que indivíduos de grupos distintos podem agregar valor e exercer seu potencial se essas diferenças forem levadas em consideração de forma positiva. Isso é, essencialmente, o que diz a Constituição brasileira: tratar igualmente os iguais e desigualmente os desiguais, na medida de sua desigualdade,[4] numa interpretação contemporânea.

Esse reconhecimento passa, necessariamente, pela ideia de equidade e de inclusão. A definição de equidade parte da premissa de que vivemos em um sistema desigual, reconhecendo as diferenças

---

[4] Os filósofos gregos já tratavam deste conceito, embora convivessem com classes de pessoas que participavam da vida política, e outras que simplesmente eram excluídas de direitos. A interpretação deste conceito continua em evolução, conforme as sociedades também evoluem.

sociais, culturais e circunstanciais dos indivíduos e a necessidade de levá-las em consideração para garantir que todos tenham condições e oportunidades de prosperar em seus objetivos, atingindo, em última instância, a justiça social. Durante muito tempo, o conceito de equidade permaneceu, de forma equivocada, à margem das discussões sobre diversidade, mas os recentes avanços neste campo demonstraram que tais temas, associados à ideia de inclusão, representam a base do debate sobre as questões sociais.

A partir da premissa de que diferentes grupos trazem diferentes perspectivas e atributos, de acordo com suas experiências individuais e coletivas em grupos, a inclusão, por sua vez, pode ser definida como o conjunto de elementos que preconizam a diversidade e garantem um tratamento equitativo e respeitoso, de maneira que as pessoas se sintam valorizadas e pertencentes ao ambiente em que estão inseridas.

Como veremos adiante, os temas de DEI ganham especial importância no contexto corporativo, em que a valorização das diferentes formas de liderar, pensar e executar está diretamente conectada à cultura de integridade.

## 3 Diversidade, equidade e inclusão como requisito de sustentabilidade das empresas

Uma empresa é, entre outras coisas, reflexo da sociedade em que está inserida. Ela reflete não somente as demandas dessa sociedade, mas também seus problemas e limitações. Se essa sociedade é diversa – composta por indivíduos de diferentes contextos socioculturais e com distintas realidades –, porém historicamente desigual, permeada por privilégios e discriminações, a empresa refletirá, de forma sistêmica, essas mesmas questões. Reconhecer seu papel na quebra dessa dinâmica e na adoção de medidas que promovam um ambiente corporativo mais equânime e inclusivo é essencial, na medida em que a empresa busca a sua própria sustentabilidade. Afinal, a desigualdade e, sobretudo, a inequidade representam uma limitação das potencialidades individuais e, consequentemente, da potencialidade dos negócios.

Diversas pesquisas mostram que a diversidade de pensamentos leva ao aumento na criatividade do grupo, aprimorando a inovação em 20%. E que também leva a uma maior identificação de riscos, reduzindo-os em 30%.⁵ Esses dados se conectam, uma vez que a diversidade de pensamentos possibilita o mapeamento, a identificação e a avaliação de riscos de forma mais abrangente, considerando múltiplas perspectivas oriundas de contextos individuais distintos. O impacto é percebido na própria dinâmica de avaliação de riscos, que, ao ser realizada por indivíduos com contextos semelhantes, pode ser mais limitada ao não considerar os diversos fatores que circundam tais riscos e de que forma esses riscos (e suas consequências) podem ser relevantes para as diferentes populações impactadas (seja de colaboradores, consumidores, investidores ou a comunidade em geral).

Se considerarmos empresas que atendem aos mais variados consumidores, de todas as esferas sociais, isso é ainda mais crucial, principalmente em um mundo conectado e em que todos têm voz e se manifestam nas mídias sociais. Inúmeros são os casos, por exemplo, de produtos lançados com campanhas de *marketing* equivocadas, que geram reações extremamente vocais por diferentes grupos, e essas reações viralizam de maneira quase instantânea, causando danos reputacionais às marcas envolvidas.⁶

Essas potencialidades que um ambiente mais diverso traz foram definidas há muitos anos como as distintas e relevantes perspectivas sobre o trabalho proporcionadas por indivíduos de diferentes grupos – imprimindo novas formas de pensar e desenhar processos, atingir metas, comunicar ideias e liderar, e desafiando premissas básicas sobre a organização, estratégias e práticas de uma empresa.⁷ Conforme a sociedade evolui, isso deixa de ser somente um diferencial competitivo e passa a ser um verdadeiro requisito de sustentabilidade das empresas, gerando um impacto real na sociedade.

---

[5] BOURKE, Juliet. *Which two heads are better than one?*: How diverse teams create breakthrough ideas and make smarter decisions. Sydney: Australian Institute of Company Directors, 2021.

[6] BEZERRA, Paula. 10 ações publicitárias acusadas de promover racismo. *Exame*, 2014. Disponível em: https://exame.com/marketing/10-acoes-publicitarias-acusadas-de-promover-racismo/. Acesso em: 28 abr. 2023 (nota das autoras: este é um exemplo de reportagem que cita campanhas publicitárias acusadas de promover o racismo).

[7] ELY, Robin J.; THOMAS, David A. Making differences matter: a new paradigm for managing diversity. *Harvard Business Review*, 1996. Disponível em: https://hbr.org/1996/09/making-differences-matter-a-new-paradigm-for-managing-diversity?autocomplete=true&registration=success. Acesso em: 28 abr. 2023.

## 4 Segurança psicológica

Um estudo interno do Google,[8] que pretendia descobrir como montar equipes mais produtivas, chegou à conclusão de que segurança psicológica é um dos principais fatores presentes em equipes de alta performance. Este conceito trata de as pessoas se sentirem à vontade para serem autênticas, trazerem os seus conhecimentos e a sua vivência para enriquecer o grupo, assumir riscos e, também, falar sobre o que não está funcionando. A segurança psicológica ajuda a criar um ambiente que potencializa o poder da diversidade. Em equipes com alta segurança psicológica, identificou-se que mais diversidade impulsiona esses times a serem mais efetivos.

E não podemos falar de segurança psicológica sem tratar do canal de denúncias (ou linha ética) do sistema de *compliance*.[9] Considerando que a empresa é um microcosmo da sociedade, por mais que haja campanhas de conscientização sobre os valores e políticas corporativas, treinamentos etc., sempre haverá situações que fogem do comportamento esperado dos colaboradores. E a empresa precisa garantir que as pessoas possam trazer ao seu conhecimento o que não acharem correto. Só assim a instituição poderá investigar e tomar as medidas adequadas para tratar de cada caso concreto. Naturalmente, nem todos os casos levam a uma investigação propriamente dita, ou à detecção de efetivas violações de normas legais ou regras de conduta, com as consequentes medidas disciplinares, mas todos os casos precisam ser tratados.

Voltando especificamente à diversidade e inclusão, uma pesquisa conduzida pela Deloitte em 2018 concluiu que a ideia de inclusão está atrelada não só ao sentimento de empoderamento para evoluir no ambiente de trabalho, mas também de segurança para trazer à tona questões e relatar violações sem medo de retaliação ou constrangimento.[10]

---

[8] DUHIGG, Charles. What Google learned from its quest to build the perfect team. *The New York Times Magazine*, 2016. Disponível em: https://www.nytimes.com/2016/02/28/magazine/what-google-learned-from-its-quest-to-build-the-perfect-team.html. Acesso em: 28 abr. 2023.
[9] Embora segurança psicológica envolva uma série de outros fatores, uma linha ética bem estruturada, com possibilidade de anonimato, por exemplo, e autonomia nas investigações, é essencial para garantir que os problemas sejam tratados.
[10] BOURKE, Juliet; DILLON, Bernadette. The diversity and inclusion revolution – Eight powerful truths. *Deloitte*, 2018. Disponível em: https://www2.deloitte.com/content/dam/insights/us/articles/4209_Diversity-and-inclusion-revolution/DI_Diversity-and-inclusion-revolution.pdf. Acesso em: 28 abr. 2023.

Daí a necessidade de autonomia dos times de investigações, para que possam conduzir esse processo com independência e especialização.[11]

Outra pesquisa, conduzida pelo escritório de advocacia Baker Mckenzie, em conjunto com a Howlett Brown,[12] relata que, para 68% dos líderes de *compliance*, a ausência de diversidade impacta, diretamente, a habilidade de conduzir investigações de forma justa e efetiva; 77% desses líderes reconhece os benefícios associados a um time de *compliance* mais diverso. Ou seja, além da autonomia e especialização, no âmbito das investigações, fica ainda mais clara a importância de se ter um sistema de *compliance* pautado pelo compromisso com o tema de DEI.

## 5 *Compliance* e diversidade

O programa de *compliance* reflete e deve promover a cultura e os valores da instituição. As campanhas de comunicação, os treinamentos, as sessões de escuta e todas as outras iniciativas do time de *compliance* de disseminação da cultura de integridade daquela empresa são parte essencial do programa, mas jamais devem ser exclusivamente tratados por essa equipe. Abordaremos mais à frente este ponto. Aqui, queremos reforçar que cabe também à área de *compliance* a famosa expressão *walk the talk*. Ou seja, é premissa crucial que os colaboradores do time de *compliance* tenham como princípio dar um tratamento equitativo aos clientes internos. Isso significa fazer a coisa certa nas instituições cujos conceitos essenciais envolvam diversidade, equidade e inclusão. Assim, é parte relevante da responsabilidade de *compliance* estimular condutas positivas e estabelecer uma relação de confiança entre o programa de *compliance* e as demais áreas da empresa. E, mais ainda, com cada um dos colaboradores da instituição.

O desenvolvimento desse papel representa, muitas vezes, uma alteração significativa (e desafiadora) no *status quo*, que deve ser implementada de forma integrada com as demais áreas envolvidas e deve ser transparente aos interlocutores. A resistência é uma reação humana

---

[11] E a importância de explicar o que acontece depois de uma denúncia, e também de prestar contas aos colaboradores sobre a efetividade da linha ética, respeitada a privacidade necessária dos envolvidos.

[12] BAKER MCKENZIE; HOWLETT BROWN. *Strengthening Corporate Compliance with Diversity and Inclusion, Mind the Gap Series* – Part 1: Insights from Global Compliance Leaders. 2021. Disponível em: https://www.bakermckenzie.com/-/media/files/insight/publications/2021/07/mind-the-gap-series_insights-from-global-compliance-leaders.pdf?la=en. Acesso em: 28 abr. 2023.

esperada durante qualquer mudança, e no contexto de DEI isso não é diferente. A grande questão é como lidar com essa resistência também de maneira inclusiva.

Limitações de recursos podem diminuir a representatividade na equipe de *compliance*. Ou seja, a área provavelmente não terá pessoas de todos os grupos sub-representados. Mas isso não pode ser usado para justificar a ausência do comprometimento dessa área com questões de DEI. Neste sentido, cabe ao time de *compliance* buscar outras saídas, como exemplo, montar equipes interdisciplinares para auxiliar nas investigações, ou mesmo se apropriar de conteúdos de DEI e fazer parcerias com outras áreas também comprometidas.

## 6 Sensação de pertencimento, caça às bruxas e paradoxo da tolerância

É parte do conceito de inclusão que os vários pontos de vista sejam considerados, que nenhum grupo se sinta excluído da conversa (todos se sintam parte do processo), desde que esta seja desenvolvida de forma respeitosa e que parta do propósito genuíno de contribuir para a discussão. Num ambiente saudável, pessoas com ideias diferentes irão expor os seus pontos de vista, o que pode gerar tensão, dada a divergência de opiniões. Ouvir ideias distintas exige tolerância e respeito.

No entanto, Karl Popper escreveu sobre o paradoxo da tolerância, em que "a tolerância ilimitada leva ao desaparecimento da tolerância".[13] É muito importante compreender esse paradoxo e em que medida ele é aplicável às questões de DEI também.

O programa de *compliance*, neste ponto, deve ser de se trabalhar para não afastar grupos que têm conceitos diferentes de diversidade, já que todos devem ter a sensação de pertencimento. Grupos de homens brancos, por exemplo, que gozam historicamente de privilégios que outros grupos não vivenciam, não podem ser excluídos desse processo. O objetivo do sistema de *compliance* deve ser de não gerar a percepção de que há uma "caça às bruxas". Isso seria a antítese da inclusão. O

---

[13] DORIA, Pedro. Não entenderam o Paradoxo da Tolerância – Ponto de Partida. *YouTube*, 8 jul. 2022. Disponível em: https://www.google.com/search?q=paradoxo+da+tolerancia&oq=paradoxo+da+tolerancia&aqs=chrome..69i57j0i22i30l8j0i15i22i30.12347j0j15&sourceid=chrome&ie=UTF-8#fpstate=ive&vld=cid:47d1c401,vid:kZWVivTyaEk. Acesso em: 28 abr. 2023.

programa de *compliance* deve atender a todos os grupos, de maneira ética e justa, e também suscitar reflexões em todos os grupos. E talvez este seja um dos maiores desafios do programa de *compliance*: em um sistema de estruturas desiguais, conseguir identificar e colocar em prática mecanismos de equilíbrio que levem em consideração as diferentes perspectivas e conectem esses grupos distintos através do compromisso coletivo de se fazer a coisa certa. Essa não é uma tarefa fácil e requer um esforço coordenado das diferentes áreas envolvidas, como veremos nas próximas seções.

## 6.1 Esforço coletivo e coordenado

O desafio de aumentar a diversidade, a equidade e a inclusão nas organizações é complexo, dado que a sociedade em que vivemos precisa avançar nesses temas. Essa complexidade sugere que o tema não pode ficar restrito a apenas algumas áreas da empresa. Ainda que a organização tenha até mesmo um departamento inteiro de DEI, as mudanças significativas somente acontecerão se todos assumirem esse compromisso.

As várias áreas envolvidas (DEI, *compliance*, recursos humanos, jurídico, cultura, relações de trabalho, comunicação, entre outras) devem alinhar seus objetivos para que a abordagem seja consistente e faça sentido para aquela instituição, e para que todas as oportunidades de contato com os colaboradores possam ser aproveitadas, para mostrar o que é fazer a coisa certa naquele ambiente.

Desenvolver uma cultura de DEI é um processo complexo e moroso, que requer uma mudança profunda. E essa mudança só é possível a partir da colaboração das diversas áreas envolvidas, atuando de forma coordenada na implementação de mecanismos que incorporem essa mudança. Uma pesquisa sobre cultura organizacional conduzida pela *Harvard Business Review*[14] identificou a direta correlação entre o nível de diversidade e inclusão de determinadas instituições e a ênfase dada por tais instituições à jornada de aprendizado de seus colaboradores. Isso porque uma cultura de aprendizado tende a propiciar um ambiente mais favorável às mudanças necessárias à promoção da cultura de DEI, através do reconhecimento e valorização das diferenças, incentivo da

---

[14] CHENG, J. Yo-Jud; GROYSBERG, Boris. Research: what inclusive companies have in common. *Harvard Business Review*, 2021. Disponível em: https://hbr.org/2021/06/research-what-inclusive-companies-have-in-common. Acesso em: 28 abr. 2023.

busca por novas formas de pensar e promoção de espaços abertos ao diálogo de forma respeitosa – como grupos de apoio de funcionários (conhecidos também como ERGs – *Employee Resource Groups*)[15] e campanhas de conscientização.

Além disso, o aumento da consciência sobre pontos de melhoria deve também ser usado para que as ações das várias áreas da empresa incorporem mais conceitos de DEI (questões de acomodação de luz e som para autistas, ou acessibilidade para cadeirantes, para citar apenas dois exemplos).

Apesar de parecer razoável que os vários departamentos trabalhem em conjunto nesse tema, a pesquisa do Baker Mckenzie e da Howlett Brown citada anteriormente mostra que somente 31% dos líderes de *compliance* trabalham frequentemente com as demais áreas para avançar em temas de DEI.[16]

Esse trabalho coordenado entre as várias áreas não só trará mais confiança dos colaboradores, como também auxiliará a organização a lidar com os seus erros, a criar soluções possíveis para compor interesses e "baixar a temperatura" em casos de alta visibilidade (diminuir as tensões geradas). Afinal, o que se deve buscar é um ambiente de aprendizagem constante e evolução efetiva.

## 6.2 Comprometimento da liderança e conceitos

Como em qualquer outra área de um sistema de *compliance* efetivo, o *tone at the top*[17] precisa existir de fato, não ser mero discurso. Mas é importante ter em mente que, dependendo de quem analisa cada situação, sempre poderá haver críticas ou avaliações divergentes sobre se determinada ação promove, de fato, a diversidade, ou se inclui ou exclui determinados grupos. Por isso, quanto maior o alinhamento com a liderança sobre diversidade como parte da definição de fazer a coisa certa, mais consistentes serão as ações. É importante manter um

---

[15] Esses grupos são formados por voluntários do quadro de colaboradores, que se reúnem periodicamente para refletir e estruturar ações que aumentem a conscientização dos demais colaboradores sobre questões relacionadas a grupos historicamente sub-representados.

[16] BAKER MCKENZIE; HOWLETT BROWN. *Strengthening Corporate Compliance with Diversity and Inclusion, Mind the Gap Series* – Part 1: Insights from Global Compliance Leaders. 2021. Disponível em: https://www.bakermckenzie.com/-/media/files/insight/publications/2021/07/mind-the-gap-series_insights-from-global-compliance-leaders.pdf?la=en. Acesso em: 28 abr. 2023.

[17] O termo em inglês é muito utilizado para se referir ao que a alta administração da organização preconiza.

processo constante de avaliação das definições de DEI, alinhar conhecimentos com a liderança sobre o que é diversidade e suas consequências, nos vários contextos e ao longo do tempo (assumindo a mutabilidade desse conceito).

O que é aceito e o que não é aceito naquele grupo em termos de DEI? As pessoas vão divergir sobre os conceitos e sobre as análises de cada caso concreto. O time de liderança precisa praticar um esforço consciente de conversar sobre os casos concretos, se debruçar sobre eles, levando em consideração os seus contextos, e isso precisa ser promovido também pelo sistema de *compliance*, já que DEI é parte do conceito maior de integridade. Não há como fazer a coisa certa discriminando pessoas com base no seu gênero, por exemplo, ou excluindo determinados grupos. Essas reflexões mais profundas sobre DEI podem acontecer em fóruns mais estruturados, como comitês de ética ou de DEI, ou mesmo em quaisquer reuniões de liderança. O importante é que esses conceitos sejam falados, discutidos, debatidos, para que haja uma coesão (ainda que não haja consenso) na direção estratégica do que se busca. É importante haver consistência nas decisões tomadas, embora possa haver divergência em casos eticamente complexos.

A consistência é parte da confiança dos colaboradores no sistema de *compliance*, e essa confiança é parte da construção da segurança psicológica mencionada. A garantia dessa consistência passa, necessariamente, pelo estabelecimento de objetivos claros e tangíveis em relação à promoção de DEI, que devem ser comunicados de forma transparente pela liderança. Esses objetivos representam, em última instância, o compromisso da organização com esse tema, cuja relevância se traduz na medida em que os tomadores de decisões se tornam responsáveis por sua implementação, que será avaliada a partir do estabelecimento de indicadores e métricas de DEI.

## 6.3 Indicadores de diversidade, equidade e inclusão

Como medida de boa gestão, é importante haver indicadores objetivos que tragam informações relevantes sobre o grupo e que possam ser acompanhados internamente.[18] Há cada vez mais leis que exigem a publicação de alguns desses indicadores. Mas, independentemente da

---

[18] E por que não externamente também? Há empresas que publicam seus dados consolidados do canal de denúncias e outros dados relevantes. Exemplo da JBS: https://jbs.com.br/storage/2023/04/-faca-sempre-o-certo-mar23.pdf. Acesso em: 28 abr. 2023.

obrigação regulatória, o acompanhamento de indicadores que concretamente tratem de questões de DEI auxilia na gestão e no aprimoramento dessas práticas. E também pode auxiliar no aumento da confiança de todos na instituição.

Há vários indicadores possíveis, dependendo do que se quer acompanhar. Para melhorar a representatividade de grupos sub-representados na organização, é preciso medir quantas pessoas destes grupos trabalham na empresa. E também quantas ocupam posições de liderança, por exemplo. Para medir a percepção de sentimento de pertencimento dos colaboradores, podem-se fazer pesquisas de clima organizacional. E é importante manter a consistência das perguntas nas várias versões ao longo do tempo, para poder comparar a evolução. Apenas para citar mais alguns indicadores, vale ressaltar aqueles ligados à linha ética, como número de relatos (anônimos e identificados), tempo de duração média das investigações, percentuais de investigações por assunto, percentuais de investigações em que se comprovam violações e, finalmente, medidas disciplinares efetivamente tomadas em razão de investigações.

Como já citamos aqui, mudanças para se buscar um ambiente mais justo, mais inclusivo, em que as pessoas se sintam representadas, ouvidas e acolhidas tomam tempo. E a existência de indicadores objetivos traz a concretude do que está errado e precisa mudar, e também os efeitos das iniciativas tomadas nesse caminho do aprimoramento. Ainda que haja retrocessos nos indicadores em determinados momentos, a transparência na publicação desses indicadores mostra o comprometimento da empresa com a busca pelo avanço e pela mudança efetiva.

## 6.4 Desconforto, imperfeição e tempo para as mudanças

> Ter pessoas de vários grupos identitários "à mesa" não é garantia de que qualquer coisa vá melhorar; de fato, pesquisas mostram que as coisas normalmente pioram, porque o aumento da diversidade pode aumentar as tensões e conflitos. Nas condições organizacionais adequadas, no entanto, os funcionários podem transformar diferenças culturais em diferenciais para atingirem os seus objetivos de equipe.[19]

---

[19] ELY, Robin J.; THOMAS, David A. Getting serious about diversity: enough already with the business case. *Harvard Business Review*, 2020. Disponível em: https://hbr.org/2020/11/getting-serious-about-diversity-enough-already-with-the-business-case. Acesso em: 28 abr. 2023.

Lidar com alegações de discriminação, por exemplo, e interpretar e julgar casos concretos é complexo e pode trazer desconforto. O resultado das investigações e as medidas efetivamente aplicadas pela liderança da empresa podem trazer inconsistências. Essas inconsistências podem ser, e muitas vezes são, questionadas pelos colaboradores, diminuindo a confiança de alguns deles na empresa. Eles podem questionar se de fato a empresa está comprometida com temas de DEI.

No nosso entendimento, um programa de *compliance* efetivo deve promover as discussões sobre essas inconsistências, para que o grupo busque saídas para aprimoramento de seus conceitos. Não adianta esperar ter um programa perfeito antes de tomar as ações. É quase um paradoxo: é preciso gerar desconforto (e, eventualmente, aceitar algumas perdas) para que as conversas difíceis aconteçam e gerem mudanças. Idealmente, lidar com esses problemas e encontrar soluções melhores e mais inclusivas trará mais confiança.

Se estabelecemos a premissa de que o conceito de diversidade é mutável, reconhecemos também que a mudança no comportamento de determinado grupo passa por diferentes ajustes ao longo do tempo. Nesse aspecto, a ciência comportamental traz contribuições extremamente relevantes para o constante debate sobre DEI, ao diagnosticar os elementos que influenciam as tomadas de decisões dos indivíduos, compreender os aspectos cognitivos que permeiam a discriminação, avaliar os fenômenos e relações sociais como fatores estruturais desse tema e propor soluções para contrariar os processos de exclusão.[20] Ao mesmo tempo, todos esses vieses nos levam a crer que a implementação e manutenção de uma cultura diversa, equânime e inclusiva é um desafio constante.

Tratamos, neste ponto, da aceitação da condição de imperfeição. Em matérias de DEI, assim como em tantas outras, "o ótimo é inimigo do bom". Deve-se buscar sempre o melhor, mas entendendo que o caminho da evolução de qualquer grupo acontece paulatinamente, e não de maneira retilínea, nem somente em uma direção.

É preciso aceitar que haverá decisões erradas, em que a confiança de parte do grupo poderá ser abalada. E que isso não invalida a busca por fazer a coisa certa. Reconhecer a condição humana desse processo

---

[20] CRUZ, Caio; MATTAR, Laura Davis; MATOS, João; MAURO, Caio. *Pessoa e práticas*: como as ciências comportamentais podem promover a diversidade e a inclusão nas organizações. São Paulo: [s.n.], 2023.

é essencial para uma evolução realmente significativa. A instituição nada mais é do que aquele grupo de pessoas que lá estão ao longo do tempo. E a transparência da equipe de liderança para falar sobre as vulnerabilidades, em conjunto com a demonstração do esforço consciente para o aprimoramento, são fatores essenciais para aumentar a segurança psicológica e a confiança dos colaboradores.

Em conclusão, diversidade, equidade e inclusão são essenciais para criar um ambiente próspero. *Compliance* tem um papel crítico nesse processo, promovendo e incentivando uma cultura de segurança psicológica, promovendo diversidade e pertencimento, e reduzindo discriminação.

Ao ser parte dessa jornada de promoção da inclusão, a área de *compliance* pode ajudar as organizações a atrair e reter talentos, melhorar a autoestima dos funcionários e potencializar a inovação.

Mas não é só sobre números. É sobre criar um ambiente em que todos se sintam acolhidos, valorizados e respeitados. É sobre criar um lugar onde todos podem ser autênticos e contribuir com o seu melhor trabalho. Não é uma jornada simples nem fácil, mas vale a pena. Porque, ao criar ambientes mais inclusivos, todas as pessoas se beneficiam.

Vamos, então, assumir esse protagonismo, incluindo esse tema nas nossas estratégias e objetivos. Comecemos por falar mais sobre isso. Vamos ouvir e aprender, seja sobre a importância da inclusão, seja sobre os múltiplos pontos de vista. Vamos desafiar os nossos conceitos e presunções. É sobre criar uma cultura de integridade, onde todos se sintam à vontade. Junto com as outras áreas, conseguiremos fazer a diferença.

---

Informação bibliográfica deste texto, conforme a NBR 6023:2018 da Associação Brasileira de Normas Técnicas (ABNT):

MORI, Bárbara de Abreu; OLIVEIRA, Patricia Godoy. Cultura de integridade e alta performance: jornada desafiadora da diversidade, equidade e inclusão. *In*: BORGES DE PAULA, Marco Aurélio (Coord.). *A hora e a vez do ESG*: provocações e reflexões em homenagem a Ricardo Voltolini. Belo Horizonte: Fórum, 2023. p. 209-222. ISBN 978-65-5518-619-2.

# DIVERSIDADE & INCLUSÃO E CIÊNCIAS COMPORTAMENTAIS: POR QUE É IMPORTANTE TERMOS ATENÇÃO REDOBRADA AO OLHARMOS "PARA FORA" E "PARA DENTRO" DAS NOSSAS ORGANIZAÇÕES

**IZABEL DE ALBUQUERQUE PEREIRA**
**GABRIEL CABRAL**
**CAIO CRUZ**

## 1 Introdução

A pauta da D&I tem surgido nas organizações em decorrência de uma sociedade que demonstra a necessidade de promover ambientes organizacionais cada vez mais inclusivos, com o objetivo de compor uma estrutura mais resiliente, tanto social quanto economicamente.

Porém, mudar hábitos e comportamentos não é tarefa simples. Quando nos referimos às organizações, este desafio é ainda maior, já que, além de terem que se adaptar às constantes transformações externas – "de fora para dentro" –, também é necessário que se adaptem "de dentro para fora".

Mas, afinal, o que significa ser uma organização diversa e inclusiva e que benefícios advêm destas características?

"Uma organização é diversa quando assegura a pluralidade de características em seu capital humano, e é inclusiva quando cuida da qualidade dos relacionamentos entre todas as pessoas e partes interessadas".[1]

Para existir inclusão, é necessária a participação das pessoas nos processos formais e informais da organização, gerando nelas um sentimento (pessoal e subjetivo) de pertencimento e de que as suas caraterísticas sociodemográficas específicas são aceitas e respeitadas.[2]

Um ponto importante a acrescentar: a inclusão também significa que as pessoas têm a liberdade de expressar ou não (caso assim prefiram!) as suas identidades no ambiente de trabalho. Respeitar essas escolhas é fundamental para um programa de D&I efetivo.

No que se refere aos benefícios da D&I, pesquisas[3] demonstram que as empresas que investem em D&I têm:

(i) uma maior qualidade na tomada de decisão, ou seja, uma maior inteligência coletiva;

(ii) funcionários mais engajados e colaborativos, que estão mais dispostos a cumprir tarefas além daquelas já exigidas pelas suas funções, o que, consequentemente, impacta no clima organizacional, diminuindo a resistência a mudanças e reduzindo o absenteísmo;

(iii) um maior senso de pertencimento, uma vez que estimulam a troca de conhecimento, encorajam o desenvolvimento de habilidades, geram uma maior flexibilidade entre as equipes, tornando o ambiente mais leve e acolhedor;

(iv) mais criatividade e inovação, já que diferentes culturas, origens sociais e visões de mundo aumentam a probabilidade de construção de soluções melhores e mais simples para os desafios complexos enfrentados rotineiramente pelas empresas;

---

[1] INSTITUTO BRASILEIRO DE GOVERNANÇA CORPORATIVA. *Agenda Positiva de governança*: medidas para uma governança que inspira, inclui e transforma. São Paulo: IBGC, 2020. p. 11.

[2] MATOS, João; CRUZ, Caio; MATTAR, Laura Davis; MAURO, Carlos. Pessoas e práticas: como as ciências comportamentais podem promover a diversidade e a inclusão nas organizações. *BiiLab*, 2021. p. 14. Disponível em: https://biilab.com.br/pessoas-e-praticas-2/. Acesso em: nov. 2022.

[3] McKINSEY & COMPANY. *Diversity Matters*: América Latina. 2020. Disponível em: https://www.mckinsey.com/br/our-insights/diversity-matters-america-latina#. Acesso em: nov. 2022.

(v) maior atração e retenção de talentos, diminuindo a rotatividade (*turnover*) ao promoverem uma imagem pública de maior compromisso com valores, responsabilidade social e igualdade de oportunidades – aspectos muito valorizados por consumidores, investidores e jovens talentos;
(vi) um melhor desempenho financeiro e maior competitividade, como consequência da melhoria na sua imagem e na sua reputação.

Para ilustrar, destacamos apenas alguns dados interessantes do relatório *Diversity Matters: América Latina*,[4] da McKinsey, de junho de 2020, sobre o impacto da diversidade nas organizações na América Latina. De acordo com este relatório, os funcionários de empresas que adotam a diversidade relatam níveis muito mais altos de inovação e colaboração do que os seus pares de outras empresas. Em termos concretos, uma probabilidade 152% maior de afirmar que podem propor novas ideias e tentar novas formas de fazer as coisas e uma probabilidade 64% maior de afirmar que colaboram, compartilhando ideias e melhores práticas. O relatório destaca, ainda, que as empresas que adotam a diversidade têm probabilidade até uma vez e meia maior de ter funcionários mais felizes em todas as funções e níveis da organização. Considerando que há uma relação positiva e direta entre os níveis de felicidade dos funcionários e o desempenho financeiro das empresas, resta claro que as empresas que têm funcionários mais felizes têm mais chance de obter ganhos financeiros do que as demais.

No entanto, diversidade sem inclusão perde todo o sentido. Se a cultura corporativa não garantir que todas as suas pessoas se sintam pertencentes e incluídas, as empresas acabam por criar uma *revolving door*, em que os talentos diversos deixarão a organização tão logo nela ingressem.[5]

Incluir pode até parecer uma tarefa um tanto óbvia, mas é de difícil execução, já que a inclusão não é um fenômeno simples de diagnosticar se utilizarmos as ferramentas "tradicionais" de avaliação,

---

[4] McKINSEY & COMPANY. *Diversity Matters*: América Latina. 2020. Disponível em: https://www.mckinsey.com/br/our-insights/diversity-matters-america-latina#. Acesso em: nov. 2022.
[5] KIMMINIS, Desi. Why most corporate diversity strategies fail and how to ensure yours doesn't. *HR Magazine*, 2021. Disponível em: https://www.hrmagazine.co.uk/content/other/why-most-corporate-diversity-strategies-fail-and-how-to-ensure-yours-doesn-t. Acesso em: nov. 2022.

como exemplo, questionários de satisfação e pesquisas de clima. Esses questionários, muitas vezes recheados de perguntas genéricas – "Você se sente satisfeito com seu trabalho?", podem diagnosticar não o que as pessoas realmente sentem, mas sim o que acreditam ser a resposta correta, o chamado viés da desejabilidade social.[6]

Portanto, saber quando e como uma pessoa se *sente* verdadeiramente "incluída" em uma organização é um desafio muito importante para gestores e gestoras.

## 2 Parte 1: O perigo de apenas "olhar para fora". Por que não devemos confiar somente em replicar as boas práticas (*benchmarking*)?

Antes de explorarmos esta pergunta, acreditamos ser um exercício interessante listarmos aqui, a título ilustrativo, aquelas medidas "tradicionais" que, normalmente, são pensadas pelas organizações quando idealizam os seus programas de D&I. Ou seja, quais são, em regra, os primeiros passos que as empresas dão em termos de D&I?

De acordo com a nossa experiência ao trabalhar com diversas organizações, verificamos a tendência de as empresas copiarem umas às outras quando o assunto é a adoção de ações de D&I. O raciocínio é o seguinte: "Se 'deu certo' na empresa 'x', dará certo aqui na minha organização também". Por isso, é comum nos depararmos com programas de D&I com as características a seguir:

(i) a criação de "grupos de afinidade", especificamente dedicados aos temas de D&I;
(ii) a elaboração de uma política de D&I;
(iii) a elaboração de uma "enxurrada" de comunicações para a divulgação do tema tanto interna quanto externamente (com a intenção de demonstrar para o mercado que a empresa está comprometida com a D&I);
(iv) a criação de treinamentos de D&I e a respectiva exigência de participação de todas as pessoas em tais formações;
(v) a realização de pesquisas internas para entender o quanto as pessoas se sentem incluídas;

---

[6] KRUMPAL, Ivar. Determinants of social desirability bias in sensitive surveys: a literature review. *Quality & Quantity*, v. 47, n. 4, p. 2025-2047, 2013.

(vi) a revisão dos processos de recrutamento e seleção, para, por exemplo: definir cotas na entrevista de seleção, firmar parcerias especializadas para o recrutamento de grupos minoritários, entre outros;
(vii) a inclusão e exigência das diretrizes de D&I na cadeia de valor da empresa (fornecedores, clientes e consumidores);
(viii) entre várias outras medidas adotadas com base nas melhores práticas do mercado (*benchmarking*).

Obviamente, a intenção das organizações, ao implementarem estas ações de D&I, é boa. Porém, infelizmente, apesar de estas iniciativas apresentarem um real potencial de sinalizar o engajamento de uma organização com a D&I, quando colocadas em prática, nem sempre se demonstram efetivas. O que será que as impede de gerar os efeitos positivos esperados? Ou por que será que os efeitos positivos de certas ações de D&I não se sustentam ao longo do tempo?

A resposta passa por compreender que, se queremos dar efetividade às ações de D&I, devemos olhar para a complexidade da questão: há questões culturais (o que "foi um sucesso" para a equipe de *marketing* pode ser um desastre para a equipe de vendas; o que "deu certo" na filial da Bahia pode ser estranho para os colaboradores da filial do Paraná, e assim sucessivamente) e cognitivas relevantes. Sobre este último ponto, podemos destacar as questões cognitivas, sociais e contextuais que influenciam o comportamento.

A verdade é que, quase a totalidade das pessoas, mesmo as que se consideram mais "instruídas", possuem, ainda que não consigam perceber, os seus próprios filtros de estereótipos e preconceitos.[7]

Por que isso ocorre? Tem a ver com o fato de que somos muito bons em racionalizar as nossas ações, e muito ruins em identificar os nossos próprios vieses.

Um exemplo é a semana da diversidade nas empresas, na qual os grupos que são considerados "diversos" acabam por receber uma sobrecarga de tarefas (ex.: realização de palestras e materiais) dos seus gestores. Isso pode trazer, para esses gestores, apesar de perceberem a sobrecarga de parte dos seus colaboradores, uma sensação de "dever cumprido" e de que fizeram uma "boa ação".

---

[7] VOLTOLINI, Ricardo. *Guia diversidade para as empresas & Boas práticas*. [s.l.]: Ideia Sustentável, 2018. p. 18.

O que esses exemplos nos mostram? Em razão da nossa enorme capacidade de racionalizar as nossas ações, conseguimos conciliar o que deveria ser inconciliável: agir de maneira contrária à nossa autoimagem sem que tal prejudique a forma como nos percebemos. Esta situação ocorre porque, quando estamos diante de um estado incômodo de dissonância cognitiva,[8] causado pelo desencontro (ou dissonância) entre as nossas ações (ou pensamentos) e a crença que temos sobre nós mesmos, tendemos a optar pelo caminho mais fácil para restabelecer o estado de consonância. Em vez de mudarmos os nossos atos ou pensamentos, o que costuma ser muito custoso, resolvemos a dissonância racionalizando (justificando) o nosso comportamento para torná-lo mais aceitável.

Em adição aos mecanismos de racionalização, também estamos sujeitos aos chamados vieses egocêntricos,[9] que fazem com que nos percebamos como mais inclusivos, imparciais e menos enviesados do que as outras pessoas – e do que realmente somos. É o que, por exemplo, nos faz achar que teremos menores chances de divórcio[10] ou que somos melhores motoristas do que a média.[11] É como se enxergássemos a realidade com um filtro invisível que nos faz interpretar as coisas sempre de modo favorável e conveniente.

Se somarmos os nossos mecanismos de racionalização com os nossos vieses egocêntricos, formamos uma "tempestade perfeita" – temos uma enorme dificuldade de perceber nossos erros e, quando os percebemos, temos uma enorme facilidade para racionalizar o que fizemos de errado.

Para que tenhamos sucesso em termos de D&I, um primeiro passo importante é fazermos um exercício de humildade e reconhecermos a perversidade dos nossos vieses egocêntricos e mecanismos de racionalização para que possamos estar abertos para encontrar formas de evitá-los.

Um segundo passo é "desacelerarmos" nesta corrida pela implementação de programas de D&I de forma padronizada, como se fossem

---

[8] FESTINGER, Leon. Cognitive dissonance. *Scientific American*, v. 207, n. 4, p. 93-106, 1962.
[9] ROSS, Michael; SICOLY, Fiore. Egocentric biases in availability and attribution. *Journal of Personality and Social Psychology*, v. 37, n. 3, 1979. p. 322.
[10] SHAROT, Tali. The optimism bias. *Current Biology*, v. 21, n. 23, p. R941-R945, 2011.
[11] ROY, Michael M.; LIERSCH, Michael J. I am a better driver than you think: Examining self-enhancement for driving ability. *Journal of Applied Social Psychology*, v. 43, n. 8, p. 1648-1659, 2013.

um simples *checklist/check the box* de atividades, copiando o que a maioria das empresas tem feito. Precisamos pensar na nossa empresa como um organismo único, com as suas particularidades, e perceber que nem sempre aquilo que funciona perfeitamente em uma outra empresa necessariamente funcionará da mesma forma na nossa organização. O objetivo central do programa de D&I deve ser o de mudar comportamentos e não o de cumprir uma série de "tarefas" que podem não fazer sentido para a nossa empresa.

E quando falamos em mudar comportamentos, entram em cena as ciências comportamentais,[12] que podem nos ajudar (e muito!) no aumento da efetividade das ações de D&I que pretendemos implementar. Isso porque, muitas vezes, as nossas intuições quanto a determinadas medidas de D&I, que acreditamos que causarão o impacto positivo desejado, podem resultar no efeito exatamente oposto ao que esperávamos.

Um exemplo claro disto diz respeito aos treinamentos obrigatórios de D&I.[13] Pesquisas demonstram que tais treinamentos mandatórios podem gerar ainda mais animosidade com relação aos grupos minoritários. Isso se deve ao fato de que, quando as pessoas se sentem obrigadas ou controladas a realizar algo ou sentem que a sua autonomia está sendo ameaçada, isso pode desencadear a uma resistência ao programa de D&I – fenômeno conhecido como reatância psicológica.[14]

E como evitamos esta reatância por parte dos destinatários das medidas de D&I? Um caminho passa por ajustarmos estas medidas às necessidades básicas psicológicas[15] das pessoas por autonomia,

---

[12] "As ciências comportamentais formam um campo multidisciplinar que reúne áreas diversas como a Psicologia Social, a Psicologia Cognitiva, a Economia Comportamental, a Ética Comportamental, a Sociologia e a Neurociência. Cientistas comportamentais produzem – e aplicam – estudos com o objetivo de descrever que fatores cognitivos e contextuais influenciam a tomada de decisão dos agentes 'reais' (não idealizados)" (MAURO, Carlos; CABRAL, Gabriel; CAPANEMA, Renato; RAMOS, Tânia. *Muitos*: como as ciências comportamentais podem tornar os programas de compliance anticorrupção mais efetivos? [s.l.]: Editora brasileira/World Observatory, 2021. p. 153).

[13] ASARE, Janice Gassam. 5 Reasons why diversity Programs Fails. *Forbes*, 2019. Disponível em: https://www.forbes.com/sites/janicegassam/2019/03/31/5-reasons-why-diversity-programs-fail/. Acesso em: nov. 2022.

[14] BREHM, Jack W. Psychological reactance: Theory and applications. *ACR North American Advances*, 1989.

[15] RYAN, R. M.; LA GUARDIA, J. G. What is being optimized?: Self-determination theory and basic psychological needs. *In*: QUALLS, S. H.; ABELES, N. (Ed.). *Psychology and the aging revolution*: how we adapt to longer life. [s.l.]: American Psychological Association, 2000. p. 145-172.

competência e conexão, aumentando, assim, a motivação de caráter mais autônomo e intrínseco destes destinatários para "abraçarem" as iniciativas de D&I. Em linhas gerais, a (i) "autonomia" está relacionada com a necessidade de nos sentirmos donos das nossas ações, de que escolhemos, de forma autônoma e livre, fazer algo e não de que somos obrigados ou estamos sendo controlados a isso; (ii) a "competência" diz respeito à nossa necessidade de nos sentirmos capazes, de que exercemos uma influência positiva para o sucesso das medidas de D&I; e (iii) a "conexão" (*relatedness*) se relaciona com a necessidade que temos de sentir que fazemos parte de um grupo maior do que nós, de que gostamos das pessoas e de que estas gostam de nós.

Então, que tal chamarmos os destinatários das medidas de D&I para ajudarem na criação destas medidas (autonomia), demonstrarmos o quão importantes eles são para o sucesso destas medidas (competência), e reforçarmos que as iniciativas de D&I são um esforço conjunto de todos (conexão), e não uma responsabilidade única e exclusiva da área de recursos humanos, por exemplo?

## 3 Parte 2: É preciso "olhar para dentro". A necessidade de um diagnóstico comportamental

Se queremos implementar ações de D&I que efetivamente tornem o ambiente mais inclusivo e seguro, precisamos não apenas "olhar para fora" com o cuidado para evitar replicar algumas armadilhas identificadas pelas ciências comportamentais (ex.: reatância psicológica) comuns das "melhores práticas", mas também "olhar para dentro" para sabermos de que forma devemos implementar medidas adaptadas ao contexto da nossa organização.

Para que possamos "olhar para dentro" com um olhar comportamental, podemos utilizar uma ferramenta muito utilizada entre cientistas comportamentais: o diagnóstico comportamental.

Um diagnóstico comportamental é particularmente importante para informar ações de D&I, pois ajuda a identificar questões comportamentais no contexto organizacional que costumam escapar da nossa atenção. Por exemplo, um diagnóstico comportamental é capaz de identificar uma questão que costuma ser confundida pela grande maioria das pessoas: que "inserir" é o mesmo que "incluir", e assumir que pessoas inseridas vão automaticamente se sentir incluídas. Inserir, por si só, não é incluir, mas faz parte. Para compreender melhor essa diferença, vejamos o exemplo a seguir.

Imagine que você recebeu um convite para ir à festa de aniversário de um amigo do colégio que você não vê faz 10 anos. Apesar das boas memórias, você sequer lembra o nome da atual esposa dele. Você faz todo o seu esforço para ir o mais informado possível: entra nas redes sociais do seu amigo, descobre o nome da esposa dele, onde ele trabalha atualmente, entre outros. Seu plano para tentar se sentir incluído é claro: "puxarei uma conversa com o aniversariante e sua esposa, que apresentarão os seus novos amigos e amigas. Será um momento muito divertido de nostalgia e ideal para conhecer pessoas novas".

No dia da festa, porém, você mal consegue falar com o casal e não consegue ter uma conversa significativa com ninguém. Acaba por ficar em um canto. Após algumas horas, você decide ir embora. Foi uma experiência difícil – sentir-se excluído é sempre estressante.[16] Você foi inserido na festa, mas não incluído nela.

Para que haja inclusão, é preciso criar mecanismos para ampliar a capacidade e o sentimento de pertencimento após a mera inserção de uma pessoa em determinado ambiente. Como costuma afirmar a ativista e especialista em D&I Verna Myers em suas apresentações:[17] "A diversidade é o convite para festa, a inclusão é chamar para dançar". Em outras palavras, estar inserido em um local ou contexto não automaticamente faz com que uma pessoa se sinta incluída. É importante que existam mecanismos e ações efetivas que promovam a inclusão e o sentimento de pertencimento, ações estas que não podem ser gerais ou replicadas, mas sim – e esse é um ponto muito importante – adaptadas às particularidades de cada contexto, o que é diferente de uma organização para outra e pode, inclusive, ser diferente de uma área para outra dentro da mesma organização.

Além da questão do pertencimento, um diagnóstico comportamental pode identificar – ou antecipar – outras questões comportamentais que podem escapar de uma análise mais superficial. Vejamos alguns exemplos referentes às ações para inclusão das mulheres.

Por exemplo, criar grupos de afinidade de mulheres (ex.: a criação de um grupo de "mulheres da área de vendas") em uma organização

---

[16] PAYNE, Sarah. Social exclusion and mental health–review of literature and existing surveys. *PSE: Poverty and Social Exclusion in the UK, Working Paper–Methods Series*, 2011. p. 15.
[17] Por exemplo: https://www.youtube.com/watch?v=9gS2VPUkB3M.

de grande parte que conte com profissionais e uma estrutura dedicada a essas atividades pode ser uma boa iniciativa. Porém, em uma organização pequena, essa iniciativa pode se tornar uma experiência frustrante. Isso porque essas profissionais terão que lidar, além da sua carga de trabalho regular, com as demandas de D&I, muitas vezes sem ter os recursos necessários para tanto, ou sequer o reconhecimento por este "trabalho extra".

Um outro exemplo interessante diz respeito à tentativa de atrair mais mulheres para as organizações através de vagas de emprego com horário reduzido e flexível. Alguns estudos têm demonstrado que ter este tipo de vagas aumenta o número de candidaturas por mulheres.[18] Por outro lado, o *gap* salarial de gênero se deve, em grande medida, ao fato de mais mulheres trabalharem meio período ou menos horas. Isto é, mulheres ganham menos porque trabalham menos.[19] Assim, ter mais vagas de meio período pode aumentar a quantidade de mulheres na empresa, mas, por outro lado, pode aumentar a diferença salarial entre os gêneros.

Outra ação de D&I são os treinamentos para aumentar a qualificação e, consequentemente, a competitividade de mulheres no mercado de trabalho. No entanto, em vários países, inclusive no Brasil, as mulheres já têm nível de qualificação maior do que os homens,[20] e são superqualificadas para as posições que ocupam. Intervenções focadas exclusivamente no desenvolvimento de *hard-skills*, nesse caso, não vão ter o impacto desejado de desenvolvimento profissional, porque a barreira existente não é sobre a suposta falta de qualificação das mulheres.

Daí a relevância de entendermos a realidade específica da empresa antes de iniciarmos as ações de D&I. Isso poupará tempo e dinheiro e, sobretudo, reduzirá os custos comportamentais (de motivação) dos seus destinatários. E como podemos identificar essas particularidades?

---

[18] HACOHEN, Rony et al. *Changing the default*: a field trial with Zurich Insurance to advertise all jobs as part time. 2019. Disponível em: https://assets.publishing.service.gov.uk/government/uploads/system/uploads/attachment_data/file/988393/Zurich_trial.pdf. Acesso em: nov. 2022.

[19] MARU, Deelan et al. *Understanding the barriers and enablers for women's progression from low-paid and low-skill work*. 2022. Disponível em: https://www.bi.team/wp-content/uploads/2022/04/JPMC-literature-review-1.pdf. Acesso em: nov. 2022.

[20] BANCO MUNDIAL. *Relatório Sobre o Desenvolvimento Mundial de Igualdade de Gênero e Desenvolvimento*. 2012. Disponível em: https://www.gov.br/mdh/pt-br/navegue-por-temas/politicas-para-mulheres/arquivo/assuntos/conselho/relatorio-sobre-desenvolvimento-mundial-2012-2013-201cigualdade-de-genero-e-desenvolvimento/view. Acesso em: nov. 2022.

Como já falamos, uma ferramenta das ciências comportamentais que pode ajudar muito neste sentido é o diagnóstico comportamental.

## 4 O diagnóstico comportamental

O diagnóstico comportamental tem por principal objetivo recolher informações críticas que vão informar a criação de intervenções direcionadas à solução dos desafios comportamentais enfrentados pela organização, que pode ser, por vezes, evitar ou promover determinado comportamento.

O diagnóstico comportamental se diferencia pela aplicação de um conjunto de ferramentas de recolha de dados únicos, nomeadamente: (i) a redução comportamental (*behavioral reduction*); e o (ii) mapa comportamental, para além da utilização de outras ferramentas tradicionais de pesquisa, como questionários, observação, entrevistas e grupos focais, para recolha de dados quantitativos, qualitativos e internos relevantes. A ideia é que, ao fim da etapa de recolha, esses dados sejam sistematizados e triangulados, com o objetivo de permitir a sugestão de um conjunto de intervenções que poderão ser implementadas (e eventualmente testadas) na organização. A seguir, explicaremos brevemente cada uma dessas ferramentas.

## (i) Redução comportamental (*behavioral reduction*)

A redução comportamental é uma ferramenta elaborada no âmbito do *framework* BASIC (*Behavior, Analysis, Strategies, Intervention, Change*) desenvolvido pela Organização para a Cooperação e Desenvolvimento Econômico (OCDE).[21] Consiste na decomposição ou "redução" de desafios gerais (ex.: os colaboradores não ligam para D&I na minha organização) em comportamentos-chave concretos (ex.: aumentar a participação voluntária dos colaboradores em *workshops* sobre D&I), que poderão ser alvo de intervenções comportamentais e/ou de políticas públicas informadas pelas ciências comportamentais.

Esse processo é muito importante, uma vez que permite transformar questões gerais em desafios comportamentais, isto é, desafios com

---

[21] HANSEN, Pelle Guldborg. Tools and ethics for applied behavioural insights: the BASIC toolkit. *Organisation for Economic Coorporation and Development – OECD*, 2019.

níveis de concretude, especificidade, mensurabilidade e objetividade suficientes para que sejam passíveis de intervenções comportamentais. Desafios comportamentais podem ser diferenciados por serem oriundos de ações que as pessoas realizam, ou deixam de realizar, que têm consequências observáveis diretas no seu contexto. São diferentes, portanto, de meras opiniões, crenças, atitudes ou desafios que não se traduzem em ações.

Por fim, vale ressaltar que a escolha de um desafio comportamental, resultado do processo de redução, é feita com base na análise de cinco fatores: a sua importância/urgência; os potenciais riscos éticos que estão associados à promoção do comportamento desejado; o potencial impacto criado; a facilidade em arranjar/alocar os recursos necessários para promover o comportamento desejado; a frequência do comportamento em questão; e o acesso/possibilidade de recolha de dados relevantes.

## (ii) O mapa comportamental

O mapa comportamental é um instrumento de organização e visualização das várias dimensões comportamentais relevantes que compõem os comportamentos-chave identificados pela atividade de redução comportamental. É uma ferramenta que permite o mapeamento da arquitetura de tomada de decisão e facilita a identificação dos gargalos e facilitadores comportamentais relevantes.

Diferentes *frameworks*, com o COM-B[22] ou o próprio BASIC já mencionado, utilizam diferentes dimensões para realizar a análise do comportamento. O BASIC, por exemplo, utiliza as categorias de: (i) atenção (existe algo deixando as pessoas distraídas no momento de tomada decisão? O que ocorre se não fizerem nada – qual a opção padrão?);[23] (ii) escolha (há opções ou informação demais?[24] Existe alguma "dor de

---

[22] BARKER, Fiona; ATKINS, Lou; DE LUSIGNAN, Simon. Applying the COM-B behaviour model and behaviour change wheel to develop an intervention to improve hearing-aid use in adult auditory rehabilitation. *International Journal of Audiology*, v. 55, n. supl. 3, p. S90-S98, 2016.

[23] JOHNSON, Eric J.; GOLDSTEIN, Daniel. Do defaults save lives? *Science*, v. 302, n. 5649, p. 1338-133, 2003.

[24] LEVY, David M. Information overload. *The handbook of information and computer ethics*, v. 497, 2008.

perda"[25] de não realizar a ação desejada); (iii) crenças (o que as pessoas pensam sobre determinada ação?); e (iv) determinação (o que podemos fazer para que não procrastinem ou desistam do comportamento? Existe algum tipo de compromisso público?). Essas categorias são utilizadas para analisar as barreiras e facilitadores comportamentais concernentes a determinado comportamento.

## 5 Conclusão

Mudar comportamentos não é uma tarefa fácil. Em particular, promover comportamentos mais inclusivos dentro de uma organização de forma segura, efetiva e duradoura é um desafio ainda maior. Não por acaso, é comum "olharmos para fora", para replicar as melhores práticas (*benchmarking*), e "para dentro", com base nas ferramentas tradicionais, como questionários de satisfação, para compreender se as ações tiveram o efeito esperado.

Como explicamos neste artigo, se queremos realmente buscar maior efetividade das ações de D&I, podemos incorporar os *insights* das ciências comportamentais ao nosso olhar. Ao "olhar para fora", podemos utilizar, de forma complementar ao *benchmarking*, o conhecimento das ciências comportamentais para evitar realizarmos ações de D&I que gerem efeitos colaterais sobre o comportamento e bem-estar das nossas pessoas (ex.: para evitar que as comunicações e treinamentos gerem reatância psicológica nos seus destinatários). Ao olhar "para dentro", podemos realizar um diagnóstico mais profundo, um diagnóstico comportamental, para melhor compreendermos que comportamentos exatamente queremos mudar e que facilitadores e barreiras comportamentais estão contribuindo para a sua ocorrência.

## Referências

ASARE, Janice Gassam. 5 Reasons why diversity Programs Fails. *Forbes*, 2019. Disponível em: https://www.forbes.com/sites/janicegassam/2019/03/31/5-reasons-why-diversity-programs-fail/. Acesso em: nov. 2022.

---

[25] KAHNEMAN, D.; KNETSCH, J.; THALER, R. Anomalies: the endowment effect, loss aversion and status quo bias. *The Journal of Economic Perspectives*, v. 5, n. 1, p. 193-206, 1991.

BANCO MUNDIAL. *Relatório Sobre o Desenvolvimento Mundial de Igualdade de Gênero e Desenvolvimento*. 2012. Disponível em: https://www.gov.br/mdh/pt-br/navegue-por-temas/politicas-para-mulheres/arquivo/assuntos/conselho/relatorio-sobre-desenvolvimento-mundial-2012-2013-201cigualdade-de-genero-e-desenvolvimento/view. Acesso em: nov. 2022.

BARKER, Fiona; ATKINS, Lou; DE LUSIGNAN, Simon. Applying the COM-B behaviour model and behaviour change wheel to develop an intervention to improve hearing-aid use in adult auditory rehabilitation. *International Journal of Audiology*, v. 55, n. supl. 3, p. S90-S98, 2016.

BREHM, Jack W. Psychological reactance: Theory and applications. *ACR North American Advances*, 1989.

FESTINGER, Leon. Cognitive dissonance. *Scientific American*, v. 207, n. 4, p. 93-106, 1962.

HACOHEN, Rony et al. *Changing the default*: a field trial with Zurich Insurance to advertise all jobs as part time. 2019. Disponível em: https://assets.publishing.service.gov.uk/government/uploads/system/uploads/attachment_data/file/988393/Zurich_trial.pdf. Acesso em: nov. 2022.

HANSEN, Pelle Guldborg. Tools and ethics for applied behavioural insights: the BASIC toolkit. *Organisation for Economic Coorporation and Development – OECD*, 2019.

INSTITUTO BRASILEIRO DE GOVERNANÇA CORPORATIVA. *Agenda Positiva de governança*: medidas para uma governança que inspira, inclui e transforma. São Paulo: IBGC, 2020.

JOHNSON, Eric J.; GOLDSTEIN, Daniel. Do defaults save lives? *Science*, v. 302, n. 5649, p. 1338-133, 2003.

KAHNEMAN, D.; KNETSCH, J.; THALER, R. Anomalies: the endowment effect, loss aversion and status quo bias. *The Journal of Economic Perspectives*, v. 5, n. 1, p. 193-206, 1991.

KIMMINIS, Desi. Why most corporate diversity strategies fail and how to ensure yours doesn't. *HR Magazine*, 2021. Disponível em: https://www.hrmagazine.co.uk/content/other/why-most-corporate-diversity-strategies-fail-and-how-to-ensure-yours-doesn-t. Acesso em: nov. 2022.

KRUMPAL, Ivar. Determinants of social desirability bias in sensitive surveys: a literature review. *Quality & Quantity*, v. 47, n. 4, p. 2025-2047, 2013.

LEVY, David M. Information overload. *The handbook of information and computer ethics*, v. 497, 2008.

MARU, Deelan et al. *Understanding the barriers and enablers for women's progression from low-paid and low-skill work*. 2022. Disponível em: https://www.bi.team/wp-content/uploads/2022/04/JPMC-literature-review-1.pdf. Acesso em: nov. 2022.

MATOS, João; CRUZ, Caio; MATTAR, Laura Davis; MAURO, Carlos. Pessoas e práticas: como as ciências comportamentais podem promover a diversidade e a inclusão nas organizações. *BiiLab*, 2021. Disponível em: https://biilab.com.br/pessoas-e-praticas-2/. Acesso em: nov. 2022.

MAURO, Carlos; CABRAL, Gabriel; CAPANEMA, Renato; RAMOS, Tânia. *Muitos*: como as ciências comportamentais podem tornar os programas de compliance anticorrupção mais efetivos? [s.l.]: Editora brasileira/World Observatory, 2021.

McKINSEY & COMPANY. *Diversity Matters*: América Latina. 2020. Disponível em: https://www.mckinsey.com/br/our-insights/diversity-matters-america-latina#. Acesso em: nov. 2022.

PAYNE, Sarah. Social exclusion and mental health–review of literature and existing surveys. *PSE: Poverty and Social Exclusion in the UK, Working Paper–Methods Series*, 2011.

ROSS, Michael; SICOLY, Fiore. Egocentric biases in availability and attribution. *Journal of Personality and Social Psychology*, v. 37, n. 3, 1979.

ROY, Michael M.; LIERSCH, Michael J. I am a better driver than you think: Examining self-enhancement for driving ability. *Journal of Applied Social Psychology*, v. 43, n. 8, p. 1648-1659, 2013.

RYAN, R. M.; LA GUARDIA, J. G. What is being optimized?: Self-determination theory and basic psychological needs. *In*: QUALLS, S. H.; ABELES, N. (Ed.). *Psychology and the aging revolution*: how we adapt to longer life. [s.l.]: American Psychological Association, 2000. p. 145-172.

SHAROT, Tali. The optimism bias. *Current Biology*, v. 21, n. 23, p. R941-R945, 2011.

VOLTOLINI, Ricardo. *Guia diversidade para as empresas & Boas práticas*. [s.l.]: Ideia Sustentável, 2018.

---

Informação bibliográfica deste texto, conforme a NBR 6023:2018 da Associação Brasileira de Normas Técnicas (ABNT):

PEREIRA, Izabel de Albuquerque; CABRAL, Gabriel; CRUZ, Caio. Diversidade & inclusão e ciências comportamentais: por que é importante termos atenção redobrada ao olharmos "para fora" e "para dentro" das nossas organizações. *In*: BORGES DE PAULA, Marco Aurélio (Coord.). *A hora e a vez do ESG*: provocações e reflexões em homenagem a Ricardo Voltolini. Belo Horizonte: Fórum, 2023. p. 223-237. ISBN 978-65-5518-619-2.

# ESG E RACISMO: COMECE PELA GOVERNANÇA

**CARLOS HENRIQUE NASCIMENTO BARBOSA**

## 1 Introdução

Durante a ACFE Global Conference 2022, Guido Van Drunen intitulou sua apresentação como *Benchmark drives behavior: a look at how behavior follows what we measure*.[1] O argumento principal é que os indicadores colhidos e analisados por uma instituição representam parte importante de quais valores e princípios são relevantes. Ou seja, espera-se que uma instituição financeira tenha muita qualidade na demonstração de seu desempenho financeiro, enquanto uma ONG de proteção ambiental tende a ter consistência sobre estoque de carbono.

Apesar de óbvio, esse raciocínio ganha contornos interessantes quando replicado para questões de governança, *compliance* e recursos humanos. Cada uma dessas esferas permite uma infinidade de dados para análise de performance e, dessa forma, sinalizar a mensagem que a alta administração pretende reforçar.

Nesse sentido, não medir ou não considerar determinados números como pertinentes o suficiente para estabelecer a estratégia corporativa também é uma sinalização que merece destaque, especialmente

---

[1] Tradução: *"benchmark* direciona comportamento: uma análise de como o comportamento segue o que medimos".

num mundo cada vez mais atento a questões ambientais, sociais e de governança (popularmente conhecidas pela sigla, em inglês, ESG).

E, dentro do *framework* ESG, há uma tendência de colocar a luta antirracista tão somente como parte do aspecto "social". Trata-se de um jeito até sofisticado de executivos dizerem, nos termos de Charlice Hurst (2021), que o problema está na sociedade, não na própria empresa.

Dito isso, este breve artigo pretende apresentar a tese de que, na verdade, o jeito mais efetivo para uma empresa se engajar na luta antirracista é pelo eixo da governança, não obstante o aspecto social.

Nessa esteira, uma das dificuldades de desenvolver políticas de inclusão e diversidade racial em empresas é justamente a ausência de métricas disponíveis a esse respeito – ou pelo menos ainda muito incipientes –; o comportamento corporativo condiz com essa realidade.

Inicialmente, precisamos delinear o contexto histórico e social em que o Brasil vive sob uma perspectiva racial. Afinal, o pressuposto de que vivemos numa sociedade racista ainda é questionado ou, pelo menos, não se enxerga como que isso se conecta com a realidade corporativa. Ademais, discute-se brevemente acerca do papel fundamental da governança para transformação do ambiente empresarial, identificando quais medidas algumas organizações e governos já estão adotando, reconhecendo as melhores práticas e alertando para alguns desafios.

## 2 Histórico do trabalho da população negra no Brasil

Antes de discutir políticas de diversidade e inclusão racial, vale destacar alguns fatos históricos que ajudam a compreender o estágio atual do racismo no Brasil. Obviamente que este texto não tem a capacidade ou intenção de esgotar esse assunto, mas ressaltar questões úteis para os objetivos delineados.

As consequências de um passado escravocrata se perpetuam até os dias de hoje no Brasil, cada vez menos em formatos institucionais como fora por tanto tempo, mas ainda perceptível. Engana-se quem acredita que a marca principal do racismo no país acabou com a abolição.

Em primeiro lugar, o conjunto de práticas, valores e princípios, processos e comportamentos compartilhados entre um grupo de pessoas – que definimos como "cultura" – não costuma se alterar sem muito esforço, incentivos, ações afirmativas, educação e tempo de desenvolvimento.

Durante quase quatrocentos anos, a cultura nacional foi abertamente escravocrata e tinha o trabalho forçado e o comércio negreiro como base do desenvolvimento econômico. Todos os ciclos econômicos do Brasil, sempre direcionados para produção em larga escala de *commodities* como pau-brasil, açúcar, ouro, café, tabaco e assim por diante, foram construídos com mão de obra escravizada.

Isso foi chave para que a escravidão se mantivesse por tanto tempo, perpetuando a cultura de que pessoas negras são meros instrumentos de trabalho braçal e que não gozam de quaisquer direitos ou perspectivas de ascensão social. A própria Lei Áurea, em 1888, foi fator determinante para a ruptura entre a elite agrária escravagista e a coroa brasileira, culminando na Proclamação da República no ano seguinte.[2]

Em seguida, a cultura escravocrata se perpetuou de diversas formas, incluindo na institucionalização da subvalorização das pessoas negras. A título de exemplo, o Decreto nº 528, de 1890, que estabelecia a exigência de autorização do Congresso para a entrada no país de imigrantes vindos especificamente da África. A Constituição de 1934, mesmo que vigente por apenas três anos, chegou a estabelecer que era incumbência da União, estados e municípios o estímulo à educação eugênica.

Já no Decreto nº 7.967, de 1945, que estabeleceu a política migratória nacional, lê-se: "Art. 2º Atender-se-á, na admissão dos imigrantes, à necessidade de preservar e desenvolver, na composição étnica da população, as características mais convenientes da sua ascendência europeia, assim como a defesa do trabalhador nacional". Nessa mesma lei, a política de colonização tinha por intento promover "a fixação do elemento humano ao solo, o aproveitamento econômico da região e a elevação do nível de vida [...] das zonas rurais" e, nesse contexto, na ausência de colonos brasileiros, haveria de ser ocupado por estrangeiros, preferencialmente portugueses.

A professora Giralda Seyferth (2002, p. 146) ressalta:

> O decreto de 1945 não chega às minúcias de certos documentos que o antecederam, como o anteprojeto de Lei sobre Migração e Colonização elaborado pelo cônsul Wagner Pimenta Bueno, apresentado em sessão do Conselho de Imigração e Colonização de 30/8/1943 e publicado no mesmo ano pela Imprensa Nacional. Nele são anunciadas as vantagens de reservar a classificação de "permanente" ao estrangeiro de raça branca,

---

[2] Sobre esse tema, vale conferir a trilogia *Escravidão*, de Laurentino Gomes.

cabendo ao Conselho de Segurança Nacional tomar as medidas cabíveis à questão da integração ao meio nacional. Mais uma vez, o imigrante ideal é o mais assimilável e o melhor para povoar – o colono (portanto, reafirma-se na exposição de motivos a intenção colonizadora, inclusive no contexto da "marcha para o oeste"). Nesse texto, a expressão "condições etnográficas" é usada para mascarar certos desideratos racistas fixados na "boa imigração". Nesse sentido, argumenta o cônsul, o sistema de cotas é impotente para impedir a entrada de indesejáveis quanto à origem ou ao tipo ocupacional; origem que remete à necessidade de discriminar a fim de manter na corrente imigratória a homogeneidade racial que a composição demográfica do país reclamava.

Ainda sob a mesma ótica racista e escravocrata, um novo paradigma surge, pois, com o propósito de desqualificar pessoas negras – agora no debate migratório –, como incapazes para o trabalho livre como pequenos proprietários de terra. Se antes o trabalho negro era força motriz da economia, agora livres, tornaram-se ameaças. Cumpre notar que essa política migratória permaneceu vigente até 1980, revogada por uma norma ainda fora dos princípios trazidos com a Constituição Federal de 1988.

Portanto, a análise do Decreto-Lei nº 7.967/45 permite depreender duas facetas culturais que perduram e que são importantes para o objeto desse texto. A exaltação da ascendência europeia como ideal de trabalho, bem como a exclusão da população negra dos principais mecanismos de renda e desenvolvimento econômico.

Em resumo, o Brasil passou por quase quatrocentos anos de consolidação de uma cultura e economia que enxergam pessoas negras como meras máquinas. Há menos de oitenta, para além do fato de que nenhuma política pública era desenvolvida para permitir o acesso da população negra às terras disponíveis ou condições dignas de trabalho, o Estado agia por meio de leis abertamente racistas.

Os efeitos dessa cultura escravocrata permeiam outras esferas da vida pública e privada. Não há como desvincular o poder econômico gerado com o trabalho e a capacidade de acessar a justiça, saúde e educação; o que, certamente, torna-se um problema herdado de geração em geração. Segundo dados do INEP em 2021, pretos e pardos representam 16% do quadro discente em cursos das instituições mais procuradas pelas empresas no Estado de São Paulo, como USP, FGV, PUC-SP, Insper (GOMBATA, 2023). Em longo prazo, a tendência é que se tenha menos negros e negras com oportunidades para atingir altos cargos.

Apenas com a promulgação da Constituição Federal de 1988 que o Estado passou a ter meios efetivos para promover a diversidade e inclusão racial. O Estatuto da Igualdade Racial, as cotas em universidades e concursos públicos, e o Selo "Empresa e Direitos Humanos" são apenas alguns exemplos de iniciativas recentes do Estado brasileiro e que ainda necessitam de mais tempo para produzir os efeitos esperados.

Tendo em vista esse breve histórico e considerando a dificuldade de se mudar culturas, o esperado é que o ambiente corporativo reflita, pelo menos parcialmente, os mesmos problemas raciais. Agora de forma velada, a mentalidade de que a pessoa negra não tem capacidade para desempenhar funções de relevância aparece, em 2023, na homogeneidade branca na liderança de grandes empresas, no corpo docente das universidades e nos principais espaços de exercício de poder político e econômico.

Partindo do pressuposto de que culturas não se alteram sem que haja esforço expresso e contínuo no sentido desejado, as próximas seções deste texto discutirão o papel fundamental da governança na consolidação de organizações mais do que não racistas, atingindo um patamar ativo de antirracismo e, consequentemente, contribuindo para sociedades mais igualitárias.

## 3  A favor de uma governança antirracista

No jargão do *compliance*, *tone from the top* é colocado como o pilar mais importante de um programa de integridade. No linguajar ESG, a mesma questão pode ser entendida a partir do G de governança. Ou seja, como uma empresa se organiza, suas estruturas de tomada de decisão e composição de órgãos internos são determinantes na cultura e nas estratégias adotadas por uma empresa.

É da governança que influi a capacidade de administrar riscos, inovar, crescer os negócios e se manter condizente com os valores organizacionais. Assim, idealmente, a governança é estabelecida de forma a atingir os melhores resultados para os investidores e, mais recentemente, balanceando anseios também de outras partes, como sociedade civil organizada e clientes.

Nessa esteira, cresce a pressão de todas as partes interessadas para que haja engajamento corporativo para redução de desigualdades raciais, de modo que não é mais uma situação restrita a companhias mais expostas ao ativismo de acionistas. Usualmente, os argumentos a favor da diversidade e inclusão perpassam por dois grandes eixos: benefícios de ordem financeira ou defesa principiológica.

A ausência de uma liderança diversa em termos de experiências, currículo, etnia ou gênero pode significar maior vulnerabilidade a vieses e problemas de performance (LANDAW, 2020). Isso se dá, precipuamente, quando pessoas agem de maneira não ótima ou irracional com o intuito de se conformar o pensamento de um grupo. Os erros nesse *groupthink* ocorrem porque pessoas aprendem com outras pessoas e nem sempre as informações são recebidas corretamente; ou quando, mesmo em posse de um dado correto, por medo de algum impacto reputacional negativo, as pessoas se sentem pressionadas a silenciar (SUNSTEIN; HASTIE, 2014).

A literatura comportamental segue no consenso de que grupos diversos e inclusivos tendem a ter mais fricções e tensão; ainda que contraintuitivo, é justamente esse desequilíbrio que faz com que vieses sejam evitados e melhores resultados atingidos. Num experimento nos EUA, júris com diversidade racial resultaram em análises mais aprofundadas do caso, com mais questionamentos e informações consideradas para chegar no veredito. Deve-se salientar que a diversidade pode ser observada sob variados prismas, como gênero, origem geográfica e idade, bastando a mera presença de alguém percebido como *outsider* para já alterar o comportamento do grupo (SMITH, 2020).

Os achados dos estudos no âmbito da psicologia comportamental encontram eco na economia, pelo menos no contexto norte-americano. Levantamentos como em FCLTGlobal (2019) e Bernile, Bhagwat e Yonker (2018) concluíram que empresas com mais diversidade de gênero tiveram menor volatilidade no mercado, principalmente por adotar posturas menos arriscadas. Não obstante, quando em cenários mais arriscados, também performaram melhor, tendo em vista maior investimento em pesquisa e em inovação. Resultados similares para diversidade racial ainda carecem de maturidade. Mesmo assim, estudos como de Denes e Seppi (2023) indicam correlações parecidas e trata-se de hipótese que certamente será testada por diversos pesquisadores.

Outra pesquisa que vale mencionar é de Rupar, Wang e Yoon (2022), que identificou vieses em objetos de *valuations* em empresas com CEOs brancos. Os pesquisadores concluíram que, doze meses depois de avaliadas, companhias com CEOs não brancos têm maior probabilidade de superar seus *valuation targets* do que suas contrapartes. Ou seja, analistas de mercado tendem a ser mais pessimistas quando avaliando informações de lideranças compostas por minorias raciais.

Mesmo diante das evidências que fundamentam os benefícios de uma governança diversa, não adotar tais medidas é só mais uma manifestação de como a cultura escravocrata é de difícil superação e dependente da confluência de muitos incentivos, superando até mesmo a ótica do lucro em primeiro lugar. Se companhias passassem a agir pelo menos no intuito de proteger o interesse de investidores sedentos por dinheiro, olhariam com mais atenção para tais vieses racistas e a igualdade racial estaria em patamares melhores.

Fato é que mexer na governança passa, fundamentalmente, por reformar as principais estruturas de tomada de decisão e exercício de poder das companhias, permitindo a participação de pessoas histórica e culturalmente subvalorizadas.

Esse é um dos motivos que, mais comumente, as iniciativas advindas do setor privado buscam externalizar sua área de atuação relativa à luta antirracista, ou seja, investir em ações focalizadas para fora do ambiente empresarial, como doações de bolsas de estudo, apoio a projetos sociais etc. É a atuação no "S", nunca no "G".

Sem reduzir a importância do social, mas para mudar cultura, o tom precisa vir da governança. Os casos de transformação de sucesso começam pelas ferramentas de liderança, isto é, visão de futuro, definição de responsabilidades e comprometimentos públicos,[3] controles robustos e, finalmente, uso direto do poder caso todo o resto não funcione como esperado (DENNING, 2011). Agindo diretamente nessa mudança cultural pela governança, previne-se também a omissão por difusão de responsabilidade, isto é, quando se acredita que outras partes tomarão iniciativa e não é necessário fazer algo a respeito também.

Por fim, um outro viés comum é reduzir a necessidade de adotar posturas ativas para igualdade racial nas empresas com base em casos anedóticos. Ao invés de se basear em fatos e dados, brancos em posição de poder tendem a superestimar a quantidade de pessoas pretas em altos cargos, o que é problemático quando se torna um argumento contra a importância de ações afirmativas (HURST, 2021).

---

[3] Como exemplo de firme comprometimento da liderança, em junho de 2020, a McKinsey anunciou dez ações iniciadas para atingir igualdade racial, sendo seis delas voltadas para o público interno da consultoria.

Sobre isso, este texto explorará a importância do levantamento de dados para estabelecimentos de políticas e comentará alguns índices já disponíveis sobre questões raciais no setor privado.

## 4 Índices corporativos raciais

Uma das formas de reduzir os efeitos do *groupthink* é estabelecendo canais de comunicação claros, objetivos e transparentes sobre os temas correlatos ao objeto de tomada de decisão. Para tanto, uma boa apresentação de dados auxilia na simplificação de assuntos complexos, possibilita a avaliação de progresso pelo tempo, ajuda a poupar esforços redundantes ou ineficientes, além de evitar mudanças indesejadas de foco.

Nessa linha de pensamento de que não há como estabelecer boas políticas públicas ou estratégias corporativas sem dados sólidos, algumas iniciativas já começaram a desenvolver indicadores raciais. Abrangem, nesse sentido, desde indicadores de governança até sociais.

Há de se reconhecer, também, a utilidade dessas informações para a atuação de partes interessadas e grupos de pressão, que podem agir de maneira igualmente estratégica, uma vez em posse de estatísticas bem estruturadas.

Em comum, os índices abordados enfrentam o desafio metodológico de obtenção de dados para realização de cálculos; afinal, as empresas ainda relutam em divulgar informações precisas e confiáveis sobre diversidade. À sua maneira, todos os índices apresentados proporcionam metodologias úteis para compreender as dificuldades e avanços dessa agenda no mundo corporativo.

*Corporate Racial Equity Tracker*

*Corporate Racial Equity Tracker* é uma ferramenta criada para ajudar as empresas a monitorar e medir seu progresso em relação à equidade racial. Desenvolvido pela Just Capital, a ferramenta de avaliação oferece uma visão geral e agregada das práticas e políticas das cem maiores companhias dos EUA. Assim, funciona como uma espécie de *benchmark*, em que qualquer empresa pode realizar uma autoavaliação comparativa com o restante do mercado.

Esse índice é gerado com base em seis dimensões principais: (i) políticas antidiscriminatórias; (ii) equidade salarial; (iii) dados sobre diversidade racial e étnica; (iv) treinamentos e educação; (v) resposta ao encarceramento em massa; (vi) investimentos em comunidades.

Interessante notar que, segundo esse levantamento, 98% das empresas possuem políticas antidiscriminação; apenas 43%, entretanto, comprometem-se com equidade salarial e outros 51% fazem investimentos em comunidades negras (JUST CAPITAL, 2022).

*Black Equity Index*

O *Black Equity Index* (BEI) é um índice de ações que rastreia o desempenho de empresas americanas de capital aberto na promoção da diversidade e inclusão racial. Foi criado em 2020 pela empresa de tecnologia financeira Coqual, como resultado de um consórcio entre diversos *Chief Diversity Officers*.

O BEI foi criado para fornecer uma medida mais precisa do desempenho financeiro das empresas lideradas por negros e ajudar a aumentar a visibilidade dessas empresas no mercado financeiro. As empresas são avaliadas também em seis dimensões: (i) *accountability*; (ii) processos de avanços; (iii) investimentos; (iv) sustentabilidade; (v) engajamento público; (vi) representatividade.

Entre outras pesquisas auxiliares realizadas pela Coqual, um resultado impressiona e confirma a dificuldade de a população negra assumir postos na governança de companhias. Em *survey* realizada com empregados de diversos setores, quando perguntados se eles tinham acesso aos líderes da organização, apenas 31% dos profissionais negros responderam que sim, enquanto brancos chegam à marca de 44%.

*Índice ESG de Equidade Racial (IEER)*

O Índice ESG de Equidade Racial Setorial é uma metodologia sofisticada e desenvolvida no Brasil pelo Pacto de Promoção da Equidade Racial. Sua principal inovação é considerar três grandes recortes de análise, começando pela proporção de negros na localidade de atuação para comparar com a proporção nas empresas, seguido do impacto de ações afirmativas e, finalmente, a adoção de investimentos sociais e fomento a organizações negras.

Essa metodologia dialoga, portanto, com o estudo de Denes e Seppi (2023), já mencionado, que concluiu que o impacto no *valuation* de empresas após algum "evento racial"[4] é heterogêneo devido à condição anterior ao fato. Ou seja, a capacidade de gozar dos benefícios de uma governança diversa não é automática, mas se consolida com o passar do tempo e maturidade.

Contudo, diferente dos demais índices apresentados, o IEER não foi feito com intuito de se tornar padrão de mercado e comparável entre empresas. Essa escolha metodológica traz problemas de engajamento e compreensão pública, em favor de maior rigor estatístico.

O último recorte proposto pelo IEER é pelo setor da companhia analisada, conforme maior empregabilidade e, assim, melhor qualidade de dados. Os setores selecionados foram (i) comércio varejista; (ii) comércio e administração de imóveis, valores mobiliários, serviços técnicos; (iii) serviços de alojamento, alimentação, reparação, manutenção, redação; e (iv) transportes e comunicações.

## 5 Conclusão

Não há como negar a herança racista que séculos de regime escravocrata deixaram para o Brasil – e em vários países mundo afora. As dificuldades que o próprio Estado impôs à população negra refletiu na limitação de desenvolvimento econômico, de acesso à justiça, saúde e educação. Ou seja, historicamente, tudo confluiu para a subvalorização de negros e negras, ainda mais se tratando de questões trabalhistas.

Uma sociedade mais igualitária perpassa pelo reequilíbrio nas principais esferas de exercício de poder econômico e político, tendo por caminho uma mudança cultural profunda e perene. Nesse sentido, as grandes empresas têm responsabilidade em fazer parte desse movimento, a começar em suas lideranças.

Como vimos, apesar de algumas iniciativas adotadas sob a perspectiva "social" no *framework* de ESG, parece-nos que a efetividade reside no lado da governança. Sem alterar as estruturas de tomada de decisão e exercício de poder, empresas continuarão fadadas a replicar lógicas racistas e sem cumprir com os compromissos assumidos perante as partes interessadas. Em última análise, a lucratividade fica limitada a partir de vieses relacionados a minorias.

---

[4] Definido como evento que aparenta, baseado na repercussão midiática e pública, representar pontos de inflexão acerca de questões raciais. O caso George Floyd é um exemplo de evento analisado.

Por fim, liderança de empresas, grupos de pressão e partes interessadas têm maior capacidade de atuação antirracista quando em posse de bons dados e indicadores. Hoje, há diversos índices disponíveis e com utilidades distintas, mas que ainda carecem de tempo de maturidade e enfrentam dificuldades para ter acesso abrangente às informações que compõem seus cálculos.

## Referências

BERNILE, Gennaro; BHAGWAT, Vineet; YONKER, Scott. Board diversity, firm risk, and corporate policies. *Journal of Financial Economics*, v. 127, Issue 3, p. 588-612, March 2018. Disponível em: https://www.sciencedirect.com/science/article/abs/pii/S0304405X17303215.

DENNING, Steve. How do you change an organizational culture? *Forbes*, July 23, 2011. Disponível em: http://faculty.knox.edu/fmcandre/How_Do_You_Change_Org_Culture.pdf.

FCLT Global. *Data shows that diverse boards create more value*. 2019. Disponível em: https://www.fcltglobal.org/resource/data-shows-that-diverse-boards-create-more-value/

GOMBATA, Marsílea. Jovens negros ficam fora das faculdades de maior prestígio. *Valor Econômico*, 2021. Disponível em: https://valor.globo.com/brasil/noticia/2023/04/03/jovens-negros-ficam-fora-das-faculdades-de-maior-prestigio.ghtml.

HURST, Charlice. The 'not here' syndrome. *Stanford Social Innovation Review*, 2021. Disponível em: https://doi.org/10.48558/DJGD-9P08.

JUST CAPITAL. The 2022 Corporate Racial Equity Tracker. 2022. Disponível em: https://justcapital.com/reports/2022-corporate-racial-equity-tracker/.

LANDAW, Jared L. Maximizing the benefits of board diversity. *The Conference Board*, 2020. Disponível em: https://www.conference-board.org/pdfdownload.cfm?masterProductID=20869.

RUPAR, Kathy; WANG, Sean; YOON, Hayoung. Bad news, minority CEOs and analyst valuations. *SMU Cox School of Business Research Paper*, n. 21-20, 2022. Disponível em: https://papers.ssrn.com/sol3/papers.cfm?abstract_id=3991111.

SEYFERTH, Giralda. Colonização, imigração e a questão racial no Brasil. *Revista USP*, v. 53, p. 117-149, 2002. Disponível em: https://www.revistas.usp.br/revusp/article/view/33192.

SMITH, Khalil. How diversity defeats groupthink. *Rotman Management Magazine*, 2020. Disponível em: https://www.rotman.utoronto.ca/Connect/Rotman-MAG/Issues/2020/Back-Issues---2020/Fall2020-ToolkitforLeaders/Fall2020-FreeFeatureArticle-HowDiversityDefeatsGroupthink.

SUNSTEIN, Cass R.; HASTIE, Reid. Making dumb groups smarter. *Harvard Business Review*, 2014. Disponível em: https://hbr.org/2014/12/making-dumb-groups-smarter.

Informação bibliográfica deste texto, conforme a NBR 6023:2018 da Associação Brasileira de Normas Técnicas (ABNT):

BARBOSA, Carlos Henrique Nascimento. ESG e racismo: comece pela governança. In: BORGES DE PAULA, Marco Aurélio (Coord.). *A hora e a vez do ESG*: provocações e reflexões em homenagem a Ricardo Voltolini. Belo Horizonte: Fórum, 2023. p. 239-250. ISBN 978-65-5518-619-2.

# A INTRÍNSECA RELAÇÃO ENTRE NEGÓCIO SUSTENTÁVEL E A GOVERNANÇA CORPORATIVA

GIOVANA MARTINEZ VALERIANO

## 1 Reflexões iniciais

O que é um negócio sustentável?

Para responder a esta pergunta, precisamos refletir sobre uma série de conceitos correlacionados à sustentabilidade, como ESG, governança corporativa e capitalismo de *stakeholder*, bem como outras importantes terminologias que trataremos a seguir.

Os termos *ESG* e *sustentabilidade* são frequentemente utilizados de forma intercambiável, mas, apesar da forte relação existente entre eles, tal prática é equivocada. No entanto, é possível inferir que estes termos possuem um objetivo semelhante, qual seja, a criação de negócios sustentáveis de longo prazo, que consumam apenas os recursos minimamente necessários, permitindo a existência indefinida dos sistemas econômicos, ambientais e sociais.[1]

A expressão *sustentabilidade* engloba todos os fatores ESG que são necessários para uma empresa alcançar existência, lucratividade e

---

[1] AFFOLDER, Natasha. O conceito legal de sustentabilidade (The Legal Concept of Sustainability). *A Symposium on Environment in the Courtroom: Key Environmental Concepts and the Unique Nature of Environmental Damage*, University of Calgary, March 2012.

crescimento de forma perene.² Como Kristen Sullivan *et al.* pontuam, "sustentabilidade não é sinônimo de ESG; ao contrário, abrange o ESG, porque todos os três elementos do ESG contribuem para a sustentabilidade da empresa".³

É nesse sentido amplo de sustentabilidade que ESG e os princípios de governança corporativa⁴ coexistem e se complementam no complexo processo de gestão de negócios. Até porque a governança corporativa é o sistema de regras, práticas e processos pelos quais as organizações são dirigidas e monitoradas, incluindo os diversos relacionamentos que existem entre agentes de governança e demais partes interessadas.⁵ No entanto, para entendermos melhor o significado de negócio sustentável, é primordial ultrapassarmos os limites técnicos da governança corporativa, refletindo sobre conceitos precursores que incentivaram uma maior sustentabilidade no âmbito empresarial.

De acordo com o relatório *Our Common Future*, conhecido como *Brundtland Report*, publicado em 1987 pela Organização das Nações Unidas (ONU), o desenvolvimento sustentável busca "atender as necessidades das gerações presentes sem comprometer a capacidade das futuras gerações satisfazerem as suas próprias necessidades". Este

---

² SULLIVAN, Kristen; SILVERSTEIN, Amy; ARTHUR, Leeann Galezio. ESG e propósito corporativo em um mundo disruptivo (ESG and Corporate Purpose in a Disrupted World). *Harvard Law School Forum on Corporate Governance*, Aug. 10, 2020. Disponível em: https://corpgov.law.harvard.edu/2020/08/10/esg-and-corporate-purpose-in-a-disruptedworld/. Acesso em: 13 mar. 2022.

³ SULLIVAN, Kristen; SILVERSTEIN, Amy; ARTHUR, Leeann Galezio. ESG e propósito corporativo em um mundo disruptivo (ESG and Corporate Purpose in a Disrupted World). *Harvard Law School Forum on Corporate Governance*, Aug. 10, 2020. Disponível em: https://corpgov.law.harvard.edu/2020/08/10/esg-and-corporate-purpose-in-a-disruptedworld/. Acesso em: 13 mar. 2022.

⁴ O Instituto Brasileiro de Governança Corporativa (IBGC) elenca como princípios norteadores da governança corporativa a transparência; equidade; prestação de contas, responsabilidade corporativa e sustentabilidade, sendo este último incluído na 6ª edição do *Código das Melhores Práticas de Governança Corporativa*, publicado em agosto de 2023. Maiores informações disponíveis em: https://www.ibgc.org.br/conhecimento/governanca-corporativa. Acesso em: 29 ago. 2023.

⁵ De acordo com o IBGC, os agentes de governança são os indivíduos que compõem o sistema de governança, como sócios, conselheiros de administração, conselheiros fiscais, auditores, diretores, *governance officers*, membros de comitês de assessoramento ao conselho. A última edição do *Código das Melhores Práticas de Governança Corporativa* também incluiu diversos elementos relacionados à sustentabilidade no conceito de governança corporativa, o qual passou a ser definida como "um sistema formado por princípios, regras, estruturas e processos pelo qual as organizações são dirigidas e monitoradas, com vistas à geração de valor sustentável para a organização, para seus sócios e para a sociedade em geral". Maiores informações disponíveis em https://www.ibgc.org.br/conhecimento/governanca-corporativa. Acesso em: 29 ago. 2023.

relatório reconheceu que os interesses humanos devem ser atendidos, desde que respeitadas as restrições ambientais. Além disso, o relatório também reconheceu que o desenvolvimento de negócios sustentáveis demanda a integração de fatores socioambientais no processo produtivo e na tomada de decisões.[6]

Portanto, o relatório de *Brundtland* delineou os elementos essenciais da sustentabilidade nos negócios, os quais mais tarde ajudaram a integrar considerações contemporâneas de ESG na tomada de decisões financeiras. Tanto que, na década seguinte, o britânico John Elkington, um dos precursores da responsabilidade socioambiental corporativa, elaborou o conceito *Triple Bottom Line (TBL)*,[7] também conhecido como "tripé da sustentabilidade", baseado na análise do impacto social, ambiental e econômico das organizações.

Outro ponto importante para a construção conceitual de negócio sustentável é compreendermos o sistema econômico do capitalismo e suas famosas derivações: capitalismo de acionistas e capitalismo de *stakeholders*. O capitalismo de acionista, como preconizado por Milton Friedman, é a forma de capitalismo em que "as empresas operam com o único propósito de maximizar lucros e pagar os maiores dividendos possíveis aos acionistas".[8] Já o capitalismo de *stakeholders*, defendido por Klaus Schwab, é uma forma de capitalismo em que "indivíduos e empresas privadas constituem a maior fatia da economia"[9] e, consequentemente, as empresas precisam considerar as necessidades de todas as partes interessadas, com foco nos fatores ESG e na criação de valor de longo prazo.

---

[6] BRUNDTLAND, Gro Harlem. *Relatório Brundtland* (Our Common Future). Oxford: Oxford University Press, 1987. Disponível em: https://www.are.admin.ch/are/en/home/media/publications/sustainabledevelopment/brundtland-report.html. Acesso em: 13 mar. 2022.

[7] ELKINGTON, John. Canibais com garfo e faca (Cannibals with Forks). *In*: ELKINGTON, John. *The Triple Bottom Line of 21st Century Business*. [s.l.]: [s.n.], [s.d.]. Disponível em: https://hbr.org/2018/06/25-years-ago-i-coined-thephrase-triple-bottom-line-heres-why-im-givingup-on-it. Acesso em: 15 mar. 2022.

[8] FRIEDMAN, Milton. *Capitalismo e Liberdade* (Capitalism and freedom). Chicago: University of Chicago Press, 1982. Disponível em: https://ctheory.sitehost.iu.edu/resources/fall2020/Friedman_Capitalism_and_Freedom.pdf. Acesso em: 13 mar. 2022.

[9] SCHWAB, Klaus; VANHAM, Peter. Qual é a diferença entre capitalismo de partes interessadas, capitalismo de acionista e capitalismo de Estado (What is the difference between stakeholder capitalism, shareholder capitalism and state capitalism?). *World Economy Forum, The Davos Agenda 2021*, January 26, 2022. Disponível em: https://www.weforum.org/agenda/2021/01/what-is-the-difference-betweenstakeholder-capitalism-shareholder-capitalism-and-state-capitalism-davos-agenda-2021/. Acesso em: 13 mar. 2022.

Logo, através da análise combinada de "sustentabilidade", "desenvolvimento sustentável" e "capitalismo de *stakeholders*", é possível perceber que o modelo de negócio sustentável busca garantir retorno financeiro de forma integrada com os fatores socioambientais, indo muito além da geração de valor – econômico – de longo prazo preconizado pelos tradicionais sistemas de governança corporativa. Por isso, como veremos a seguir, tais sistemas precisam ser modernizados para que possam atuar como ferramenta de conexão e viabilização da agenda ESG nas instâncias estratégicas e decisórias das organizações.

## 2 O propósito empresarial sustentável como catalizador das boas práticas de governança corporativa

A governança corporativa, por natureza, auxilia as organizações a definirem como irão exercer o seu propósito, na medida em que determina e atribui papéis e responsabilidades para os conselhos de administração e da diretoria executiva. Esse sistema também garante a existência de processos e mecanismos voltados para o planejamento estratégico e gestão – de riscos e oportunidades – relacionados aos negócios. Além disso, a governança corporativa possui a importante missão de atuar como catalizador do comportamento ético na gestão de conflito de interesses e durante todo o processo decisório.[10]

Nas últimas décadas, a crescente pressão da sociedade por negócios mais sustentáveis tem alterado o escopo do propósito empresarial e influenciado um processo de transformação nos tradicionais sistemas de governança corporativa. Movimentos legislativos e regulatórios começaram a surgir ao redor do mundo, obrigando corporações a reverem seus modelos de gestão e reformularem o seu papel na sociedade.[11]

No Reino Unido, por exemplo, o Código de governança corporativa[12] foi revisado em 2018 e, desde então, conselhos de empresas

---

[10] SARDENBERG, Dalton Penedo. A governança como pilar de sustentação do ESG. *In*: FDC. *O G do ESG*: a governança deve ser a base do ESG. 2021. Disponível em: https://ci.fdc.org.br/AcervoDigital/E-books/2021/. Acesso em: 20 mar. 2023.

[11] SULLIVAN, Kristen; SILVERSTEIN, Amy; ARTHUR, Leeann Galezio. ESG e propósito corporativo em um mundo disruptivo (ESG and Corporate Purpose in a Disrupted World). *Harvard Law School Forum on Corporate Governance*, Aug. 10, 2020. Disponível em: https://corpgov.law.harvard.edu/2020/08/10/esg-and-corporate-purpose-in-a-disruptedworld/. Acesso em: 13 mar. 2022.

[12] *Board Leadership and Company Purpose*, 'Application' section, the *UK Corporate Governance Code*, 2018.

de capital aberto passaram a ter que estabelecer propósito, valores e estratégia. Da mesma forma, em 2019, a França introduziu a possibilidade de qualquer empresa especificar princípios e propósitos sociais em seus estatutos (*raison d'être*) e forneceu um novo *status* legal para "empresa com propósito" (*an enterprise à mission*).[13] No Brasil, atualmente, discute-se um projeto de lei que institui a qualificação das "sociedades de benefício",[14] ou seja, aquelas que tenham por objeto "gerar impacto social e ambiental positivo", mantendo "órgãos de administração com competência vinculada à tutela mais ampla dos interesses atingidos pela atividade empresarial".[15] Além disso, o Instituto Brasileiro de Governança Corporativa (IBGC), produziu ao longo dos últimos anos uma série de publicações, incluindo o *Código das Melhores Práticas de Governança Corporativa*,[16] para apoiar a alta administração no desenvolvimento de organizações mais sustentáveis.

Klaus Schwab, ao discorrer sobre propósito empresarial no *Manifesto de Davos 2020*,[17] afirmou:

> o propósito de uma empresa é engajar todos os seus *stakeholders* na criação de valor compartilhado e sustentado. Ao criar esse valor, uma empresa atende não apenas seus acionistas, mas todas as partes interessadas – funcionários, clientes, fornecedores, comunidades locais e a sociedade em geral. A melhor maneira de entender e harmonizar os interesses divergentes de todas as partes interessadas é por meio de um compromisso compartilhado com políticas e decisões que fortalecem a prosperidade de longo prazo de uma empresa.

---

[13] *LOI n° 2019-486 du 22 mai, relative à la croissance et la transformation des entreprises.*

[14] Projeto de Lei nº 3284, de 2021, "Ementa: Estabelece o Sistema Nacional de Investimentos e Negócios de Impacto (Simpacto) e institui a qualificação das Sociedades de Benefício" (Disponível em: https://www25.senado.leg.br/web/atividade/materias/-/materia/149934. Acesso em: 29 mar. 2023).

[15] PITTA, Claudia. ESG: Escolha ou dever? *Justiça em Foco*, 2021. Disponível em: https://justicaemfoco.com.br/desc-noticia.php/images/desc-noticia.php?id=141722&nome=esg_escolha_ou_dever. Acesso em: 13 mar. 2023.

[16] 6ª edição do *Código das Melhores Práticas de Governança Corporativa*, publicado em agosto de 2023. Maiores informações disponíveis em https://www.ibgc.org.br/conhecimento/governanca-corporativa. Acesso em: 29 ago. 2023.

[17] SCHWAB, Klaus. Manifesto de Davos, 2020 (Davos Manifesto 2020: The Universal Purpose of a Company in the Fourth Industrial Revolution). *World Economy Forum*, Dec. 2, 2019. Disponível em: https://www.weforum.org/agenda/2019/12/davos-manifesto-2020-the-universal-purpose-of-a-company-in-the-fourthindustrial-revolution/. Acesso em: 13 mar. 2022.

Portanto, no contexto de negócios influenciado por ESG, para que as empresas possam realmente permanecer lucrativas e atraentes para os investidores – alcançando existência e crescimento de longo prazo – gestores e legisladores precisam encontrar meios de acomodar o contemporâneo conceito de propósito corporativo sustentável com o tradicional conceito da "primazia do acionista",[18] o qual se concentra em maximizar o lucro dos acionistas sem considerar os interesses de *stakeholders*.

Edward B. Rock, na publicação *For Whom is the Corporation Managed in 2020? The Debate over Corporate Purpose*,[19] provoca diversas reflexões sobre o papel – e consequências – do propósito corporativo sustentável nas organizações:

1. Inicialmente, há um debate jurídico sobre o objeto social e as funções do administrador. Quais interesses sustentáveis os conselheiros devem considerar essenciais no exercício discricionário da gestão ou fiscalização da gestão da empresa? E se tal lista de interesses existir, quais limitações ela deve impor à tomada de decisão da diretoria?

Janet Foutty, executiva da Deloitte, descreveu o conselho como "o veículo para manter uma organização em seu propósito social".[20] Em um contexto em que a sociedade exige e valoriza que empresas exerçam desenvolvimento sustentável, espera-se que os diretores desempenhem um papel fundamental na orientação corporativa, equilibrando as decisões de curto prazo com a estratégia de longo prazo. Logo, sob esta ótica, durante a análise de risco e o processo de tomada de decisão, os diretores realmente deveriam considerar os princípios de ESG e as

---

[18] JAFFE, Dennis. Da primazia do acionista à primazia do stakeholder: como as empresas familiares lideram o caminho (From Shareholder Primacy To Stakeholder Primacy: How Family Businesses Lead The Way). *Forbes*, Feb. 24, 2021. Disponível em: https://www.forbes.com/sites/dennisjaffe/2021/02/24/from-shareholder-primacy-to-stakeholder-primacy-how-family-businesses-lead-the-way/?sh=6cfbdc5e21ed. Acesso em: 30 mar. 2023.

[19] ROCK, Edward B. Para quem a Corporação é administrada em 2020?: o debate sobre o propósito corporativo (For Whom is the Corporation Managed in 2020?: The Debate over Corporate Purpose). *ECGI Working Paper Series in Law*, Working Paper n. 515, Sept. 2020.

[20] FOUTTY, Janet; SINCLAIR, Duncan. COVID-19 e o Conselho. O ponto de vista de um presidente (COVID-19 and the board A chair's point of view). *Deloitte*, 2020. Disponível em: https://www2.deloitte.com/ca/en/pages/finance/articles/covid-19-and-the-board-a-chairs-point-of-view.html. Acesso em: 13 mar. 2022.

necessidades de todas as partes interessadas.²¹ Tanto assim, que alguns sistemas jurídicos começaram a fazer previsões mais explícitas sobre os deveres dos administradores, tal como no Reino Unido, onde diretores são obrigados a demonstrar que cumpriram com os seus deveres com diligência razoável e em alinhamento com alguns conceitos de sustentabilidade.²²

No Brasil, apesar de não existir previsão legal vinculando os atos da alta administração aos princípios de sustentabilidade, o administrador tem o dever de diligência, que exige que ele empregue "o cuidado e diligência que todo homem ativo e probo costuma empregar na administração dos seus próprios negócios".²³ Assim, no atual contexto do capitalismo de *stakeholders*, no qual se espera que as empresas atuem respeitando diretrizes de sustentabilidade socioambiental, a interpretação do dever fiduciário e de diligência do administrador tende a ser ampliada, de forma que este não possa mais ser omitir em considerar fatores ESG no processo decisório.

2. Além disso, há um debate secundário sobre como o conceito de propósito sustentável impactará o valor da empresa do ponto de vista financeiro e econômico. Isso, porque a maioria das empresas foi estruturada em um modelo de gestão que prioriza a maximização do lucro e valorização do ativo corporativo. Tal valorização costuma ser medida principalmente por dividendos e preço das ações, os quais se tornaram métricas norteadoras para o processo de tomada de decisão da alta administração.²⁴ Entretanto, se atualmente fatores ESG passaram a integrar a estratégia corporativa e a existência da empresa não se limita a maximizar lucros, as organizações deveriam também considerar os potenciais impactos de ESG em sua valorização financeira, incluindo

---

[21] SULLIVAN, Kristen; SILVERSTEIN, Amy; ARTHUR, Leeann Galezio. ESG e propósito corporativo em um mundo disruptivo (ESG and Corporate Purpose in a Disrupted World). *Harvard Law School Forum on Corporate Governance*, Aug. 10, 2020. Disponível em: https://corpgov.law.harvard.edu/2020/08/10/esg-and-corporate-purpose-in-a-disruptedworld/. Acesso em: 13 mar. 2022.

[22] *Sections 172 and 174 of the Companies Act 2006.*

[23] Art. 153 da Lei nº 6.404/1976 (Lei das S.A.) e art. 1.011 da Lei nº 10.406/2002 (Código Civil).

[24] O'CONNELL, Maeve; WARD, Anne Marie. Teoria do acionista/valor do acionista (Shareholder Theory/Shareholder Value). *Encyclopedia of Sustainable Management*, 2020. ISBN: 978-3-030-02006-4.

diretrizes de planejamento, métricas de avaliação e projeções de vida útil de ativos.[25]
3. Complementarmente, existe um debate sobre qual é a estratégia ideal de gestão e formação de empresas valiosas e sustentáveis no longo prazo. Como medir o risco ESG de forma eficiente, permitindo que o conselho de administração estabeleça metas tangíveis e tome decisões de negócios de forma consciente? Como proporcionar transparência e divulgação sólida de informações de resultados ESG para que investidores e acionistas possam tomar suas decisões com precisão?

Avaliar, definir medidas e relatar o desempenho ESG sempre foi um ponto fraco nos processos de governança corporativa e gestão de riscos. Os indicadores ESG, por natureza, são considerados dados não financeiros, difíceis de serem auditados e monetizados. Para superar esse desafio, algumas organizações criaram metodologias visando avaliar e divulgar os riscos ESG, no entanto, ainda não existe um padrão único aceito pelo mercado.[26] Apesar da ausência de uniformização dos padrões, os riscos ESG devem ser orientados pela tradicional responsabilidade corporativa de divulgação e transparência de materialidade, historicamente defendida pelas boas práticas de governança.

## 3 A dupla materialidade do negócio sustentável e seus impactos na tomada de decisão da alta administração

A materialidade,[27] em termos simples, se refere à obrigatoriedade de divulgação de questões com potencial impacto – material – para o

---

[25] CASTAÑÓN MOATS, Maria; PARKER, Stephen G. ESG e a temporada de relatórios financeiros de final de ano de 2021 (ESG and 2021 Year-End Financial Reporting Season). *Harvard Law School Forum on Corporate Governance*, Dec. 19. 2021. Disponível em: https://corpgov.law.harvard.edu/2021/12/19/esg-and-2021-year-end-financial-reporting-season//. Acesso em: 13 mar. 2022.

[26] Exemplos de organizações globalmente reconhecidas que definem padrões de relato de sustentabilidade: CDP, CDSB, GRI, IIRC e SASB. Ademais, em junho de 2023, o International Sustainability Standards Board (ISSB) divulgou um padrão global para as divulgações relacionadas à sustentabilidade (IRFS S1 e IFRS S2) que, apesar de não ser obrigatório, poderá servir de parâmetro para as bolsas de valores ao redor do mundo. Em outubro de 2023, a Comissão de Valores Mobiliários (CVM) publicou uma resolução (Resolução CVM nº 193) validando as normas emitidas pelo ISSB, com previsão de entrada em vigor no dia 1º de novembro de 2023, tornando o Brasil o primeiro país do mundo a adotar oficialmente o recém-criado padrão global.

[27] *Rule 405 of the 1933 U.S. Securities Act.*

desempenho financeiro de uma empresa. Apesar de ser um conceito relacionado a princípios contábeis, é também um tema sensível para governança corporativa. Isso, porque os riscos materiais podem ameaçar metas ou objetivos corporativos e, consequentemente, influenciar o processo de tomada de decisão da alta administração e potenciais investidores.

No entanto, quando se trata de ESG, como saber o que é um tema "materialmente relevante" para o conhecimento de um acionista "razoável"?[28] Todo o risco ESG com potencial de impactar a sociedade irá igualmente impactar o resultado contábil da empresa? Como garantir que os riscos ESG sejam conhecidos – ou suas implicações totalmente compreendidas – por diretores no momento da tomada de decisão? Quão amplo deve ser o conceito de materialidade para empresas com modelo de gestão voltado para *stakeholder*?

Para lidar com este e outros desafios relacionados à baixa regulamentação de ESG, a União Europeia, o Fórum Econômico Mundial e outras importantes partes interessadas defendem a criação de uma definição mais ampla para materialidade, capaz de ir além da tradicional abordagem financeira americana.[29] Tanto que, de acordo com a NFRD (*Non-Financial Reporting Directive*), que entrou em vigor na União Europeia em 2017, "as empresas devem divulgar não apenas como as questões de sustentabilidade podem afetar o negócio, mas também como a empresa afeta a sociedade e o meio ambiente".[30]

Assim, surgiu um novo conceito de materialidade chamado *double materiality*,[31] que leva em consideração não apenas os riscos

---

[28] Rule 405, [a], of the 1933 U.S. Securities Act: "matter is 'material' if there is a substantial likelihood that a reasonable person would consider it important".

[29] KATZ, David A.; MCINTOSH, Laura A. Atualização de governança corporativa: "materialidade" nos Estados Unidos e no exterior (Corporate Governance Update: "Materiality" in America and Abroad). *New York Law Journal*, April 29, 2021. Disponível em: https://corpgov.law.harvard.edu/2021/05/01/corporate-governance-update-materiality-in-america-and-abroad/. Acesso em: 13 mar. 2022.

[30] *Directive 2014/95/EU of the European Parliament and of the Council of 22 October 2014 amending Directive 2013/34/EU as regards disclosure of non-financial and diversity information by certain large undertakings and groups Text with EEA relevance, OJ L 330.*

[31] "The NFRD requires companies to disclose information 'to the extent necessary for an understanding of the development, performance, position and impact of [the company's] activities.' This means companies should disclose not only how sustainability issues may affect the company, but also how the company affects society and the environment. This is the so-called double materiality perspective" (EUROPEAN COMMISSION. *Consultation Document Review of the Non-financial Reporting Directive*. June 2020. (Disponível em: https://www.wlrk.com/docs/Review_of_NonFinancial_Reporting_Directive.pdf. Acesso em: 30 mar. 2023).

corporativos tradicionais capazes de impactar o resultado financeiro da empresa, mas também os potenciais impactos que a empresa pode causar na sociedade, especialmente no que diz respeito às mudanças climáticas e questões ambientais. Tal conceito tem ganhado cada vez mais relevância na União Europeia, tanto que foi também incorporado pela recente CSRD (*Corporate Sustainability Reporting Directive*), que entrou em vigor no início de 2023.[32]

Do ponto de vista legislativo, o caminho para a consolidação do conceito de dupla materialidade ainda é longo, no entanto, nada impede que este novo debate conceitual influencie análises de investidores, autoridades reguladoras e *stakeholders*. Por esta razão, conselheiros e administradores devem expandir o seu olhar para além da materialidade financeira, buscando considerar em suas atribuições questões relevantes sob a perspectiva ambiental e social, capazes não apenas de afetar o próprio negócio, mas também a sociedade.

## 4 Considerações finais

Quais são os principais desafios e oportunidades para a governança corporativa na era de negócios sustentáveis?

Apesar da governança corporativa ter evoluído no século XXI em tópicos sensíveis como ética e monitoramento de risco, a sua prática se concentrou majoritariamente na gestão de conflitos tradicionais e em modelos de negócios característicos do século passado, sem levar em consideração as novas tendências econômico-social e seus impactos no capitalismo.[33]

Os administradores, em sua maioria, continuam atuando de forma restrita com base em premissas tradicionais de lucro financeiro e risco de mercado. Tal atuação possui responsabilidade jurídica limitada, muito aquém de uma sociedade econômica sustentável. Mesmo no Brasil, onde a Lei das S.A. não se concentra exclusivamente na maximização do lucro para o acionista e prevê que o administrador,

---

[32] EUROPEAN COMMISSION. *Corporate Sustainability Reporting*. Disponível em: https://finance.ec.europa.eu/capital-markets-union-and-financial-markets/company-reporting-and-auditing/company-reporting/corporate-sustainability-reporting_en. Acesso em: 13 mar. 2022.

[33] RIBEIRO, Milton Nassau. Governança Corporativa na nova economia: um tema tabu. *In*: FDC. *O G do ESG*: a governança deve ser a base do ESG. 2021. Disponível em: https://ci.fdc.org.br/AcervoDigital/E-books/2021/. Acesso em: 20 mar. 2023.

no exercício de suas atribuições, deve satisfazer "as exigências do bem público e da função social da empresa",[34] não há uma obrigação legal específica perante *stakeholders*, além daquelas historicamente previstas em lei.[35]

Em virtude dos desafios enfrentados pelas lideranças empresariais para avançar com a complexa agenda ESG, ampliou-se também a importância da governança corporativa (G) como eixo de sustentação dos fatores ambiental (E) e social (S). A governança, por seu próprio conceito, "tem o potencial de representar a ponte que conecta e viabiliza a inserção da agenda ESG nas instâncias estratégicas e decisórias das organizações".[36] É de suma importância que os três fatores ESG sejam cada vez mais integrados de maneira transversal e equilibrada no processo decisório, promovendo o necessário alinhamento dos princípios do negócio sustentável com os interesses dos agentes de governança e demais *stakeholders*.

O "G", apesar de exercer papel primordial na agenda ESG, é muitas vezes subjugado e considerado a dimensão menos prestigiada entre os três fatores. Talvez isso ocorra porque, inicialmente, temas ambientais e sociais chamem mais atenção dos investidores e *stakeholders*. Assim, no afã de aumentar popularidade e atrair maiores investimentos, muitas empresas adotam uma agenda ESG sem intencionalidade real, com baixa estratégia e monitoramento deficiente (quando não inexistente). E é neste cenário de manipulação oportunista dos elementos ESG e ausência de sólidos princípios de governança, que as práticas de *greenwashing*, *socialwashing* e *bluewashing*[37] se proliferam.

E justamente para trazer maior regulamentação ao tema, bem como ajudar a combater o "oportunismo sustentável", em especial o de caráter ambiental, que a União Europeia recentemente implementou a *EU*

---

[34] Art. 154, Lei nº 6.404/76 (Lei das S.A.).

[35] No Brasil, admite-se a desconsideração da personalidade jurídica em situações específicas previstas na legislação consumerista, trabalhista e ambiental.

[36] INSTITUTO BRASILEIRO DE GOVERNANÇA CORPORATIVA (IBGC). *Boas práticas para uma agenda ESG nas organizações*. 2022. Disponível em: https://conhecimento.ibgc.org.br/Paginas/default.aspx. Acesso em: 20 mar. 2023.

[37] *Greenwashing* refere-se à prática de exagerar, omitir ou mentir sobre os impactos das atividades empresariais no meio ambiente. *Socialwashing* refere-se a declarações ou políticas que fazem uma empresa parecer mais socialmente responsável do que realmente é. *Bluewashing* refere-se à prática das empresas de se inscrever no pacto global da ONU e/ou associar-se indevidamente com as Nações Unidas para alavancar sua reputação. Mais informações em *Green, Blue, Pink and Social Corporate Washing* (Disponível em: https://www.esganalytics.io/insights/social-green-blue-pink-washing. Acesso em: 29 mar. 2023).

*Taxonomy Regulation*,[38] estabelecendo um sistema de classificação com a lista de atividades econômicas que podem ser consideradas ambientalmente sustentáveis. Esta regulamentação compreende diversos instrumentos, incluindo a SFDR (*Sustainable Finance Disclosure Regulation*)[39] e a já mencionada NFRD (*Non-Financial Reporting Directive*),[40] que visam fornecer às empresas, investidores e formuladores de políticas critérios mais claros para auxiliá-los a integrar fatores ESG ao longo de diferentes fases do negócio – desde a concepção do produto, passando por *benchmarking* comparativo e divulgação de informações, até o próprio modelo de gestão. Os Estados Unidos trilham caminho similar e, em 2022, a *U.S. Securities and Exchange Commission* (SEC) propôs o primeiro conjunto de regras para aprimorar e padronizar as divulgações relacionadas ao clima.[41]

Claramente a União Europeia e os Estados Unidos estão avançando com a pauta de regulamentação ESG, fator que tende a direcionar outros países para o mesmo sentido e influenciar os modelos de gestão ao redor do mundo. No Brasil, por exemplo, já se discutem projetos de lei[42] que buscam estabelecer maior padronização para as atividades econômicas sustentáveis, criar selos ESG e/ou proteger investidores contra práticas de *greenwashing*.

Independentemente do amadurecimento legislativo, caberá ao sistema de governança corporativa – considerando as tradicionais premissas de supervisão do processo decisório – zelar por uma adequada avaliação e monitoramento dos aspectos ambientais e sociais. Até porque as variáveis ambientais e sociais continuarão a evoluir, assim como a legislação acerca de ESG e negócios sustentáveis, ampliando

---

[38] *Regulation (EU) 2020/852 of the European Parliament and of the Council of 18 June 2020 on the establishment of a framework to facilitate sustainable investment, and amending Regulation (EU) 2019/2088, OJ L 198.*

[39] *Regulation (EU) 2019/2088 of the European Parliament and of the Council of 27 November 2019 on sustainability-related disclosures in the financial services sector, OJ L 317.*

[40] *Directive 2014/95/EU of the European Parliament and of the Council of 22 October 2014 amending Directive 2013/34/EU as regards disclosure of non-financial and diversity information by certain large undertakings and groups Text with EEA relevance, OJ L 330.*

[41] U.S. SECURITIES AND EXCHANGE COMMISSION. *SEC Proposes Rules to Enhance and Standardize Climate-Related Disclosures for Investors (2022-46)*, March 21, 2022. Disponível em: https://www.sec.gov/news/press-release/2022-46.

[42] Projeto de Lei nº 2.838, de 2022 (Câmara dos Deputados), Projeto de Lei nº 735/2022 (Câmara dos Deputados) e Projeto de Lei nº 4.363/2021 (Senado).

o cenário de riscos e ao mesmo tempo criando oportunidades para as organizações que estiverem mais bem preparadas.[43]

Na era de negócios sustentáveis, não existe "caminho de volta" para as organizações – ou elas serão parte do problema ou parte da solução na jornada de transformação da sociedade rumo a um futuro mais resiliente e consciente.

## Referências

AFFOLDER, Natasha. O conceito legal de sustentabilidade (The Legal Concept of Sustainability). *A Symposium on Environment in the Courtroom: Key Environmental Concepts and the Unique Nature of Environmental Damage*, University of Calgary, March 2012.

BRUNDTLAND, Gro Harlem. *Relatório Brundtland* (Our Common Future). Oxford: Oxford University Press, 1987. Disponível em: https://www.are.admin.ch/are/en/home/media/publications/sustainabledevelopment/brundtland-report.html. Acesso em: 13 mar. 2022.

CASTAÑÓN MOATS, Maria; PARKER, Stephen G. ESG e a temporada de relatórios financeiros de final de ano de 2021 (ESG and 2021 Year-End Financial Reporting Season). *Harvard Law School Forum on Corporate Governance*, Dec. 19. 2021. Disponível em: https://corpgov.law.harvard.edu/2021/12/19/esg-and-2021-year-end-financial-reporting-season//. Acesso em: 13 mar. 2022.

ELKINGTON, John. Canibais com garfo e faca (Cannibals with Forks). *In*: ELKINGTON, John. *The Triple Bottom Line of 21st Century Business*. [s.l.]: [s.n.], [s.d.]. Disponível em: https://hbr.org/2018/06/25-years-ago-i-coined-thephrase-triple-bottom-line-heres-why-im-givingup-on-it. Acesso em: 15 mar. 2022.

FDC. *O G do ESG*: a governança deve ser a base do ESG. 2021. Disponível em: https://ci.fdc.org.br/AcervoDigital/E-books/2021/. Acesso em: 20 mar. 2023.

FOUTTY, Janet; SINCLAIR, Duncan. COVID-19 e o Conselho. O ponto de vista de um presidente (COVID-19 and the board A chair's point of view). *Deloitte*, 2020. Disponível em: https://www2.deloitte.com/ca/en/pages/finance/articles/covid-19-and-the-board-a-chairs-point-of-view.html. Acesso em: 13 mar. 2022.

FRIEDMAN, Milton. *Capitalismo e Liberdade* (Capitalism and freedom). Chicago: University of Chicago Press, 1982. Disponível em: https://ctheory.sitehost.iu.edu/resources/fall2020/Friedman_Capitalism_and_Freedom.pdf. Acesso em: 13 mar. 2022.

INSTITUTO BRASILEIRO DE GOVERNANÇA CORPORATIVA (IBGC). *Agenda Positiva de Governança*. 2020. Disponível em: https://conhecimento.ibgc.org.br/Paginas/default.aspx. Acesso em: 20 mar. 2023.

---

[43] INSTITUTO BRASILEIRO DE GOVERNANÇA CORPORATIVA (IBGC). *Boas práticas para uma agenda ESG nas organizações*. 2022. Disponível em: https://conhecimento.ibgc.org.br/Paginas/default.aspx. Acesso em: 20 mar. 2023.

INSTITUTO BRASILEIRO DE GOVERNANÇA CORPORATIVA (IBGC). *Boas práticas para uma agenda ESG nas organizações*. 2022. Disponível em: https://conhecimento.ibgc.org.br/Paginas/default.aspx. Acesso em: 20 mar. 2023.

INSTITUTO BRASILEIRO DE GOVERNANÇA CORPORATIVA (IBGC). *Código das Melhores Práticas de Governança Corporativa*. 6. ed. Disponível em: https://conhecimento.ibgc.org.br/Paginas/default.aspx. Acesso em: 29 ago. 2023.

JAFFE, Dennis. Da primazia do acionista à primazia do stakeholder: como as empresas familiares lideram o caminho (From Shareholder Primacy To Stakeholder Primacy: How Family Businesses Lead The Way). *Forbes*, Feb. 24, 2021. Disponível em: https://www.forbes.com/sites/dennisjaffe/2021/02/24/from-shareholder-primacy-to-stakeholder-primacy-how-family-businesses-lead-the-way/?sh=6cfbdc5e21ed. Acesso em: 30 mar. 2023.

KATZ, David A.; MCINTOSH, Laura A. Atualização de governança corporativa: "materialidade" nos Estados Unidos e no exterior (Corporate Governance Update: "Materiality" in America and Abroad). *New York Law Journal*, April 29, 2021. Disponível em: https://corpgov.law.harvard.edu/2021/05/01/corporate-governance-update-materiality-in-america-and-abroad/. Acesso em: 13 mar. 2022.

O'CONNELL, Maeve; WARD, Anne Marie. Teoria do acionista/valor do acionista (Shareholder Theory/Shareholder Value). *Encyclopedia of Sustainable Management*, 2020. ISBN: 978-3-030-02006-4.

PITTA, Claudia. ESG: Escolha ou dever? *Justiça em Foco*, 2021. Disponível em: https://justicaemfoco.com.br/desc-noticia.php/images/desc-noticia.php?id=141722&nome=esg_escolha_ou_dever. Acesso em: 13 mar. 2023.

RIBEIRO, Milton Nassau. Governança Corporativa na nova economia: um tema tabu. *In*: FDC. *O G do ESG*: a governança deve ser a base do ESG. 2021. Disponível em: https://ci.fdc.org.br/AcervoDigital/E-books/2021/. Acesso em: 20 mar. 2023.

ROCK, Edward B. Para quem a Corporação é administrada em 2020?: o debate sobre o propósito corporativo (For Whom is the Corporation Managed in 2020?: The Debate over Corporate Purpose). *ECGI Working Paper Series in Law*, Working Paper n. 515, Sept. 2020.

SARDENBERG, Dalton Penedo. A governança como pilar de sustentação do ESG. *In*: FDC. *O G do ESG*: a governança deve ser a base do ESG. 2021. Disponível em: https://ci.fdc.org.br/AcervoDigital/E-books/2021/. Acesso em: 20 mar. 2023.

SCHWAB, Klaus. Manifesto de Davos, 2020 (Davos Manifesto 2020: The Universal Purpose of a Company in the Fourth Industrial Revolution). *World Economy Forum*, Dec. 2, 2019. Disponível em: https://www.weforum.org/agenda/2019/12/davos-manifesto-2020-the-universal-purpose-of-a-company-in-the-fourthindustrial-revolution/. Acesso em: 13 mar. 2022.

SCHWAB, Klaus; VANHAM, Peter. Qual é a diferença entre capitalismo de partes interessadas, capitalismo de acionista e capitalismo de Estado (What is the difference between stakeholder capitalism, shareholder capitalism and state capitalism?). *World Economy Forum, The Davos Agenda 2021*, January 26, 2022. Disponível em: https://www.weforum.org/agenda/2021/01/what-is-the-difference-betweenstakeholder-capitalism-shareholder-capitalism-and-state-capitalism-davos-agenda-2021/. Acesso em: 13 mar. 2022.

SULLIVAN, Kristen; SILVERSTEIN, Amy; ARTHUR, Leeann Galezio. ESG e propósito corporativo em um mundo disruptivo (ESG and Corporate Purpose in a Disrupted World). *Harvard Law School Forum on Corporate Governance*, Aug. 10, 2020. Disponível em: https://corpgov.law.harvard.edu/2020/08/10/esg-and-corporate-purpose-in-a-disruptedworld/. Acesso em: 13 mar. 2022.

TASK FORCE ON CLIMATE-RELATED FINANCIAL DISCLOSURES (TCFD). *Recommendations of Task Force on Climate-related Financial Disclosures?* TCFD, Final Report. June 2017. Disponível em: https://www.fsbtcfd.org/recommendations/. Acesso em: 13 mar. 2022.

WORLD COMMISSION ON ENVIRONMENT AND DEVELOPMENT. *Our Common Future* (Brundtland Report). Oxford: Oxford University Press, 1987. Disponível em: https://www.are.admin.ch/are/en/home/media/publications/sustainabledevelopment/brundtland-report.html. Acesso em: 13 mar. 2022.

WORLD ECONOMY FORUM. *Davos Manifesto 2020*: The Universal Purpose of a Company in the Fourth Industrial Revolution. December 2, 2019. Disponível em: https://www.weforum.org/agenda/2019/12/davos-manifesto-2020-the-universal-purpose-of-acompany-in-the-fourth-industrial-revolution/. Acesso em: 13 mar. 2022.

## Legislação

1933 U.S. Securities Act.

Directive 2013/34/EU.

Directive 2014/95/EU.

Lei nº 10.406/2002 (Código Civil).

Lei nº 6.404/1976 (Lei das S.A.).

LOI nº 2019-486 (FR).

Projeto de Lei nº 3284, de 2021 (BR).

Regulation (EU) 2019/2088.

Regulation (EU) 2020/852.

UK Companies Act 2006.

UK Corporate Governance Code, 2018.

---

Informação bibliográfica deste texto, conforme a NBR 6023:2018 da Associação Brasileira de Normas Técnicas (ABNT):

VALERIANO, Giovana Martinez. A intrínseca relação entre negócio sustentável e a governança corporativa. *In*: BORGES DE PAULA, Marco Aurélio (Coord.). *A hora e a vez do ESG*: provocações e reflexões em homenagem a Ricardo Voltolini. Belo Horizonte: Fórum, 2023. p. 251-265. ISBN 978-65-5518-619-2.

# ABORDAGEM PRAGMÁTICA DA RESOLUÇÃO CVM Nº 59 E A MATERIALIDADE DAS INFORMAÇÕES ESG

FERNANDA SCHRAMM HOLANDA

## 1 Introdução

Quando a Resolução CVM nº 59 foi publicada, em dezembro de 2021, o então presidente da autarquia afirmou que a "reforma da Instrução 480 representa mais um marco da agenda de redução de custos de observância regulatória, com a simplificação e reestruturação de informações exigidas sem prejuízo do essencial para que investidores tomem decisões adequadas". A fala endereça um dos grandes problemas relacionados ao exercício de fiscalização do Estado: os altos custos operacionais inerentes ao cumprimento de obrigações burocráticas, sobretudo quando se considera a elaboração de formulários de referência com milhares de páginas e inúmeras informações duplicadas, que nem sempre satisfazem o interesse dos investidores.

Após um momento de inicial euforia, seguido de um crescente interesse pelo tema da sustentabilidade, chegamos a um ponto em que fica evidente a necessidade de qualificar a discussão e pensar de forma crítica sobre as tendências que se apresentam – sobretudo quando o discurso passa a se materializar no ambiente legislativo. Não se deve ignorar o potencial de geração de externalidades negativas de qualquer organização, seja pública ou privada, por mais genuíno que seja o compromisso com a sustentabilidade. Não encarar os impactos causados pela atividade empresarial ou a natural limitação de recursos necessários às estratégias de mitigação pode comprometer a credibilidade da agenda ESG.

Vale lembrar que as empresas são criadas a partir de determinado objeto social que viabiliza a obtenção de lucro. A sustentabilidade, enquanto capacidade de se manter ou conservar, é também uma preocupação sob o ponto de vista financeiro das organizações. A advertência é importante para evitar a percepção utópica de que todas as empresas têm condições de atender às propostas de regulamentação relacionada à sustentabilidade. Embora muitas consigam aliar as iniciativas ESG com a estratégia comercial – e até aumentar a sua rentabilidade em função desse compromisso –, é fato que os esforços destinados à mitigação dos impactos negativos causados pela organização não podem se sobrepor à atividade principal da empresa. Caso contrário, corre-se o risco de comprometer a sustentabilidade da própria empresa.

Pelo mesmo motivo, é fundamental que eventuais exigências regulatórias considerem o grau de consistência que se espera das organizações. Não parece produtivo que as empresas inflem suas áreas internas de sustentabilidade e invistam montantes significativos com consultorias se essas atividades não puderem ser mantidas no longo prazo. A proteção ao meio ambiente e aos direitos humanos e a governança corporativa são temas importantes e definitivos, que não podem ser tratados com a efemeridade de uma "onda". Justamente por isso é necessário pensar de forma pragmática e contínua sobre as inovações regulatórias relacionadas à temática ESG, buscando mensurar os resultados obtidos a partir das exigências e expectativas impostas às organizações.

É fato que consumidores e investidores têm feito uma opção cada vez mais clara por marcas que encaram a responsabilidade corporativa com seriedade. Embora não seja simples definir o que caracteriza uma atividade como sustentável, é fato que a divulgação de dados reduz as assimetrias informacionais e permite que o mercado tome decisões mais conscientes. Por isso, faz sentido exigir que as empresas deem transparência sobre os impactos positivos e negativos de suas atividades.

Não se pode perder de vista, porém, que qualquer demanda por maior transparência precisa levar em consideração que a informação custa caro para ser produzida e processada. Para divulgar informações, a empresa precisa primeiro coletar os dados, o que consome recursos da organização e dos gestores, sobretudo se considerados os riscos de responsabilização caso os registros não sejam precisos.[1] Os investidores também enfrentam limitações na capacidade de processar informações. O risco de responsabilidade por omissões ou distorções insignificantes pode fazer com que as organizações divulguem uma enxurrada de informações irrelevantes aos acionistas, com maior potencial para comprometer a tomada de decisão do que facilitar o processo.

A Resolução CVM nº 59 foi editada com o propósito de simplificar a divulgação de informações e eliminar redundâncias, permitindo que os dados sejam complementados com referências cruzadas a outros documentos já disponibilizados pelas organizações no *site* da própria autarquia.[2] O objetivo do presente artigo é analisar alguns avanços e vulnerabilidades identificados neste movimento regulatório.

## 2 Retrospectiva normativa: obrigação de divulgar informações relacionadas à agenda ESG

A crescente demanda pela divulgação de informações relacionadas aos compromissos socioambientais assumidos pelas organizações tem como um dos principais marcos a publicação do reporte *Who Cares Wins*, elaborado em 2004 pelo Pacto Global da ONU, com suporte financeiro do governo suíço, e publicamente endossado por mais de 20 instituições financeiras responsáveis pela gestão de mais de 6 trilhões de dólares[3]. O reporte tinha como um dos seus objetivos desenvolver diretrizes e recomendações sobre como integrar questões relacionadas ao meio ambiente (*environmental*); ao meio social (*social*) e à governança corporativa (*governança*), na gestão de ativos e serviços de corretagem no mercado de capitais. Daí a origem do termo ESG, bastante vinculada ao setor financeiro.

Internacionalmente, o movimento de divulgação de informações relacionadas à agenda ESG começou com o desenvolvimento de uma

---

[1] Nos termos do art. 60 da Instrução CVM nº 480/2009, constitui infração grave "a divulgação ao mercado ou entrega à CVM de informações falsas, incompletas, imprecisas ou que induzam o investidor a erro".

[2] Citam-se, como exemplo, as informações referentes à governança corporativa, que podem ser encontradas em políticas já divulgadas pelas empresas e que não agregam valor aos formulários de referência.

[3] UN GLOBAL PACT. *Who cares wins*: connecting financial markets to a changing world. Disponível em: https://www.ifc.org/wps/wcm/connect/de954acc-504f-4140-91dc-d46cf063b1ec/WhoCaresWins_2004.pdf?MOD=AJPERES&CVID=jqeE.mD. Acesso em: 21 jan. 2023.

estrutura voluntária de reporte, conhecida como GRI (*Global Reporting Initiative*),[4] que foi seguida de outros padrões e metodologias de relatório. Nos últimos anos, o trabalho da organização *Task Force on Climate-related Financial Disclosures* (TCFD) fomentou um impulso regulatório para aprimorar os métodos de divulgação, visando à consistência e comparabilidade das informações apresentadas aos investidores.[5]

A obrigação de divulgação de indicadores ESG é uma realidade para as empresas listadas no âmbito da União Europeia desde 2018, quando passou a vigorar a Diretiva 2014/95/EU, regulamentando a divulgação dos riscos de sustentabilidade dos investimentos.[6] Mais recentemente, em novembro de 2022, foi publicada a proposta de diretiva do Conselho Europeu sobre *due diligence* e sustentabilidade corporativa, propondo padrões de requisitos ambientais e humanitários a serem analisados pelas empresas na avaliação de seus fornecedores e parceiros comerciais.[7]

A diretiva estabelece obrigações de divulgação de pesquisas e verificações (devidas diligências) que devem ser realizadas por grandes empresas como forma de reduzir os impactos adversos reais e potenciais sobre os direitos humanos e o meio ambiente, não só em decorrência de suas atividades, mas de toda a sua cadeia de fornecedores. A proposta também é mais clara sobre as penalidades aplicáveis e sobre a responsabilidade civil das empresas, prevendo o dever de indenização (*full compensation*) daqueles eventualmente prejudicados pela falha da empresa no dever de promoção da devida diligência, em matéria ambiental ou de direitos humanos.

A *Securities and Exchange Commission* (SEC) também publicou uma proposta de divulgação climática obrigatória, em março de 2022, noticiando que passaria a incluir a necessidade de divulgação de dados relacionados aos impactos climáticos nos relatórios anuais emitidos

---

[4] Disponível em: https://www.globalreporting.org/.
[5] Para mais informações, ver: https://www.fsb-tcfd.org/.
[6] Diretiva 2014/95/UE do Parlamento Europeu passou a ser aplicável a partir do exercício financeiro de 2017, nos termos do art. 4º (Disponível em: https://eur-lex.europa.eu/legal-content/EN/TXT/?uri=CELEX%3A32014L0095).
[7] COUNCIL OF THE EUROPEAN UNION. *Proposal For a Directive of the European Parliament and of the Council on Corporate Sustainability Due Diligence and amending Directive (EU) 2019/1937*. Disponível em: https://data.consilium.europa.eu/doc/document/ST-15024-2022-REV-1/en/pdf. Acesso em: 8 jan. 2023.

pelas empresas de capital aberto.[8] A proposta de aprimoramento e padronização das divulgações relacionadas ao clima exigiria que as empresas de capital aberto esclareçam de que forma estão medindo e gerenciando os riscos financeiros associados às mudanças climáticas – incluindo riscos físicos para ativos decorrentes da maior frequência e severidade de eventos extremos, riscos de transição regulatória, tecnologia e preferências do consumidor.

Diversas empresas já fazem a opção pela divulgação voluntária, mesmo antes das referidas propostas – uma reposta que mistura autorregulação e atendimento das expectativas do mercado. Porém, a falta de regulamentação resulta em informações fragmentadas e impossíveis de serem comparadas, o que pode comprometer a capacidade decisória dos investidores e pode levar à incorreta precificação de ativos e oportunidades financeiras. Nesse cenário, são os investidores que arcam com os custos necessários para processar as informações divulgadas – o que nem sempre é viável.

No Brasil, a Resolução CVM nº 59 foi publicada em dezembro de 2021, impondo às empresas o dever de apresentar informações relacionadas a aspectos ambientais, sociais e de governança corporativa nos seus informes corporativos. O objetivo é, além de garantir o acesso à informação por parte dos investidores, propor um arcabouço mínimo de dados que devem ser padronizados, além de evitar o excesso e desorganização de informações, permitindo que as empresas façam referências cruzadas a outros documentos já apresentados à autarquia e disponíveis à sociedade.

A Resolução CVM nº 59 exige que todas as empresas listadas no mercado de capitais brasileiro passem a incluir nos seus formulários de referência – de divulgação anual obrigatória – informações relacionadas à governança corporativa, direitos humanos e meio ambiente, além da adoção de práticas voltadas à gestão de riscos. Em linhas gerais, a norma prevê que as empresas devem informar:

---

[8] SEC. *The Enhancement and Standardization of Climate-Related Disclosures for Investor*. Disponível em: https://www.sec.gov/rules/proposed/2022/33-11042.pdf. Acesso em: 18 jan. 2023.

| | |
|---|---|
| Item 1.9.a | Se divulgam dados ESG no relatório anual ou em algum outro documento específico publicado pelo emissor. |
| Item 1.9.b | A metodologia ou padrão seguidos na elaboração do relatório ou documento. |
| Item 1.9.c | Se o relatório ou documento é auditado ou revisado por entidade independente. |
| Item 1.9.d | A página da rede mundial de computadores onde o relatório ou documento pode ser encontrado. |
| Item 1.9.e | Se o relatório ou documento produzido considera a divulgação de matriz de materialidade e indicadores-chave de desempenho (KPIs) ESG, e quais são os indicadores materiais para o emissor. |
| Item 1.9.f | A consideração dos Objetivos de Desenvolvimento Sustentável (ODS) estabelecidos pela Organização das Nações Unidas e a indicação de quais ODS são materiais para o negócio do emissor. |
| Item 1.9.g | Se o relatório ou documento considera as recomendações da Força-Tarefa para Divulgações Financeiras Relacionadas às Mudanças Climáticas (TCFD) ou recomendações de divulgações financeiras de outras entidades reconhecidas e que sejam relacionadas a questões climáticas. |
| Item 1.9.h | Se o emissor realiza inventários de emissão de gases do efeito estufa, indicando, se for o caso, o escopo das emissões inventariadas na rede mundial de computadores onde informações adicionais podem ser encontradas. |
| Item 2.10.d | Oportunidades inseridas no plano de negócios do emissor relacionadas a questões ESG. |
| Item 4.1, j, k e l | Fatores de risco com potencial de influenciar a decisão de investimento, abarcando de forma apartada questões sociais, ambientais e climáticas. |
| item 7.1, d | Informações sobre a composição do corpo dos órgãos de governança, considerando gênero, cor, raça ou qualquer outro atributo de diversidade. |
| item 7.1, d | O papel dos órgãos de administração na avaliação, gerenciamento e supervisão dos riscos e oportunidades relacionados ao clima (item 7.1, d), o que tem implicação direta sobre a esfera de responsabilidade do corpo diretivo. |
| item 7.2, c | Existência de canais internos de comunicação para que questões críticas relacionadas a temas e práticas ESG e de conformidade cheguem ao conhecimento do conselho de administração. |
| item 8.1, c | Indicadores de desempenho levados em consideração no cálculo da remuneração dos membros dos órgãos de governança, incluindo os indicadores ligados a questões ESG. |

O item 4.1. do Anexo X da Resolução CVM nº 59 determina que as empresas devem "descrever os fatores de risco com efetivo potencial de influenciar a decisão de investimento". Na nota 18, a norma esclarece que os riscos devem considerar tanto a

> perspectiva financeira, cuja ênfase recai no potencial impacto sobre o valor do emissor, *quanto a perspectiva dos impactos externos causados pelo emissor, não apenas sobre investidores, mas também sobre terceiros como cidadãos, consumidores, empregados, comunidades*. (Grifos nossos)

A previsão, além de se afastar da perspectiva financeira tradicionalmente gerenciada pela CVM, é abrangente e não detalha quais são os impactos externos que devem ser considerados pelo emissor para determinar o que deve ou não ser divulgado, conforme será detalhado a seguir.

## 3 Abordagem pragmática sobre o conteúdo da Resolução CVM nº 59

O pragmatismo jurídico é uma terminologia "comumente empregada para compreende o Direito do ponto de vista comportamental, tornando-se desapegado da mera teoria e ou de conceitos e meras abstrações. Declarar-se pragmático engloba ser atento às consequências práticas".[9] A corrente teórica que propugna uma abordagem mais próxima da realidade sugere a adoção de três perspectivas específicas para a interpretação das normas jurídicas e aplicação do direito: (i) *contextualismo*, segundo o qual a aplicação do direito deve levar em consideração o contexto no qual o problema está inserido; (ii) *consequencialismo*, que incentiva o aplicador do direito a considerar possíveis alternativas, testar cada proposição mediante a antecipação de resultados e optar pela decisão que forneça consequências mais vantajosas à população; e (iii) *antifundacionalismo*, que rejeita a resolução de problemas práticos pela mera aplicação de institutos jurídicos abstratos, naturalmente afastados da realidade.

A perspectiva pragmática, além de conveniente à aplicação do direito, traz benefícios à função legislativa, inclusive quando exercida

---

[9] OLIVEIRA, Gustavo Justino de. *Direito administrativo pragmático*. Rio de Janeiro: Lumen Juris, 2020.

pelo poder regulador, o que se enquadra no âmbito de atuação da CVM. Defende-se, sob essa perspectiva, que a imposição de novas obrigações aos regulados considere as suas respectivas consequências aos regulados e à sociedade – custos, incentivos e resultados. A busca pela

> qualidade regulatória representa um dever estatal que decorre do princípio da eficiência consagrado no art. 37, caput, da CRFB, relaciona-se com a concretização das finalidades estatais elencadas pelo texto constitucional e, por consequência, com a satisfação das necessidades da população.[10]

Daí porque o ordenamento brasileiro passou a exigir a realização da Análise de Impacto Regulatório (AIR) prévia à imposição de novas obrigações pelos entes reguladores, na tentativa de reduzir assimetrias e racionalizar a atividade estatal.

A obrigação de publicação de formulário de referência com o objetivo de apresentar informações relevantes aos acionistas sobre os negócios e resultados das empresas já é uma realidade conhecida pelas organizações. Para garantir que as informações reflitam a realidade, o documento deve ser atualizado anualmente, refletindo os resultados do último exercício social. A novidade introduzida pela Resolução CVM nº 59 é a inclusão de informações ESG e quais são os "indicadores materiais" considerados pelo emissor.

As exigências relacionadas à divulgação de informações ESG têm sido cada vez mais frequentes e detalhadas – embora não haja um padrão ou uniformidade. Declarações de grandes gestores de fundos de investimento são vistas como catalisadores ainda mais potentes do que os órgãos reguladores para que as empresas se dediquem a divulgar aos investidores e à sociedade o seu compromisso com questões sociais e ambientais. Na última carta divulgada aos CEOs, o líder da BlackRock, gestora multinacional de investimentos, enfatizou o poder do "capitalismo de *stakeholders*" e a importância de aliar a busca por lucros a estratégias sustentáveis que considerem desde a saúde mental dos empregados às metas de descarbonização.[11]

---

[10] OLIVEIRA, Rafael Carvalho Rezende. Análise de impacto regulatório e pragmatismo jurídico. *RDDA*, v. 8, n. 2, 2021. p. 141.

[11] Ao final da carta, o Executivo exorta a importância da divulgação de resultados e estratégias por parte das organizações: "Como administradores do capital de nossos clientes, pedimos que as empresas demonstrem como elas assumirão sua responsabilidade com os acionistas,

A mensagem que se pretende passar é clara: a decisão pela alocação de recursos levará em consideração o compromisso público com as diretrizes ESG. A divulgação é um elemento-chave: as empresas são compelidas a demonstrar publicamente a aderência à pauta. O *disclosure* supostamente espontâneo conta com grande pressão do mercado e é evidenciado em relatórios de sustentabilidade e em estratégias de *marketing* – muitas vezes não refletidas em medidas internas capazes de gerar um real impacto. Segundo a retrospectiva crítica do ex-BlackRock, Tariq Fancy, "parecia um pouco bizarro voar em um jato particular buscando identificar produtos de investimento de baixo carbono".[12]

Entre as inúmeras suspeitas levantadas, o autor alerta para os riscos da falta de padronização e consequente confiabilidade das divulgações ESG. A utilização de conceitos amplos e metodologias distintas impede que investidores comparem as estratégias e os compromissos socioambientais assumidos, permite a divulgação seletiva de indicadores ESG e até mesmo a manipulação dos dados – o já anunciado *greenwashing*.[13] De fato, sem uma mínima padronização de critérios, a comparação entre os melhores investimentos sob a perspectiva ambiental é inviabilizada. O ideal, então, seria o estabelecimento de critérios objetivos para a divulgação de informações sustentáveis por parte das organizações.

Porém, a solução encontra um óbice aparentemente intransponível: embora todas as empresas lidem com aspectos socioambientais em alguma escala, é evidente que os indicadores podem ser significativamente diferentes, a depender, por exemplo, da atividade econômica, da localização geográfica e do tamanho da organização. Os riscos inerentes ao setor de energia, saúde, tecnologia e varejo, por exemplo, são muito distintos e é difícil imaginar um conjunto de métricas objetivas capazes de uniformizar as informações relevantes para todas as organizações.

Afora isso, ainda que sigam metodologias internacionalmente reconhecidas – como é o caso do GRI ou dos *standards* recentemente

---

inclusive por meio de práticas e políticas ambientais, sociais e de governança sólidas" (Disponível em: https://www.blackrock.com/br/2022-larry-fink-ceo-letter).

[12] FANCY, Tariq. The Secret Diary of a 'Sustainable Investor' – Part 1. *Medium*. Disponível em: https://medium.com/@sosofancy/the-secret-diary-of-a-sustainable-investor-part-1-70b6987fa139. Acesso em: 20 jan. 2023.

[13] ROSE, Amanda. A response to calls for SEC-Mandate ESG disclosue Amanda M. Rose, A Response to Calls for SEC-Mandated ESG Disclosure *Wash. U. L. Rev.*, 98, 1821 2021. Disponível em: https://openscholarship.wustl.edu/law_lawreview/vol98/iss6/10. Acesso em: 20 jan. 2023.

divulgados pelo Banco Mundial em conjunto com as quatro grandes empresas de auditoria –,[14] os dados ESG divulgados em relatórios de sustentabilidade não têm como objetivo precípuo a demonstração da saúde financeira dos ativos e a divulgação de informações mais precisas aos investidores. Aliás, embora louvável, o compromisso com a sustentabilidade não necessariamente reflete a performance financeira das empresas.

O conceito de materialidade é um dos debates centrais sobre a divulgação de informações relacionadas à sustentabilidade. Qualitativamente, "uma informação é considerada financeiramente material se a sua omissão ou distorção influenciar a decisão econômica tomada pelos usuários dos relatórios (ou seja, os investidores)". A proposta é que a materialidade seja utilizada como um filtro para indicar quais informações são consideradas relevantes – ou materiais – a ponto de serem incluídas nos reportes ao mercado. Apesar das inúmeras tentativas de conceituar o termo, é fato que a materialidade financeira dos indicadores ESG varia de acordo com o setor da indústria e com o objetivo dos investidores. Nesse ponto, há um risco de que a exigência de divulgação de informações pela CVM não traga os resultados anunciados e acabe desvirtuando a essência da autarquia que, como já dito, pode ser vista como instrumentos de formulação de políticas públicas.

A inclusão de requisitos que devem ser incluídos nos formulários de referência por todas as empresas listadas pode ser um primeiro passo para evitar a divulgação de informações que diferem em conteúdo, formato e complexidade, o que impede que os *stakeholders* analisem a performance das empresas em termos de sustentabilidade. Porém, para se alcançar um cenário em que os investidores tenham condições, de fato, de comparar essa performance e tomar uma decisão consciente, é fundamental definir uma série de conceitos abertos que foram propostos pela regulação. Cita-se, como exemplo, a referência a "indicadores materiais" e "impactos externos".

A Resolução CVM nº 59 não foi precedida de análise de impacto regulatório. Embora a intenção seja boa, não se sabe se a inclusão de informações que supostamente deveriam evidenciar o compromisso

---

[14] THE WORLD BANK. *World Bank Releases Guide for Sovereign Issuers to Engage with Investors on Environmental, Social and Governance (ESG) Issues*. Disponível em: https://www.worldbank.org/en/news/press-release/2020/11/08/world-bank-releases-guide-for-sovereign-issuers-to-engage-with-investors-on-environmental-social-and-governance-esg-issues. Acesso em: 18 jan. 2023.

ESG das organizações vai, de fato, reduzir a assimetria entre emissores e investidores. A mera divulgação de um volume imenso de informações, que podem ser imprecisas e indefinidas, tem o condão de produzir o efeito inverso: causar ainda mais confusão ao investidor. Os recentes escândalos relacionados à inconsistência de resultados financeiros divulgados por grandes corporações aumentam a desconfiança nos reportes de mercado. O que garante que a informação publicada por uma empresa, mesmo após auditoria externa, reflete, de fato, os resultados alcançados? As brechas de interpretação sobre a forma e conteúdo das informações cuja divulgação se impõe são uma ferramenta necessária para permitir o reporte ou uma fragilidade que precisa ser mais bem endereçada pelos órgãos reguladores?

Ao que tudo indica, a imposição do dever de divulgar informações relacionadas à agenda ESG que considere os *impactos externos* causados pelo emissor, sem uma definição precisa do que significa esse impacto externo, parece ser uma tentativa de satisfazer expectativas da sociedade e das partes interessadas – mas que não necessariamente guarda relação com a proteção dos investidores.[15] Ao que tudo indica, a CVM parece estar se ajustando a uma tendência já iniciada pelo mercado, mas que não necessariamente se coaduna com o seu propósito institucional.

A Resolução CVM nº 59 tem o potencial de endereçar pelo menos um dos problemas: permitir que os emissores *expliquem* por que não divulgam determinadas informações ou não adotam práticas que supostamente fomentam os padrões ESG. Ou seja, não há uma obrigação irrestrita e generalizada de divulgação de informações ou de adoção das rotinas de gestão sugeridas pela norma. As empresas podem – e devem – esclarecer que determinados indicadores não guardam pertinência com as atividades exercidas e que por isso não foram considerados na sua estratégia interna.

---

[15] Conforme declarado pela própria autarquia, a CVM, nos termos da Lei nº 6.385/1976, "surgiu com vistas ao desenvolvimento de uma economia fundamentada na livre iniciativa, e tendo por princípio básico defender os interesses do investidor, especialmente o acionista minoritário, e o mercado de valores mobiliários em geral" (Disponível em: https://www.gov.br/cvm/pt-br/acesso-a-informacao-cvm/servidores/estagio/2-materia-cvm-e-o-mercado-de-capitais#:~:text=Ao%20eleger%20como%20objetivo%20b%C3%A1sico,dispers%C3%A3o%20da%20renda%20e%20da).

## 4 Perspectivas futuras

Embora não se possa prever como a norma será aplicada, o modelo proposto – comumente referenciado como "pratique e explique" – permite que a CVM adote um viés bastante pragmático: reconhecendo as boas práticas relacionadas aos temas ESG e incentivando a transparência, sem descurar das diferentes realidades vivenciadas pelas organizações. A aplicação da norma jurídica passa a ser voltada aos resultados produzidos, tornando o direito mais próximo das necessidades da sociedade. Evita-se, com isso, a mera reprodução de informações e políticas internas sem qualquer serventia – o chamado *check-the-box*. A possibilidade de justificar a inaplicabilidade de determinados parâmetros abre um caminho para o diálogo público-privado e para o amadurecimento do tema, com o potencial de aprimoramento dos critérios de avaliação que serão utilizados pela autarquia. O *explique* tem importância fundamental nessa abordagem, pois permite que a CVM aprenda e amadureça os critérios de avaliação a partir da observação das diferentes metodologias adotadas pelas organizações.

A propósito, não se pode desconsiderar que a exigência de divulgação de indicadores socioambientais traz consigo uma contrapartida pública já bastante conhecida: a escassez de recursos. Ao prever novas exigências de divulgação por parte das empresas, a CVM deve estar preparada para garantir a conformidade das obrigações e a possibilidade de auditar – ainda que por amostragem – os dados fornecidos. O ideal é que a implementação de novas exigências acompanhe a capacidade de atuação do ente, por mais gradual que seja.

Assim, com o natural acúmulo de experiência, a CVM poderia divulgar novas orientações sobre indicadores ESG segmentadas por setores ou que levem em consideração o contexto e a estrutura das organizações. Reconhecer que não há condições de estabelecer critérios mais objetivos no momento atual não inviabiliza que as exigências sejam aprimoradas no futuro. A perspectiva pragmática sugere que o direito privilegie a realidade, levando em consideração as limitações inerentes ao determinado contexto.

Os desafios inerentes à adoção de critérios puramente objetivos não impedem a existência de diretrizes mínimas, que viabilizem um mínimo de confiabilidade e potencial de comparação. O pragmatismo jurídico permite que o operador do direito escape de uma aparente encruzilhada: ou se estabelecem critérios objetivos para a aferição das métricas ESG ou as empresas devem ter liberalidade para divulgar as informações da forma que melhor lhes aprouver.

A finalidade dos formulários de referência deve servir como norte para escapar dos extremos: as empresas devem ser compelidas a divulgar informações que assegurem a proteção dos investidores. Se uma informação é irrelevante para esse fim, ainda que possa ser socialmente interessante, a empresa não deve ser obrigada a arcar com os custos da coleta, processamento e divulgação dos dados – a menos que haja lei específica nesse sentido.

Ou seja, se a Resolução CVM nº 59 for interpretada sob a perspectiva pragmática, considerando o contexto socioeconômico e buscando um incremento dos resultados, abre-se uma possibilidade de construção público-privada para que as empresas passem a divulgar informações orientadas ao interesse dos investidores, dentro dos parâmetros de razoabilidade. Se, por outro lado, a abordagem for essencialmente sancionadora, centrada em punir as empresas que não tenham apresentado as informações solicitadas, é bem possível que a imposição represente mais um requisito burocrático e um incentivo para que as empresas burlem a exigência regulatória.

## Referências

COUNCIL OF THE EUROPEAN UNION. *Proposal For a Directive of the European Parliament and of the Council on Corporate Sustainability Due Diligence and amending Directive (EU) 2019/1937*. Disponível em: https://data.consilium.europa.eu/doc/document/ST-15024-2022-REV-1/en/pdf. Acesso em: 8 jan. 2023.

FANCY, Tariq. The Secret Diary of a 'Sustainable Investor' – Part 1. *Medium*. Disponível em: https://medium.com/@sosofancy/the-secret-diary-of-a-sustainable-investor-part-1-70b6987fa139. Acesso em: 20 jan. 2023.

OLIVEIRA, Gustavo Justino de. *Direito administrativo pragmático*. Rio de Janeiro: Lumen Juris, 2020.

OLIVEIRA, Rafael Carvalho Rezende. Análise de impacto regulatório e pragmatismo jurídico. *RDDA*, v. 8, n. 2, 2021.

PARLAMENTO EUROPEU. *Diretiva 2014/95/UE*. Disponível em: https://eur-lex.europa.eu/legal-content/EN/TXT/?uri=CELEX%3A32014L0095. Acesso em: 8 jan. 2023.

ROSE, Amanda. A response to calls for SEC-Mandate ESG disclosue Amanda M. Rose, A Response to Calls for SEC-Mandated ESG Disclosure *Wash. U. L. Rev.*, 98, 1821 2021. Disponível em: https://openscholarship.wustl.edu/law_lawreview/vol98/iss6/10. Acesso em: 20 jan. 2023.

SEC. *The Enhancement and Standardization of Climate-Related Disclosures for Investor*. Disponível em: https://www.sec.gov/rules/proposed/2022/33-11042.pdf. Acesso em: 18 jan. 2023.

THE WORLD BANK. *World Bank Releases Guide for Sovereign Issuers to Engage with Investors on Environmental, Social and Governance (ESG) Issues*. Disponível em: https://www.worldbank.org/en/news/press-release/2020/11/08/world-bank-releases-guide-for-sovereign-issuers-to-engage-with-investors-on-environmental-social-and-governance-esg-issues. Acesso em: 18 jan. 2023.

UN GLOBAL PACT. *Who cares wins*: connecting financial markets to a changing world. Disponível em: https://www.ifc.org/wps/wcm/connect/de954acc-504f-4140-91dc-d46cf063b1ec/WhoCaresWins_2004.pdf?MOD=AJPERES&CVID=jqeE.mD. Acesso em: 21 jan. 2023.

---

Informação bibliográfica deste texto, conforme a NBR 6023:2018 da Associação Brasileira de Normas Técnicas (ABNT):

HOLANDA, Fernanda Schramm. Abordagem pragmática da Resolução CVM nº 59 e a materialidade das informações ESG. *In*: BORGES DE PAULA, Marco Aurélio (Coord.). *A hora e a vez do ESG*: provocações e reflexões em homenagem a Ricardo Voltolini. Belo Horizonte: Fórum, 2023. p. 267-280. ISBN 978-65-5518-619-2.

# GOVERNANÇA DA ÉTICA: CONSELHOS COMO GUARDIÕES EFICAZES DA PERENIDADE DAS EMPRESAS

PAULO ROBERTO ESTÊVES GRIGOROVSKI

## 1 Introdução

Nas últimas décadas, continuamos vendo empresas ruindo por problemas não capturados por reguladores ou pela governança vigente: Worldcom, Enron, Arthur Andersen, Investment Securities de Bernard Madoff, as empresas X de Eike Batista, Sadia e Parmalat. Mais recentemente, no Brasil, o caso Americanas e das vinícolas do Sul e no exterior, a falência de bancos como o Silicon Valley Bank, Signature e Credit Suisse (que teve que fundir com o UBS), parecem verdadeiros AIRBUS A380, aviões de última geração, caindo ao chão e nos deixando com as seguintes perguntas: qual foi a principal causa da queda e como evitá-la?

Quando um avião cai, a culpa não reside normalmente em um evento apenas, e sim em uma sucessão de problemas: o tempo estava ruim, algo mecânico colapsou e erros humanos foram cometidos. Nos casos das empresas acima, podemos culpar a auditoria externa, escolher alguém interno para responsabilizar, jogar pedras na tecnologia, processos ou na regulação, mas o fato é que esses são efeitos secundários e não a causa da queda do avião. Ao perguntarmos vários "porquês", vamos chegar a elementos mais profundos e anteriores às ações percebidas: propósito, cultura (valores) e incentivos.

Os conselhos, como instituições de governança, precisam salvaguardar a perenidade das empresas. E não há outro caminho senão o de verificar continuamente se o propósito, cultura (valores) e incentivos estão alinhados na direção correta, de acordo com o princípio norteador da ética. Sem isso, não é possível alcançar ESG verdadeiro e sustentável. Mas será que os conselhos possuem todas as ferramentas para essa missão? Em caso negativo, quais deveriam ser nossas prioridades para que isso seja viável?

## 2 Breve contexto: entre dinossauros e camaleões, destacam-se as fênix

Houve inequívocos avanços nas pautas relacionadas ao ESG no Brasil e no mundo, em parte, pois há mudanças geracionais e culturais intensas na sociedade e os saltos de inovação permitiram às empresas, em especial, *startups* e *scaleups*, oferecerem novas propostas de valor como resposta às mudanças. As grandes empresas, por sua vez, tiveram que se mexer mais fortemente e abraçar a causa, para de um lado mitigarem o risco de sucumbir e de outro aproveitar uma avenida de crescimento advinda das mudanças e da inovação.

Mas há ainda hoje os que não compreenderam que o mundo mudou e mudará ainda mais, pela entrada de novas gerações no mercado de trabalho e no mercado consumidor: Y, Z, Alpha etc. Essas empresas estão na retaguarda do processo competitivo, e não percebem, até o momento em que a busca da eficiência não conseguirá mais suplantar a falta de propósito e valores que se conectem com tais gerações. Esse tipo de empresa, caracterizada pelo arquétipo do dinossauro, ainda trabalha apenas com missão/visão e valores ou acredita que ESG é só um jeito diferente de falar sobre responsabilidade social e ambiental corporativa.

Há ainda um outro arquétipo, o do "camaleão". São empresas que entenderam que a mudança é um fato, mas sabem que é difícil mudar na essência. Assim, apenas ajustam suas cores ao novo cenário, misturando-se ao movimento e torcendo para que não sejam percebidos. Esse é o tipo de empresa que pratica o *greenwashing*, fazendo uso do *marketing*, discursos e propagandas que não se sustentam com o tempo. Possuem lindos manifestos, mas a leitura atenta dos seus propósitos ou a verificação na prática de seus valores mostrará que se trata apenas de uma leve casca, facilmente quebrada, pois não é algo vivenciado, praticado, liderado pelas pessoas na empresa e consequentemente não faz parte da cultura.

No meio das cinzas desse ecossistema, que queima valor, emerge um outro tipo de empresa, cujo arquétipo melhor caracterizado seria o de fênix. Ela entende que "if cash is the king, purpose is the kingdom". Ou seja, ela possui um propósito para sua existência, resolver um problema da sociedade, expresso através de dores dos seus clientes e demais *stakeholders*. A sustentabilidade da empresa reside na geração de valor, não só ao acionista, mas a todos os *stakeholders (clientes, parceiros, meio ambiente, governo, sociedade etc.)*. Ao fazer uso de um modelo de geração de valor e não de extração de valor, a empresa social cria as bases para sua sustentabilidade, desde que entenda continuamente o que é percebido como valor para cada um. E com esse propósito, cria valores sólidos que sustentam a entrega do mesmo, criando um jeito único de resolver as dores de seus clientes e *stakeholders*. Por fim, desenvolve incentivos mais intrínsecos do que extrínsecos, estimulando e reforçando a cultura e o propósito e evitando desvios perigosos de rota.

## 3 Propósito, cultura (valores) e incentivos

Esse tripé é o que sustenta e potencializa verdadeiramente a perenidade dos negócios, bem como o ESG nas empresas. Sem sonho que inspire, valores que permitam a correta execução e incentivos que acelerem o processo sem deturpá-lo, não existe perenidade nem ESG. Vamos entender melhor os motivos dessa afirmação.

## 4 Propósito: sonho que inspira a transformação

Propósito não é missão/visão/valores escritos de uma outra maneira. Propósito tem o objetivo de dar a direção, mas de ir além, de convidar à realização. É uma bússola inspiracional e aspiracional. Nesse sentido, precisa ser vivenciado (*walk the talk*) e está sempre em evolução. Assim, difere muito do quadro estático de missão/visão/valores que fica na parede. Ele convida todos a agir e realizar. É movimento.

Além de tudo isso, a importância do propósito reside no porquê a empresa existe e para quem ela serve. O propósito precisa ser claro, incentivar e recompensar os comportamentos adequados ao seu atingimento, e conectar o time, soluções e estratégia, para ser efetivo. Um propósito mal endereçado pode direcionar a empresa para um caminho da não perenidade. Daí sua importância derradeira. Por isso, é papel dos *founders* e das principais lideranças buscar construir um propósito inspirador e na direção correta para gerar valor aos seus *stakeholders*.

Contudo, cabe aos conselheiros, e ao conselho, seja ele consultivo ou de administração (sem esquecer do fiscal e de família), zelar pelo respectivo tema. Isso significa que se a empresa não tem ainda um propósito, cabe aos conselheiros recomendar que os executivos o construam. Se a empresa já tem um propósito, mas esse não inspira ou não orienta para a direção correta, cabe aos conselheiros evidenciar isso e pedir uma avaliação e revisão interna ou externa. É sim, papel do conselho aconselhar em tema tão relevante, mas delicado, pois mexe com o sonho dos fundadores e principais lideranças.

E mesmo tendo o propósito bem endereçado, isso não é condição suficiente para a perenidade de um negócio. Esse sonho pode ser transformado em pesadelo se não houver os *guard-rails* corretos. Por isso, precisamos falar de valores e da cultura.

## 5 Cultura derruba avião

Malcom Gladwell (2008), em seu livro *Outliers*, aponta um fator-chave que seria responsável por recordes em acidentes aéreos: cultura. Ele nos conta o caso em que a Korean Airlines, companhia aérea que era recordista mundial em acidentes aéreos, inverteu esse cenário ao proibir falar coreano e instituir o inglês entre os pilotos no *cockpit* do avião. A cultura coreana é muito baseada na hierarquia e esse respeito exagerado aos superiores prejudicaria a comunicação dos problemas entre piloto e copiloto, a ponto de se acumularem e levarem à queda do avião.

De uma maneira bem simplificada, cultura é o jeito único pelo qual uma empresa faz algo e é composta por valores que expressam essa maneira especial de produzir bens e serviços. Sua importância é tamanha que a ausência ou existência explícita de determinados valores pode ser definidora da autoperpetuação ou autodestruição de uma companhia. É apenas uma questão de tempo.

Além da ausência de valores explícitos, vale destacar também a importância em se avaliar a existência de *gaps* culturais, em que o que foi idealizado como valor essencial da companhia não está sendo praticado.

Por exemplo, uma empresa pode ter como valor a ética, mas permitir uma classificação diferente das regras contábeis vigentes? Pode mentir para fornecedores para obter vantagens, mesmo que a própria indústria faça isso? A resposta é um sonoro não. E se isso acontece, existe um *gap*.

Ética, por exemplo, é o valor que deveria estar presente explicitamente na cultura de todas as empresas hoje, se queremos uma sociedade melhor e uma empresa que gera valor a todos os seus *stakeholders*.

O tema de cultura parece muito etéreo e intangível e por isso muitas vezes pode ser negligenciado pelos conselhos. Contudo, é falsa a percepção de que ele não pode ser mensurado e de maneira frequente, como "pulsações" da cultura.

Existem empresas no mundo e no Brasil que são *benchmarks* no tema, com ferramentas capazes de medir e fazer a sua gestão. Entre elas, cito a Organizational Culture Profile (OCP), a Barret Values Center, e, no Brasil, a Team Culture.

A OCP é uma ferramenta de avaliação da cultura organizacional criada em 1991. Avalia a cultura de acordo com sete características culturais e, para tanto, faz uso de um questionário com 54 perguntas para gerar um perfil da cultura da empresa. Com isso, as lideranças e a alta direção da empresa conseguem ter um diagnóstico claro e traçar planos corretivos em relação à cultura.

O Barret Values Center é outra referência mundial e possui uma série de ferramentas, entre elas questionários que medem a cultura atual e o nível de entropia cultural, que é uma medida da desordem de uma cultura, avaliando sua saúde ou vitalidade. Com essas ferramentas é possível ter um diagnóstico claro da cultura da empresa e dos seus problemas, bem como de cada área, podendo ter uma atuação bem focada.

A Team Culture é uma HRTech brasileira, inspirada nas metodologias anteriores e com um diferencial bem interessante. Por ser uma *startup* de base tecnológica, desenvolveu uma metodologia capaz de realizar pulsações semanais da cultura e clima, sem repetir as perguntas, evitando a evasão ou vieses. Essa inovação permite aos gestores ter uma noção do clima e da cultura da empresa em *dashboards* na palma da mão, *on-line realtime*. Isso aumenta as chances de corrigir problemas com muito mais velocidade, antes que se transformem em focos de incêndio ao negócio. Entre as principais ferramentas, cito: alinhamento cultural (cultura desejada x cultura presente), cultura desfavorável (valores indesejados que estão presentes hoje na cultura da empresa) e nível de maturidade cultural (% de pessoas desengajadas até os altamente engajados).

Vimos que existem ferramentas no Brasil e no mundo que podem trazer uma visão clara, quantificada e segmentada da cultura aos conselhos. Cabe novamente aos conselhos e seus membros zelar pelos valores e pela cultura da companhia. Para tanto, fazer uso dessas ferramentas é algo imprescindível para o futuro dos negócios de suas companhias.

Assim, percebe-se que uma cultura que não tenha valores declarados e vivenciados favoráveis (especialmente norteados pela ética) não cria as condições para a perenidade de seu negócio, muito menos a existência de um ESG verdadeiro e sustentável. Sem esses *guard-rails*, de nada adianta o propósito.

Já uma cultura forte, baseada nos princípios éticos, extirpa comportamentos individuais inadequados, aumentando fortemente as chances de perenidade do negócio. Mas existe ainda algo que pode retirar o trem dos trilhos – incentivos mal definidos.

## 6 Incentivos: acelerando o sucesso ou o desastre

O terceiro pilar de sustentação de perenidade dos negócios e do ESG nas empresas é o de incentivos. Ele é um forte direcionador e catalisador da estratégia e de ações da empresa e, ao ter esse importante papel, pode também reforçar o propósito e valores ou deturpá-los parcial ou totalmente. Mas como isso acontece? É importantíssimo entender esse mecanismo.

A motivação interna é muito mais poderosa do que a externa. A frase "money talk, passion sings" expressa em Fernández-Aráoz e Rosmarin (2017), mostra claramente essa diferença de intensidade entre os tipos de motivação.

A motivação externa pode agir como um catalisador da motivação interna das pessoas certas, ou seja, capacitadas a desemprenhar suas funções e alinhadas com o propósito e valores da empresa. Mas se usada na direção oposta da motivação interna, ou seja, desalinhada com o propósito e valores da empresa, surge um enorme problema.

De acordo com Fernández-Aráoz e Rosmarin (2017), as pesquisas recentes da neurociência mostram que nosso cérebro possui um centro de motivações internas (altruísmo) separado do centro de motivações externas (principalmente incentivos financeiros). A parte do cérebro associada a incentivos financeiros é uma de suas partes mais primitivas, associada ao "lado selvagem", também conhecido como "centro do prazer", que está associada às sensações relacionadas a drogas, sexo e trapacear.

Esse centro de prazer não funciona ao mesmo tempo que o centro de altruísmo (motivações internas), ou seja, sempre um dos dois está no comando. E, quando confrontados, o centro de prazer tem a capacidade de "sequestrar" o centro de altruísmo e prevalecer. Assim, temos razões neurofisiológicas que explicam porque incentivos financeiros exagerados podem se sobrepor a motivações altruístas.

As empresas precisam estar convictas de que não exageraram nos incentivos financeiros, correndo o risco de terem anulados os impactos motivacionais e direcionais do seu propósito e de seus valores.

Novamente a importância dos conselhos aqui é fundamental. O conselho de administração, em especial, aprova os pacotes de remuneração da alta direção, balizador do restante da empresa. Possui um papel importante para evitar incentivos agressivos que anulem as motivações intrínsecas, existentes no propósito e na cultura favorável. Para tanto, deve fazer uso de *cases* de sucesso e fracasso existentes no mercado e estimular motivadores intrínsecos fortes, expressos na liderança e cultura. Novamente há formas de se medir isso e fazer a gestão, através de indicadores como o *employee NPS* (e-NPS) e o *leadership NPS* (l-NPS), que medem a percepção do empregado sobre a empresa e sobre sua liderança direta, fatores importantes de motivação intrínseca.

Em resumo, incentivos financeiros exagerados podem descarrilhar o trem e acelerá-lo direto ao precipício, mesmo com trilhos fortes e uma estação de destino inspiradora.

## 7 A ética como elemento transversal e primordial

Mas mesmo o propósito, os valores e os incentivos podem ser definidos de maneira a direcionar a empresa para a sua não perenidade. Será que existe algo que possa ser primordial, anterior ao propósito e valores e que norteie ambos, bem como as ações derivadas deles? Se tivéssemos que simplificar e escolher um princípio norteador, transversal a tudo, qual seria?

A resposta, a meu ver, seria a ética.

Não é objetivo deste artigo fazer um detalhamento sobre as diferentes escolas de pensamento e definições sobre ética. Para simplificar, quando falamos de ética, estamos nos referindo ao conceito mais próximo do "imperativo categórico" de Emmanuel Kant, ou seja, quando um indivíduo se encontrar diante de um dilema, sem saber o que seguir, ele deveria se perguntar: "seria bom para a sociedade se todos fizessem isso que pretendo fazer?". Se não for, você deveria evitar a ação.

Ao colocarmos a preocupação com o coletivo alinhada à ação individual, criamos um princípio norteador que potencializaria os impactos do propósito, cultura (valores), incentivos e liderança, todos alinhados na direção certa e sustentável. Seguindo esse princípio norteador, estaríamos gerando valor de maneira sustentável para os diversos grupos de interesse da empresa (capitalismo de *stakeholders*).

## 8 Ética na governança e conselhos

Existem aproximadamente mais de 45 mil empresas no Brasil que teriam condições para ter um conselho consultivo, mas a ampla maioria ainda não o implementou. Iniciativas como os programas de formação de *advisors* e conselheiros consultivos da Board Academy (Lean Governance e PFCC), Celint (PFC), Gonew.co (Conselheiro da Inovação) e Anjos do Brasil (Board Advisors) são importantes marcos na jornada de levar cada vez uma melhor governança e ética às *startups*, *scaleups* e empresas em geral. Tais programas formam conselheiros com as ferramentas para construir conselhos consultivos ou prestarem o papel de *advisor* aos empreendedores. Aqui, parabenizo os fundadores dessas empresas e iniciativas, que estão buscando transformar o ecossistema de inovação, PMEs e empresas familiares com governança proativa e sob medida, dentre eles, Farias Souza, Rafaela França, Eduardo Gomes, Cassio Spina, Wanderlei Passarella e Anderson Godz. Desejo que juntos possam unir forças e avançar muito mais.

Para empresas maiores, na sua grande maioria, já sociedades anônimas (S.A.), o conselho de administração e o conselho fiscal são os principais órgãos de governança (conjuntamente com os comitês temáticos específicos). Nesses casos, já existem normativas muito bem definidas, instituições existentes há décadas, como o Instituto Brasileiro de Governança Corporativa (IBGC), Fundação Dom Cabral (FDC) e Fundação Getúlio Vargas (FGV).

As normativas de governança corporativa, recentemente atualizadas pelo *Código de melhores práticas de governança corporativa* do IBGC, em sua 6ª edição, já são baseadas em 5 pilares, derivados de princípios éticos: integridade, transparência, equidade, responsabilização (*accountability*) e sustentabilidade.

Mas se esses princípios norteadores da governança seguem a ética, será que os conselhos já possuem as ferramentas adequadas para realizar o seu trabalho de maneira eficaz hoje? Como vimos ao longo desse material, a resposta é não. Nem todos os instrumentos que possam dar clareza aos conselheiros, hoje, são utilizados por eles para gerenciar os temas de propósito, cultura (valores) e incentivos, norteados pela ética.

A seguir, tentarei listar algumas propostas de melhoria que poderiam ser priorizadas para melhorar a governança, aumentar a perenidade das empresas e potencializar o ESG.

## 9 Recomendações

A) *Relatórios de aderência de valores (morais) e de cultura desfavorável*: como vimos, já existem empresas que fornecem esse tipo de serviço no Brasil e no mundo de maneira frequente, como pulsações semanais, e com visão segmentada por áreas, mostrando a visão do todo e das partes. Tais ferramentas precisam estar nas reuniões de conselho de maneira frequente e contínua, a fim de que os executivos mostrem não só o diagnóstico, mas o resultado de planos corretivos.

B) *Revisão dos incentivos de curto e longo prazo da companhia*: na busca do lucro ou redução de custos imediata, pode-se "errar na mão" nos incentivos e criar-se um passivo oculto para a empresa. O conselho precisa revisar e pode fazer uso de consultorias independentes para avaliar a situação. Os acionistas deveriam ter maiores informações, de preferência de uma consultoria externa, em reunião extraordinária para avaliarem e decidirem sobre os incentivos do conselho. E, por fim, deveriam ser avaliados os motivadores intrínsecos, via e-NPS e l-NPS, bem como seus respectivos planos de ação.

C) *Governança de incentivos*: será que já não sabemos o que constrói e o que destrói valor em longo prazo? Será que ter alguém na companhia que ganhe mais do que algumas centenas de vezes a remuneração média não pode se tornar um passivo oculto? Com certeza, existem *benchmarks* no Brasil e no mundo sobre os incentivos dados a funcionários, executivos e à alta direção da companhia. Então chegou a hora de dar transparência a isso, mostrar as empresas que adotam essas boas práticas e permitir que a sociedade e demais *stakeholders* possam cobrar dessas companhias ajustes. Quem pode fazer isso? Várias instituições relacionadas à governança, ESG e ética na sociedade.

D) *Potencializar o uso dos canais de denúncia*: já existem canais que permitem denúncias de assédio moral ou sexual, bem como fraudes, nas empresas. Contudo, eles são utilizados, na maioria das vezes, apenas internamente. A proposta seria trazer esses temas à tona e dar mais transparência eles. Não seriam mostrados os casos de maneira específica ou granular, mas seriam apresentados relatórios consolidados, com os principais temas de denúncia, o que foi verificado, o que ainda está em andamento e o % de procedentes e improcedentes. E ainda qual impacto que têm na organização e se tais temas crescem ao longo dos anos, bem como as ações mitigatórias tomadas. Tais temas também deveriam ser tratados pelo conselho e divulgados em relatório externo aos acionistas e demais *stakeholders*.

E) *Ética como valor fundamental explícito da governança corporativa e da cultura das empresas*: precisamos explicitar da maneira mais emblemática possível que não admitimos mais colaboradores, áreas, empresas, conselhos e sociedade sem ética, no sentido mais próximo do imperativo categórico de Kant. Aqui é um chamamento para evidenciar a mudança que se faz necessária, não apenas como uma "agenda positiva", mas sim como realidade a ser implementada em 2023 pelas principais instituições de governança e conselheiros. Nesse sentido, a sexta e mais nova edição do *Código de melhores práticas*, lançado pelo IBGC neste ano, traz um avanço fantástico, pois coloca a ética em uma posição de destaque, como fundamento da governança corporativa. Cabe agora também que cada empresa (*startup*, PME, familiar ou *corporate*) ou instituição adicione a ética de maneira explícita a seu conjunto de valores como elemento primordial de sua cultura. Esse é o chamamento a todos, empresários, lideranças, conselheiros e demais partes interessadas. Por fim, os próprios conselheiros podem e devem ser avaliados perante esses valores.

Há aqueles que falarão que é um exagero. Mas exagerar em ética não é desperdício de tempo ou energia.
Que a governança esteja sempre com vocês.

## Referências

GLADWELL, Malcolm. *Fora de série* – Outliers: descubra por que algumas pessoas têm sucesso e outras não. [s.l.]: Sextante, 2008.

FERNÁNDEZ-ARÁOZ, Claudio; ROSMARIN, Michael. Money talks, passion sings. *Consultoria Egon Zehnder*, 2017. Disponível em: https://www.egonzehnder.com/insight/money-talks-passion-sings.

INSTITUTO BRASILEIRO DE GOVERNANÇA CORPORATIVA (IBGC). *Código das Melhores Práticas de Governança Corporativa*. 6. ed. São Paulo: IBGC, 2023.

---

Informação bibliográfica deste texto, conforme a NBR 6023:2018 da Associação Brasileira de Normas Técnicas (ABNT):

GRIGOROVSKI, Paulo Roberto Estêves. Governança da Ética: conselhos como guardiões eficazes da perenidade das empresas. *In*: BORGES DE PAULA, Marco Aurélio (Coord.). *A hora e a vez do ESG*: provocações e reflexões em homenagem a Ricardo Voltolini. Belo Horizonte: Fórum, 2023. p. 281-291. ISBN 978-65-5518-619-2.

# ATIVISMO ACIONISTA: NOVAS CAUSAS, VELHOS PROBLEMAS?

NUNO MORAES BASTOS

## 1 Introdução

A representação, participação e informação dos acionistas minoritários são temas clássicos do direito das sociedades, decorrente sobretudo da necessidade de articular o frágil equilíbrio entre os direitos individuais dos sócios, a tutela das minorias e o interesse social, potencial e usualmente alheio a processos assentes na unanimidade.

A este respeito, destaca-se que a própria formação da vontade societária se foi progressivamente apartando da assembleia-geral e, em sociedades de maior dimensão, do próprio conselho de administração como um todo, determinando assim a necessidade – em particular em sociedades cotadas – de tutelar as minorias, quer em sede de direito à informação, quer em termos de participação na atividade da sociedade, sem com isso tolher a capacidade de a sociedade prosseguir a sua atividade.

No contexto norte-americano, como no contexto europeu, os últimos anos atribuíram, todavia, uma complexidade adicional a este quadro: o surgimento de ativismo acionista como externalidade com efeitos sensíveis no valor e, sobretudo, na gestão das sociedades.

Na verdade, tomando aqui por referência sociedades de maior dimensão e, naturalmente, com maior dispersão de capital, ao *clássico* acionista participativo porque alinhado com o interesse social sucedeu o acionista meramente financeiro, interessado na valorização da sua participação social enquanto instrumento de valorização de aforro apenas, mas um e outro coexistem e concorrem com o acionista preocupado com a sustentabilidade da sociedade num contexto mais geral. Ora este acionista, que classificaremos de ativista, tem – enquanto fenómeno – aumentado a relevância, a intensidade e a sofisticação.

É desse acionista, como da sua atuação, que trataremos – à luz do direito português – neste artigo. Tomaremos nota dos respetivos direitos sociais (mormente de informação e participação) e das limitações a estes decorrentes de limitações estatutárias ou consenso acionista.

## 2 Notas sobre o ativismo acionista no contexto internacional

O surgimento de ativismo acionista no mercado de capitais tem-se revestido, nos Estados Unidos da América como nas principais economias europeias, de uma crescente sofisticação e relevância.

A relevância dos *stakeholders* externos no processo de tomada de decisão é hoje uma realidade poliédrica.

Tradicionalmente, bancos, agências de notação financeira (*rating*) e *proxy advisers* condicionavam, emitindo ou antecipando o respetivo entendimento, a política de financiamento das empresas.

Mais recentemente, os bancos têm autonomizado nas respetivas decisões de concessão de credito juízos de sustentabilidade (aqui se incluindo ambiental), seja em função dos objetivos por si estabelecidos na matéria, seja pela elegibilidade dos ativos daí resultantes para o financiamento interbancário ou para a captação de investimento de bancos centrais ou mecanismos de investimento supranacionais; de igual modo, os *proxy advisers* passaram (mais visivelmente) a funcionar como catalisadores[1] de alterações relevantes de *corporate governance*, não apenas através das respetivas recomendações de voto, mas, antecipadamente, através das respetivas orientações e guias de boas práticas.[2]

---

[1] A par dos reguladores, particularmente os europeus. EBA, EIOPA e ESMA têm tido intervenção relevante a densificar requisitos e a quantificar impacto do pilar de governo na sustentabilidade e solvabilidade das entidades abrangidas.

[2] A título meramente exemplificativo, cfr. *Policy Guidelines* da Glass Lewis ou as *EMEA Regional Proxy Voting Guidelines, Benchmark Policy Recommendations* da ISS.

As sociedades encontram-se, assim, cada vez mais expostas a juízos de transparência, sustentabilidade e adequação da estratégia ambiental externos à sua esfera de intervenção direta. A sindicância e, amiúde, intrusividade dos *stakeholders* externos têm vindo a aumentar de forma relevante, com o aumento da informação externa.[3]

De forma convergente, nos últimos anos, tem-se intensificado através do ativismo acionista. A intervenção deste tipo de investidores[4] conhece hoje uma relevância sem precedentes, tendo ganho maior acuidade no contexto pandémico e nos mercados europeus mais relevantes (com o Reino Unido de forma destacada). Tipicamente, a sua intervenção visa influir o contexto transacional da sociedade *target*, procurando com isso condicionar a sua política de investimentos ou desinvestimentos,[5] manifestar oposição a determinada transação,[6] ou afetar o próprio processo de venda da sociedade. Registram-se, de igual modo, casos[7] em que a intervenção deste tipo de investidor teve por objeto e por consequência a introdução de alterações em matéria de *governance*, por vezes procurando que essa intervenção decorra da nomeação de membros para os próprios órgãos de gestão da empresa, procurando com isso garantir simultaneamente o acesso a informação relevante e, bem assim, capacidade de influir na gestão corrente da empresa.

---

[3] Fator progressivamente reconhecido pela doutrina e cada vez mais densificado normativamente. Por todos, Henrique Sousa Antunes observa que "a informação societária, particularmente a devida no domínio das sociedades anónimas, deixou de ter como tónica característica a tutela pura e simples do acionista enquanto tal, para se alargar a uma pluralidade de destinatários e, nomeadamente, ao investidor" (ANTUNES, Henrique Sousa. Algumas considerações sobre o direito de informação nas sociedades anónimas (em especial os artigos 288º a 293º do Código das Sociedades Comerciais). *Revista Direito e Justiça*, v. IX, t. 2, p. 193-228; v. X, t. 1, p. 261-304. Separata).

[4] O ativismo acionista encontra-se hoje também ligado a fundos com elevada capitalização bolsista, que conjuntamente com os investidores institucionais e alguns investidores ocasionalmente ativistas têm determinado as campanhas de ativismo acionista mais relevantes no contexto europeu.

[5] Procurando influir na composição do portfólio de investimentos da sociedade, quer pela tipologia de atividade, quer pelo entorno geográfico ou ambiental que eles possam determinar.

[6] Diretamente, ou indiretamente, fomentando por exemplo a rejeição de alguma alteração incidentalmente relevante no processo (*e.g.*, conservação ou não de limitação de direitos de voto dos acionistas no contexto de uma operação pública de aquisição já anunciada).

[7] A título exemplificativo, refira-se à campanha de ativismo acionista promovida pelo fundo Engine nº 1. que determinou a nomeação, em meados de 2021 e com o apoio declarado de investidores institucionais, de três membros para o órgão de administração da ExxonMobil.

Na exata medida em que a lógica subjacente a este tipo de intervenções abarca igualmente a maximização do valor acionista e a remuneração do investidor do próprio fundo, as empresas que apresentam boa performance podem, ainda assim, ser objeto de ativismo acionista.

Este tipo de ação tem tido por objeto sociedades que operam nos setores financeiro, industrial, saúde, grande consumo e, mais remotamente, *utilities*.

## 3 Direito de informação

Sem prejuízo de se reconhecer que o direito à informação resulta essencial para o acompanhamento da vida da sociedade e, também, para o exercício dos direitos sociais por parte do sócio, como bem assinala Raúl Ventura,[8] este direito não é "ilimitado ou de conteúdo indefinido: ele deve conter-se nos termos da lei ou do contrato". O fundamento que esse autor assinala é óbvio e tem tido diversas manifestações práticas: a possibilidade de a sociedade ser confrontada com uma profusão de pedidos de informação (agravada, sobretudo nas sociedades anónimas e mormente nas sociedades cotadas),[9] bem como a suscetibilidade de tais pedidos de informação resultarem prejudiciais à sociedade.

Sem prejuízo do que acima se afirma, como refere Pedro Pais de Vasconcelos, "O agir negocial pressupõe que uma pessoa o faça informadamente. Por isto a informação é imprescindível no contexto societário".[10]

Procura, por isso, o legislador encontrar pontos de equilíbrio entre a necessidade de informação, porque vetor essencial da boa decisão, e confidencialidade mercantil; procura ainda definir mecanismos de acesso à informação que não se confundam com fiscalização da sociedade (ou respetiva gestão), ao invés de mera informação.

De entre os direitos dos sócios releva, para efeitos do presente estudo, o direito à informação.[11] O direito à informação está configu-

---

[8] VENTURA, Raúl. *Novos Estudos sobre sociedades anónimas e sociedades em nome coletivo* [Comentário ao Código das Sociedades Comerciais]. Coimbra: Almedina, 1994. p. 132.
[9] Relativamente às quais subsiste ainda o sistema de difusão de informação, que confere aos acionistas e aos investidores em geral informação sobre factos relevantes da sociedade.
[10] VASCONCELOS, Pedro Pais de. *A participação social nas sociedades comerciais*. Coimbra: Almedina, 2005. p. 187.
[11] Cfr. art. 21º, nº 1, al. c) do CSC.

rado[12] de forma a abranger a consulta de vários elementos, aqui se incluindo a própria escrituração da sociedade ou solicitação de informação por escrito,[13] não se reconduzindo unicamente ao direito a solicitar informação no decurso da assembleia-geral ou, alternativamente, ao exercício de tal direito por recurso à tutela jurisdicional.

Salienta-se que o direito à informação conhece especificidades em função do tipo de sociedade,[14] incluindo a possibilidade de se regular os mesmos nas sociedades por quotas[15] e, no caso das sociedades anónimas, a clara distinção entre informações mínimas,[16] e informações solicitadas por escrito por acionistas que representem 10% do capital social[17] e, no caso das sociedades por quotas, o direito de inspeção dos bens sociais.[18] Abordaremos ainda o regime estabelecido para prestação de informações preparatórias da assembleia-geral[19] ou no decurso desta.[20]

De igual modo, o Código de Governo das Sociedades estabelece como princípio que "As sociedades e, em particular, os seus administradores devem tratar de forma equitativa os acionistas e restantes investidores, assegurando designadamente mecanismos e procedimentos para o adequado tratamento e divulgação da informação", desenvolvendo depois o conceito em sede de recomendação por forma a abranger e demais *stakeholders*, aos analistas financeiros e mercado em geral.[21]

---

[12] Recorde-se que o próprio preâmbulo do Código das Sociedades Comerciais refere, no que respeita às sociedades por quotas, regular-se detalhadamente o direito dos sócios à informação, procurando garantir-lhes a possibilidade de um efetivo conhecimento sobre o modo como são conduzidos os negócios sociais e sobre o estado da sociedade e, no que respeita às sociedades anónimas, que a opção legislativa visou consagrar "um mais amplo direito à informação, tanto nas assembleias gerais como fora destas, facultando-lhes, deste modo, meios eficazes para se interessarem pela vida da sociedade".

[13] Bem como o assim designado direito de controlo da ação dos administradores, consubstanciado nos arts. 216º, 292º e 450º do CSC adiante abordados.

[14] Como refere Pedro Pais de Vasconcelos, "Em geral, é notória uma maior transparência das sociedades de pessoas em relação às sociedades de capitais. Na sociedade em nome coletivo, a partilha de informações é total. Na sociedade por quotas, o acesso dos sócios à informação começa a ser restringido. Nas sociedades anónimas, os acionistas só têm acesso à informação em condições e em circunstâncias especificamente determinadas por lei" (VASCONCELOS, Pedro Pais de. *A participação social nas sociedades comerciais*. Coimbra: Almedina, 2005. p. 188).

[15] Cfr. art. 214º do CSC.

[16] Cfr. art. 288º do CSC.

[17] Cfr. art. 291 do CSC.

[18] Cfr. 214º, nº 5 do CSC.

[19] Cfr. art. 289º do CSC.

[20] Cfr. art. 290º do CSC.

[21] Cfr. I.2.

Devemos, portanto, considerar os itens a seguir.

## a) Direito mínimo à informação

O conteúdo mínimo do direito de informação inclui, quanto às sociedades por quotas, o dever de os gerentes prestarem a qualquer sócio que o requeira informação verdadeira, completa e elucidativa sobre a gestão da sociedade, e bem assim facultar-lhe na sede social a consulta da respetiva escrituração, livros e documentos, podendo ser dada por escrito, se assim for solicitado. Como referimos, pode ser regulamentado no contrato de sociedade.[22] O pedido de informação pode incidir sobre atos já praticados ou sobre atos cuja prática seja esperada, quando estes sejam suscetíveis de fazerem incorrer o seu autor em responsabilidade.

Já no caso das sociedades anónimas, atento o caracter pessoal mais diluído neste tipo de sociedades, exige-se a detenção – direta ou por representação de um conjunto de acionistas – de ações correspondentes a, pelo menos, 1% do capital social. Exige-se ademais invocação de "motivo justificado", devendo tal consulta ser efetuada na sede da sociedade. O acesso a informação é, assim,[23] mais condicionado nas sociedades anónimas do que nas sociedades por quotas, sem prejuízo.

A consulta da escrituração, livros ou documentos deve ser feita pessoalmente pelo sócio, no caso das sociedades por quotas, ou também por quem o possa representar em assembleia-geral, no caso das sociedades anónimas.[24]

---

[22] A lei prevê como limitação à tal faculdade a consagração de regras que impeçam o exercício efetivo ou a limitação injustificada do âmbito do direito de informação, prevendo designadamente a proibição da exclusão desse direito quando, para o seu exercício, for invocada suspeita de práticas suscetíveis de fazerem incorrer o seu autor em responsabilidade, nos termos da lei, ou quando a consulta tiver por fim julgar da exatidão dos documentos de prestação de contas ou habilitar o sócio a votar em assembleia geral já convocada (art. 214º, nº 2 do CSC). A este respeito, Raúl Ventura nota "A designação deste direito como direito *mínimo* à informação pode criar a ideia que só este direito é garantido pela lei como inderrogável pelo contrato – ideia errada, como já acima acentuei. Talvez mais apropriada a designação usada pela doutrina francesa – direito *permanente* à informação, embora não seja perfeita para o nosso CSC [...]" (VENTURA, Raúl. Novos *Estudos sobre sociedades anónimas e sociedades em nome coletivo* [Comentário ao Código das Sociedades Comerciais]. Coimbra: Almedina, 1994. p. 135).

[23] Naturalmente, desde que não referente à preparação de assembleia-geral ou exercido no decurso desta.

[24] O requerente, tal como o seu representante, pode fazer-se assistir de um revisor oficial de contas ou de outro perito, bem como de tirar cópias ou fotografias, ou usar de outros meios destinados a obter a reprodução da coisa ou documento, desde que a reprodução se mostre necessária e se lhe não oponha motivo grave alegado pelo requerido. Deverá para o efeito conferir poderes ao sobredito representante.

No caso das sociedades anónimas, a informação a consultar[25] na sede da sociedade abrange, nos termos da lei (enumeração taxativa):

- os relatórios de gestão e os documentos de prestação de contas previstos na lei, relativos aos três últimos exercícios, incluindo os pareceres do conselho fiscal, da comissão de auditoria, do conselho geral e de supervisão ou da comissão para as matérias financeiras, bem como os relatórios do revisor oficial de contas sujeitos à publicidade, nos termos da lei;
- as convocatórias, as atas e as listas de presença das reuniões das assembleias gerais e especiais de acionistas e das assembleias de obrigacionistas realizadas nos últimos três anos;
- os montantes globais[26] das remunerações pagas, relativamente a cada um dos últimos três anos, aos membros dos órgãos sociais;
- os montantes globais das quantias pagas, relativamente a cada um dos últimos três anos, aos 10 ou aos 5 empregados da sociedade que recebam as remunerações mais elevadas, dependendo da dimensão da sociedade;

Salvo proibição estatutária, se solicitado, estes elementos são enviados por correio eletrónico ou, se a sociedade tiver sítio na internet, aí divulgados.

- o documento de registo de ações.

Note-se que o direito à informação é um direito do sócio, sem prejuízo de todavia ser exercido pelo usufrutuário da participação social quando, por lei ou convenção, lhe caiba exercer o direito de voto.[27]

---

[25] Podendo, complementarmente, o acionista solicitar a certificação da exatidão da informação por revisor oficial de contas (art. 288º, nº 2 do CSC).

[26] Salvo disposição em contrário, não individuais ou discriminados.

[27] A lei dispõe, aliás, que o direito à informação compete também ao representante comum de obrigacionistas e ainda ao usufrutuário e ao credor pignoratício de ações quando, por lei ou convenção, lhes caiba exercer o direito de voto (art. 293º, CSC). Em caso de cotitularidade das ações, estes direitos devem ser exercidos por um representante comum (art. 303º, CSC).

## b) Inspeção dos bens sociais

No que se refere à inspeção dos bens sociais, a lei prevê – nas sociedades por quotas –, a faculdade de o sócio inspecionar os bens sociais em termos similares ao exercício dos demais direitos de informação. Esta faculdade deriva do pronunciado caracter pessoal deste tipo de sociedades, relevando sobretudo em sede de verificação de existências, defendendo alguma doutrina a conveniência de em sede estatutária se regular o respetivo exercício, o que se compreende pela suscetibilidade de perturbar o regular funcionamento da sociedade se exercido de forma indevida[28] e, em particular, se exercido diretamente nas instalações da sociedade.

## c) Informações preparatórias da assembleia-geral

Durante os 15 dias anteriores à data da assembleia-geral,[29] devem ser facultados à consulta dos acionistas, na sede da sociedade, os elementos prescritos por lei, designadamente[30] as propostas de deliberação a apresentar à assembleia pelo órgão de administração, bem como os relatórios ou justificação que as devam acompanhar; e, no que se refere à assembleia-geral ordinária prevista no nº 1 do art. 376º, o relatório de gestão, as contas do exercício, demais documentos de prestação de contas, incluindo a certificação legal das contas e o parecer do conselho fiscal, da comissão de auditoria, do conselho geral e de supervisão ou da comissão para as matérias financeiras, conforme o caso, e ainda o relatório anual do conselho fiscal, da comissão de auditoria, do conselho geral e de supervisão e da comissão para as matérias financeiras. *Brevitatis causa*

---

[28] Por todos, Paulo Olavo Cunha: "Em qualquer circunstância, julgamos que este direito carece de regulamentação estatutária que discipline o seu exercício, sob pena de poder causar grandes danos à sociedade, se deficientemente exercido ou de ser recusado o seu exercício" (CUNHA, Paulo Olavo. *Direito das sociedades*. Coimbra: Almedina, 2006. p. 251). Voltaremos a este tema *infra*.

[29] Sendo na prática corrente em sociedades cotadas, e requisito obrigatório em determinadas circunstâncias, a disponibilização de informação conjuntamente com a publicação ou expedição da convocatória. Como Raúl Ventura bem nota, "é um direito de exercício ocasional e temporário. Pressupõe a convocação de uma assembleia geral", entendendo-se relevar a data da publicação da primeira convocatória (VENTURA, Raúl. *Novos Estudos sobre sociedades anónimas e sociedades em nome coletivo* [Comentário ao Código das Sociedades Comerciais]. Coimbra: Almedina, 1994. p. 140).

[30] Aqui se incluindo os elementos constantes do art. 289º e, bem assim, como assinala Henrique Sousa Antunes, outros elementos instrumentais à boa decisão dos sócios e esparsamente referidos na legislação mercantil (ANTUNES, Henrique Sousa. Algumas considerações sobre o direito de informação nas sociedades anónimas (em especial os artigos 288º a 293º do Código das Sociedades Comerciais). *Revista Direito e Justiça*, v. IX, t. 2, p. 193-228; v. X, t. 1, p. 261-304. Separata. p. 267).

não desenvolveremos a eventual inaplicabilidade do referido prazo a, tratando-se de uma assembleia eletiva, indicar os nomes das pessoas a propor, as suas qualificações profissionais, a indicação das atividades profissionais exercidas nos últimos cinco anos, designadamente no que respeita a funções exercidas noutras empresas ou na própria sociedade, e do número de ações da sociedade de que são titulares.[31]

A disponibilização desta informação é essencial para a formação da vontade dos acionistas e, por essa via, para o voto livre e esclarecido deste em assembleia-geral.[32] É, por isso, um direito que pode ser exercido por qualquer acionista, independentemente do número de ações ou participação social por si detida.

**d) Prestação de informações em assembleia-geral**

No que se refere à prestação de informações em assembleia-geral é aplicável – também às sociedades por quotas – o disposto no art. 290º.

Na assembleia-geral, o acionista pode requerer que lhe sejam prestadas informações "verdadeiras, completas e elucidativas" que lhe permitam formar opinião fundamentada sobre os assuntos sujeitos à deliberação. O dever de informação abrange as relações entre a sociedade e outras sociedades com ela coligadas,[33] situação que assume especial complexidade em grupos de sociedades de maior complexidade.

O dever de prestar tais informações incumbe ao órgão da sociedade que para tal esteja habilitado, podendo, contudo, ser justificadamente recusada a sua prestação caso seja suscetível de ocasionar

---

[31] Remetemos, para o efeito, para o entendimento de Paulo Olavo Cunha (CUNHA, Paulo Olavo. *Direito das sociedades*. Coimbra: Almedina, 2006. p. 249 e segs.). Secundamos o entendimento nos termos do qual se deve ter por igualmente aplicável a casos de confirmação de cooptação.

[32] A lei prevê a anulabilidade das deliberações que não tenham sido precedidas do fornecimento ao sócio de elementos mínimos de informação (58º, nº 1, c) do CSC), que lhe permitam formar a sua opinião de forma livre e esclarecida aquando da discussão e votação da referida deliberação. Recorde-se que a lei identifica como elementos mínimos de informação a colocação de documentos para exame dos sócios no local e durante o tempo prescritos pela lei ou pelo contrato e o incumprimento do conteúdo prescrito para o aviso convocatório. A anulabilidade pode ser arguida pelo órgão de fiscalização ou por qualquer sócio que não tenha votado no sentido que fez vencimento nem posteriormente tenha aprovado a deliberação, expressa ou tacitamente, no prazo de 30 dias contados a partir da data em que foi encerrada a assembleia geral; do 3º dia subsequente à data do envio da ata da deliberação por voto escrito; da data em que o sócio teve conhecimento da deliberação, se esta incidir sobre assunto que não constava da convocatória, tudo sem prejuízo de disposições especiais.

[33] Este preceito não deve ser interpretado de forma extensiva, sob pena de representar uma forma de prestar na assembleia-geral de uma sociedade informações sobre assuntos a esta alheios, internos de outra sociedade comercial.

grave prejuízo à sociedade ou a outra sociedade com ela coligada ou tal prestação de informação implique violação de segredo imposto por lei.

A recusa injustificada de prestação de informação (tal como a prestação de informação falsa) é, contudo, e como vimos, causa de anulabilidade da deliberação.

**e) Direito coletivo à informação**

Como vimos, a lei prevê de forma mais ampla o direito dos sócios à informação no caso das sociedades por quotas. Relativamente às sociedades anónimas, além dos citados requisitos de capital e motivo justificativo para a prestação de informação mínima, prevê-se ainda o direito de exercício permanente de os acionistas cujas ações atinjam 10% do capital social solicitarem, por escrito, ao conselho de administração ou ao conselho de administração executivo que lhes sejam prestadas, também por escrito, informações sobre assuntos sociais. A experiência tem ditado a extrema relevância desta faculdade no contexto da lei, em particular pelo exercício continuado e abusivo deste direito como fator perturbador da vida da sociedade, tema que desenvolveremos adiante.

Este órgão não pode recusar as informações se no pedido for mencionado que se destinam a apurar responsabilidade de membros daquele órgão, do conselho fiscal ou do conselho geral e de supervisão.

Pode ser recusada, devendo ser naturalmente fundamentada a recusa, a prestação de informações se:

- pelo seu conteúdo ou outras circunstâncias, o pedido apresentado para apurar responsabilidade de membros de órgão de administração ou fiscalização resultar, de forma patente, não ser o efetivamente fim visado;
- for de recear[34] que o acionista a utilize para fins estranhos à sociedade e com prejuízo desta ou de algum acionista;
- a divulgação da referida informação seja susceptível de prejudicar relevantemente a sociedade ou os acionistas;
- ocasionar violação de segredo imposto por lei.

Tem-se entendido que o pedido deve ser formulado em termos claros, dirigido à obtenção de factos e não para a realização de exercícios

---

[34] A doutrina refere "Os factos devem mostrar que objetivamente existem razoáveis probabilidades do fim ilegítimo do pedido de informação" (VENTURA, Raúl. *Novos Estudos sobre sociedades anónimas e sociedades em nome coletivo* [Comentário ao Código das Sociedades Comerciais]. Coimbra: Almedina, 1994. p. 150).

de diligência externa à sociedade ou de pedidos de esclarecimento a esta dirigidos.

Note-se que sem prejuízo do que acima se refere, o acionista que utilize as informações obtidas de modo a causar à sociedade ou a outros acionistas um dano injusto[35] é responsável nos termos gerais de direito.

Os pedidos de informação apresentados ao abrigo desta disposição devem ser prestados nos 15 dias seguintes à receção do pedido, sob pena de se terem por recusadas nos termos da lei. Note-se que as informações prestadas, voluntariamente ou por decisão judicial, ficarão à disposição de todos os outros acionistas, na sede da sociedade, evitando desta forma assimetrias de informação de todo indesejáveis.

**f) Inquérito judicial**

A recusa de prestação de informação ou prestação de informação presumivelmente falsa, incompleta ou não elucidativa pode constituir fundamento para que seja requerida tutela jurisdicional sob a forma de inquérito à sociedade.[36]

Note-se que o inquérito pode ser requerido sem precedência de pedido de informações à sociedade se as circunstâncias do caso fizerem presumir que a informação não será prestada ao acionista.

## 4 Outras formas de participação dos sócios minoritários na atividade da sociedade

Como vimos acima, o próprio direito do sócio à informação resulta condicionado, pela lei e por contrato, seja quanto ao conteúdo, seja quanto ao tempo e modo do seu exercício.

Resulta também por isso fundamental analisar as possíveis limitações à participação dos sócios minoritários na atividade da sociedade, limitações essas que podem não se esgotar na fórmula clássica de direito de informação. Estas limitações podem, de resto, decorrer do contrato de sociedade ou de eventuais acordos parassociais.

---

[35] Expressão utilizada pelo legislador, que tem vindo a ser entendida pela doutrina em função da eventual insuficiência do elenco de fundamentos de recusa para evitar a produção de danos relevantes para a sociedade. Releva aqui sobretudo utilização da informação pelo acionista e não tanto a sua divulgação.

[36] Cfr. arts. 292º do CSC para as sociedades anónimas e 216º do CSC para as sociedades por quotas.

Em particular no caso das sociedades anónimas, subsiste um elevado número de preceitos legais imperativos que podem contender com as limitações que a sociedade ou os seus sócios pretendam introduzir aos direitos individuais dos acionistas ou, se assim se entender, ao por vezes classificado de direito de minoria qualificada.[37]

Assinala a doutrina que a limitação dos direitos individuais dos acionistas deve assumir generalidade, não podendo ser concebida e esgotar-se em situações concretas, devendo ademais observar o equilíbrio pretendido pelo legislador aquando da delimitação das regras de unanimidade.

De entre os exemplos apontados pela doutrina e comumente observados na vida societária, relevam em particular a exigência de detenção de um determinado número de ações para a atribuição do direito de voto[38] e regras especiais de eleição de administradores.[39] Relevam ainda os acordos parassociais, em particular, disposições que condicionem do exercício do respetivo direito de voto, situação que em benefício da extensão do presente escrito se releva por ora.

**a) Limitação à atribuição de direito de voto**

Como sabemos, a lei prevê como direito dos sócios o direito a participar nas deliberações de sócios. O referido normativo prevê, contudo, desde logo que o referido direito resulte atribuído "sem prejuízo das restrições previstas na lei". O direito de participação compreende, pelo menos, o direito a estar presente em assembleia-geral, o direito a participar na discussão e o direito a formular o seu voto.

Ora, no que respeita a este último, como princípio geral supletivo, a lei determina que a cada ação corresponde um voto. Estabelece, contudo, que o contrato de sociedade pode fazer corresponder um só voto a um certo número de ações.[40] Esta possibilidade, vedada nou-

---

[37] TRIUNFANTE, Armando Manuel. *A tutela das minorias nas sociedades anónimas*. Coimbra: Coimbra ed., 2004. Em termos materialmente similares, Manuel A. Pitta, citado por ANTUNES, Henrique Sousa. Algumas considerações sobre o direito de informação nas sociedades anónimas (em especial os artigos 288º a 293º do Código das Sociedades Comerciais). *Revista Direito e Justiça*, v. IX, t. 2, p. 193-228; v. X, t. 1, p. 261-304. Separata.
[38] Cfr. art. 379º, nº 5 do CSC.
[39] Cfr. arts. 391º e 392º do CSC.
[40] Quanto a sociedades anónimas, a lei prevê que a cada cêntimo do valor nominal da quota corresponde um voto, sem prejuízo da possibilidade de o contrato de sociedade atribuir, como direito especial, dois votos por cada cêntimo de valor nominal da quota ou quotas de sócios, quotas essas até ao limite de 20% do capital (cfr. art. 250º do CSC). A limitação que aqui referimos subsiste e releva, por isso, nas sociedades anónimas.

tros ordenamentos jurídicos europeus, resulta naturalmente limitada tendo em vista o equilíbrio dos interesses societário e individual (do acionista), este último por esta via limitado através da criação de um direito de minoria.

Estabelecem-se, assim, as seguintes limitações:

- a referida disposição estatutária deve abranger todas as ações emitidas pela sociedade, em paridade; e
- deverá caber um voto a, pelo menos, cada 1.000 euros de capital.

Prevê-se, naturalmente, que os acionistas se possam agrupar entre si para que um deles os represente na assembleia-geral, pressupondo com isso "um certo entendimento sobre o respetivo exercício".[41]

De igual modo, o contrato de sociedade pode prover que não sejam contados votos acima de certo número, quando emitidos por um só acionista, em nome próprio ou também como representante de outro. Esta limitação de votos pode ser estabelecida para todas as ações ou apenas para ações de determinadas categorias, mas não para acionistas determinados.

**b) Eleição de membros do órgão de administração (regras especiais de eleição)**

A eleição de membros para o órgão de administração é naturalmente precedida de equilíbrios delicados, permitindo-se inclusivamente a alteração de tais regras no contrato de sociedade por maioria simples dos votos emitidos em assembleia,[42] o que naturalmente deve ser considerado à luz do que dispomos *infra*.

Assim, o contrato de sociedade pode estabelecer que, para um número de administradores não excedente a um terço do órgão, se proceda à eleição isolada, entre pessoas propostas em listas subscritas por grupos de acionistas, contando que nenhum desses grupos possua ações representativas de mais de 20% e de menos de 10% do capital social. Note-se que a assembleia-geral não pode proceder à eleição de outros administradores enquanto não tiver sido eleito o número de administradores a eleger, salvo se não forem apresentadas as referidas listas.

---

[41] TRIUNFANTE, Armando Manuel. *A tutela das minorias nas sociedades anónimas*. Coimbra: Coimbra ed., 2004. p. 282.
[42] Cfr. art. 392º, nº 9 do CSC.

Por outro lado, o contrato de sociedade pode,[43] ainda, estabelecer que uma minoria de acionistas de pelo menos 10% do capital social que tenha votado contra a proposta que fez vencimento na eleição dos administradores tenha o direito de designar, pelo menos, um administrador.

Permitindo o contrato a eleição de administradores suplentes, estas regras resultam também aplicáveis à eleição de tantos suplentes quantos os administradores a quem aquelas regras tenham sido aplicadas.

Subsistem por isso equilíbrios delicados no processo de eleição de administradores, o que reforça a criticidade das participações qualificadas e a posição do acionista minoritário da sociedade. O acionista que detenha ou represente, pelo menos, 10% do capital social tem a capacidade de impor a nomeação de administrador (não a atribuição efetiva de pelouros) e de, por essa via, influir ativamente na definição da orientação estratégica sustentada na prossecução do objeto social.

Note-se a este respeito que, no contrato de sociedade, pode resultar estipulado que a eleição dos administradores (i) deve ser aprovada por votos correspondentes a determinada percentagem do capital ou (ii) que a eleição de alguns deles, em número não superior a um terço do total, deve ser também aprovada pela maioria dos votos conferidos a certas ações. Este mecanismo de proteção não permite, todavia, a atribuição do direito de designação de administradores a certas categorias de ações.[44]

### c) Inclusão de assuntos na ordem do dia da assembleia-geral

O acionista ou acionistas que que possuam ações correspondentes a, pelo menos, 5% do capital social podem requerer a inclusão de assuntos na ordem de trabalhos de assembleia-geral convocada ou a convocar.

Para o efeito, devem dirigir requerimento, por escrito, ao presidente da mesa[45] da assembleia-geral nos cinco dias seguintes à última publicação de convocatória respetiva, sendo os assuntos desta forma

---

[43] Ou, nos termos da lei, deve se se tratar de sociedades com subscrição pública, ou concessionárias do Estado ou de entidade a este equiparada por lei.
[44] Cfr. art. 391º, nº 3 do CSC.
[45] Caso este recuse a inclusão, podem os interessados requerer judicialmente a convocação de nova assembleia para deliberar sobre os assuntos mencionados, aplicando-se o disposto no art. 375º, nº 7 do CSC (cfr. art. 378º do mesmo diploma).

aditados à ordem do dia objeto de divulgação aos acionistas pela mesma forma usada para a convocação.

Neste particular e como veremos adiante, releva de sobremaneira o papel da mesa da assembleia-geral e, em particular nas sociedades cotadas, as garantias de independência exigidas aos titulares deste órgão.

## 5 Outros direitos dos sócios minoritários

A lei postula para os administradores, de forma expressa, os deveres de lealdade e cuidado na atuação, estabelecendo ademais a obrigação de não executar ou consentir que sejam executadas deliberações nulas. Mais ainda, estabelece que incumbe aos administradores provar que procederam sem culpa para excluir a sua responsabilidade, determinando-se para o efeito como critério uma *business judgement rule*.

Esta responsabilidade é acionável pela sociedade, pelos acionistas e mesmo pelos acionistas a favor da sociedade. Centramo-nos, para este efeito, no direito conferido por lei a um ou vários sócios que possuam,[46] pelo menos, 5% do capital social, ou 2% no caso de sociedade emitente de ações admitidas à negociação em mercado regulamentado, de propor ação social de responsabilidade contra gerentes ou administradores, com vista à reparação, a favor da sociedade, do prejuízo que esta tenha sofrido. Este direito tem como pressuposto que a sociedade não tenha previamente procurado executar tal responsabilidade e pode cumular com pedido de idêntica natureza formulado pelos sócios a seu favor. Uma vez mais a lei parece atribuir aqui direito de minoria qualificada.

Recorde-se que a lei dispõe serem nulas as cláusulas de limitação de responsabilidade que excluam ou limitem a responsabilidade dos gerentes ou administradores, ou que subordine o exercício da ação social de responsabilidade a prévio parecer ou deliberação dos sócios, ou que torne o exercício da ação social dependente de prévia decisão judicial sobre a existência de causa da responsabilidade ou de destituição do responsável. Por outro lado, a sociedade só pode renunciar ao seu direito de indemnização ou transigir sobre ele mediante deliberação expressa dos sócios, sem voto contrário de uma minoria que represente pelo menos 10% do capital social, o que não pode deixar – ainda que em

---

[46] Uma vez mais sócios, encarregando para o exercício do referido direito, no interesse comum e à sua custa, um ou alguns deles de os representar (art. 77º CSC).

fase patológica e com vertente já mais processual – de ser configurado como direito de minoria.

## 6 Algumas consequências do exercício abusivo de direitos sociais

*Brevitatis causa*, indicamos desde já entender que o interesse social não se circunscreve ao sócio, antes abrangendo outras realidades e externalidades, não se cingindo à criação de valor ao acionista, seja ele o atual ou considere também o conceito o futuro acionista. Na verdade, o volume de prestação de informação e assunção de obrigações impendentes sobre as empresas em matérias como sustentabilidade em sentido amplo (em breve, alargada à cadeia de valor ou de produção) ou responsabilidade social em sentido estrito, tem vindo a incrementar a complexidade do juízo a formular em sede de aferição de responsabilidade, mormente dos membros dos órgãos sociais, mas, também, do acionista.

Neste contexto e a propósito do exercício do direito de informação por parte do sócio minoritário, conforme acima referido, destaque-se que a lei prevê expressamente consequências gravosas nessa eventualidade: "O sócio que utilize as informações obtidas de modo a prejudicar injustamente a sociedade ou outros sócios é responsável, nos termos gerais, pelos prejuízos que lhes causar e fica sujeito a exclusão".

Mas mais do que operar com a casuística disponível para o efeito, importa para o presente concluir que o regime de invalidade das deliberações sociais confere substância, de forma não negligenciável, ao equilíbrio de interesses que o legislador procurou garantir entre interesse social e interesses sociais, bem como entre estes em função da respetiva magnitude e relevância.

De entre as deliberações nulas, observamos que o legislador considera situações em que o direito dos sócios a participar da vida social resulte impedido ou condicionado, matérias da competência de outros órgãos, deliberações cujo conteúdo, diretamente ou por atos de outros órgãos que determine ou permita, seja ofensivo dos bons costumes ou de preceitos legais inderrogáveis. Já de entre as causas de anulabilidade, encontramos violação de lei não especificamente cominada com nulidade, deliberações que – como referimos – não tenham sido precedidas do fornecimento ao sócio de elementos mínimos de informação.

Encontramos, também, matéria que alguns[47] parecem enquadrar como especialidades do instituto do abuso de direito, deliberações que sejam apropriadas para satisfazer o propósito de um dos sócios de conseguir, através do exercício do direito de voto, vantagens especiais para si ou para terceiros, em prejuízo da sociedade ou de outros sócios ou simplesmente de prejudicar aquela ou estes.

Nesta última vislumbramos uma vez mais traços largos do equilíbrio de interesses a que acima aludimos. Na verdade, nem a simples discordância relativamente ao sócio maioritário (ou à maioria dos sócios) constitui por si só qualquer comportamento criticável, nem podemos nós ignorar que a prática evidencia situações de abuso de direitos de minoria em claro prejuízo da sociedade, podendo esta reagir pela recusa fundamentada do seu exercício, quer pelo recurso à via jurisdicional.

Em contrapartida, o Código das Sociedades Comerciais prevê[48] responsabilidade penal a quem, estando obrigado a prestar informações sobre matéria da vida da sociedade, der informações falsas ou prestar maliciosamente informações incompletas e que possam induzir os destinatários a conclusões erróneas em termos similares às que decorreriam da prestação de informações falsas.

Prevê[49] ainda responsabilidade penal para o gerente ou administrador de sociedade que ilicitamente recusar ou fizer recusar por outrem a consulta de documentos que devam ser postos à disposição dos interessados para preparação de assembleias sociais, ou recusar ou fizer recusar o envio de documentos para esse fim, ou que enviar ou fizer enviar esses documentos sem satisfazer as condições e os prazos estabelecidos na lei, bem como se recusar ou fizer recusar por outrem, em reunião de assembleia social, informações que esteja por lei obrigado a prestar, ou, noutras circunstâncias, informações que por lei deva prestar.

A especialidade destas normas penais e o seu enquadramento sistemático no Código das Sociedades Comerciais não deixa de traduzir a relevância atribuída pelo legislador à prestação de informação aos sócios, o que tem naturalmente enformado as práticas de ativismo societário tradicionalmente observadas no mercado português.

---

[47] TRIUNFANTE, Armando Manuel. *A tutela das minorias nas sociedades anónimas*. Coimbra: Coimbra ed., 2004.
[48] Cfr. art. 519º, CSC.
[49] Cfr. art. 518º, CSC.

## 7 Conclusões

O direito societário manifesta neste campo o necessário equilíbrio de interesses entre o interesse social e interesses dos sócios, entre estes e o interesse de uma minoria, entre eficiência e informação aos acionistas.

Tradicionalmente, o direito societário tem abordado os direitos conferidos aos sócios – numa base granular, não maioritária – como formas de conferir proteção aos sócios minoritários relativamente à atuação de administração ou da maioria dos sócios. Contudo, sem prejuízo dos direitos transversalmente atribuídos aos sócios, a lei tutela especificamente determinadas maiorias, conferindo direitos de informação mais alargados e, bem assim, responsabilização da administração.

Naturalmente, a intervenção dos acionistas na esfera da sociedade deve ser sempre norteada pelo interesse social e, bem assim, pelo dever de lealdade dos sócios. Contudo, resulta claro que a lei reconhece a necessidade de tutelar os sócios e interesses minoritários na esfera social e, bem assim, a necessidade de garantir que a prossecução do interesse social não resulta indevidamente tolhida pelo exercício de direitos individuais de sócios ou pela colusão entre estes, em todo o caso com exígua participação social.

Ora, no contexto atual estas preocupações ganham um novo relevo.

Efetivamente, os primeiros passos da economia de mercado e, sobretudo, do mercado de capitais em Portugal revelaram na prática a relevância deste equilíbrio. O exercício de direitos de minoria foi então utilizado com uma vertente meramente financeira, geralmente traduzida no múltiplo utilizado para monetizar a saída das sociedades. Todavia, assume agora crescente relevância o acionista dito ativista, geralmente preocupado com a sustentabilidade da sociedade num contexto mais geral.

Sobre estas preocupações e interesses, incumbe-nos reconhecer que é hoje generalizadamente admitida a relevância societária de externalidades várias, incluindo de entre estas o acolhimento do interesse social em termos mais amplos, tanto em termos objetivos, como em termos temporais. Concluímos, assim, que ainda que os temas cuja pertinência a modernidade acentuou integrem em termos latos o conceito de interesse social (*e.g.*, sustentabilidade ou preocupações de natureza ambiental), em nada difere materialmente a tutela da lei mercantil aos direitos de acionistas minoritários com esta preocupação.

# Referências[50]

AA Vários. *Reformas do Código das Sociedades Comerciais*: Colóquios n° 3. Comibra: Almedina, [s.d.].

ANTUNES, Henrique Sousa. Algumas considerações sobre o direito de informação nas sociedades anónimas (em especial os artigos 288º a 293º do Código das Sociedades Comerciais). *Revista Direito e Justiça*, v. IX, t. 2, p. 193-228; v. X, t. 1, p. 261-304. Separata.

BUTU, Mihaela. *Shareholder activism by hedge Funds* [Motivations and Market's Perceptions of Hedge Fund]. Hamburg: Diplomica Verlag, 2013.

CUNHA, Paulo Olavo. *Direito das sociedades*. Coimbra: Almedina, 2006.

FURTADO, Jorge Pinto. *Curso de direito das sociedades*. Coimbra: Almedina, 2000.

GODOI, Alexandre Franco de. *Governança corporativa e compliance*. São Paulo: Ed. Senac São Paulo, 2020.

SOLAK, Ekrem. *Shareholder Activism and the Law* [the future of US Corporate Governance]. [s.l.]: Routledge, 2020.

TRIUNFANTE, Armando Manuel. *A tutela das minorias nas sociedades anónimas*. Coimbra: Coimbra ed., 2004.

VASCONCELOS, Pedro Pais de. *A participação social nas sociedades comerciais*. Coimbra: Almedina, 2005.

VENTURA, Raúl. *Novos Estudos sobre sociedades anónimas e sociedades em nome coletivo* [Comentário ao Código das Sociedades Comerciais]. Coimbra: Almedina, 1994.

---

Informação bibliográfica deste texto, conforme a NBR 6023:2018 da Associação Brasileira de Normas Técnicas (ABNT):

BASTOS, Nuno Moraes. Ativismo acionista: novas causas, velhos problemas?. *In*: BORGES DE PAULA, Marco Aurélio (Coord.). *A hora e a vez do ESG*: provocações e reflexões em homenagem a Ricardo Voltolini. Belo Horizonte: Fórum, 2023. p. 293-311. ISBN 978-65-5518-619-2.

---

[50] Sem prejuízo de bibliografia de carácter geral sempre consultada na elaboração de estudos com carácter académico, foi especificamente consultada aquando da elaboração do presente artigo a seguinte bibliografia.

# *BOARDS* DE IMPACTO PARA A BOA GOVERNANÇA NA AGENDA ESG

### ROBERTA VOLPATO HANOFF

## 1 Introdução

A sigla ESG (para *environmental, social and governance*, no original em inglês, ou ASG – ambiental, social e governança, na tradução para o português) foi referida, pela primeira vez, na publicação *Who Cares Wins*, em 2004,[1] e vem sendo adotada pelo mercado financeiro para melhor avaliar os riscos e as oportunidades associados às decisões de investimento.

ESG não é propriamente um conceito, mas, uma abreviação dos três mais importantes pilares para que as organizações avancem na sustentabilidade, conciliando o retorno financeiro e a internalização de custos sociais e ambientais das suas atividades.

O "G", da governança serve ao ESG como um verdadeiro dínamo, viabilizando a gestão dos temas ambientais e sociais nas organizações, haja vista que a governança corporativa define o modo como a organização vai exercer o seu propósito, determina e atribui os papéis e

---

[1] "Tratou-se de publicação pioneira do Banco Mundial em parceria com o Pacto Global da Organização das Nações Unidas (ONU) e instituições financeiras de 9 países, chamada *Who Cares Wins* (Ganha quem se importa). O documento resultou de uma provocação do então secretário-geral da ONU, Kofi Annan, a 50 CEOs de grandes instituições financeiras do mundo. A proposta era obter respostas dos bancos sobre como integrar os fatores ESG ao mercado de capitais. A publicação, lançada há 15 anos, estabeleceu as bases do investimento sustentável" (Disponível em: www.pactoglobal.org.br. Acesso em: 28 fev. 2022).

responsabilidades dos conselhos de administração e da diretoria executiva, e considera o engajamento com as partes interessadas.[2]

Esse sistema, assegurador da existência dos processos, procedimentos e controles necessários à gestão dos principais temas que impactam ou são impactados pela organização, estimula o comportamento ético desde o processo de tomada de decisão, partindo da premissa de criação de valor em longo prazo, considerando as necessidades de todas as partes interessadas e a promoção do bem-estar social.

Além disso, um sistema de governança só será bem-sucedido na geração de valor se, necessariamente, garantir a adequada avaliação de aspectos ambientais e sociais na estratégia e condução dos negócios. Esse é o desafio dos conselhos de administração.

Os denominados *boards* de impacto são aqueles dotados de ambidestria: conseguem dedicar-se ao desempenho econômico-financeiro e aos projetos de crescimento, ao tempo em que gerenciam riscos, ampliando a capacidade de antecipar cenários de impacto e responder a eles, evitando crises e atendendo às expectativas de *stakeholders* – mesmo os não proprietários.

O objetivo deste artigo é revisitar o papel dos conselhos de administração na boa governança e demonstrar, em termos práticos, de que modo a sua composição e agenda são capazes de impactar positivamente o ecossistema das organizações e guiá-las à sustentabilidade.

## 2 A governança corporativa

A boa governança tem por premissa "delinear um sistema especializado de incentivos, salvaguardas e processos de solução de disputas que promova a continuidade das relações de negócio, de maneira eficiente, na presença de interesses oportunistas",[3] alheios à missão, visão e valor organizacionais; do que se conclui tratar-se de axioma originado na gestão empresarial.

---

[2] INSTITUTO BRASILEIRO DE GOVERNANÇA CORPORATIVA. *Código das melhores práticas de governança corporativa*. 6. ed. São Paulo: IBGC, 2023.

[3] KESTER, 1992 *apud* FONTES FILHO, Joaquim Rubens. *Estudo da validade de Generalização das práticas de governança corporativa ao ambiente dos fundos de pensão*: uma análise segundo as teorias da agência e institucional. 196 f. Tese (Doutorado em Administração) – Escola Brasileira de Administração Pública e de Empresas, Fundação Getulio Vargas, Rio de Janeiro, 2004. p. 23-24.

Os primeiros regulamentos sobre governança editados em cenário internacional são de autoria, respectivamente, da Organisation for Economic Co-operation and Development (OECD ou, em português, OCDE), em 1999, intitulado *Princípios da OCDE sobre o Governo das Sociedades*; dos senadores norte-americanos Paul Sarbanes e Michael Oxley, em 30.7.2002, denominado *Lei Sarbanes-Oxley*; e da International Corporate Governance Network (ICGN), em 2005, sob a denominação *ICGN Statement On Global Corporate Governance Principles*.[4]

No Brasil, o Instituto Brasileiro de Governança Corporativa (IBGC) ocupou-se de definir e regimentar e boa governança, publicando, em 1999, o *Código de melhores práticas de governança corporativa* – hoje, em 6ª edição e principal referência a empresas brasileiras dos mais variados portes.

A governança corporativa, segundo o IBGC – Instituto Brasileiro de Governança Corporativa, tem por princípios a integridade, a transparência, a equidade, a responsabilização (prestação de contas) e a sustentabilidade, definindo-se como:[5]

> [...] um sistema formado por *princípios, regras, estruturas e processos pelo qual as organizações são dirigidas e monitoradas, com vistas à geração de valor sustentável para a organização, para seus sócios e para a sociedade em geral.* Esse sistema baliza a atuação dos agentes de governança e demais indivíduos de uma organização na busca pelo *equilíbrio entre os interesses de todas as partes, contribuindo positivamente para a sociedade e para o meio ambiente.* (Grifos nossos)

Em 2021, a ISO (*International Organization for Standardization*), formada por 165 países e imbuída de redigir referenciais de uniformização universal aos negócios, corrobora esse conceito quando, ao publicar a norma 37000:2021, destaca, desde a sessão introdutória:

> [...] A boa governança significa que a tomada de decisão é baseada em normas, práticas, comportamentos, ética organizacional, cultura, estruturas e processos, para criar e manter uma *organização com propósito*

---

[4] HANOFF, Roberta Volpato; NIELSEN, Thiago Henrique. A Lei Geral de Proteção de Dados Pessoais na administração pública brasileira: é possível implementar governança de dados antes de se implementar governança em gestão? *In*: DAL POZZO, Augusto Neves; MARTINS, Ricardo Marcondes. *LGPD e administração pública*: uma análise ampla dos impactos. São Paulo: Thomson Reuters, 2020. p. 392.

[5] INSTITUTO BRASILEIRO DE GOVERNANÇA CORPORATIVA. *Código das melhores práticas de governança corporativa*. 6. ed. São Paulo: IBGC, 2023. p. 17-19.

*claro, que entrega valor de longo prazo consistente com as expectativas de seus stakeholders.*[6]
*A implementação da boa governança de uma organização inclui um quadro de mecanismos, processos e estruturas adequados ao seu contexto interno e externo. [...].*[7] (Grifos nossos)

E prossegue, no item 4.2 do *standard*:

> 4.2. A governança das organizações
> Governança de organizações é o sistema pelo qual uma organização é dirigida, supervisionada e responsável por alcançar seu propósito definido. Em sua base, isso inclui:
> - Definir o propósito, missão, visão, ética organizacional, valores organizacionais e cultura para dar direção à organização;
> - Orientar a estratégia e equilibrar os recursos de forma adequada para atingir esse objetivo;
> - Exercer a supervisão do desempenho da organização, garantindo conformidade e viabilidade;
> - Engajar e prestar contas às partes interessadas.[8]

Concernente aos princípios que circunscrevem a boa governança, a norma ISO 37000 amplia o rol sugerido pelo IBGC, classificando-os em fundamentais – propósito, geração de valor, estratégia, supervisão e prestação de contas – e viabilizadores – engajamento dos *stakeholders*, liderança, decisões baseadas em dados e evidências; gerenciamento de riscos, responsabilidade social e sustentabilidade.

## 3  O papel do conselho de administração na governança

Na governança, o conselho de administração é o principal componente: órgão colegiado responsável pela defesa dos princípios, valores e objeto social e, portanto, do sucesso de longo prazo das organizações.

---

[6] "3.3.1. Stakeholder: pessoa ou organização que pode afetar, ser afetada ou perceber-se afetada por uma decisão ou atividade. Dependendo da natureza da organização, as partes interessadas podem incluir as partes interessadas do proprietário e outras partes interessadas, incluindo clientes, reguladores, fornecedores e funcionários" (ISO 37000:2020. *Guidance for the governance of organizations*. 2020. p. 13-12. Tradução livre).
[7] ISO 37000:2020. *Guidance for the governance of organizations*. 2020. p. 5. Tradução livre.
[8] ISO 37000:2020. *Guidance for the governance of organizations*. 2020. p. 13-14. Tradução livre.

Além de decidir os rumos estratégicos do negócio, compete ao conselho de administração, conforme o melhor interesse da organização, monitorar a diretoria, atuando como elo entre esta e os sócios.[9]

De acordo com a ISO 37000, os membros do conselho de administração devem atuar com probidade e no melhor interesse da organização:

- Agindo com ética e integridade dentro do poder e autoridade que lhes são conferidos;
- Promovendo a viabilidade organizacional e o sucesso ao longo do tempo;
- Exercendo julgamento independente, habilidoso e diligente;
- Assegurando-se de que tenham à mão todas as informações necessárias para tomar uma decisão e mantenham-se informados sobre a organização e seu contexto;
- Declarando e administrando adequadamente conflitos de interesse;
- Promovendo um corpo de membros unificado, apoiando as decisões tomadas e garantindo que as posições divergentes sejam registradas com precisão;
- Certificando que, quando os benefícios de terceiros são oferecidos, estes são geridos de forma compatível;
- Agindo em conformidade com as leis, regras e políticas organizacionais aplicáveis.

Quando a governança é estruturada e dirigida ao ESG, o conselho de administração endossa a concordância entre o propósito organizacional e as expectativas das partes interessadas, sobretudo a sociedade e o meio ambiente.

Não obstante, os conselheiros ainda são, na maioria das empresas, a principal fonte de pressão pelo desempenho de curto prazo das diretorias executivas. Isso se deve ao fato de representarem os interesses dos donos do capital (os acionistas), que, por sua vez, priorizam o recebimento imediato de dividendos e demonstram dificuldades de tangibilizar o valor da agenda socioambiental à estratégia e à sustentabilidade.

Outrossim, partindo do contexto organizacional e da necessidade de identificar os *stakeholders* e seus interesses, preocupam-se os conselheiros com o aumento de sua exposição a riscos, temendo não conseguirem exercer uma supervisão ativa e estarem suficientemente

---

[9] INSTITUTO BRASILEIRO DE GOVERNANÇA CORPORATIVA. *Código das melhores práticas de governança corporativa*. 6. ed. São Paulo: IBGC, 2023. p. 31-32.

preparados para o aumento das expectativas externas – o que, em seu entendimento, certamente ocorrerá, a partir do momento em que a agenda ESG for comunicada ao entorno negocial e, em perspectiva mais abrangente, ao mercado.

É preciso virar essa chave, mudando o conselho para apoiar um modelo de longo prazo e, sobretudo, consciente de que quanto mais ativo for nas temáticas sociais e ambientais, maior a probabilidade de mitigação de riscos e de aumento de oportunidades.

## 4  *Boards* de impacto: a sua importância à agenda ESG

Atento à demanda de ressignificação dos conselhos de administração, o IBGC lançou, em 2020, a *Agenda positiva de governança*,[10] que destaca questões urgentes e convoca as principais lideranças empresariais (sócios, acionistas, conselheiros e executivos) a agir em questões essenciais para a sociedade, afirmando o seu papel fundamental à longevidade das organizações.

A iniciativa do instituto considera 6 importantes frentes, baseadas nos princípios da boa governança:

> *1 – Ética e Integridade:* É um imperativo moral – e um fator decisivo para a continuidade dos negócios – que os líderes das organizações promovam uma cultura de integridade, em que as pessoas pratiquem a confiança, o respeito, a empatia e a solidariedade.
> *2 – Diversidade e Inclusão:* Uma cultura corporativa baseada na diversidade e inclusão, além de assegurar um valor humano fundamental – o respeito à diversidade –, é fonte permanente de criatividade e longevidade. Os líderes devem agir com urgência e comprometer-se a assegurar tratamento justo e oportunidades iguais para todos, sobretudo na promoção de equidade de gênero e raça.
> *3 – Ambiental e Social:* A atuação dos líderes na gestão dos impactos ambientais e sociais deve ir além da agenda institucional. É fundamental integrar essas questões ao modelo de negócio e promover a articulação da organização com os diversos setores da sociedade.
> *4 – Inovação e Transformação:* A inovação deve ser a base de uma visão de futuro que objetiva o desenvolvimento sustentado da organização. Os líderes devem tomar decisões coerentes com o propósito e a estratégia

---

[10] INSTITUTO BRASILEIRO DE GOVERNANÇA CORPORATIVA. *Agenda positiva de governança*: medidas para uma governança que inspira, inclui e transforma. São Paulo: IBGC, 2020. p. 5.

do negócio, gerenciar os riscos do processo e ter disciplina para colher os resultados das ações no tempo certo e gerar valor para todas as partes interessadas.

5 – *Transparência e Prestação de Contas:* Os líderes devem promover a transparência e prestar contas de sua atuação a partir de um diálogo aberto com as diferentes partes interessadas, identificando seus interesses e expectativas, a fim de obter mais confiança e melhores resultados.

6 – *Conselhos do Futuro:* Para que atuem como agentes de transformação e catalisadores da adaptabilidade e da agilidade das organizações, os conselhos devem ser compostos com maior foco em diversidade e competências socioemocionais. Disposição para questionar, ouvir ativamente, respeitar outras visões, ousar, desaprender e reaprender são condições essenciais para explorar novas formas de gerar valor e viabilizar as transformações necessárias.

A Agenda Positiva do IBGC constitui um compromisso dos conselhos, de monitoramento dos ambientes interno e externo e, portanto, das expectativas das partes interessadas, estabelecendo um direcionamento estratégico a tomadas de decisão que não somente façam cumprir os anseios de seus mandantes (os *stakeholders* proprietários), como, também, atestem seu legado à sociedade.

A observância desse compromisso pressupõe que os conselheiros desenvolvam uma relação mais próxima da diretoria executiva, encomendando análises e relatórios em periodicidade compatível com a dinamicidade do ambiente de negócios e mantendo a recorrência de diálogo, capaz de permitir alterações rápidas de rota (prioridades em planos de ação, alocação de recursos etc.).

No aspecto, convém realçar o dever de diligência inerente à administração, e que se manifesta não só na busca de entendimento dos fatos, mas, também, na tolerância responsável ao erro, mediante o gerenciamento de temas, riscos e supervisão do *compliance*.

Conforme item 7.11.3 da ISO 37000:2021, o Conselho de Administração deve articular o modelo de geração de valor de longo prazo da organização, protegendo, restaurando e adaptando os sistemas dos quais seu modelo de geração de valor depende.

Estes incluem, por exemplo, sistemas ambientais, econômicos, sociais e naturais; influenciando os vários recursos, ou capitais, que a organização impacta positiva ou negativamente, bem como outros aspectos de seu funcionamento.

Nesse sentido, importa às organizações se apropriarem do conceito e prática da análise de materialidade. Segundo o IBGC – Instituto

Brasileiro de Governança Corporativa, em seu guia dedicado às boas práticas ESG,[11] a materialidade consiste em:

> Metodologia utilizada para mapear os principais temas ou questões-chave relevantes para uma organização a partir da escuta de suas partes interessadas e de um processo de avaliação e priorização por parte da organização. No contexto da agenda ESG, o conceito considera a integração e a consideração de temas materiais no âmbito do processo decisório, no direcionamento e no planejamento estratégico de uma organização.

A materialidade deve ser vista em duas dimensões: *financeira* – como os aspectos ESG afetam o desempenho financeiro da organização e sua capacidade de gerar valor – e *de impacto* – como a organização gera valor positivo e negativo para a sociedade e o planeta.[12]

Mediante avaliações de materialidade, diferentes sistemas podem ser identificados, articulados e monitorados, de modo a nortearem as decisões de governança, sob a perspectiva da *responsabilidade corporativa* (um de seus pilares mais relevantes).

Nesse diapasão, assevera Polman:[13]

> A responsabilidade é um divisor fundamental entre uma empresa típica e uma empresa de impacto positivo. Afinal de contas, todo o modelo do capitalismo de *shareholders* (acionistas) gera um tremendo valor financeiro para as empresas ao objetivamente não assumirem a responsabilidade e tratarem questões como a poluição e desigualdade como "problemas dos outros". [...].

De acordo com Polman, são cinco os princípios centrais que se baseiam na responsabilidade, ajudando seus líderes a expandir horizontes e reformular o papel de suas empresas na sociedade. Esses atributos, segundo o autor, quando integralmente adotados, separam as empresas de impacto positivo das meramente bem administradas e bem-intencionadas:[14]

---

[11] INSTITUTO BRASILEIRO DE GOVERNANÇA CORPORATIVA. *Boas práticas para uma agenda ESG nas organizações*. São Paulo: IBGC, 2022. p. 89.
[12] INSTITUTO BRASILEIRO DE GOVERNANÇA CORPORATIVA. *Boas práticas para uma agenda ESG nas organizações*. São Paulo: IBGC, 2022. p. 66.
[13] POLMAN, Paul; WINSTON, Andrew. *Impacto positivo*. 1 ed. Rio de Janeiro: Sextante, 2022. p. 50.
[14] POLMAN, Paul; WINSTON, Andrew. *Impacto positivo*. 1 ed. Rio de Janeiro: Sextante, 2022. p. 50.

- Assumir a responsabilidade por todos os impactos e consequências, intencionais ou não;
- Trabalhar em benefício de longo prazo da empresa e da sociedade;
- Criar retorno positivo para todas as partes interessadas;
- Enxergar o aumento do lucro para os acionistas como um resultado, e não um objetivo;
- Fazer parcerias para impulsionar a mudança sistêmica.

Em última análise, assumir a responsabilidade significa olhar com mais cuidado para todos os impactos causados pela empresa, desde as oportunidades para eficiência e economias, inovação para o crescimento, até conexões de valor com novos fornecedores, parceiros e colaboradores.

Nessa perspectiva, e com arrimo no item 7.6.2 da ISO 37000, a demonstração de relacionamentos sólidos e mutuamente benéficos com as partes interessadas, baseados em comportamentos e práticas éticas, ajuda as organizações a perpetuarem sua geração de valor.

Os *stakeholders* e, em particular, os não proprietários do negócio, podem ter relacionamentos com a organização que demandam gerenciamento para além da responsabilidade legal, regulatória ou contratual ordinariamente exigidas. Há uma série de razões para isso, incluindo:

- Relacionamento assimétrico. Sua capacidade individual de afetar – ou ser afetado por – a organização costuma ser limitada no curto prazo. Um relacionamento individual com uma parte interessada pode não ter um impacto significativo em uma organização, mas vários relacionamentos considerados em conjunto podem;
- Efeitos cumulativos. Ao longo do tempo e coletivamente, a sociedade, o meio ambiente e a economia podem ter um efeito fundamental na organização ou organizações – e vice-versa. Por exemplo, a poluição causada pela organização pode afetar adversamente o meio ambiente ao longo do tempo – e o aumento do nível do mar pode afetar adversamente a organização;
- Legitimidade. A legitimidade da organização para perseguir seu propósito e operar na sociedade, em seu ambiente e na economia é parcialmente derivada de partes interessadas não proprietárias.

Para garantir que esses relacionamentos sejam eficazes e, consequentemente, sua geração de valor seja maximizada ao longo do tempo, os *stakeholders* precisam ser mapeados, compreendendo-se como afetam ou são afetados pela organização, em uma lógica de *ecossistema*.

Dessa forma, é possível construir uma *rede de geração mútua de valor*, capaz de, com agilidade, ampliar a magnitude e o impacto dos resultados de forma sistêmica – ou seja, entre os próprios integrantes, e entre os integrantes e seus respectivos *stakeholders*.

Uma rede valorosa se erige à base de confiança, corolário da integridade e da transparência.

Organizações íntegras e transparentes são movidas por missão e propósito, desempenhando seu objeto social mediante o emprego de recursos-chave, processos, procedimentos e controles; consistente e estruturada arquitetura de dados para as tomadas de decisão; relatórios recorrentes e substanciados e comunicação clara a todos aqueles com os quais se relaciona, direta ou indiretamente.

Toda essa arquitetura é proveniente, ademais das análises de materialidade, de gestão de riscos.

De acordo com as diretrizes do item 7.9.2.1 da ISO 37000:2021, as atividades de gerenciamento de riscos em governança incluem:

- A compreensão do propósito organizacional, objetivos e modelo para definir, criar, entregar e sustentar valor;
- A determinação do apetite ao risco;
- A determinação da abordagem da organização para conformidade;
- A garantia de uma estrutura eficaz de supervisão de riscos;
- A escolha dos tratamentos de risco de modo consistente face às políticas de governança;
- A identificação, compreensão e gerenciamento, em tempo real, dos riscos emergentes;
- O gerenciamento das estratégias de impacto de risco dentro dos limites acordados;
- As análises de dados eficazes empregadas para entender corretamente as agregações de risco e concentrações;
- A orientação dos comportamentos de tomada de decisão pela priorização de riscos e são consistentes com políticas organizacionais e de governança;
- A promoção de relatórios de riscos eficazes, por meio da criação e manutenção de uma cultura de risco positiva;
- O emprego de sistemas e controles internos validando garantias de que os riscos são gerenciados de forma eficaz;
- A garantia da transparência com relação à divulgação de riscos para as partes interessadas da organização, conforme apropriado;
- Governar a organização de forma a apoiar o alcance de seus objetivos estratégicos por meio da adoção de uma abordagem inclusiva das

partes interessadas e da integração de todos os recursos dos quais a organização depende.

Sequencialmente, o item 7.9.2.2 da ISO 37000:2021 orienta o conselho de administração a garantir que a gestão de riscos seja integrada a todas as atividades organizacionais, buscando evidências de que os componentes da estrutura de gestão de riscos foram customizados e implementados; os recursos necessários estão disponíveis e bem alocados; e a autoridade, responsabilidade e prestação de contas para o gerenciamento foram atribuídas.

No ensejo dessa integração, para influenciar a tomada de decisão e as definições estratégicas, os temas ambientais, sociais e de governança têm de estar no calendário anual das reuniões do conselho de administração, derivando em mecanismos de monitoramento, aprendizagem e melhoria contínua de processos.

Dessa forma, estimula-se a interação entre diferentes instâncias da estrutura organizacional e amplia-se, gradualmente, o nível de discernimento das lideranças para a consolidação e evolução da agenda ESG.

Aliás, a própria composição do conselho pode, pela diversidade, se beneficiar de membros com conhecimentos especializados, aptos não apenas a direcionar as requisições de dados e informações à gestão executiva, mas, também, a corroborar os processos decisórios.

Efetivamente, a pluralidade de formações acadêmicas e experiências, gêneros, raças, etnias, cores e idades favorece uma asseguração 360º aos temas já avaliados em risco e materialidade, objeto de decisões estratégicas.

Quando a composição de um conselho diverso não for possível, há a alternativa de se instalarem comitês de apoio, compostos por colaboradores da organização ou especialistas externos, a atuarem como membros independentes, que poderão elaborar estudos detalhados, além de preparar e ministrar treinamentos sobre as temáticas consabidamente de impacto.

## 5 Conclusão

Como bem reforça o IBGC em sua *Agenda positiva de governança*, a conduta dos conselheiros deve servir como inspiração a outros líderes e estabelecer os alicerces para que as futuras gerações possam encontrar um ambiente desafiador que as motive a construir uma organização sustentável e responsável.[15]

Para tanto, é imprescindível aos conselhos de administração a tradução dos números que refletem a performance da estratégia, e esta tradução é obtida mediante o diligenciamento de respostas às perguntas elementares ao negócio: o que, onde, como e quando fazemos o que nos organizamos para fazer? Por que fazemos? Com quem e/ou para quem fazemos? Quais os impactos do que fazemos? Há caminhos éticos à exploração de oportunidades positivas destes impactos? É possível reduzirmos os efeitos negativos?

Essas perguntas reforçam a sua responsabilidade e contornam a ferramenta trifásica à direção dos chamados *boards* de impacto: (i) avaliação de materialidade sobre os temas e aspectos que tocam a organização, em maior e menor grau; (ii) identificação e engajamento dos *stakeholders*, de modo a compor uma rede de defesa e apoio recíprocos e, sempre que possível, de prosperidade compartilhada; (iii) análise e gerenciamento integrado de riscos, para que as pautas sociais e de meio ambiente também componham as tomadas de decisão dos conselheiros e, por consequência, os indicadores que passarão a ser monitorados continuadamente.

É cediço que o firmamento de uma agenda ESG requer *expertise* em determinadas matérias e, por isso, recomenda-se que a composição dos colegiados admita a diversidade de membros, ou, não havendo permissão regulamentar, que os Conselheiros contem com o apoio de comitês, ou especialistas externos, para aprofundamento dos debates e melhor encaminhamento das deliberações.

## Referências

HANOFF, Roberta Volpato; NIELSEN, Thiago Henrique. A Lei Geral de Proteção de Dados Pessoais na administração pública brasileira: é possível implementar governança de dados antes de se implementar governança em gestão? *In*: DAL POZZO, Augusto Neves; MARTINS, Ricardo Marcondes. *LGPD e administração pública*: uma análise ampla dos impactos. São Paulo: Thomson Reuters, 2020.

---

[15] INSTITUTO BRASILEIRO DE GOVERNANÇA CORPORATIVA. *Agenda positiva de governança*: medidas para uma governança que inspira, inclui e transforma. São Paulo: IBGC, 2020. p. 15-16.

INSTITUTO BRASILEIRO DE GOVERNANÇA CORPORATIVA. *Agenda positiva de governança*: medidas para uma governança que inspira, inclui e transforma. São Paulo: IBGC, 2020.

INSTITUTO BRASILEIRO DE GOVERNANÇA CORPORATIVA. *Código das melhores práticas de governança corporativa*. 6. ed. São Paulo: IBGC, 2023.

ISO 37000:2020. *Guidance for the governance of organizations*. 2020.

KESTER, 1992 *apud* FONTES FILHO, Joaquim Rubens. *Estudo da validade de Generalização das práticas de governança corporativa ao ambiente dos fundos de pensão*: uma análise segundo as teorias da agência e institucional. 196 f. Tese (Doutorado em Administração) – Escola Brasileira de Administração Pública e de Empresas, Fundação Getulio Vargas, Rio de Janeiro, 2004.

POLMAN, Paul; WINSTON, Andrew. *Impacto positivo*. 1 ed. Rio de Janeiro: Sextante, 2022.

---

Informação bibliográfica deste texto, conforme a NBR 6023:2018 da Associação Brasileira de Normas Técnicas (ABNT):

HANOFF, Roberta Volpato. Boards de impacto para a boa governança na agenda ESG. *In*: BORGES DE PAULA, Marco Aurélio (Coord.). *A hora e a vez do ESG*: provocações e reflexões em homenagem a Ricardo Voltolini. Belo Horizonte: Fórum, 2023. p. 313-325. ISBN 978-65-5518-619-2.

# ESG E OS PROCESSOS DE GESTÃO

**MARCOS ASSI**

## 1 Contextualizando o GRC

Minha formação tem como base a contabilidade, em que sempre procurei me especializar no processo de gestão, fazendo parte das controladorias das instituições financeiras por onde passei, e sem contar os processos de implementação de instituições financeiras, que me proporcionaram a bagagem que tenho hoje.

Interessante contar isso aqui pois a minha entrada no GRC foi justamente após o evento do 11.9.2001, em que migrei da controladoria internacional do Banco ABC Brasil para a área de auditoria interna para a implementação de processos de controles internos e *compliance*. Mas vale um ponto aqui, já era responsável pelo gerenciamento dos processos de gestão do banco, eu recebia as cobranças da matriz e fazia o meio de campo dentro do banco e somente a minha área poderia responder à controladoria e às áreas de gestão da matriz, portanto, tinha conhecimento de todos os processos e informações do banco, por isso fui o escolhido na época.

Como o Banco ABC Brasil era uma subsidiária do Arab Banking Corporation – ABC, facilitou para mim pelo menos a mudança no modelo de gestão e de governança corporativa, e por aí começa minha história no GRC, pois tomei conhecimento do ISE – Índice de Sustentabilidade Empresarial da BM&FBovespa, que foi criado em 2005, e agrupava empresas listadas na bolsa com bom nível de gestão das questões ESG, pois o banco já trabalhava com empresas com ações na bolsa. O lançamento do ISE foi um marco na história do investimento responsável no Brasil. A partir daquele momento, o número de fundos com critérios ESG no país aumentou consideravelmente. Até mesmo porque, quando o Banco ABC Brasil optou em 2007 por realizar uma oferta pública de ações (IPO), eu fui obrigado a aprender e entender como funcionavam todas estas questões de índices da BM&FBovespa e a sua importância para empresas com ações na bolsa de valores. Mas ainda era muito pequeno o engajamento nas empresas listadas.

E, para minha surpresa, o assunto ESG ganhou destaque entre empresas em um contexto em que a sociedade tem valorizado os negócios que respeitam o meio ambiente, as pessoas e uma boa gestão, e aqui me incluo neste ponto, pela importância que a gestão de *compliance* também tem sido revisada pelo mercado.

Afinal, são exigências que refletem e muito o comportamento das novas gerações, como exemplo, a geração Z, que cada vez mais prioriza o consumo de marcas transparentes e responsáveis, e em certos casos promove o famoso "cancelamento". Neste caso, precisamos esclarecer que a rede social pode provocar sérios problemas às empresas, pela velocidade com que se propagam certas informações, portanto, devemos estar atentos às nossas ações e tomar sérios cuidados com as "lacrações", *marketing* é sensacional, quando bem aplicado e que proporcione não só engajamento, mas respeito e confiabilidade.

Interessante frisar aqui que "estas coisas" não existiam em 2005, portanto, é uma questão de amadurecimento das organizações por meio de seus administradores, gestores e colaboradores, sem contar as exigências dos consumidores, já pesquisas têm mostrado que negócios que seguem boas práticas ambientais, sociais e de governança são mais estáveis e podem trazer mais lucratividade no longo prazo. Basta ver os últimos escândalos que a mídia nos proporcionou, não vou citar nomes aqui para não ser leviano, tendo em vista que as informações e as possíveis perdas necessitam de auditorias e confirmações sobre o tamanho dos rombos, mas fica aqui nossa dica de verificação.

Por questões de melhoria na gestão e na forma como podemos fiscalizar as empresas detentoras de patrimônios e carteiras gigantescas de clientes, os investidores e fundos de investimento também passaram a olhar para esses critérios de GRC na hora de decidir onde investir dinheiro.

Mas gostaria de alertar a você, que pacientemente está buscando entender onde pretendo chegar, de que a dica principal é observar todas as partes interessadas envolvidas com o dia a dia das organizações, pois se em empresas que possuem conselhos de administração, conselho fiscal, auditorias externas e internas, áreas de governança, riscos e *compliance*, mesmo assim as falhas e os escândalos acontecem, imaginem as pequenas e médias empresas, que prestam serviços para nós e por que não nossos clientes que estão neste mesmo padrão?

Gestão e governança podem ser feitas por qualquer empresa, não importando o seu tamanho e porte, pois as boas práticas de governança corporativa convertem princípios básicos em recomendações objetivas, alinhando interesses com a finalidade de:

- preservar e otimizar o valor econômico de longo prazo da organização;
- facilitar o acesso a recursos; e
- contribuir para a qualidade da gestão, longevidade e o bem comum da organização.

Portanto, aqui seguem três dos princípios segundo as melhores práticas do Instituto Brasileiro de Governança Corporativa – IBGC, do qual faço parte do Comitê de Gerenciamento de Riscos Corporativos: a tão falada *transparência* (*disclosure*) começa com o desejo de disponibilizar para as partes interessadas as informações que sejam de seu interesse e não apenas as obrigatórias (leis ou regulamentos), em que a adequada transparência resulta em um clima de confiança, e não devemos limitar ao desempenho econômico financeiro, mas devemos contemplar demais fatores, inclusive intangíveis, que norteiam a ação gerencial e que conduzem à preservação e à otimização do valor da organização, em outras palavras, o que está no papel deve ser reproduzido em atitudes.

Não podemos deixar de lado a famosa *prestação de contas* (*accountability*), em que os agentes da governança corporativa devem prestar contas de sua atuação a quem os elegeu ou nomeou, de modo claro, conciso, compreensível e tempestivo, assumindo integralmente as consequências dos atos e omissões que praticarem no exercício de seus mandatos e atuando com diligência e responsabilidade no âmbito dos seus papéis, aqui quando bem implementados, os processos de controles internos com seus respectivos indicadores de performance e reuniões periódicas para os esclarecimentos dos resultados e de que forma foram obtidos.

E quando falamos sobre *responsabilidade corporativa* (*compliance*), devemos deixar bem claro que os agentes de governança – em outras palavras, cada um dos colaboradores e gestores – devem zelar pela viabilidade econômico-financeira das organizações (sustentabilidade, visão de longo prazo), incorporando considerações de ordem social e ambiental na definição dos negócios e operações (modelo de negócio). É uma visão mais ampla da estratégia empresarial, contemplando todos os relacionamentos da empresa e os diversos capitais, sejam eles financeiro, manufaturado, intelectual, humano, social, ambiental, reputacional etc. no curto, médio e longo prazo.

Acredito que tenha ficado claro que estamos com sérios problemas entre a teoria e a prática, tendo em vista os últimos escândalos e até mesmo a ingerência governamental na Lei das Estatais, que estava muito bem alinhada às mudanças de GRC nas empresas de capital misto, mas aí teremos assuntos para mais um livro.

## 2   O processo ESG

Entendo a importância do processo ESG que deve ser utilizado como uma espécie de métrica para nortear boas práticas de negócios, afinal, falar sobre os impactos ambientais e sociais dentro dos negócios deveria ser inerente, pois a preocupação com as emissões de carbono, gestão dos resíduos e rejeitos oriundos de determinadas atividades, questões trabalhistas, inclusão dos profissionais nas organizações e as questões financeiras e contábeis, no meu entender, deveriam fazer parte do dia a dia das organizações, e pensar no custo da implementação, também, deve ser avaliado.

Afinal, para que servem os controles internos? Seriam um meio de burocratizar os processos? Pelo contrário, se pensarmos em implementar controles internos sem conhecer o negócio, os processos, os meios de gestão, teremos problemas na gestão de riscos; entretanto, se pensarmos em nosso carro, o que seria o controle interno?

Geralmente orientamos que o freio seria o controle interno, mas, para facilitar, segue uma reflexão que ouvimos há algum tempo em um evento, porém não sabemos precisar o autor: "Fabricantes não colocam freios nos carros de corrida para que eles possam ir mais devagar; eles colocam freios para que os carros possam ir mais rápido".

Mas, até um tempo atrás, só identificávamos isso dentro de um contexto, em que somente as grandes empresas com ações listadas em bolsas de valores faziam, e mesmo assim faltava engajamento, pois alguns acionistas e os fundos de investimentos cobravam as práticas de gestão e de controles, que com certeza poderiam garantir a sobrevivência de uma empresa em médio e longo prazo e realizavam alguns processos de fiscalização para efetivar o seu processo de gestão dentro das regras de gestão e por consequência o ESG.

No entanto, temos observado que muitos fundos de investimento analisam e classificam as organizações conforme os critérios ESG para direcionar seus aportes. Mas há uma questão sobre a qual sempre oriento, não só aos que investem em negócios, mas àqueles que consomem seus produtos e serviços, observar se a organização pratica as boas práticas.

Aqui eu faço referência à minha amiga Maria Eugenia Buosi,[1] que diz que as empresas serão cobradas a demonstrar como atingirão suas metas de descarbonização por pressão do mercado e dos investidores, que começam a medir a pegada de carbono dos seus portfólios e devem utilizar essas informações no seu processo de análise e gestão de ativos de forma crescente.

Como sempre vivemos em ondas, vale salientar aqui as questões de corrupção que vivemos na Petrobras e empreiteiras, que nos levou a mudanças nos processos de anticorrupção, logo em seguida surgiu as questões da Lei Geral de Proteção de Dados Pessoais – LGPD, e agora vivemos a onda do ESG, fazendo com que as grandes instituições busquem maior interesse na mudança de sua imagem e, por que não, na rentabilidade das empresas das quais são acionistas, fazendo com que os investidores aumentem a cobrança pela adoção e divulgação de práticas de negócios baseadas na regras do ESG, tendo em vista que acredito que ainda falta compromisso ambiental com o risco crescente para a sustentabilidade do sistema financeiro global.

Com isso, as empresas e investidores estão mais atentos na observação da sobrevivência de seus negócios, dependendo da continuidade da população atendida, digo aqui, profissionais, clientes, fornecedores, consumidores, investidores e órgãos reguladores, pois estamos fortemente ameaçados pela crise climática iminente e pela segregação da

---

[1] SETE tendências do ESG em 2022 (e o risco de fadiga). *Capital Reset*. Disponível em: https://www.capitalreset.com/sete-tendencias-do-esg-em-2022-e-o-risco-de-fadiga/.

população, porque, mesmo com tudo que tem mudado, ainda temos um grande caminho a percorrer.

Vale salientar que as questões climáticas têm demandado busca por indicadores, mas que são de extrema dificuldade na obtenção tendo em vista que as questões climáticas não são iniciadas pelas empresas, mas devem ser gerenciadas em seus planejamentos estratégicos e criados planos de contingências e de continuidade para que possamos superar as crises que estão por vir.

A Agenda 2030 é mais uma iniciativa da ONU, um plano de ação para o desenvolvimento sustentável global criado em 2015, em Nova Iorque, na presença de líderes de 193 Estados-Membros da organização. O foco são as dimensões social, ambiental e econômica, além de ampliar as metas definidas em 2000 nos Objetivos de Desenvolvimento do Milênio (ODM).

A agenda traz 17 objetivos e 169 metas que devem ser seguidos pelos Estados-Membros da ONU. Entre os objetivos, estão:

- Erradicação da pobreza
- Fome zero e agricultura sustentável
- Saúde e bem-estar
- Educação de qualidade
- Igualdade de gênero
- Água potável e saneamento
- Energia limpa e acessível
- Consumo e produção responsáveis
- Redução das desigualdades
- Além disso, é preciso promover o debate contra as mudanças climáticas para que o país atinja as metas.

Quando nos referimos ao GRC, não podemos deixar de evidenciar algumas questões sobre a importância da gestão na tomada de decisões. Trazemos aqui uma questão que foi muito bem apresentada por Antonio Fernando Pinheiro Pedro, na conferência[2] proferida na Apamagis, em 12.2.2019, falando sobre o *Desastre em Brumadinho – Lições extraídas da lama...*

---

[2] Conferência proferida na Apamagis – Associação Paulista dos Magistrados, em evento organizado pelo GAJ – Grupo de Apoio à Justiça, no dia 12.2.2019 (Disponível em: https://pinheiropedro.jusbrasil.com.br/artigos/702406640/desastre-em-brumadinho-licoes-extraidas-da-lama).

A chamada "pirâmide da arrogância" é um fenômeno que contamina o ambiente corporativo, empresarial e público, estimula vaidades, desumaniza procedimentos, desfoca o respeito aos seres humanos e substitui valores morais por interesses corporativistas, ideológicos ou de lucro.

O caráter da pirâmide é marcado pelo egocentrismo corporativo. O egocentrismo provoca a substituição dos valores morais e causa entropia cultural. Nessa espiral, o vértice da pirâmide só lê e ouve o que quer ler e ouvir. A pirâmide desenvolve relações ou contrata apenas quem reafirma o que seu vértice já pensa. Ela substitui o talento pela bajulação.

O descumprimento de normas trabalhistas, condutas fiscais e encargos sociais, bem como a desconsideração de medidas de prevenção da segurança do trabalho e ambiental, caracterizam o dumping. A opção pela disposição barata dos rejeitos, com alto custo para a sociedade e o meio ambiente, parece seguir o tipo.

A governança é fictícia, mantida pela insensibilidade à realidade humana, social e ambiental - seja interna, seja no entorno. Esse "autismo social" produz a impunidade e fomenta a "pirâmide da arrogância".

Embalado pela sensação de impunidade, o vértice da pirâmide segue a lógica do "penso, quero, posso, mando, não sou punido e, por isso, reincido". Um desastre de governança - com efeitos perversos.

Geralmente superestimamos nossos comportamentos éticos devido a nossa racionalidade limitada, pois as coisas erradas são feitas na maioria das vezes por pessoas boas que se tornam eticamente cegas, devido à pressão do contexto e do tempo, não eximindo ninguém de suas responsabilidades, pois os grandes escândalos de governança ocorrem apenas porque conseguem o apoio de muitas pessoas com boa intenção, acredito eu, afinal necessitamos ir muito mais além do que na implementação de programas tradicionais de *compliance* para solucionar os problemas. Penso que a boa governança depende de uma mudança na cultura organizacional e do foco no fator humano, pois somente gerenciando condutas e melhorando a postura das pessoas podemos mudar tudo isso.

Afinal os países que fazem parte da Agenda 2030 devem se comprometer com a promoção de programas e ações para orientar a atuação interna do país e dos principais gestores do Estado e das organizações, o que inclui uma agenda financeira, para que possamos avaliar os objetivos dos negócios que apostam nessas boas práticas, e que sempre terão uma avaliação positiva, não só na atração de investidores, como também na percepção que o mercado tem, e se o negócio deseja adotar essas práticas, e ainda não sabe como começar, seguem algumas iniciativas para cada uma das letras que compõem a sigla ASG (*ESG*):

– *Ambiental*
- oferecer embalagens recicláveis, ou que utilizem menos plástico;
- utilizar materiais reciclados no escritório;
- promover a digitalização do que for possível para reduzir desperdícios;
- utilizar energias limpas e renováveis, como a eólica e a solar;
- reduzir a emissão de poluentes;
- dar destinação correta de resíduos e efluentes.

– *Social*
- permitir que as mulheres conciliem carreira e maternidade, oferecendo um ambiente propício para tal;
- promover a diversidade com responsabilidade e qualificação;
- privilegiar o diálogo entre colaboradores e líderes;
- realizar projetos sociais com a comunidade local;
- promover ou patrocinar eventos culturais e sociais.

– *Governança*
- implementar um conselho de administração que priorize membros independentes;
- contratar fornecedores e colaboradores terceirizados que evidenciem processos de integridade;
- implementar uma estrutura organizacional bem definida, com cargos e funções determinados;
- promover a transparência, tornando públicas as principais informações.

## 3 O ESG e o plano estratégico das empresas

Há algum tempo venho trabalhando em meus clientes com a busca pela conscientização de todos na análise dos eventos externos que podem afetar os negócios. Para se ter uma noção, em todos os planejamentos estratégicos tenho apresentado o modelo Pestel – *Political, Economic, Socio-Cultural, Technological, Environmental and Legal*, assim facilitando em muito a melhoria e avaliação dos possíveis riscos que podem afetar os negócios.

Mas devemos evidenciar que ainda temos diretores de algumas organizações que pensam que isso é *marketing*, devemos alinhar o planejamento estratégico com as questões operacionais, pois o descasamento dos riscos estratégicos com os riscos operacionais é muito evidente em algumas organizações. Somente para se ter noção, evidencio aqui as questões de *compliance*, pois algumas empresas acreditam que com a instituição de um *compliance officer* a sua empresa já está protegida e alinhada aos programas de integridade, não basta ter políticas e informações em seu *site*, mas evidências de que está aplicando a integridade, a proteção ambiental, a diversidade e os princípios da governança.

O corpo administrativo definirá as principais atribuições e reponsabilidades de cada agente interno em diferentes níveis e práticas da gestão dos riscos corporativos, indicando, por exemplo, quem terá a reponsabilidade na identificação e na avaliação dos riscos, permitindo a tomada de decisões sobre como poderemos tratar os riscos, de quem será a responsabilidade pelo monitoramento dos riscos e pela fiscalização de todo o processo.

Ainda dentro do caderno de gerenciamento de riscos corporativos do IBGC, são determinadas as principais reflexões a serem discutidas pelo conselho de administração e pela diretoria executiva para a construção do modelo de governança, incluindo:

- O que pode comprometer o cumprimento das estratégias e metas?
- Onde estão as maiores oportunidades, ameaças e incertezas?
- Quais são os principais riscos?
- Quais são os riscos a explorar?
- Qual é a percepção desses riscos?
- Qual é a exposição desses riscos? Existe diferença entre percepção e exposição desses riscos?
- Como a organização responde aos riscos?
- Existem informações confiáveis para tomada de decisões?
- O que é feito para assegurar que os riscos estejam em um nível aceitável de acordo com o apetite a riscos aprovado?
- Os executivos e gestores têm consciência da importância do processo de gestão de riscos?
- A organização tem as competências necessárias para gerir riscos assumidos?

- Quem identifica e monitora ativamente os riscos da organização?
- Que padrões, ferramentas e metodologias são utilizados?

Podemos medir o grau de sustentabilidade e o impacto social de um investimento em uma empresa ou negócio, observando uma forma de:

- Quantificar a contribuição que uma empresa faz para a saúde ambiental da sociedade (mudanças climáticas, emissões de gases de efeito estufa, gerenciamento de resíduos, eficiência energética).
- Ajudar a proteger direitos humanos (por meio do combate ao trabalho infantil, da garantia de normas trabalhistas nas cadeias de suprimentos, e da observação de normas de saúde e segurança nos locais de trabalho).
- Estabelecer princípios corporativos que definam direitos, responsabilidades e expectativas entre todas as partes interessadas da organização.

Mas destacamos a necessidade de realizar uma análise de melhores práticas, pesquisando as tendências na indústria de atuação, identificando as preocupações das partes interessadas, desenvolvendo uma lista dos principais tópicos de potencial interesse, para compreender a sua relevância.

Identificar se as métricas do relatório do Conselho Empresarial Internacional do Fórum Econômico Mundial podem ser adaptadas e se há alguma restrição legal para implementar, além do envolvimento das pessoas responsáveis pelo tema para avaliar a disponibilidade e confiabilidade dos dados.

Avaliação sobre os processos de elaboração de relatórios e controles na organização, certificando se os dados já fazem parte dos relatórios financeiros, com a indicação para que se envolva o departamento de auditoria da organização e se integre a validação das métricas no ciclo de relatórios. Integrar as principais métricas aos relatórios convencionais e, como alternativa, que se façam parte do relatório anual.

Quando falamos em capital humano, na preservação da natureza e na reputação corporativa, devemos avaliar esses aspectos que geram valor financeiro para o negócio e não são necessariamente medidos pelos modelos tradicionais. Não existe um modelo de retorno sobre o investimento de forma que possamos calcular a reputação da empresa junto aos clientes, estamos passando por novos momentos e por isso devemos implementar novas métricas e formas de medir o intangível.

Para obter a quantificação com as informações que são inseridas nos modelos tradicionais de *valuation* que utilizam o método do fluxo de caixa descontado (FCD), com o objetivo de encontrar o valor presente líquido (VPL) de temas que até então não estavam precificados e, finalmente, o valor justo da empresa ajustado às questões sociais e ambientais, precisamos ajustar a forma e os modelos de obtenção de informações.

## 4  ESG na realidade da gestão

As questões sociais e ambientais são de extrema importância para os negócios e têm potencial de impactar o desempenho financeiro das companhias listadas em bolsa ou não. A competência em incorporar essas questões no processo de análise e gestão de riscos deve ser um diferencial para gerar uma mudança no contexto empresarial brasileiro.

Devemos salientar a evolução das tecnologias e a mudança dos negócios para o *home office*, com reuniões virtuais, sem contar a necessidade de transparência, relacionada à integridade e conformidade. Tudo isso está proporcionando uma ampliação dos processos de planejamento estratégico e das capacidades operacionais. Avaliar esses desafios exige que as organizações adotem uma nova abordagem operacional para gerenciar riscos, em que possamos criar, preservar e realizar valor no presente e em longo prazo.

Algumas das principais mudanças no *framework* nos levam a observar que o Coso-ERM introduz uma nova estrutura que, com apenas cinco componentes e vinte princípios alinhados ao ciclo econômico e aos princípios-chave do *framework*, cobre os processos da governança para atividades do dia a dia. Estes são gerenciáveis e aplicáveis a todas as organizações, independentemente do tamanho, tipo ou setor, e permitem uma conversa mais fluente sobre o risco entre o conselho e a gestão dos riscos da organização.

Aprendemos que esses riscos não se materializam apenas de forma aleatória, mas por meio de eventos externos, como exemplo, a inclusão da empresa na lista suja do trabalho escravo, que pode impedir a contratação de novos financiamentos, sem contar as práticas trabalhistas e os processos de governança, ou quem sabe mudanças nos níveis de produtividade da força de trabalho, com ocorrência de greves ou criação de passivos que afetam as margens dos negócios.

Portanto, cuidado com os extremismos, o ESG não é uma questão exclusiva de *compliance*, mas uma questão institucional, todos têm uma grande participação na manutenção dos negócios, bem como sua imagem, reputação e atendimento de todas as partes interessadas. O ESG sintetiza diversos critérios de conduta das organizações, em áreas cada vez mais importantes para a sociedade: ambiental, social e de governança, e até um tempo atrás era um índice, e esse tema ficava restrito a uma pequena parte de pessoas, hoje, empresas de grande e médio porte estão considerando esses fatores antes de fazer investimentos e negócios.

Vou encerrar com uma afirmação da minha amiga Maria Eugenia Buosi, de que tanto no setor financeiro quanto nas empresas há um risco de que o ESG perca o gás, pois "Embora a agenda ESG das empresas tenha decolado, ainda falta aterrissar", conforme trecho do artigo[3] *Sete tendências do ESG em 2022 e o risco de fadiga*, da *Capital Reset*.

## Referências

ASSI, Marcos. *Gestão de compliance e seus desafios*. 1. ed. São Paulo: Saint Paul, 2013.

ASSI, Marcos. *Gestão de riscos com controles internos*. 2. ed. São Paulo: Saint Paul, 2021.

ASSI, Marcos. *Governança, riscos e compliance*. 1. ed. São Paulo: Saint Paul, 2017.

EDSON, Antonio; BACCI, Luciana; ASSI, Marcos. *Transformando as três linhas em geração de valor*: com a gestão de risco e o sistema de controles internos. 1. ed. São Paulo: Saint Paul, 2022.

IBGC (INSTITUTO BRASILEIRO DE GOVERNANÇA CORPORATIVA). *Código das melhores práticas de governança corporativa*. 5. ed. 1. reimpr. São Paulo: IBGC, 2015.

IBGC (INSTITUTO BRASILEIRO DE GOVERNANÇA CORPORATIVA). *Compliance à luz da governança corporativa*. São Paulo: IBGC, 2017. Série: IBGC Orienta.

IBGC (INSTITUTO BRASILEIRO DE GOVERNANÇA CORPORATIVA). *Gerenciamento de riscos corporativos*: evolução em governança e estratégia. São Paulo: IBGC, 2017. Série Cadernos de Governança Corporativa, 19.

---

[3] SETE tendências do ESG em 2022 (e o risco de fadiga). *Capital Reset*. Disponível em: https://www.capitalreset.com/sete-tendencias-do-esg-em-2022-e-o-risco-de-fadiga/.

Informação bibliográfica deste texto, conforme a NBR 6023:2018 da Associação Brasileira de Normas Técnicas (ABNT):

ASSI, Marcos. ESG e os processos de gestão. *In*: BORGES DE PAULA, Marco Aurélio (Coord.). *A hora e a vez do ESG*: provocações e reflexões em homenagem a Ricardo Voltolini. Belo Horizonte: Fórum, 2023. p. 327-339. ISBN 978-65-5518-619-2.

# A RETOMADA DO ESG COMO INSTRUMENTO PRAGMÁTICO PARA A TOMADA DE DECISÕES: PADRONIZAÇÃO ABNT PR 2030 E A CERTIFICAÇÃO ACREDITADA

JEFFERSON CARVALHO

> *Confiar em todos é uma estupidez.*
> *Não confiar em ninguém é uma insensatez.*
> (Juvenal)

## 1 Recontextualização do real papel do ESG

A recente retomada do debate em torno da agenda ESG,[4] sigla em inglês para ambiental, social e governança (*environmental, social and governance*), a despeito da aparente inovação, em sua essência, trata da velha e boa confiança.

A falta de confiança afeta a dinâmica das relações, sejam pessoais, de mercado ou governamentais, gerando custos transacionais e de controle excessivos, burocracia e lentidão na tomada de decisões. Quem conquista confiança terá sempre uma vantagem estratégica.

A reintrodução da agenda ESG orbita essencialmente, não no ideal filantropo e abnegado de um mundo melhor – embora seus

---

[4] ENTENDA o significado da sigla ESG. *Rede Brasil do Pacto Global da ONU*. Disponível em: https://www.pactoglobal.org.br/pg/esg. Acesso em: 11 abr. 2023.

resultados práticos melhorem o mundo – mas, sim, na importância em mitigar riscos dos investimentos, e obviamente, conferir uma áurea mais responsável e engajada aos negócios, aumentando, assim, seu valor intangível. A sigla EGS foi mencionada pela primeira vez em 2004 em uma publicação do Pacto Global da Organização das Nações Unidas – ONU em parceria com o Banco Mundial, denominada *Who cares wins* (Ganha quem se importa).

O termo "reintrodução" da agenda ESG foi aqui aplicado, pois, essencialmente, trata-se de uma repaginação de iniciativas globais em torno de melhorias de aspectos essenciais ao desenvolvimento sustentável, no sentido mais amplo.

A própria definição[5] trazida pela Comissão Mundial sobre Meio Ambiente e Desenvolvimento da ONU, em que "o desenvolvimento sustentável é o desenvolvimento que encontra as necessidades atuais sem comprometer a habilidade das futuras gerações de atender suas próprias necessidades", foi abordada de formas distintas desde a primeira Declaração da Conferência da ONU sobre o Meio Ambiente (Estocolmo, 1972) até a recente Agenda 2030 para o Desenvolvimento Sustentável.[6]

O entendimento sobre sustentabilidade vem evoluindo, passando da simples ecologia (com foco em preservação de recursos naturais), atravessando o terreno das mudanças climáticas, abraçando um espectro mais amplo com estudos na década de 1990, introduzindo os conceitos de 3P, sigla em inglês para planeta, lucro e pessoas (*planet, profit, people*) e 3S, sigla em inglês para economia, meio ambiente e equidade (*economy, environmental, equity*), até desembarcar no conceito mais moderno de TBL, sigla em inglês para Três Linhas Finais (*Triple Bottom Line*), que nasce de um jargão contábil – em que o que importava era a linha final do balanço (*botton line*): o lucro –, significando a ampliação da preocupação com os resultados e impactos na dimensão econômica (que inclui obviamente o lucro), mas, também, ambiental e social.

A evolução da compreensão de que a responsabilidade sobre os resultados de sustentabilidade não é exclusiva dos executivos da organização, mas também daqueles que a financiam e governam em mais

---

[5] A ONU e o meio ambiente. *Nações Unidas Brasil*, 16 set. 2020. Disponível em: https://brasil.un.org/pt-br/91223-onu-e-o-meio-ambiente. Acesso em: 11 abr. 2023.
[6] OBJETIVOS de Desenvolvimento Sustentável. *Nações Unidas Brasil*. Disponível em: https://brasil.un.org/pt-br/sdgs. Acesso em: 11 abr. 2023.

alto nível, levou a ampliar o alcance da governança sobre a aplicação dos recursos, além dos resultados financeiros e contábeis.

Um exemplo concreto foi o lançamento, em 2003, do documento Princípios do Equador[7] (*Equator Principles Financial Institutions* – EPFI). Este documento traz obrigações às instituições bancárias signatárias de requerer e incentivar seus clientes a tratarem dos riscos socioambientais e seus impactos potenciais ou reais identificados durante o ciclo de vida de desenvolvimento do projeto, a partir de US$10 milhões, dependendo do escopo do serviço financeiro. Um caso no Brasil ficou conhecido em 2016, quando um grande banco foi multado[8] em R$47,5 milhões pelo Instituto Brasileiro do Meio Ambiente e dos Recursos Naturais Renováveis – Ibama por financiar o plantio de grãos em áreas da Amazônia que já estavam embargadas pelo órgão de fiscalização, por serem áreas de proteção ambiental.

O advento das mídias sociais e universalização das notícias em grande velocidade trouxe, a reboque, o risco reputacional, que invariavelmente danifica a imagem das organizações, seus executivos e pessoas, gerando prejuízos diretos em seus ativos, como redução do valor acionário, além de prejuízos intangíveis, mas inevitáveis, como a perda de confiança de mercado e clientes, o que reduz a capacidade de novos negócios. E o mais preocupante: tudo isto pode ocorrer mesmo que a organização eventualmente não tenha algum grau de culpa, pois as notícias veiculam – ainda que utilizando o termo "supostamente" – e até que se prove e se dê publicidade à sua inocência e licitude, o tempo decorrido já causou danos concretos, por vezes, irreversíveis.

No campo da fraude e outros crimes financeiros, inúmeros escândalos no Brasil e em nível mundial trouxeram a necessidade de uma regulação mais inteligente, focada em controles internos e prevenção. Um exemplo emblemático foi a Enron Corporation,[9] num escândalo que resultou em acionistas perdendo mais de US$74 bilhões, enquanto o preço da ação caiu de cerca de US$90 para menos de US$1 em um ano. Nasceu assim, em 2002, nos Estados Unidos, a Lei Sarbanes-Oxley

---

[7] EQUATOR Principles; Os Princípios do Equador – EP04, jul. 2020. Disponível em: https://equator-principles.com/app/uploads/EP4_Portuguese.pdf. Acesso em: 11 abr. 2023.

[8] IBAMA multa o Santander em R$47,5 milhões. *Jornal do Comércio*, 22 out. 2016. Disponível em: https://www.jornaldocomercio.com/_conteudo/2016/10/economia/527604-ibama-multa-o-santander-em-r-47-5-milhoes.html. Acesso em: 11 abr. 2023.

[9] OS 9 maiores escândalos contábeis do mundo. *Rede Jornal Contábil*, 21 jul. 2018. Disponível em: https://www.jornalcontabil.com.br/os-9-maiores-escandalos-contabeis-do-mundo/. Acesso em: 11 abr. 2023.

(SOX), que buscou introduzir aperfeiçoamento na governança e controle interno.

Outro tema que ganhou força no cenário internacional foi a corrupção, em especial, após as ações da Operação Lava Jato[10] no Brasil – que resultou em 209 acordos de leniência e R$14,7 bilhões em valores previstos de recuperação –, mas também houve incidentes em escala mundial envolvendo diversos governos e empresas.

O impacto da corrupção no Brasil terminou por afastar investimentos, criando uma atmosfera de desconfiança que aumenta sobremaneira os custos de controle, gerando lentidão na tomada de decisão e consequente falta de competitividade. O último Índice de Percepção da Corrupção – *CPI Report 2023*[11] (dados de 2022), da Transparência Internacional, coloca o Brasil na 94ª posição num *ranking* de 180 países, obtido 38 pontos em 100 pontos possíveis. Se observarmos outro indicador, o índice de Capacidade de Combate a Corrupção – *CCC 2022*[12] (dados de 2021), na América Latina, o Brasil, apesar de ocupar a 10ª posição em 15 países analisados, obteve apenas 4,76 pontos em 10 pontos possíveis. Em ambos os índices, o Brasil apresentou piora em relação às últimas medições.

Como parte de um conjunto de ações para melhorar o ambiente de confiança, o Brasil publicou a Lei Anticorrupção (Lei nº 12.846, de 1º.8.2013, e seu Decreto nº 11.129, de 11.7.2022), que introduziu o programa de integridade como instrumento a ser aplicado pelas organizações privadas que firmam contratos com a administração pública. Alguns estados e municípios já publicaram legislações que tornam obrigatória a implantação de programa de integridade, como é o caso do Distrito Federal (através da Lei nº 6.112, de 2.2.2018), que requer programas de integridade para compras acima de R$5 milhões.

Tais ações fizeram parte de um esforço para ingressar na OCDE – Organização para Cooperação e Desenvolvimento Econômico (OECD, em

---

[10] CASOS da Lava Jato – Resultados – 1ª instância Curitiba. Ministério *Público Federal – MPF*, 24 ago. 2021. Disponível em: https://www.mpf.mp.br/grandes-casos/lava-jato/resultados. Acesso em: 11 abr. 2023.
[11] ÍNDICE de Percepção da Corrupção 2022. *Transparência Internacional Brasil*. Disponível em: https://transparenciainternacional.org.br/ipc/. Acesso em: 11 abr. 2023.
[12] AS/COA; CONTROL RISKS. *The Capacity to Combat Corruption (CCC) Index* 2022 (O Índice de Capacidade de Combate à Corrupção). Disponível em: https://www.as-coa.org/sites/default/files/inline-files/CCC_Report_2022.pdf. Acesso em: 11 abr. 2023.

inglês). A OCDE emitiu inclusive o documento *Antibribery Convention*[13] (Convenção Antissuborno), em 2009, do qual o Brasil é signatário, com diretrizes para governos e seus agentes públicos sobre estrutura de ações e regulações para evitar a ocorrência de suborno e corrupção nacional e transnacional.

Mais recentemente, o tema da governança tem ganhado notoriedade no mercado e poder público, que passaram a compreender que aspectos, como transparência, prestação de contas, conformidade, controle interno, equidade e expectativa das partes interessadas são fundamentais à sustentabilidade (econômica, social e ambiental), seja no ambiente público, seja privado. Diversas iniciativas no sentido de estabelecer boas práticas de governança vêm sendo adotadas, como forma de mitigar os riscos associados aos processos.

No âmbito das estatais, já é exigida uma estrutura de governança, incluindo conselho de administração, como preconizado pela Lei nº 13.303, de 30.6.2016, conhecida como Lei das Estatais. Logo em seguida, o Governo Federal publicou o Decreto nº 9.203, de 22.11.2017, que dispõe sobre a política de governança da administração pública federal direta, autárquica e fundacional.

No âmbito privado, as empresas de sociedade anônima também devem possuir estruturas de governança. Notadamente, a adoção de práticas de governança melhora o desempenho e a confiança. Um exemplo concreto foi a criação do Índice de Governança Corporativa – IGC,[14] estabelecido como critério para entrar no Novo Mercado B3 (Brasil, Bolsa, Balcão), que seleciona e reúne as ações de companhias que adotam as melhores práticas de governança corporativa existentes no mercado. Desde que a medição foi iniciada em 2001, as empresas listadas no IGC possuem desempenho melhor[15] se comparadas com Ibovespa, IBr-X e IBR-x-50.

No campo de responsabilidade social, especialmente aquela relacionada aos empregados e terceirizados da organização, assim

---

[13] OECD. *Convention on combating bribery of foreign public officials in international business transactions and related documents* (Convenção para combate ao suborno de agentes oficiais estrangeiros em transações internacionais de negócios e documentos relacionados). 26 nov. 2009. Disponível em: https://www.oecd.org/daf/anti-bribery/ConvCombatBribery_ENG.pdf. Acesso em: 11 abr. 2023.

[14] NOVO Mercado: conheça o nível mais alto de governança da B3. *Suno*, 23 abr. 2021. Disponível em: https://www.suno.com.br/artigos/novo-mercado. Acesso em: 11 abr. 2023.

[15] INDICADORES de Mercado – Ibovespa X IBRX X IBRX-50 X IGC. *Acionista*, mar. 2023. Disponível em: https://acionista.com.br/ibovespa-ibrx-ibrx-50-igc/. Acesso em: 11 abr. 2023.

como no campo ambiental, o Brasil possui um arcabouço robusto (e complexo) de regulações, que por um lado permite pautar o país como estruturado para a gestão destes temas, mas, por outro lado, coloca as organizações em situação de insegurança jurídica, seja para complexidade regulatória, seja pela falta de fiscalização consistente, o que contribuiria para melhorar o nível de competitividade, evitando a manutenção de concorrentes que obtêm vantagens competitivas pela manutenção de práticas ilegais, como exemplo, descarte inadequado de resíduos, no campo ambiental, ou contratação irregular de empregados, no campo social.

No entanto, a respeito das iniciativas regulatórias nos campos ambiental, social e de governança, é imperioso reconhecer que "se leis fossem suficientes não haveria crime", mas temos crimes, sim, e em excesso, ocorrendo tanto nos âmbitos público, privado e sem fins lucrativos, como fraudes, crimes financeiros, corrupção, impactos ambientais, irregularidades trabalhistas e relacionados. Ainda que algumas regulações já tragam a vertente da prevenção e das práticas de gestão, ainda assim, residem dúvidas sobre sua adequada estrutura, real implementação e respectiva efetividade, ou seja, a capacidade de atender a seu propósito, que deveria transcender a simples indicação da conformidade esperada (regra), e alcançar os mecanismos para assegurá-la (prevenção).

## 2  Normatização: instrumento legítimo para a confiança

Em um evento com presença de procuradores do Ministério Público a respeito da certificação de programas de integridade, fiz a seguinte provocação salutar: "os senhores desejam punir quem pratica o ilícito ou evitar que ele seja praticado?". Se a resposta fosse punir, eu poderia ir embora, já que não teria nada a acrescentar, pois este era o trabalho deles. No entanto, como já afirmado, temos ilícitos demais, e mesmo que fosse possível punir todos – o que infelizmente não se observa – haveria danos financeiros e de imagem às empresas, instituições públicas e ao país. Neste contexto, é necessário fugir do paradigma usual de combate à irregularidade e tratar de preveni-la, ou seja, a única saída é que não ocorram irregularidades.

Mas como prevenir irregularidades (sejam no campo ambiental, social ou de governança) da forma mais eficaz possível? É fundamental aplicar estruturas de gestão que foquem efetivamente no risco e que estejam validadas e consagradas.

No campo ambiental, já há mecanismos normativos consagrados, como a ISO 14001 – Sistema de Gestão Ambiental e a ISO 50001 – Gestão de Energia, possuindo somadas cerca de 790 mil instalações certificadas no mundo até 2022.[16] No campo social, existem normas técnicas internacionais que tangenciam aspectos essenciais, como a ISO 45001 – Sistema de Gestão de Segurança e Saúde Ocupacional, com mais de 510 mil instalações certificadas no mundo até 2022, e a SA8000 – Responsabilidade Social, esta última abrangendo mais de 2 milhões de trabalhadores nas cerca de 5.100 instalações certificadas.[17] Adicionalmente, existem normas de diretrizes (não certificáveis), como a ISO 26000 – Responsabilidade Social. O campo da governança, mais amplo, também é pautado por normas técnicas que abordam aspectos específicos como a consagrada ISO 9001 – Sistema de Gestão da Qualidade, e outras, como a ISO/IEC 27001 – Sistema de Gestão de Segurança da Informação, Segurança Cibernética e Proteção à Privacidade, ISO 22301 – Sistema de Gestão de Continuidade de Negócios, ISO 55001 – Gestão de Ativos, até as recentes ISO 37001 – Sistema de Gestão Antissuborno e ISO 37301 – Sistema de Gestão de *Compliance*, que, somadas, totalizam mais de 1,8 milhão de instalações certificadas no mundo até 2022. Por fim, em 2022, foi emitida a norma de diretrizes ISO 37000 – Governança nas Organizações, ampliando o arcabouço de normas relacionadas à ESG.

A reserva de alguns setores em relação à adoção de normas técnicas é infundada e, normalmente, fruto de desinformação e preconceito, ocorrendo o mesmo com as certificações.

A produção de uma norma técnica,[18] emitida pela *International Organization Standadization* – ISO (sigla para Organização Internacional de Normatização) ou pela Associação Brasileira de Normas Técnicas – ABNT,

---

[16] ISO - *INTERNATIONAL ORGANIZATION FOR STANDARDIZATION. ISO Survey of certifications to management system standards* – 2022 results (Pesquisa ISO de certificações de sistemas de gestão – resultados 2022). 21 set. 2023. Disponível em: https://www.iso.org/committee/54998.html?t=KomURwikWDLiuB1P1c7SjLMLEAgXOA7emZHKGWyn8f3KQUTU3m287NxnpA3DIuxm&view=documents#section-isodocuments-top. Acesso em: 28 set. 2023.

[17] SAI – *SOCIAL ACCOUNTABILITY INTERNATIONAL. SA8000 Summary Statistics* (Resumo estatístico SA8000). 2023. Disponível em: https://sa-intl.org/sa8000-search/#stats. Acesso em: 28 set. 2023.

[18] ABNT – ASSOCIAÇÃO BRASILEIRA DE NORMAS TÉCNICAS. *Como elaborar normas*. Disponível em: https://www.abnt.org.br/normalizacao/participar-da-elaboracao. Acesso em: 11 abr. 2023.

ocorre dentro de um ambiente robusto de governança, passando por etapas técnicas discutidas em comitês paritários – compostos pelas partes interessadas, como produtores, consumidores, reguladores, especialistas e academia – sendo submetida a etapas de consulta pública para sua harmonização. Como exemplo, a ISO 37001 foi discutida por cerca de três anos em um comitê técnico formado por mais de 30 países – incluso o Brasil – e passou por três etapas de consulta pública internacional. Costumo ilustrar que uma norma técnica é "inteligência embarcada de alto nível" – estanho é não adotá-las, insistindo em desenvolver "jabutis".

Outro aspecto relevante a destacar sobre as normas técnicas de sistemas de gestão é que estas não inferem no modelo organizacional, trazendo um conjunto de requisitos que requerem desempenho e eficácia nos resultados, mas que a organização aplica, adaptando-os à sua realidade cultural, tecnológica, regulatória e estrutural.

As normas técnicas de sistemas de gestão possuem uma estrutura de requisitos que abrangem todos os aspectos de gestão e todos os processos da organização, permitindo a sustentação do desempenho no tempo, em relação à mitigação dos riscos, uma vez que se baseiam na metodologia PDCA, sigla em inglês para planejar, fazer, checar e agir (*plan, do, chek and act*).

Importante destacar que a implementação de um sistema de gestão requer que todos os processos da organização sejam mapeados em relação ao escopo dos riscos e conjunto de obrigações e resultados esperados, devendo controles serem implantados para os riscos significativos, de forma a controlá-los (mitigá-los).

Um outro aspecto relevante é que o sistema de gestão deve ser continuamente monitorado para assegurar sua eficácia (ou efetividade), o que não pode se restringir ao simples cumprimento dos controles internos, procedimentos e políticas, uma vez que podem não estar contribuindo na prática para mitigação dos riscos. A avaliação do sistema de gestão, assim, passa essencialmente por três esferas:

1) estruturação: avaliação dos riscos, elaboração e/ou aquisição de toda a estrutura documental, física e sistemas informatizados necessários à adequação a cada um dos requisitos aplicáveis;
2) implementação: adequações dos processos, emissão dos documentos e treinamento de todo o pessoal e parceiros de negócio envolvidos;

3) eficácia (ou efetividade): cumprimento de todas as regras definidas na estruturação, e sua real contribuição à mitigação dos riscos.

## 3 Dilemas da falta de padronização do ESG e emissão da ABNT PR 2030 – Prática Recomendada para ESG

A despeito de amplamente noticiado como paradigma de negócios, o ESG esbarrou na proliferação de práticas distintas no Brasil e no mundo, dificultando à sociedade, ao governo e ao mercado reconhecerem do que efetivamente o ESG tratava, minando seu entendimento e valor, bem como quais os limites razoáveis de um programa ESG em termos de escopo, ora dando a entender tratar-se de iniciativa aplicável apenas à organizações de grande porte, contraditoriamente excludente, ora sendo pautada por limites não técnicos, incorrendo na imposição de agendas de grupos e de temas específicos, sem ponderação sobre a viabilidade ou pertinência de tais requisitos.

Inúmeras iniciativas ao redor do mundo, normalmente pautadas por seu grau de credibilidade técnica e institucional, buscaram se notabilizar como "padrão global" para ESG, mas, ao se multiplicarem, independentemente do mérito e da intenção, terminaram por gerar um efeito "Torre de Babel", impossibilitando o estabelecimento de uma única linguagem, um único método, uma única diretriz, essencial ao reconhecimento entre os diversos *stakeholders*, terminando por, paradoxalmente, enfraquecer o ESG.

A soma destas incertezas terminou por aproximar o ESG, por vezes, do terreno do descrédito e de desconfiança, que, em paralelo, já se via pautado pela ameaça do *greeenwhasing* (jargão adotado para tratar de falsificação ou falsa declaração relacionada a aspectos de ESG).

O fato é que a demanda por ESG persiste e, desta forma, iniciou-se um debate sobre a uniformização destas práticas para permitir a todas as partes interessadas – governo, compradores, acionistas, conselheiros, financiadores, sociedade etc. – reconhecer como válidos os programas ESG adotados por seus parceiros de negócio. E havia ainda a necessidade de se estabelecer um modelo abrangente, mas flexível, que permitisse adaptar-se ao arcabouço técnico, regulatório e cultural de cada organização, seja pública, privada, sem fins lucrativos e de qualquer porte e setor de atuação.

Nesta esteira, o Brasil protagonizou um movimento para padronização das melhores práticas de ESG, capitaneado pela ABNT, através de sua Comissão de Estudo Especial de *Environmental, Social and Governance* (ESG) (ABNT/CEE-256), que culminou com a emissão, em dezembro de 2022 (com revisão em junho de 2023), da ABNT PR 2030 – Prática Recomendada – Ambiental, Social e Governança (ESG) – Conceitos, diretrizes e modelo de avaliação e direcionamento para organizações. Trata-se de norma brasileira (não norma internacional, como as normas ISO), mas que pode ser adotada por organizações sediadas em outros países.

A ABNT PR 2030 é aplicável a todos os tipos de organizações, sejam empresas privadas ou públicas, entidades governamentais e organizações sem fins lucrativos, independentemente do seu porte e do setor de atividade, o que configura inclusão já em seu escopo e propósito. E como estabelecido sua cláusula 1:

> Esta Prática Recomendada alinha os principais conceitos e princípios ESG, orientando os passos necessários para incorporá-los na organização, bem como propõe critérios Ambientais, Sociais e de Governança que servem como ponto de partida para as organizações identificarem os possíveis temas ESG materiais ao seu negócio.
> O Documento estabelece, ainda, um modelo de avaliação e direcionamento, composto por uma escala de cinco níveis evolutivos, permitindo que a organização identifique seu estágio de maturidade em relação a um determinado critério ambiental, social ou de governança, e que estabeleça metas de evolução.

## 4 ABNT PR 2030 – Práticas recomendadas de ESG: estruturação e aplicação

A concepção da ABNT PR 2030 foi feliz ao haver considerado, em seu arcabouço de referências para estruturação das práticas recomendadas, um conjunto abrangente de normas técnicas, especificações e fontes amplamente reconhecidas junto ao mercado em geral (ver Tabela 1), conferindo consolidação e legitimidade às práticas indicadas.

## Tabela 1 – Referenciais consultados para a ABNT PR 2030

| Documentos normativos orientadores | |
|---|---|
| ABNT NBR 16001, Responsabilidade social – Sistema de gestão – Requisitos | ABNT NBR ISO 37000, Governança de organizações – Orientações |
| ABNT NBR ISO 9001, Sistemas de gestão da qualidade – Requisitos | ABNT NBR ISO 37001, Sistemas de gestão antissuborno – Requisitos com orientações para uso |
| ABNT NBR ISO 14001, Sistemas de gestão ambiental – Requisitos com orientações para uso | ABNT NBR ISO 37301, Sistemas de gestão de compliance – Requisitos com orientações para uso |
| ABNT NBR ISO 26000, Diretrizes sobre responsabilidade social | ABNT NBR ISO 50001, Sistemas de gestão da energia – Requisitos com orientações para uso |
| ABNT NBR ISO/IEC 27001, Segurança da informação, segurança cibernética e proteção à privacidade – Sistemas de gestão da segurança da informação – Requisitos | ISO 45001, *Occupational health and safety management systems – Requirements with guidance for use* |
| ABNT NBR ISO 31000, Gestão de riscos – Diretrizes | ISO 46001, *Water efciency management systems – Requirements with guidance for use* |
| **Ecossistema ESG – Fontes consultadas** | |
| **Bases normativas** | **Bases estruturais (*frameworks*)** |
| GRI – *Global Report Initiative* | UNGC – *United Nations Global Compact*/ Pacto Global da ONU |
| SASB – *Sustainability Accounting Standards Board* | IIRC – *International Integrated Reporting Council* |
| ISO – *International Organization for Standardization* | TCFD – *Task Force on Climate-Related Financial Disclosures* |
| GHG Protocol | SBTi – *Science Based Targets* |
| | CDSB – *Climate Disclosure Standards Board* |
| | AccountAbility |
| **Iniciativas do mercado financeiro** | **Outros** |
| IFC – *International Finance Corporation* | Instituto Brasileiro de Governança Corporativa (IBGC) |
| ISE B3 – Índice de Sustentabilidade Empresarial da B3 | Instituto Ethos – Responsabilidade Social |
| | Sistema B – Brasil / B Impact Assessment (BIA) |
| | Taxonomia Verde da União Europeia |
| | World Economic Forum |

Fonte: ABNT PR 2030 – Cláusula 2 e Anexo C.

Transversalmente ao longo da ABNT PR 2030, são considerados os 17 Objetivos de Desenvolvimento Sustentável – ODS da Agenda 2030 da ONU, conforme Figura 1.

Figura 1 – Objetivos de Desenvolvimento Sustentável – ODS

Fonte: ABNT PR 2030 – Cláusula 4.2.4.

Outro mérito da ABNT PR 2030 foi haver identificado de forma clara e objetiva quais tópicos compõem o E (Ambiental), o S (Social) e o G (Governança), eliminado, assim, um dilema sobre os limites da aplicabilidade do ESG a cada organização, conferindo mais objetividade e segurança às partes interessadas. A ABNT PR 2030 estratifica o ESG da seguinte forma:

a) Eixo: dimensão do ESG (ambiental, social ou governança)
b) Tema: macro elemento do eixo
c) Critério: assunto específico do tema
d) Prática recomendada: ação a ser adotada pela organização

A estrutura de ESG é indicada na ABNT PR 2030 através de tabelas específicas, conforme Figuras 2, 3 e 4 a seguir:

## Figura 2 – Eixo ambiental (E)

| Eixo | Ambiental |
|---|---|
|  | **Todas as organizações afetam e são afetadas pelo meio ambiente.** As organizações dependem de recursos naturais e ativos físicos para realizar suas operações. Assim, o eixo ambiental inclui os recursos naturais e energéticos consumidos pela organização, bem como os resíduos gerados, os impactos decorrentes e as consequências para os seres vivos. Produtos e serviços podem impactar direta ou indiretamente o meio ambiente. |

| Tema | Critério |
|---|---|
| Mudanças climáticas | Mitigação de emissões de gases de efeito estufa (GEE) |
|  | Adaptação às mudanças climáticas |
|  | Eficiência energética |
| Recursos hídricos | Uso da água |
|  | Gestão de efluentes |
| Biodiversidade e serviços ecossistêmicos | Conservação e uso sustentável da biodiversidade |
|  | Uso sustentável do solo |
| Economia circular e gestão de resíduos | Economia circular |
|  | Gestão de resíduos |
| Gestão ambiental e prevenção da poluição | Gestão ambiental |
|  | Prevenção da poluição sonora (ruídos e vibrações) |
|  | Qualidade do ar (emissão de poluentes) |
|  | Gerenciamento de áreas contaminadas |
|  | Produtos perigosos |

Fonte: ABNT PR 2030 – Cláusula 5.1.3 – Tabela 1.

## Figura 3 – Eixo social (S)

| Eixo | Social |
|---|---|
| | **Toda organização opera dentro de uma sociedade mais ampla e diversificada.** O eixo social aborda os relacionamentos que a organização mantém com seus atores internos e externos e a reputação que ela promove entre pessoas e instituições nas comunidades onde atuam e o quanto contribuem para o respeito aos direitos humanos fundamentais. Para conduzir suas operações, as organizações aproveitam o talento e as habilidades trabalhadores. Produtos e serviços e atividades operacionais envolvidas na sua produção podem beneficiar a sociedade ou causar danos. |

| Tema | Critério |
|---|---|
| Diálogo social e desenvolvimento territorial | Investimento social privado |
| | Diálogo e engajamento das partes interessadas |
| | Impacto social |
| Direitos humanos | Respeito aos direitos humanos |
| | Combate ao trabalho forçado ou compulsório |
| | Combate ao trabalho infantil |
| Diversidade, equidade e inclusão | Políticas e práticas de diversidade e equidade |
| | Cultura e promoção de inclusão |
| Relações e práticas de trabalhos | Desenvolvimento profissional |
| | Saúde e segurança ocupacional |
| | Qualidade de vida |
| | Liberdade de associação |
| | Política de remuneração e benefícios |
| Promoção de responsabilidade social na cadeia de valor | Relacionamento com consumidores e clientes |
| | Relacionamento com os fornecedores |

Fonte: ABNT PR 2030 – Cláusula 5.1.3 – Tabela 2.

Figura 4 – Eixo governança (G)

| Eixo | Governança |
|---|---|
| | Todas as organizações, considerando a sua própria constituição legal, exigem governança.<br><br>Governança é o sistema interno de práticas, controles e procedimentos que a organização adota para se governar, tomar decisões eficazes, cumprir a lei e atender às necessidades das partes interessadas.<br><br>Ao tomar decisões e alocar seus recursos naturais, humanos e financeiros, as organizações devem considerar como criarão valor a longo prazo para beneficiar todas as partes interessadas. |
| **Tema** | **Critério** |
| Governança corporativa | Estrutura e composição da governança corporativa |
| | Propósito e estratégia em relação à sustentabilidade |
| Conduta empresarial | *Compliance*, programa de integridade e práticas anticorrupção |
| | Práticas de combate à concorrência desleal (antitruste) |
| | Engajamento das partes interessadas |
| Práticas de controle e gestão | Gestão de riscos do negócio |
| | Controles internos |
| | Auditorias interna e externa |
| | Ambiente legal e regulatório |
| | Gestão da segurança da informação |
| | Privacidade de dados pessoais |
| Transparência na gestão | Responsabilização (prestação de contas) |
| | Relatórios ESG, de sustentabilidade e/ou relato integrado |

Fonte: ABNT PR 2030 – Cláusula 5.1.3 – Tabela 3.

A quantidade de práticas recomendadas na ABNT PR 2030 é indicada na Tabela 2, cabendo destacar que a adoção das práticas é voluntária, sendo que a organização seleciona as práticas a serem adotadas em função de seu contexto de organização.

Tabela 2 – Quantidade de práticas recomendadas

| Quantidade de práticas recomendadas ABNT PR 2030 | | |
|---|---|---|
| **Eixo ambiental (E)** | **Eixo social (S)** | **Eixo governança (G)** |
| 190 práticas | 132 práticas | 131 práticas |

Fonte: ABNT PR 2030.

A abordagem baseada em PDCA é também considerada no âmbito da aplicação do ESG, conforme Figura 5 a seguir, o que demonstra o alinhamento com a lógica adotada em normas técnicas de sistema de gestão.

Figura 5 – Ciclo PDCA aplicado ao ESG

Fonte: ABNT PR 2030 – Cláusula 4.2.6 – Figura 3.

A implementação do ESG também é considerada na ABNT PR 2030, que apresenta uma estrutura de passos a serem seguidos, como indicado na Figura 6.

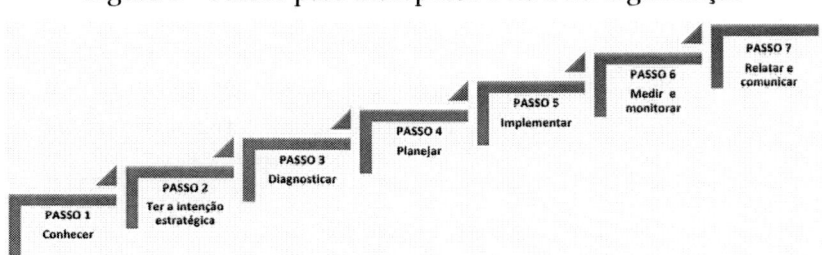

Figura 6 – Passos para incorporar o ESG na organização

Fonte: ABNT PR 2030 – Cláusula 5.2 – Figura 6.

Como já pacificado, a importância da materialidade das práticas de ESG é também abordada na ABNT PR 2030, que especifica a materialidade como a "pertinência de um tópico determinada pela relevância do seu impacto econômico, ambiental, social, positivo ou negativo, nas avaliações e decisões dos gestores da organização e de suas partes interessadas" (ABNT PR 2030 – Cláusula 3.20), tratando da dupla materialidade, considerando o impacto da organização sobre o mundo (externalidades provocadas pela organização) e o impacto do mundo na organização, como ilustrado na Figura 7.

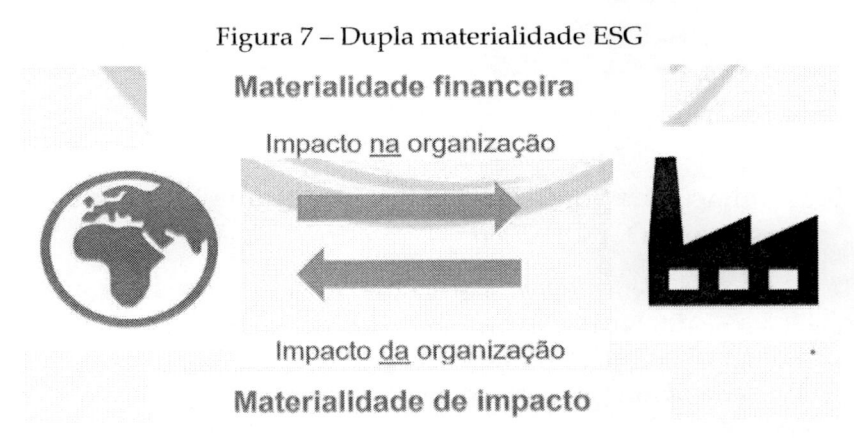

Figura 7 – Dupla materialidade ESG

**Materialidade financeira**

Impacto na organização

Impacto da organização

**Materialidade de impacto**

Fonte: ABNT PR 2030 – Cláusula 5.2.4.1 – Figura 7.

Por fim, a ABNT PR 2030 também pauta os diferentes estágios de implementação e maturidade das práticas de ESG, conforme Figura 8, no entanto, ressalta:

> nos estágios 1 e 2, as ações ainda não podem ser consideradas práticas ESG, tendo em vista que estão sendo tratadas de forma a atender a legislação ou por meio de práticas dispersas. Nestes estágios ainda existe um nível menor de conscientização e envolvimento da Alta Direção com os temas ESG. (ABNT PR 2030 – Cláusula 6.2)

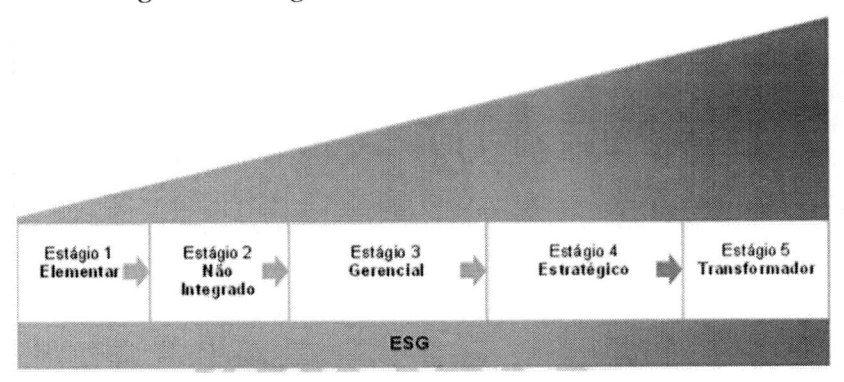

Figura 8 – Estágios de maturidade dos critérios ESG

| Estágio 1 | Estágio 2 | Estágio 3 | Estágio 4 | Estágio 5 |
| --- | --- | --- | --- | --- |
| Elementar | Não Integrado | Gerencial | Estratégico | Transformador |

ESG

Fonte: ABNT PR 2030 – Cláusula 6.2 – Figura 9.

## 5 Avaliação da conformidade do programa ESG com base na ABNT PR 2030

Outro aspecto positivo que contribui à maior dinâmica e confiança geral é a possibilidade da certificação (avaliação da conformidade), permitindo demonstrar, de forma independente, que o programa ESG está em conformidade com a ABNT PR 2030 e outros parâmetros de referência aplicáveis.

Para conferir maior robustez na governança da certificação, há cerca de quarenta anos, foi instituído, em nível global, o mecanismo de acreditação. Segundo definição do Instituto Nacional de Metrologia, Qualidade e Tecnologia – INMETRO, a acreditação[19]

> é o reconhecimento formal da competência dos Organismos de Avaliação da Conformidade (OAC) para atenderem requisitos previamente definidos e realizar suas atividades com confiança. É uma ferramenta estabelecida em escala internacional para gerar confiança na atuação das organizações.[20]

Para fins governamentais, o INMETRO é o único acreditador nacional, no entanto, é também possível a autorregulação de mercado,

---

[19] INSTITUTO NACIONAL DE METROLOGIA, QUALIDADE E TECNOLOGIA – INMETRO. *Acreditação*. 4 abr. 2023. Disponível em: https://www.gov.br/inmetro/pt-br/assuntos/acreditacao/cgcre. Acesso em: 11 abr. 2023.

[20] Nota do autor: OAC são também conhecidos como certificadoras.

por meio de acreditados privados que adotem mecanismos de avaliação similares junto aos OACs.

No processo de acreditação de uma certificadora (OAC) – aberto a qualquer organização –, o acreditador avalia anualmente as certificadoras quanto à estrutura de gestão de seus processos, confiança técnica na execução de suas auditorias e seus procedimentos para assegurar independência, imparcialidade, objetividade e ausência de conflito de interesse nas certificações. Estas avaliações incluem auditorias testemunhas, que constituem avaliações em campo realizadas pelo acreditador para confirmar *in loco* a confiança dos métodos de auditoria aplicados pela certificadora.

A acreditação requer que as certificadoras adotem a norma internacional ISO/IEC 17021-1 – Avaliação da conformidade – Requisitos para organismos que fornecem auditoria e certificação de sistemas de gestão, que determina que estas incluam entre seus métodos de auditoria, por exemplo: avaliação documental, verificação de amostras selecionadas, observação do cumprimento das regras, entrevistas com gestores e pessoal operacional.

Adicionalmente, denúncias podem ser apresentadas ao acreditador, podendo incorrer em processos sancionatórios como a suspensão ou o cancelamento da certificação ou da acreditação.

A adoção da certificação acreditada com base em normas de sistema de gestão contribui fortemente à governança das organizações públicas e privadas, pois introduz uma estrutura consagrada de controle e gestão, com garantia de auditorias anuais, sendo abrangida por uma cadeia de confiança assegurada pelo instituto da acreditação. Num exemplo hipotético, ao negociar com um parceiro de negócio, torna-se difícil avaliar e confiar se de fato o parceiro possui um programa ESG efetivo, já que não há domínio sobre o idioma, a regulação e os riscos específicos. Neste contexto, análise simplificada de alguns documentos e assinaturas de políticas pouco conforto traz ao tomador de decisão. É necessária uma garantia concreta.

Neste sentido, a autorregulação de mercado, por meio da certificação acreditada, pode se configurar um instrumento concreto para sedimentação dos programas ESG junto ao mercado, trazendo vantagens como:

    a) garantia de reavaliação periódica e sistemática das organizações;
    b) auditorias realizadas por pessoal competente e independente;

c) acreditação para conferir a confiança e governança necessárias à certificação (independentemente da contratação da certificadora pela organização).

Por fim, cumpre salientar que uma certificação acreditada não significa "blindagem jurídica", ou, ainda, declaração de conformidade legal (por tratar-se de prerrogativa exclusiva do Poder Público), bem como não usurpa qualquer poder da autoridade pública (regulação, fiscalização, polícia administrativa ou sanção), mas serve ao propósito de controle sobre as organizações, maior transparência, governança, apoio às atividades e tomadas de decisões, assegurando mais dinâmica, liberdade econômica e confiança.

## 6 Conclusões sobre a adoção da ABNT PR 2030 para a confiança no ESG no Brasil

A adoção da ABNT PR 2030 permite aplicar práticas que sejam reconhecidas por todas as partes interessadas no Brasil (acionistas, sociedade, poder público, colaboradores, executivos, clientes, fornecedores e outros), conferindo transparência, especialmente no que se refere às práticas selecionadas para serem adotadas pela organização (em função, especialmente, da aderência ao seu contexto organizacional), bem como o estágio de maturidade médio de seu programa ESG.

Onde sua implementação vier acompanhada de avaliação periódica da conformidade independente de terceira parte acreditada, é possível pautar com mais objetividade as decisões e percepções das partes interessadas, sobre, por exemplo, investimentos, parcerias, iniciativas e projetos. É um passo significativo no sentido de mais credibilidade, previsibilidade, conformidade técnica e segurança jurídica, conferindo a tão depositada confiança no ESG como instrumento para maior sustentabilidade.

---

Informação bibliográfica deste texto, conforme a NBR 6023:2018 da Associação Brasileira de Normas Técnicas (ABNT):

CARVALHO, Jefferson. A retomada do ESG como instrumento pragmático para a tomada de decisões: padronização ABNT PR 2030 e a certificação acreditada. In: BORGES DE PAULA, Marco Aurélio (Coord.). *A hora e a vez do ESG*: provocações e reflexões em homenagem a Ricardo Voltolini. Belo Horizonte: Fórum, 2023. p. 341-360. ISBN 978-65-5518-619-2.

# PAPEL DO *COMPLIANCE* E DA GESTÃO DE RISCOS NAS QUESTÕES DE ESG

ANA PAULA CARRACEDO

## 1 Introdução

Com o advento da Operação Lava Jato no início de 2014, o mercado e as empresas em geral iniciaram uma corrida de implantação de programas de integridade, na maioria dos casos, com grande foco no *compliance* anticorrupção. Ainda que por motivos óbvios e, em muitos casos, por uma enorme necessidade, essa corrida trouxe grandes avanços para a agenda de conformidade e principalmente na relação público-privada. Hoje, quem procura implantar um programa de *compliance* se depara com um arsenal de boas práticas, processos e ferramentas para essa estruturação. Mas é preciso lembrar que a área responsável pela conformidade corporativa vai muito além desta frente. Programas de *compliance* estruturados antes da Lei Anticorrupção tinham sua base estabelecida nas questões regulatórias críticas, e esse é definitivamente um ponto de partida, capaz de levar o programa e toda a organização a um nível de amplitude e responsabilidade muito maior.

Nesse sentido, além das questões de integridade, da gestão com respeito e do ambiente de trabalho propício à cultura ética, há ainda uma questão regulatória que precisa ser olhada com atenção, pois dela surgem riscos que podem levar as empresas a se depararem com situações propícias à conduta antiética. Nos últimos anos, a maioria dos programas de *compliance* focaram seus esforços nas funções padrão da área (o *tone at the top*, a implantação de código de conduta, criação e gestão de políticas e normativos, treinamentos, comunicação, investigação e monitoramento). No entanto, o arcabouço regulatório crítico, quando colocado ao centro da discussão, traz ao programa uma forma única de estabelecer seus pilares, permitindo também que o programa seja mais bem compreendido pelos funcionários e *stakeholders*, já que traz questões do *core business* para seu centro. As funções de *compliance* devem sim ser conhecidas, mas, acima de tudo, as empresas e seus funcionários devem ter pleno conhecimento sobre o que devem cumprir e ter uma visão clara sobre os riscos do negócio.

Os riscos, inclusive, representam uma das matérias para as quais as companhias mais devem se aprofundar para que consigam gerenciá-los de forma adequada. Isso permite também aprimorar seus programas, lembrando que o *compliance* não garante (nem deveria garantir) a efetividade de todos os controles das companhias. No entanto, as áreas mais críticas, de maior exposição, deveriam contar com controles que buscam assegurar a excelência e completude das operações. Nesses casos, não somente os donos dos processos (1ª linha de defesa), mas também as áreas de controles, como controles internos, *compliance* e gestão de riscos (chamadas 2ª linha de defesa), devem manter seu foco na análise, avaliação e monitoramento. Mas quais áreas são essas e como defini-las? Uma abordagem de gestão de riscos é necessária, mas é preciso ir muito além do risco inerente ao negócio ou à região ou país de atuação da empresa.

Riscos inerentes são parte da realidade da empresa, da economia e do país em questão. Mas os eventos de riscos são os pontos críticos a serem identificados, explorados e discutidos, e vão além de situações conhecidas. Implicam imaginar situações hipotéticas e calcular as possibilidades de ocorrência e a magnitude daquele impacto, com base em premissas específicas. Instituições financeiras são propensas a riscos de crédito; indústrias, a riscos ambientais; mineradoras podem ter riscos sociais; e todas estão sujeitas a riscos regulatórios. Mas é preciso sempre observar os detalhes: qual é o evento em questão? Onde há um descumprimento ambiental? Qual comunidade pode estar sendo afetada pela operação? Para onde vai a regulamentação específica do setor nos cenários A, B e C? O exercício de aprofundamento é a melhor resposta ao que realmente pode acontecer com a companhia. E esse mapeamento deve contar com extrapolações, como a reação de parceiros de negócios, interesses dos *stakeholders*, comportamento de clientes e muitos outros fatores. É preciso lembrar que tempestades perfeitas são preditivas e passíveis de análise. Basta acreditar que, sim, elas podem ocorrer. E fazer o exercício de pensar em como podem ocorrer ajuda a sair dessas situações com mais facilidade. A beleza de se fazer elucubrações se dá no fato de que nesse exercício com gestores de operações aparecem possíveis eventos que jamais estariam em um mapa de risco, e são justamente esses eventos que precisam de um plano, uma decisão e uma estratégia de mitigação.

## 2 A conexão entre riscos, *compliance* e ESG

Ao falar de riscos, falamos também das oportunidades. Nos últimos anos, tem se tornado cada vez mais clara a mudança de percepção das pessoas sobre o mundo à sua volta e, para o mercado, isso não é diferente. As questões relacionadas a meio ambiente, responsabilidade social e governança corporativa têm entrado cada vez mais à mesa. Até meados dos anos 2010, as discussões sobre sustentabilidade aconteciam em salas separadas daquelas relacionadas ao desempenho do negócio. A partir de então, os temas de ESG passaram a ser vistos alinhados à perspectiva financeira. E o aumento do interesse no tema se deu tanto fora quanto dentro da empresa. Dados do Google Trends mostram que, entre maio de 2020 e maio de 2022, as buscas pelo termo ESG (sigla em inglês para *ambiental, social* e *governança*) se multiplicaram por dez somente no Brasil. Além disso, os investimentos em ESG devem chegar a US$53 trilhões até 2025, de acordo com um estudo da empresa de consultoria e serviços digitais Infosys. Essa tendência reflete uma percepção de que investir em sustentabilidade corporativa pela ótica financeira a partir de um entendimento mais amplo é essencial para que as marcas continuem relevantes, seja qual for o segmento de atuação. A abordagem ESG tem sido adotada por empresas de todo o mundo como um guia para a gestão responsável de seus negócios e para a durabilidade de suas operações. A área de *compliance* e integridade, por sua vez, é responsável por garantir que as empresas cumpram as leis e regulamentações aplicáveis, bem como por monitorar e prevenir atividades ilegais ou antiéticas dentro das organizações.

Uma empresa que adota verdadeiros princípios ESG está comprometida em tomar decisões responsáveis em relação ao meio ambiente, à sociedade e à governança corporativa. Isso inclui a redução da pegada de carbono, o uso responsável de recursos naturais, a promoção da diversidade e da inclusão no local de trabalho, a garantia da segurança e bem-estar dos funcionários, entre outros aspectos. Ao mesmo tempo, as áreas de *compliance* e integridade devem garantir que as empresas cumpram as leis e regulamentações ambientais, trabalhistas, de saúde e segurança ocupacional, entre outras. No pilar da governança, o *compliance* é uma das principais frentes responsáveis por prevenir atividades ilegais ou antiéticas, como corrupção, suborno e lavagem de dinheiro, que podem ocasionar um impacto negativo na sociedade e no ambiente corporativo. Com isso, percebe-se que há uma forte conexão entre ESG e *compliance*: o compromisso com o ESG pode trazer benefícios significativos para a frente responsável pelo "agir corretamente". Por exemplo, uma empresa que adota práticas de sustentabilidade pode melhorar sua reputação, aumentando a confiança dos clientes, fornecedores, investidores e outros *stakeholders*. Essa confiança pode levar a um melhor desempenho, melhores resultados e um menor risco de litígios, sanções ou multas.

Por outro lado, as corporações mais céticas e que não adotam a abordagem ESG como premissa ou que não levam a sério suas obrigações de *compliance* e integridade correm risco de enfrentar graves consequências. Além da queda da receita, essas empresas podem enfrentar uma série de multas, sanções regulatórias, litígios e danos à sua reputação. Essas consequências podem afetar a capacidade da empresa de operar, levando até mesmo ao seu fechamento. A exposição de cenários hipotéticos e a atenção redobrada é justamente o que contribui para que essas situações sejam mantidas sob relativo controle.

E qual é a conexão entre as boas práticas ESG e da frente anticorrupção dentro do *compliance*? Empresas muito expostas ambientalmente, por exemplo, têm questões profundas relacionadas à gestão de riscos de acidentes ambientais, a todas as regulamentações, gestão de crises, fiscalizações e aculturamento de seu entorno. Quanto maior for a conformidade, menor será o risco de acidentes, mas menor também será a possibilidade de multas, fiscalizações ou até mesmo pedidos de propina.

Ultimamente, casos de não cumprimento à legislação trabalhista e aos direitos humanos têm sido cada vez mais comuns, inclusive no cenário brasileiro. Os episódios de denúncias de trabalho análogo à escravidão em vinícolas, empresas de alimentos e até em grandes eventos são exemplos dessa lacuna.

Sem uma conexão tão próxima ao pilar social, mas também de estrondosa gravidade, tivemos episódios que feriram princípios financeiros, o que se comprova com uma simples análise dos balanços e relatórios de risco divulgados antes dos grandes escândalos dos últimos anos, atingindo setores como construção, indústria, mineração, saúde, varejo e tantos outros ao longo dos anos, é necessário refletir: a que conclusões chegam os acionistas minoritários interessados nessas empresas após estes eventos? Será que todos que investem, sejam os grandes sejam pequenos investidores, leem balanços e relatórios trimestrais em busca de vulnerabilidades? Será que leem os relatórios de sustentabilidade e cobram informações que porventura ali não estiverem descritas? Se isso não ocorre, o que deve ocorrer é uma urgente mudança na cultura das empresas, para fortalecer suas áreas responsáveis pela reputação e linhas de defesa e, em conjunto, deve acontecer uma outra mudança, essa nos critérios dos grandes e pequenos investidores ao tomar uma decisão de investir ou não em empresa A ou B.

Uma pesquisa recente feita pelo Pacto Global da ONU no Brasil e pela consultoria Accenture diz que 98% dos CEOs acreditam que a sustentabilidade é uma de suas próprias obrigações. Indo além, outros 15% dizem que isso é feito dessa forma há mais de dez anos. Mesmo que o tema seja de alta importância para executivos das maiores empresas, relacionar-se de maneira saudável com os públicos do entorno da operação ainda é algo a ser cumprido na jornada ESG. Na mesma pesquisa, constatou-se que 93% dos executivos da alta gestão afirmam estar lidando com dez ou mais desafios ESG ao mesmo tempo.

Ainda sobre os riscos: nem todo mundo poderia esperar tamanho impacto em um rompimento de barragem como o ocorrido durante a crise e a tragédia de 2015, em Mariana. Mas uma boa gestão de riscos e uma estruturada forma de lidar com eles poderiam ajudar a minimizar tanto a chance de imprevistos, incidentes e acidentes acontecerem, quanto a dimensão dos impactos em caso de materialização da crise. A questão é que, quando se fala em operações de alto impacto ambiental, deve-se considerar os *stakeholders* técnicos bem específicos, diversos de órgãos reguladores, auditores independentes, organizações da sociedade civil, entre várias outras partes interessadas.

Nesse sentido, o compromisso com a sustentabilidade e a responsabilidade social não é apenas uma questão de relações públicas, mas deve estar integrado à estratégia de negócios e às operações da empresa. Isso inclui a consideração da diversidade e da inclusão em todas as áreas da empresa, bem como práticas de gestão ambiental e socialmente responsáveis.

É importante ressaltar que, embora existam muitos desafios a serem superados no processo ESG, também existem muitas oportunidades para as empresas adotarem essas práticas. Além de contribuir para a construção de um mundo mais justo e sustentável, empresas social e ambientalmente responsáveis são mais valorizadas por investidores, consumidores e sociedade em geral.

## 3 A conexão entre ESG e os programas de *compliance*: exemplos da União Europeia

Quando a ótica mundial é observada, infelizmente o Brasil está longe de uma posição confortável quando comparado a outros países em relação a temas ligados ao *compliance*. Não só em relação ao combate à corrupção, mas também a outros ofensores da ética e da integridade. Além de questões culturais que precisam ser trabalhadas, a ampliação do olhar sobre a cadeia de *stakeholders* e sobre a importância do poder de influência que as empresas possuem com suas partes interessadas é uma boa forma de nortear o aculturamento da integridade. E há bons exemplos em alguns países que podem ser seguidos por aqui.

Na Alemanha, a Lei da Cadeia de Fornecimento, aprovada em julho de 2021 e que entrou em vigor de forma gradativa a partir de janeiro de 2023, é voltada para o respeito dos direitos humanos e da incorporação do ESG nas empresas e impõe obrigações de *due diligence* para a prevenção de possíveis violações na cadeia. Com a lei, empresas que atuam em solo alemão passaram a ter que implementar uma série de padrões de *compliance* e gestão de riscos e comprovar o respeito aos direitos humanos em toda a cadeia produtiva. Isso envolve, inclusive, os seus fornecedores com atuação em outros países.

Esse é um exemplo de legislação pioneira na extensão de obrigações de *compliance* para os fornecedores estrangeiros. Antes dela, já existiam normas internacionais sobre o tema, mas o Parlamento alemão entendeu que, até então, o que se tinha como comprometimento voluntário de empresas ao cumprimento de valores principiológicos era insuficiente. A nova legislação trouxe deveres específicos, incluindo a aplicação de multas em casos de descumprimento.

A Comissão Europeia ainda apresentou recentemente a proposta *Corporate Sustainability Due Diligence*, uma orientação sobre a necessidade de se fazer diligências nas empresas em matéria de sustentabilidade, o que, inclusive, prevê responsabilizar corporações por danos ambientais e por violações de direitos humanos em suas cadeias de fornecedores, em nível global. A proposta ainda será apresentada ao Parlamento Europeu para aprovação, mas já sinaliza uma tendência europeia de adoção de normas nesse sentido.

Outros países europeus também já vêm implementando normas similares. Um exemplo é a Lei de Vigilância Francesa de março de 2017, que estabeleceu a obrigação de que empresas transnacionais com atuação no país exerçam um dever de vigilância de todo o seu processo produtivo. Em resumo, deve-se observar o cumprimento das disposições legais desde a produção da matéria-prima, passando pelo fornecimento dos insumos, até a venda do produto ao consumidor final.

De forma similar ao exemplo alemão citado acima, a legislação francesa determinou que as empresas-matrizes que se encontrem em solo francês e que possuam mais de cinco mil funcionários pelo período de dois anos consecutivos devem praticar métodos de vigilância razoáveis para identificar riscos e prevenir violações de direitos humanos; da liberdade individual; à saúde; à segurança e ao meio ambiente ecologicamente equilibrado.

No contexto da Lei Alemã da Cadeia de Fornecimento, destacam-se a necessidade de implementação de um sistema interno de gerenciamento de riscos; a realização de análise de riscos; a adoção de medidas preventivas e corretivas, inclusive no processo produtivo de seus fornecedores. Nesse contexto, as empresas passarão a ter que apresentar relatórios anuais de *compliance* com as disposições legais, os quais devem ser disponibilizados com livre acesso ao público no sítio eletrônico da empresa pelo período mínimo de sete anos. Além disso, as empresas têm o dever de comprovar a implementação de procedimentos internos adequados para reclamação, bem como o de informar ao público em geral os potenciais impactos negativos do seu negócio no que se refere a direitos humanos.

O principal objetivo da legislação é impor deveres de ação para que empresas evitem violações de direitos humanos, corrigindo as práticas inadequadas e, em último grau, encerrando práticas ilegais com o rompimento de relações comerciais com empresas que não se adequem aos *standards* exigidos. Os deveres de *compliance* têm especial enfoque em coibir as seguintes práticas ilegais:

- trabalho infantil;
- trabalho análogo à escravidão;
- descumprimento das normas trabalhistas;
- desrespeito à liberdade de associação;
- discriminação, inclusive quanto ao tratamento desigual com base em raça, gênero, nacionalidade, origem social, idade, saúde ou crença religiosa;
- violação de obrigações ambientais;
- aplicação de multas.

O descumprimento das previsões legais pode acarretar a aplicação de multas de até cinco milhões de euros se constatada a ausência de mecanismos para monitoramento de riscos ou falha na sua condução. Em casos de omissões à adoção de medidas preventivas diante da identificação de riscos, tais multas podem alcançar o valor de oito milhões de euros. Outros tipos de violação por empresas de grande porte (com faturamento anual acima de 400 milhões de euros) podem implicar o pagamento de multas de até 2% do seu faturamento anual. Além disso, empresas que tenham sido multadas com valores acima de 175 mil euros serão impedidas de participar de licitações com o poder público pelo período de três anos.

Nesse sentido, é fundamental que as empresas incorporem internamente *manuais de compliance* e adotem medidas de análise e controle de riscos socioambientais, bem como que busquem divulgar informações e relatórios anuais de parâmetros ESG, além de implementarem mecanismos de reclamação e reporte efetivo de riscos socioambientais e violações de direitos humanos de modo geral.

Nesse sentido, é de extrema importância o treinamento de funcionários para o *compliance* com as previsões legais e adoção de medidas de *due diligence* para fins de identificação, prevenção e reparação de riscos socioambientais no âmbito da cadeia produtiva da companhia. Caso contrário, a empresa estará sujeita a sérios riscos de responsabilização, seja no Brasil, seja no exterior.

## 4 Um olhar para as pessoas, as regulações e os objetivos macro da empresa

Para trilhar um caminho consistente, é importante que as empresas adotem uma abordagem holística na gestão de riscos e oportunidades, considerando não apenas aspectos financeiros, mas também questões ambientais, sociais e de governança. E como fazer o certo, mas do jeito certo, depende de aculturamento e de mudanças de comportamento, isso leva tempo e exige muito trabalho. Isso inclui a construção de uma cultura corporativa que enfatiza a ética, a transparência e a responsabilidade social, juntamente com a gestão integrada de riscos e a comunicação clara e transparente com todos os públicos.

É importante lembrar que não basta o risco estar formalizado em um mapa. Os planos de contenção devem ser claros e concisos. Há décadas, empresas de estudos e consultorias levantam cenários e divulgam ameaças em mapas globais. Se analisarmos, o risco de grandes epidemias sempre esteve presente nos documentos divulgados. Mas foi de fato considerado nos mapas de riscos das companhias? Um olhar ESG ajuda a colocar essas ameaças em perspectiva dentro das companhias, e este deve ser um olhar de foco também das áreas de conformidade e integridade.

E, para isso, as pessoas são essenciais. Cabe, também neste caso, ao time de riscos e *compliance* buscar proximidade às operações, de forma que entenda as particularidades da empresa e do seu relacionamento com os *stakeholders*. O time de riscos e conformidade já tem experiência no processo de levantamento de ameaças e oportunidades, bem como em categorizar e classificar as questões qualitativas nesse processo. No entanto, sem que haja proximidade com os gestores e a operação, fica impossível criar um ambiente de confiança. Fazer negócios significa, invariavelmente, tomar riscos em alguma instância e, nesse sentido, somente conversas com empatia permitem que a confiança cresça. Como abordar riscos sociais sem falar da forma como nos relacionamos com nosso entorno? Como falar de riscos ambientais sem entender e reconhecer os impactos negativos oriundos da nossa atuação? Como falar de governança corporativa sem trazer para a mesa os conflitos de agenda? Logo, o exercício diário se dá na forma de se relacionar sem exercer juízo de valor, por parte de profissionais que são invariavelmente requisitados a exercer algum tipo de julgamento em suas funções.

---

Informação bibliográfica deste texto, conforme a NBR 6023:2018 da Associação Brasileira de Normas Técnicas (ABNT):

CARRACEDO, Ana Paula. Papel do compliance e da gestão de riscos nas questões de ESG. *In*: BORGES DE PAULA, Marco Aurélio (Coord.). *A hora e a vez do ESG*: provocações e reflexões em homenagem a Ricardo Voltolini. Belo Horizonte: Fórum, 2023. p. 361-369. ISBN 978-65-5518-619-2.

# A IMPORTÂNCIA DA AVALIAÇÃO DE RISCOS PARA A RESPONSABILIDADE PENAL CORPORATIVA: ENSAIO EM HOMENAGEM AO PROFESSOR RICARDO VOLTOLINI

**ARTUR DE BRITO GUEIROS SOUZA**
**MATHEUS DE ALENCAR**

## Introdução

Desde a consolidação do modelo empresa como unidade econômica do capitalismo, é perceptível que, conforme mais a empresa dura no tempo, mais medidas de separação profissional entre gestão e propriedade dos meios de produção são observadas. Conforme a cisão entre propriedade e controle avançou, emergiu a necessidade de criação de meios para mediar as atividades próprias de administração e os interesses dos proprietários (sócios). A governança corporativa aparece até dias atuais como um instrumento que serve a esse fim.

Em paralelo, a profissionalização da atividade produtiva – incluindo as evoluções de governança – trouxe impactos sociais, pois permitiu o crescimento exponencial da industrialização e da produção. Concomitantemente, a quantidade de riquezas disponíveis permitiu o crescimento populacional e o consumo de recursos naturais em igual escala. Tudo isso formou uma conjunção de fatores comumente apontada como uma escalada de riscos para as pessoas e para a sociedade como um todo.

Com o aumento desses riscos, as regulações aplicáveis às empresas se ampliaram e percebeu-se que a profissionalização na gestão deveria ir além de somente se preocupar com os acionistas, pois haveria uma relação de *accountability* das empresas com relação a todo o tecido social. As empresas não só afetariam o patrimônio dos sócios, mas sim todo o meio envolvente. O impacto poderia ser local ou global, a depender do tamanho e importância da empresa, mas ele sempre seria sentido.

Tais fatores nos levam a refletir sobre questões decorrentes das atividades das empresas, trazendo preocupações com as formas de controle dos riscos por elas criados. Atualmente, até mesmo os riscos de natureza criminal devem ser ponderados no seio empresarial, não sendo outra a gênese e a destinação dos programas de *compliance*.

Dito isso, objetiva-se discorrer, nas linhas que se seguem, sobre aquilo que se pode chamar de "teoria da avaliação dos riscos empresariais", em seus diversos aspectos, no escopo de render homenagem – ainda que modestamente – ao Professor e Empreendedor Ricardo Voltolini, por sua contribuição para o aprimoramento e a sustentabilidade das práticas empresariais.

## 1 Governança corporativa e avaliação de riscos

A boa governança corporativa constitui um dos fundamentos dos programas de *compliance*. Com efeito, ela tem por objetivo neutralizar tanto o abuso de poder dos administradores como os conflitos existentes no âmbito da atividade da organização. Conforme lecionado por Nieto Martín, a governança corporativa procura estabelecer um sistema de controle (*checks and balances*), que protege os sócios (*shareholders*), mas também todas as pessoas que poderiam ser afetadas pela atividade empresarial (*stakeholders*). Segundo aquele autor, a governança corporativa parte da premissa de que a boa gestão de uma sociedade é algo que não interessa exclusivamente aos seus proprietários (sócios), mas também a outros envolvidos, como consumidores, trabalhadores, credores, comunidades nas quais a empresa atua, assim por diante.[1]

---

[1] NIETO MARTÍN, Adán. O cumprimento normativo. *In*: NIETO MARTÍN, Adán; GARCIA DE LA GALANA, Beatriz; BLANCO CORDERO, Isidor; LASCURAÍN SANCHEZ, Juan Antonio; FERNÁNDEZ PEREZ, Patricia; SAAD-DINIZ, Eduardo; GOMES, Rafael Mendes (Org.). *Manual de cumprimento normativo e responsabilidade penal das pessoas jurídicas*. 2. ed. São Paulo: Tirant Lo Blanch, 2019. v. II. Coleção Business & Criminal Justice. p. 42-43.

Para Nieto Martín, há três pontos em comum entre governança corporativa e *compliance*: (1) respeito às leis e aos regulamentos, de sorte que os códigos de boa governança exigem ao conselho de administração que zele para que em seus relacionamentos com os grupos de interesse a empresa respeite as normas externas e cumpra de boa-fé suas obrigações e contratos; (2) política de gestão de riscos, pois toda atividade empresarial pode trazer um risco, econômico ou reputacional, razão pela qual os códigos de boa governança consideram que uma das responsabilidades indelegáveis do conselho de administração é aprovar a política de gestão de riscos; e (3) prevenção de específicos delitos societários, na medida em que uma parte do conteúdo dos códigos de governança corporativa diz respeito à remuneração dos conselheiros[2] ou à evitação de conflitos de interesse, o que ajuda na prevenção de infrações como a administração desleal. Em síntese, diante desse conjunto de interesses, é natural que entre o encarregado de *compliance* e os de boa governança exista uma estreita relação, quando não confusão institucional.[3]

A seu turno, Marcella Blok leciona que a governança corporativa diz respeito à forma pela qual as organizações são dirigidas e controladas. A expressão contempla os assuntos relacionados ao poder de controle e de direção de uma empresa, bem como as diferentes formas e esferas de seu exercício e aos diversos interesses que são relacionados à vida das organizações. Segundo aquela autora, as boas práticas de governança corporativa convertem princípios básicos em recomendações objetivas, alinhando interesses com a finalidade de preservar e otimizar o valor econômico de longo prazo da organização, facilitando seu acesso a recursos e contribuindo para a qualidade da gestão da empresa, sua longevidade e o bem comum. Conforme informado, os princípios sob consideração seriam os seguintes: (a) transparência (*disclosure*), que consiste no escopo de disponibilizar para as partes interessadas as informações que sejam de seu interesse e não apenas

---

[2] Falando sobre diversos conflitos de interesses e disparidades no estabelecimento de quantias salariais dos executivos, cf.: GÓMEZ-JARA DÍEZ, Carlos. Crisis financiera y retribución de directivos ¿Terreno abonado para su cuestionamiento penal por vía de la administración desleal? *InDret – Revista para el análisis del derecho*, Barcelona, mayo 2009, *passim*.

[3] NIETO MARTÍN, Adán. O cumprimento normativo. *In*: NIETO MARTÍN, Adán; GARCIA DE LA GALANA, Beatriz; BLANCO CORDERO, Isidor; LASCUARÍN SANCHEZ, Juan Antonio; FERNÁNDEZ PEREZ, Patricia; SAAD-DINIZ, Eduardo; GOMES, Rafael Mendes (Org.). *Manual de cumprimento normativo e responsabilidade penal das pessoas jurídicas*. 2. ed. São Paulo: Tirant Lo Blanch, 2019. v. II. Coleção Business & Criminal Justice. p. 42-44.

aquelas impostas por disposições de leis ou regulamentos; (b) equidade (*fairness*), que se caracteriza pelo tratamento justo e isonômico de todos os sócios e demais partes interessadas (*stakeholders*), levando em consideração seus direitos, deveres, necessidades, interesses e expectativas; (c) prestação de contas (*accountability*), princípio que exige que os agentes de governança prestem contas de sua atuação de modo claro, conciso, compreensível e tempestivo, assumindo integralmente as consequências de seus atos e omissões e atuando com diligência e responsabilidade no âmbito dos seus papéis; e (d) responsabilidade corporativa, que, para a autora, significa que os agentes devem zelar pela viabilidade econômico-financeira das organizações, bem como reduzir as externalidades negativas de seus negócios, prezando pela obediência e cumprimento das normas.[4]

Ao trabalhar nesse âmbito, a governança corporativa terminaria por estabelecer missão, visão e valores de uma empresa, levando-a a relacionar objetivos correlacionados a esses fatores.[5] Uma vez elencados os objetivos, a forma específica de dirigir uma corporação, a boa governança corporativa levará a análises sobre os riscos de os objetivos não serem atingidos. A atividade de gestão de risco, portanto, torna-se essencial nesse modelo de controle organizacional.[6]

Nesse contexto, a gestão do risco empresarial é outro elemento primordial do *compliance*. Quer-se, fundamentalmente, evitar ou mitigar os riscos decorrentes da atividade de exploração econômica. Por conta disso, a identificação e análise dos riscos ocupam um papel central nos programas de conformidade, sendo uma exigência presente em todos os textos legais que estabelecem programas dessa natureza. Segundo Nieto Martín, não é possível estabelecer um efetivo *compliance* sem que se tenha realizado uma prévia análise de risco. Esse processo permite alocar racionalmente os recursos preventivos da empresa, focando

---

[4] BLOK, Marcella. *Compliance e governança corporativa*. 3. ed. Rio de Janeiro: Freitas Bastos, 2020. p. 317-318.
[5] ROSSETTI, José Paschoal; ANDRADE, Adriana. *Governança corporativa*. Fundamentos, desenvolvimento e tendências. 6. ed. São Paulo: Atlas, 2012, *passim*.
[6] NIETO MARTÍN, Adán. Código de ética, avaliação de riscos, educação e treinamento. *In*: NIETO MARTÍN, Adán; GARCIA DE LA GALANA, Beatriz; BLANCO CORDERO, Isidor; LASCUARÍN SANCHEZ, Juan Antonio; FERNÁNDEZ PEREZ, Patricia; SAAD-DINIZ, Eduardo; GOMES, Rafael Mendes (Org.). *Manual de cumprimento normativo e responsabilidade penal das pessoas jurídicas*. 2. ed. São Paulo: Tirant Lo Blanch, 2019. v. II. Coleção Business & Criminal Justice. p. 180-181.

naqueles riscos que resultam mais importantes, integrando-se, assim, no conjunto dos controles internos.[7]

Com relação ao procedimento de análise de risco de natureza penal, Nieto Martín destaca as seguintes etapas: (1) identificação do setor de atividade empresarial que possa trazer riscos; (2) identificação das possíveis infrações que podem afetar o setor de atuação da empresa ou a atividade com relação à qual se realizará a análise de riscos, considerando seus históricos de falhas; (3) probabilidade da ocorrência do risco catalogado na atividade desempenhada pela empresa, sendo que, para tanto, deve-se levar em consideração: (a) o histórico de infrações da empresa ou de outras do setor: (b) os controles de que dispõe a empresa em relação a cada risco e sua efetividade; e (c) estimação subjetiva do grau de probabilidade do risco, por intermédio de pesquisas ou entrevistas com os integrantes da empresa; por fim, a (4) revisão periódica da cartografia de riscos, em especial quando se identifique ou haja indícios da prática de infrações relevantes.[8]

Em síntese, análise e gestão de riscos significam realizar um mapeamento de todas as formas possíveis de infrações no âmbito da cadeia produtiva e comercial de uma empresa (identificação), seguindo-se de uma análise de probabilidade de ocorrência e impacto negativo em caso de materialização da conduta indesejada. Tudo isso tem em conta os controles existentes e, após a análise, novos controles são propostos. Uma vez implementados os controles, é calculado o risco residual (aquele que os controles não conseguem neutralizar por completo).

Após a realização da análise de riscos, toda a estrutura de prevenção de desvios dentro da empresa será implementada. Não há como negar, portanto, a importância da análise de riscos para o cumprimento dos deveres societários de uma companhia de capital aberto ou fechado.

---

[7] NIETO MARTÍN, Adán. Código de ética, avaliação de riscos, educação e treinamento. In: NIETO MARTÍN, Adán; GARCIA DE LA GALANA, Beatriz; BLANCO CORDERO, Isidor; LASCUARÍN SANCHEZ, Juan Antonio; FERNÁNDEZ PEREZ, Patricia; SAAD-DINIZ, Eduardo; GOMES, Rafael Mendes (Org.). *Manual de cumprimento normativo e responsabilidade penal das pessoas jurídicas*. 2. ed. São Paulo: Tirant Lo Blanch, 2019. v. II. Coleção Business & Criminal Justice. p. 180-181.

[8] NIETO MARTÍN, Adán. Código de ética, avaliação de riscos, educação e treinamento. In: NIETO MARTÍN, Adán; GARCIA DE LA GALANA, Beatriz; BLANCO CORDERO, Isidor; LASCUARÍN SANCHEZ, Juan Antonio; FERNÁNDEZ PEREZ, Patricia; SAAD-DINIZ, Eduardo; GOMES, Rafael Mendes (Org.). *Manual de cumprimento normativo e responsabilidade penal das pessoas jurídicas*. 2. ed. São Paulo: Tirant Lo Blanch, 2019. v. II. Coleção Business & Criminal Justice. p. 188-186.

## 2 Ausência, insuficiência e presença da análise de riscos

Há tempos já vem sendo discutida a importância do *compliance* para a gestão de riscos e o estabelecimento de responsabilidades, inclusive aquelas de natureza penal.[9] Ademais, tem-se que o *compliance* cumpre um relevante papel corporativo no sentido de se detalhar ou individualizar a eventual punição da própria pessoa jurídica.[10]

No que diz respeito à responsabilidade individual, há consenso na ciência do direito penal no sentido de que ela deriva da posição de garante (ou garantidor) dos agentes corporativos.[11] Sendo assim, a governança corporativa e os programas de *compliance* serviriam para sistematizar os deveres e procedimentos que devem ser atendidos pelos ocupantes de certos cargos sociais no âmbito da atividade empresária.[12] Dessa feita, o atendimento integral aos procedimentos de um programa de *compliance* (efetivo) teria o potencial de eximir a responsabilidade penal, pois significaria uma das diversas formas de atendimento dos deveres decorrentes da citada posição de garante, relacionando-os com os mandamentos de cuidado e cautela.

Nesse prisma, o fundamental parece ser a análise de riscos.[13] Haveria, assim, um dever de realizar uma análise criteriosa de riscos por parte dos garantidores da organização. Em geral, os garantes originais seriam os administradores, que teriam o dever de realizar análises de riscos gerais na empresa. Entretanto, a depender do tamanho da companhia, eles podem delegar o trabalho para um preposto ou subordinado – em geral, o *compliance officer*. Uma vez validamente

---

[9] Como referência de estudos iniciais no Brasil: SOUZA, Artur de Brito Gueiros. Atribuição de responsabilidade na criminalidade empresarial: das teorias tradicionais aos modernos programas de 'compliance'. *Revista de Estudos Criminais*, São Paulo, v. 54, 2014.

[10] De forma geral: SOUZA, Artur de Brito Gueiros. *Direito penal empresarial*: critérios de atribuição de responsabilidade e o papel do compliance. São Paulo: LiberArs, 2022.

[11] OLIVEIRA, Ana Carolina Carlos de. *A responsabilidade por omissão dos sujeitos obrigados pela lavagem de dinheiro*: o dever de informação. Orientador: Professor. Dr. Pierpaolo Cruz Bottini. Tese (Doutorado) – Faculdade de Direito, Universidade de São Paulo, São Paulo, 2016, *passim*.

[12] MIRANDA, Matheus de Alencar e. *(In)eficiência de compliance e os direitos dos trabalhadores*: evitando o "bode expiatório". São Paulo: LiberArs, 2019, *passim*.

[13] NIETO MARTÍN, Adán. Código de ética, avaliação de riscos, educação e treinamento. In: NIETO MARTÍN, Adán; GARCIA DE LA GALANA, Beatriz; BLANCO CORDERO, Isidor; LASCUARÍN SANCHEZ, Juan Antonio; FERNÁNDEZ PEREZ, Patricia; SAAD-DINIZ, Eduardo; GOMES, Rafael Mendes (Org.). *Manual de cumprimento normativo e responsabilidade penal das pessoas jurídicas*. 2. ed. São Paulo: Tirant Lo Blanch, 2019. v. II. Coleção Business & Criminal Justice. p. 180-181.

delegado o trabalho, os deveres dos administradores passariam a ser de supervisão e controle do delegado, de modo a receber os resultados da análise de riscos e tomar decisões sobre os limites de riscos aceitáveis e quais medidas de controle seriam tomadas.[14]

Tendo isso em conta, percebe-se que a ausência da análise de riscos significaria a infração do dever de garante por quem tinha o dever de fazê-la, ou seja, os administradores. Esse dever poderia ser cumprido com o mapeamento dos riscos ou a delegação a quem tivesse competência e meios materiais para realizá-la. Nos casos de delegação, a falta de análise de riscos continuaria criando a possibilidade de responsabilização dos administradores em razão do descumprimento do dever de supervisão sobre a correta realização da tarefa, além de responsabilizar o delegado pela não realização de sua tarefa. Deve-se ter clareza sobre o fato de que a análise de riscos exige tempo e dinheiro para a realização, não se devendo responsabilizar quem não tinha condições de cumprir o dever, em razão da carência daqueles fatores. Para a responsabilização nesses casos, deve-se ponderar se houve alguma demora injustificada na elaboração ou na delegação da função.

Considerando a realidade fática em que a análise de riscos foi elaborada – pelo garante originário ou pelo delegado –, haverá a possibilidade de discussão sobre a sua qualidade. Significa dizer que a mera realização da análise de riscos não poderia ser considerada suficiente para o cumprimento do dever de garante se ela fosse realizada de forma claramente insuficiente, com falta de cuidado. Nesses casos, uma análise de riscos insuficiente pode gerar responsabilização pela infração do dever de garante se: (1) aquilo que deveria ter sido objeto da análise de riscos não o foi; ou (2) aquilo que foi objeto de análise foi feito de forma claramente equivocada, negligente ou dolosamente inserindo informações inverídicas.

Por se tratar de uma análise de qualidade, ela depende de verificação no caso concreto, algo que se dará a partir da observação da metodologia e das falhas observadas, quando da sua execução. No âmbito do direito penal, seria possível apontar um descumprimento de dever de garante quando fosse demonstrado que a análise de riscos foi malfeita ou deficitária.

---

[14] MIRANDA, Matheus de Alencar e. *(In)eficiência de compliance e os direitos dos trabalhadores*: evitando o "bode expiatório". São Paulo: LiberArs, 2019. p. 238-252.

Por outro giro, a responsabilidade penal da pessoa jurídica guarda relação com os modelos de imputação ao ente moral. A depender do modelo adotado, a análise de riscos cumpre o papel de delimitar os âmbitos da imputação da empresa, sendo-lhe atribuível aquilo que ela pudesse prever *ex ante*, isto é, a partir de um adequado mapeamento de riscos. Conforme exposto alhures,

> Se o ilícito estava abrangido por aquilo que decorreria da avaliação das atividades regulares da corporação (*risk assessment*), então o fato indicaria a disfuncionalidade interna, fazendo-se, assim, a empresa responsável pelo ocorrido. Do contrário, descaberia a sua responsabilização, o que faz intuir a importância dos procedimentos de avaliação e gestão do risco empresarial.[15]

Disso se depreende que a falta e a insuficiência das análises de riscos causam as mesmas repercussões penais para o âmbito empresarial que teriam para os indivíduos, isto é, os dirigentes ou delegados da empresa.

## 3 Decisões sobre análises de riscos elaboradas e possíveis consequências

Partindo-se da premissa de que a análise de riscos foi realizada a contento, os dirigentes da empresa devem tomar decisões com base no mapa de riscos produzido. Nesse particular, há algumas decisões possíveis, quais sejam, (1) aceitar, (2) eliminar, (3) mitigar, (4) transferir ou (5) evitar o risco. A partir disso, muitos teóricos e *frameworks* da área de auditoria sinalizam que é função da alta administração adotar alguma das decisões ora numeradas.[16]

O problema dessas diversas possibilidades com relação ao risco reside no fato de que aceitar determinado risco pode ser entendido

---

[15] SOUZA, Artur de Brito Gueiros. *Direito penal empresarial*: critérios de atribuição de responsabilidade e o papel do compliance. São Paulo: LiberArs, 2022. p. 226.

[16] Alguns marcos, nesse sentido: ISO31000, de sistemas de gestão de risco (princípios e diretrizes); ISO31010, de sistemas de gestão de risco (técnicas de apreciação do risco); ISO19600, de sistemas de gestão de *compliance*; ISO19601, de sistemas de gestão de *compliance* penal; ISO37001, de sistema de gestão antissuborno; Modelo de capacidade do *Open Compliance Ethics Group* (OCEG); Marco do *Committee of Sponsoring Organizations of the Treadway* (COSO, I, 1992; II, 2014 ERM; III, 2013; e IV, 2017); Marco do Instituto dos Auditores Internos (IIA), os padrões COSO (I, 1992; II, 2014 ERM; III, 2013; e IV, 2017) e Cobit – Isaca.

como descumprir os deveres de garante em uma perspectiva *a posteriori*. Na verdade, não há clareza sobre os limites da discricionariedade da decisão corporativa, em especial com relação aos riscos penais. Não bastaria detectar se os administradores tomaram uma ou mais das decisões acima apontadas, pois é essencial que se saiba quais delas estão abarcadas pelo limite do risco permitido, em uma análise *ex ante* de imputação objetiva.

Insta salientar que a resolução deste problema importa também para a responsabilidade penal das pessoas jurídicas, pois a tomada de decisão da alta administração é ponto de contato para a responsabilidade penal de empresas tanto no modelo de autorresponsabilidade quanto na heterorresponsabilidade da pessoa jurídica, como se vê, *v.g.*, no art. 3º da Lei nº 9.605/1998 (Lei de Proteção Ambiental).[17] Caso as decisões dos administradores sobre determinados riscos sejam consideradas causa concorrente para um resultado desvalioso – em razão da criação ou aumento de riscos juridicamente proibidos –, isso pode significar a responsabilização criminal para os administradores e para as companhias.[18]

---

[17] O modelo da autorresponsabilidade da pessoa jurídica é aquele da responsabilidade penal autônoma e plena, "por fato próprio" ou "responsabilidade própria" da empresa. A responsabilidade da empresa nesse modelo não dependeria das responsabilidades das pessoas físicas que a ativaram. Já o modelo de heterorresponsabilidade é aquele em que a responsabilidade penal da pessoa jurídica se dá com a transferência da responsabilidade de terceiro, uma pessoa física, que pode ser qualquer pessoa que atue em seu nome e interesse (*respondeat superior*), ou somente os atos de quem a representa ou ocupa posição de comando (responsabilidade vicarial). No Brasil, a heterorresponsabilidade também é conhecida como responsabilidade por ricochete e aparece como modelo legislativo escolhido pela Lei nº 9.605/98, em seu art. 3º: "As pessoas jurídicas serão responsabilizadas administrativa, civil e penalmente conforme o disposto nesta Lei, nos casos em que a infração seja cometida por decisão de seu representante legal ou contratual, ou de seu órgão colegiado, no interesse ou benefício da sua entidade". Vale ressaltar que o modelo foi mantido mesmo após recentes mudanças jurisprudenciais, que somente gerariam como consequência não mais se exigir a identificação da pessoa física concreta e a dupla imputação necessária de pessoas físicas e jurídicas no mesmo processo penal. Cf.: MIRANDA, Matheus de Alencar e. (*In)eficiência de compliance e os direitos dos trabalhadores*: evitando o "bode expiatório". São Paulo: LiberArs, 2019, *passim*.

[18] O termo "causa concorrente" é uma referência ao teor dos arts. 13 ("O resultado, de que depende a existência do crime, somente é imputável a quem lhe deu causa. Considera-se causa a ação ou omissão sem a qual o resultado não teria ocorrido") e 29 ("Quem, de qualquer modo, concorre para o crime incide nas penas a este cominadas, na medida de sua culpabilidade") do Código Penal. Importante ter em conta que, ao se falar em causa e concorrer, neste trabalho, adota-se concepção normativista, uma vez que, conforme bem lembrado por Sidney Rosa, a causalidade ontológica seria meramente a soma de diversas concausas ontológicas cientificamente justificáveis, ou pluricausalidade, enquanto a causalidade relevante para a imputação seria aquela juridicamente relevante, que já teria passado por filtros de priorização políticos e jurídicos. A ver: "Ante o fenômeno da la

Visando evitar a insegurança jurídica que situações similares geram, Matheus de Alencar discorre sobre a importância da *business judgement rule* para resolver os casos de decisão corporativa e riscos penais.[19]

### 3.1 *Business judgement rule* e decisões sobre riscos penais em empresas

De acordo com Júlio César Ribeiro, a *business judgment rule* seria uma regra criada nos Estados Unidos com o objetivo de afastar ou limitar a análise do mérito da decisão de administradores nos contextos em que a decisão gera danos para a própria empresa. Dessa maneira, seria possível afastar ou limitar a responsabilidade civil do administrador ante danos causados à sociedade empresária por suas decisões, nos casos em que elas: foram prolatadas sem conflito de interesses entre administrador, ou que respeitaram um procedimento de tomada de decisão devidamente informado, ou ainda em que se revelaram racionais.[20] No Brasil, este mecanismo foi previsto pela Lei de Sociedades Anônimas, em seu art. 159, §6º, que confere ao julgador a possibilidade de exclusão da responsabilidade do administrador se ficar convencido de que ele agiu de boa-fé e visando ao interesse da companhia.[21]

Explicando a aplicação da regra para excluir responsabilidades, Ribeiro aduz que a previsão legislativa do dever de cuidado resulta em diretriz com menor abrangência que o necessário. Ciente disso, a doutrina

---

pluricausalidad y de la continua retroalimentación de causas y efectos, el problema de la identificación de la causa o de las causas a las cuales se imputará la aparición del daño se convierte en una cuestión jurídico-política, realizándose la selección de aquélla o de aquéllas que son capaces de perturbar estos sistemas" (SILVA JUNIOR, Sidney Rosa da. *La mediación de conflictos ambientales*. Una visión sistémico-funcional hacia el desarrollo sostenible. 1. ed. Navarra: Aranzadi, 2019. p. 208).

[19] ALENCAR, Matheus de. *Técnica, decisões automatizadas e responsabilidade penal*. 2023. 462 f. Tese (Doutorado em Direito Penal) – Faculdade de Direito, Universidade do Estado do Rio de Janeiro, Rio de Janeiro. 2023. p. 313-326.

[20] RIBEIRO, Júlio César de Lima. A transposição da business judgment rule para o regime da responsabilidade civil de administradores em Portugal e no Brasil. *Revista dos Tribunais*, v. 937, nov. 2013. p. 391.

[21] De acordo com Júlio César Ribeiro, a "motivação da criação e propagação da regra (nos tribunais norte-americanos e posteriormente ao redor do mundo) teve como base, especialmente, garantir maior eficiência à gestão empresarial. Isso porque, por diminuir a possibilidade de responsabilização do gestor, a regra acaba por fomentar a tomada de posições mais arriscadas e, por consequência, na maioria das vezes, mais lucrativas" (RIBEIRO, Júlio César de Lima. A transposição da business judgment rule para o regime da responsabilidade civil de administradores em Portugal e no Brasil. *Revista dos Tribunais*, v. 937, nov. 2013. p. 392).

estabelece outros parâmetros, apontando como decorrentes do dever de cuidado: (1) o dever de controle, consistente na atuação do administrador com atenção à evolução econômico-financeira da sociedade no desempenho de quem gere; (2) o dever de preparar adequadamente as decisões, que se refere à reunião e tratamento da informação a subsidiar a decisão; e (3) o dever de tomar decisões substancialmente razoáveis, que pode ser mais bem analisado, considerando dois diferentes critérios, quais sejam (a) não dissipar ou esbanjar o patrimônio social, e (b) evitar riscos desmedidos. Disso se apura como a *business judgement rule* será especialmente importante para afastar responsabilidades: seguida a regra de tomada de decisão, estaria excluída a responsabilidade.[22]

Nas suas reflexões teóricas, Ribeiro procura delimitar os critérios da *business judgement rule* quanto ao dever de controle e ao dever de se informar para decidir. Nesse sentido, o administrador deve tomar todas as providências ao seu alcance, no sentido de buscar tais informações. Para tanto, importariam os custos e o tempo necessários como forma de apurar se estava razoavelmente disponível.[23]

Com relação ao dever de decisões razoáveis, como o que está em causa é a racionalidade da conduta, os tribunais estariam obrigados a analisar o mérito da decisão. Em termos de sua aplicação prática, aquele autor aponta que a discussão em torno da *business judgement rule* se concentra justamente no limite da "sindicabilidade", ou seja, quanto o julgador pode analisar do mérito do administrador em um processo judicial posterior à decisão e ao dano. O interesse maior da regra seria que o juiz se ativesse ao procedimento de tomada da decisão e ao cumprimento de deveres das decisões. De certa forma, isso daria maior discricionariedade a quem toma decisões na atividade empresarial e evitaria cenários de aversão a riscos. No Brasil, a discussão se daria sobre a racionalidade da decisão. Como a regra existe justamente para evitar a sindicabilidade do mérito da decisão, o refúgio encontrado na lei é o de que se utilize o "critério da boa-fé subjetiva (que se traduz na

---

[22] RIBEIRO, Júlio César de Lima. A transposição da business judgment rule para o regime da responsabilidade civil de administradores em Portugal e no Brasil. *Revista dos Tribunais*, v. 937, nov. 2013. p. 396-397.

[23] RIBEIRO, Júlio César de Lima. A transposição da business judgment rule para o regime da responsabilidade civil de administradores em Portugal e no Brasil. *Revista dos Tribunais*, v. 937, nov. 2013. p. 399.

atuação com a crença de que atuou no melhor interesse da sociedade), ao invés da racionalidade".[24]

A *business judgement rule* teve por objetivo inicial o uso no direito privado. Vale dizer, para limitar a responsabilidade civil do administrador ante os sócios da pessoa jurídica afetada negativamente pela decisão, sucedendo o antigo critério da teoria dos atos *ultra vires societatis*, pois atualmente não se espera mais que a atividade de alguém em nome da empresa se restrinja ao mandato escrito, em razão da velocidade da economia e a dinamicidade da realidade.[25]

Apesar dessa origem civilista, a *business judgement rule* tem sido utilizada no âmbito do direito administrativo – regulatório e concorrencial – como modelo de análise do limite das responsabilidades dos administradores por decisões tomadas que geraram resultados descritos nas normas do direito administrativo-sancionador. Ainda segundo as lições de Ribeiro, tem-se que a própria Comissão de Valores Mobiliários (CVM) tem estendido sua aplicação à esfera das responsabilidades administrativas.[26]

Diante disso, bem como em razão das dificuldades de imputação na seara criminal, Matheus de Alencar propõe a extensão da regra da *business judgement rule* para o âmbito do direito penal, estabelecendo critérios para o risco permitido, em particular no tocante à aferição da licitude de seus parâmetros. Essa aplicação encontra-se estribada no princípio da *ultima ratio* ou *ultimo remedium*, considerando que a regra pode gerar responsabilidades menos rigorosas no âmbito extrapenal,

---

[24] RIBEIRO, Júlio César de Lima. A transposição da business judgment rule para o regime da responsabilidade civil de administradores em Portugal e no Brasil. *Revista dos Tribunais*, v. 937, nov. 2013. p 392-399.

[25] ALENCAR, Matheus de. *Técnica, decisões automatizadas e responsabilidade penal.* 2023. 462 f. Tese (Doutorado em Direito Penal) – Faculdade de Direito, Universidade do Estado do Rio de Janeiro, Rio de Janeiro. 2023. p. 318.

[26] "A respeito do problema de análise do mérito da decisão, alguns processos administrativos movidos pela Comissão de Valores Mobiliários (CVM) – para responsabilizar gestores de sociedades anônimas abertas nos termos da Lei 6.385/1976 -78 têm colocado em pauta a *business judgment rule* (em medida consideravelmente maior que a Justiça Comum). Nesses processos, vem se firmando o entendimento de que o julgador (neste caso a CVM) *não deve se imiscuir nessa discricionariedade* (do administrador) *e, a bem dizer, nem tem este poder*.79 Nesse sentido, em decisão proferida no ano de 2006, a CVM estabeleceu (com base no direito estadunidense) que uma decisão para gozar da regra da *business judgment rule* deve ser: (a) informada; (b) refletida; (c) desinteressada. Além disso, deixa clara a necessidade de que essa análise deve se ater, sobretudo, ao procedimento de tomada da decisão (e não ao mérito)" (RIBEIRO, Júlio César de Lima. A transposição da business judgment rule para o regime da responsabilidade civil de administradores em Portugal e no Brasil. *Revista dos Tribunais*, v. 937, nov. 2013. p. 401, nota 29).

deveria também isentar ou atenuar a responsabilidade penal, por razões de proporcionalidade.[27]

Segundo Matheus de Alencar, uma decisão que passasse pelo filtro da *business judgement rule* como decisão lícita pode ser entendida como ação neutra impunível pelo direito penal. Isso porque ela foi tomada no âmbito do cargo e função e, por mais que tenha contribuído de alguma forma para o resultado criminoso, não é entendida como intervenção delitiva, tendo em conta que a intervenção delitiva é uma categoria de responsabilização anterior (gênero) à distinção entre autoria e participação (espécies) e decorre justamente de um juízo de imputação objetiva que aponta a possibilidade de responsabilizar alguém por um fato tido como seu.[28]

Sendo assim,

> Se um crime ocorrer em razão dessa decisão, a responsabilidade penal só existiria se a decisão infringir a *business judgement rule*, ou seja, se a decisão for tomada em (1) conflito de interesses, (2) sem informação adequada e suficiente sobre os níveis de segurança, ou (3) de forma irracional, expondo [...] terceiros a um padrão de segurança inaceitável. Caso a decisão fosse tomada de acordo com esse caminho decisório, tratar-se-ia de ação neutra impunível, mesmo que a decisão estivesse relacionada à falha que gerou o delito. Ainda que pareça intuitivamente errado utilizar uma regra aplicável a direitos patrimoniais para apurar responsabilidades por crimes [...], há que se atentar para o fato de que o padrão da *business judgement rule* já é bastante rigoroso em face da total ausência de regulação atualmente vista [sobre os parâmetros do risco permitido para a tomada de decisão sobre o tratamento de riscos analisados]. Os três (3) requisitos acima criam parâmetros suficientes para colocar decisões criminosas sob o olhar estatal. Caso sua aplicação fosse certa, a regra teria capacidade de trazer tanta eficiência quanto traz garantias frente à intervenção penal do Estado.[29]

---

[27] ALENCAR, Matheus de. *Técnica, decisões automatizadas e responsabilidade penal*. 2023. 462 f. Tese (Doutorado em Direito Penal) – Faculdade de Direito, Universidade do Estado do Rio de Janeiro, Rio de Janeiro. 2023. p. 317, nota 30.

[28] ALENCAR, Matheus de. *Técnica, decisões automatizadas e responsabilidade penal*. 2023. 462 f. Tese (Doutorado em Direito Penal) – Faculdade de Direito, Universidade do Estado do Rio de Janeiro, Rio de Janeiro. 2023. p. 318.

[29] ALENCAR, Matheus de. *Técnica, decisões automatizadas e responsabilidade penal*. 2023. 462 f. Tese (Doutorado em Direito Penal) – Faculdade de Direito, Universidade do Estado do Rio de Janeiro, Rio de Janeiro. 2023. p. 323.

Na mesma direção, Adán Nieto sustenta a importância da *business judgement rule* para a tomada de decisão da alta administração sobre implementar ou não um programa de *criminal compliance* ou determinado mecanismo de controle. Para aquele autor, como há relação entre *compliance* e governança corporativa, tratados como expressão da mesma técnica de intervenção na administração da atividade econômica, uma empresa aderindo aos padrões de governança teria a liberdade para aderir ou não a um modelo padrão de *compliance*. Contudo, caso opte por não o fazer, a alta administração teria por obrigação fundamentar a decisão de proceder de outro modo e informar ao mercado. Ela o faria a partir do uso de análise de riscos penais prévia, que aponte para a desnecessidade de tomar certa medida. Essa análise de riscos prévia dialogaria com a própria *business judgement rule*, na medida em que se referiria ao dever de se informar do administrador antes da tomada de decisão.[30]

Por fim, cabe sinalizar que, por mais que a *business judgement rule* tenha sido aqui apresentada como de uso mais importante para as decisões estratégicas da alta administração sobre o tratamento de riscos analisados, ela tem potencial de aplicação maior, incluindo decisões de nível tático e operacional tomadas por níveis hierárquicos inferiores. Desse modo, seria possível ter um parâmetro de risco permitido na tomada de decisões – não só da alta direção – com potencial repercussão penal no âmbito corporativo.

## 4 Riscos residuais, situações imprevisíveis e perigos transformados em riscos

Superada a questão da incerteza sobre os limites do risco permitido em decisões corporativas, restariam problemas dos riscos residuais e dos riscos não previstos.

Partindo-se, pois, da premissa de que as análises de riscos foram realizadas e que todas as decisões atendiam aos critérios da *business judgement rule*, percebe-se que ainda há a possibilidade de riscos residuais, isto é, aqueles que permanecem mesmo após a aplicação de controles. Na prática, são riscos que os controles não podem eliminar

---

[30] NIETO MARTÍN, Adán. La institucionalización del sistema de cumplimiento. *In*: NIETO MARTÍN, Adán (Dir.). *Manual de cumplimiento penal en la empresa*. Valencia: Tirant lo Blanch, 2015. p. 189.

por completo. Há também a possibilidade de criação de (novos) riscos que não foram previstos, em geral em setores que não apresentam histórico de problemas na empresa. Esses riscos não previstos abarcariam situações inusitadas que, com o passar do tempo, se tornaram concretamente perigosas, transformando-se em riscos no âmbito da atividade produtiva e comercial da corporação.

Em ambas as hipóteses, há dúvidas acerca da imputação penal quando um risco residual ou um risco não previsto gera um resultado tipicamente descrito. As soluções seriam parecidas, mas com pequenas diferenças nos casos concretos. A princípio, aquelas categorias de riscos – residuais e imprevisíveis – não deveriam gerar a responsabilidade penal. No particular, a teoria da imputação objetiva resolve a situação dos riscos residuais, pois a diminuição prévia dos riscos, como decisão adequada à *business judgement rule*, torna-os riscos permitidos, ou seja, inerentes à atividade empresarial, toleráveis em nome do progresso e do desenvolvimento socioeconômico. Portanto, riscos residuais seriam aqueles penalmente admitidos, ainda que venham a ser objeto de responsabilização no âmbito extrapenal.

No caso dos riscos não previstos, tem-se que, primeiramente, a própria criação do risco deve ser analisada em concreto, pois pode decorrer de uma ação isolada de algum colaborador da empresa, agindo em interesse próprio contra as disposições de *compliance* da corporação – o chamado "lobo solitário" –, o que afastaria a responsabilidade da empresa. Ademais, em se tratando da esfera preventiva, uma análise de risco que venha a falhar ao não "prever o imprevisível" não geraria, igualmente, a responsabilidade penal, vez que, consoante a teoria da imputação objetiva, ela não teria criado ou incrementado um risco existente, nem seria capaz de o diminuir. Nesses casos, a responsabilidade seria igualmente excluída.

Somente na hipótese do monitoramento contínuo dos riscos exigir uma revisão da matriz de risco, seja para demonstrar o cumprimento legal, a governança ou a adoção das melhores práticas; seja para acompanhar orientações, alterações, inclusões de regência legal, regulatória e normativa aplicáveis; ou, ainda, seja para a adequação a uma nova realidade da corporação, em razão de alguma falha que apontasse para esse risco concreto, é que seria possível a imputação às pessoas físicas e jurídicas daquilo que se pode adjetivar como riscos residuais ou imprevisíveis, pois, na verdade, não o são.

## Conclusão

A adesão às boas práticas de governança corporativa e a realização de análises de riscos tornaram-se necessidades prementes das empresas no mundo contemporâneo, isto é, na tão decantada "sociedade de riscos". Nesse sentido, a profissionalização da gestão dos meios de produção e da identificação dos riscos produzidos por essas mesmas corporações se revela fundamental em termos práticos e teóricos.

Espera-se, portanto, um incremento das discussões e debates a respeito dos critérios de avaliação e gestão dos riscos das atividades humanas, em especial aquelas desempenhadas no interior das organizações empresariais, providência que tem sido desempenhada pelos programas de *compliance*. Como resultado de todo esse processo, não somente haverá uma melhor certeza e qualidade de eventuais imputações – ou não imputações – de responsabilidades penais, como, igualmente, haverá uma ampliação das iniciativas de sustentabilidade ambiental, social e governança corporativa.

---

Informação bibliográfica deste texto, conforme a NBR 6023:2018 da Associação Brasileira de Normas Técnicas (ABNT):

SOUZA, Artur de Brito Gueiros; ALENCAR, Matheus de. A importância da avaliação de riscos para a responsabilidade penal corporativa: ensaio em homenagem ao Professor Ricardo Voltolini. *In*: BORGES DE PAULA, Marco Aurélio (Coord.). *A hora e a vez do ESG*: provocações e reflexões em homenagem a Ricardo Voltolini. Belo Horizonte: Fórum, 2023. p. 371-386. ISBN 978-65-5518-619-2.

# CRIMINALIDADE ECONÓMICO-FINANCEIRA: UMA VISÃO SOB O PRISMA DA SUSTENTABILIDADE

**LIA MILLECAMPS**
**MIGUEL TRINDADE ROCHA**

## 1 Introdução

Nos termos das diferentes estratégias nacionais de combate à criminalidade económico-financeira, que têm vindo a ser aprovadas em diferentes países, em particular nas áreas do combate à corrupção e do combate ao branqueamento e ao financiamento do terrorismo, um dos vetores fundamentais do combate é a dimensão preventiva.

A implementação de programas de cumprimento normativo adequados, nos setores público e privado, contribui para a gestão do risco de criminalidade económico-financeira, para a aplicação das melhores práticas, e para a integridade e transparência nas organizações.

A utilização da tecnologia adequada incrementa a auditabilidade dos processos e procedimentos, inibindo práticas de criminalidade económico-financeira, e permitindo a sua deteção e investigação, através da recolha de prova material, em caso de ocorrência.

A comunicação, sensibilização e formação são fatores essenciais no combate à criminalidade económico-financeira, proporcionando a informação adequada aos diferentes *stakeholders*, e a capacitação de recursos na prevenção e deteção deste fenómeno.

No presente artigo, aborda-se a implementação de programas de cumprimento normativo, visando à adoção das melhores práticas no combate à criminalidade económico-financeira.

Em simultâneo, pretende-se contribuir para a facilitação e celeridade na materialização das diferentes estratégias, reforçando a mensagem da aplicabilidade prática dos princípios estratégicos.

Sublinhe-se que este artigo aborda, exclusivamente, a vertente preventiva do combate à criminalidade económico-financeira e, em concreto, a implementação de programas de cumprimento normativo.

## 2 Fenómeno da corrupção

De acordo com a Transparência Internacional, "a corrupção é o abuso de poder em proveito próprio, que afeta a vida daqueles cuja subsistência ou felicidade depende da integridade das pessoas em posições de autoridade".

Podemos destacar três tipos de corrupção:

- pequena corrupção ou endémica, existente em setores da administração pública ou em organismos com responsabilidades de fiscalização ou inspeção;
- corrupção de negócios, mais complexa e organizada, está ligada, sobretudo, às grandes adjudicações de obras públicas, aos fornecimentos de bens e serviços e aos grandes negócios imobiliários, envolvendo, geralmente, ligações camufladas entre entidades públicas e empresas privadas;
- corrupção de influências ou difusa, ligada aos interesses dos grandes grupos económico-financeiros, nacionais e internacionais, e aos interesses dos meios político-partidários.

A corrupção tem diversos impactos negativos, sendo os mais visíveis:

- na perceção dos agentes económicos nacionais no nível da justiça, com consequências no nível da captação do investimento estrangeiro;
- no desenvolvimento económico e social, designadamente sobre a distribuição equitativa dos rendimentos e da satisfação das necessidades básicas;

- na confiança na sociedade e nas instituições democráticas, contribuindo para formas de rutura social;
- na qualidade da democracia, nomeadamente sobre o envolvimento da sociedade civil na resolução dos problemas comuns e outros aspetos relativos à vertente cultural e social da democracia.

No âmbito do presente artigo, aborda-se o conceito de corrupção numa perspetiva ampla, e não na perspetiva estrita do crime tipificado nos diferentes códigos penais.

No caso português, a Estratégia Nacional de Combate à Corrupção (2021) definiu como prioridades estratégicas:

- melhorar o conhecimento, a formação e as práticas institucionais em matéria de transparência e integridade;
- prevenir e detetar os riscos de corrupção no setor público;
- comprometer o setor privado na prevenção, deteção e repressão da corrupção;
- reforçar a articulação entre instituições públicas e privadas;
- garantir uma aplicação mais eficaz e uniforme dos mecanismos legais em matéria de repressão da corrupção, melhorar o tempo de resposta do sistema judicial e assegurar a adequação e efetividade da punição;
- produzir e divulgar periodicamente informação fiável sobre o fenómeno da corrupção;
- cooperar no plano internacional no combate à corrupção.

## 3 Fenómenos do branqueamento e do financiamento ao terrorismo

De acordo com a Convenção das Nações Unidas contra o Tráfico Ilícito de Estupefacientes e Substâncias Psicotrópicas (1988) e a Convenção das Nações Unidas contra a Criminalidade Organizada Transnacional (2000):

> Branqueamento de capitais é o processo pelo qual se pretende: i) dissimular a origem dos fundos resultantes de atividades ilícitas, dando-lhes uma aparência legal; ii) dissimular as próprias atividades ilícitas que lhes estão na origem; e iii) distanciar o agente relativamente às consequências.

A Convenção Internacional para a Eliminação do Financiamento do Terrorismo, das Nações Unidas, estipula que:

> Comete uma infração, quem, por quaisquer meios, direta ou indiretamente, ilegal e deliberadamente, fornecer ou reunir fundos com a intenção de serem utilizados ou sabendo que serão utilizados, total ou parcialmente, tendo em vista a prática de atos de terrorismo.

O Grupo de Ação Financeira Internacional (GAFI) definiu uma estratégia compreensiva de combate ao branqueamento e ao financiamento do terrorismo, tendo estabelecido recomendações, que definiram a estrutura jurídica de prevenção do branqueamento de capitais e de combate ao financiamento do terrorismo (PBC-CFT).

O GAFI adotou abordagens complementares para a avaliação da:

- conformidade com as recomendações; e
- efetividade do sistema de PBC-CFT.

Em conjunto, constituem uma análise integrada do nível de implementação dos padrões do GAFI e de avaliação de um sistema PBC-CFT robusto.

A avaliação da conformidade incide sobre as exigências específicas das recomendações, enquanto padrões internacionais PBC-CFT, ao nível do quadro jurídico e institucional, e sobre os poderes e procedimentos das autoridades competentes. Estes elementos representam os fundamentos da construção de um sistema PBC-CFT.

A avaliação da efetividade procura verificar a adequação da implementação das recomendações e identificar em que medida é alcançado um conjunto definido de resultados cruciais para a solidez de um sistema PBC-CFT. A avaliação da efetividade incide sobre a medida em que o quadro jurídico e institucional produz os resultados esperados.

O novo pacote de prevenção do branqueamento de capitais e combate ao financiamento do terrorismo (PBC-CFT) da União Europeia prevê:

- uma nova autoridade europeia, que irá transformar a supervisão e reforçar a cooperação entre unidades de informação financeira;
- nova regulamentação de aplicação direta, visando à harmonização legislativa, designadamente no nível de diligência de contrapartes e limites à utilização de numerário;

- uma nova diretiva europeia; e
- a revisão da regulamentação de transferência de fundos.

No caso português, nos termos da Lei nº 83/2017 (Lei PBC-CFT), de 18 de agosto, atualizada pela Lei nº 58/2020, de 31 de agosto, que transpõe parcialmente as Diretivas 2015/849/UE, do Parlamento Europeu e do Conselho, de 20 de maio, 2016/2258/UE, do Conselho, de 6 de dezembro, 2018/843/UE, do Parlamento Europeu e do Conselho, de 30 de maio, que altera a Diretiva 2015/849/UE, e a Diretiva 2018/1673/UE, do Parlamento Europeu e do Conselho, de 23 de outubro, as entidades obrigadas estão sujeitas a deveres gerais e deveres específicos.

Neste contexto, estão obrigadas ao cumprimento dos deveres de:

- controlo;
- identificação e diligência;
- comunicação;
- abstenção;
- recusa;
- conservação;
- exame;
- colaboração;
- não divulgação;
- formação.

## 4 Gestão de risco de criminalidade económico-financeira nas organizações

Pela complexidade e diversidade de ameaças e vulnerabilidades, e consequentemente de tipologias associadas à prática de atos de criminalidade económico-financeira, um combate efetivo, numa vertente tripla de prevenção, deteção e repressão, só será eficiente e eficaz se realizado de forma integrada e transversal, quer numa dimensão interna às organizações, quer em nível colaborativo entre os diferentes intervenientes no sistema de combate.

Transparência, integridade e ética são palavras que fazem parte do léxico da gestão de cumprimento normativo e, em particular, da gestão de risco de criminalidade económico-financeira nas organizações. As organizações pretendem que, mais do que palavras, estes sejam conceitos e valores associados às políticas, processos e procedimentos, e intrínsecos às práticas de gestão e ao comportamento dos diferentes *stakeholders*.

A criminalidade económico-financeira tem impacto financeiro, operacional, regulamentar, legal e reputacional, colocando em causa a confiança de colaboradores, parceiros e demais contrapartes, em particular, e da sociedade, em geral, sendo essencial a definição e implementação de políticas adequadas a uma gestão de risco efetiva.

Um modelo de gestão de risco apropriado deverá proporcionar uma atuação assertiva e a divulgação dos efeitos obtidos, permitindo a aferição dos resultados alcançados pelos *stakeholders*, contribuindo para uma cultura de integridade, através da implementação das melhores práticas ao contexto da organização, e para a ética através da associação destes comportamentos aos valores intrínsecos dos seus colaboradores. O modelo de gestão de risco deve ser adequado à realidade específica de cada organização, respondendo às ameaças concretas e mitigando o risco, ao mesmo tempo que salvaguarda um modelo operacional adequado à sua realidade operativa.

No nível do código de conduta, e de políticas, processos e procedimentos, estes deverão estar alinhados com os valores e práticas da organização e, de modo claro, definir os comportamentos e linhas de atuação esperados de cada departamento e respetivos intervenientes.

Para além de uma implementação adequada de políticas, processos e procedimentos, deverão ser assegurados, igualmente, testes e controlos à efetividade da sua implementação, de modo a garantir a sua eficácia e eficiência, bem como a adaptação necessária face à evolução de tendências de risco e melhores práticas de gestão dos mesmos.

Considerando as especificidades necessárias a uma prevenção efetiva da criminalidade económico-financeira, as melhores práticas têm conduzido a uma maior especialização e multidisciplinaridade das equipas que se dedicam à prevenção e deteção deste fenómeno, conjugadas com uma adequada avaliação de *fit and proper*, dos membros dos órgãos de gestão e demais responsáveis.

Numa área de atuação, que envolve a gestão de canais de reporte, em que tem origem uma parte significativa das investigações, a integridade da informação, tendente à preservação da presunção de inocência, é essencial a uma investigação efetiva, que terá de ser assegurada em paralelo com investigações céleres, objetivas e conclusivas, que preservem os meios de prova e identifiquem os factos ocorridos, o papel dos diferentes intervenientes e as consequências das ações realizadas por estes, para a organização e para terceiros.

Uma comunicação adequada é outro fator essencial no combate à prevenção e deteção da corrupção, permitindo um acompanhamento efetivo pelos diferentes *stakeholders* e a tomada de decisões, baseada em informação fiável e dados objetivos em detrimento de perceções.

A sensibilização e capacitação dos recursos na prevenção e deteção de atos de criminalidade económico-financeira são outras vertentes essenciais dos programas de cumprimento normativo, pelo que ações de sensibilização e formação, devidamente desenhadas e implementadas no âmbito do contexto de cada organização, são fatores fundamentais.

## 5 Análise SWOT

No nível de um programa de cumprimento normativo, de acordo com a Stinma, resulta a seguinte análise SWOT:

*Forças*
- promoção da prevenção e deteção da corrupção, e da transparência e integridade;
- alinhamento das práticas de gestão com os valores da organização;
- abordagem estruturada ao cumprimento normativo, em geral, e à prevenção e deteção da corrupção em particular;
- alocação dos recursos humanos e tecnológicos adequados às atividades de prevenção e deteção da corrupção;
- gestão de risco de corrupção e infrações conexas baseada numa abordagem de risco;
- identificação de riscos e definição de medidas de mitigação adequadas;
- implementação de canais de reporte apropriados;
- facilitação do alinhamento entre as operações e o cumprimento regulamentar;
- capacitação e formação de recursos na prevenção e deteção da corrupção.

*Fraquezas*
- fraca adesão à cultura da empresa;
- capacidades técnicas limitadas ou desadequadas à prevenção e deteção da corrupção;

- antagonismo entre as áreas de gestão de risco e as áreas operacionais;
- perda de vantagem competitiva decorrente de programas desajustados e pouco ágeis;
- automatização de processos e procedimentos reduzida;
- utilização de tecnologia desadequada à realidade da organização ou mal parametrizada;
- abordagem baseada exclusivamente em regras;
- foco em riscos específicos, em detrimento de uma visão mais abrangente e estruturada;
- abordagem reativa em detrimento de abordagem preventiva;
- pouca adesão à realidade operativa;
- ausência ou desadequação de ações de sensibilização e formação.

*Oportunidades*
- promoção do alinhamento dos *stakeholders* com os valores da organização;
- entendimento das tendências legislativas e regulatórias;
- adequação na aplicação de requisitos obrigatórios e voluntários de cumprimento normativo;
- aproveitamento de sinergias com *stakeholders*, para uma gestão integrada de risco de corrupção;
- avaliação contínua de riscos e tipologias de atividades corruptivas;
- conhecimento adequado das diferentes contrapartes e respetivas cadeias de fornecedores;
- vantagem competitiva em concursos e em processos de seleção e participação em consórcios internacionais;
- comunicação ajustada com os diferentes *stakeholders*.

*Ameaças*
- perceção dos *stakeholders* desajustada da realidade;
- excesso de legislação e regulamentação ou procedimentos normativos desajustados da realidade operativa das organizações;
- dependência de terceiros na parametrização da infraestrutura tecnológica;
- exposição ao risco, derivada da inconformidade de terceiros;
- fluxo de informações desadequado;

- cultura que reforça a comunicação de conformidade após a ocorrência de um evento ou incidente, em detrimento de uma comunicação preventiva;
- notícias adversas decorrentes de falhas na prevenção e deteção da corrupção.

## 6  Objetivos e eixos operacionais

A ética e a integridade são pilares fundamentais no funcionamento das sociedades democráticas. Não há coesão social, nem equilíbrio sustentável, se não forem concretizados, no dia a dia, os valores coletivamente partilhados.

Um Estado que fomente a adoção de condutas íntegras, por todos aqueles que servem nas suas instituições, independentemente do tipo de funções exercidas, é um elemento referencial significativo, contribuindo para a coesão social.

Neste âmbito, a implementação de planos de cumprimento normativo nas organizações, dos setores público e privado, revela-se essencial a uma efetiva prevenção e deteção da criminalidade económico-financeira.

Para uma gestão de risco de corrupção efetiva, definem-se os seguintes objetivos:

- programas de cumprimento normativo, integrados e coerentes com a realidade específica de cada organização;
- tecnologia apropriada a uma eficiente gestão de risco de corrupção;
- comunicação clara e objetiva, baseada em informação fiável, visando ao esclarecimento dos diferentes *stakeholders*, e a mudança de perceções e comportamentos;
- sensibilização e formação adequada dos diferentes intervenientes relevantes na prevenção e deteção da corrupção.

Com base em quatro eixos operacionais:

- programa de cumprimento normativo;
- tecnologia;
- comunicação;
- sensibilização e formação.

## Programa de cumprimento normativo

A implementação de programas de cumprimento normativo, integrados e coerentes, deverá ter por base um conjunto de atividades, visando a um entendimento da realidade específica de cada organização, e a implementação de programas robustos e alinhados com as melhores práticas:

- diagnóstico da situação atual e análise SWOT;
- análise comparativa com melhores práticas internacionais;
- análise de lacunas e de oportunidades de melhoria;
- desenho de alto nível do modelo futuro;
- elaboração ou revisão de código de conduta;
- elaboração ou revisão de política anticorrupção;
- estruturação de unidade especializada na prevenção e deteção da corrupção;
- elaboração ou revisão de plano de gestão de risco de corrupção e de infrações conexas;
- plano de monitorização e avaliação;
- implementação ou revisão de canal de reporte;
- elaboração de plano de comunicação;
- desenho e implementação de ações de sensibilização e formação.

## Tecnologia

A tecnologia pode contribuir para a prevenção e deteção da criminalidade económico-financeira e para a facilitação dos processos e procedimentos adequados a uma gestão de risco de efetiva.

De acordo com Santos e Correia (2020), o uso da tecnologia *blockchain* pode aportar níveis de transparência à informação gerada pelo Estado, contribuindo para a perceção do Estado como bom gestor da causa pública, que procura uma relação aberta e transparente entre as instituições e os cidadãos, apresentando os dados abertos como um direito, e os contratos abertos como um objetivo.

Ainda de acordo com Santos e Correia (2020), as principais razões do interesse da tecnologia *blockchain* são o seu potencial transformativo, da forma como a administração pública trabalha os seus sistemas e bases de dados tradicionais, recriando a relação de confiança com o cidadão, com base numa tríade de fatores: administração pública sistematicamente e consistentemente digitalizada; recursos humanos qualificados; e tecnologia verificável, auditável e integrável.

*Comunicação*

Os desafios de um programa de comunicação estão relacionados com a mudança de perceções, mentalidades e comportamentos.

Mudança de perceção:

- a comunicação é uma componente essencial na mudança de perceções;
- o trabalho desenvolvido deve ser comunicado junto dos diferentes públicos-alvo no sentido de os apoiar a formar uma perceção da realidade que inclua o investimento na prevenção e deteção da corrupção e não se baseie na agenda mediática;
- a comunicação do esforço desenvolvido contribui para uma perceção mais próxima da realidade.

Mudança de mentalidades:

- o combate à corrupção exige uma mudança de mentalidades;
- existe por vezes a mentalidade de que não é possível fazer melhor ou de que o cidadão individualmente não conseguirá a mudança;
- uma comunicação adequada contribuirá para uma mudança desta mentalidade, passando uma mensagem clara de que cada um pode contribuir e fazer a diferença no combate à corrupção.

Mudança de comportamentos:

- a comunicação do trabalho que está a ser desenvolvido contribui para uma mudança de comportamentos;
- ao tomarem conhecimento do que está a ser feito e dos meios que têm ao seu dispor para apoiar este combate, cria-se um incentivo à participação, um efeito dissuasor e uma alteração de comportamentos junto dos *stakeholders*.

*Sensibilização e formação*

A sensibilização e formação desempenham um papel fundamental na capacitação dos recursos para a prevenção e deteção da criminalidade económico-financeira.

Para uma efetiva adesão às melhores práticas, por parte dos diferentes *stakeholders*, as ações de sensibilização e formação devem ser adequadas aos contextos específicos, através da adaptação de conteúdos e da seleção das metodologias apropriadas.

Para a definição de programas de sensibilização e formação adequados, torna-se necessária a compreensão do nível de consciencialização cultural, de colaboradores e demais *stakeholders*, relativamente a práticas de criminalidade económico-financeira, bem como a sua adesão aos programas de cumprimento normativo.

O alinhamento do nível de consciencialização cultural e dos conhecimentos relativos à prevenção e combate à criminalidade económico-financeira, com as competências necessárias para uma gestão eficaz de risco, permite a implementação de medidas efetivas, e maiores probabilidades de sucesso na prevenção e deteção da criminalidade económico-financeira.

Para uma abordagem preventiva efetiva e eficiente, devem definir-se as áreas de intervenção, nas quais se torna mais premente uma efetiva implementação das melhores práticas de prevenção e deteção da criminalidade económico-financeira, por serem aquelas em que se verifica uma maior incidência de riscos ou pelo impacto, em caso de ocorrência, ser mais significativo.

## 7 Conclusão

A exposição à corrupção conduz a graves consequências, quer em termos financeiros, quer em termos reputacionais, para os Estados, empresas do setor público e setor privado, e para a economia em geral.

Neste contexto, é fundamental a existência de uma resposta eficaz e de uma mensagem política consistente, designadamente ao nível da:

- constituição de um organismo contra a corrupção, com poderes de regulação e supervisão;
- elaboração de plano de implementação de programas de cumprimento normativo;
- identificação das principais áreas de intervenção ao nível de cada setor e tipologia de entidade;
- implementação de programas de cumprimento normativo, nos setores público e privado;

- investimento em novas tecnologias, incluindo a análise automatizada de dados, a inteligência artificial, e a tecnologia *blockchain*;
- planos de comunicação que proporcionem informação adequada aos diferentes *stakeholders*;
- programas de sensibilização e formação, que alertem para o fenómeno da corrupção e capacitem para a sua prevenção e deteção.

## Referências

GRUPO DE AÇÃO FINANCEIRA INTERNACIONAL. *Padrões Internacionais de Combate à Lavagem de Dinheiro e ao Financiamento do Terrorismo e da Proliferação*. As Recomendações do GAFI. 2012. Disponível em: https://www.fatf-gafi.org/content/dam/fatf/documents/recommendations/pdfs/FATF-40-Rec-2012-Portuguese-GAFISUD.pdf.coredownload.inline.pdf.

ORGANIZAÇÃO DA NAÇÕES UNIDAS. *Convenção das Nações Unidas contra o Tráfico Ilícito de Estupefacientes e Substâncias Psicotrópicas*. 1988. Disponível em: https://www.ministeriopublico.pt/instrumento/convencao-das-nacoes-unidas-contra-o-trafico-ilicito-de-estupefacientes-e-substancias-1.

ORGANIZAÇÃO DA NAÇÕES UNIDAS. *Convenção das Nações Unidas contra a Criminalidade Organizada Transnacional Instrumento Multilateral*. 2000. Disponível em: https://www.ministeriopublico.pt/instrumento/convencao-das-nacoes-unidas-contra-criminalidade-organizada-transnacional-0.

ORGANIZAÇÃO DA NAÇÕES UNIDAS. *Convenção Internacional para a Eliminação do Financiamento do Terrorismo*. 1999. Disponível em: https://www.ministeriopublico.pt/instrumento/convencao-internacional-para-eliminacao-do-financiamento-do-terrorismo-2.

PORTUGAL. Lei nº 58/2020, de 31 de agosto. *Diário da República*, I Série, n. 169, p. 3-206, 2020. Disponível em: https://dre.pt.

PORTUGAL. Lei nº 83/2017 de 18 de agosto. *Diário da República*, I Série, n. 159, p. 4784-4848, 2017. Disponível em: https://dre.pt.

PORTUGAL. Resolução do Conselho de Ministros nº 37/2021, de 6 de abril. *Diário da República*, I Série, n. 66, p. 8-49, 2021. Disponível em: https://dre.pt.

SANTOS, J. R.; CORREIA, G. C. *Blockchain e (anti)corrupção*. Um par de ideias. [s.l.]: [s.n.], 2020.

STINMA. *Estratégia Nacional de Combate à Corrupção // 2020-2024 – Programas de Cumprimentos Normativo: Proposta de Plano de Implementação*. 2020.

TRANSPARÊNCIA INTERNACIONAL. *What is corruption?* [s.d.]. Disponível em: https://www.transparency.org/en/what-is-corruption.

Informação bibliográfica deste texto, conforme a NBR 6023:2018 da Associação Brasileira de Normas Técnicas (ABNT):

MILLECAMPS, Lia; ROCHA, Miguel Trindade. Criminalidade económico-financeira: uma visão sob o prisma da sustentabilidade. In: BORGES DE PAULA, Marco Aurélio (Coord.). *A hora e a vez do ESG*: provocações e reflexões em homenagem a Ricardo Voltolini. Belo Horizonte: Fórum, 2023. p. 387-400. ISBN 978-65-5518-619-2.

# COMO UMA ONDA NO MAR: A RELAÇÃO ENTRE INTEGRIDADE CORPORATIVA E ESG

RAPHAEL SORÉ

## Introdução

O presente artigo buscará, de modo simples e direto, apresentar alguns pontos de intersecção entre ESG e integridade corporativa.[1]

Por ambos serem temas relativamente recentes na prática empresarial brasileira, é natural que ainda exista – no campo da pragmática – uma visão distorcida de tratarem-se de questões apartadas ou, mesmo, de que caberia ao empresário escolher priorizar um ou outro. Essa visão será combatida no primeiro subcapítulo do presente texto, que buscará fazer uma provocação de comparação entre a evolução das práticas de ética corporativa com a própria evolução dos direitos humanos no âmbito do Estado.

Uma vez estabelecido que *compliance* e ESG são temas indissociáveis, o texto buscará trazer apontamentos aos profissionais atuantes nas áreas sobre alguns exemplos de atividades do "mundo do *compliance*" que são fundamentais para o sucesso das boas práticas em ESG.

---

[1] Comumente o mercado e a doutrina brasileira apelidaram os programas de integridade corporativa de "programas de *compliance*". Por tal motivo, é comum que nas empresas a área responsável por cuidar de integridade seja chamada de área de *compliance*, e seus profissionais de profissionais de *compliance*. Nesse sentido, por ter um foco prático, mesmo tratando-se de conceitos distintos, o presente artigo se referirá a *compliance* como sinônimo de *integridade corporativa*.

A zona de intersecção entre integridade corporativa e ESG é gigantesca, e não é a ambição do presente esgotá-la ou mesmo descrevê-la. Isso é tarefa para um trabalho de mais fôlego.

A ambição do presente é, por outro lado, servir como provocação. Há muitas empresas com áreas distintas para ESG e integridade e com pouca ou nenhuma comunicação entre os profissionais que nelas atuam. O que se busca, assim, é exemplificar algumas das habilidades de profissionais de integridade que são centrais para o funcionamento de uma política ESG efetiva.

Nesse sentido, o segundo subcapítulo tratará justamente de apontar alguns exemplos nos quais a implementação de um programa ESG é dependente de proficiências típicas de profissionais de integridade. Para tanto, buscar-se-á apresentar como a ausência de controles de integridade pode levar a uma gama ampla de fraudes em ESG e, em consequência, a riscos para empresas e seus executivos.

## 1 Como uma onda no mar

A noção de que as empresas possuem uma função social que extrapola a atividade meramente econômica, de fato, não é nova, porém, vivemos um momento particularmente efervescente, no qual se consolida que capacidade da geração de lucro caminha junto à noção de responsabilidade e propósito das empresas.

No âmbito do discurso e da prática corporativa, uma primeira vertente – ou onda – veio, nesse sentido, com as ideias de governança corporativa, que colocaram luz sobre a regulação do poder dentro das estruturas empresariais.

Essas normas buscaram cristalizar o conceito de que o poder dentro das corporações deve ser exercido por meio de normas internas, combatendo a ideia de que o acionista controlador poderia ter uma liberdade ilimitada no estabelecimento dos rumos dos negócios e na transparência dos seus números. Sua adoção foi central para dar maior segurança para novos entrantes no mundo dos investimentos, e transformou o capitalismo. A Lei americana Sarbanes-Oxley de 2002 (apelidada de SOX) é o principal exemplo entre uma variedade de normas que retratam um momento de preocupação da sociedade sobre os controles internos das empresas e sobre a garantia de que suas informações aos investidores sejam claras e verdadeiras.

Em um segundo momento, na esteira dos grandes acordos internacionais dos anos 2000, em matéria de anticorrupção, nos EUA, das operações de combate à corrupção da última década e da edição da Lei Anticorrupção no Brasil, o mercado voltou suas atenções para uma nova onda de responsabilidade corporativa: a da integridade corporativa, que despertou empresas de todos os setores para procedimentos de prevenção, detecção e resposta a riscos de corrupção (inicialmente) e, posteriormente, de fraude, suborno, assédio, discriminação, terceiros, lavagem de dinheiro, entre outros riscos.

Essa onda, impulsionada pela legislação internacional anticorrupção, como o FCPA americano, o UKBA no Reino Unido, a Sapín II na França e a Lei Anticorrupção no Brasil, induziu as empresas a criarem ou robustecerem áreas inteiras para tratar de integridade corporativa.

Medidas como a implementação de códigos de conduta e políticas de integridade, treinamentos sobre ética, diligência de integridade para contratação de fornecedores, implementação de canais de denúncia e procedimentos de investigação interna, entre muitas outras, tornaram-se comuns e demandaram a formação de diversos profissionais especialistas no tema.

Agora, em conjunto com a atenção à proteção dos dados pessoais, uma terceira onda parece se instalar, sendo cada vez mais corrente que se leia e ouça a sigla ESG (*environment, social and governance*). Focado em avaliar as companhias sob a perspectiva de seus impactos ambiental, social e de governança em conjunto, o ESG dá um novo passo no sentido da responsabilidade corporativa e da nova expectativa que os investidores e a sociedade cultivam em relação às empresas.

Em alguns fóruns empresariais nos últimos meses, a conversa de corredor de alguns executivos menos atentos era: esqueçam o *compliance*, ele não é mais importante, agora é a hora de focar apenas no ESG. Será que o *compliance* saiu de moda e deve ser substituído?

Uma resposta positiva a essa pergunta levaria à conclusão de que é possível uma empresa "ser ESG" sem ter um programa de integridade adequado, o que é uma visão torta e errada da realidade.

A verdade é que a pergunta carrega em si um falso paradoxo, uma falsa oposição entre coisas que não se opõem, mas se contêm.

Assim como ocorre no mar, onde uma nova onda carrega dentro de si parte da água da que acabou de arrebentar, o ESG acaba por congregar em si elementos das fases anteriores, não as extinguindo, mas, dando a elas ainda mais força. Enquanto o momento do ESG destaca que os investidores atentarão às questões socioambientais em suas investidas e à compreensão de que as empresas devem possuir protagonismo na promoção dos direitos fundamentais das comunidades sobre as quais exercem algum impacto, ele também carrega em si conceitos e ideias que foram firmadas pelas ondas anteriores.

Em verdade, a própria evolução dos direitos humanos é por vezes retratada em ondas. Em um primeiro momento, a onda da liberdade deu ao homem suas garantias em face do então poder absoluto do Estado. A proteção contra o abuso estatal marcou essa primeira onda, calcada nas garantias individuais de liberdade e dos direitos civis (como liberdade de expressão, devido processo legal etc.).

A segunda onda dos direitos fundamentais deu ao homem ativos direitos em face dos Estados. Não mais bastava que o Estado se abstivesse de lesar os indivíduos, sendo necessária a difusão dos princípios de igualdade e de promoção da dignidade humana. Essa onda trouxe importantes inovações relacionadas ao Estado de bem-estar social, como o direito à saúde, à educação e tantos outros que são centrais para o ideal moderno de sociedade.

A terceira onda, mais recente, é a da fraternidade ou solidariedade, surgida a partir dos anos 1960. Nela o indivíduo é menos protagonista que nas anteriores, a principal preocupação passa a ser com os direitos difusos e coletivos – ou seja, direitos cujos titulares não se podem determinar, nem mensurar o número exato de beneficiários ou cujos múltiplos titulares compartilhem determinada condição. Nesta terceira onda, estão itens centrais à discussão de ESG e com os quais trabalharemos mais à frente no texto: a proteção de grupos sociais vulneráveis e a preservação do meio ambiente, bem como a geminação da ideia de que não é só papel do Estado a promoção desses direitos, sendo eles de tutela compartilhada com representantes da sociedade civil.[2]

A ideia de retratar a evolução dos direitos fundamentais em ondas ou dimensões me agrada mais do que a alternativa mais comum, de defini-los em gerações, expressão cunhada pelo jurista Karel Vasak. Isso ocorre pois – apesar de o termo "gerações" adequadamente retratar a ideia de evolução no tempo – ele pode levar o leitor a erro: uma

---

[2] Diversos importantes autores apresentam novas ondas evolutivas, como o direito à paz, por exemplo, porém para os propósitos deste texto vamos nos ater às três clássicas, já apresentadas.

geração sucede a outra. As gerações se substituem e, invariavelmente, uma morre enquanto outra nasce.

Isso definitivamente não ocorre com os direitos fundamentais. O direito ao meio ambiente não sucedeu o direito à vida ou à liberdade. Os "novos" direitos, nesse sentido, não são mais importantes e definitivamente não apagam os anteriores, na realidade, em muitos casos, precisam dos anteriores para sua efetivação.

É por isso que me agrada a metáfora das ondas. Elas sucedem umas às outras no tempo, mas se utilizam da mesma água. Inexiste uma nova onda sem a força e a matéria da que a antecedeu.

No que se refere ao *compliance*, é inegável que o "momento do ESG" não o substitui nem o torna anacrônico. Ao contrário, reafirma sua importância e consolida sua necessidade para que as empresas mitiguem riscos e criem valor, de modo que os profissionais especializados em integridade corporativa devem estar atentos ao seu relevante papel de auxiliar empregadores e clientes a responder aos riscos corporativos neste novo momento.

A expectativa social sobre a responsabilidade corporativa nunca esteve tão grande e, sobretudo, nunca foi encarada de maneira tão holística. Consumidores, investidores e trabalhadores esperam que corporações tenham práticas éticas em todas suas esferas de atuação, e o regulador caminha no mesmo sentido (em outubro de 2021, o Departamento de Justiça do EUA indicou que passará a levar em consideração no estabelecimento de sua postura perante uma violação de corrupção não apenas o histórico da empresa em relação à corrupção, mas também seu histórico ético e jurídico em diversas outras searas, como ambiental e tributária). Ou seja, não dá para fazer programa de *compliance* sem olhar para a prática de ESG, assim como não tem como uma empresa se ver protegida de riscos ESG sem endereçar seus riscos de quebra de integridade. É impossível separar no mar a água pertencente a cada uma de suas ondas.

## 2 Lavanderia ESG: o papel da integridade corporativa

Uma vez posto que integridade corporativa e ESG são temas indissociáveis, passamos a explorar um exemplo no qual as competências de profissionais de integridade são centrais para endereçar riscos ESG: a fraude.

O valor que boas práticas ESG trazem aos negócios é incontroverso. As empresas acessam mais investidores, financiamentos mais baratos, clientes dispostos a pagar mais e que, por vezes, se tornam promotores e defensores da empresa, talentos que aceitam até salários menores que em concorrentes para ter a oportunidade de investir sua carreira em um lugar de valores e propósito. Mas o que garante que essas boas práticas são verdadeiras? O que protege a empresa de inflar seus resultados, de exagerar na propaganda de suas boas práticas, de cair na tentação de dourar a pílula de suas vitórias e jogar para baixo do tapete seus problemas em matéria ambiental e social?

Uma das conquistas do novo cenário é que as empresas estão apresentando cada vez mais compromissos ESG ousados (por exemplo, "carbono zero") e alguns desses compromissos estão vinculados à remuneração dos executivos. Isso é ótimo, mas essas pressões, combinadas com um ambiente de padrões voláteis, com regulamentação e controle interno em evolução, podem tornar as reivindicações, produtos e relatórios ESG propícios a possíveis fraudes e falsas declarações.

Ou seja, se é fato que um forte histórico de integridade em ESG confere uma vantagem competitiva para conquistar novos negócios e, principalmente, ter melhores acessos a capital, isto, certamente, incentiva executivos a apresentarem resultados de uma forma mais otimista – o que aumenta o risco de situações de *greenwashing*, *bluewashing* ou de relatórios fraudulentos.

Como consequência dessas dissimulações, empresas podem sofrer sanções e seus conselhos e diretores serem responsabilizados por assinarem algo impreciso ou incorreto e, mais, os danos reputacionais de uma fraude em ESG podem ser imensuráveis.

Então, como ficar tranquilo sabendo que as iniciativas e divulgações em ESG das organizações são confiáveis?

A resposta passa pela integridade corporativa. Práticas efetivas de controles internos e investigação são fundamentais para a proteção da empresa e dos próprios *stakeholders* envolvidos.

Como especialista em investigações, não é raro que eu seja chamado por clientes após um evento sobre o tema – quando agentes de organizações têm sua atenção voltada a essas questões e rastreiam a origem de um problema que já aconteceu. Nestes casos, adotamos uma abordagem forense, capturando e analisando dados estruturados e não estruturados, quantificando a extensão do problema, analisando a causa

raiz – o que deu errado, por que e quem foi o responsável. Isso nos permite identificar etapas de remediação e fornecer suporte contínuo.
Isso pode parecer pouco. Não é.

Investigações bem feitas garantem remediação precisa e dão credibilidade a ações futuras. Mesmo que não consiga impedir ou mitigar um problema do passado, a investigação devolve à empresa o controle da situação e – sobretudo – a chance de responder e mitigar riscos futuros. No que se refere à dimensão reputacional, isso é fundamental, pois devolve à empresa a boa-fé do público e pode impedir a implosão de sua imagem.

Essas investigações, inclusive, devem atentar justamente para um emergente tipo de fraude, o *ESG Wash*, a "Lavagem ESG". Este termo, relativamente novo, tem sido usado para caracterizar o exagero de algumas empresas na descrição de seus esforços e iniciativas ESG. Típicos de um cenário de pouca maturidade regulatória e reputacional, esse "exagero argumentativo" é uma tentação perene para os executivos buscarem uma impressão favorável de investidores, consumidores, funcionários e financiadores, mesmo quando a substância real dessas iniciativas ESG é duvidosa ou limitada.

Há algumas semanas, a KPMG Internacional lançou publicação interessante que apontou as diversas cores da fraude em ESG, e creio que a maioria dos leitores que atua no mercado corporativo já testemunhou um punhado delas:

- *Greenwashing*: este é talvez o mais conhecido desses termos. Os ambientalistas o usam desde a década de 1980 para denunciar políticas e resultados ambientais corporativos abaixo do padrão autodeclarado. Ou seja, refere-se à prática de enganar/desinformar as partes interessadas e o público sobre o impacto ambiental e/ou iniciativas da organização.

O *greenwashing* está intrinsecamente presente em qualquer restaurante que use canudos de papel, mas se recuse a gastar um centavo a mais para dar destinação melhor a seus rejeitos da cozinha. A qualquer estabelecimento que propagandeie que usa embalagens recicláveis na entrega ao consumidor final enquanto continua comprando seus produtos de fornecedores com embalagens plásticas para economizar alguns trocados. Esse estudo da KPMG, aliás, cita um exemplo comum do dia a dia: sugestões em quartos de hotel para que os hóspedes evitem pedir que suas toalhas sejam lavadas e substituídas como um ato de gestão ambiental em economia de água. Ora, realmente o hotel faz essa ação para a gestão do meio ambiente ou somente para economizar custos? Essa iniciativa faz parte de um conjunto de ações daquele hotel em que há um compromisso com o meio ambiente?

Dentro do *greenwashing* existe ainda uma subcategoria, a "lavagem de carbono", que se concentra na deturpação dos relatórios corporativos das emissões reduzidas de carbono, o que é feito exagerando a redução real das emissões de carbono ou os créditos de compensação de carbono (ou ambos). A lavagem de carbono é um tipo de fraude, inclusive com efeito monetário direto, já que esses créditos são comercializáveis.

- *Bluewashing*: este tem sido usado em dois contextos ESG bastante diferentes entre si:
  - nas ações relacionadas à poluição no ambiente marinho (como a substituição de pesca por piscicultura sem considerar os possíveis vazamentos químicos e o desequilíbrio marinho;
  - para indicar uma deturpação das práticas sociais das empresas, em especial relacionadas a direitos humanos.

É deste último que passaremos a tratar.

Com o advento da regulação internacional que coloca as empresas como obrigadas à afirmação dos direitos humanos, como o UNGP (*United Nations Guiding Principles*), diversas empresas passaram a propagandear comprometimento com princípios éticos amplos, os quais são, por vezes, superiores aos exigidos pelas legislações das jurisdições em que atuam.

O *bluewashing* (como lavagem social) ocorre, assim, quando as organizações se apresentam como socialmente responsáveis e conscientes – especialmente no contexto do capital humano –, quando, na verdade, suas práticas internas estão desalinhadas com esses valores.

Em diversos casos, empresas implementaram políticas estritas contra trabalho infantil ou condições de trabalho análogas à escravidão para seus funcionários, indo além da legislação trabalhista dos locais em que atuam, porém, falharam em implementar mecanismos adequados de diligência dos seus fornecedores de produtos e serviços, os quais continuam adotando práticas abertamente lesivas aos direitos humanos básicos dos trabalhadores. Nesses casos, enquanto a empresa se vangloria de suas medidas avançadas de sustentabilidade, sua cadeia de produção continua contaminada, assim como ela continua carregando o risco reputacional (e por vezes também legal), pelos atos desses terceiros. A "lavagem social" tem alguns subtipos, como:

- *Pinkwashing*[3] (ou *rainbow washing*): refere-se à prática de apoio publicitário e patrocínio da comunidade LGBTQIA+, enquanto, na prática, pouco é realmente feito dentro da organização para garantir que os funcionários ou terceiros sejam protegidos contra discriminação, preconceito ou assédio;
- *Purplewashing*: refere-se aos casos em que organizações tentam deliberadamente apelar para a diversidade e inclusão de mulheres para distrair de práticas internas que podem ser inconsistentes com esta mensagem. Os exemplos mais óbvios disso são as empresas que realizam campanhas pela igualdade de gênero, mas cuja gestão de alto nível é composta principalmente por homens com pouca ou nenhuma representação de mulheres.
- *Brownwashing*: refere-se a empresas que criam uma imagem pública de apoio às comunidades negras, indígenas e de cor (BIPOC), enquanto fazem pouco para garantir que seus próprios funcionários BIPOC sejam protegidos contra discriminação, preconceito ou assédio ou mesmo que tenham medidas afirmativas para a progressão de carreira.
- *Redwashing*: é quando organizações mostram apoio público a iniciativas indígenas para desviar a atenção de atividades como a contaminação ambiental ou a apropriação forçada de direitos à terra e à água.
  - Finalmente, o *whitewashing*, que se refere justamente à tentativa de uma empresa de encobrir seus escândalos com investigações que são realizadas com o mínimo de esforço e/ou apresentando dados tendenciosos. Ou seja, trata-se de buscar esconder algum tipo de irregularidade, erro ou situação desagradável – ou lidar com isso de uma forma danosa – através de investigações internas pouco profundas ou pouco profissionais.

---

[3] *Pinkwashing* também tem sido usado para se referir a empresas que usam as fitas cor-de-rosa associadas à conscientização sobre o câncer de mama para promover seus produtos, mas oferecem pouca ou nenhuma transparência em seus produtos sobre seus riscos à saúde.

Toda essa "lavanderia" traz um risco inerente para as organizações: ao passo que deixar de praticar medidas de ESG pode ser problemático para o futuro do negócio, ser percebido como alguém que, além de não praticar, busca fraudar os *stakeholders*, pode ser fatal. E esse risco é incrementado pelo fato de que, em muitos casos, os próprios líderes da organização não estão cientes de que estão "lavando" dados.

Isso ocorre por diversos elementos, sendo os principais:

– Ausência de capacitação adequada nas metodologias paradigmáticas internacionais. Há padrões internacionais precisos para que se avaliem e reportem conquistas ESG, como é o caso do GRI (*Global Reporting Initiative*). Ocorre que, não raro, profissionais atuantes na área ou desconhecem ou são desincentivados a adotar esses paradigmas. Por vezes, a ausência de obrigação regulatória para adoção de uma metodologia internacional de reporte leva o profissional a cair na tentação de criar a "metodologia própria", o que naturalmente joga a organização na vala do subjetivismo.

– Confusão de alguns líderes de prática ESG com *compliance* regulatório. Ou seja, confundem boas práticas em ESG com o mínimo exigido pela lei. É impossível descumprir a lei e ser uma empresa alinhada a princípios ESG, mas o contrário não é verdadeiro. Está no DNA das boas práticas em ESG a superação do "mínimo exigido por lei". Por exemplo, a própria regulação internacional sobre o tema começa a colocar as empresas como entidades obrigadas perante os direitos humanos, independentemente da legislação local.[4] Assim, se a lei de um país autoriza o trabalho de pessoas de 12 anos, ainda seria esperado de uma empresa se recusar a contratar

---

[4] Os "Princípios Orientadores das Nações Unidas sobre Empresas e Direitos Humanos" possuem como segundo pilar "A responsabilidade corporativa de respeitar os direitos humanos". Sob este pilar, os Princípios Fundamentais estabelecem que as empresas devem respeitar os direitos humanos (Princípio 11), uma responsabilidade que exige que evitem causar ou contribuir para impactos adversos aos direitos humanos em todas as suas atividades, abordar os impactos e procurar prevenir ou mitigar os efeitos adversos, mesmo quando não contribuíram para esses impactos (Princípio 13). A responsabilidade se aplica a todas as empresas, independentemente do tamanho, setor, contexto operacional, propriedade e estrutura, embora a escala e a complexidade dos meios pelos quais as empresas cumprem essa responsabilidade possam variar de acordo com esses fatores (Princípio 14). Em igual sentido, a Recomendação do Conselho da Europa aos Estados-Membros (Disponível em: https://search.coe.int/cm/Pages/result_details.aspx?ObjectID=09000016805c1ad4).

essas pessoas tendo em vista as diretrizes internacionais sobre trabalho infantil. Nesse sentido, a visão equivocada do líder sobre o que é esperado da empresa pode levá-lo a ser demasiado generoso consigo próprio em suas falas e documentos.
- Incentivo a profissionais da gestão média da empresa a exagerarem nas conquistas de suas áreas em seus reportes para a alta administração, que, por vezes, não está preparada para desafiar esse reporte. Como muitas empresas não possuem controles adequados de investigação e auditoria sobre o tema ESG, a narrativa exagerada pode ser confundida com os fatos.
- Falta de implementação de mecanismos de integridade corporativa e investigações para questões ESG.

Este último ponto é o que se busca destacar no presente artigo: é impossível que se evite uma lavagem ESG sem que se estabeleça uma rotina de ceticismo profissional e aplicação do programa de *compliance* às próprias rotinas ESG.

Os profissionais responsáveis por *compliance* estão acostumados a lidar com a integridade no ambiente de fraude, corrupção, crimes financeiros e assédio. Eles também estão acostumados a conscientizar, coletar dados de maneira forense, trabalhar sob o olhar atento de um regulador e testar se uma boa governança foi efetivamente incorporada aos processos.

Esses profissionais cunharam suas carreiras estudando como combater o conflito de interesses (que no final do dia é a raiz do problema da lavagem ESG) e são especializados em prevenir, detectar e responder a riscos de integridade.

Por isso é fundamental que eles sejam parte central do desenvolvimento das práticas ESG de qualquer organização.

No campo da prevenção, com uma robusta estrutura forense de integridade ESG, é possível ter a certeza de que dados relevantes serão capturados e relatados com a maior precisão possível, garantindo referências em ESG baseadas em fatos e não em aspiração ou suposição.

Alcançar as exigências de integridade em *ESG* envolve vários processos e um conhecimento que vai além do mínimo regulatório das jurisdições em que a empresa atua, alcançando boas práticas internacionais e até normas de países em que não necessariamente a empresa tenha operação. Para ampliar os desafios sobre o tema, os relatórios regulatórios e as diretrizes de conformidade variam entre os setores, e os sistemas mudam com frequência e rapidez. Além disso, muitas organizações têm recursos internos limitados e pouco especializados e equipamentos e recursos inapropriados para fornecer o suporte necessário. Reunir os dados necessários para documentar e demonstrar a conformidade também é um obstáculo, sendo provável que as companhias ainda precisem coletar tais informações e revisar processos.

Ainda no campo preventivo, há de se recordar que são as áreas de integridade as geralmente responsáveis pelas diligências reputacionais de terceiros e pelo seu monitoramento. Tais diligências são críticas para uma implementação ESG minimamente razoável, sobretudo em matéria de direitos humanos, conforme definido no já citado guia das Nações Unidas.

A devida diligência em direitos humanos, em específico, refere-se aos processos que todas as empresas devem realizar para identificar, prevenir, mitigar e prestar contas de como lidam com os impactos potenciais e reais sobre os direitos humanos causados ou contribuídos por meio de suas próprias atividades, ou diretamente ligados a suas operações, produtos ou serviços por meio de suas relações comerciais.

Um profissional experiente em integridade corporativa é especialista em diligência de riscos de terceiros, há anos as realiza para questões de corrupção, lavagem de dinheiro, sanções internacionais e tantos outros temas e é fluente nos diversos passos necessários para que tal processo seja efetivo.

Atividades como a elaboração de uma política de terceiros, a criação de uma matriz de riscos especializada e a classificação dos fornecedores baseados em seu risco inerente e específico à operação, a inclusão de cláusulas de auditoria em contratos com fornecedores, a elaboração de uma política de verificação *in loco* etc. são itens mínimos para uma política séria de gestão de riscos de terceiros em qualquer tema, e são matéria cotidiana para profissionais com expertise em integridade corporativa. A ausência de profissionais com essa expertise leva a exemplos risíveis de lavagem ESG. Não raro uma empresa que propagandeia fazer diligência de seus terceiros tem que explicar por que sua diligência se resume ao terceiro responder um formulário dizendo se descumpre ou não os direitos humanos.

Por último, há a questão das investigações corporativas, as quais são capítulo à parte, vez que sozinhas – se mal implementadas – levam a uma lavagem, qual seja, o *whitewashing*.

Inexiste uma prática ESG bem fundamentada sem que a empresa tenha canais efetivos e independentes para o recebimento de denúncias e sem que possua estrutura e governança adequadas para a condução profissional de investigações.

O denominador comum de todos os tipos de lavagem ESG apresentados acima é o descompasso entre o papel e a prática. As investigações internas possuem justamente o condão de checar se a prática condiz com o que se declarou. É por isso que são aliadas fundamentais para executivos que querem proteger suas reputações e para empresas que querem efetivamente antecipar problemas.

Todos argumentos acima não buscam demonstrar que *compliance* e ESG são a mesma coisa e que apenas os profissionais com experiência em integridade corporativa saberão trabalhar com ESG. Isso seria um erro. ESG traz especificidades novas e demanda um time multidisciplinar amplo. Não obstante, o que se demonstra é que os profissionais de integridade corporativa devem inegavelmente estar nesse time.

O recado para os profissionais que atuam em integridade corporativa ou ESG, assim, é claro: nunca antes eles foram tão necessários e jamais se esperou deles uma visão que seja ao mesmo tempo especializada e holística, demandando capacitação e integração constante.

Informação bibliográfica deste texto, conforme a NBR 6023:2018 da Associação Brasileira de Normas Técnicas (ABNT):

SORÉ, Raphael. Como uma onda no mar: a relação entre integridade corporativa e ESG. *In*: BORGES DE PAULA, Marco Aurélio (Coord.). *A hora e a vez do ESG*: provocações e reflexões em homenagem a Ricardo Voltolini. Belo Horizonte: Fórum, 2023. p. 401-413. ISBN 978-65-5518-619-2.

# TENDÊNCIAS EM GESTÃO DA CADEIA DE VALOR: ANÁLISE DA DIRETIVA SOBRE *CORPORATE SUSTAINABILITY DUE DILIGENCE* E POTENCIAIS IMPACTOS NO BRASIL

**ELOY RIZZO NETO**
**GABRIELA REVOREDO**

## 1 Introdução

Entre as práticas adotadas pelas empresas e voltadas para a proteção do meio ambiente, para a responsabilidade social e para o fortalecimento das estruturas de governança, em conjunto conhecidas como ESG,[1] a gestão adequada das cadeias de produção e fornecimento talvez seja a medida corporativa que tenha o maior potencial de produzir impactos positivos.

É sabido que as empresas, sobretudo as de grande porte, que possuem vasto alcance e rol de partes interessadas, produzem efeitos e consequências que ultrapassam suas fronteiras. Nesse sentido, a adoção de mecanismos para gestão das cadeias, se exitosa, tem o potencial de multiplicar a aderência às boas práticas para além da própria empresa

---

[1] No presente trabalho fazemos uso da sigla em inglês, correspondente a *environmental, social and governance*.

responsável, projetando seu alcance para todo um ecossistema e cadeia de valor.

Não obstante, a adoção de medidas de gestão das cadeias de fornecimento e produção ainda é percebida por parte das empresas como uma das mais desafiadoras das iniciativas ESG. Essa percepção se justifica tanto pela complexidade das estruturas de fornecimento e produção mundiais em um cenário de economia globalizada, quanto pelos custos associados à realização de medidas de diligência e, ainda, pela falta de uniformidade e clareza na regulamentação dada ao tema pelos ordenamentos jurídicos dos países em todo o mundo.

Entretanto, é certo que não há mais espaço para que empresas, sobretudo as de grande porte, negligenciem os riscos e impactos decorrentes de suas atividades, tanto os diretos quanto os indiretos, sob pena de enfrentarem relevantes prejuízos financeiros e reputacionais, diante da ocorrência de violações a direitos humanos, dos trabalhadores e ao meio ambiente.

Com efeito, a responsabilização subsidiária das entidades por irregularidades detectadas em suas cadeias de fornecimento e produção, ainda que não diretamente provocadas por suas atividades, já é uma realidade aqui no Brasil.[2] Além disso, mercados, investidores e consumidores estão cada vez mais conscientes e atentos à adoção de critérios ESG para a tomada de decisões de negócio.[3]

Se as consequências repressivas para violações desta natureza têm endurecido nos últimos anos, a adoção de práticas pelas empresas voltadas para prevenção de irregularidades em suas cadeias de fornecimento (a exemplo da realização de *corporate sustainability due diligence*) é reconhecida como elemento fundamental para o alcance dos objetivos de combate às mudanças climáticas e de promoção do desenvolvimento sustentável. Em paralelo, o incentivo a sua adoção está gradualmente migrando de uma abordagem voluntária para a obrigatoriedade, em manifesta delegação do papel de vigilância sobre o tema à iniciativa privada.[4]

---

[2] A título de exemplo, veja-se a responsabilidade subsidiária trabalhista do tomador de serviços pelo pagamento de verbas trabalhistas estabelecida pela Súmula nº 331, IV, do TST.

[3] Guia Sustentabilidade e Gestão ASG nas Empresas da B3 (Disponível em: https://www.b3.com.br/data/files/C9/27/46/11/220838101E311E28AC094EA8/Guia_B3_Sustentabilidade_ASG_v2209_VF.pdf. Acesso em: 22 mar. 2023).

[4] A título de exemplo, veja-se a declaração de apoio às condições para uma transição internacional justa ("Supporting the conditions for a just transition internationally"), feita

Esta tendência de estabelecimento da obrigatoriedade na realização de diligências sobre direitos humanos e meio ambiente na cadeia de fornecimento se observa, por exemplo, em recentes normativos internacionais, como a proposta de Diretiva sobre *corporate sustainability due diligence* da União Europeia ("Diretiva").[5]

A referida Diretiva, que será mais detalhada no tópico a seguir, surge com o intuito de ampliar a responsabilização das empresas por suas cadeias de fornecimento, ao estabelecer, para entidades de determinado porte, a obrigação de identificação, prevenção e mitigação dos impactos negativos de suas atividades em matéria de direitos humanos e meio ambiente.

Sem exaurir seu conteúdo, o presente trabalho se debruçará sobre a referida proposta de Diretiva,[6] com o intuito de identificar os deveres de diligência impostos às empresas obrigadas, sua extensão, e como tais disposições podem vir a impactar o Brasil e as empresas brasileiras.

## 2 A Diretiva da união europeia sobre *corporate sustainability due diligence*

Ciente de que as grandes empresas europeias possuem cadeias de valor mundiais, com capacidade de impactar milhões de pessoas[7] e no caminho da ampliação das exigências regulatórias relacionadas à realização de diligências na cadeia de valor por parte das empresas, em 23.2.2022, a Comissão Europeia, órgão diretivo de caráter executivo da

---

durante a Conferência das Partes sobre o clima realizada em 2021 no Reino Unido ("COP26"), que trouxe entre seus princípios a preocupação com as cadeias de fornecimento e o pedido às empresas "que garantam que suas cadeias de fornecimento estejam livres de abusos aos direitos humanos, incluindo por meio da realização de corporate due diligence em linha com as Diretrizes da OCDE para empresas multinacionais, os Princípios Orientadores das Nações Unidas sobre Empresas e Direitos Humanos e a Declaração tripartite de princípios sobre empresas multinacionais e política social da OIT" (Disponível em: https://ukcop26.org/supporting-the-conditions-for-a-just-transition-internationally/. Acesso em: 23 mar. 2023. Versão original em inglês).

[5] Proposta de Diretiva do Parlamento Europeu e do Conselho relativa ao dever de diligência das empresas em matéria de sustentabilidade e que altera a Diretiva (UE) 2019/1937 (Disponível em: https://eur-lex.europa.eu/resource.html?uri=cellar:bc4dcea4-9584-11ec-b4e4-01aa75ed71a1.0018.02/DOC_1&format=PDF. Acesso em: 20 mar. 2023).

[6] A redação final da Diretiva ainda está em discussão. Para os fins do presente trabalho, foi considerada a versão datada de 23.2.2022, proposta pela Comissão Europeia ao Conselho da União Europeia e ao Parlamento Europeu.

[7] Proposta de Diretiva, página 1.

União Europeia,[8] adotou proposta de Diretiva sobre *corporate sustainability due diligence* que, se aprovada pelo Conselho da União Europeia e Parlamento Europeu, deverá ser incorporada aos ordenamentos jurídicos dos países-membros do bloco como legislações nacionais em até 2 (dois) anos.

De acordo com sua exposição de motivos, a referida Diretiva tem por objetivo fomentar o comportamento sustentável e responsável das empresas, integrando questões relacionadas a direitos humanos e meio ambiente às deliberações, operações e governança das grandes empresas,[9] engajando-as na adoção de medidas de transição para uma economia verde e de impacto neutro para o clima, bem como no atingimento dos Objetivos de Desenvolvimento Sustentável da Organização das Nações Unidas, em especial aqueles relativos a direitos humanos e meio ambiente.[10]

As matérias em questão foram destacadas pela Diretiva levando-se em consideração que temas afetos a violações a direitos humanos e ao meio ambiente, como exemplo, a exploração de mão de obra em condições de trabalho degradantes, ou a contaminação da água e poluição do ar, em geral, possuem causas e repercussões transnacionais.

Ao mesmo tempo, a Diretiva busca uniformizar a tratativa dada pelos ordenamentos jurídicos nacionais da União Europeia a estes temas, uma vez que foi identificado tratamento divergente entre as legislações nacionais, o que tem potencial de reduzir a segurança jurídica, de distorcer as condições de concorrência para empresas que atuam no bloco e, em última análise, pode favorecer a fragmentação do mercado interno europeu.[11]

Com isso em vista, a Diretiva cria obrigações de diligência para determinadas empresas em todo o bloco, relacionadas aos efeitos negativos (reais ou potenciais) nos direitos humanos e meio ambiente decorrentes de suas próprias operações, das operações de suas filiais e,

---

[8] Para mais informações acerca do funcionamento da União Europeia e suas instituições, *vide* versões consolidadas do Tratado da União Europeia e do Tratado sobre o Funcionamento da União Europeia (Disponível em: https://data.consilium.europa.eu/doc/document/ST-6655-2008-INIT/pt/pdf. Acesso em: 23 mar. 2023).

[9] Disponível em: https://ec.europa.eu/commission/presscorner/detail/pt/ip_22_1145. Acesso em: 21 mar. 2023.

[10] Proposta de Diretiva, página 2.

[11] Proposta de Diretiva, páginas 11-12.

ainda, das operações de sua cadeia de valor,[12] a montante e a jusante, sob pena de responsabilização em caso de violação a esta obrigação de diligência.[13]

O artigo 2º da Diretiva traz as empresas destinatárias da referida obrigação: (i) empresas europeias de responsabilidade limitada, que tenham mais de 500 (quinhentos) colaboradores e volume de negócios mundial superior a 150 (cento e cinquenta) milhões de euros no último exercício financeiro para o qual forem elaboradas demonstrações financeiras anuais ("Grupo 1"); (ii) empresas europeias de responsabilidade limitada, que possuam mais de 250 (duzentos e cinquenta) colaboradores e volume de negócios mundial igual ou superior a 40 (quarenta) milhões de euros no último exercício financeiro para o qual foram elaboradas demonstrações financeiras anuais, desde que pelo menos 50% (cinquenta por cento) do referido volume de negócios seja proveniente de setores considerados de alto risco[14] ("Grupo 2").

Além de empresas europeias, a Diretiva também se aplica a empresas constituídas sob a legislação de países terceiros, desde que estes tenham gerado um volume de negócios líquido superior a 150 (cento e cinquenta) milhões de euros na União Europeia no exercício

---

[12] Artigo 1º – Objeto: "1. A presente diretiva estabelece regras relativas: (a) A obrigações das empresas em matéria de efeitos negativos, potenciais ou reais, nos direitos humanos e no ambiente, no que diz respeito às suas próprias operações, às operações das suas filiais e às operações da cadeia de valor realizadas por entidades com as quais a empresa tenha uma relação empresarial estabelecida. [...]".

[13] A Diretiva traz em seu artigo 20 que os Estados-Membros deverão estabelecer as regras relativas à aplicação de sanções em caso de violação à Diretiva quando de sua internalização, devendo estas serem "efetivas, proporcionadas e dissuasivas". A Diretiva também estabelece, em seu artigo 22 que os Estados-Membros deverão, quando da internalização da Diretiva, assegurar a responsabilização civil das empresas pelos danos causados se: (i) não tiverem cumprido as obrigações de prevenção e interrupção de irregularidades; e (ii) esse descumprimento tiver dado origem a um efeito negativo que deveria ter sido identificado, prevenido, atenuado, cessado ou minimizado por meio das medidas adequadas de prevenção e interrupção, levando à ocorrência de danos.

[14] O artigo 4º da Diretiva traz os seguintes setores sensíveis (em português europeu): "(i) fabrico de têxteis, couro e produtos afins (incluindo calçado) e comércio por grosso de têxteis, vestuário e calçado; (ii) agricultura, silvicultura, pescas (incluindo a aquicultura), fabrico de produtos alimentares e comércio por grosso de matérias-primas agrícolas, animais vivos, madeira, alimentos e bebidas; (iii) a extração de recursos minerais, independentemente do local onde são extraídos (incluindo petróleo bruto, gás natural, carvão, lenhite, metais e minérios metálicos, bem como todos os outros minerais não metálicos e produtos de pedreira), o fabrico de produtos metálicos de base, outros produtos minerais não metálicos e produtos metálicos transformados (exceto máquinas e equipamentos) e o comércio por grosso de recursos minerais, produtos minerais básicos e intermédios (incluindo metais e minérios metálicos, materiais de construção, combustíveis, produtos químicos e outros produtos intermédios)".

anterior ao último exercício financeiro, ou tenham gerado volume de negócios líquido superior a 40 (quarenta) milhões de euros na União Europeia, no mesmo lapso temporal, sendo pelo menos 50% (cinquenta por cento) deste volume de negócios proveniente de setor ou setores de alto risco[15] ("Grupo 3").

De acordo com a Diretiva, uma vez atendidos os critérios objetivos, as empresas (europeias e não europeias) estarão obrigadas a aplicar medidas de diligência, tanto para suas atividades e de suas filiais, quanto para aquelas de sua cadeia de valor, sendo estas obrigações bastante claras e voltadas a prevenir, detectar e remediar impactos negativos e irregularidades relacionadas a direitos humanos e meio ambiente.

## 2.1 As obrigações relacionadas ao dever de diligência

De fato, mais do que a adoção de medidas apenas preventivas, o dever de diligência tal qual disposto na proposta de Diretiva contempla as seguintes atividades: (i) integrar o dever de diligência a suas políticas internas (artigo 5º); (ii) identificar os efeitos negativos, potenciais ou reais, de suas próprias atividades, das atividades de suas filiais e das de sua cadeia de valor (artigo 6º); (iii) prevenir os efeitos negativos potenciais (artigo 7º), cessando os efeitos negativos reais e minimizando sua extensão (artigo 8º); (iv) estabelecer e manter um "procedimento de reclamação" de conformidade (artigo 9º); (v) avaliar a eficácia de sua política e das medidas em matéria de *corporate sustainability due diligence* por meio de acompanhamento (artigo 10º); e (vi) comunicar publicamente as informações sobre seu dever de diligência (artigo 11º).

Cada uma das atividades componentes do dever de diligência é apresentada de maneira bastante detalhada pela Diretiva.

De acordo com o artigo 5º do documento, a integração do dever de diligência às políticas internas deve incluir tanto a sua inserção em todas as políticas corporativas da entidade sujeita a esta obrigação, quanto a criação de uma política específica de *corporate sustainability due diligence* que descreva a abordagem e processos realizados para conduzir as medidas de diligência e verificação do seu cumprimento pelos terceiros componentes da cadeia de valor. Este artigo também traz a obrigação de estabelecimento de código de conduta contendo regras e princípios a serem seguidos pelos trabalhadores e filiais da

---

[15] *Vide* nota de rodapé 14.

empresa, os quais deverão ser também projetados para os parceiros comerciais por meio do estabelecimento de obrigações contratuais.[16] Conforme estabelece a Diretiva, a política sobre o dever de diligência deve ser atualizada anualmente.

A seu turno, o artigo 6º traz obrigação que, em geral, é diretamente associada às práticas de *due diligence*: a identificação de efeitos negativos tanto no meio ambiente, quanto em direitos humanos. De acordo com este item, as empresas sujeitas à Diretiva devem utilizar recursos adequados, relatórios independentes produzidos por terceiros e a consulta a partes interessadas com a finalidade de averiguar os efeitos negativos, reais e potenciais, de suas operações, das de suas filiais, e de suas cadeias de valor.[17]

Além de identificar os riscos associados à cadeia de valor, os artigos 7º e 8º da Diretiva incluem no rol de atividades das empresas obrigadas a tarefa de adotar medidas para prevenir e atenuar os efeitos negativos potenciais, bem como fazer cessar as implicações negativas que tenham efetivamente se concretizado em prejuízo dos direitos humanos e do meio ambiente.

Entre as medidas de prevenção são elencadas: (a) a elaboração e aplicação de plano de prevenção, a ser preparado em conjunto com as partes interessadas; (b) a obtenção de garantias contratuais com parceiros diretos e indiretos, voltadas a assegurar o cumprimento do código de conduta[18] e do plano de prevenção, bem como a reprodução dessas obrigações para outros terceiros que estejam envolvidos na cadeia de valor relevante da empresa obrigada; (c) a realização de investimentos em processos e estruturas de gestão e produção; e (d) o suporte a pequenas e médias empresas de sua cadeia, para viabilizar o cumprimento do código de conduta e/ou do plano de prevenção, incluindo a verificação independente deste cumprimento por terceiros.

Quanto às medidas para fazer cessar os efeitos negativos próprios e da cadeia, a Diretiva estabelece expressamente, entre outras, a obrigação de pagamento de indenizações que sejam proporcionais à gravidade, à extensão do prejuízo e à contribuição da empresa para os

---

[16] Artigo 7º, item 2, alínea "b" da Diretiva.
[17] De acordo com o artigo 6º, item 2, da Diretiva, as empresas do Grupo 2, bem como as do Grupo 3 que estejam inseridas no âmbito de aplicação por atuarem em setor considerado de risco elevado, só são obrigadas a identificar os efeitos negativos relacionados ao setor de alto risco em questão.
[18] Elaborado para atendimento ao artigo 5º da Diretiva.

efeitos adversos para as pessoas e comunidades afetadas; e a criação e aplicação de plano de medidas corretivas. Diante da impossibilidade de prevenir, atenuar e/ou fazer cessar os efeitos negativos reais ou potenciais relacionados a direitos humanos e meio ambiente em sua cadeia de valor, os artigos 7º e 8º estipulam que as empresas obrigadas deverão: (1) se abster de estabelecer novas relações ou de ampliar as relações já existentes com o parceiro ou a cadeia de valor para a qual foi identificado o efeito; (2) suspender temporariamente as relações de negócios, prosseguindo em paralelo com esforços de prevenção, mitigação e/ou interrupção dos efeitos; ou (3) encerrar a relação comercial, caso se trate de efeito (real ou potencial) de natureza grave.[19]

Além destas práticas, a Diretiva estabelece como obrigações para as empresas sujeitas à sua aplicação a criação de um "procedimento de reclamação", destinado a permitir que pessoas já afetadas, ou que possam vir a ser afetadas por um efeito negativo, bem como sindicados e organizações da sociedade civil, possam comunicar às empresas obrigadas caso tenham "preocupações legítimas quanto aos efeitos negativos, potenciais ou reais, nos direitos humanos e no ambiente, no que diz respeito às suas próprias operações, às operações das suas filiais e às suas cadeias de valor".

As empresas deverão apurar o fundamento das alegações e comunicar as tratativas às partes interessadas. Uma vez confirmada a irregularidade relacionada a direitos humanos e meio ambiente, as empresas obrigadas deverão adotar as medidas de prevenção, mitigação e remediação de que tratam os artigos anteriores da Diretiva.

Além da implementação destas medidas, nos termos do artigo 10º da Diretiva, as empresas deverão, com base em critérios qualitativos e quantitativos, realizar, a cada doze meses ou sempre que necessário, avaliações das operações e medidas próprias, das suas filiais e das suas relações empresariais estabelecidas, com o objetivo de avaliar sua

---

[19] Para os fins de suas disposições, a Diretiva conceitua "efeito negativo grave" de maneira genérica como "um efeito negativo grave no ambiente ou um efeito negativo grave nos direitos humanos que seja especialmente significativo pela sua natureza, ou que afete um grande número de pessoas ou uma grande área do ambiente, ou que seja irreversível ou particularmente difícil de corrigir em resultado das medidas necessárias para restabelecer a situação prevalecente antes da ocorrência do efeito". Espera-se que, diante da internalização da Diretiva aos ordenamentos jurídicos dos Estados-Membros, sejam estabelecidos parâmetros mais claros e objetivos para aferição da gravidade dos efeitos negativos.

eficácia e adequação e subsidiar a atualização da política que trata do dever de diligência.[20]

Por fim, as empresas deverão elaborar e dar publicidade em declaração anual, contendo informações sobre a descrição do dever de diligência, os efeitos negativos potenciais e reais identificados, bem como as medidas adotadas para corrigir esses efeitos.

## 2.2 A responsabilidade pela cadeia de valor

Como se percebe, a proposta de Diretiva da União Europeia estabelece que as empresas obrigadas deverão adotar medidas para assegurar o respeito aos direitos humanos e ao meio ambiente para além de suas próprias dependências, sendo a principal mudança a significativa ampliação do escopo de preocupação destas grandes organizações, que, diante da entrada em vigor da obrigatoriedade, também deverão zelar ativamente pela conformidade em suas cadeias de valor com as quais tenham relações empresariais estabelecidas.

Para entendimento da extensão desta responsabilidade, o artigo 3º da Diretiva conceitua "Cadeia de Valor" e "Relação empresarial estabelecida" como segue:

> «Cadeia de valor» [...] "atividades relacionadas com a produção de bens ou a prestação de serviços por uma empresa, incluindo o desenvolvimento do produto ou do serviço e a utilização e eliminação do produto, bem como as atividades conexas das relações empresariais estabelecidas a montante e a jusante da empresa".[21] [...]
> 
> «Relação empresarial estabelecida» "uma relação empresarial, direta ou indireta, que é, ou se prevê que seja duradoura, tendo em conta a sua intensidade ou duração, e que não represente uma parte pouco significativa ou meramente acessória da cadeia de valor".

Embora as definições trazidas pela Diretiva sejam relativamente genéricas, elas permitem afirmar que a "cadeia de valor" inserida no escopo de preocupação das empresas obrigadas não inclui todo e

---

[20] Cuja elaboração obrigatória é estabelecida no artigo 5º.
[21] Para o caso de instituições financeiras reguladas, o artigo 3º conceitua cadeia de valor como segue: "inclui apenas as atividades dos clientes que recebem [...] empréstimo, crédito e outros serviços financeiros, bem como de outras empresas pertencentes ao mesmo grupo, cujas atividades estejam relacionadas com o contrato em questão. A cadeia de valor dessas empresas financeiras reguladas não abrange as [pequenas e médias empresas] que recebem empréstimos, créditos, financiamento, seguros ou resseguros dessas entidades".

qualquer terceiro de maneira indiscriminada, sendo necessária sua classificação como "relação comercial estabelecida", o que deverá ser reavaliado, minimamente, a cada doze meses.[22]

Para fins de responsabilização civil por violações ocorridas na cadeia de valor, aliás, a proposta de Diretiva deixa clara a segregação entre a responsabilidade das empresas por efeitos negativos decorrentes de suas atividades ou das de suas filiais, da responsabilização decorrente das operações e atividades desenvolvidas em sua cadeia. Nesse sentido, a Diretiva[23] estabelece:

> A empresa não deve ser responsável por não prevenir ou não fazer cessar os danos ao nível das relações de negócio indiretas, caso tenha utilizado a contratação em cascata e as garantias contratuais e posto em prática medidas para verificar o seu cumprimento, a menos que, nas circunstâncias do caso, não fosse razoável esperar que as medidas efetivamente tomadas, nomeadamente no que diz respeito à verificação do cumprimento, fossem adequadas para prevenir, atenuar, fazer cessar ou minimizar a dimensão do efeito negativo. Além disso, na avaliação da existência e extensão da responsabilidade, devem ser tidos em devida conta os esforços da empresa, na medida em que estejam diretamente relacionados com os danos em questão, para cumprir quaisquer medidas corretivas que lhes sejam exigidas por uma autoridade de supervisão, quaisquer investimentos efetuados e qualquer apoio específico prestado, bem como qualquer colaboração com outras entidades para corrigir os efeitos negativos nas suas cadeias de valor.

Ainda que as obrigações das grandes empresas com relação a suas cadeias sejam delineadas pela Diretiva, é certo que a criação do mandatório dever de diligência implica novos custos, que podem ser potencialmente transferidos para as cadeias de valor, em especial para as pequenas e médias empresas que não estão sujeitas à aplicação direta da normativa e podem demandar eventuais adequações.

Nesse sentido, a Diretiva se preocupa com potenciais desdobramentos lesivos para os terceiros das empresas obrigadas, notadamente no que se refere à transferência de encargos, deixando claro em determinados dispositivos que os custos relacionados à implementação e execução das medidas de diligência, bem como de eventuais adequações que se façam necessárias, serão de responsabilidade das

---

[22] Artigo 1º, item 1, da Diretiva.
[23] Proposta de Diretiva, página 19.

empresas obrigadas, ainda que tais medidas devam ser implementadas em terceiros pertencentes a sua cadeia de valor.[24]

## 3 Potenciais impactos da diretiva no Brasil

Em cenário de internalização da Diretiva pelos países-membros da União Europeia e entrada em vigor da obrigação de realização de diligências de direitos humanos e meio ambiente nas cadeias de valor mundiais, embora cerca de 99% (noventa e nove por cento) das empresas europeias sejam de pequeno e médio porte (e, portanto, estejam fora do escopo de aplicação da obrigação), estima-se que aproximadamente 13.000 (treze mil) empresas europeias (dos Grupos 1 e 2) e 4.000 (quatro mil) empresas não europeias (Grupo 3) sejam alcançadas pela Diretiva.[25]

Nesse caminho, dadas as estreitas relações comerciais entre o Brasil e a Europa, o Brasil e as empresas com atuação no país certamente seriam impactados.

De início, em cenário de entrada em vigor de legislações em conformidade com o que estabelece a Diretiva, empresas brasileiras que se enquadram no Grupo 3, isto é, grandes exportadoras de *commodities* como minérios, derivados do petróleo e de proteína animal que possuem alto volume de negócios na União Europeia, seriam imediatamente obrigadas a adotar as medidas de diligência de sustentabilidade.

Além desse cenário de impacto direto, indiretamente, tanto as subsidiárias brasileiras de grandes empresas de matriz europeia pertencentes aos Grupos 1 e 2, quanto as empresas brasileiras pertencentes à cadeia de valor das empresas obrigadas estariam inseridas no perímetro de atuação e, portanto, sujeitas ao olhar criterioso e às atividades de prevenção, mitigação e remediação de que trata a Diretiva. É o caso, por exemplo, de filiais brasileiras de grandes redes varejistas europeias, ou que fornecem insumos para montadoras europeias.

---

[24] É o caso, por exemplo, do que estabelece o artigo 7º, item 4, ao tratar da adoção de medidas tomadas para verificar o cumprimento de obrigações na cadeia: "Sempre que sejam tomadas medidas para verificar o cumprimento em relação às [pequenas e médias empresas], a empresa [obrigada] deve suportar os custos da verificação independente por terceiros". No mesmo sentido, a proposta de Diretiva afirma que o normativo "estabelece medidas destinadas a limitar a transferência dos encargos dessas grandes empresas para os fornecedores [menores] da cadeia de valor e a aplicar requisitos justos, razoáveis, não discriminatórios e proporcionados em relação às [pequenas e médias empresas]".

[25] Proposta de Diretiva, página 18.

Mais ainda, por pressão de suas matrizes e/ou parceiras sujeitas à obrigação decorrente da Diretiva, empresas brasileiras, em especial as que atuem em setores considerados de alto risco, tal qual o extrativista, têxtil e agropecuário, poderiam se ver obrigadas não só a adequar suas práticas, mas também a replicar as exigências de adequação e diligência para suas próprias cadeias e parceiros locais, com o intuito de manter (ou não perder) relações de negócios e clientes.

Este é, aliás, um dos potenciais efeitos adversos da entrada em vigor de legislações nacionais decorrentes da Diretiva: a redução do investimento e das parcerias comerciais de empresas europeias do Brasil, com migração para países que tenham um ambiente de conformidade mais maduro, caso o país e as empresas brasileiras representem risco de violação às diretrizes de direitos humanos e meio ambiente superior ao apetite das empresas.

Nesse sentido, é certo que, para além do impacto nas empresas brasileiras, há de se considerar também eventuais repercussões no ambiente regulatório nacional decorrentes de pressões internacionais para uniformização das medidas adotadas para assegurar o respeito aos direitos humanos e ao meio ambiente.

A título de exemplo, veja-se o caso do *Foreign Corrupt Practices Act* ("FCPA"), a lei sobre práticas de corrupção de funcionários públicos estrangeiros dos Estados Unidos, e seu impacto na celebração de tratados internacionais e edição de legislações nacionais para tratar de corrupção transnacional, conforme apresentada por Paulo Roberto Galvão de Carvalho:[26]

> A adoção de novos diplomas anticorrupção em diversos países do mundo reflete, evidentemente, diversas circunstâncias – locais, regionais e mundiais – que podem ter contribuído tanto para a edição de um novo texto legal, quanto para as características específicas de cada lei em cada país. No entanto, em termos gerais é possível identificar ao menos quatro causas como nitidamente responsáveis pelo movimento global nesse sentido. Em primeiro lugar, essa onda legislativa teve início em razão de um problema concorrencial, relacionado ao próprio funcionamento do mercado. À época da edição do Foreign Corrupt Practices Act (FCPA), em 1977, o Congresso norte-americano utilizou-se da justificativa de que a corrupção permitia que as empresas assegurassem negócios e participação no mercado independentemente do grau de eficiência

---

[26] *Apud* CUNHA, Rogério Sanches; SOUZA, Renee. *Lei Anticorrupção Empresarial*. Salvador: JusPodivm, 2017. p. 17-18.

com que operavam. Assim, o lucro passava a ser almejado mediante a obtenção de negócios de forma escusa, com menor preocupação com a eficiência e a produtividade.

No entanto, enquanto a concorrência entre as empresas americanas para a obtenção de negócios no exterior foi ao menos formalmente atendida pela edição do FCPA, adveio da medida um efeito negativo em relação à disputa entre as empresas americanas e as concorrentes de outros países. Tendo sido os Estados Unidos o primeiro país a adotar, de forma isolada, legislação punitiva de corrupção praticada no exterior, as empresas europeias e asiáticas que disputavam contratos com as empresas americanas no exterior passaram a ter a vantagem competitiva de estarem mais livres para obter contratos mediante corrupção. [...]

Por essa razão, o governo americano pressionou a Organização para a Cooperação e Desenvolvimento Econômico (OCDE) a negociar um tratado internacional que obrigasse as economias de mercado a adotarem legislação semelhante. Isso resultou na Convenção sobre o Combate à Corrupção de Funcionários Públicos Estrangeiros em Transações Comerciais Internacionais da OCDE, de 1979, que, de fato, obrigou 41 países a editarem legislação punitiva da corrupção transnacional. O UK Bribery Act, os crimes de corrupção ativa em transação comercial internacional (inseridos no Código Penal pela Lei 10.467/2002) e a própria Lei 12.846/2013 são também decorrência dessa convenção.

Ao se exigir de diferentes países a adoção de legislação relativamente uniforme sobre corrupção transnacional, pretendia-se também evitar que empresas de determinados países fossem economicamente beneficiadas por não terem que se sujeitar às medidas anticorrupção impostas apenas em alguns mercados, o que poderia inclusive ocasionar um a corrida para que países atraíssem investimentos a partir de políticas de enfraquecimento da legislação anticorrupção, num fenômeno conhecido como "race to the bottom".

Embora os temas tratados pelos diplomas normativos sejam distintos, é possível traçar um paralelo entre o contexto decorrente da publicação do FCPA e o presente caso.

No caso da Diretiva ora analisada, a existência de obrigatoriedade no dever de diligência para determinadas empresas, em sua vasta maioria europeias, efetivamente culminará, por certo tempo, na manutenção de ambiente concorrencial assimétrico entre elas e suas contrapartes de outras regiões do mundo que não estejam sujeitas à obrigação semelhante e que, portanto, não precisem arcar com os custos relacionados à adoção das medidas de diligência.

Essa assimetria, de modo semelhante ao ocorrido após a edição do FCPA, poderá ensejar pressões da própria União Europeia no sentido de uniformizar as legislações dos demais países, sobretudo para evitar o fenômeno que Carvalho nomeou como *race to the bottom*.[27]

Diferentemente do ocorrido no caso do FCPA, no entanto, espera-se que o Brasil perceba os impactos da influência da Diretiva sobre diligências de direitos humanos e meio ambiente mais rapidamente do que o ocorrido para as normas sobre corrupção transnacional.

De fato, tramita perante a Câmara dos Deputados o Projeto de Lei nº 572/2022 ("PL nº 572/2022"),[28] que se volta a criar marco nacional sobre direitos humanos e empresas e estabelece diretrizes para a promoção de políticas públicas no tema, entre as quais disposições de responsabilização solidária das empresas com domicílio ou economicamente ativas no território brasileiro por suas cadeias e a obrigatoriedade de adoção de processos de devida diligência para direitos humanos, trabalhistas e ambientais. *In verbis*:

> Art. 5º As empresas com domicílio ou economicamente ativas no território brasileiro são responsáveis pelas violações de Direitos Humanos causadas direta ou indiretamente por suas atividades.
> §1º A responsabilidade pela violação é solidária e se estende por toda a cadeia de produção, incluída a empresa controladora, as empresas controladas, bem como os investidores públicos e privados, incluídas as subcontratistas, filiais, subsidiárias, instituições econômicas e financeiras com atividade fora do território nacional, e entidades econômicas e financeiras nacionais que participem investindo ou se beneficiando de qualquer etapa do processo produtivo, inclusive quando não houver relação contratual formal.
> §2º As empresas devem adotar mecanismos de controle, prevenção e reparação capazes de identificar e prevenir violações de Direitos Humanos decorrentes de suas atividades, sem prejuízo de sua responsabilidade cível, administrativa e criminal caso tais violações venham a ocorrer. [...]
> Art. 7º As empresas deverão realizar processo de devida diligência para identificar, prevenir, monitorar e reparar violações de direitos humanos, incluindo direitos sociais, trabalhistas e ambientais, devendo, no mínimo:
> I - abranger aquelas que a empresa pode causar ou para as quais possa contribuir, por meio de suas próprias atividades, ou que estejam

---

[27] *Apud* CUNHA, Rogério Sanches; SOUZA, Renee. *Lei Anticorrupção Empresarial*. Salvador: JusPodivm, 2017. p. 18.

[28] Disponível em: https://www.camara.leg.br/proposicoesWeb/prop_mostrarintegra?codteor=2148124. Acesso em: 22 fev. 2023.

diretamente relacionadas às suas atividades e operações, produtos ou serviços por meio de suas relações comerciais;

II - ser contínuo, reconhecendo que os riscos de violação aos direitos humanos podem mudar com o passar do tempo, conforme se desenvolvem suas atividades e operações e o contexto operacional da empresa; [...].

Embora não seja possível afirmar qual das diretrizes normativas entrará em vigor primeiro, pode-se aferir que a tendência legislativa de realização obrigatória de medidas de diligência na cadeia de valor em tema de direitos humanos e meio ambiente alcançará o Brasil em breve e de modo incontornável, mais ainda sendo o Brasil um país tão associado à exportação de *commodities*,[29] e, portanto, com potencial de pertencer a diversas cadeias de produção e fornecimento.

## 4 Conclusões

A realização de *corporate sustainability due diligence* é uma ferramenta fundamental para o alcance dos objetivos de desenvolvimento sustentável que estão intimamente associados às práticas ESG. Os governos dos países reconhecem a importância da sua realização pelas empresas, tendo iniciado gradualmente tendência legislativa de criação de obrigações, para determinadas entidades, de realização de diligências relacionadas a direitos humanos e meio ambiente, tanto nas próprias atividades, quanto nas respectivas cadeias de valor.

Em uma economia globalizada, o estabelecimento de obrigações desta natureza em países desenvolvidos projeta seus efeitos também para países em desenvolvimento que fazem parte das cadeias mundiais de produção e fornecimento.

---

[29] A título de exemplo, as dez categorias de produtos com maior volume de exportação (a partir do critério de Valor FOB em dólares americanos) do Brasil para União Europeia entre janeiro e dezembro de 2022 foram: (i) óleos de petróleo ou de minerais betuminosos, *cruds*; (ii) bagaços e outros resíduos sólidos (com exclusão das borras), mesmo em pó ou na forma de *pellets*, da extração de gorduras ou óleos de soja; (iii) café não torrado, não descafeinado; (iv) soja; (v) milho (exceto milho doce), não moído; (vi) pastas químicas de madeira, ao bissulfito, exceto pastas para dissolução, não coníferas; (vii) óleos de petróleo ou de minerais betuminosos (exceto óleos brutos) e preparações n.e.p., contendo, em peso, 70% ou mais de óleos de petróleo ou de óleos minerais betuminosos, estes devem constituir o seu elemento de base, com excepção dos óleos usados; (viii) minérios de cobre e seus concentrados; (ix) minério de ferro e seus concentrados, não aglomerado; e (x) suco de laranja. Dados extraídos do portal *ComexStat*, disponibilizado pelo Ministério da Indústria, Comércio Exterior e Serviços (Disponível em: http://comexstat.mdic.gov.br/pt/geral).

É o caso da proposta de Diretiva sobre *corporate sustainability due diligence* que está atualmente em discussão na União Europeia. A partir de sua análise, viu-se que os impactos da entrada em vigor de medidas desta natureza não restarão limitados às empresas dos países de origem da legislação, projetando efeitos pelas cadeias de valor e, por conseguinte, potencialmente para outros países do mundo, incluindo o Brasil.

Assim é que, diante da entrada em vigor da Diretiva, no Brasil os impactos desta poderão ser percebidos tanto direta quanto indiretamente nos próximos anos.

De fato, seja por meio da obrigatoriedade para empresas brasileiras de grande porte que operam na Europa, seja pela sujeição de filiais e parceiros de negócios brasileiros de empresas europeias, ou, ainda, pela criação de obrigação semelhante no ordenamento jurídico brasileiro, pode-se afirmar que a realização de diligências em matéria de direitos humanos e meio ambiente nas cadeias de valor é tendência incontornável para os próximos anos.

## Referências

CUNHA, Rogério Sanches; SOUZA, Renee. *Lei Anticorrupção Empresarial*. Salvador: JusPodivm, 2017.

Disponível em: https://eur-lex.europa.eu/resource.html?uri=cellar:bc4dcea4-9584-11ec-b4e4-01aa75ed71a1.0018.02/DOC_1&format=PDF. Acesso em: 20 mar. 2023.

Disponível em: https://eur-lex.europa.eu/resource.html?uri=cellar:bc4dcea4-9584-11ec-b4e4-01aa75ed71a1.0018.02/DOC_2&format=PDF. Acesso em: 20 mar. 2023.

Disponível em: https://eur-lex.europa.eu/legal-content/EN/HIS/?uri=CELEX:52022PC0071.

Disponível em: https://www.camara.leg.br/proposicoesWeb/prop_mostrarintegra?codteor=2148124.

Disponível em: https://data.consilium.europa.eu/doc/document/ST-6655-2008-INIT/pt/pdf.

Disponível em: https://www.cambridge.org/core/blog/2022/02/25/some-initial-thoughts-on-the-proposed-eu-due-diligence-directive/. Acesso em: 20 mar. 2023.

Disponível em: https://corpgov.law.harvard.edu/2022/03/15/eu-publishes-draft-corporate-sustainability-due-diligence-directive/. Acesso em: 20 mar. 2023.

Informação bibliográfica deste texto, conforme a NBR 6023:2018 da Associação Brasileira de Normas Técnicas (ABNT):

RIZZO NETO, Eloy; REVOREDO, Gabriela. Tendências em gestão da cadeia de valor: análise da Diretiva sobre corporate sustainability due diligence e potenciais impactos no Brasil. *In*: BORGES DE PAULA, Marco Aurélio (Coord.). *A hora e a vez do ESG*: provocações e reflexões em homenagem a Ricardo Voltolini. Belo Horizonte: Fórum, 2023. p. 415-431. ISBN 978-65-5518-619-2.

# COMO A DIRETIVA DA UNIÃO EUROPEIA PARA A *CORPORATE SUSTAINABILITY DUE DILIGENCE* (CSDD) AFETARÁ AS EMPRESAS BRASILEIRAS?

**GUILHERME BRECHBÜHLER**

## 1 Introdução

Não poderia haver foro mais adequado para tratar da *corporate sustainability due diligence* (CSDD) que uma obra em homenagem ao Professor Ricardo Voltolini. A esperança e expectativa pela aprovação de um marco normativo capaz de transformar a sigla ESG em lei para os países-membros da União Europeia estão nos títulos das publicações do Professor Voltolini: *Sustentabilidade chegou pra ficar; ESG: este assunto é da sua conta sim, CEOS e conselhos; Um duro recado aos CEOS: sustentabilidade não é mais custo; Diversidade gera valor para empresas; Greenwashing ou ESGwashing. Como espantar o fantasma da mentira no campo da sustentabilidade corporativa;* e *Agenda sustentabilidade depende do ativismo de CEOS, investidores e conselho de administração.*

A obra do professor homenageado dialoga diretamente com os considerandos que precedem o texto legal proposto pelo Parlamento europeu e sobre a moderna inovação feita na Lei das Sociedades Anônimas brasileira, em 2021, ao tratar do conselho de administração. Foram justamente esses fatos que escolhi para minha singela homenagem.

## 2 A proposta de Diretiva europeia

Em razão do crescimento dos casos de exploração do trabalho infantil em todo o mundo, das inúmeras denúncias de condições de trabalho degradantes impostas aos trabalhadores de empresas sediadas em países subdesenvolvidos que são fornecedoras de grandes marcas europeias, as desigualdades salariais entre homens e mulheres e, ainda, pressionado a encontrar uma solução efetiva aos impactos climáticos causados pelo aquecimento global, que, por causarem enchentes, deslizamento de terras, secas severas e queimadas, acabam por agravar ainda mais a precariedade da vida em determinadas regiões do planeta, o Parlamento europeu deu um passo importante e instou a Comissão europeia a dar enquadramento normativo ao tema.

A proposta de Diretiva europeia para CSDD iniciou sua tramitação em 10.3.2021,[1] passou por ajustes em documento publicado em 23.2.2022, e teve a última minuta de sua redação disponibilizada em 30.11.2022.[2] Segundo foi possível apurar até aqui, existe grande expectativa, inclusive por parte da missão diplomática brasileira em Bruxelas, de que a proposta deverá ser aprovada ainda este ano.

De acordo com a referida proposta de diretiva, empresas com mais de 500 empregados e faturamento anual superior a 150 milhões de euros deverão constantemente identificar em toda a sua cadeia de atividades os efeitos negativos reais e potenciais aos direitos humanos e ao meio ambiente. Feita a identificação dos efeitos negativos, as grandes empresas precisarão, após definidas as prioridades, tratar os efeitos negativos com medidas preventivas e de cessação ou mitigação.[3] A não observância do dever de constante monitoramento poderá resultar na aplicação de sanções administrativas e a responsabilidade civil solidária das grandes empresas europeias pelos danos causados por

---

[1] ABREU, Jorge Manuel Coutinho de. Dever de diligência das empresas e responsabilidade civil. *Direito das Sociedades em Revista*, Coimbra, ano 14, v. 27, mar. 2022. p. 13-14.

[2] Disponível em: https://data.consilium.europa.eu/doc/document/ST-15024-2022-REV-1-ADD-1/en/pdf.

[3] Para maiores detalhes quanto ao âmbito de aplicação contido na proposta, que envolve também empresas que faturam menos de 150 milhões de euros por ano, mas atuam em determinados setores econômicos classificados como de alto impacto, Cf. DIAS, Rui P. CSDD (Corporate Sustainability Due Diligence): primeiras observações sobre a proposta de Diretiva de 23 de fevereiro de 2022. *In*: ABREU, J. M. Coutinho de; MARTINS, A. Soveral; DIAS, Rui P. (Ed.). *Dever de diligência das empresas e responsabilidade empresarial*. Coimbra: IJ/FDUC, dez. 2022. p. 99-133. DOI: https://doi.org/10.47907/livro/2023/dever_diligencia_empresas/livro.

suas subsidiárias ou parceiros comerciais constituídos e sediados em qualquer país do planeta.[4]

A necessidade e urgência de aprovação da referida diretiva é intuitiva: um recentíssimo exemplo a ser citado aqui é o caso dos adultos presentes a um estádio de futebol que agrediam verbalmente, em prática explícita de racismo, um atleta internacional na frente de crianças (também presentes ao estádio), sem sequer constrangerem-se com a presença de câmeras de televisão e repórteres que acompanhavam uma partida válida pelo campeonato espanhol. A partida sequer foi interrompida e nenhum agressor retirado no estádio.

Trata-se de um grave efeito negativo aos direitos humanos verificado na cadeia de atividades de empresários do setor de entretenimento esportivo, nomeadamente do futebol europeu e, de igual maneira, do desporto como um todo. O fato ocorreu em território europeu, repita-se, em localidade dita desenvolvida do planeta.

Em análise mais ampliada do ocorrido, veremos que muitas empresas patrocinam e associam suas imagens comerciais e de seus produtos ao espetáculo esportivo, e a liga (entidade criada para licenciar os direitos de transmissão das partidas em todos os continentes), provavelmente, tem sua imagem associada a parceiros regionais que patrocinam de igual modo as emissoras de televisão detentoras dos direitos de transmissão do campeonato.[5]

A amplitude de incidência da CSDD vai além do território europeu, pois o art. 2º define que empresas constituídas em países terceiros e que faturem ao menos 20 milhões de euros por ano em território europeu, em atividades relacionadas ao setor têxtil, calçados ou bebidas, por exemplo, também serão objeto de fiscalização das autoridades de supervisão (art. 17º da proposta).

Ou seja, o caso de racismo no campeonato em questão poderia (caso a proposta já estivesse aprovada e vigente) repercutir em sanções administrativas e responsabilidade civil de muitas empresas que não estavam diretamente envolvidas no efeito negativo produzido pelo

---

[4] MARTINS, Maria Inês de Oliveira. Proposta de Diretiva relativa ao dever de diligência das empresas e à responsabilidade empresarial – Os pressupostos da responsabilidade civil. *Direito das Sociedades em Revista*, Coimbra, ano 14, v. 27, p. 47-84, mar. 2022.

[5] Até a data em que enviamos nosso artigo, havia rumores de que um dos patrocinadores da liga de futebol, da qual as equipes que disputavam a partida faziam parte, manifestou seu desejo em resolver o contrato.

espetáculo. As consequências pelo descumprimento não serão apenas reputacionais (o ESG não é mais custo).

A CSDD também busca uma atuação empresarial constantemente atenta ao aquecimento global e aos impactos negativos ao meio ambiente, em razão, sobretudo, do compromisso europeu de dar efetividade aos 17 objetivos de desenvolvimento sustentável (ODS) definidos pela ONU, no Acordo de Paris, em 2015.[6]

O desenvolvimento sustentável é um princípio estruturante do direito[7] e, não por outra razão, o art. 15 da proposta da diretiva CSDD trouxe o combate às mudanças climáticas como um dos deveres impostos às empresas da União Europeia. O cuidado com as futuras gerações tornar-se-á cada vez mais valorizado e o projeto da norma deixa claro em seus considerandos o ambicioso propósito europeu de enfrentar o aquecimento global nos moldes propostos pela OCDE e ONU.

## 3    O admirável mundo novo e os *stakeholders*

A aprovação da CSDD representará uma nova etapa normativa para todos aqueles que produzem e prestam serviços na União Europeia. O art. 21 da última versão da proposta contém um comando expressamente destinado à Comissão Europeia, segundo o qual a Comissão deverá estruturar uma "rede europeia de autoridades de supervisão" e dessa forma centralizar as informações e facilitar o intercâmbio de informações entre as autoridades de supervisão de cada país-membro.

Haverá, portanto, um incremento da estrutura da administração pública da União Europeia e dos seus países-membros apenas para fiscalizar e aplicar as sanções previstas no art. 20 da referida proposta. A geração de riquezas com responsabilidade ambiental e social deixará de ser um enunciado moral e de adesão voluntária (*softlaw*) e passará (em caso de aprovação da diretiva) a ser norma cogente e de cumprimento obrigatório (ESG veio para ficar).

---

[6]   Disponível em: https://unfccc.int/process-and-meetings/the-paris-agreement.

[7]   Cf. CANOTILHO, José Joaquim Gomes. O princípio da sustentabilidade como princípio estruturante do direito constitucional. *Revista de Estudos Politécnicos Polytechnical Studies Review*, v. VIII, n. 13, p. 7-18, 2010. Segundo o constitucionalista, o princípio da sustentabilidade conta com 3 pilares: (i) o pilar da sustentabilidade ecológica; (ii) o pilar da sustentabilidade econômica; e (iii) o pilar da sustentabilidade social, e representa um dever de cuidado da atual geração para com as futuras gerações.

Isto porque o texto do art. 22 estatui que o não cumprimento da CSDD por uma empresa abrangida pela norma impor-lhe-á o regime de responsabilidade solidária em caso de verificação de efeitos negativos na cadeia produtiva envolvendo suas filiais ou seus parceiros comerciais.[8]

A proposta de diretiva impõe às empresas por ela abrangidas um permanente dever de conduta que se consubstancia no seu art. 4º e é justamente o descumprimento do dever de cuidado previsto na normativa que resulta na responsabilidade solidária da empresa-mãe pelos danos decorrentes de práticas de suas subsidiárias, na qualidade de corresponsável pelo dever de prevenção.[9]

O dever de conduta das empresas, nas palavras de Rui Dias, desdobra-se em seis subdeveres: (i) inserir a CSDD em suas políticas internas (art. 5º); (ii) constantemente mapear os efetivos ou possíveis efeitos negativos existentes em sua cadeia de atividades (art. 6º); (iii) desenvolver métodos de prevenção dos efeitos potenciais (art. 7º); (iv) promover a cessação dos efeitos negativos que possam ser eliminados ou mitigá-los (art. 8º); (v) oferecer um canal de denúncias que garanta a absoluta segurança e confidencialidade do denunciante (art. 9º); (vi) monitoramento periódico da eficácia das medidas de cessação e mitigação dos efeitos negativos (art. 10)[10] (não há mais espaço para mentiras no campo da sustentabilidade corporativa).

Um ponto que merece destaque é a atenção que foi dada aos *stakeholders*. A norma deixa claro que a tarefa de identificar os efeitos negativos e, consequentemente, a busca por soluções de prevenção, cessão ou mitigação, deverá necessariamente contar com a participação dos trabalhadores, comunidades que vivem nas proximidades, incluindo comunidades indígenas (os considerandos 26 a, 43 e 49 da proposta são bons exemplos do racional aplicado pelo legislador europeu).

---

[8] BRIGHT, Claire. Corporate due diligence: history and future prospects. *In*: ABREU, J. M. Coutinho de; MARTINS, A. Soveral; DIAS, Rui P. (Ed.). *Dever de diligência das empresas e responsabilidade empresarial*. Coimbra: IJ/FDUC, dez. 2022. p. 1-11. DOI: https://doi.org/10.47907/livro/2023/dever_diligencia_empresas/livro.

[9] MARTINS, Maria Inês de Oliveira. Proposta de Diretiva relativa ao dever de diligência das empresas e à responsabilidade empresarial – Os pressupostos da responsabilidade civil. *Direito das Sociedades em Revista*, Coimbra, ano 14, v. 27, p. 47-84, mar. 2022.

[10] DIAS, Rui P. CSDD (Corporate Sustainability Due Diligence): primeiras observações sobre a proposta de Diretiva de 23 de fevereiro de 2022. *In*: ABREU, J. M. Coutinho de; MARTINS, A. Soveral; DIAS, Rui P. (Ed.). *Dever de diligência das empresas e responsabilidade empresarial*. Coimbra: IJ/FDUC, dez. 2022. p. 101. DOI: https://doi.org/10.47907/livro/2023/dever_diligencia_empresas/livro.

Assim, todas as empresas abrangidas pela normativa deverão publicar em seus sítios eletrônicos o resultado dos levantamentos engendrados e medidas protetivas aplicadas. Deverão ainda comunicar às autoridades de supervisão dos países de suas respectivas sedes todas essas informações e outras porventura a elas solicitadas pela autoridade. Com base nas informações compartilhadas pelas empresas, a autoridade europeia, prevista no art. 21, poderá elaborar guias para parametrizar a atuação das empresas em cada setor de atividades e direcionar de forma mais objetiva suas prioridades, melhores práticas, soluções mais eficazes e níveis de exigência para cada atividade.

## 4 E como a aprovação da Diretiva para CSDD afetará empresas brasileiras?

A aprovação da CSDD não será motivo de pânico para as grandes empresas brasileiras, pois muitas já contam com programas robustos de *compliance*. Há, contudo, que se observar o dever permanente de monitorar toda a sua cadeia de fornecedores, denominados na proposta de diretiva como parceiros comerciais. Ou seja, empresas brasileiras serão contratualmente impostas pelas empresas europeias a executar medidas preventivas, mitigatórias ou de cessação nos mesmos moldes exigidos pelas autoridades da União Europeia, bem como fiscalizar seus fornecedores e prestadores de serviços de modo a demonstrar que seguem a política CSDD.

Outro desafio que se impõe às empresas brasileiras é cultural. O primeiro passo será integrar aos programas de *compliance* uma efetiva participação e interação colaborativa com as partes interessadas (*stakeholders*). Ainda persiste uma postura pouco amistosa entre gestores empresariais, líderes sindicais e representantes da sociedade civil organizada. Será preciso trabalhar em conjunto com os *stakeholders* – uma escuta ativa poderá produzir soluções interessantes e tornar a cadeia de atividades engajada no valor da CSDD.

Com a possível aprovação da diretiva em questão, as empresas brasileiras que desejarem permanecer atuantes no mercado internacional deverão interagir com seus trabalhadores e com as comunidades que de alguma forma são afetadas por sua atividade produtiva. Isso porque as empresas com sede na União Europeia deverão exigir de seus fornecedores, ainda que contratualmente, aderência aos deveres impostos pela CSDD, sob pena de encerramento da relação comercial (cf. art. 8º, nº 6, a da proposta).

## 5 Trabalhadores no conselho de administração

A Lei federal nº 14.195, de 2021, alterou a Lei das Sociedades Anônimas brasileira (Lei nº 6.404/76) para autorizar a participação de representantes eleitos pelos trabalhadores no conselho de administração. Foi essa a novidade contida no art. 140, §1º da Lei das S.A., um grande instrumento para mostrar que, nas palavras de Ricardo Voltolini, ESG depende de CEOs investidores e conselho de administração.

Trata-se de importante avanço normativo que permite a participação orgânica de trabalhadores nas decisões das sociedades por ações. Os empresários deverão contar com administradores capazes de interagir com os trabalhadores e deles receber informações relevantes sobre efeitos negativos aos direitos humanos. O art. 140, §1º da Lei das S.A. também impõe aos trabalhadores e às centrais sindicais o dever de ajustar sua atuação de forma a escolher representantes qualificados para atuar de forma produtiva nos órgãos de administração das sociedades anônimas. A experiência alemã demonstra que o fluxo de informações entre gestores, trabalhadores e sócios produz maior transparência e confiança nos momentos críticos do relacionamento entre esses agentes.[11]

Não apenas os trabalhadores deverão ser ouvidos:

> Stakeholdres of the company should encompass the company's employees, employees of the company's subsidiaries, trade union and workers' representatives, consumers and other individuals, groups, communities or entities whose rights or interests are or could be affected by the products, services and operations of the company, its subsidiaries or business partners. (Considerando 26, a)

Assim, empresas brasileiras já poderão inserir em seus estatutos sociais a previsão de acento para representantes da classe trabalhadora em seus conselhos de administração. Trata-se de participação orgânica dos trabalhadores no processo decisório das companhias. Ainda que

---

[11] Sobre a participação dos trabalhadores na gestão, cf. HAMANN, Tobias. Da cogestão dos trabalhadores no órgão de fiscalização das sociedades anónimas e das sociedades por quotas – Um instituto prestável? *Direito das Sociedades em Revista*, Coimbra, ano 10, v. 20, 2018, p. 149-189; e HOPT, Klaus J. New way in corporate governance: European experiments with labour representation on corporate boards. *Michigan Law Review*, v. 82, p. 1338-1363, 1984.

de forma inorgânica, as empresas brasileiras deverão interagir com os demais *stakeholders*. Não adianta pensar que isso é questão apenas para quem atua no mercado europeu. Mesmo os que sejam fornecedores apenas de grandes empresas norte-americanas, japonesas ou chinesas, caso estas empresas atuem e contem com receitas significativas na União Europeia, aqueles certamente serão demandados a cumprir (na condição de *business partners*) as exigências da CSDD, sob pena de terem seus contratos encerrados com as empresas não europeias.

## 6  E as pequenas empresas ficarão alijadas?

A Diretiva CSDD cuida para que as pequenas e médias empresas sejam auxiliadas pelas grandes empresas na tarefa de ajustar sua política ESG de forma proporcional ao seu nível organizacional (cf. art. 7º, nº 2 "d" e "e", art. 8º, nº 3 e nº 5).

A tarefa será então buscar interações profícuas com todos, registrar as informações e buscar identificar, prevenir, cessar ou mitigar os efeitos negativos e monitorar a efetividades das suas medidas. Comprovar essas medidas será fundamental para manter-se inserido na cadeia produtiva das grandes empresas. E esse custo para evidenciar o cumprimento da CSDD poderá ser suportado pela grande empresa europeia. É preciso estar atento para não perder boas oportunidades.

Na execução dessas tarefas, as empresas brasileiras deverão permanentemente registrar e produzir atas com os conteúdos das reuniões realizadas com a presença dos *stakeholders* e elaborar relatórios das atividades que foram postas em prática no cumprimento da CSDD. Os gestores responsáveis pelo programa de *compliance* deverão (i) ajustar suas políticas internas, (ii) produzir contratos capazes de exigir de seus fornecedores o mesmo cuidado com o meio ambiente e os direitos humanos exigidos por seus clientes europeus e (iii) exigir de seus fornecedores demonstrações periódicas do cumprimento das referidas políticas (inclusive com a realização de visitas *in loco*).

Não bastará apenas enunciar, a CSDD exigirá comprovação efetiva do seu cumprimento. Sem esse cuidado, as empresas brasileiras arriscam-se a perder clientes não apenas europeus, mas em todo o mundo. Os danos decorrentes da não observância do permanente dever de cuidado não serão apenas reputacionais, poderão ser muito mais severos e fazer com que contratos sejam rescindidos com um de seus clientes por inaptidão no cumprimento da CSDD; fatalmente, acionarão mecanismos de alerta em todos os demais agentes de determinado setor econômico que não desejarão responder solidariamente por danos causados em decorrência da atividade de um dos membros de sua cadeia de valor.

## 7 Conclusão

Voltando para o exemplo inicial, caso a Diretiva CSDD já vigorasse, verificada a ocorrência de práticas de racismo em estádios de futebol europeu, a autoridade de supervisão exigiria (caso as empresas contassem com faturamento anual superior a 150 milhões de euros e mais de 500 empregados) uma demonstração de que o efeito negativo estava identificado por meio de interações com os *stakeholders* (atletas, fisioterapeutas, treinadores, espectadores, trabalhadores das arenas, policiais e seguranças dos estádios); que medidas preventivas foram tomadas; que medidas para a cessação dos efeitos foram implantadas. Caso isso não fosse demonstrado, as empresas e entidades envolvidas sofreriam as sanções previstas no art. 20.

Em último caso, por hipótese, clubes brasileiros (clubes empresas ou não), que obtenham faturamento anual expressivo no território da União Europeia proveniente dos direitos federativos de inúmeros atletas profissionais que por lá atuam, poderão, eventualmente, ser açambarcados pela incidência da normativa e, assim, serão obrigados a demonstrar que efetivamente monitoram efeitos negativos em sua cadeia de atividades. Más condições impostas aos atletas em formação poderiam, por exemplo, resultar em sanções para grandes clubes no Brasil ou impedir que estes mantenham relações econômicas com entidades europeias de futebol.

De forma idêntica, fornecedores de materiais esportivos ou quaisquer outros parceiros comerciais seriam instados a demonstrar sua adequação às exigências da CSDD, e, se o fornecedor de couro para bolas ou chuteiras estiver sediado no Brasil, a empresa diretamente abrangida pela norma deverá demonstrar que a empresa brasileira está igualmente alinhada com suas políticas de prevenção e combate aos efeitos negativos aos direitos humanos e meio ambiente, o que vale dizer, desde a criação dos animais (pastagens, manejo etc.), passando pelo beneficiamento do couro, o transporte dos materiais e o descarte adequado dos resíduos tóxicos ou não.

Os exemplos poderiam ser feitos com base na cadeia produtiva da soja, cacau ou café brasileiros. A incidência da norma seria do mesmo modo intuitiva e de fácil percepção quanto ao cuidado que a nova ordem do ESG imporá.

Por fim, sempre é bom lembrar que no direito brasileiro isso sequer é novidade. O parágrafo único do art. 116 da Lei das Sociedades Anônimas já enuncia há décadas:

> o acionista controlador deve usar o poder com o fim de fazer a companhia realizar o seu objeto social e cumprir sua função social, e tem deveres e responsabilidades para com os demais acionistas da empresa, *os que nela trabalham e para com a comunidade em que atua, cujos direitos e interesses deve lealmente respeitar e atender.* (Grifos nossos)

A proposta europeia apenas trouxe definições mais densas para o enunciado do legislador brasileiro. Aos que já o praticam, a tarefa será apenas criar formas de evidenciá-los, ou ajustar seus programas de *compliance* para esse novo modelo proposto pela diretiva CSDD. Àqueles que porventura não o praticam, mãos à obra, porque muitas oportunidades poderão surgir e grandes resultados poderão ser obtidos com o engajamento da alta gestão nas questões ESG. Aos sindicatos e demais *stakeholders*, preparem-se para ser ouvidos e qualifiquem-se para produzir resultados enriquecedores. Como vaticina Ricardo Voltolini, "Não basta zerar impactos. É preciso regenerar".

---

Informação bibliográfica deste texto, conforme a NBR 6023:2018 da Associação Brasileira de Normas Técnicas (ABNT):

BRECHBÜHLER, Guilherme. Como a Diretiva da União Europeia para a corporate sustainability due diligence (CSDD) afetará as empresas brasileiras?. *In*: BORGES DE PAULA, Marco Aurélio (Coord.). *A hora e a vez do ESG*: provocações e reflexões em homenagem a Ricardo Voltolini. Belo Horizonte: Fórum, 2023. p. 433-442. ISBN 978-65-5518-619-2.

# *COMPLIANCE* ESG NO LICENCIAMENTO AMBIENTAL

**BRUNO TEIXEIRA PEIXOTO**

## Introdução

A superação dos complexos desafios socioambientais e climáticos enfrentados pela sociedade cada vez mais exige estratégias regulatórias pautadas na prevenção, no monitoramento e no controle contínuo acerca do desempenho de governança, gestão e conformidade de toda e qualquer atividade econômica, obra ou empreendimento que represente riscos ou que possa causar danos ou violações ao meio ambiente, às instituições e à qualidade de vida das presentes e futuras gerações.

Em tempos atuais, esses desafios são influenciados e agravados por questões como riscos de corrupção e fraude, falta de transparência, acesso à informação, participação e incentivos, dilemas que vêm afetando intensamente a implementação das políticas e normas de proteção socioambiental e de sustentabilidade no Brasil.

Nesse cenário, explorar novas estratégias regulatórias – ou rever a aplicação das existentes – torna-se um imperativo, especialmente diante da ampliação da chamada agenda ESG (*Environmental, Social and Governance*), em debate nos setores público e privado. E uma das potenciais estratégias está ligada aos sistemas e programas de integridade e *compliance*, com ampla difusão no ambiente regulatório brasileiro, estendidos ao Direito Ambiental e norteados por padrões e diretrizes ESG.

Se aplicados e interpretados como estratégia regulatória sob a abordagem de autorregulação regulada, os sistemas e programas de integridade e *compliance*, orientados por padrões ESG, podem potencializar e incrementar a gestão de riscos e a antecipação de infrações, irregularidades e danos socioambientais, com destaque para os grandes licenciamentos causadores de significativos impactos e degradações.

Todo e qualquer desenvolvimento que se queira minimamente sustentável traz consigo os significativos desafios de compreender e regular as questões socioambientais e de diagnosticar os estruturais problemas gerados, as suas características e os seus reflexos, tarefas não só incumbidas ao Estado como também a serem exigidas e desenvolvidas por toda a coletividade e titulares das atividades poluidoras.

Assim, induvidosa é a necessidade de novos horizontes para uma sistêmica atuação regulatória socioambiental, com efetivo *enforcement* no cumprimento das políticas e normas afetas ao tema.

Para tanto, são necessários instrumentos regulatórios que privilegiem a prevenção, a transparência, o controle e o monitoramento contínuos sobre riscos e impactos gerados pelas grandes atividades e obras licenciadas.

Trata-se de uma necessidade existente, sobretudo, no espaço do protagonista processo administrativo de licenciamento ambiental, dada sua importância para o meio ambiente ecologicamente equilibrado e a ordem econômica e social justa e eficiente, visto que representa um instrumento estratégico ao desenvolvimento nacional sustentável almejado pela Constituição Federal de 1988 (art. 225 c/c art. 170, CF/88).

Com incertezas estruturais no cenário brasileiro, é preciso revisitar as formas de execução da função regulatória estatal em matéria socioambiental.

Em especial sobre instrumentos de implementação e controle do cumprimento das normas de proteção do meio ambiente, como pela possibilidade de se exigir programas de integridade e *compliance* em padrões ESG das atividades econômicas licenciáveis e licenciadas, públicas ou privadas, no bojo do processo de licenciamento ambiental.

Sustentado neste contexto, este capítulo envolve o problema central de verificar e examinar a potencial exigência dos programas de integridade e *compliance*, orientados por padrões ESG, no âmbito do processo administrativo de licenciamento ambiental brasileiro, relativo, notadamente, às atividades econômicas efetiva ou potencialmente poluidoras ou causadoras de significativos impactos e degradações ao meio ambiente.

Como hipótese principal, caminha-se em direção à possibilidade de se exigir ou se recomendar a implementação de sistemas e programas de integridade e *compliance*, pautados por padrões ESG (*Environmental, Social and Governance*), dentro do processo administrativo de licenciamento ambiental de atividades econômicas utilizadoras de recursos ambientais, efetiva ou potencialmente poluidoras, ou capazes de causar significativa degradação ambiental e impactos socioambientais.

Para atingir os objetivos descritos acima, aplicou-se no desenvolvimento desta análise o método de abordagem dedutivo, da constatação geral em direção à específica, usando-se também das técnicas de pesquisa bibliográfica e documental. A presente análise mostra-se relevante para a exploração de formas concretas de fomento da agenda ESG em processos de interesse público, como os licenciamentos ambientais no Brasil.

## 1 Regulação ambiental brasileira e o protagonismo dos grandes licenciamentos

### 1.1 Paradigma de comando e controle e a necessidade de novas abordagens

No cenário brasileiro, a estrutura de regulação na área de meio ambiente e de proteção socioambiental permanece atrelada à figura unilateral do Estado. A ação dos órgãos e entidades públicas ambientais ocorre pelo exercício e manifestação do poder de polícia administrativa ambiental, a despeito das suas reconhecidas limitações e crescente ineficácia em conter o agravamento de riscos e o cometimento de violações ao meio ambiente e às pessoas e comunidades humanas direta ou indiretamente afetadas.

Um dos ambientes regulatórios que corrobora a fragilização deste paradigma de regulação é o dos processos de licenciamentos ambientais. Muitos foram os avanços em décadas de produção de normas e padrões, sem, no entanto, gerarem efetividade na execução de atos relativos à autorização, ao controle e à operação de grandes atividades econômicas, obras ou empreendimentos potencialmente poluidores ou causadores de significativos riscos e impactos à natureza e à comunidade humana afetada.

Com a ascensão das mudanças climáticas, bem como dos índices de desmatamento nos grandes biomas brasileiros – Amazônia, Pantanal e Cerrado –, incontroverso que são necessárias estratégias regulatórias que previnam, monitorem, controlem e, em especial, incentivem uma efetiva autorregulação regulada por parte dos atores e agentes regulados, sob pena do agravamento de um cenário de incertezas e inseguranças jurídicas, institucionais, econômicas e ecológicas.

Dada a complexidade dos riscos e dos potenciais danos sociais, ambientais e climáticos que advêm, via de regra, de uma grande atividade, obra ou empreendimento licenciado no Brasil, a solidão de mecanismos de comando e controle estatal parece não demonstrar um caminho seguro e eficiente para o desenvolvimento sustentável.

Rever estratégias regulatórias torna-se, portanto, um imperativo. Isso porque, entre os principais fatores para as irregularidades e violações socioambientais em licenciamentos, estão a falta de controle e de monitoramento contínuos, de transparência e acesso à informação, aliados à crescente exposição a atos de corrupção, fraude, improbidade administrativa, conflito de interesses, entre outros dilemas cujo modelo tradicional de comando e controle estatal não regula e controla com efetividade.

Como destaca Alexandra Aragão, toda a complexidade existente nas causas e efeitos das questões ambientais na atualidade obriga permanentemente a pensar o não pensado, num horizonte em que o tempo do direito tem de se sincronizar com o tempo do poder, e este, por sua vez, com o tempo do saber científico, o tempo das tecnologias, o tempo da consciência ética, o tempo da eficiência econômica, todas são questões colocadas, diariamente e no concreto, contra a sociedade e o Estado.[1]

Importante frisar que no Brasil o tratamento jurídico-constitucional dispensado à proteção do ambiente pela Constituição Federal de 1988, além de consagrar direitos e de enunciar deveres fundamentais de proteção estatal em matéria socioambiental, igualmente afirmou a responsabilidade dos particulares na consecução de tal mister, pois estão juridicamente vinculados ao dever de proteção ambiental.[2]

---

[1] ARAGÃO, Alexandra. *O princípio do poluidor pagador*: pedra angular da política comunitária do ambiente. Coordenação de Antonio Herman Benjamin e José Rubens Morato Leite. 1. ed. São Paulo: Inst. O Direito por um Planeta Verde, 2014. p. 41.

[2] SARLET, Ingo; FENSTERSEIFER, Tiago. *Direito constitucional ecológico*: Constituição, direitos fundamentais e proteção da natureza. 7. ed. rev., atual. e ampl. São Paulo: Thomson Reuteurs Brasil, 2021. p. 333-334.

Conforme adverte Darnaculleta i Gardella, com a complexidade das causas e dos efeitos ligados às questões ambientais e sociais, a regulação desses riscos não pode ser mais uma função que permanece inteiramente nas mãos do Estado, e sua expressão concreta não é nem pode ser uma responsabilidade exclusiva deste, vez que é, ao mesmo tempo, uma importante responsabilidade de toda a sociedade.[3]

Nada obstante, o contexto vigente extraído do modelo que ainda vigora no Brasil é de uma estrutura regulatória ineficaz em matéria socioambiental, constantemente confrontada por vieses e arroubos "desreguladores" e prejudiciais ao interesse público.

Cumpre recordar que a regulação representaria um instituto jurídico mais amplo que o termo *regulamentação*, com o qual é muitas das vezes confundida. A regulação implicaria a abrangência de todo o complexo da edição de normas, a fiscalização do seu cumprimento, a atribuição de habilitações (autorizações, licenças, permissões, concessões), a imposição de sanções, a mediação de conflitos (audiência pública, consulta pública, celebração de compromissos de ajustamento de condutas), entre outros.[4]

Nos dizeres de Herman Benjamin, se nos anos 1970, 1980 e seguintes os esforços do Direito Ambiental concentraram-se na criação de uma malha adequada de normas e padrões (o direito de fundo), nos dias atuais o grande desafio é a implementação (de modo mais preventivo possível) dessa estrutura substantiva normatizada, sendo que o Estado, na gestão da proteção do meio ambiente, deve fazer uso de duas técnicas interdependentes: a) regulação ou normatização de condutas (= *regulation*) e b) implementação legal (= *enforcement*), que visa assegurar o respeito, a obediência ou o cumprimento legal (= *compliance*).[5]

Por uma visão mais difundida, a regulação socioambiental estatal é representada, entre outras ações, pela formulação de políticas, leis, normas técnicas e procedimentos de fiscalização e controle que limitam e/ou disciplinam a liberdade dos agentes econômicos para prevenir, evitar e/ou mitigar os riscos e impactos socioambientais, além

---

[3] DARNACULLETA I GARDELLA, Maria Mercé. *Autorregulación y derecho público*: la autorregulación regulada. 1. ed. Madrid: Marcial Pons, 2005. p. 80, tradução livre.

[4] MEDAUAR, O. Regulação e auto regulação. *Revista de Direito Administrativo*, v. 228, p. 123-128, 2002. p. 127. Disponível em: https://bibliotecadigital.fgv.br/ojs/index.php/rda/article/view/46658. Acesso em: 23 nov. 2022.

[5] BENJAMIN, Antonio Herman. O Estado teatral e a implementação do direito ambiental. *In*: BENJAMIN, Antonio Herman (Coord.). *Direito, água e vida*. São Paulo: Imprensa Oficial de São Paulo, 2003. v. I. p. 10.

de responsabilizar por infrações e atos ilícitos ambientais perpetrados. Portanto, ao se falar de regulação, necessita-se considerar também a fase de sua implementação.

A vertente regulatória mais aplicada em matéria socioambiental no Brasil segue sendo a de comando e controle (*command and control*), representada, exemplificativamente, pelas autorizações e licenças ambientais, estudos de impacto ambiental, zoneamentos e padrões de qualidade ambiental, entre outras formas. Essa principal e majoritária abordagem – não apenas na área socioambiental – é a incidente quando a estrutura normativa prevista sobre o comportamento regulado faz amplo uso do binômio prescrição-sanção.[6]

Como destaca Sampaio, o modelo institucional de regulação ambiental no Brasil, cujo marco principal é a Lei Federal nº 6.938, de 31.8.1981 (Política Nacional do Meio Ambiente – PNMA), em conjunto com as previsões posteriores pela CF/88, é estruturado por meio de diversos órgãos e autarquias que dividem os poderes de regulação, normatização, controle, fiscalização e adjudicação administrativa, que foram resultado do momento histórico em que tal modelo fora concebido,[7] época dos primeiros avanços da matéria no país.

No Brasil, a espinha dorsal do modelo de regulação nas três esferas de governo é composta, em termos gerais, por um órgão consultivo e deliberativo com função normativa, e por uma autarquia com função restrita ao poder de polícia na área ambiental, ou seja, as funções concentradas em agências reguladoras com natureza de autarquia especial em outras áreas no país para direitos difusos (saúde, por exemplo), na área ambiental estão fragmentadas por diferentes órgãos e autarquias.[8]

Considerado o mais relevante instrumento regulatório ambiental, a PNMA dispõe, sobre o licenciamento ambiental, em seu art. 10, que a construção, instalação, ampliação e funcionamento de estabelecimentos e atividades utilizadores de recursos ambientais, efetiva ou potencialmente poluidores ou capazes, sob qualquer forma, de causar

---

[6] BINENBOJM, Gustavo. *Poder de polícia, ordenação, regulação*: transformações político-jurídicas, econômicas e institucionais do direito administrativo ordenador. Prefácio de Luís Roberto Barroso. Apresentação de Carlos Ari Sundfeld. 1. ed. Belo Horizonte: Fórum, 2016. p. 164.
[7] SAMPAIO, Rômulo Silveira da Rocha. Regulação ambiental. *In*: GUERRA, Sérgio (Coord.). *Regulação no Brasil*: uma visão multidisciplinar. 1. ed. Rio de Janeiro: Editora FGV, 2014. p. 305.
[8] SAMPAIO, Rômulo Silveira da Rocha. Regulação ambiental. *In*: GUERRA, Sérgio (Coord.). *Regulação no Brasil*: uma visão multidisciplinar. 1. ed. Rio de Janeiro: Editora FGV, 2014. p. 319.

degradação ambiental dependerão de prévio licenciamento ambiental,[9] sendo o bojo do licenciamento ambiental o lugar da aplicação e exigência do estudo prévio de impacto ambiental (EIA), além do relatório de impacto de meio ambiente (Rima), entre outros mecanismos de prevenção, monitoramento e controle.

Não obstante a previsão constitucional de um dever constitucional do Estado brasileiro pela proteção ao meio ambiente ecologicamente equilibrado e a disposição infraconstitucional de extensa estruturação administrativa dos órgãos e entidades ambientais, resta evidente atualmente a limitação da abordagem de comando e controle, ligada à falta de efetiva implementação das políticas e normas ambientais, situação notabilizada pela crise nos biomas brasileiros, além dos danos estruturais, como nas barragens de mineração de Brumadinho e Mariana, no estado de Minas Gerais.

Sem o dispêndio de muitos esforços, é possível constatar hoje que, com o avançar complexo e considerável das questões ambientais estruturais, a exemplo das violações aos padrões ambientais e da crescente crise no modo de utilização e apropriação de recursos da natureza, o controle e a estabilização social esperados das disposições do direito e propriamente da atribuição regulatória estatal em matéria socioambiental não demonstram êxito, senão limitações e deficiências.

Na lição de Marchesan, a estruturação dos órgãos ambientais brasileiros é fragmentada, muitas vezes inconsciente e incoerente, não se amolda às necessidades das complexidades ambientais, pois, iniciada uma conduta lesiva, o seu enfrentamento em nível de fiscalização, além de deficiente, é fragmentado, costuma ser letárgico, propiciando que o dano avance ou jamais seja desfeito ou recuperado.[10]

Tanto o Direito Ambiental como o Direito Administrativo, se mantidos sob uma perspectiva tradicional – ainda prevalecente –, não responderão adequadamente às demandas referentes às questões ambientais atuais, que se organizam sob uma lógica diferenciada, são desafios plurais (não representam relação bipolar), ambivalentes e

---

[9] BRASIL. Presidência da República. *Lei nº 6.938, de 31 de agosto de 1981*. Dispõe sobre a Política Nacional do Meio Ambiente, seus fins e mecanismos de formulação e aplicação, e dá outras providências. Brasília, 1981. Disponível em: http://www.planalto.gov.br/ccivil_03/leis/l6938.htm. Acesso em: 10 nov. 2022.

[10] MARCHESAN, Ana Maria Moreira. A reinvenção da natureza e da realidade: a fragmentação como prática nociva à proteção ambiental. *In*: LEITE, José Rubens Morato; BORATTI, Larissa Verri; CAVEDON-CAPDEVILLE, Fernanda Salles (Coord.). *Direito ambiental e geografia*. 1. ed. Rio de Janeiro: Lumen Juris, 2020. p. 209.

complexos (no sentido multi e interdisciplinares), seu objeto envolve um bem de titularidade coletiva, de fruição comum.[11]

O esperado e alegado Estado regulador na área ambiental não parece refletir os pressupostos do leviatã de Thomas Hobbes, pois confrontado por um contraposto "leviatã ambiental e climático",[12] sobre o qual não há respostas políticas e regulatórias com adequação e minimamente suficiência para mitigar, senão compreender, a incerta complexidade das questões ambientais e seus desafios da contemporaneidade. Fala-se, então, sobre o "desconcerto do leviatã", porque os Estados, na sua função regulatória, não mais compreendem, tampouco regulam e controlam, com a segurança esperada, as incertezas causadas, as possibilidades de aplicação técnica e as consequências desse avanço de efeitos negativos sobre a sociedade e a natureza.[13]

Assim, tratando-se de estratégias regulatórias para esse cenário, Margulis indica pertinente a realização de uma mistura flexível de instrumentos regulatórios. Uma aplicação combinada de instrumentos – a abordagem *"carrot and stick"* – deveria ser tentada. Os padrões estritos (*stick*) devem ser seguidos não só da capacidade institucional para acompanhar o desempenho e a obediência a eles, mas por incentivos para que os próprios regulados exerçam o controle (*carrot*).

Qualquer tipo de instrumento regulatório deve ser flexível, para ajustar-se às condições locais, inclusive às condições ambientais, à capacidade das indústrias para controlar suas emissões, e à extensão dos problemas e seus efeitos sobre os indivíduos e os ecossistemas. Além disso, precisa-se de muita transparência e participação. As empresas e os demais interessados tendem a obedecer mais aos instrumentos quando compreendem como foram escolhidos ou participaram da tomada de decisão.[14]

---

[11] NIEBUHR, Pedro de Menezes. *Processo administrativo ambiental*. 3. ed. rev., ampl. e atual. Belo Horizonte: Fórum, 2021. p. 51.

[12] Para os autores Joel Wainwright e Geoff Mann, as questões ambientais e climáticas e seus efeitos políticos, geográficos, econômicos e sociais globais representam imponente "leviatã" inevitável e quase irreversível pelos métodos regulatórios das políticas estatais vigentes, confrontando a pretensão racional de seu controle pelos governos mundiais (WAINWRIGHT, Joel; MANN, Geoff. *Climate Leviathan*: a political theory of our planetary future. London: Verso Book, 2018. p. 15-20, tradução livre).

[13] PARDO, José Esteve. *O desconcerto do Leviatã*: política e direito perante as incertezas da ciência. Coordenação de José Rubens Morato Leite. Tradução de Flávia França Dinnebier e Giorgia Sena Martins. São Paulo: Inst. O Direito por um Planeta Verde, 2015. p. 40.

[14] MARGULIS, Sérgio. *A regulamentação ambiental*: instrumentos e implementação. Environmental regulation: tools and implementation. Brasília: Instituto de Pesquisa Econômica Aplicada

Como aponta Niebuhr, a previsão de mecanismos de comando e controle não é suficiente para forçar os regulados – titulares de pretensão que impacte o ambiente – a conformarem suas condutas, a inteligência que se requer do Poder Público é conceber e aperfeiçoar um modelo que desestimule a irregularidade, qualquer que seja a sua fonte, e fomente uma cultura de conformidade, especialmente em questões ambientais que, através somente de sanção pecuniária como reprimenda, não restam mensuradas, sem prejuízo do risco à mercantilização das infrações e danos ambientais.[15]

Não por outro motivo a Organização das Nações Unidas (ONU), por meio do Programa das Nações Unidas para o Meio Ambiente (PNUMA), concluiu o primeiro relatório intitulado de *Environmental Rule of Law: First Global Report*, com o qual alertou que, apesar da expansiva e notável criação de órgãos públicos, de políticas e de normas ambientais nas últimas décadas pela grande maioria das nações mundiais, ainda remanesce ampliada e considerável lacuna entre as leis ambientais e a sua efetiva implementação e cultura de cumprimento.[16]

Sem estratégias para o fomento ao cumprimento legal ambiental, não há desenvolvimento sustentável, um Estado de direito ambientalmente preocupado, com instituições responsáveis e por um público informado e engajado, aponta o PNUMA, seria a receita segura para levar a uma cultura de conformidade (*compliance*) que abranja o meio ambiente e os valores sociais.[17]

Sobre essa perspectiva que esta análise se vincula, de que, apesar da limitação do modelo regulatório brasileiro, há deveres fundamentais de proteção justificadores de novas estratégias, como no fomento a medidas de prevenção, monitoramento e controle acerca da conformidade ambiental, inclusive em face de agentes privados quanto a seus impactos ao ambiente e à sociedade, a exemplo de instrumentos

---

(Ipea), 1997. p. 32. Disponível em: &lt;http://repositorio.ipea.gov.br/handle/11058/1932&gt;. Acesso em: 5 nov. 2021.

[15] NIEBUHR, Pedro de Menezes. *Processo administrativo ambiental*. 3. ed. rev., ampl. e atual. Belo Horizonte: Fórum, 2021. p. 150; 195; 285.

[16] PROGRAMA DAS NAÇÕES UNIDAS PARA O MEIO AMBIENTE – PNUMA. *Environmental Rule of Law*: First Global Report. Nairóbi, Kenya, 2019. p. 2. Disponível em: https://www.unep.org/resources/assessment/environmental-rule-law-first-global-report. Acesso em: 10 nov. 2022.

[17] PROGRAMA DAS NAÇÕES UNIDAS PARA O MEIO AMBIENTE – PNUMA. *Environmental Rule of Law*: First Global Report. Nairóbi, Kenya, 2019. p. 2. Disponível em: https://www.unep.org/resources/assessment/environmental-rule-law-first-global-report. Acesso em: 10 nov. 2022.

regulatórios avançados, entre estes, os sistemas e programas de integridade e *compliance* lidos pelo viés socioambiental e orientados por padrões ESG.[18]

Trata-se de uma estratégia para que as atividades econômicas significativamente impactantes ou capazes, sob qualquer forma, de causar degradações sejam alinhadas e conformadas aos deveres e objetivos constitucionais de proteção e preservação socioambiental e de desenvolvimento nacional sustentável (art. 225 c/c art. 170, CF/88). E um dos principais instrumentos regulatórios para essa estratégia é o licenciamento.

## 1.2 Licenciamento ambiental: funções e importância no Brasil

Dentro do referido modelo regulatório, o processo administrativo de licenciamento ambiental representa instrumento cuja função e aplicação afirmam toda sua importância estrutural e estratégica para a consecução dos objetivos expressamente almejados pelo texto constitucional de 1988, entre eles, de proteção ao meio ambiente ecologicamente equilibrado e de fomento ao desenvolvimento nacional sustentável.

Para além da função ambiental, o licenciamento representa um mecanismo diretamente relacionado com os objetivos de desenvolvimento do país, pois incide sobre a regulação da infraestrutura e de serviços públicos, das obras públicas, de empreendimentos privados com relevantes impactos sociais, econômicos e políticos, e da consecução e atingimento de grande parte das principais políticas públicas nacionais.

Do mesmo modo como ocorre com as licitações e os contratos administrativos, cujo contexto no Brasil vem avançando com estratégias regulatórias de integridade e *compliance* (reflexo do protagonismo que as compras públicas representam), o licenciamento ambiental, sobretudo o relativo a grandes obras, empreendimentos ou atividades, adquire cada vez mais relevância na realidade político-jurídica brasileira, mesmo diante de suas fragilidades e das lacunas históricas e estruturais.

Cabe referir que as relações político-econômicas internacionais estabelecidas pelo Estado brasileiro vêm sendo relacionadas de algum modo ao quadro regulatório em matéria de proteção do meio ambiente e

---

[18] Neste sentido, conferir: PEIXOTO, Bruno Teixeira. *Compliance no Direito Ambiental*: licenciamento, ESG e regulação. Belo Horizonte: Fórum, 2023.

de fomento ao desenvolvimento nacional sustentável. Exemplo disso está na manifestação da Organização para Cooperação e Desenvolvimento Econômico (OCDE) condicionando o ingresso do Brasil no bloco à melhoria regulatória socioambiental. Outro é a ratificação do Acordo União Europeia e Mercosul, que se arrasta por mais de duas décadas, cujas discussões mais recentes se concentram nas obrigações e compromissos socioambientais que o Brasil deverá cumprir e desempenhar para que o referido acordo seja de fato ratificado.

Por tudo isso, notória a relevância dos licenciamentos, vez que, como aponta Farias, é justamente através deles que as atividades econômicas (públicas ou privadas) deverão cumprir com a sua função social, especialmente no que diz respeito ao meio ambiente e à qualidade de vida da coletividade,[19] o que denota a importância desse instrumento para a sociedade e o desenvolvimento nacional sustentável.

Segundo Niebuhr, os processos de licenciamento ambiental são os mais efetivos meios de controle prévio de proteção do ambiente disponibilizados pelo Direito Administrativo, do qual o Direito Ambiental faz uso. Por meio deles que a Administração Pública aprofunda o exame das circunstâncias e dos pormenores da atividade econômica pretendida pelo titular da pretensão, na tentativa de antecipar os riscos e os impactos que ela seja capaz de causar no meio ambiente, envolve, portanto, um literal juízo de prognose.[20]

Na linha de Volotão, os objetivos regulatórios do Estado brasileiro, ligados à promoção do desenvolvimento econômico e social e à melhoria da qualidade de vida, seriam indissociáveis das atividades de proteção do meio ambiente e conservação dos recursos naturais, não havendo dúvidas de que o licenciamento ambiental é o principal instrumento de atuação do Estado no tema no Brasil.[21]

Em termos práticos, relatório de 2020 do Instituto Brasileiro do Meio Ambiente e dos Recursos Naturais Renováveis (Ibama) indica, em nível federal, somente no mês de dezembro de 2019, a tramitação de cerca de 2.700 processos de licenciamento ambiental, entre eles, 465

---

[19] FARIAS, Talden. *Licenciamento ambiental*: aspectos teóricos e práticos. 7. ed. Belo Horizonte: Fórum, 2019. p. 188.
[20] NIEBUHR, Pedro de Menezes. *Processo administrativo ambiental*. 3. ed. rev., ampl. e atual. Belo Horizonte: Fórum, 2021. p. 168.
[21] VOLOTÃO, Romilson de Almeida. *Direito regulatório, governança e licenciamento ambiental*: soluções para o aperfeiçoamento do licenciamento ambiental brasileiro. 1. ed. Curitiba: Juruá, 2016. p. 47-48.

envolvendo estruturas rodoviárias, 72 usinas termelétricas, 83 usinas hidrelétricas, 119 de petróleo e gás, 28 de mineração e 261 ligados a instalações nucleares ou radioativas, entre outras atividades.[22]

Quanto à repercussão econômica, o mesmo relatório do Ibama cita que sob competência federal restaram viabilizados em 2019 pelo menos R$160 bilhões de reais em investimentos pelas atividades licenciadas, destinando-se, sob exigências de responsabilidade ambiental, cerca de R$230 milhões de reais para unidades de conservação em todo o país, por meio da compensação ambiental,[23] números que sublinham o protagonismo do licenciamento ambiental no Brasil.

Por meio do processo administrativo de licenciamento ambiental, a meta é fazer com que, mediante o embasamento de análises técnicas e de avaliações de impacto ambiental, os impactos positivos possam ser aumentados e os negativos evitados, diminuídos ou compensados. O impacto ambiental referido diz respeito às questões de ordem biológica, física, química, cultural, econômica, social, estética e sanitária, haja vista que o licenciamento deve levar em conta também as variáveis culturais, econômicas e sociais.[24] Portanto, pensar em licenciamento remete invariavelmente a aspectos e fatores ambientais, sociais e de governança, como pela pauta da agenda ESG.

Sob um enfoque crítico, Bronz adverte que no Brasil o significativo aumento do número de licenças ambientais concedidas denotaria a importância crescente dos espaços e dos arranjos que se criam em torno das políticas ambientais e dos licenciamentos. Os instrumentos da política ambiental brasileira que regulam os grandes empreendimentos estariam coadunados com diretrizes e políticas internacionais formuladas por agências multilaterais e por instituições financeiras internacionais, que regulam o mercado empresarial e os interesses dos Estados.[25]

---

[22] INSTITUTO BRASILEIRO DO MEIO AMBIENTE E DOS RECURSOS NATURAIS RENOVÁVEIS – IBAMA. *Relatório de atividades 2019*: Licenciamento ambiental federal. Brasília, 2020. p. 8. Disponível em: http://www.ibama.gov.br/phocadownload/licenciamento/relatorios/2019-ibama-relatorio-licenciamento.pdf. Acesso em: 2 dez. 2021.

[23] INSTITUTO BRASILEIRO DO MEIO AMBIENTE E DOS RECURSOS NATURAIS RENOVÁVEIS – IBAMA. *Relatório de atividades 2019*: Licenciamento ambiental federal. Brasília, 2020. p. 11. Disponível em: http://www.ibama.gov.br/phocadownload/licenciamento/relatorios/2019-ibama-relatorio-licenciamento.pdf. Acesso em: 2 dez. 2021.

[24] FARIAS, Talden. *Licenciamento ambiental*: aspectos teóricos e práticos. 7. ed. Belo Horizonte: Fórum, 2019. p. 21-22.

[25] BRONZ, Deborah. *Nos bastidores do licenciamento ambiental*: uma etnografia das práticas empresariais em grandes empreendimentos. 1. ed. Rio de Janeiro: Contracapa, 2016. p. 21-22.

Dessa maneira, o processo administrativo de licenciamento ambiental configura o instrumento de regulação para a análise, a aprovação e a execução de atividades econômicas, obras ou empreendimentos, públicos ou privados, que, segundo o art. 2º, I, da Lei Complementar Federal nº 140 de 2011, é destinado a "licenciar atividades ou empreendimentos utilizadores de recursos ambientais, efetiva ou potencialmente poluidores ou capazes, sob qualquer forma, de causar degradação ambiental".[26]

Os riscos e impactos que uma grande atividade ou empreendimento poderão causar dependerão de aspectos relacionados ao porte do empreendimento e a sua característica, mas também das condições sociais, políticas e institucionais dos locais onde se pretende instalar determinado projeto.[27] Confirma-se, assim, a complexidade da regulação e controle de toda a gama de impactos existentes no licenciamento ambiental, desde sua fase inicial, de desenvolvimento, até a ordem de sua finalização.

É por meio do licenciamento ambiental que são concedidas as licenças ambientais, atos administrativos que concedem o direito de exercer toda e qualquer atividade econômica utilizadora de recursos ambientais, efetiva ou potencialmente poluidora.[28] Apesar desse protagonismo social, econômico e regulatório, tem-se visto sobre o licenciamento questões como corrupção e fraude, falta de transparência, de acesso à informação, de participação e de incentivos, fatores que vêm afetando políticas e normas de proteção socioambiental e de sustentabilidade no Brasil.

Por essas e outras razões que, nos estudos prévios, na instalação, no controle e na operação dos grandes empreendimentos e atividades, o licenciamento ambiental não pode (nem deve) prescindir de instrumentos, políticas e estratégias regulatórias que considerem o mais amplo espectro de efeitos ambientais, sociais e de governança.

Contudo, como restou demonstrado, o modelo institucional da regulação socioambiental no Brasil ainda permanece vinculado à ação

---

[26] BRASIL. Presidência da República. *Lei Complementar nº 140, de 8 de dezembro de 2011*. Brasília, 2011. Disponível em: http://www.planalto.gov.br/ccivil_03/leis/lcp/lcp140.htm. Acesso em: 20 jun. 2022.
[27] HAFNER, Andrea Margrit. *O licenciamento ambiental na prática*. 1. ed. Curitiba: Appris, 2017. p. 16.
[28] FARIAS, Talden. *Licenciamento ambiental*: aspectos teóricos e práticos. 7. ed. Belo Horizonte: Fórum, 2019. p. 158.

unilateral estatal dos órgãos e entidades competentes, dependente do poder de polícia administrativa e sustentado pela abordagem de comando e controle. Uma estratégia que não vem demonstrando êxito em mapear os riscos e controlar e combater a geração de danos socioambientais, especialmente em licenciamentos ambientais de grandes atividades econômicas, obras ou empreendimentos em todos os níveis federativos no Brasil.

Justamente por isso que, entre os diversos requisitos do licenciamento, surge potencial espaço para a aplicação e o fomento da implantação de sistemas e programas contínuos voltados à integridade e à conformidade (*compliance*) em matéria socioambiental e de padrões ESG. Trata-se de aplicação pertinente para composição conjunta com as análises e exigências do licenciamento ambiental e, consequentemente, dos termos e diretrizes que se relacionam com as condicionantes para expedição das licenças ambientais competentes, o que será tratado no último tópico desta análise.

Antes do enfrentamento desta aplicabilidade, é fundamental destacar a compatibilidade existente entre os programas de integridade e *compliance*, a agenda ESG e a necessidade de avanços sobre as estratégias regulatórias na pauta socioambiental brasileira.

## 2 Programas de integridade e *compliance*, agenda ESG e a necessidade de novas estratégias regulatórias em matéria socioambiental

Neste segundo tópico, serão abordadas as perspectivas que os programas de integridade e *compliance* possuem, na forma de instrumentos de estratégia regulatória sob abordagem de autorregulação regulada, para a prevenção, a apuração, o controle e a reparação de irregularidades e ilícitos em matéria socioambiental, assim como para o para o fomento e a aplicação de diretrizes da agenda ESG nos grandes licenciamentos.

### 2.1 *Compliance*, integridade e sua instrumentalização

Quando se trata da vasta temática do *compliance*, é fundamental ter em mente que tal instituto, termo ou conceito, mesmo que através de sua vertente técnica ou jurídica, invariavelmente remete a diversas significações, funções e aplicações. A sua concepção não é exaustiva entre autores e estudiosos da área, tampouco em definições de políticas e normas, não só no Brasil, mas ao redor do mundo.

Por essa razão que nesta análise será privilegiada a distinção entre o conceito de *compliance*, oriundo da língua inglesa "*to comply*" e sinônimo da ação e/ou estado de estar em conformidade ou de acordo com algum padrão técnico ou normativo, e o significado de sua aplicação e específica instrumentalização em uma organização pública ou privada, por meio de um conjunto de procedimentos, mecanismos e políticas, articulação esta que seria representada e concretizada através do que se concebe como programa de *compliance*, de conformidade ou de cumprimento.

Referida instrumentalização do *compliance* ocorreria quando, em uma pessoa jurídica, pública ou privada, ou ente coletivo despersonalizado, se busque aplicar, desenvolver e fomentar referida conformidade por meio de planos, políticas, medidas, mecanismos, ferramentas, códigos, diretrizes, entre outras iniciativas, com o objetivo do atingimento de um desempenho organizacional ético e sob estrito cumprimento legal.

Trata-se, na maioria dos casos, do desenvolvimento de programas de *compliance* ou de conformidade, ligados, de modo geral, à conjunção articulada e estruturada de iniciativas em prol de almejada conformidade com algum objetivo, regulamento (interno ou externo), política, norma jurídica ou técnica, em uma organização pública ou privada, iniciativa a ser pautada pela ética, integridade e probidade dos agentes, internos ou externos, e de toda a estrutura que compõe a organização.

Quanto à função principal atribuída ao *compliance*, Parsons Miller indica, de modo geral, ser uma forma estruturada de aplicação de normas internalizadas nas organizações públicas ou privadas para garantir que seus funcionários e outros associados não violem regras, regulamentos ou normas aplicáveis.[29]

Na linha exposta por Schramm,[30] o conceito de *compliance* poderia assim ser aplicado, de forma específica, a cada um dos diversos microssistemas jurídicos, sobretudo àqueles com regulação específica, como *tax compliance*, voltados à conformidade tributária, *criminal compliance*, associados à lavagem de dinheiro e aos crimes contra a ordem econômica,

---

[29] MILLER, Geoffrey Parsons. The compliance function: an overview. *In*: GORDON, Jeffrey N.; RINGE, Wolf-George. *The Oxford Handbook of Corporate Law and Governance*. Oxford: Oxford University Press, 2018. p. 981, tradução livre.

[30] Cabe destacar a posição de Schramm, para a qual, ainda que se cogitem as diferentes aplicações, a base conceitual dos programas de *compliance* manter-se-ia a mesma.

*compliance* ambiental – contexto desta análise –, sem falar nos programas na indústria farmacêutica, bancos e instituições financeiras.[31]

Quanto ao termo *integridade* – que é amplamente ligado ao *compliance* –, sua conceituação ainda deteria distinção à conformidade ou *compliance*, uma vez que integridade, segundo Soares *et al.*, seria mais abrangente do que "apenas" seguir o que está padronizado e, sim, remeteria a uma boa governança, uma conduta ética enraizada, à transparência nos negócios e à lisura organizacional.[32]

Conforme Zenkner, integridade implica a exata correspondência entre os relevantes valores morais e a realização desses valores no momento em que, diante das situações-problema do dia a dia, uma escolha é reclamada para que uma ação ou omissão sejam realizadas. A integridade, por esse viés, se distinguiria da ética, pois, enquanto a ética traz conotações filosóficas, a integridade se preocupa com o comportamento diário das pessoas e com o processo de tomada de decisões.[33]

Considerada a importância da pauta de integridade e *compliance* nas organizações, especialmente na prevenção e combate à corrupção e à fraude, a questão não deveria ser tratada sob a ótica de meros "programas", mas, sim, observada pelo viés de um "sistema", tanto no setor público como no privado.[34]

Para Carneiro e Júnior, a experiência estrangeira, somada aos casos de corrupção e de fraude, repercutiu na consolidação desses programas de integridade e *compliance* para além do setor privado, invadindo o setor público em todas as esferas no Brasil.[35]

Na regulação brasileira, esses programas têm previsão no art. 56, do Decreto federal nº 11.129/2022, que regulamenta a Lei Anticorrupção (Lei nº 12.846/2013):

---

[31] SCHRAMM, Fernanda Santos. *Compliance nas contratações públicas*. 1. ed. Belo Horizonte: Fórum, 2019. p. 166.

[32] SOARES, Fábio Lopes (Coord.); STROBEL, Carolina; GOMES, Marcelo Borowski; PEDRO, Wagner Osti. *Compliance*: fundamentos e reflexões sobre integridade nas empresas. 1. ed. Rio de Janeiro: Lumen Juris, 2021. p. 31-32.

[33] ZENKNER, Marcelo. *Integridade governamental e empresarial*: um espectro da repressão e da prevenção à corrupção no Brasil e em Portugal. 1. ed. Belo Horizonte: Fórum, 2019. p. 46.

[34] ZENKNER, Marcelo. Sistemas públicos de integridade: evolução e modernização da Administração Pública brasileira. *In*: ZENKNER, Marcelo; CASTRO, Rodrigo Pironti de (Coord.). *Compliance no setor público*. 1. ed. Belo Horizonte: Fórum, 2020. p. 188.

[35] CARNEIRO, Claudio; SANTOS JÚNIOR, Milton de Castro. *Compliance e boa governança pública e privada*. 1. ed. Curitiba: Juruá, 2018. p. 153.

Art. 56. Para fins do disposto neste Decreto, programa de integridade consiste, no âmbito de uma pessoa jurídica, no conjunto de mecanismos e procedimentos internos de integridade, auditoria e incentivo à denúncia de irregularidades e na aplicação efetiva de códigos de ética e de conduta, políticas e diretrizes, com objetivo de:
I - prevenir, detectar e sanar desvios, fraudes, irregularidades e atos ilícitos praticados contra a administração pública, nacional ou estrangeira; e
II - fomentar e manter uma cultura de integridade no ambiente organizacional.[36]

Em sua estrutura, o mesmo decreto, pelos quinze incisos do seu art. 57, define desde o comprometimento da alta direção da organização (inc. I), passando por padrões de conduta e ética (inc. II) e pela gestão de riscos (inc. V), chegando até os canais de denúncia (inc. X) e as diligências apropriadas em contratações de terceiros (inc. XII),[37] parâmetros mínimos que servem para a avaliação desses programas como atenuantes nas sanções aplicáveis em infrações definidas pela Lei Federal nº 12.846/2013 (Lei Anticorrupção).

Dessa maneira, sistemas e programas de integridade e *compliance* vêm sendo consolidados nos últimos anos, em nível nacional e internacional, como mecanismos voltados à prevenção, detecção, reparação de irregularidades, desvios, fraudes e ilícitos nas mais diversas áreas e ambientes regulatórios, além de estarem assentados no fomento da cultura da ética, da integridade e do interesse público ou, para o setor privado, da boa governança corporativa, eficiência organizacional e da conformidade.

Com a ascensão do tema, especialistas apontam, inclusive, para o irrompimento de um direito da Conformidade, o conjunto de regras, institutos e estruturas de direito que se articulam sob um sistema, com a finalidade do expurgo da desconformidade, da inobservância de comandos de normas jurídicas, cuja consequência é a causação de danos à Administração Pública ou à própria empresa ou organização.[38]

---

[36] BRASIL. Presidência da República. *Decreto nº 11.129, de 11 de julho de 2022*. Brasília, 2022. Disponível em: http://www.planalto.gov.br/ccivil_03/_ato2019-2022/2022/decreto/D11129.htm. Acesso em: 13 nov. 2022.
[37] BRASIL. Presidência da República. *Decreto nº 11.129, de 11 de julho de 2022*. Brasília, 2022. Disponível em: http://www.planalto.gov.br/ccivil_03/_ato2019-2022/2022/decreto/D11129.htm. Acesso em: 13 nov. 2022.
[38] WARDE, Walfrido; SIMÃO, Valdir Moysés. *Leniência*: elementos do direito da conformidade. 1. ed. São Paulo: Contracorrente, 2019. p. 15.

Dito isso, pensando-se a respeito das estratégias regulatórias à disposição do Estado, o crescimento da regulamentação dos sistemas e programas de integridade e *compliance* está relacionado à abordagem denominada de autorregulação regulada.

Conforme Darnaculleta i Gardella, a autorregulação regulada é um novo instrumento de regulação experimentado pelo Estado em uma fase de transformação deste, em que, com caráter geral, os instrumentos imperativos de ação são substituídos ou complementados por instrumentos técnicos de uma regulação tida como indireta. Através dela, a Administração Pública supervisiona a ação ou omissão de agentes privados na aprovação e aplicação de normas e controles privados dedicados ao cumprimento de tais normas e regulamentos.[39]

Sob a perspectiva específica da regulação socioambiental, o instituto do *compliance*, aponta Saraiva, assim como no âmbito das políticas regulatórias anticorrupção e fraude ao redor do mundo, passou a representar, em uma organização pública ou privada, um conjunto de deveres juridicamente relevantes, além de conter regras técnicas e éticas incidentes no determinado setor em que esteja inserida, que devam ser cumpridos por toda a estrutura, colaboradores e atividades da organização.[40]

É justamente em razão da já mencionada limitação da regulação de comando e controle tradicional que se fazem necessárias novas formas de atuação estatal para prevenção a infrações e ilícitos socioambientais, fortalecendo o protagonismo do desenvolvimento de programas de *compliance* na área ambiental.[41]

O programa de integridade e *compliance*, sob a lente do Direito Ambiental, traz perspectiva que rompe com os aportes racionais microeconômicos comumente projetados na forma jurídica do *compliance*. Vistos dessa maneira, tais programas podem cumprir função maior do que simples conotação de eficiência e transparência. Neles, está igualmente

---

[39] DARNACULLETA I GARDELLA, Maria Mercé. *Autorregulación y derecho público*: la autorregulación regulada. 1. ed. Madrid: Marcial Pons, 2005. p. 80.

[40] SARAIVA, Renata Machado. *Criminal compliance como instrumento de tutela ambiental*: a propósito da responsabilidade penal de empresas. 1. ed. São Paulo: LiberArs, 2018. p. 120-122.

[41] PEIXOTO, Bruno Teixeira; BORGES, Luiz Fernando Rossetti; CODONHO, Maria Leonor Paes Cavalcanti Ferreira. Compliance ambiental: da sua origem às novas perspectivas jurídicas de proteção do meio ambiente. *Revista de Direito Ambiental*, São Paulo, ano 26, v. 101, p. 55-83, jan./mar. 2021. p. 63.

inserida função atrelada à ordem social e econômica constitucional e aos seus objetivos correlatos – de política econômica estrutural.[42]

Para Pereira e Rodrigues, a esfera pública, o mercado, constituído por fornecedores e consumidores, e toda a sociedade vêm exigindo a referida integridade e conformidade ou *compliance* ambiental de organizações públicas, e, com ainda mais ênfase, das empresas privadas com maiores impactos ambientais.[43]

Conforme Inês Soares e Otávio Venturini, convencionou-se chamar de *compliance* ambiental o programa de conformidade (*compliance*) que se destina a prevenir, detectar ou mesmo sanar desvios, fraudes e irregularidades relativos a atuações consideradas impactantes ao meio ambiente sadio e ecologicamente equilibrado.[44]

Assim é que instrumentos de governança organizacional, como programas de integridade e *compliance*, em razão da crescente exigência de responsabilidade social de empresas e organizações, adentram o campo da conformidade com padrões e normas ambientais, confirmando a pressão exercida pela sociedade a fim da proteção de bens jurídicos relevantes e de interesse coletivo, como o meio ambiente ecologicamente equilibrado e a mitigação das mudanças climáticas.[45]

É a partir da sua ampla possibilidade de aplicação nos mais variados contextos regulatórios que os sistemas e programas de integridade e *compliance* detêm a especial potencialidade para a prevenção, detecção, combate e reparação de irregularidades, atos de corrupção, fraude e demais ilícitos e danos em matéria socioambiental, assim como para a difusão e o fomento da gestão de padrões e diretrizes da atual agenda ESG.

---

[42] PEIXOTO, Bruno Teixeira; MEDEIROS, José Augusto. Exigir compliance ambiental da Vale é questão de direito econômico. *Jota*, 22 dez. 2019. Disponível em: https://www.jota.info/opiniao-e-analise/artigos/exigir-compliance-ambiental-da-vale-e-questao-de- direito-economico-22122019. Acesso em: 12 nov. 2022.

[43] PEREIRA, Flávio de Leão Bastos; RODRIGUES, Rodrigo Bordalo. Compliance em direitos humanos, diversidade e ambiental. *In*: NOHARA, Irene Patrícia; ALMEIDA, Luiz Eduardo de (Coord.). *Coleção de compliance VI*. 1. ed. São Paulo: Thomson Reuters Brasil, 2021. p. 358.

[44] SOARES, Inês Virgínia Prado; VENTURINI, Otávio. Compliance ambiental: um horizonte muito além do combate à corrupção. *Conjur*, 13 fev. 2022. Disponível em: https://www.conjur.com.br/2022-fev-13/publico-pragmatico-compliance-ambiental-horizonte-alem-combate-corrupcao. Acesso em: 5 de jun. 2022.

[45] SARAIVA, Renata Machado. *Criminal compliance como instrumento de tutela ambiental*: a propósito da responsabilidade penal de empresas. 1. ed. São Paulo: LiberArs, 2018. p. 127.

## 2.2 A agenda ESG e o papel dos programas de integridade e *compliance*

Em relação à onda da agenda ESG (*Environmental, Social and Governance*), acrônimo em inglês para os fatores ambiental, social e governança (ASG), trata-se de crescente e notória realidade regulatória no cenário brasileiro e mundial, cujos efeitos forçam os setores público e privado a se adaptarem e instituírem estruturas, mecanismos e regulamentações que possam imprimir adesão e concretização a tais valores.

O irrompimento da agenda ESG tem como registro principal o ano de 2004, com o relatório *Who Cares Wins*, do Pacto Global da ONU e do Banco Mundial. Neste relatório, a estratégia ou padrão ESG estaria conceituada, de modo amplo, como "a integração e incorporação dos aspectos ambientais, sociais e de governança na gestão e nas tomadas de decisão, assim como para aferição e critérios em investimentos sustentáveis e favoráveis a todas as partes interessadas".[46]

Mais recentemente, atores estratégicos do mercado financeiro mundial, diante do agravamento dos riscos das mudanças climáticas e da eclosão da pandemia do coronavírus, passaram a exaltar, em critérios de investimento e de financiamentos, os impactos ESG, ligados aos aspectos e fatores ambientais, sociais e de governança das empresas e dos projetos analisados, pauta que retoma a discussão do desenvolvimento sustentável e da sustentabilidade tanto na área pública como privada.

Como destaca Ricardo Voltolini, nunca as questões ambientais, sociais e de governança deixaram de ser importantes – nem poderia ser diferente, dada a grave circunstância de aumento das emissões de gases de efeito estufa e de esgotamento dos recursos naturais. A agenda ESG, então, vem realçar o fato de que empresas que usam recursos naturais com equilíbrio, que impedem a corrupção, que promovem Direitos Humanos e que geram valor para todos os *stakeholders* representam melhores investimentos. ESG passou a ser sinônimo de investimento seguro e responsável.[47]

Nessa perspectiva de redefinições sobre a governança e a gestão de organizações públicas ou privadas, os programas de integridade e

---

[46] ORGANIZAÇÃO DAS NAÇÕES UNIDAS – ONU. *The Global Compact*. Who Cares Wins: Connecting Financial Markets to a Changing World. Dez. 2004. p. 22. Disponível em: https://www.unepfi.org/fileadmin/events/2004/stocks/who_cares_wins_global_compact_2004.pdf. Acesso em: 25 jul. 2022. Tradução livre.

[47] VOLTOLINI, Ricardo. *Vamos falar de ESG?*: provocações de um pioneiro em sustentabilidade empresarial. 1. ed. Belo Horizonte: Voo, 2021. p. 16-17.

*compliance* detêm o potencial de servir como instrumento de prevenção, detecção e correção de irregularidades e violações em matéria socioambiental, também passam a poder aliar os objetivos e ações de gestão, monitoramento e fomento dos padrões e diretrizes ESG.

Toda a iniciativa que em uma organização ou empresa seja identificada como ESG (*Environmental, Social and Governance*), ou seja, que previna, controle e mitigue os impactos ambientais (resíduos sólidos, eficiência energética, emissões poluentes, conformidade técnica e legal ambiental, entre outros), sociais (políticas internas para agentes internos e parceiros, conformidade com normas trabalhistas, consumeristas e proteção de minorias) e de governança (política de governança anticorrupção e fraude, gestão de cargos e salários, conformidade e integridade com legislação societária, empresarial e tributária, entre outros), deverá remeter e ter sua concepção e execução alinhadas à função social da empresa (art. 170, III, CF/88), agregada à proteção ao meio ambiente em seu teor (art. 170, VI, CF/88), inclusive, também à proteção e defesa do consumidor (art. 170, V, CF/88), valorizando a justiça social e a dignidade humana.

No âmbito das atividades econômicas efetivas ou potencialmente poluidoras ou capazes, sob qualquer forma, de causarem degradação do meio ambiente, especialmente quando presentes a exigência de EIA/Rima, a implementação de um efetivo programa de integridade e *compliance*, pautado por padrões ESG, torna-se fundamental, não só para a prevenção a danos, como também para o próprio monitoramento e controle da obra, atividade ou empreendimento licenciado.[48]

Cabe salientar que a corrupção – um dos escopos principais dos programas de integridade e *compliance* e diretriz estratégica na agenda ESG, segundo a Transparência Internacional Brasil, é hoje fator de pressão no plano socioambiental sobre decisões de grandes obras – apesar dos seus riscos e impactos –, viabilizando interferências no licenciamento ambiental, agravando impactos diretos e indiretos (incluindo aqueles sofridos por povos indígenas, comunidades tradicionais e demais grupos afetados) e gerando problemas na gestão dos recursos voltados à mitigação e à compensação.[49]

---

[48] PEIXOTO, Bruno Teixeira. Compliance ESG no licenciamento ambiental. *Jota*, 13 maio 2021. Disponível em: https://www.jota.info/opiniao-e-analise/artigos/compliance-esg-no-licenciamento-ambiental-13052021. Acesso em: 24 out. 2022.

[49] TRANSPARÊNCIA INTERNACIONAL BRASIL – TIBR. *Novas medidas contra a corrupção e sua relevância para temas socioambientais*. São Paulo, 2021. p. 5-6. Disponível em: https://dev.

Nesse contexto, a exploração dos padrões ESG tem, na figura dos sistemas e programas de integridade e *compliance*, um instrumento propulsor e concretizador, capaz de proporcionar a estrutura mínima necessária para que os fatores ambientais, sociais e de governança sejam mensurados, geridos e aperfeiçoados, em especial quando exigidos, fomentados ou recomendados em grandes licenciamentos ambientais.

Entre os diversos *frameworks* e *standards* da agenda ESG que podem ser alinhados com os programas de integridade e *compliance*, destacam-se os seguintes: i) as normas e padrões da *Global Reporting Initiative* (GRI) para relato e reporte, com tópicos especiais de ordem econômica (GRI 200), ambiental (GRI 300) e social (GRI 400); ii) as normas ABNT ISO 14.001/2015, de Sistemas de Gestão Ambiental (SGA), ISO 26.000/2010, de Responsabilidade Social Corporativa, ISO 31.000/2018, de Gestão de Riscos, ISO 37.000/2021, de Governança de Organizações, a ISO 37.301/2021, de Sistemas de Gestão de *Compliance*, a Prática Recomendada ABNT PR 2030:2022 ESG – Conceitos, diretrizes e modelo de avaliação e direcionamento para organizações; iii) padrões SASB (*Sustainability Accounting Standards Board*) e iv) os 17 Objetivos de Desenvolvimento Sustentável (ODS), da ONU; entre outras diretrizes.

Como adverte Leite, o controle e atuação preventivos permanecem sendo pouco aplicados atualmente pela regulação do Poder Público, apesar de este dispor de aparato normativo ambiental viável, especialmente no Brasil. É evidente quando, depois de concedido o licenciamento ambiental, não se prosseguem os atos de monitoramento e de fiscalização, em um procedimento contínuo e necessário à preservação ambiental, não havendo razão para que não se utilizem outras formas avançadas de gestão e controle ambiental, em complemento das estruturas rígidas tradicionais de comando e controle,[50] exatamente a perspectiva defendida nesta análise para o fomento do *compliance* ESG.

Por todas as questões levantadas, evidente a potencial perspectiva que programas de integridade e *compliance* possuem no âmbito da regulação em matéria socioambiental, servindo, inclusive, de impulso para que empresas e organizações, públicas ou privadas, alinhem-se aos padrões e diretrizes da agenda ESG, sobretudo àquelas sujeitas ao

---

transparenciainternacional.org.br/publicacoes/novas-medidas-contra-a-corrupcao-e-sua-relevancia-para-temas-socioambientais/. Acesso em: 5 jun. 2022.

[50] LEITE, José Rubens Morato. Sociedade de risco e Estado. *In*: CANOTILHO, José Joaquim Gomes; LEITE, José Rubens Morato (Org.). *Direito constitucional ambiental brasileiro*. 6. ed. São Paulo: Saraiva, 2015. p. 185.

licenciamento ambiental de atividades potencialmente poluidoras ou causadoras de significativas degradações e impactos socioambientais.

## 3 Perspectiva de implementação de *compliance* ESG nos licenciamentos ambientais de grandes atividades, obras e empreendimentos

Neste terceiro tópico, objetiva-se verificar as potenciais e concretas possibilidades de se fomentar a implementação de programas de integridade e *compliance*, orientados por padrões ESG, no âmbito dos processos administrativos de licenciamento ambiental de grandes obras, atividades e empreendimentos potencialmente poluidores ou com significativos impactos socioambientais.

No Brasil, a gestão nos licenciamentos ambientais precisa de aprimoramentos substanciais para que haja migração efetiva do modelo burocrático vigente para uma visão gerencial, tendo em vista a necessidade urgente de conferir maior ênfase à efetividade do instrumento do que ao seu trâmite processual. De um modo geral, faz-se necessário fortalecer os instrumentos de gestão, por exemplo, que, quando existentes, são pouco considerados na formulação de políticas, planos e programas governamentais ligados aos licenciamentos ambientais.[51]

No âmbito do licenciamento ambiental, aponta Oliveira, ainda há o problema intimamente ligado à ausência da efetiva participação social, visto que, apesar da existência de um ordenamento jurídico que garanta a participação da sociedade nos empreendimentos danosos ao meio ambiente, permanece ineficaz o controle a coibir a prática de atos de corrupção e de improbidade administrativa, vez que a participação da sociedade se encontra apenas na legislação, não se efetivando na prática cotidiana.[52]

---

[51] HOFMANN, Rose Mirian. Gargalos do licenciamento ambiental federal no Brasil. *In*: COSTA, Marco Aurélio; KLUG, Letícia Beccalli; PAULSEN, Sandra Silva (Org.). *Licenciamento ambiental e governança territorial*: registros e contribuições do seminário internacional. Rio de Janeiro: Ipea, 2017. p. 41.

[52] OLIVEIRA, Warley Ribeiro. *A corrupção nos processos administrativos de licenciamento ambiental*. Dissertação (Mestrado) – Escola Superior Dom Helder Câmara, Belo Horizonte, 2018. p. 15.

Como alerta a Transparência Internacional Brasil,[53] os licenciamentos e a agenda socioambiental e climática como um todo são profundamente afetados pela corrupção, a fraude e a falta de gestão e governança transparente, participativa e eficiente. Esses fatores são tanto objetivos principais dos programas de integridade e *compliance* como especiais diretrizes que integram e são cruciais para os padrões ESG contemporâneos.

Consideradas suas dimensões social, econômica, política e jurídica, no processo administrativo de licenciamento ambiental haveria uma função regulatória capaz de induzir e modificar padrões de comportamento dos agentes econômicos e das estruturas das atividades econômicas que possuam significativos impactos ou degradações ao meio ambiente. Trata-se de um aspecto que detém evidente potencial de incrementar mecanismos de integridade e conformidade (*compliance*) ambiental e de difusão de padrões e diretrizes da agenda ESG (*Environmental, Social and Governance*).

Em razão dessas perspectivas, e consideradas as funções dos licenciamentos ambientais no Brasil, quais sejam, i) da proteção ao meio ambiente ecologicamente equilibrado, ii) da regulação e controle sobre atividades, obras e empreendimentos com impactos, potenciais ou concretos, capazes de gerar degradações significativas, iii) de compatibilizar o exercício das atividades econômicas com as políticas e normas socioambientais e iv) de promover o desenvolvimento social, econômico e ambiental sustentável, as exigências e requisitos de programas de integridade e *compliance* no tema ESG, se fomentados no licenciamento ambiental, deteriam a capacidade de influenciar o ambiente regulatório dos principais setores e agentes econômicos sujeitos ao referido instrumento no Brasil.

Como assinalam Kokke e Andrade, a abertura para fixação de exigências vinculadas ao exercício do *compliance* ambiental, como exemplo, em termos de referência ligados a licenciamentos ambientais de atividades ou empreendimentos, prescindirá, inclusive, de lei específica ou mesmo de maior delimitação em decreto. Isso porque, trata-se de uma abertura abarcada pela Lei Federal nº 6.938/81, art. 9º, o qual possui caráter extensivo e aberto para outros instrumentos econômicos

---

[53] TRANSPARÊNCIA INTERNACIONAL BRASIL – TIBR. *Atlas de clima e corrupção*. São Paulo, 2022. p. 8-9. Disponível em: https://comunidade.transparenciainternacional.org.br/atlas-clima-e-corrupcao. Acesso em: 16 nov. 2022.

que se agreguem para fins de implementação da Política Nacional do Meio Ambiente (PNMA).[54]

Não obstante seu viés de comando e controle, é necessário que o licenciamento interaja com os instrumentos econômicos de política ambiental, como o pagamento por serviços ambientais, os programas de integridade e *compliance* e o seguro ambiental, entre outros, incentivando a adoção de comportamentos ecologicamente adequados, inclusive às vezes podendo ir além daquilo que a legislação exige, garantindo uma proteção ambiental ainda maior.[55]

Para atividades, obras ou empreendimentos dotados de significativos impactos e degradações, os estudos ambientais cabíveis (EIA/Rima), as licenças e o próprio licenciamento deverão ser analisados e considerar, nos elementos de controle e mitigação, os reflexos não apenas ambientais (biota, flora, fauna e recursos naturais), mas também – e sobretudo – aspectos sociais, econômicos e estruturais, a serem igualmente abrangidos pelas políticas e programas de monitoramento e controle.

Isso não afasta a necessidade de gestão da publicidade, transparência, governança, integridade e conformidade legal ambiental e, ainda, da proteção aos demais direitos e garantias da coletividade, dependentes da regularidade dos atos e processos administrativos ambientais executados, diretrizes afetas à agenda ESG.

Diante disso, o licenciamento ambiental de atividades, obras ou empreendimentos com significativos impactos ambientais, desde o estudo prévio de impacto ambiental (EIA), diagnóstico ambiental, até a fixação das exigências do projeto e das licenças prévia, de instalação e de operação, abarcando também o seu monitoramento e controle, deve ser acompanhado da implantação de medidas visando evitar, reduzir, corrigir ou compensar os impactos ambientais negativos e potencializar os positivos.[56] E as medidas de integridade e *compliance* também deverão de algum modo integrar referido rol de controles exigidos,

---

[54] KOKKE, Marcelo; ANDRADE, Renato Campos. Papel do compliance na eficácia regulatória ambiental. *In*: TRENNEPOHL, Terence; TRENNEPOHL, Natascha (Coord.). *Compliance no direito ambiental*. 1. ed. São Paulo: Thomson Reuters Brasil, 2020. Coleção Compliance. v. 2. p. 212.

[55] PEIXOTO, Bruno Teixeira; FARIAS, Talden. Compliance no licenciamento ambiental. *Conjur*, 25 set. 2022. Disponível em: https://www.conjur.com.br/2022-set-25/peixoto-farias-compliance-licenciamento-ambiental. Acesso em: 13 nov. 2022.

[56] SÁNCHEZ, Luis Enrique. *Avaliação de impacto ambiental*: conceitos e métodos. 3. ed. atual. e aprimorada. São Paulo: Oficina de Textos, 2020. p. 78.

especialmente quando pautados e estruturados com viés nos padrões e diretrizes da agenda ESG.

Trata-se de uma perspectiva contemporânea, especialmente em um momento em que a agenda de gestão e governança ESG (*Environmental, Social and Governance*) invade as pautas dos setores público e privado, trazendo uma nova forma de abordar iniciativas de autorregulação regulada e responsabilidade corporativa, como é o caso dos programas de integridade e *compliance*.[57] E essa perspectiva nos licenciamentos ambientais já está de alguma forma prevista no §3º do art. 12 da Resolução nº 237/1997 do Conselho Nacional do Meio Ambiente (Conama):

> Art. 12. O órgão ambiental competente definirá, se necessário, procedimentos específicos para as licenças ambientais, observadas a natureza, características e peculiaridades da atividade ou empreendimento e, ainda, a compatibilização do processo de licenciamento com as etapas de planejamento, implantação e operação. [...]
> §3º Deverão ser estabelecidos critérios para agilizar e simplificar os procedimentos de licenciamento ambiental das atividades e empreendimentos que implementem planos e programas voluntários de gestão ambiental, visando a melhoria contínua e o aprimoramento do desempenho ambiental.[58]

Ademais, na proposta do PL nº 2.159/2021, relativa à Lei Geral do Licenciamento Ambiental, aprovada pela Câmara dos Deputados e que se encontra em tramitação no Senado Federal, importante é o previsto no art. 14, pelo qual está disposto o seguinte:

> Art. 14. Caso sejam adotadas, pelo empreendedor, novas tecnologias, programas voluntários de gestão ambiental ou outras medidas que comprovadamente permitam alcançar resultados mais rigorosos do que os padrões e os critérios estabelecidos pela legislação ambiental, a autoridade licenciadora pode, mediante decisão motivada, estabelecer condições especiais no processo de licenciamento ambiental, incluídas:
> I - priorização das análises, com a finalidade de reduzir prazos;

---

[57] PEIXOTO, Bruno Teixeira; FARIAS, Talden. Compliance no licenciamento ambiental. *Conjur*, 25 set. 2022. Disponível em: https://www.conjur.com.br/2022-set-25/peixoto-farias-compliance-licenciamento-ambiental. Acesso em: 13 nov. 2022.

[58] CONSELHO NACIONAL DO MEIO AMBIENTE – CONAMA. *Resolução nº 237, de 19 de dezembro de 1997*. Brasília, 1997. Disponível em: https://www.icmbio.gov.br/cecav/images/download/CONAMA%20237_191297.pdf. Acesso em: 10 nov. 2022.

II - dilação de prazos de renovação da LO, da LI/LO ou da LAU em até 100% (cem por cento); ou
III - outras condições cabíveis, a critério da autoridade licenciadora.[59]

Na Câmara dos Deputados, há também o PL nº 5.442/2019, que busca a regulamentação dos programas de conformidade ambiental, cuja estrutura é baseada nos programas de integridade e *compliance* da Lei Federal nº 12.846/2013. Inclusive, padrões de reporte de gestão e governança de impactos ESG, como relatórios de sustentabilidade GRI e similares, são medidas que podem ser estruturadas, potencializadas e abarcadas por meio da implementação de programas de integridade e *compliance*, aplicados ao licenciamento ambiental de grandes atividades e obras.[60]

Não bastasse isso, haveria duas outras perspectivas de implementação a serem exploradas pelos órgãos competentes no licenciamento ambiental de significativos impactos: 1) integrados aos mecanismos do estudo de impacto ambiental (EIA) e do plano de controle ambiental (PCA) ou outros programas de controle; e 2) alocados como um dos mecanismos de controle do rol das condicionantes das licenças.

Na primeira perspectiva, a exigência de programas de integridade e *compliance* reforçaria o cumprimento à diretriz geral do EIA, prevista pelo inc. II do art. 5º da Resolução nº 001/1986 do Conama, voltada a "identificar e avaliar sistematicamente os impactos ambientais gerados nas fases de implantação e operação da atividade".

Quanto à segunda, a implementação de programas de integridade e *compliance* poderia agregar no conjunto de "medidas de controle ambiental", requisitadas expressamente para a concessão das licenças prévia, de instalação e de operação, conforme preveem os incs. I, II e III do art. 8º da Res. nº 237/1997 do Conama.

Por todas as leituras possíveis, em tempos de ampliação da agenda ESG, os programas de integridade e *compliance*, dadas suas funções de prevenção, de detecção e de reparação de irregularidades e atos ilícitos, poderão representar um instrumento de importante e oportuna aplicação no âmbito do licenciamento ambiental, notadamente daquelas

---

[59] SENADO FEDERAL. *Projeto de Lei nº 2.159/2021*. Brasília, 2021. Disponível em: https://www25.senado.leg.br/web/atividade/materias/-/materia/148785. Acesso em: 10 nov. 2022.
[60] PEIXOTO, Bruno Teixeira; FARIAS, Talden. Compliance no licenciamento ambiental. *Conjur*, 25 set. 2022. Disponível em: https://www.conjur.com.br/2022-set-25/peixoto-farias-compliance-licenciamento-ambiental. Acesso em: 13 nov. 2022.

atividades tidas como significativamente poluidoras, possibilitando a discussão por novas estratégias regulatórias dedicadas à efetiva implementação das políticas e normas de Direito Ambiental.[61]

Apresenta-se, assim, a possibilidade, independentemente de lei, da obrigação de implantação e manutenção de programas de *compliance* com viés ambiental nas empresas em decorrência de sua estipulação pelos órgãos licenciadores, na forma de condicionante ou de controle ambiental de licenças e autorizações, medidas tais que se inserem no âmbito de discricionariedade do órgão licenciador.[62]

Com essas perspectivas, possível constatar as premissas jurídicas para que, com base em sua margem de apreciação técnica e administrativa – discricionariedade decisória –, os órgãos e entidade ambientais competentes pelos licenciamentos possam, de forma motivada e fundamentada, lançar mão, propondo ou fixando em termo, da exigência ou recomendação ligada a iniciativas e programas de integridade e *compliance* pautados por padrões ESG no contexto dos licenciamentos ambientais.

Para além dessas premissas, como já mencionado, as definições legais vigentes relacionadas ao estudo prévio de impactos ambientais (EIA), ao relatório de impactos sobre meio ambiente (Rima), bem como ligadas ao conteúdo das condicionantes das licenças ambientais e aos planos e programas para monitoramento e controle da gestão ambiental em licenciamentos ambientais, estariam compatibilizadas com os programas de integridade e *compliance* definidos com escopo nos fatores ambientais, sociais e de governança difundidos pela agenda ESG contemporânea.

## 4 Conclusão

Considerada a complexidade de causas e efeitos das questões socioambientais e climáticas na atualidade, torna-se necessário avaliar novas e mais avançadas estratégias regulatórias capazes de prevenir,

---

[61] PEIXOTO, Bruno Teixeira; FARIAS, Talden. Compliance no licenciamento ambiental. *Conjur*, 25 set. 2022. Disponível em: https://www.conjur.com.br/2022-set-25/peixoto-farias-compliance-licenciamento-ambiental. Acesso em: 13 nov. 2022.

[62] NIEBUHR, Pedro de Menezes; SCHRAMM, Fernanda Santos. O que esperar do compliance sob a perspectiva ambiental? *Revista Interesse Público – IP*, Belo Horizonte, ano 22, n. 123, p. 53-71, set./out. 2020.

de controlar, de reparar e de fomentar uma cultura de integridade e conformidade em matéria de políticas e normas ambientais no Brasil.

Nesse contexto, destacou-se que: i) o modelo regulatório brasileiro em matéria socioambiental é pautado pela abordagem de comando e controle, vinculada à ação unilateral estatal e dependente do êxito do exercício de poder de polícia administrativa, sobretudo em licenciamentos ambientais; ii) as questões socioambientais, além de não serem reguladas satisfatoriamente por esse modelo de comando e controle, ainda vêm sendo agravadas por riscos de corrupção e fraude, falta de transparência, acesso à informação e de incentivos, fragilizando mecanismos regulatórios como no caso dos grandes licenciamentos ambientais no Brasil.

Diante dessas incertezas, defendeu-se que estratégias regulatórias pautadas pela autorregulação regulada, como a exemplo dos sistemas e programas de integridade e *compliance*, representam oportunos mecanismos com potenciais aplicações para prevenir, controlar, reparar e remediar irregularidades, infrações e atos lícitos em matéria socioambiental, incrementando a gestão de riscos e a antecipação de danos, especialmente se explorados e fomentados em grandes licenciamentos ambientais.

Ademais, restou evidenciado que os licenciamentos ambientais de atividades econômicas, obras ou empreendimentos potencialmente poluidores ou causadores de significativas degradações e impactos socioambientais, dada a sua importância e relevância para o desenvolvimento nacional sustentável, não podem prescindir de medidas para prevenção, monitoramento e controle da integridade e conformidade socioambiental, devendo, assim, privilegiar fatores ambientais, sociais e de governança.

Em face dessas perspectivas, e considerando-se a ampliação da agenda ESG (*Environmental, Social and Governance*), verificou-se a compatibilidade e a relevância que os programas de integridade e *compliance* – amplamente difundidos no ambiente regulatório brasileiro – possuem para prevenir, controlar e reparar violações em matéria socioambiental, assim como para servir de mecanismo de fomento para a governança e a gestão orientadas por padrões e diretrizes da pauta ESG.

Por fim, conclui-se que a exploração dos padrões e *frameworks* da agenda ESG tem, na figura dos sistemas e programas de integridade e *compliance*, um instrumento propulsor, capaz de proporcionar a estrutura mínima necessária para que os fatores ambientais, sociais e de governança sejam mensurados, geridos e aperfeiçoados, mecanismos que podem, como visto, ser exigidos, fomentados ou recomendados no âmbito dos processos de licenciamentos ambientais de grandes atividades econômicas, obras ou empreendimentos no Brasil.

## Referências

ARAGÃO, Alexandra. *O princípio do poluidor pagador*: pedra angular da política comunitária do ambiente. Coordenação de Antonio Herman Benjamin e José Rubens Morato Leite. 1. ed. São Paulo: Inst. O Direito por um Planeta Verde, 2014.

BENJAMIN, Antonio Herman. O Estado teatral e a implementação do direito ambiental. *In*: BENJAMIN, Antonio Herman (Coord.). *Direito, água e vida*. São Paulo: Imprensa Oficial de São Paulo, 2003. v. I.

BINENBOJM, Gustavo. *Poder de polícia, ordenação, regulação*: transformações político-jurídicas, econômicas e institucionais do direito administrativo ordenador. Prefácio de Luís Roberto Barroso. Apresentação de Carlos Ari Sundfeld. 1. ed. Belo Horizonte: Fórum, 2016.

BRASIL. Presidência da República. *Decreto nº 11.129, de 11 de julho de 2022*. Brasília, 2022. Disponível em: http://www.planalto.gov.br/ccivil_03/_ato2019-2022/2022/decreto/D11129.htm. Acesso em: 13 nov. 2022.

BRASIL. Presidência da República. *Lei Complementar nº 140, de 8 de dezembro de 2011*. Brasília, 2011. Disponível em: http://www.planalto.gov.br/ccivil_03/leis/lcp/lcp140.htm. Acesso em: 20 jun. 2022.

BRASIL. Presidência da República. *Lei nº 6.938, de 31 de agosto de 1981*. Dispõe sobre a Política Nacional do Meio Ambiente, seus fins e mecanismos de formulação e aplicação, e dá outras providências. Brasília, 1981. Disponível em: http://www.planalto.gov.br/ccivil_03/leis/l6938.htm. Acesso em: 10 nov. 2022.

BRONZ, Deborah. *Nos bastidores do licenciamento ambiental*: uma etnografia das práticas empresariais em grandes empreendimentos. 1. ed. Rio de Janeiro: Contracapa, 2016.

CARNEIRO, Claudio; SANTOS JÚNIOR, Milton de Castro. *Compliance e boa governança pública e privada*. 1. ed. Curitiba: Juruá, 2018.

CONSELHO NACIONAL DO MEIO AMBIENTE – CONAMA. *Resolução nº 237, de 19 de dezembro de 1997*. Brasília, 1997. Disponível em: https://www.icmbio.gov.br/cecav/images/download/CONAMA%20237_191297.pdf. Acesso em: 10 nov. 2022.

DARNACULLETA I GARDELLA, Maria Mercé. *Autorregulación y derecho público*: la autorregulación regulada. 1. ed. Madrid: Marcial Pons, 2005.

FARIAS, Talden. *Licenciamento ambiental*: aspectos teóricos e práticos. 7. ed. Belo Horizonte: Fórum, 2019.

HAFNER, Andrea Margrit. *O licenciamento ambiental na prática*. 1. ed. Curitiba: Appris, 2017.

HOFMANN, Rose Mirian. Gargalos do licenciamento ambiental federal no Brasil. *In*: COSTA, Marco Aurélio; KLUG, Letícia Beccalli; PAULSEN, Sandra Silva (Org.). *Licenciamento ambiental e governança territorial*: registros e contribuições do seminário internacional. Rio de Janeiro: Ipea, 2017.

INSTITUTO BRASILEIRO DO MEIO AMBIENTE E DOS RECURSOS NATURAIS RENOVÁVEIS – IBAMA. *Relatório de atividades 2019*: Licenciamento ambiental federal. Brasília, 2020. Disponível em: http://www.ibama.gov.br/phocadownload/licenciamento/relatorios/2019-ibama-relatorio-licenciamento.pdf. Acesso em: 2 dez. 2021.

KOKKE, Marcelo; ANDRADE, Renato Campos. Papel do compliance na eficácia regulatória ambiental. *In*: TRENNEPOHL, Terence; TRENNEPOHL, Natascha (Coord.). *Compliance no direito ambiental*. 1. ed. São Paulo: Thomson Reuters Brasil, 2020. Coleção Compliance. v. 2.

LEITE, José Rubens Morato. Sociedade de risco e Estado. *In*: CANOTILHO, José Joaquim Gomes; LEITE, José Rubens Morato (Org.). *Direito constitucional ambiental brasileiro*. 6. ed. São Paulo: Saraiva, 2015.

MARCHESAN, Ana Maria Moreira. A reinvenção da natureza e da realidade: a fragmentação como prática nociva à proteção ambiental. *In*: LEITE, José Rubens Morato; BORATTI, Larissa Verri; CAVEDON-CAPDEVILLE, Fernanda Salles (Coord.). *Direito ambiental e geografia*. 1. ed. Rio de Janeiro: Lumen Juris, 2020.

MARGULIS, Sérgio. *A regulamentação ambiental*: instrumentos e implementação. Environmental regulation: tools and implementation. Brasília: Instituto de Pesquisa Econômica Aplicada (Ipea), 1997. Disponível em: &lt;http://repositorio.ipea.gov.br/handle/11058/1932&gt. Acesso em: 5 nov. 2021.

MILLER, Geoffrey Parsons. The compliance function: an overview. *In*: GORDON, Jeffrey N.; RINGE, Wolf-George. *The Oxford Handbook of Corporate Law and Governance*. Oxford: Oxford University Press, 2018.

NIEBUHR, Pedro de Menezes. *Processo administrativo ambiental*. 3. ed. rev., ampl. e atual. Belo Horizonte: Fórum, 2021.

NIEBUHR, Pedro de Menezes; SCHRAMM, Fernanda Santos. O que esperar do compliance sob a perspectiva ambiental? *Revista Interesse Público – IP*, Belo Horizonte, ano 22, n. 123, p. 53-71, set./out. 2020.

OLIVEIRA, Warley Ribeiro. *A corrupção nos processos administrativos de licenciamento ambiental*. Dissertação (Mestrado) – Escola Superior Dom Helder Câmara, Belo Horizonte, 2018.

ORGANIZAÇÃO DAS NAÇÕES UNIDAS – ONU. *The Global Compact*. Who Cares Wins: Connecting Financial Markets to a Changing World. Dez. 2004. Disponível em: https://www.unepfi.org/fileadmin/events/2004/stocks/who_cares_wins_global_compact_2004.pdf. Acesso em: 25 jul. 2022.

PARDO, José Esteve. *O desconcerto do Leviatã*: política e direito perante as incertezas da ciência. Coordenação de José Rubens Morato Leite. Tradução de Flávia França Dinnebier e Giorgia Sena Martins. São Paulo: Inst. O Direito por um Planeta Verde, 2015.

PEIXOTO, Bruno Teixeira. *Compliance no Direito Ambiental*: licenciamento, ESG e regulação. Belo Horizonte: Fórum, 2023.

PEIXOTO, Bruno Teixeira. Compliance ESG no licenciamento ambiental. *Jota*, 13 maio 2021. Disponível em: https://www.jota.info/opiniao-e-analise/artigos/compliance-esg-no-licenciamento-ambiental-13052021. Acesso em: 24 out. 2022.

PEIXOTO, Bruno Teixeira; BORGES, Luiz Fernando Rossetti; CODONHO, Maria Leonor Paes Cavalcanti Ferreira. Compliance ambiental: da sua origem às novas perspectivas jurídicas de proteção do meio ambiente. *Revista de Direito Ambiental*, São Paulo, ano 26, v. 101, p. 55-83, jan./mar. 2021.

PEIXOTO, Bruno Teixeira; FARIAS, Talden. Compliance no licenciamento ambiental. *Conjur*, 25 set. 2022. Disponível em: https://www.conjur.com.br/2022-set-25/peixoto-farias-compliance-licenciamento-ambiental. Acesso em: 13 nov. 2022.

PEIXOTO, Bruno Teixeira; MEDEIROS, José Augusto. Exigir compliance ambiental da Vale é questão de direito econômico. *Jota*, 22 dez. 2019. Disponível em: https://www.jota.info/opiniao-e-analise/artigos/exigir-compliance-ambiental-da-vale-e-questao-de-direito-economico-22122019. Acesso em: 12 nov. 2022.

PEREIRA, Flávio de Leão Bastos; RODRIGUES, Rodrigo Bordalo. Compliance em direitos humanos, diversidade e ambiental. *In*: NOHARA, Irene Patrícia; ALMEIDA, Luiz Eduardo de (Coord.). *Coleção de compliance VI*. 1. ed. São Paulo: Thomson Reuters Brasil, 2021.

PROGRAMA DAS NAÇÕES UNIDAS PARA O MEIO AMBIENTE – PNUMA. *Environmental Rule of Law*: First Global Report. Nairóbi, Kenya, 2019. Disponível em: https://www.unep.org/resources/assessment/environmental-rule-law-first-global-report. Acesso em: 10 nov. 2022.

SAMPAIO, Rômulo Silveira da Rocha. Regulação ambiental. *In*: GUERRA, Sérgio (Coord.). *Regulação no Brasil*: uma visão multidisciplinar. 1. ed. Rio de Janeiro: Editora FGV, 2014.

SÁNCHEZ, Luis Enrique. *Avaliação de impacto ambiental*: conceitos e métodos. 3. ed. atual. e aprimorada. São Paulo: Oficina de Textos, 2020.

SARAIVA, Renata Machado. *Criminal compliance como instrumento de tutela ambiental*: a propósito da responsabilidade penal de empresas. 1. ed. São Paulo: LiberArs, 2018.

SARLET, Ingo; FENSTERSEIFER, Tiago. *Direito constitucional ecológico*: Constituição, direitos fundamentais e proteção da natureza. 7. ed. rev., atual. e ampl. São Paulo: Thomson Reuteurs Brasil, 2021.

SCHRAMM, Fernanda Santos. *Compliance nas contratações públicas*. 1. ed. Belo Horizonte: Fórum, 2019.

SENADO FEDERAL. *Projeto de Lei nº 2.159/2021*. Brasília, 2021. Disponível em: https://www25.senado.leg.br/web/atividade/materias/-/materia/148785. Acesso em: 10 nov. 2022.

SOARES, Fábio Lopes (Coord.); STROBEL, Carolina; GOMES, Marcelo Borowski; PEDRO, Wagner Osti. *Compliance*: fundamentos e reflexões sobre integridade nas empresas. 1. ed. Rio de Janeiro: Lumen Juris, 2021.

SOARES, Inês Virgínia Prado; VENTURINI, Otávio. Compliance ambiental: um horizonte muito além do combate à corrupção. *Conjur*, 13 fev. 2022. Disponível em: https://www.conjur.com.br/2022-fev-13/publico-pragmatico-compliance-ambiental-horizonte-alem-combate-corrupcao. Acesso em: 5 de jun. 2022.

TRANSPARÊNCIA INTERNACIONAL BRASIL – TIBR. *Atlas de clima e corrupção*. São Paulo, 2022. Disponível em: https://comunidade.transparenciainternacional.org.br/atlas-clima-e-corrupcao. Acesso em: 16 nov. 2022.

TRANSPARÊNCIA INTERNACIONAL BRASIL – TIBR. *Novas medidas contra a corrupção e sua relevância para temas socioambientais*. São Paulo, 2021. Disponível em: https://dev.transparenciainternacional.org.br/publicacoes/novas-medidas-contra-a-corrupcao-e-sua-relevancia-para-temas-socioambientais/. Acesso em: 5 jun. 2022.

VOLOTÃO, Romilson de Almeida. *Direito regulatório, governança e licenciamento ambiental*: soluções para o aperfeiçoamento do licenciamento ambiental brasileiro. 1. ed. Curitiba: Juruá, 2016.

VOLTOLINI, Ricardo. *Vamos falar de ESG?*: provocações de um pioneiro em sustentabilidade empresarial. 1. ed. Belo Horizonte: Voo, 2021.

WAINWRIGHT, Joel; MANN, Geoff. *Climate Leviathan*: a political theory of our planetary future. London: Verso Book, 2018.

WARDE, Walfrido; SIMÃO, Valdir Moysés. *Leniência*: elementos do direito da conformidade. 1. ed. São Paulo: Contracorrente, 2019.

ZENKNER, Marcelo. *Integridade governamental e empresarial*: um espectro da repressão e da prevenção à corrupção no Brasil e em Portugal. 1. ed. Belo Horizonte: Fórum, 2019.

ZENKNER, Marcelo. Sistemas públicos de integridade: evolução e modernização da Administração Pública brasileira. *In*: ZENKNER, Marcelo; CASTRO, Rodrigo Pironti de (Coord.). *Compliance no setor público*. 1. ed. Belo Horizonte: Fórum, 2020.

---

Informação bibliográfica deste texto, conforme a NBR 6023:2018 da Associação Brasileira de Normas Técnicas (ABNT):

PEIXOTO, Bruno Teixeira. Compliance ESG no licenciamento ambiental. *In*: BORGES DE PAULA, Marco Aurélio (Coord.). *A hora e a vez do ESG*: provocações e reflexões em homenagem a Ricardo Voltolini. Belo Horizonte: Fórum, 2023. p. 443-475. ISBN 978-65-5518-619-2.

# MERCADO DE CARBONO NO BRASIL: A TROPICALIZAÇÃO DE UMA FERRAMENTA NECESSÁRIA

JOÃO DANIEL DE CARVALHO

## 1 Introdução: um passado não tão distante

A precificação dos gases de efeito estufa (GEE) como ferramenta de descarbonização já é um pleito datado, com décadas de conceituação e aplicação. Nesse contexto, os mercados de carbono se posicionam como uma peça-chave desses sistemas, oferecendo um mecanismo para países, jurisdições e setores regulados atingirem suas metas de redução de emissão de maneira flexível e com eficiência econômica.

O Brasil já tem experiências pretéritas com os mercados de carbono que podem ser traçadas ao Protocolo de Quioto, mas em circunstâncias muito diferentes do que estamos presenciando neste momento. Sob a égide das regras de Quioto, o Brasil não era um país com metas vinculantes de redução de emissões de GEE, por não ser um país industrializado contemplado pelo Anexo I do protocolo. Países em desenvolvimento como o Brasil poderiam ser tão somente fornecedores de créditos de carbono por meio do Mecanismo de Desenvolvimento Limpo (MDL) para países do Anexo I (estes, sim, com metas vinculantes de redução).

No contexto atual, na "era do Acordo de Paris" – tratado celebrado em 2015 por 195 países durante a 21ª Conferência das Partes (COP21) –, as regras foram fundamentalmente reestruturadas. No contexto atual, pela arquitetura do Acordo de Paris, todos os países têm metas vinculantes de reduções de emissões, consubstanciadas em suas Contribuições Nacionalmente Determinadas (da sigla em inglês, NDC). O Brasil, por exemplo, tem por meio da sua primeira NDC –[1] apresentada em 2016 e atualizada em 2022 –, a meta de reduzir suas emissões de GEE em 2025 em 37%, e em 2030 em 43%, tudo em comparação com a linha de base de 2005.

Os efeitos estruturantes do Acordo de Paris são extremamente relevantes, pois a partir da sua ratificação o Brasil se comprometeu a implementar políticas públicas que efetivamente buscassem descarbonizar nossa nação. Uma das políticas que podem ser adotadas é justamente a precificação das emissões de GEE, e, conforme já foi mencionado, o mercado de carbono hoje se destaca como um dos expoentes mais relevantes desse mecanismo.

Importante notar que o Brasil já previu em sua legislação nacional a criação de um Mercado Brasileiro de Redução de Emissões (MBRE), nos termos da Lei Federal nº 12.187/2009 (a Política Nacional de Mudanças Climáticas, PNMC). Embora tal mercado muito se diferenciasse de exemplos internacionais vigentes na época de sua elaboração programática – especialmente os Sistemas de Comércio de Emissões (SCE) – ele nunca foi de fato operacionalizado por ato normativo posterior, permitindo que se instaurasse um vácuo significativo na criação de algo que pudéssemos pretensamente chamar de um "mercado regulado de carbono brasileiro".

## 2 Horizontes: velhas novidades em movimento

Há movimentação renovada no Brasil para se criar um mercado regulado de carbono, no entanto, é importante notar alguns detalhes relevantes sobre a presença de transações de créditos de carbono envolvendo o nosso país. Os mercados de carbono são classificados em duas tipologias principais: (i) os mercados voluntários de carbono; e (ii) os mercados regulados de carbono.

Essa segunda categoria é o objeto principal de bastante *momentum* legislativo e discussões acaloradas dos últimos anos no Brasil, o que será

---

[1] UNITED NATIONS FRAMEWORK CONVENTION ON CLIMATE CHANGE (UNFCCC). *Brazil First NDC* (archived updated submission). Disponível em: https://unfccc.int/documen ts/497357?gclid=CjwKCAjw5MOlBhBTEiwAAJ8e1sL7ymnQtFcd3XbWG-SMhiXznN5XkYT-WaL9NukI5oJObMPYjCt-EBoCT0AQAvD_BwE.

detalhado mais adiante. Contudo, os mercados voluntários de carbono historicamente ocuparam uma posição relevante no Brasil, e hoje ainda trazem em si um enorme potencial de crescimento e possibilidade de auxiliar o país em sua agenda de descarbonização.

O mercado voluntário de carbono é basicamente um grande mercado de balcão –tradicionalmente entre partes privadas – em que, de um lado, há uma empresa com metas voluntárias para se atingir emissões líquidas zero (o famoso *net-zero*) e, de outro lado, projetos geradores de créditos de carbono das mais diversas categorias, como reflorestamento, REDD+, energias renováveis e muitos outros. Esse mercado voluntário tem o potencial de atingir a cifra de dezenas de bilhões de dólares nos próximos anos, demonstrando a potência das metas voluntárias de *net-zero* da iniciativa privada.

Temos que reconhecer, ainda, que o Brasil tem sim hoje um mercado de carbono regulado setorial, estabelecido pela Política Nacional de Biocombustíveis, o chamado RenovaBio. Nesse mercado, produtores e importadores de biocombustíveis podem se certificar para gerar créditos de descarbonização (CBIOs), que podem ser comercializados para as distribuidoras de combustíveis, que devem cumprir suas metas individuais obrigatórias. O objetivo principal do RenovaBio é expandir a produção de biocombustíveis no Brasil, contribuindo para a redução de emissões de GEE no país.

Não obstante, há intensa movimentação tanto pelo Congresso Nacional quanto pelo Poder Executivo para se operacionalizar um mercado regulado de carbono em nível nacional. Esses movimentos demonstram o tamanho da oportunidade que temos em mãos, já percebidas por nossos legisladores e governantes.

## 3 Os sistemas de comércios de emissões

Há inúmeros projetos de lei em andamento se escaramuçando para se tornarem o texto final eleito, obviamente movidos por inúmeras concepções ideológicas, corporativismos e salvaguardas. Todos, no entanto, tendem a reconhecer o SCE como o modelo adequado para se operacionalizar um mercado regulado no Brasil.

O SCE é estruturado basicamente sob o princípio do *cap-and-trade*, em que os setores regulados passam a ter um "teto" de emissões, e a partir desse teto definido são distribuídas "permissões de emitir", o que pode ser também considerado "cotas de emissão" (em inglês, a expressão é *allowances*). As empresas dos setores regulamentados precisam usar uma permissão para cada tonelada de GEE liberada, e podem, ao atingir suas metas de redução – ficando abaixo do teto regulatório –, negociar as permissões sobressalentes com outras empresas que não obtiveram o mesmo êxito.

O SCE é amplamente considerado uma das ferramentas efetivas que países e jurisdições podem adotar para reduzir suas emissões de GEE. A União Europeia (UE) tem o mais longevo SCE do mundo (conhecido como *European Union Emission Trading System* – EU-ETS), e foi o ponto de incubação de muitos erros e acertos que nos permitem formatar adequadamente estratégias de mercados regulados para o futuro. Em geral, há consenso de que o EU-ETS produziu e continua produzindo os resultados esperados.

Há estudos, por exemplo, que, se utilizando de modelos estatísticos e dados de emissões setoriais,[2] provaram que o EU-ETS reduziu as emissões do bloco em mais de 1 bilhão de toneladas de dióxido de carbono ($CO_2$) entre 2008 e 2016, representando reduções de 3,8% do total de emissões em toda a UE. Mais importante, o estudo comprova que as reduções de emissões foram maiores em setores regulados da UE.

A implementação de um SCE também pode ser considerada uma alternativa mais palatável dentro do contexto mais amplo de precificação do carbono. A taxação direta do carbono – por meio de cobrança de impostos por exemplo – se apresentaria como medida mais impopular, de difícil precificação imediata, e com a necessidade de uma orquestração legislativa muito mais complexa, seja pelo capital político dispendido para se implementar tal medida, seja pelas próprias barreiras constitucionais para se aprovar novos tributos.

O SCE também já é uma oportunidade para o Brasil implementar um mecanismo de adequação à realidade de um mundo que se estrutura pelo imperativo da descarbonização. À vista disso, é importante entender o conceito de "vazamento de carbono" (do inglês, *carbon leakage*), já considerado por jurisdições vanguardistas como a UE, preocupadas com a competitividade das indústrias regionais e realocação destas para outros países ou jurisdições menos restritivas com emissões de GEE.

---

[2] BAYER, Patrick; AKLIN, Michael. The European Union Emissions Trading System reduced CO2 emissions despite low prices. *Proceedings of the National Academy of Sciences (PNAS)*, 2020. Disponível em: https://www.pnas.org/doi/full/10.1073/pnas.1918128117.

Para remediar essas possíveis consequências, especialmente quando outros países não acompanharem tais ambições climáticas, a UE está implementando o *Carbon Border Adjustment Mechanism* (CBAM), que foi aprovado em maio de 2023. Esse mecanismo de ajuste de fronteira de carbono tem o intuito de adequadamente precificar as importações de países que tenham custos de carbono muito baixos ou irrelevantes.[3] Assim, um SCE brasileiro é a oportunidade que as indústrias exportadoras têm de se adequar a essa nova realidade mundial, que certamente não ficará circunscrita no médio prazo ao mercado europeu.

## 4 O mercado regulado brasileiro

Embora se reconheça que o SCE é um modelo adequado para se implementar no Brasil, o Sul Global tem diversas particularidades que são atestadas pela realidade brasileira, especialmente quando estamos falando da nossa matriz de emissões. Ao contrário da ampla maioria dos países industrializados e desenvolvidos, onde o setor de energia e indústria contribuem para grande parte das emissões de GEE, no Brasil esses setores juntos representam menos de um terço do total das nossas emissões.[4]

A nossa verdade inconveniente é que os setores da agropecuária e mudança de uso da terra representam mais de dois terços das nossas emissões, um dado estarrecedor. Isso quer dizer que todo ano o desmatamento desponta como a principal contribuição insólita do Brasil para as mudanças climáticas, convertendo ecossistemas naturais em pastagens e lavouras.

Importante ressaltar que os estudos publicados em 2020 pelo *Partnership for Market Readiness* (PMR) Brasil – uma parceria do governo brasileiro, Banco Mundial, setor privado e sociedade civil para discutir as oportunidades de precificação de emissões nos instrumentos da PNMC – já haviam oferecido um prognóstico fundamental; haverá enorme dificuldade em se incluir o setor agropecuário em um SCE, por ser um setor extremamente pulverizado.[5]

---

[3] TRENNEPOHL, Natascha. *Mercado de carbono e sustentabilidade*: desafios regulatórios e oportunidades. São Paulo: Saraiva Jur, 2022.

[4] PLATAFORMA SEEG. *Observatório do Clima*. Disponível em: https://plataforma.seeg.eco.br/total_emission.

[5] MARGULIS, Sergio *et al. Relatório Final do Produto 4* – Recomendações para o setor Agropecuário. Disponível em: https://www.gov.br/produtividade-e-comercio-exterior/pt-br/

O SCE deve contemplar os setores industriais e de energia, ao passo que o setor agropecuário poderia aderir voluntariamente ao sistema como um fornecedor de créditos de carbono (nas modalidades de conservação, reflorestamento, manejo sustentável, carbono no solo, entre muitos outros), impulsionado pela demanda pelos créditos e por possíveis incentivos fiscais.

A Austrália adotou mecanismo similar ao exposto acima, embora, nesse caso, pode se considerar que o mecanismo não teve o sucesso almejado pela diminuta adesão voluntária, considerando os altos custos de participar em tal sistema e pelos baixos preços dos créditos carbono,[6] uma tendência que historicamente vem se invertendo, com os preços dos créditos no mercado voluntário subindo globalmente de forma substancial nos últimos anos. Não obstante, o exoesqueleto de tal iniciativa proporciona um paralelo útil para as aspirações do Brasil.

Nesse sentido, o mercado voluntário de carbono já existe no país há anos e tem ocupado uma posição considerável para as ditas soluções baseadas na natureza (SBN), que notoriamente incluem conservação e restauração florestal. Por conseguinte, os créditos de carbono na modalidade de REDD+ (sigla para redução de emissões por desmatamento e degradação) são um pilar fundamental a ser endereçado, e a criação de um mercado doméstico via SCE tem capacidade de ser um impulsionador de demanda relevante.

Os agentes reguladores poderiam criar os incentivos necessários para maciçamente diminuir as taxas de desmatamento no Brasil, endereçando hoje um setor que gravita na ordem das bilhões de toneladas de $CO_2$ emitidas anualmente. Ademais, estudos demonstram que o mecanismo de REDD+ poderia permitir que a meta climática global fosse quase dobrada sem aumentar os custos agregados, o que aponta essa agenda como prioritária para um mercado internacional em que o Brasil poderia estar inserido.[7]

---

assuntos/competitividade-industrial/pmr/componente-1/produto-4-2013-recomendacoes-setoriais-agropecuaria.pdf/view.

[6] MARGULIS, Sergio et al. *Relatório Final do Produto 4 – Recomendações para o setor Agropecuário*. Disponível em: https://www.gov.br/produtividade-e-comercio-exterior/pt-br/assuntos/competitividade-industrial/pmr/componente-1/produto-4-2013-recomendacoes-setoriais-agropecuaria.pdf/view.

[7] PIRIZ-CABEZAS, Pedro et al. Estimating the potential of international carbon markets to increase global climate ambition. *Science Direct*, 2023. Disponível em: https://doi.org/10.1016/j.worlddev.2023.106257.

## 5 Conclusão

Como pode se inferir dessa conjectura, a construção de um mercado regulado de carbono brasileiro extrapola as tradicionais lentes *carbonocêntricas* a que estamos acostumados; a natureza é o coração pulsante de qualquer medida nesse caminho.

Isso se reflete no *zeitgeist* capturado pelas constituições latino-americanas.[8] As constituições da Bolívia e Equador, por exemplo, reconhecem os "direitos da natureza" e o respeito inerente à *Pachamama*. A Carta Magna brasileira, por sua vez, reconhece em seu art. 225 o direito ao meio ambiente equilibrado, direito fundamental de qualquer cidadão.

Inegavelmente, somos uma potência ambiental e esse é o derradeiro destino dos trópicos. Essa é a aspiração positivamente atávica de se ser brasileiro, em sua multitude continental. Não é um fato circunstancial termos sido os anfitriões da Cúpula da Terra (também conhecida como ECO-92), a convenção das Nações Unidas que inaugurou as três convenções-irmãs; a Convenção-Quadro das Nações Unidas sobre a Mudança do Clima, a Convenção sobre Diversidade Biológica e a Convenção das Nações Unidas para o Combate à Desertificação.

Embora siga evidente que estamos falhando com os objetivos de todas as convenções acima, as mudanças climáticas seguem anualmente atraindo os holofotes midiáticos e a atenção política (ainda que com parcos resultados).

A despeito disso, temos o dever moral de alçar a biodiversidade e a natureza como prioridade máxima no que tange a políticas públicas e mecanismos de incentivo para sua conservação e regeneração. Os sistemas de comando e controle são parte integral desse intento, mas não bastam. Os mercados de carbono devem e podem ser um mecanismo fundamental para impedir o catastrófico ecocídio que nossas gerações atuais estão perpetuando, e, como consequência desse pacote de medidas, criar-se-á também uma indústria nacional descarbonizada e competitiva por meio de um SCE.

---

[8] LOURENÇO, Daniel Braga. *Qual o valor da natureza?* Uma introdução à ética ambiental. [s.l.]: Elefante, 2019.

## Referências

BAYER, Patrick; AKLIN, Michael. The European Union Emissions Trading System reduced CO2 emissions despite low prices. *Proceedings of the National Academy of Sciences (PNAS)*, 2020. Disponível em: https://www.pnas.org/doi/full/10.1073/pnas.1918128117.

LOURENÇO, Daniel Braga. *Qual o valor da natureza?* Uma introdução à ética ambiental. [s.l.]: Elefante, 2019.

MARGULIS, Sergio *et al*. *Relatório Final do Produto 4* – Recomendações para o setor Agropecuário. Disponível em: https://www.gov.br/produtividade-e-comercio-exterior/pt-br/assuntos/competitividade-industrial/pmr/componente-1/produto-4-2013-recomendacoes-setoriais-agropecuaria.pdf/view.

PIRIZ-CABEZAS, Pedro *et al*. Estimating the potential of international carbon markets to increase global climate ambition. *Science Direct*, 2023. Disponível em: https://doi.org/10.1016/j.worlddev.2023.106257.

PLATAFORMA SEEG. *Observatório do Clima*. Disponível em: https://plataforma.seeg.eco.br/total_emission.

TRENNEPOHL, Natascha. *Mercado de carbono e sustentabilidade*: desafios regulatórios e oportunidades. São Paulo: Saraiva Jur, 2022.

UNITED NATIONS FRAMEWORK CONVENTION ON CLIMATE CHANGE (UNFCCC). *Brazil First NDC* (archived updated submission). Disponível em: https://unfccc.int/documents/497357?gclid=CjwKCAjw5MOlBhBTEiwAAJ8e1sL7ymnQtFcd3XbWG-SMhiXznN5XkYT-WaL9NukI5oJObMPYjCt-EBoCT0AQAvD_BwE.

---

Informação bibliográfica deste texto, conforme a NBR 6023:2018 da Associação Brasileira de Normas Técnicas (ABNT):

CARVALHO, João Daniel de. Mercado de carbono no Brasil: a tropicalização de uma ferramenta necessária. *In*: BORGES DE PAULA, Marco Aurélio (Coord.). *A hora e a vez do ESG*: provocações e reflexões em homenagem a Ricardo Voltolini. Belo Horizonte: Fórum, 2023. p. 477-484. ISBN 978-65-5518-619-2.

# A ATUAÇÃO EXTRAJUDICIAL DO MINISTÉRIO PÚBLICO E SUA REPERCUSSÃO NO ESG

**TERENCE TRENNEPOHL**
**ANNA KARINA OMENA VASCONCELLOS TRENNEPOHL**

## 1 Definindo o ESG

O termo ESG, formado pelas iniciais dos três aspectos: *environmental, social and governance*, teve sua primeira menção na publicação do relatório *Who cares wins*, do Banco Mundial, em parceria com o Pacto Global da Organização das Nações Unidas (ONU) e instituições financeiras de nove países, incluindo o Brasil, em 2004, por conta da provocação feita pelo então secretário-geral da ONU, Kofi Annan, para 50 CEOs das maiores instituições financeiras mundiais, sobre a integralidade dos fatores ambientais, sociais e de governança no mercado de capitais (GLOBAL COMPACT, 2005).

A sigla ESG diz respeito à atuação das organizações em questões referentes ao meio ambiente, ao relacionamento existente entre as organizações e as pessoas que fazem parte do seu universo de atuação, incluindo o relacionamento com seus clientes, diversidade dos integrantes da equipe, privacidade e proteção de dados, engajamento de colaboradores, atendimento do disposto em leis trabalhistas e respeito aos direitos humanos. Além disso, trata da governança da empresa, relacionamento com entes públicos e conduta corporativa (BEM, 2021, p. 296).

No século XXI, um maior interesse em saber se existe responsabilidade social corporativa, além de justificativas altruístas e éticas, mudou o debate dos conceitos de "sustentabilidade" ambiental, social e governança (ESG), suas práticas e riscos. O ESG é usado para se referir não apenas às medidas de sustentabilidade ou a medidas ambientais, práticas sociais ou de governança especificamente, mas a todos os fundamentos não financeiros que podem impactar o desempenho financeiro das empresas, como governança corporativa, normas trabalhistas e de emprego, gestão de recursos humanos e práticas ambientais.

Desta forma, uma das preocupações dos mercados de investimento deve ser a gestão dos impactos ambientais e sociais para contribuir com o desenvolvimento sustentável da sociedade mundial.

As partes interessadas e os investidores buscam esses fatores para empresas que possuem fortes políticas sociais e ambientais, o que auxiliará na identificação das empresas que não estão se esforçando para serem sustentáveis e trazerem mudanças ou algo mais permanente. A gestão de riscos pode contribuir para o desempenho financeiro, reduzindo o custo de responsabilidades futuras devido a ações de execução, reivindicações legais e outros eventos de risco negativo, bem como perdas para os investidores quando esses eventos se tornarem conhecidos do mercado (POLLMAN, 2019, p. 7-8).

A inclusão de fatores ambientais, sociais e de governança corporativa (ESG) nas decisões de investimentos acabaria por contribuir para uma situação mais estável e mercados previsíveis, o que é do interesse de todos os atores do mercado.

Quando se trata da governança, contida no ESG, remete-se a elementos de *compliance*, que devem estar contidos num programa, assim, mais do que uma mera programação, pois muito deve ser feito para uma empresa poder ser de fato sustentável.

A governança auxilia na gestão de riscos em diversas temáticas, incluindo-se os referentes a violações à legislação trabalhista, mão de obra infantil, corrupção e crimes ambientais.

Os riscos ESG agora são reconhecidos como financeiramente relevantes para o negócio. Exemplos comuns de tópicos importantes de ESG incluem perdas monetárias decorrentes de processos judiciais associados à discriminação no emprego e violações da legislação trabalhista – ambos os quais são questões de *compliance* e ESG. Os impactos ambientais negativos e a sustentabilidade da cadeia de suprimentos podem representar riscos significativos para o negócio, bem como o efeito direto sobre o meio ambiente pelos envolvidos em toda a cadeia de suprimentos. Assim, devem ser consideradas as características e os riscos da atividade em relação ao meio ambiente para os impactos ambientais estarem bem identificados e para os riscos poderem ser mitigados.

O atendimento à legislação trabalhista e o combate ao trabalho infantil também devem servir de norteadores para as metas e valores da empresa.

Além disso, da mesma forma que nos programas gerais de *compliance*, o comprometimento da alta direção, os treinamentos periódicos, a independência de ações e o monitoramento contínuo do programa são elementos essenciais quando se fala em concretização de trabalho íntegro, voltado para prevenção, identificação e remediação de fraudes e atos de corrupção.

## 2 A legitimidade do Ministério Público na atuação extrajudicial junto à iniciativa privada

Ao contrário da atuação dos ministérios públicos em outros países, que se encontra concentrada principalmente na seara criminal, aqui, conforme o texto da Constituição Federal, em seu art. 129, são funções institucionais do Ministério Público zelar pelo efetivo respeito dos poderes públicos e dos serviços de relevância pública aos direitos assegurados nesta Constituição, promovendo as medidas necessárias à sua garantia; promover o inquérito civil e a ação civil pública, para a proteção do patrimônio público e social, do meio ambiente e de outros interesses difusos e coletivos.

Verifica-se, então, o protagonismo do Ministério Público na defesa do patrimônio público e social e do meio ambiente, o que o induz a atuar de forma preventiva ou reativa quando estes direitos estejam ameaçados de violação. Tem-se, pois, no Ministério Público, um aumento de suas atribuições como destinatário do inquérito civil e um dos legitimados à propositura da ação civil pública para a tutela de interesses difusos, coletivos, individuais homogêneos, em áreas de relevância social como meio ambiente; cidadania; controle da administração pública; direitos do consumidor; de pessoas portadoras de deficiência e de idosos; infância e juventude; habitação e urbanismo, entre outros (COSENZO, 2021, p. 56).

A Resolução nº 23, de 17.12.2007, do Conselho Nacional do Ministério Público, regulamenta os arts. 6º, inc. VII, e 7º, inc. I, da Lei Complementar nº 75/93, e os arts. 25, inc. IV, e 26, inc. I, da Lei nº 8.625/93, disciplinando, no âmbito do Ministério Público, a instauração e tramitação do inquérito civil e dispõe em seu art. 1º, que:

> Art. 1º O inquérito civil, de natureza unilateral e facultativa, será instaurado para apurar fato que possa autorizar a tutela dos interesses ou direitos a cargo do Ministério Público nos termos da legislação aplicável, servindo como preparação para o exercício das atribuições inerentes às suas funções institucionais.

Constata-se que o inquérito civil é um instrumento extrajudicial que dá suporte à atuação ministerial e a auxilia na apuração de fatos, podendo ter como resultado o arquivamento, a propositura de uma ação civil pública ou a elaboração de um termo de ajustamento de conduta, ou acordo de não persecução cível, este último em caso de improbidade.

Vale ressaltar que, apesar de o inquérito civil ser um procedimento administrativo extrajudicial, há de se perquirir se este deve atender aos princípios do devido processo legal. Sobre isso há divergência doutrinária de que deve existir atendimento ao princípio da ampla defesa ou contraditório, dando-se maior credibilidade à investigação, ou se isso só deve ocorrer quando o investigado assume a posição de réu em processo judicial (MORAES, 2022, p. 220). Neste último sentido, há julgamento paradigmático do STJ, no REsp nº 476.660/MG, datado do ano de 2003,[1] mas que permanece como entendimento daquele Egrégio Tribunal, conforme sua menção no julgamento[2] do AgInt no AREsp nº

---

[1] "PROCESSO CIVIL - AÇÃO CIVIL PÚBLICA - INQUÉRITO CIVIL: VALOR PROBATÓRIO - REEXAME DE PROVA: SÚMULA 7/STJ. 1. O inquérito civil público é procedimento facultativo que visa colher elementos probatórios e informações para o ajuizamento de ação civil pública. 2. As provas colhidas no inquérito têm valor probatório relativo, porque colhidas sem a observância do contraditório, mas só devem ser afastadas quando há contraprova de hierarquia superior, ou seja, produzida sob a vigilância do contraditório. 3. A prova colhida inquisitorialmente não se afasta por mera negativa, cabendo ao juiz, no seu livre convencimento, sopesá-las. 4. Avanço na questão probatória que esbarra na Súmula 7/STJ. 5. Recursos especiais improvidos" (REsp nº 476.660/MG. Rel. Min. Eliana Calmon, Segunda Turma, j. 20.5.2003. *DJ*, 4 ago. 2003. p. 274).

[2] "ADMINISTRATIVO E PROCESSUAL CIVIL. AGRAVO INTERNO NO RECURSO ESPECIAL. IMPROBIDADE ADMINISTRATIVA. ACÓRDÃO RECORRIDO QUE, ENTENDENDO PELA NECESSIDADE DE PRODUÇÃO DE PROVAS, CASSOU SENTENÇA QUE JULGARA IMPROCEDENTE O PEDIDO. ALEGADA VIOLAÇÃO AO ART. 386, VII, DO CPP. AUSÊNCIA DE PREQUESTIONAMENTO. SÚMULA 282/STF. INICIATIVA PROBATÓRIA DO JULGADOR. POSSIBILIDADE. ART. 130 DO CPC/73. NECESSIDADE

1.155.352/GO, do ano de 2018 e do STF, datado do ano de 2011,[3] no RE 481955 AgR, não havendo mudança de entendimento até o momento.

Além disso, há quem defenda que, tanto na esfera extrajudicial quanto em âmbito judicial, a inversão do ônus da prova seja determinada, a fim de que o investigado demonstre quais são as provas necessárias à delimitação do nexo causal e à identificação das providências indispensáveis ao aperfeiçoamento da gestão de riscos da atividade e à reparação do dano (STEIGLEDER, 2016, p. 1042).

Em sentido contrário, há também entendimento doutrinário de que não se pode obrigar que a parte produza provas contra si mesma, sob pena de transformar o processo, ou, no caso, o procedimento, em um campo minado, indigno, ou em um instrumento de emboscada (MORAES, 2022, p. 103).

Superados esses pontos, passa-se à análise do Termo de Ajustamento de Conduta. Conforme o art. 5º da Lei da Ação Civil Pública:

---

DE PRODUÇÃO DE PROVA. REVISÃO. IMPOSSIBILIDADE. SÚMULA 7/STJ. AGRAVO INTERNO IMPROVIDO. I. Agravo interno aviado contra decisão publicada em 04/12/2017, que, por sua vez, julgara recurso interposto contra decisum publicado na vigência do CPC/73. II. No acórdão objeto do Recurso Especial, o Tribunal de origem, ao examinar Apelação interposta contra sentença que julgara improcedente o pedido, em Ação Civil Pública por ato de improbidade administrativa, de ofício, cassou a sentença, 'a fim de que sejam apreciadas as provas coletadas no bojo do inquérito civil público e produzidas provas testemunhais acima alinhavadas, sem prejuízo de outras que o magistrado a quo reputar relevantes, em prestígio a verdade real e ao interesse público da efetividade da justiça, nos termos do art. 130 do Código de Processo Civil'. [...] V. O Superior Tribunal de Justiça também possui jurisprudência no sentido de que 'as provas colhidas no inquérito têm valor probatório relativo, porque colhidas sem a observância do contraditório, mas só devem ser afastadas quando há contraprova de hierarquia superior, ou seja, produzida sob a vigilância do contraditório' (STJ, REsp 476.660/MG, Rel. Ministra ELIANA CALMON, SEGUNDA TURMA, DJe de 04/08/2003). Em igual sentido: STJ, AgRg no AREsp 572.859/RJ, Rel. Ministro HUMBERTO MARTINS, SEGUNDA TURMA, DJe de 03/02/2015; REsp 644.994/MG, Rel. Ministro JOÃO OTÁVIO DE NORONHA, SEGUNDA TURMA, DJe de 21/03/2005. VI. Nos termos em que a causa fora decidida, infirmar os fundamentos do acórdão recorrido, quanto à necessidade de produção de provas, demandaria o reexame de matéria fática, o que é vedado, em Recurso Especial, nos termos da Súmula 7/STJ. VII. Agravo interno improvido" (AgInt no AREsp nº 1.155.352/GO. Rel. Min. Assusete Magalhães, Segunda Turma, j. 10.4.2018. DJe, 17 abr. 2018).

[3] AGRAVO REGIMENTAL NO RECURSO EXTRAORDINÁRIO. PROCESSUAL CIVIL E ADMINISTRATIVO. RECURSO EM CONFRONTO COM A JURISPRUDÊNCIA DOMINANTE DO SUPREMO TRIBUNAL FEDERAL: LEGITIMIDADE DA APLICAÇÃO DO ART. 557 DO CÓDIGO DE PROCESSO CIVIL. DESNECESSIDADE DE OBSERVÂNCIA NO INQUÉRITO CIVIL DOS PRINCÍPIOS DO CONTRADITÓRIO E DA AMPLA DEFESA. PRECEDENTES. AGRAVO REGIMENTAL AO QUAL SE NEGA PROVIMENTO. (RE 481955 AgR. Órgão julgador: Primeira Turma. Relator(a): Min. CÁRMEN LÚCIA. Julgamento: 10.05.2011. Publicação: 26.05.2011).

Art. 5º [...]
§6º Os órgãos públicos legitimados poderão tomar dos interessados compromisso de ajustamento de sua conduta às exigências legais, mediante cominações, que terá eficácia de título executivo extrajudicial.[4]

O termo ou compromisso de ajustamento de conduta possui natureza jurídica de título executivo extrajudicial que contém obrigação de fazer ou não fazer, bem como a previsão de multa em caso de descumprimento, existindo margem discricionária para a transação do conteúdo das cláusulas nele contidas para a resolução negociada de conflito entre as partes.

Some-se a isso que, além destes instrumentos de atuação extrajudicial, TAC e ANPC, pode ainda ser expedida uma recomendação, no bojo de um procedimento preparatório de inquérito civil, inquérito civil, procedimento administrativo, nos termos da Resolução do CNMP nº 164, de 28.3.2017, que expressamente diz no art. 1º que a recomendação é o meio pelo qual, em ato formal, o Ministério Público expõe as razões fáticas e jurídicas sobre determinada questão, para persuadir o destinatário a praticar ou deixar de praticar determinados atos em benefício da melhoria dos serviços públicos e de relevância pública ou do respeito aos interesses, direitos e bens defendidos pela instituição, atuando, assim, como instrumento de prevenção de responsabilidades ou correção de condutas.

Esses são os instrumentos utilizados no âmbito extrajudicial pelo Ministério Público. A atuação extrajudicial do Ministério Público é extremamente relevante quando se consideram os percentuais de duração média de processos judiciais no país, uma vez que, mesmo que seja proposta uma ação civil pública, a fim de frear atuação danosa na área ambiental, social ou de improbidade, o resultado pretendido pode não surtir efeito em um prazo considerado razoável.

Consoante o relatório *Justiça em Números*, do ano de 2022, elaborado pelo Conselho Nacional de Justiça, a duração média do acervo de processos pendentes de julgamento e trânsito em julgado é maior que a duração dos processos findos. Na Justiça federal, a duração de

---

[4] A Resolução do CNMP nº 179, de 26.7.2017, conceitua o TAC como: "Art. 1º O compromisso de ajustamento de conduta é instrumento de garantia dos direitos e interesses difusos e coletivos, individuais homogêneos e outros direitos de cuja defesa está incumbido o Ministério Público, com natureza de negócio jurídico que tem por finalidade a adequação da conduta às exigências legais e constitucionais, com eficácia de título executivo extrajudicial a partir da celebração".

processos pendentes, mais especificamente na fase de execução, é de 8 anos e 6 meses. Já na Justiça estadual, este prazo médio é de 5 anos e 9 meses, mesmo se considerando que os processos estão sendo finalizados de forma mais célere (CNJ, 2022, p. 209).

Desta forma, os instrumentos extrajudiciais de atuação ministerial favorecem a obtenção de um resultado mais célere e benéfico para a sociedade, auxiliando numa ação preventiva ou evitando-se que uma conduta indevida seja reiterada, para responsabilizar o empreendedor pela internalização dos riscos de sua atividade, ou corrigindo falhas ou omissões no exercício de sua atividade.

## 3 Os instrumentos extrajudiciais de atuação do Ministério Público, *compliance* e ESG

É interessante relembrar que, quando se fala em ESG, isso não se restringe ao meio ambiente sustentável, visto que também engloba a responsabilidade social da empresa e o enfrentamento à corrupção.

Desta forma, a atuação empresarial responsável repercute na melhoria de condições de trabalho, inclusão e respeito à legislação trabalhista.

Isso reflete na atuação extrajudicial do Ministério Público do Trabalho no respeito à legislação trabalhista pela iniciativa privada na perspectiva de respeito aos percentuais de trabalhadores, pessoas com deficiência (PCD), adolescentes aprendizes, respeito à igualdade de gênero etc. No que diz respeito ao Ministério Público estadual, ainda há a atuação no enfrentamento da exploração de trabalho infantil.

Alguns casos de proteção ao consumidor com foco em práticas de *marketing* enganosas, principalmente envolvendo alegações duvidosas ou totalmente falsas sobre conquistas relacionadas ao ESG, também podem ser alvo de apuração ministerial.

A responsabilidade social de empresas com questões de caráter racial, trabalhista e cultural encontram-se no âmbito da intervenção por parte do Ministério Público, que pode atuar de forma extrajudicial ou judicial, devendo ser priorizada a primeira, tendo em vista que se deve pautar pela forma mais célere e resolutiva.

O termo de ajustamento de conduta pode então ser utilizado para se firmar o compromisso com a entidade privada, buscando a reparação e/ou indenização pelo dano causado, seja em âmbito social, seja ambiental, além da adequação da conduta empresarial às exigências legais e normativas.

Desse modo, o TAC assume, em definitivo, sua feição negocial, com natureza de título executivo extrajudicial, aplicado nas mais diversas atuações ministeriais e visando à máxima proteção dos direitos metaindividuais, através do ajuste da conduta do autor do ilícito às conformidades legais. Além disso, também através da pactuação de obrigações com viés punitivo no campo da reparação ou da recomposição de eventual dano, que, embora não se trate de uma sanção propriamente dita, as cláusulas previstas no TAC podem nortear a construção ou a reestruturação do *compliance* empresarial.

No que se refere ao enfrentamento à corrupção, não obstante, o arcabouço normativo anticorrupção que se formou em mais de três décadas e do fortalecimento do Ministério Público como principal instituição encarregada de concretizá-lo, os resultados obtidos no combate à corrupção ainda são insatisfatórios para a efetiva proteção do patrimônio público e a eficiência nos serviços prestados pelo Estado. Isso ocorre principalmente em decorrência dos problemas que circundam as ações judiciais voltadas ao ressarcimento do dano ao erário e à responsabilização dos agentes ímprobos, como a dificuldade de prova (pelos métodos tradicionalmente aceitos), o assoberbamento e a morosidade do Judiciário e o extenso leque de recursos aos tribunais.

A Lei nº 12.846/13 dispõe sobre a responsabilização administrativa e civil das pessoas jurídicas pela prática de atos contra a Administração Pública, por isso denominada de lei anticorrupção empresarial, e a Lei nº 12.850/13 define organizações criminosas e dispõe sobre a investigação criminal.

A Lei de Improbidade Administrativa (LIA), através do §1º, do art. 17, dispõe sobre a possibilidade de celebração de acordo de não persecução cível no caso de improbidade administrativa.[5]

A seu turno, a celebração do ANPC na esfera extrajudicial, pelos legitimados, pressupõe a existência de procedimento administrativo formalizado – inquérito civil ou procedimento preparatório no âmbito

---

[5] "Art. 17. A ação principal, que terá o rito ordinário, será proposta pelo Ministério Público ou pela pessoa jurídica interessada, dentro de trinta dias da efetivação da medida cautelar. §1º As ações de que trata este artigo admitem a celebração de acordo de não persecução cível, nos termos desta Lei. [...] §10-A. Havendo a possibilidade de solução consensual, poderão as partes requerer ao juiz a interrupção do prazo para a contestação, por prazo não superior a 90 (noventa) dias".

do Ministério Público –, no qual estejam reunidos os elementos necessários à configuração do ilícito e seus atores, por documentos, perícias, reuniões, audiências ministeriais e até audiências públicas.

Somente a maturidade do procedimento apuratório possibilitará a análise sobre a viabilidade do ANPC no caso concreto para suficiente proteção do interesse público, bem como permitirá aferir o comportamento desviante, a personalidade do agente (se inclinado ao cumprimento das condições), a extensão do dano, os impactos na comunidade afetada e o prejuízo gerado, em sentido amplo, ao ente público lesado.

O ANPC pode recair sobre qualquer espécie de ato de improbidade descrito na LIA, seja ele violador dos princípios administrativos, causador de danos ao erário, ensejador de benefício financeiro ou tributário contrário à legislação do imposto sobre serviço, ou propiciador de enriquecimento ilícito. Deve perseguir, sempre que possível, a cessação do ato ilícito, a elucidação de todos os fatos ilícitos interligados, a reunião de elementos de prova, a recomposição integral do dano e a aplicação de alguma medida punitiva.

Todavia, tal como ocorre no Acordo de Não Persecução Penal – ANPP,[6] no ANPC faz-se necessária a homologação judicial para que suas cláusulas possam ser exigidas, razão pela qual não se distingue do termo de ajustamento de conduta, que uma vez firmado no bojo de um procedimento extrajudicial e cumpridos seus termos, carece de atuação do Poder Judiciário para produzir seus efeitos.

No TAC, este pode ser firmado em âmbito extrajudicial, no bojo de um inquérito civil ou procedimento correlato,[7] e sua revisão e homologação podem dar-se de acordo com regulamentação disciplinada pelo conselho superior da instituição, sem a necessidade de homologação judicial para produzir seus efeitos, conforme o art. 6º da Resolução nº 179/2017, do CNMP.

Há a possibilidade de, na celebração de termo de ajustamento de conduta pelo Ministério Público, ser convencionada ou recomendada a inclusão de cláusulas que exigem das empresas a elaboração e execução de um conjunto de políticas e controles internos aptos a

---

[6] Sobre o ANPP, *vide* art. 28-A do CPP e Cabral (2022).

[7] Art. 3º, da Resolução nº 179/2017, do CNMP: "O compromisso de ajustamento de conduta será tomado em qualquer fase da investigação, nos autos de inquérito civil ou procedimento correlato, ou no curso da ação judicial, devendo conter obrigações certas, líquidas e exigíveis, salvo peculiaridades do caso concreto, e ser assinado pelo órgão do Ministério Público e pelo compromissário".

impedir violações à lei e a demonstrar às autoridades externas a aplicação e funcionamento de tais medidas, sendo denominada *compliance* (SOARES, VENTURINI, 2021, p. 146). Não havendo empecilho para o mesmo ocorrer em sede de acordo de não persecução cível, se disser respeito à matéria de improbidade, e expedição de recomendações pelo Ministério Público.

Sobre o *compliance*, é importante destacar que este programa teve ensejo em decorrência do combate aos crimes associados à lavagem de dinheiro e corrupção, na década de 1960, nos Estados Unidos, e, no Brasil, com a Lei Anticorrupção, nº 12.846/2013, que impulsionou o desenvolvimento e a implementação de programas de *compliance* no país.

Tradicionalmente, a função de *compliance*, ou *compliance* e ética, tem sido pensada como aquela que se concentra em prevenir, localizar e corrigir problemas decorrentes de violações de leis e regulamentos. Em alguns casos, o escopo é mais restrito, tratando apenas de áreas específicas do direito, como corrupção ou antitruste. Em outros, um programa pode abordar uma ampla gama de leis aplicáveis. De qualquer forma, o foco está nas leis e regulamentos que uma organização deve cumprir como resultado da natureza do negócio em que atua.

Não é por acaso que esse desenvolvimento coincidiu com o aumento do nível de colaboração entre o ESG e as funções de *compliance*. Na maioria das vezes, o ESG continua sendo uma função separada, mas trabalha em estreita colaboração ou, pelo menos, consulta o *compliance*. Em alguns casos, ESG e *compliance* fazem parte da mesma equipe. E, em outros casos, o *compliance* fica a cargo do ESG.

Por muitos anos, *compliance* utilizou uma estrutura que envolve a realização de uma avaliação de risco, desenvolvimento de políticas e procedimentos, treinamento e comunicações, monitoramento e auditoria, criação de uma cultura de conscientização de *compliance* e utilização de uma estrutura de governança para gerenciar riscos. Esses mesmos elementos, quando aplicados adequadamente aos riscos ESG, podem resultar em um nível semelhante de eficácia.

Assim, ESG interage com *compliance* em outro significado do termo – além de focar na obediência legal e nos riscos relacionados, verifica a adoção do que foi acordado com a autoridade ministerial, analisando os padrões ou métricas que as empresas que afirmam ter objetivos de ESG estão tentando cumprir ou conhecer.

O quadro geral é uma mistura em evolução de mecanismos de governança interna, princípios e classificações e classificações de terceiros – sem um conjunto claro de conteúdo ou padrões de divulgação. Assim, as empresas podem determinar independentemente seu próprio ESG particularizando objetivos, e há muita variabilidade e falta de um mecanismo confiável para determinar o cumprimento dos objetivos declarados (POLLMAN, 2019, p. 11). Razão pela qual cabe fiscalização e intervenção do Ministério Público, quando houver descumprimento de objetivos ou ofensa a direitos.

Vê-se, assim, a relação que pode existir na atuação extrajudicial do Ministério Público, a repercussão dos instrumentos extrajudiciais no fomento ou elaboração do *compliance* da empresa e na sua influência no ESG.

Exemplos de como estes instrumentos podem repercutir nas empresas são a promoção de esforços que incluem a melhoria da adesão aos protocolos ESG, realizando diligências, determinando ações corretivas e acompanhando o progresso em sustentabilidade e impacto ambiental. Outro exemplo é a melhoria dos esforços de diversidade, equidade e inclusão em toda a empresa. A análise da linha de base, o desenvolvimento de uma estratégia para fazer melhorias e acompanhar e relatar o progresso são as principais prioridades da maioria das empresas e devem estar presentes em uma estratégia ESG unificada.

Contudo, deve-se lembrar que mesmo que seja formatado o *compliance* a fim de ajustar a responsabilidade ambiental, social e o combate à corrupção na atividade empresarial, isso não é garantia de que serão atendidas as cláusulas estipuladas no TAC, ANPC ou recomendações do Ministério Público, motivo pelo qual é imprescindível a fiscalização da efetividade do programa de *compliance* por parte do órgão ministerial.

## 4  Considerações finais

Os aspectos sociais do ESG vão além de tornar produtos ou serviços acessíveis a diferentes grupos da sociedade. Também vão além de fornecer emprego a todos os indivíduos, independentemente de gênero, raça, religião etc.

Embora essas coisas sejam importantes, elas não abrangem totalmente o que é ser socialmente responsável.

Os impactos sociais de uma empresa podem ser amplos e abrangentes. Eles podem incluir algo tão simples quanto a diversidade de seus funcionários ou, mesmo, como eles tratam seus clientes. Pode-se aí incluir se eles usam ou não produtos de origem animal em seus produtos, ou se oferecem opções veganas etc.

Os aspectos ambientais do ESG visam à busca por um meio ambiente sustentável e ao atendimento à legislação correlata. Por fim, o ESG deve mirar também o combate à corrupção.

Quando, no uso de suas atribuições, o Ministério Público apura ofensa aos direitos coletivos e difusos por parte da iniciativa privada, pode instaurar um procedimento administrativo extrajudicial, a fim de investigar tais fatos.

Diante da apuração, pode ser buscada a resolução negociada do conflito, extrajudicial, com o intuito de evitar a judicialização e, assim, obter-se uma resposta mais célere.

Nesse cenário, o TAC tem se destacado como um importante instrumento de resolução negociada de conflitos na área de direitos difusos e coletivos, que contribuirá com a efetividade desses direitos por meio de uma atuação extrajudicial dos órgãos responsáveis, visando gerar uma solução consensual e mais rápida para o problema (FARIAS, 2020, p. 148).

O mesmo pode ser visto através do ANPC e da recomendação. Contudo, estes diferem daquele porque o ANPC necessita de homologação judicial e, na recomendação, não há uma solução convencionada pelas partes.

Uma vez definidas as cláusulas que devem nortear ou fomentar o *compliance* da atividade empresarial, nos instrumentos de resolução consensual, as metas do ESG podem, assim, sofrer a influência da atuação do Ministério Público, a quem foi atribuída pela Constituição a atuação através do inquérito civil para defesa dos direitos ambientais, sociais e da improbidade.

## Referências

BEM, Marcella Taboas. ESG (environmental, social and governance) e inclusão. *In*: NASCIMENTO, Juliana Oliveira (Coord.). *ESG – O cisne verde e o capitalismo de stakeholder*. São Paulo: Thomson Reuters, 2021.

BRASIL. *Constituição da República Federativa do Brasil de 1988*. Brasília, 5 out. 1988. Disponível em: http://www.planalto.gov.br/ccivil_03/constituicao/constituicao.htm. Acesso em: 19 fev. 2023.

BRASIL. *Lei nº 7.347, de 24 de julho de 1985*. Disciplina a ação civil pública de responsabilidade por danos causados ao meio-ambiente, ao consumidor, a bens e direitos de valor artístico, estético, histórico, turístico e paisagístico e dá outras providências. Disponível em: https://www.planalto.gov.br/ccivil_03/leis/l7347orig.htm. Acesso em: 15 abr. 2023.

BRASIL. *Lei nº 8.429, de 2 de junho de 1992*. Dispõe sobre as sanções aplicáveis em virtude da prática de atos de improbidade administrativa, de que trata o §4º do art. 37 da Constituição Federal e dá outras providências. (Redação dada pela Lei nº 14.230, de 2021). Disponível em: https://www.planalto.gov.br/ccivil_03/leis/l8429.htm. Acesso em: 15 abr. 2023.

CABRAL, Rodrigo Leite Ferreira. *Manual do acordo de não persecução penal (2023) à luz da Lei 13.964/2019 (Pacote Anticrime)*. Salvador: JusPodivm, 2022.

CARNEIRO, Laise de A.; TRENNEPOHL, Anna Karina O. V. *O protagonismo do Ministério Público nos instrumentos de acordo de não persecução cível*. Salvador: [s.n.], 2022. No prelo.

CNJ – CONSELHO NACIONAL DE JUSTIÇA. *Justiça em números 2022*. Brasília: CNJ, 2022. Disponível em: https://www.cnj.jus.br/wp-content/uploads/2022/09/justica-em-numeros-2022-1.pdf. Acesso em: 15 abr. 2023.

CNMP – CONSELHO NACIONAL DO MINISTÉRIO PÚBLICO. *Resolução nº 164, de 28 de março de 2017*. Disponível em: https://www.cnmp.mp.br/portal/images/Resolucoes/Resolu%C3%A7%C3%A3o-164.pdf. Acesso em: 15 abr. 2023.

CNMP – CONSELHO NACIONAL DO MINISTÉRIO PÚBLICO. *Resolução nº 179, de 26 de julho de 2017*. Disponível em: https://www.cnmp.mp.br/portal/images/Resolucoes/Resolu%C3%A7%C3%A3o-179.pdf. Acesso em: 15 abr. 2023.

CNMP – CONSELHO NACIONAL DO MINISTÉRIO PÚBLICO. *Resolução nº 23, de 17 de dezembro de 2007*. Disponível em: https://www.cnmp.mp.br/portal/images/Normas/Resolucoes/Resoluo-0232.pdf. Acesso em: 15 abr. 2023.

COSENZO, José Carlos. O poder investigatório do Ministério Público. *In*: SADEK, Maria Tereza *et al.* (Org.). *O Poder Judiciário do nosso tempo*: grandes nomes escrevem sobre o desafio de fazer justiça no Brasil. 1. ed. Rio de Janeiro: Globo Livros, 2021.

FARIAS, Talden. Termo de ajustamento de conduta e resolução negociada de conflitos. *In*: MILARÉ, Édis (Org.). *Ação civil pública*. São Paulo: Revista dos Tribunais, 2020.

GLOBAL COMPACT. *Who Cares Wins Connecting Financial Markets to a Changing World*. 2005. Disponível em: https://www.ifc.org/wps/wcm/connect/de954acc-504f-4140-91dc-46cf063b1ec/WhoCaresWins_2004.pdf?MOD=AJPERES&CVID=jqeE.mD. Acesso em: 25 fev. 2023.

LEITE, José Rubens Morato; AYALA, Patrick de Araújo. *Direito ambiental na sociedade de risco*. Rio de Janeiro: Forense Universitária, 2002.

MORAES, Rodrigo Jorge. *Produção antecipada de provas na tutela do meio ambiente no processo individual e coletivo*. São Paulo: Thomson Reuters, 2022.

POLLMAN, Elizabeth. Corporate Social Responsibility, ESG, and compliance in Forthcoming, Cambridge Handbook of Compliance (D. Daniel Sokol & Benjamin van Rooij eds.), Loyola Law School. *Los Angeles Legal Studies Research Paper*, n. 35, 2019. Disponível em: https://ssrn.com/abstract=3479723. DOI: http://dx.doi.org/10.2139/ssrn.3479723. Acesso em: 15 abr. 2023.

SOARES, Inês Virgínia Prado Soares; VENTURINI, Otávio. Termo de ajustamento de conduta e programas de compliance ambiental: critérios para exigência e parâmetros para monitoramento e fiscalização. *In*: TRENNEPOHL, Terence; TRENNEPOHL, Natascha (Coord.). *Compliance no direito ambiental*. São Paulo: Revista dos Tribunais, 2020. Coleção Compliance. v. 2.

STEIGLEDER, Annelise Monteiro. A atuação do Ministério Público com vistas à prevenção e à reparação de danos ambientais. *In*: PHILIPPI JR., Arlindo; FREITAS, Vladimir Passos de; SPÍNOLA, Ana Luiza (Ed.). *Direito ambiental e sustentabilidade*. São Paulo: Manole, 2016. Coleção Ambiental. v. 18. p. 1023-1054.

TRENNEPOHL, T.; OMENA, A. O princípio da precaução no direito ambiental brasileiro. *Atuação: Revista Jurídica do Ministério Público Catarinense*, v. 17, n. 36, p. 22-38, 30 nov. 2022. Disponível em: https://seer.mpsc.mp.br/index.php/atuacao/article/view/208. Acesso em: 14 abr. 2023.

TRENNEPOHL, Terence Dorneles. *Manual de direito ambiental*. 10. ed. São Paulo: Saraiva Jur, 2023.

UNITED NATIONS GLOBAL COMPACT AND ACCENTURE. *The UN Global Compact – Accenture strategy CEO study special edition: Transforming partnerships for the SDGs*. 2018. Disponível em: https://www.accenture.com/_acnmedia/pdf-74/accenture-transforming-partnerships-for-the-sdgs-ungccenture-strategy.pdf#zoom=50. Acesso em: 27 fev. 2023.

WILBURN, Kathleen *et al*. ESG reporting using un sustainable development goals. *Global Conference on Business and Finance Proceedings*, v. 15, n. 1, 2020. Disponível em: https://www.theibfr.com/wp-content/uploads/2020/01/ISSN-1941-9589-V15-N1-2020.pdf#page=7. Acesso em: 27 fev. 2023.

---

Informação bibliográfica deste texto, conforme a NBR 6023:2018 da Associação Brasileira de Normas Técnicas (ABNT):

TRENNEPOHL, Terence; TRENNEPOHL, Anna Karina Omena Vasconcellos. A atuação extrajudicial do Ministério Público e sua repercussão no ESG. *In*: BORGES DE PAULA, Marco Aurélio (Coord.). *A hora e a vez do ESG*: provocações e reflexões em homenagem a Ricardo Voltolini. Belo Horizonte: Fórum, 2023. p. 485-498. ISBN 978-65-5518-619-2.

# A QUESTÃO FUNDIÁRIA NA AMAZÔNIA – DESAFIOS E OPORTUNIDADES DE DESENVOLVIMENTO ATRAVÉS DA BIOECONOMIA

YOON JUNG KIM

## 1 Introdução: os problemas crônicos do sistema de registro público imobiliário no Brasil

O sistema de registro público imobiliário no Brasil ainda hoje apresenta problemas crônicos, que o acompanham desde sua origem, quando herdamos o modelo português de concessão das sesmarias no período colonial. À época, a conversão das terras brasileiras – todas consideradas de propriedade da Coroa portuguesa – para a propriedade privada era condicionada ao atendimento de exigências contratuais, como aproveitamento do solo, medição e demarcação do imóvel e pagamento do dízimo. Cumpridas as condições, o rei confirmaria a carta de concessão da sesmaria e a terra seria destacada do patrimônio real e incorporada ao patrimônio particular.

O modelo atendia bem à realidade lusitana, no pequeno território português. Mas sua replicação nas vastas extensões territoriais do Brasil colônia, ainda de fraca presença do aparato administrativo estatal, nunca ocorreu adequadamente. Em estados como o Amazonas e o Pará, por exemplo, a maioria das propriedades privadas era conquistada por ocupação, às margens do sistema de concessão formal das sesmarias. A posse passou então a ser o fundamento principal de aquisição da propriedade privada nessas regiões, o que adicionou uma camada extra de incerteza e insegurança sobre um sistema já deficiente. Na crítica precisa de Costa Porto:

> Tudo quanto o sistema sesmarial podia produzir de nefasto estava consumado, restando, quando muito, evitar males quanto ao futuro, enquanto, de respeito ao que distribuíra – praticamente todo litoral –, não havia remédio, herdando o Brasil republicano todo os vícios da colônia e do Império, indiferentes os governos diante do problema fundiário brasileiro, grave, agudo, melindroso e cujos efeitos danosos já constituem um dos ângulos fundamentais da vida nacional em nossos dias e cuja manifestação tem sido o drama do latifúndio e o tormentoso acesso à terra.[1]

Quando na altura do século XIX o obsoleto sistema de concessão de sesmarias foi extinto, a legislação pátria (Lei das Terras Devolutas, de 1850) passou a exigir, caso a caso, a revalidação dos títulos de aquisição de propriedade ou a legitimação da posse.[2] Nessa sistemática, as terras que não fossem legitimamente transferidas à propriedade particular ou que, ainda que incorporadas ao patrimônio público, não possuíssem qualquer destinação pública específica seriam consideradas terras devolutas da União.[3]

Com o advento da Constituição republicana de 1891, a responsabilidade de realizar a regularização fundiária das terras devolutas foi atribuída aos estados-membros da Federação, restando à União apenas as terras devolutas situadas nas fronteiras nacionais. Na prática, essa descentralização de competência significou a transferência de um gravíssimo ônus de regularização fundiária que os governos coloniais e imperiais precedentes não foram capazes de absorver adequadamente.

Para os estados da Região Norte, a vastidão territorial das propriedades e a dificuldade de penetração do aparato estatal complicaram sobremaneira a tarefa, de forma que a frágil sistemática de legitimação

---

[1] PORTO, Costa. *Estudo sobre o sistema de sesmarias*. Recife: Imprensa Universitária, 1965. p. 186-187.
[2] TRECCANI, Girolamo Domenico. *O título de posse e a legitimação de posse como formas de aquisição da propriedade*. Curitiba: Ministério Público do Estado do Paraná, [s.d.]. Disponível em: https://direito.mppr.mp.br/arquivos/File/Politica_Agraria/7TRECCANITitulodePosse.pdf. Acesso em: 3 jan. 2023.
[3] BRASIL. Presidência da República. *Lei nº 601 de 18 de setembro de 1850*. Disponível em: http://www.planalto.gov.br/ccivil_03/leis/l0601-1850.htm. Acesso em: 3 jan. 2023.

da posse prevaleceu na regularização dos imóveis rurais nestas regiões no século seguinte. O cenário que ali se estabeleceu podia ser resumido em: a) um grande número de latifúndios reivindicados com base na posse, na maioria das situações sem que houvesse uma delimitação precisa dos imóveis, agravando o quadro de tensão social; b) um pequeno número de propriedades formalmente regularizadas junto ao poder público e c) extensas áreas de terras devolutas quase nunca fiscalizadas pelo Estado e que passaram a ser irregularmente ocupadas.

## 2  As particularidades da região amazônica: quando o crime se aproveita das deficiências da regularização fundiária

No bioma amazônico essa carga de problemas fundiários produziu efeitos ainda mais nefastos, em que a pressão do desmatamento,[4] do garimpo, da agropecuária ilegais e do crime organizado encontraram, em um ambiente propenso à corrupção, solo fértil para a grilagem e outras condutas fraudulentas de adulteração e manipulação dos registros imobiliários.

Além da herança histórica de uma realidade fundiária absolutamente caótica, a acentuada criminalidade na região amazônica pode ter sua origem traçada nas políticas de ocupação da região conduzidas no período do regime militar. Como explica Bruno Yoheiji Kono Ramos, em excelente dissertação de mestrado sobre a questão fundiária na Amazônia:

> o governo militar e seus tecnocratas erigiram o domínio da Amazônia como estratégico para o sucesso do regime. Com efeito, à luz do pressuposto das riquezas naturais inexploradas, da grande extensão de terras incultas e de existir um vazio demográfico que tornava vulnerável a soberania nacional, passaram a priorizar o estímulo à atração de empresas de outras regiões do país em detrimento da colonização dirigida em virtude da necessidade de modernização capitalista no campo.[5]

---

[4] DESMATAMENTO na Amazônia chega a 10.781 km² nos últimos 12 meses, o maior em 15 anos. *Imazon*. Disponível em: https://imazon.org.br/imprensa/desmatamento-na-amazonia-chega-a-10-781-km%C2%B2-nos-ultimos-12-meses-maior-area-em-15-anos/. Acesso em: 3 jan. 2023.

[5] RAMOS, Bruno Yoheiji Kono. *A questão fundiária na Amazônia e os reflexos jurídicos no uso e ocupação do solo público pela mineração* – Estudo de caso do Estado do Pará. Dissertação (Mestrado em Direito) – Programa de Pós-Graduação, Pontifícia Universidade Católica

As políticas desenvolvimentistas da Amazônia adotadas nesse período causaram um rápido e intenso processo inflacionário das terras. Entre 1972 a 1974, o preço teve o aumento mínimo de 500%, chegando até 10.000% conforme a região. Nesse contexto, a prática da grilagem e da pistolagem proliferaram a fim de explorar o incipiente e promissor mercado de terras na Amazônia. A posse não era mais suficiente, tanto do ponto de vista jurídico quanto econômico. Era necessário que os possuidores tivessem o suporte do sistema jurídico formal, ainda que de forma fraudulenta, para legitimar seu título de propriedade, o que inclusive lhes dava acesso a créditos e financiamentos públicos.

> O conceito de propriedade extrativista e modo de vida típica do campesinato tradicional amazônico pautado na oralidade, na dispersão e na liberdade proporcionada pelo uso e posse coletiva, não se adequava ao modelo de ocupação privatizada, delimitada e individualizada – civilista – imposta pelo governo militar a fim de atender a sua causa desenvolvimentista e o regime jurídico das garantias reais mínimas dos incentivos financeiros concedidos.[6]

A transição de um modelo informal, sustentado na posse e na ocupação de terras públicas, foi sendo substituído pelo aparato burocrático estatal formal, inserido em favor do interesse econômico e das políticas do regime militar central. "O Direito Civil, a legislação de registros públicos, certidões cartorárias, as medidas de superfície e uma série de práticas inusitadas se generalizaram. Isso tudo determinava uma alteração profunda do conceito provinciano de propriedade imobiliária".[7]

Contudo, a formalização do regime de propriedade na Amazônia nada mais fez do que transferir irregularidades que antes eram praticadas às margens da estrutura burocrática estatal, para o sistema jurídico formal, através de práticas fraudulentas travestidas de licitude. Não houve grandes conquistas em termos de organização, segurança jurídica e legalidade no que concerne à questão fundiária na Amazônia.

---

de São Paulo, São Paulo, 2014. p. 52. Disponível em: https://tede2.pucsp.br/bitstream/handle/6626/1/Bruno%20Yoheiji%20Kono%20Ramos.pdf. Acesso em: 3 jan. 2023.

[6] RAMOS, Bruno Yoheiji Kono. *A questão fundiária na Amazônia e os reflexos jurídicos no uso e ocupação do solo público pela mineração* – Estudo de caso do Estado do Pará. Dissertação (Mestrado em Direito) – Programa de Pós-Graduação, Pontifícia Universidade Católica de São Paulo, São Paulo, 2014. p. 53. Disponível em: https://tede2.pucsp.br/bitstream/handle/6626/1/Bruno%20Yoheiji%20Kono%20Ramos.pdf. Acesso em: 3 jan. 2023.

[7] SANTOS, Roberto Araújo de Oliveira. *A economia no Estado do Pará*. Belém: IDESP, Coordenadoria de Documentação e Informação, 1978. p. 69.

Pois ainda hoje constatamos na experiência a fragilidade das cadeias dominiais em grandes áreas no norte do país. Registros fragmentados, ainda predominantemente formalizados em papel, matrículas descontinuadas, incompletas ou adulteradas e documentos extraviados são alguns dos sintomas dessa estrutura burocrática, anacrônica e ineficiente. O modelo brasileiro de comprovação cartorial da propriedade privada, de caráter residual, dependente da validação de uma longa cadeia dominial até a origem de destaque do patrimônio público, convida a diversas práticas fraudulentas nos registros. De fato, são estratagemas ainda hoje praticados pela grilagem de terras:

> a venda de uma mesma terra a compradores diversos; a revenda de títulos de terras públicas a terceiros como se elas tivessem sido postas legalmente à venda através de processos licitatórios; a falsificação e a demarcação da terra comprada por alguém numa extensão muito maior do que a que foi originalmente adquirida, com os devidos documentos ampliando-a; a confecção ou adulteração de títulos de propriedade e certidões diversas; a incorporação de terra pública a terras particulares; a venda de títulos de terra atribuídos a áreas que não correspondem aos mesmos; a venda de terra pública, inclusive indígena e em áreas de conservação ambiental, por particulares a terceiros; o remembramento de terras às margens das grandes estradas federais, que em anos anteriores haviam sido distribuídas em pequenos lotes para fins de reforma agrária a agricultores e a posterior venda dos lotes, já remembrados, transformando-os em grandes fazendas de gado; e ainda, mais recentemente, a venda de terra pública pela internet como se os vendedores fossem seus reais proprietários, com base em documentação forjada.[8]

Um dos mecanismos que mais tem sido explorado atualmente pela grilagem é o uso fraudulento do cadastro ambiental rural (CAR), que é preenchido em caráter autodeclaratório pelos proprietários de terras. Em relatório apresentado à Comissão de Meio Ambiente do Senado Federal, o pesquisador do Instituto de Pesquisa Ambiental da Amazônia (Ipam), Paulo Moutinho, afirmou que dois terços do desmatamento em terras públicas da Amazônia ocorrem em áreas com o cadastro rural fraudado.

---

[8] LOUREIRO, Violeta Refkalefsky; PINTO, Jax Nildo Aragão. Dossiê Amazônia Brasileira II. *Estudos Avançados*, v. 19, n. 54, ago. 2005. Disponível em: https://www.scielo.br/j/ea/a/pstJcmXTJKSNGRYZNLPWhsN/?lang=pt. Acesso em: 3 jan. 2023.

Dos 56,5 milhões de hectares de florestas públicas não destinadas na Amazônia, 18,6 milhões de hectares possuem CARs ilegais sobrepostos às áreas preservadas. Dos 3,2 milhões de hectares de florestas públicas não destinadas desmatados na Amazônia até 2020, 65% eram áreas com cadastros irregulares.[9]

Atualmente, já são quase 20 milhões de hectares de CAR sobrepostos no Brasil e aproximadamente 44% da área de CAR sobreposta a florestas públicas são registros relativos a supostas grandes propriedades de terra, com mais de 1.500 hectares. Segundo o pesquisador, os dados sinalizam para uma "ação criminosa de larga escala" patrocinada por grandes produtores.[10]

Não bastasse, de acordo com a Professora Maria Tereza Gomes, a sobreposição de CARs ativos também afeta terras indígenas, o que ocorre em 24 estados brasileiros. Segundo relatório do Conselho Nacional de Justiça, existem atualmente 2.789 CARs, correspondentes a 118 milhões de hectares, sobrepostos em 624 terras indígenas homologadas.[11]

A necessidade de verificação da veracidade dos dados apresentados no CAR é uma conclusão evidente, mas na última década somente 28.631 imóveis cadastrados foram analisados pelos órgãos públicos, o que representa 0,43% do total.[12]

A inércia estatal também pode ser constatada na gestão das terras públicas, que representam 74% da região – sendo os 26% restantes distribuídos em imóveis rurais particulares (15%) e assentamentos rurais (11%). Esses 74% são distribuídos em terras públicas não destinadas (9%); terras indígenas (25%); unidades de conservação (21%); APAs (4%) e florestas públicas não destinadas (15%). Isso para dizer que nos anos de 2019 e 2020, 87% do desmatamento em terras públicas ocorreu em florestas sem destinação.[13] Trata-se de um caso claro de

---

[9] FRAUDE no CAR responde por 65% do desmatamento em terras públicas da Amazônia. *Ipam*, maio 2022. Disponível em: https://ipam.org.br/fraude-no-car-responde-por-65-do-desmatamento-em-terras-publicas-da-amazonia/. Acesso em: 3 jan. 2023.

[10] FRAUDE no CAR responde por 65% do desmatamento em terras públicas da Amazônia. *Ipam*, maio 2022. Disponível em: https://ipam.org.br/fraude-no-car-responde-por-65-do-desmatamento-em-terras-publicas-da-amazonia/. Acesso em: 3 jan. 2023.

[11] FRAUDE no CAR responde por 65% do desmatamento em terras públicas da Amazônia. *Ipam*, maio 2022. Disponível em: https://ipam.org.br/fraude-no-car-responde-por-65-do-desmatamento-em-terras-publicas-da-amazonia/. Acesso em: 3 jan. 2023.

[12] FRAUDE no CAR responde por 65% do desmatamento em terras públicas da Amazônia. *Ipam*, maio 2022. Disponível em: https://ipam.org.br/fraude-no-car-responde-por-65-do-desmatamento-em-terras-publicas-da-amazonia/. Acesso em: 3 jan. 2023.

[13] EVENTO: O Combate à Grilagem em Terras Públicas na Amazônia. *Ipam*, 6 dez. 2022.

negligência estatal e a verdade tem se revelado cada vez mais clara: há tolerância e leniência do Estado com o problema da grilagem e do desmatamento na Amazônia.

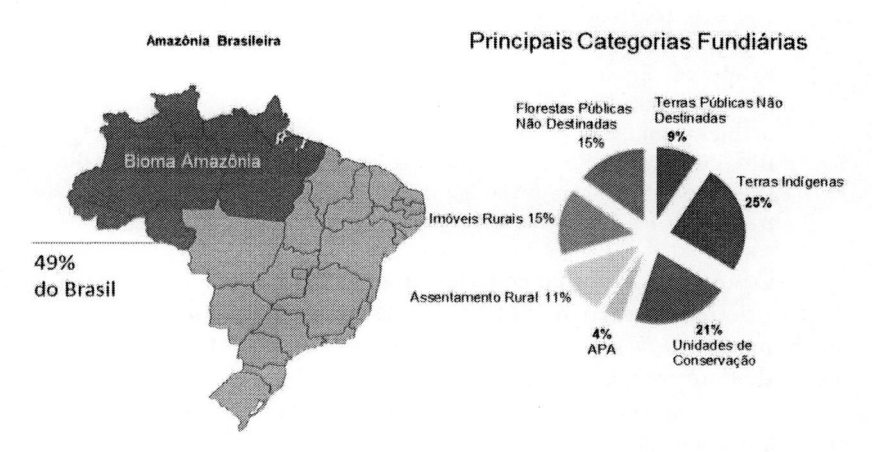

**Amazônia Brasileira**

49% do Brasil

**Principais Categorias Fundiárias**

- Florestas Públicas Não Destinadas 15%
- Terras Públicas Não Destinadas 9%
- Terras Indígenas 25%
- Imóveis Rurais 15%
- Assentamento Rural 11%
- 4% APA
- 21% Unidades de Conservação

Fonte: Ipam.

Tudo isso nos leva a refletir e questionar se a atual matriz de registro imobiliário no Brasil – herdada historicamente do incompatível modelo de concessões português e que ainda produz as mesmas dificuldades de validação da cadeia dominial – não deveria ser remodelada à luz de uma leitura contemporânea dos princípios constitucionais da função social da propriedade e da proteção do meio ambiente e se converter em um dos fatores de alavanca de desenvolvimento econômico-social sustentável da Amazônia do século XXI.

## 3 A necessidade de modernização do regime jurídico de regularização fundiária à luz dos princípios constitucionais da função socioambiental da propriedade, da proteção do meio ambiente e das novas tecnologias de controle da propriedade

O direito à propriedade tem vinculada sua legitimidade ao respeito à sua função social (art. 5º, inc. XXII, Constituição Federal), em "consonância com as suas finalidades econômicas e sociais e de modo que sejam preservados [...] a flora, a fauna, as belezas naturais, o equilíbrio ecológico e o patrimônio histórico e artístico, bem como evitada a poluição do ar e das águas" (art. 1.228, §1º, Código Civil). Nossa Constituição ainda qualifica a função social da propriedade rural, que será realizada quando atendidos os requisitos de:

> I - aproveitamento racional e adequado;
> II - utilização adequada dos recursos naturais disponíveis e preservação do meio ambiente;
> III - observância das disposições que regulam as relações de trabalho;
> IV - exploração que favoreça o bem-estar dos proprietários e dos trabalhadores. (Art. 186, CF)[14]

O Supremo Tribunal Federal tem reconhecido que a função social da propriedade rural é interpretada hoje em um contexto mais amplo, da chamada *função socioambiental da propriedade*.[15] Não basta que a propriedade cumpra sua função econômica de "aproveitamento racional e adequado", mas é necessário também que seja utilizada como um fator de preservação do meio ambiente. Na realidade da Amazônia, isso significa a preservação da floresta em pé e a proteção dos povos e comunidades tradicionais que nela vivem (*proteção etnoambiental*). Essa acepção está em linha com os compromissos internacionais assumidos pelo Brasil nos Objetivos de Desenvolvimento Sustentável da Agenda 2030, em especial a "Ação contra mudança global do clima" e a "Vida terrestre".

É forçoso concluir, portanto, que a estrutura registral imobiliária deve servir aos propósitos maiores da função socioambiental da

---

[14] Como bem observou a Professora Giselda Maria Fernandes Novaes Hironaka: "Examinando, pois, o mencionado art. 186 da Constituição Federal de 1988, serão três as finalidades da norma que se pode aduzir do espírito mesmo dos patamares de exigência: uma *finalidade de ordem econômica*, especialmente consagrada no inciso I que, revela a preocupação com a produção e a produtividade; uma outra *finalidade de ordem social*, especialmente consagrada no inciso III, que demonstra o cuidado com a segurança advinda das relações de trabalho; e por derradeiro uma *finalidade de ordem ecológica*, especialmente consagrada no inciso II, que claramente determina a obrigação de se proteger o meio ambiente" (HIRONAKA, Giselda Maria Fernandes Novaes. *Atividade agrária e proteção ambiental*: simbiose possível. São Paulo: Cultural Paulista, 1997. p. 107).

[15] Ao comentar o art. 186 da CF, o Ministro Edson Fachin observou: "Veja-se que também aqui a Constituição alinhou à socialidade da propriedade a preservação do meio ambiente a ratificar esse amálgama inexorável. Tem-se, portanto, já há alguns anos que a função social da propriedade rural é compreendida em um espectro mais amplo: função socioambiental da propriedade rural, de maneira a conformar no instituto essa multiplicidade de deveres" (SUPREMO TRIBUNAL FEDERAL. *ADI 5547/DF*. Julgamento em 22/09/2020 – Min. Rel. Edson Fachin. Disponível em: https://redir.stf.jus.br/paginadorpub/paginador.jsp?docTP=TP&docID=754018723. Acesso em: 3 jan. 2023).

propriedade e, se não estiver com eles compatíveis – ao não oferecer transparência, segurança e credibilidade necessárias aos registros públicos e à estabilidade das relações jurídicas envolvendo a propriedade –, deve ser reformada. Não se pode admitir que as fragilidades do sistema de registros públicos possam ser exploradas por agentes criminosos para facilitar atividades de grilagem, garimpo, agropecuária e desmatamento ilegais. Da mesma maneira que também não se pode permitir que esses mesmos problemas afetem as atividades e os interesses legítimos de atores econômicos que atuam de boa-fé e nos precisos limites da legalidade, e que são vetores de desenvolvimento e proteção ambiental na Amazônia.

É preciso caminhar em direção a um novo regime jurídico de regularização fundiária, mais moderno e que ofereça maior transparência, segurança jurídica e estabilidade das relações, tanto para o Estado quanto para os atores da sociedade civil (organizações não governamentais, associações civis e setor privado), que levam, de forma legítima e lícita, progresso e desenvolvimento sustentável para a Amazônia.

As ferramentas necessárias para que essa mudança ocorra na prática já existem nas novas tecnologias de medição, registro, verificação e monitoramento de áreas de floresta. Falta aprimorar o arcabouço jurídico para que permita que essas tecnologias sejam utilizadas em auxílio da modernização do sistema registral brasileiro e, em última instância, da proteção da floresta e das pessoas que nela habitam.

A lógica *medir, registrar, verificar* e *monitorar* pode ser implementada utilizando respectivamente as ferramentas do *georreferenciamento*, da *tokenização*, do registro em *blockchain* e do *sensoriamento remoto*.

O georreferenciamento via obtenção de coordenadas geográficas por sistema de posicionamento global (GPS) já vem sendo amplamente utilizado como método de delimitação de áreas de imóveis, com o Incra administrando o Sistema de Gestão Fundiária (SIGEF). O sistema conta hoje com 253.479.393,53 de hectares já certificados, a maior parte referente a propriedades nos estados do Mato Grosso, do Pará e do Amazonas, respectivamente.[16]

Já a *tokenização* é uma tecnologia mais recente e ainda de menor adesão, e que consiste em representar a área delimitada em um ativo digital (*token*) não fungível. O processo envolve a criação de um arquivo digital que vai ser registrado em uma *blockchain* – um banco

---

[16] SIGEF. *Estatísticas do Sistema*. Disponível em: https://sigef.incra.gov.br/consultar/estatisticas/. Acesso em: 3 jan. 2023.

de dados digital criptografado e compartilhado entre uma rede de usuários – tornando aquele ativo único e insubstituível. A ferramenta seria complementar ao georreferenciamento e bastante útil para conferir segurança e transparência aos registros imobiliários, evitando indesejadas sobreposições.

O Brasil conta com um Sistema de Registro Eletrônico de Imóveis (SREI), recém implementado e gerido pelo Operador Nacional do Registro Eletrônico de Imóveis (ONR) – pessoa jurídica de direito privado fiscalizada pela Corregedoria Nacional de Justiça e pelo Conselho Nacional de Justiça. Mas a utilização desse sistema ainda é incipiente na maior parte do país e ele não se vale dos métodos da *tokenização* e do registro em *blockchain*, que são as tecnologias mais promissoras para tal finalidade.[17]

Por fim, o sensoriamento remoto dos imóveis registrados e georreferenciados, em especial das áreas de proteção ambiental, seria a medida adequada para a verificação da veracidade dos dados informados no CAR. Tecnologias de monitoramento visual por satélite, algumas inclusive gratuitamente disponíveis na internet, possibilitam a coleta e o processamento de dados sobre a cobertura e o uso do solo, permitindo assim a fiscalização sobre as informações declaradas.[18]

## 4 Conclusões: oportunidades de ativação da bioeconomia no bioma amazônico e a necessidade do ordenamento territorial

A fraca presença do Estado, da institucionalidade e da legalidade criou na Amazônia um ambiente propício para o crime diante do

---

[17] Na experiência dos cartórios de notas, a *blockchain* já vem sendo utilizada no Brasil há cerca de dois anos, por meio dos sistemas *e-Notariado* e *Notarchain*, em atos como autenticações de documentos, por exemplo. Cf. BRASIL. *e-Notariado*. Disponível em: https://www.e-notariado.org.br/. O procedimento é respaldado pelo Provimento nº 100 do CNJ, que "estabelece normas gerais sobre a prática de atos notariais eletrônicos em todos os tabelionatos de notas do País". Cf. CONSELHO NACIONAL DE JUSTIÇA. *Provimento nº 100 de 26/05/2020*. Disponível em: https://atos.cnj.jus.br/atos/detalhar/3334. Acesso em: 5 dez. 2022.

[18] Um exemplo prático da utilização do sensoriamento remoto como forma de verificação dos dados declarados no CAR pode ser visto no estudo: PEREIRA, Leidiane da Silva *et al*. O uso de geotecnologias e o sistema CAR para regularização, licenciamento e monitoramento ambiental rural no Estado do Acre. *In*: SIMPÓSIO DE GEOTECNOLOGIAS NO PANTANAL, 6º, Cuiabá, MT, 22 a 26 out. 2016. *Anais*... [s.l.]: Embrapa Informática Agropecuária/INPE, 2016. p. 720-727. Disponível em: https://www.geopantanal.cnptia.embrapa.br/2016/cd/pdf/p131.pdf. Acesso em: 5 dez. 2022.

vácuo deixado pelo poder formal. As máfias da grilagem, da madeira, da pesca predatória, do tráfico de animais, do narcotráfico ocuparam boa parte desse espaço, de forma que não há dúvidas de que a criminalidade organizada representa hoje o maior obstáculo à proteção da sua população, da biodiversidade e da floresta.

Ao mesmo tempo, o florescimento da nova bioeconomia do século XXI, caracterizada pelo desenvolvimento sustentável apoiado na exploração racional dos ativos ambientais, abriu uma janela de oportunidade de crescimento econômico a que a região não assiste desde o ciclo da borracha, no final do século XIX. Ocorre que este potencial não poderá ser devidamente absorvido e convertido em efetivo desenvolvimento socioeconômico se o Estado não for capaz de fazer frente à questão da criminalidade na Amazônia, o que significa voltar a ocupar os espaços de poder e influência que foram deixados. Em outros termos: é preciso recuperar o controle sobre os ativos ambientais do rico bioma amazônico.

Em ensaio publicado pelo WRI Brasil, pesquisadores indicaram três linhas de enfrentamento nesse sentido, ao tratar das "necessidades específicas de uma bioeconomia amazônica":

> [...] nota-se que três temas são constantes no debate sobre bioeconomia na Amazônia: a conservação do ativo florestal por meio da exploração sustentável de produtos florestais (principalmente não madeireiros); o ordenamento territorial com combate a ilegalidades, incluindo a grilagem de terras; e o reconhecimento às contribuições das comunidades indígenas, tradicionais, quilombolas e de agricultores familiares na viabilização dessa economia de base florestal no bioma amazônico e a distribuição justa de seus benefícios.[19]

De fato, em relação ao primeiro tema, ou seja, a conservação do ativo florestal, pode-se afirmar que a Amazônia se encontra em um ponto de inflexão, um momento de repensar sua matriz de desenvolvimento econômico. Promover a transição de um modelo baseado na atividade econômica ilícita, com foco na derrubada da floresta e na degradação ambiental, que segue uma lógica extrativista medieval, para a nova economia verde, baseada na preservação da floresta em

---

[19] COSTA, Francisco de Assis *et al*. Uma bioeconomia inovadora para a Amazônia: conceitos, limites e tendências para uma definição apropriada ao bioma floresta tropical. *Texto para discussão – WRI Brasil*, São Paulo. Disponível em: https://www.wribrasil.org.br/publicacoes/uma-bioeconomia-inovadora-para-amazonia-conceitos-limites-e-tendencias-para-uma. Acesso em: 3 jan. 2023.

pé e todas as suas formas de monetização e aproveitamento racional: manejo e extrativismo sustentável de matéria-prima, pesquisa científica e ecoinovação, geração de créditos de carbono e de ativos de biodiversidade, ecoturismo, exploração sustentável dos insumos da biotecnologia, entre outras formas.

Essa mudança de paradigma desenvolvimentista na Amazônia depende, como já dito, de uma reocupação dos espaços de poder por parte do Estado. Mas a força da institucionalidade formal, apenas, não será suficiente para cumprir tal objetivo, dada a vastidão territorial da floresta e a complexidade da tarefa. É preciso aliar a presença do Estado com influxos de capital privado para potencializar as atividades de conservação e de promoção de desenvolvimento.

Essa é a proposta de Carlos Nobre. O climatologista defende um modelo de desenvolvimento regional para a Amazônia baseado em inovação a partir da incorporação de tecnologias da quarta revolução industrial no bioma – a chamada "Amazônia 4.0". Esse modelo dependeria de incentivos de financiamento subsidiados do Estado brasileiro à iniciativa privada, já que os negócios sustentáveis no local teriam que enfrentar riscos adicionais se comparados a outros setores e regiões.[20]

O cientista também propõe um movimento de "reindustrialização" para a região pautado na bioeconomia, com mudanças em governança, criação de uma Política Nacional de Bioeconomia pelo Governo Federal, e a criação de um Conselho Nacional da Bioindústria que tenha como atribuição principal a promoção da competitividade da indústria do setor. Além disso, Carlos Nobre reforça a importância do

> apoio à Ciência, Tecnologia e Inovação (CT&I), promovendo o avanço estrutural de entidades e parques tecnológicos que transformem as inovações em produtos e serviços de alto valor agregado a partir do investimento em educação, infraestrutura, e melhores incentivos para atração de capital privado no setor.[21]

Ocorre que a demanda por recursos privados não será atendida se, além dos incentivos financeiros, o Estado não for capaz de oferecer

---

[20] DIAS, Maria Clara. Entrevista: Carlos Nobre: nova economia na Amazônia também precisa de capital privado. *Exame*, 27 abr. 2021. Disponível em: https://exame.com/esg/carlos-nobre-nova-economia-na-amazonia-tambem-precisa-de-capital-privado/. Acesso em: 3 jan. 2023.

[21] DIAS, Maria Clara. Entrevista: Carlos Nobre: nova economia na Amazônia também precisa de capital privado. *Exame*, 27 abr. 2021. Disponível em: https://exame.com/esg/carlos-nobre-nova-economia-na-amazonia-tambem-precisa-de-capital-privado/. Acesso em: 3 jan. 2023.

segurança jurídica para as iniciativas que forem empreendidas na Amazônia – o que nos leva ao segundo tema, ou seja, a necessidade do ordenamento territorial. Com efeito, a segurança jurídica e a estabilização da propriedade, na perspectiva constitucional da função socioambiental, como discutido no Capítulo 3, é uma condição necessária e, ao mesmo tempo, a alavanca para o desenvolvimento econômico-social sustentável da Amazônia do século XXI.

Como identificado no relatório intitulado *Investimento de impacto na Amazônia: caminhos para o desenvolvimento sustentável*, realizado pela SITAWI, os investimentos privados na região encontram, entre os obstáculos mais graves:

> A alta carga burocrática brasileira, que representa uma barreira de entrada para novas empresas. O alto custo de fazer negócio no Brasil impacta particularmente negócios cujos participantes têm baixa disponibilidade de capital, estruturas administrativas pequenas e situações fundiárias complexas. Este problema é tanto maior quanto mais afastados os negócios de impacto dos principais centros urbanos do país – situação comum a muitos empreendimentos de impacto ambiental.[22]

O relatório ainda esclarece que, em pesquisa realizada com 47 participantes do ecossistema de impacto brasileiro, atuando ou com interesse em atuar na Amazônia, "a questão fundiária foi apontada como o terceiro maior obstáculo", especialmente no que diz respeito à

> falta de título sobre a propriedade onde é realizado o negócio de impacto. Além de dificultar a obtenção de financiamento, particularmente dos financiamentos subsidiados oferecidos pelo governo federal, esta situação gera conflitos e invasão de terra. Este problema é agravado pela falta de aplicação da lei em muitas regiões.[23]

Por tudo que dissemos, podemos concluir que a promoção de um novo modelo de desenvolvimento para a Amazônia, compatível com a bioeconomia e a agenda global da nova economia verde para o século

---

[22] ALBUQUERQUE, Cristóvão; LETELIER, Leonardo. Investimento de impacto na Amazônia: caminhos para o desenvolvimento sustentável. *SITAWI: Finanças do Bem*. p. 17. Disponível em: https://ppa.org.br/wp-content/uploads/2020/07/SITAWI_Investimento-de-Impacto-na-Amazonia_2018_web.pdf.

[23] ALBUQUERQUE, Cristóvão; LETELIER, Leonardo. Investimento de impacto na Amazônia: caminhos para o desenvolvimento sustentável. *SITAWI: Finanças do Bem*. p. 50. Disponível em: https://ppa.org.br/wp-content/uploads/2020/07/SITAWI_Investimento-de-Impacto-na-Amazonia_2018_web.pdf.

XXI, passa necessariamente pelo enfrentamento da questão fundiária da região. A solução passa pela adoção de um sistema de registro e fiscalização mais moderno, que utilize as novas tecnologias de medição, registro, verificação e monitoramento da terra e que assim possa oferecer a segurança jurídica necessária para a captação de investimentos com capital intensivo de impacto socioambiental. Vislumbramos nesse caminho a trajetória de transformação da Amazônia no maior ativo do Brasil e que alçará o país à posição de protagonismo da agenda climática global.

## Referências

ALBUQUERQUE, Cristóvão; LETELIER, Leonardo. Investimento de impacto na Amazônia: caminhos para o desenvolvimento sustentável. *SITAWI: Finanças do Bem*. Disponível em: https://ppa.org.br/wp-content/uploads/2020/07/SITAWI_Investimento-de-Impacto-na-Amazonia_2018_web.pdf.

COSTA, Francisco de Assis *et al*. Uma bioeconomia inovadora para a Amazônia: conceitos, limites e tendências para uma definição apropriada ao bioma floresta tropical. *Texto para discussão – WRI Brasil*, São Paulo. Disponível em: https://www.wribrasil.org.br/publicacoes/uma-bioeconomia-inovadora-para-amazonia-conceitos-limites-e-tendencias-para-uma. Acesso em: 3 jan. 2023.

DIAS, Maria Clara. Entrevista: Carlos Nobre: nova economia na Amazônia também precisa de capital privado. *Exame*, 27 abr. 2021. Disponível em: https://exame.com/esg/carlos-nobre-nova-economia-na-amazonia-tambem-precisa-de-capital-privado/. Acesso em: 3 jan. 2023.

BRASIL. *e-Notariado*. Disponível em: https://www.e-notariado.org.br/.

HIRONAKA, Giselda Maria Fernandes Novaes. *Atividade agrária e proteção ambiental*: simbiose possível. São Paulo: Cultural Paulista, 1997.

DESMATAMENTO na Amazônia chega a 10.781 km2 nos últimos 12 meses, o maior em 15 anos. *Imazon*. Disponível em: https://imazon.org.br/imprensa/desmatamento-na-amazonia-chega-a-10-781-km%C2%B2-nos-ultimos-12-meses-maior-area-em-15-anos/. Acesso em: 3 jan. 2023.

FRAUDE no CAR responde por 65% do desmatamento em terras públicas da Amazônia. *Ipam*, maio 2022. Disponível em: https://ipam.org.br/fraude-no-car-responde-por-65-do-desmatamento-em-terras-publicas-da-amazonia/. Acesso em: 3 jan. 2023.

EVENTO: O Combate à Grilagem em Terras Públicas na Amazônia. *Ipam*, 6 dez. 2022.

LOUREIRO, Violeta Refkalefsky; PINTO, Jax Nildo Aragão. Dossiê Amazônia Brasileira II. *Estudos Avançados*, v. 19, n. 54, ago. 2005. Disponível em: https://www.scielo.br/j/ea/a/pstJcmXTJKSNGRYZNLPWhsN/?lang=pt. Acesso em: 3 jan. 2023.

PEREIRA, Leidiane da Silva *et al*. O uso de geotecnologias e o sistema CAR para regularização, licenciamento e monitoramento ambiental rural no Estado do Acre. *In*: SIMPÓSIO DE GEOTECNOLOGIAS NO PANTANAL, 6º, Cuiabá, MT, 22 a 26 out. 2016. *Anais...* [s.l.]: Embrapa Informática Agropecuária/INPE, 2016. Disponível em: https://www.geopantanal.cnptia.embrapa.br/2016/cd/pdf/p131.pdf. Acesso em: 5 dez. 2022.

PORTO, Costa. *Estudo sobre o sistema de sesmarias*. Recife: Imprensa Universitária, 1965.

BRASIL. Presidência da República. *Lei nº 601 de 18 de setembro de 1850*. Disponível em: http://www.planalto.gov.br/ccivil_03/leis/l0601-1850.htm. Acesso em: 3 jan. 2023.

RAMOS, Bruno Yoheiji Kono. *A questão fundiária na Amazônia e os reflexos jurídicos no uso e ocupação do solo público pela mineração* – Estudo de caso do Estado do Pará. Dissertação (Mestrado em Direito) – Programa de Pós-Graduação, Pontifícia Universidade Católica de São Paulo, São Paulo, 2014. Disponível em: https://tede2.pucsp.br/bitstream/handle/6626/1/Bruno%20Yoheiji%20Kono%20Ramos.pdf. Acesso em: 3 jan. 2023.

SANTOS, Roberto Araújo de Oliveira. *A economia no Estado do Pará*. Belém: IDESP, Coordenadoria de Documentação e Informação, 1978.

SIGEF. *Estatísticas do Sistema*. Disponível em: https://sigef.incra.gov.br/consultar/estatisticas/. Acesso em: 3 jan. 2023.

TRECCANI, Girolamo Domenico. *O título de posse e a legitimação de posse como formas de aquisição da propriedade*. Curitiba: Ministério Público do Estado do Paraná, [s.d.]. Disponível em: https://direito.mppr.mp.br/arquivos/File/Politica_Agraria/7TRECCANITitulodePosse.pdf. Acesso em: 3 jan. 2023.

CONSELHO NACIONAL DE JUSTIÇA. *Provimento nº 100 de 26/05/2020*. Disponível em: https://atos.cnj.jus.br/atos/detalhar/3334. Acesso em: 5 dez. 2022.

SUPREMO TRIBUNAL FEDERAL. *ADI 5547/DF*. Julgamento em 22/09/2020 – Min. Rel. Edson Fachin. Disponível em: https://redir.stf.jus.br/paginadorpub/paginador.jsp?docTP=TP&docID=754018723. Acesso em: 3 jan. 2023.

---

Informação bibliográfica deste texto, conforme a NBR 6023:2018 da Associação Brasileira de Normas Técnicas (ABNT):

KIM, Yoon Jung. A questão fundiária na Amazônia – Desafios e oportunidades de desenvolvimento através da bioeconomia. *In*: BORGES DE PAULA, Marco Aurélio (Coord.). *A hora e a vez do ESG*: provocações e reflexões em homenagem a Ricardo Voltolini. Belo Horizonte: Fórum, 2023. p. 499-513. ISBN 978-65-5518-619-2.

# ECOSSISTEMA DE ATIVOS VIRTUAIS: IMPACTOS E DESAFIOS PARA A SUSTENTABILIDADE

**LIA MILLECAMPS**
**MIGUEL TRINDADE ROCHA**

## 1 Introdução

A última década, em especial depois do lançamento do Bitcoin em 2009, tem visto um aumento significativo no aparecimento de novos tipos de produtos e instrumentos financeiros. "Desenvolvimentos nos últimos anos, no domínio das novas tecnologias, nomeadamente no que diz respeito à Revolução Industrial 4.0 em geral, e blockchain em particular, contribuíram para a introdução no mercado de novos produtos e serviços" (KISMET, 2022b). Esses produtos e serviços causaram disrupção no ecossistema dos serviços financeiros tradicionais e colocaram desafios de sustentabilidade para países e organizações.

De forma que os ativos virtuais possam continuar a ser uma alternativa às finanças tradicionais no futuro, será necessário garantir que estes façam parte de um ecossistema sustentável. Para tal, e considerando ainda a desregulamentação associada a estes novos produtos e serviços, que comporta riscos elevados, quer em termos de criminalidade e estabilidade económica, quer em termos de outras áreas associadas à sustentabilidade como fatores sociais e ambientais, torna-se essencial compreender as oportunidades e os riscos associados aos ativos virtuais.

Este artigo explora os impactos em nível ambiental, social e de governança, associados a alguns tipos de ativos virtuais, e identifica uma metodologia para mitigar esses impactos e contribuir para um ecossistema de ativos virtuais mais sustentável.

## 2 Ativos virtuais

Em primeiro lugar importa compreender o conceito de ativos virtuais e estabelecer uma linguagem comum neste domínio. No seu *conceptual framework*, a Kismet procurou criar uma taxonomia precisamente com este objetivo, na qual o termo "ativos virtuais" é definido como "representações digitais de valor protegidas criptograficamente, que podem ser (digitalmente) negociadas ou transferidas, podendo ser utilizadas para fins de pagamento ou de investimento" (KISMET, 2022b). Alguns exemplos de ativos virtuais são a Bitcoin, Ethereum e Monero. Os três exemplos citados são um tipo específico de ativo virtual, as criptomoedas, que são definidas pela Kismet como qualquer forma de

> moeda que exista apenas digitalmente, que não possui autoridade central de emissão ou regulação, mas usa um sistema descentralizado para registar transações e gerir a emissão de novas unidades, e que depende de criptografia para evitar falsificações e transações fraudulentas. (KISMET, 2022b)
>
> O mecanismo de criação, distribuição e manutenção das criptomoedas não é gerido por um banco central, mas é descentralizado numa comunidade mundial que partilha uma conexão ponto a ponto e usa um software que gere as trocas como uma carteira digital. A transferência de moeda de uma carteira para outra é simplesmente uma troca de bits digitais sem envolver papel, moedas, cartões de crédito ou débito, contas bancárias, contas de segurança e sem garantias. (GIUNGATO; RANA; TARABELLA; TRICASE, 2017)

Um outro conceito relevante, na ótica de explorar os impactos associados a este tipo de ativos, é o conceito de *mining*, ou seja, utilizar o poder de computação com o objetivo de apoiar, legitimar e monitorizar uma rede *blockchain* descentralizada. Algumas criptomoedas contam com plataformas dedicadas de computadores pessoais, que mineram novas moedas, tarefa que exige um poder computacional considerável. O conceito de *mining* surge associado ao conceito de *blockchain*, uma base de dados descentralizada e distribuída digitalmente que existe numa rede de computadores. "Enquanto base de dados criptográfica e distribuída, a tecnologia blockchain permite transações confiáveis na rede entre participantes não confiáveis" (TAYLOR; DARGAHI; DEHGHANTANHA; PARIZI; CHOO, 2020).

"Não são considerados ativos virtuais as representações digitais de moedas fiduciárias, títulos e outros ativos financeiros" (KISMET, 2022b). Alguns ativos são frequentemente considerados, erroneamente, ativos virtuais, embora não o sejam, como o dinheiro eletrónico, títulos digitais, e ainda representações digitais de ativos financeiros como as assinaturas digitais ou cópias digitais de contratos que, embora possam ser considerados como tendo valor, não cabem na definição referida anteriormente.

Com a emergência dos ativos virtuais, surgiu a necessidade da constituição de entidades cujo objeto está relacionado com este tipo de ativos, designadas de *virtual asset service providers*.

> Estas entidades podem ser definidas como qualquer pessoa singular ou coletiva que, como empresa, exerça uma ou mais das seguintes atividades ou operações, para ou em nome de outra pessoa singular ou coletiva: troca entre ativos virtuais e moedas fiduciárias; troca entre uma ou mais formas de ativos virtuais; transferência de ativos virtuais; custódia e/ou administração de ativos virtuais ou instrumentos que permitem o controlo sobre ativos virtuais; e participação e prestação de serviços financeiros relacionados à oferta e/ou venda de um ativo virtual por parte de um emissor. (KISMET, 2022b)

Os *virtual asset service providers* não precisam usar tecnologia criptográfica para ser elegíveis para esta denominação, podendo ser plataformas descentralizadas ou centralizadas, *smart contracts* ou outros tipos de mecanismos.

Para efeitos deste artigo, serão considerados principalmente os impactos associados a ativos virtuais baseados na tecnologia de *blockchain*, como a criptomoeda Bitcoin ou a Ethereum.

## 3 Sustentabilidade

Numa segunda fase, para compreender os impactos associados a este tipo de ativos, importa perceber o conceito de sustentabilidade. Em 1987, a Comissão Brundtland das Nações Unidas definiu o termo sustentabilidade como "atender às necessidades do presente sem comprometer a capacidade das gerações futuras de atender às suas próprias necessidades" (NAÇÕES UNIDAS, 1987).

Nesta perspetiva, o conceito de sustentabilidade está ligado ao modelo de desenvolvimento económico da sociedade, sendo muitas vezes utilizado o conceito de desenvolvimento sustentável, que é um modelo de desenvolvimento que procura assegurar as necessidades presentes e futuras, de forma equilibrada.

> O conceito de desenvolvimento sustentável implica limites – não limites absolutos, mas limitações impostas pelo estado atual da tecnologia e organização social sobre os recursos ambientais e pela capacidade da biosfera de absorver os efeitos das atividades humanas. (NAÇÕES UNIDAS, 1987)

Não podemos considerar o desenvolvimento sustentável como um estado estático de equilíbrio, mas antes como um processo de mutação e de reorientação de fluxos, de forma que os investimentos, o desenvolvimento tecnológico e a exploração de recursos sejam pensados e realizados de forma compatível com as necessidades não só do futuro, mas também do presente. Neste âmbito, foram adotados pelas Nações Unidas, em 2015, como um apelo universal à ação para acabar com a pobreza, proteger o planeta e garantir que até 2030 todas as pessoas desfrutem de paz e prosperidade, os objetivos de desenvolvimento sustentável (ODS), dezessete objetivos interligados e cujo desenvolvimento e iniciativas devem equilibrar a sustentabilidade social, económica e ambiental.

A análise dos impactos para a sustentabilidade associados aos ativos virtuais será realizada recorrendo ao conceito de ESG, sigla que corresponde a questões ambientais, sociais e de governança (*environmental, social and governance*). A sigla ESG surge, em muitas circunstâncias, associada a critérios de investimento e de avaliação de risco, surgindo também associada aos conceitos de investimento responsável, investimento socialmente responsável e investimento sustentável, como forma de definir critérios de investimento. Em outros contextos, surge como forma de designar três grandes pilares associados à sustentabilidade. Neste sentido, os impactos associados aos ativos virtuais podem ser vistos de três diferentes ângulos: os pontos de vista económico, social e ambiental.

Em termos ambientais, consideram-se, usualmente, entre outros, os impactos associados a consumo de materiais, energia e de água, os impactos para a biodiversidade, emissões de gases com efeito de estufa, produção de resíduos e questões ambientais associadas à cadeia de fornecedores.

Em nível social são consideradas, entre outras, questões relacionadas com emprego, saúde e segurança ocupacional, formação e educação, diversidade e igualdade de oportunidades, não discriminação, trabalho infantil, trabalho forçado, direitos humanos, impacto na comunidade, segurança e privacidade do consumidor e questões sociais associadas à cadeia de fornecedores.

Na vertente de governança, consideram-se usualmente, entre outros, os temas da performance financeira e presença no mercado, os impactos económicos indiretos, as práticas de governo, o combate à corrupção e ao branqueamento de capitais, práticas de comportamento anticoncorrencial e também questões de governo associadas à cadeia de fornecedores.

## 4 Impactos ambientais dos ativos virtuais

O impacto ambiental mais associado aos ativos virtuais baseados na tecnologia de *blockchain* é o consumo energético derivado da sua mineração e do mecanismo de *proof-of-work*.

Contudo, um estudo realizado em 2014 sugeria que, àquela data, os impactos energéticos da mineração de Bitcoin eram inferiores aos associados à produção de notas de papel, à mineração de ouro ou à atividade do sistema bancário.

> O estudo considerou apenas o consumo de energia, em comparação com outros sistemas, excluindo a produção de máquinas de mineração de ouro, armazenamento e transporte, construção de cerca de 600.000 agências bancárias no mundo, empregando cerca de 7 milhões de pessoas, e incluindo apenas a energia operacional utilizada. (GIUNGATO; RANA; TARABELLA; TRICASE, 2017)

Apesar de se verificar que, à data do estudo, a atividade de mineração de Bitcoin estava associada a um consumo de energia inferior ao dos outros sistemas analisados, e considerando que o Bitcoin é apenas um ativo virtual num ecossistema vasto e em permanente evolução e crescimento, o consumo energético real associado ao ecossistema dos ativos virtuais seria superior ao calculado. Adicionalmente, com o passar do tempo, no caso de moedas virtuais como o Bitcoin, torna-se necessária uma quantidade de energia cada vez maior para obter cada moeda. Por outro lado, se fosse considerada a transição de todos os sistemas monetários para um sistema baseado em ativos virtuais, o resultado será uma quantidade de energia consumida muito elevada, de forma a manter todo o sistema monetário virtual.

Associado ao consumo energético dos ativos virtuais, deve também ser considerada, enquanto impacto ambiental, a emissão de gases com efeito de estufa, contabilizando a pegada de carbono associada a estes ativos. Os gases com efeito de estufa associados ao consumo de eletricidade, contabilizam as emissões provenientes da produção da eletricidade adquirida e consumida (WBCSD; WRI, 2004).

Para avaliar a pegada de carbono associada a este tipo de ativos, não deve ser considerado apenas o consumo de eletricidade da rede, mas também a intensidade de carbono da eletricidade consumida, que está dependente do *mix* energético de cada país. A intensidade de carbono da eletricidade consumida "diminui se as fontes de energia utilizadas foram renováveis e aumenta com o uso de energia proveniente de combustíveis fósseis" (GIUNGATO; RANA; TARABELLA; TRICASE, 2017).

Existem, contudo, alternativas tecnológicas que permitem que o consumo de energia associado aos ativos virtuais seja significativamente menor, mas que enfrentam atualmente resistência por parte do mercado.

> A ambição da COP26 de garantir *net-zero* emissões de carbono globais até 2050 está ameaçada pelo aumento alarmante da pegada de carbono das redes blockchain mais populares, que estão a resistir a modificações tecnológicas que reduziriam seu consumo de energia. Nem todas as *blockchains* poluem e existem alternativas mais sustentáveis. Algumas requerem níveis significativamente mais baixos de consumo de energia, o que teria um impacto insignificante nas emissões globais. (TRUBY; BROWN; DAHDAL; IBRAHIM, 2022)

Outro impacto ambiental associado a este tipo de ativos é o consumo e o descarte de resíduos eletrónicos. Por um lado, a criação e utilização dos ativos virtuais são realizadas através de equipamentos eletrónicos, como computadores, *tablets* e *smartphones*, cuja produção depende de elevadas quantidades de matérias-primas não renováveis e está muitas vezes associada a problemas em nível da cadeia de produção, não só ambientais, mas também sociais. Por outro lado, o descarte de resíduos eletrónicos tem sido alvo de discussão em nível mundial, derivada da dificuldade associada a descartar equipamentos como baterias e outros componentes eletrónicos. Embora seja cada vez mais comum a prática de reciclagem deste tipo de equipamentos, ainda existe uma significativa quantidade destes que não é reutilizada.

## 5 Impactos sociais dos ativos virtuais

Em nível social, os principais impactos associados aos ativos virtuais baseados na tecnologia de *blockchain* advêm da segurança do sistema, que é garantida por um consenso digital distribuído pela maioria dos participantes do sistema, sendo que as informações nunca podem ser apagadas. "A tecnologia blockchain subjacente desenvolveu uma espécie de economia digital democrática aberta e escalável, na qual todas as transações entre duas ou mais entidades económicas se tornam rastreáveis" (GIUNGATO; RANA; TARABELLA; TRICASE, 2017).

A descentralização e baixa regulação associada a este tipo de ativos democratiza o acesso a financiamento, retirando controle de governos e bancos centrais e passando parte desse poder para os participantes do mercado. "Em 13 de agosto de 2014, foi lançada a Declaração de Independência do Bitcoin, focada principalmente no significado político da nova moeda e no seu anonimato" (GIUNGATO; RANA; TARABELLA; TRICASE, 2017). Estes tipos de ativos passaram então a ser particularmente atraentes para simpatizantes libertários.

O crescente interesse da população neste tipo de ativos origina também um aumento dos níveis gerais de literacia financeira da população. Alguns *virtual asset service providers* procuram inclusivamente promover ativamente o interesse e a disseminação deste tipo de conhecimento, tendo criado plataformas sociais que incentivam a aprendizagem de conceitos relacionados não só com o ecossistema dos ativos virtuais, mas também associados ao sistema financeiro e as boas práticas de investimento.

"Os serviços financeiros descentralizados têm o potencial de reduzir os custos de transação, ampliar a inclusão financeira, facilitar o acesso aberto, incentivar a inovação sem permissão e criar novas oportunidades para empreendedores e inovadores" (CHEN; BELLAVITIS, 2019). Em nível social, a questão da inclusão financeira é particularmente relevante e os ativos virtuais têm o potencial de facilitar e estender o acesso a financiamento a populações que nem sempre têm esta possibilidade, especialmente em mercados emergentes. Este tipo de ativos não só facilita o acesso a crédito por parte de pequenas empresas, como permite a inclusão de pessoas individuais que não têm atualmente uma conta bancária, no sistema financeiro tradicional. Soluções como aplicações bancárias e de pagamento para dispositivos móveis criam novas rotas de acesso para clientes. Um dos fatores que representa um benefício deste tipo de aplicações e ativos é a possibilidade de realizar pagamentos e transferências rapidamente, permitindo que as pessoas acedam ao seu capital quando precisarem.

Neste nível, o World Economic Forum (2022) estima que, atualmente, 83,4% da população mundial possui telemóvel. De facto, das 1,7 mil milhões de pessoas que não têm acesso a uma conta bancária, 1,1 mil milhões têm acesso a um telemóvel. Para esta parte da população, a tecnologia de finanças descentralizadas poderá ser primeiro contacto com serviços financeiros. Esta tecnologia permite que as pessoas sem acesso a contas bancárias contornem as finanças tradicionais e obtenham acesso a serviços e ativos digitais anteriormente indisponíveis.

No que diz respeito à dispersão geográfica da utilização deste tipo de tecnologia, e de acordo com o World Economic Forum (2022), os países emergentes estão à frente de todas as nações desenvolvidas, com exceção dos Estados Unidos, na adoção, mineração e negociação de criptomoedas. Muitos destes países têm uma alta proporção de residentes sem conta bancária, sendo que quatro das sete nações com a maior concentração de adultos sem conta bancária são os países que lideram a adoção de criptomoedas, a China, a Índia, o Paquistão e a Nigéria.

Não apenas as aplicações relacionadas com métodos de pagamento, transferências e moedas virtuais que têm associados este tipo de benefícios, os *smart contracts*, outro tipo de ativos virtuais suportados pela tecnologia *blockchain*, permitem incorporar regras de negócio num contrato, incluindo a execução automatizada de termos e pagamento do contrato, o que simplifica processos complexos de verificação. Esta característica permite que pessoas que não têm acesso ao sistema bancário tradicional tenham acesso não apenas a contas bancárias, mas também aos mercados de capitais globais.

Além do acesso a financiamento, a tecnologia associada a este tipo de ativos virtuais gera um conjunto de inovações no sistema económico e financeiro que tem aplicações e impacto em variadíssimas áreas. "Um exemplo é o impacto em cadeias de valor agrícolas direcionadas em países em desenvolvimento, onde os agricultores vivem e trabalham em comunidades rurais fora da rede" (GIUNGATO; RANA; TARABELLA; TRICASE, 2017).

Em 2016, a Organização das Nações Unidas (ONU) começou a discutir formas como a tecnologia associada à Bitcoin poderia contribuir para o desenvolvimento sustentável. A ONU considera esta tecnologia como uma ferramenta importante para melhorar as aplicações de microfinanças ou remessas para a subsistência dos pequenos agricultores rurais e das suas famílias e, consequentemente, contribuir para o alcance das metas de desenvolvimento sustentável. (GIUNGATO; RANA; TARABELLA; TRICASE, 2017)

No entanto, apesar do seu potencial, a disseminação deste tipo de tecnologia é difícil de garantir em países em desenvolvimento caracterizados por uma população com níveis relativamente baixos de educação, alfabetização e com infraestruturas precárias para promover a sustentabilidade. Os riscos e desafios para a adoção de finanças descentralizadas são ainda bastante significativos.

A alfabetização financeira é um começo, mas não é suficiente pois embora manter criptomoedas numa carteira digital pareça bastante simples, os produtos e ativos na área das finanças descentralizadas hoje ainda não foram projetados para atender populações vulneráveis. A alfabetização básica continua a ser um problema, e 37% do mundo ainda não tem acesso ubíquo e acessível à internet – um pré-requisito para o progresso. (WORLD ECONOMIC FORUM, 2022)

Por outro lado, é importante considerar que a volatilidade associada aos ativos virtuais apresenta riscos em nível social. Esta volatilidade significa que existe a possibilidade de um ativo virtual perder grande parte do seu valor num curto período de tempo, e que mesmo os ativos mais maduros, como é o caso de algumas moedas virtuais como a Bitcoin ou a Ethereum, representam um risco bastante significativo. Em nível social, a falta de regulamentação clara e uniformizada, a falta de proteção ao consumidor e a volatilidade do mercado continuarão a representar uma ameaça à adoção das finanças descentralizadas.

## 6 Impactos de governança dos ativos virtuais

É no nível de governança que os ativos virtuais baseados na tecnologia de *blockchain* têm associados os seus principais benefícios, no que diz respeito à sustentabilidade, podendo ser analisados em quatro grandes vertentes: cibersegurança, responsabilidade, transparência e rastreabilidade.

Em termos de cibersegurança, a tecnologia *blockchain* permite que os ativos virtuais sejam bastante resistentes a ataques cibernéticos, uma vez que os habilita de uma estrutura robusta.

> Desde a publicação do *white paper* de Satoshi Nakamoto sobre Bitcoin em 2008, o blockchain tornou-se (lentamente) num dos métodos mais frequentemente discutidos para proteger o armazenamento e a transferência de dados por meio de sistemas descentralizados, não confiáveis e ponto a ponto. (TAYLOR; DARGAHI; DEHGHANTANHA; PARIZI; CHOO, 2020)

Tal acontece uma vez que a tecnologia *blockchain* "tem vantagem sobre as medidas de segurança atuais, pois as verdadeiras *blockchains* são descentralizadas e não exigem autoridade ou confiança de um membro individual do grupo ou rede" (TAYLOR; DARGAHI; DEHGHANTANHA; PARIZI; CHOO, 202). Apesar da segurança acrescida, é importante notar que "mesmo esta tecnologia não é estanque a este tipo de ataques, e que a evolução dos computadores quânticos afetará a segurança da criptografia de chave pública" (MILLECAMPS, 2020).

Responsabilidade implica que cada *stakeholder* envolvido no ecossistema dos ativos virtuais reconheça o impacto direto e indireto das suas ações, não só no próprio ecossistema como em ecossistemas adjacentes, assumindo responsabilidade por esses impactos. Este exercício obriga não só a quantificar os impactos das ações, mas também a reportá-los a todas as partes interessadas.

> Relativamente à transparência, esta implica que todas as partes interessadas, quer sejam internas, quer sejam externas, possam ter acesso à informação relativa ao impacto dos *Virtual Asset Service Providers* referido anteriormente. Simplificando, os ativos virtuais baseados na tecnologia de blockchain permitem que exista uma versão única da informação, com um carimbo de data e hora (imutável), garantindo a transparência e auditabilidade da mesma. (MILLECAMPS, 2020)

Esta ideia de auditabilidade é reforçada uma vez que esta tecnologia impede o gasto duplo de qualquer ativo, o que significa que cada ativo virtual não poderá ser duplicado, em circunstância alguma, para utilizações distintas. "Além disso, as informações são constantemente reconciliadas no banco de dados, que é armazenado em vários locais e atualizado instantaneamente, tornando os registos públicos e verificáveis" (MILLECAMPS, 2020).

"Por outro lado, este tipo de ativos virtuais possibilitam a identificação e rastreabilidade dos ativos desde as suas origens aos processos de distribuição e, em última análise, até o final do seu ciclo de vida" (MILLECAMPS, 2020). Esta rastreabilidade reforça também a ideia de responsabilidade e de transparência mencionadas anteriormente, sem comprometer o anonimato associado a esta tecnologia.

Apesar dos benefícios associados a este tipo de tecnologia, estas mesmas características podem estar associadas a impactos negativos, especialmente no que diz respeito ao anonimato. Desta forma, é necessário procurar formas de mitigar este tipo de impactos, uma vez que, embora os ativos virtuais tenham "o potencial de estimular a inovação e a eficiência financeiras e melhorar a inclusão financeira, criam também novas oportunidades para criminosos e terroristas branquearem os seus lucros ou financiarem suas atividades ilícitas" (FATF, 2019).

> Em particular, o ecossistema de ativos virtuais tem visto o aumento de criptomoedas, *mixers* e *tumblers* aprimorados pelo anonimato, plataformas e trocas descentralizadas e outros tipos de produtos e serviços que permitem transparência reduzida e maior ofuscação de fluxos financeiros, bem como o surgimento de outros modelos de negócio de ativos virtuais ou atividades, como ofertas iniciais de moedas (*ICO*) que apresentam riscos de branqueamento de capitais e financiamento do terrorismo, incluindo riscos de fraude e manipulação de mercado. Além disso, novas tipologias de financiamento ilícito continuam a surgir, incluindo o uso crescente de esquemas de camadas virtuais que tentam ofuscar as transações de maneira comparativamente fácil, barata e segura. (FATF, 2019)

Em linha com o exposto, e de acordo com o IMF, os ativos virtuais são suscetíveis a abusos por parte de criminosos, sobretudo devido às suas características de anonimato ou pseudónimo, que levantam novos desafios para as autoridades dos países. Estes ativos "têm sido usados indevidamente para facilitar fraudes, roubos, branqueamento de capitais e financiamento do terrorismo, entre outros crimes" (IMF, 2021). Este risco põe em causa a sustentabilidade do ecossistema e ameaça a integridade do sistema financeiro global.

Alguns fatores fazem com que os ativos virtuais sejam particularmente atrativos para atividades criminosas. Os fatores referidos pelo IMF (2021) como potencializadores deste tipo de atividades são os seguintes: potencial para maior anonimato e disponibilidade de recursos de aperfeiçoamento deste anonimato; atividades conduzidas em formato não presencial; potencial para descentralização e fragmentação de serviços globais instantâneos; e aplicação desigual de medidas domésticas de prevenção do branqueamento de capitais e combate ao financiamento do terrorismo.

## 7 Mitigação de impactos

Para garantir um ecossistema sustentável, não é suficiente identificar os impactos positivos e negativos associados aos ativos virtuais baseados na tecnologia de *blockchain*, é necessário perceber de que forma se podem mitigar os impactos negativos e potenciar os impactos positivos.

O primeiro passo para que seja possível identificar prioridades em nível de redução de impactos negativos e de promoção de impactos positivos deve ser garantir que os principais atores envolvidos no ecossistema de ativos virtuais estejam conscientes deles. Neste sentido, uma avaliação de risco deve ser realizada quer por países, de modo a fornecer uma visão factual da situação atual relativa ao ecossistema em questão, quer pelos próprios *virtual asset service providers*, para que possam identificar as suas fragilidades e tomar medidas relativas a estas. Um ecossistema no qual os governos e reguladores não só conhecem os riscos associados, mas potenciam e incentivam o desenvolvimento de soluções através de medidas regulatórias eficientes e de estímulo à inovação, associado à consciência dos *players* do mercado das suas fragilidades e predisposição para implementar soluções para elas tem o potencial de ser ecossistema sustentável.

Uma gestão de risco eficaz requer certos elementos estruturais. A falta de tais elementos ou deficiências significativas no quadro geral podem afetar significativamente a implementação e eficácia de um sistema de gestão de risco.

De acordo as recomendações da Kismet:

> A avaliação de risco realizada por um país deve examinar tanto os ativos virtuais como os *virtual asset service providers* e abranger pelo menos os seguintes aspectos: descrição legal e regulatória; avaliação e análise do atual quadro legal e regulatório que tem impacto direto e indireto no

ecossistema de ativos virtuais; descrição operacional, avaliação, e análise da estrutura nacional sobre ativos virtuais, incluindo um mapeamento claro das responsabilidades de cada ator-chave envolvido no ecossistema; descrição técnica, avaliação e análise da tecnologia atual; bem como das funcionalidades cobertas pelos sistemas atuais, para trabalhar com este tipo de ativos. (KISMET, 2022a)

Esta avaliação de risco poderá servir como base para os países realizarem uma análise SWOT dos atuais aspetos legais, operacionais e técnicos, de forma a priorizar eventuais ações subsequentes.

Também os *virtual asset service providers* deverão realizar uma análise de risco que permita obter uma visão factual da situação atual em relação aos riscos associados ao *virtual asset service provider* e à sua atividade.

De acordo com a Kismet:

> a avaliação de risco deve cobrir, no mínimo, os seguintes aspetos: descrição legal e regulamentar; avaliação e análise do quadro legal e regulamentar vigente que tenha impacto direto e indireto no *virtual asset service provider* e na sua atividade; descrição organizacional, avaliação e análise da estrutura interna do *virtual asset service provider*, incluindo um mapeamento claro das responsabilidades de cada ator-chave envolvido na gestão de riscos; descrição operacional, avaliação e análise de todas as etapas das atividades operacionais do *virtual asset service provider* e medidas existentes para detetar e mitigar riscos, abrangendo sinergias com outras partes interessadas do ecossistema de ativos virtuais, como reguladores e forças de segurança; descrição técnica, avaliação e análise da tecnologia atual, bem como das funcionalidades cobertas pelos sistemas atuais, para trabalhar com ativos virtuais. (KISMET, 2022a)

Uma vez mais, a avaliação de risco poderá servir como base para os *virtual asset service providers* realizarem uma análise SWOT dos atuais aspetos legais e regulatórios, organizacionais, operacionais e técnicos, de forma a priorizar eventuais ações subsequentes.

Em muitos casos, as metodologias utilizadas para avaliação de risco em nível *virtual asset service providers* estão focadas nos riscos associados ao branqueamento de capitais e outros tipos de crimes económico-financeiros. Contudo, e como foi apresentado ao longo deste artigo, os riscos associados a este tipo de ativos vão além do crime económico-financeiro, sendo fundamental que qualquer avaliação de risco realizada neste âmbito tenha uma abordagem holística que cubra não só estes riscos, mas também ricos organizacionais, operacionais, tecnológicos, de *compliance*, de sustentabilidade, entre outros relevantes.

Tendo sido avaliados os riscos, o passo seguinte é a preparação de um plano de mitigação para esses riscos. No que diz respeito aos países, a mitigação de riscos deverá culminar num *framework* legal e regulatório que crie as condições necessárias para garantir que os *virtual asset service providers* a operar nesse país obtenham uma licença ou estejam registados para operar nele, e que sejam sujeitos a medidas regulatórias e fiscalizadoras efetivas.

No caso dos *virtual asset service providers*, estes deverão:

> elaborar um plano de mitigação de riscos de que deve considerar todos os aspetos analisados na avaliação de risco, e deve incluir, no mínimo: "uma descrição das medidas de mitigação e respetivas atividades a serem realizadas pela organização; orientação sobre as etapas específicas necessárias para mitigar o risco; os principais atores responsáveis por cada etapa e outras partes interessadas relevantes cuja participação é considerada importante para a implementação bem-sucedida de cada etapa". (KISMET, 2022a)

Qualquer plano de mitigação de riscos adotado pelos *virtual asset service providers* deve ainda ser acompanhado de um plano de monitorização e avaliação sobre a implementação e gestão, que deverá incluir uma lista de indicadores-chave de desempenho e um conjunto de controlos e critérios de avaliação. Este plano é essencial para garantir a efetividade e eficácia da mitigação de riscos, servindo para detetar e ajustar as medidas que não produzam os resultados esperados.

Conhecer os riscos associados ao ecossistema dos ativos virtuais como um todo e no que diz respeito a cada *virtual asset service provider*, em particular, bem como as medidas implementadas por eles para mitigar esses riscos e a sua respetiva efetividade permite aos governos e reguladores criar as condições de regulamentação e supervisão necessárias à sustentabilidade deste ecossistema. No que diz respeito aos reguladores, este tipo de metodologia pode também contribuir para o processo de atribuição de licenças a *virtual asset service providers* que demonstrem a robustez das suas medidas de mitigação de risco.

No que diz respeito aos *virtual asset service providers*, podem se beneficiar deste tipo de avaliação não só para obter licença para operar, mas também para demonstrar a sua credibilidade a *stakeholders* relevantes, como investidores e bancos. No primeiro caso, poderá facilitar a obtenção de financiamento e atrair novos financiadores, especialmente numa época em que os critérios ESG ganham cada vez mais relevância para estes *players*. No segundo caso, pode ser uma ferramenta facilitadora do processo de abertura de conta.

## 8 Conclusão

Para garantir a sustentabilidade do ecossistema de ativos virtuais e promover a sua credibilidade enquanto alternativa ao sistema financeiro tradicional, é necessário conhecer os seus impactos, de modo a potenciar os impactos positivos e mitigar os negativos. De uma perspetiva de sustentabilidade, os impactos associados aos ativos virtuais podem ser vistos de três diferentes ângulos: os pontos de vista económico, social e ambiental.

Em nível ambiental, o impacto mais associado aos ativos virtuais baseados na tecnologia de *blockchain* é o consumo energético derivado da sua mineração e do mecanismo de *proof-of-work*. Associada ao consumo energético, deve ser considerada a emissão de gases com efeito de estufa. Outro impacto ambiental associado a este tipo de ativos é o consumo e o descarte de resíduos eletrónicos.

Em nível social, os ativos virtuais promovem a democratização do acesso ao financiamento e mercados financeiros através da descentralização e baixa regulação associada a este tipo de ativos. Esta descentralização retira controle de governos e bancos centrais e transfere parte desse poder para o mercado. Contudo, é importante considerar que a disseminação destes ativos é difícil de alcançar em países em desenvolvimento, que são caracterizados por uma população com níveis relativamente baixos de educação, alfabetização e que têm infraestruturas precárias para promover a tecnologia necessária para o acesso a estes ativos. Adicionalmente, é necessário ter em consideração que estes são ativos aos quais está associado um elevado nível de volatilidade, o que representa um risco no nível social.

A nível de governança, os ativos virtuais baseados na tecnologia de *blockchain* têm associados benefícios no que diz respeito à cibersegurança, responsabilidade, transparência e rastreabilidade. Por outro lado, estes tipos de ativos, devido às suas características de anonimidade, são suscetíveis a utilizações criminosas, tendo sido associados a branqueamento, financiamento do terrorismo, burlas, e outros crimes, o que levanta novos desafios para as autoridades dos países.

Uma metodologia eficaz de mitigação de impactos deve incluir um exercício de avaliação de risco holístico e robusto, que deve ser realizado quer pelos países que pretendam promover o ecossistema de ativos virtuais de forma sustentável, quer pelos próprios *virtual asset service providers*, para que possam identificar as suas fragilidades e tomar medidas relativas a elas.

Este tipo de avaliação é fundamental para que possam ser criadas pelos governos e reguladores as condições de regulamentação e supervisão necessárias à sustentabilidade desse ecossistema. Para os ativos virtuais, este exercício permite demonstrar a sua credibilidade perante diferentes tipos de *stakeholders*, entre os quais os próprios reguladores, instituições bancárias, investidores e a sociedade em geral.

## Referências

CHEN, Y.; BELLAVITIS, C. *Decentralized finance*: blockchain technology and the quest for an open financial system. 2019. Disponível em: https://papers.ssrn.com/sol3/papers.cfm?abstract_id=3418557.

FINANCIAL ACTION TASK FORCE – FATF. *Guidance for a Risk-Based Approach to Virtual Assets and Virtual Asset Service Providers*. Paris: FATF, 2019. Disponível em: www.fatf-gafi.org/publications/fatfrecommendations/documents/Guidance-RBA-virtual-assets.htm.

GIUNGATO, P.; RANA, R.; TARABELLA, A.; TRICASE, C. *Current Trends in Sustainability of Bitcoins and Related Blockchain Technology*. Sustainability. 2017. Disponível em: https://doi.org/10.3390/su9122214.

INTERNATIONAL MONETARY FUND – IMF. *Virtual Assets and Anti-Money Laundering and Combating the Financing of Terrorism*. 2021. Disponível em: https://www.elibrary.imf.org/view/journals/063/2021/002/article-A001-en.xml.

KISMET. *Recommendations*. 2022a. Disponível em: https://kismetconsulting.eu/the-recommendations/.

KISMET. *Risk assessment methodology*. 2022b. Disponível em: https://kismetconsulting.eu/the-conceptual-framework/.

MILLECAMPS, L. *'Virtual assets' e sustentabilidade*. 2020. Disponível em: https://jornaleconomico.pt/noticias/virtual-assets-e-sustentabilidade-675606.

TAYLOR, P. J.; DARGAHI, T.; DEHGHANTANHA, A.; PARIZI, R. M.; CHOO, K. M. A systematic literature review of blockchain cyber security. *Digital Communications and Networks*, v. 6, Issue 2, p. 147-156, 2020. Disponível em: https://doi.org/10.1016/j.dcan.2019.01.005.

TRUBY, J.; BROWN, R. D.; DAHDAL, A.; IBRAHIM, I. Blockchain, climate damage, and death: Policy interventions to reduce the carbon emissions, mortality, and net-zero implications of non-fungible tokens and Bitcoin. *Energy Research & Social Science*, v. 88, 2022. Disponível em: https://doi.org/10.1016/j.erss.2022.102499.

UNITED NATIONS. Brundtland Commission. *Report of the World Commission on Environment and Development*: Our Common Future. 1987. Disponível em: https://sustainabledevelopment.un.org/content/documents/5987our-common-future.pdf.

WBCSD; WRI. *The Greenhouse Gas Protocol Corporate Accounting and Reporting Standard*. 2004. Disponível em: https://ghgprotocol.org/corporate-standard.

WORLD ECONOMIC FORUM. *Why decentralized finance is a leapfrog technology for the 1.1 billion people who are unbanked*. 2022. Disponível em: https://www.weforum.org/agenda/2022/09/decentralized-finance-a-leapfrog-technology-for-the-unbanked/.

---

Informação bibliográfica deste texto, conforme a NBR 6023:2018 da Associação Brasileira de Normas Técnicas (ABNT):

MILLECAMPS, Lia; ROCHA, Miguel Trindade. Ecossistema de ativos virtuais: impactos e desafios para a sustentabilidade. *In*: BORGES DE PAULA, Marco Aurélio (Coord.). *A hora e a vez do ESG*: provocações e reflexões em homenagem a Ricardo Voltolini. Belo Horizonte: Fórum, 2023. p. 515-531. ISBN 978-65-5518-619-2.

# CONCORRÊNCIA E SUSTENTABILIDADE EM PORTUGAL E NA EUROPA

### RICARDO BORDALO JUNQUEIRO
### RODRIGO PACHECO BETTENCOURT

## 1  Introdução[1]

A discussão em torno do Pacto Ecológico Europeu[2] veio ressuscitar um longo debate sobre a inclusão de considerações de sustentabilidade numa análise jusconcorrencial (*greening of competition law*).[3] Os últimos trinta anos foram especialmente férteis no que toca à interpretação e aplicação do direito da concorrência a acordos de sustentabilidade. Proliferaram decisões administrativas ao nível da União Europeia (UE) e dos Estados-Membros, e a estas sucederam-se diversos projetos de orientações sobre acordos entre empresas que visam um ou mais objetivos de sustentabilidade.

Neste sentido, a Comissão Europeia ("Comissão") anunciou, recentemente, um projeto de Orientações Horizontais sobre a aplicação das regras da concorrência a acordos de cooperação horizontal

---

[1] O presente artigo representa uma reflexão dos autores sobre a relação entre o direito da concorrência e os objetivos de desenvolvimento sustentável em Portugal e na Europa, tendo por base os desenvolvimentos legislativos à data de 08.04.2023.

[2] V. Comunicação da Comissão Europeia, Pacto Ecológico Europeu, COM(2019) 640 final, 11.12.2019.

[3] Para mais sobre a discussão em torno da "ecologização do direito da concorrência" ver, KINGSTON, Suzanne. *Greening EU Competition Law and Policy*. Cambridge: Cambridge University Press, 2011.

("Orientações"),[4] que visa, em conformidade com os objetivos do Pacto Ecológico Europeu, garantir uma maior segurança jurídica às empresas na criação e colaboração em projetos de sustentabilidade. Estas foram submetidas a consulta pública em março de 2022, conjuntamente com os Regulamentos de Isenção por Categoria de acordos I&D e de especialização, que entrarão em vigor na sua versão revista em junho de 2023.

Portugal tem, contudo, escapado a esta tendência. À exceção de uma intervenção da sua anterior presidente,[5] a Autoridade da Concorrência (AdC) ainda não tomou posição sobre em que medida é que o direito da concorrência pode contribuir para a promoção de objetivos de desenvolvimento sustentável.

Tendo em conta o presente, importa, desde logo, clarificar o que é o direito da concorrência. Em particular, releva proceder a um breve enquadramento das regras da concorrência em Portugal e ao nível da União Europeia.

## 1.1 Considerações gerais

O direito da concorrência é um instrumento essencial da economia de mercado. A sua aplicação visa defender o normal funcionamento dos mercados e permitir ao consumidor usufruir dos benefícios a que a concorrência dá origem, nomeadamente, preços mais baixos, maior inovação, melhor qualidade e maior variedade de bens e serviços.

Em mercados concorrenciais, as empresas concorrem intensamente através de fatores como o preço e a qualidade, entre outros. É comum falar-se, neste contexto, das "três eficiências do processo competitivo".[6] A *eficiência distributiva*, que se refere à ideia de que a concorrência reduz o risco de que os bens ou serviços produzidos não satisfaçam determinada procura ou que não sejam pretendidos ao preço a que são comercializados. A *eficiência dinâmica*, que se traduz na ideia de que um mercado concorrencial leva as empresas a ajustarem-se às preferências dos consumidores. Neste sentido, os produtores investem, substancialmente, em investigação e desenvolvimento (I&D), de forma

---

[4] Comunicação da Comissão Europeia, Aprovação do conteúdo de um projeto de Comunicação da Comissão – Orientações sobre a aplicação do artigo 101º do Tratado sobre o Funcionamento da União Europeia aos acordos de cooperação horizontal, JO C 164/1, 19.4.2022.

[5] Discurso da anterior Presidente da AdC, Margarida Matos Rosa, na Conferência "Competition policy contributing to the European Green Deal", 4.2.2021 (Disponível em www.concorrencia.pt/).

[6] V. JUNQUEIRO, Ricardo. *Abusos de posição dominante*. Coimbra: Almedina, [s.d.]. p. 13.

a obter uma vantagem competitiva. E, por fim, a *eficiência produtiva*, que alude à existência de uma pressão constante sobre produtores para manter, ou mesmo reduzir, os seus custos de produção e, consequentemente, reduzir os seus níveis de preços. Neste sentido, os consumidores são os grandes beneficiários do processo de rivalidade entre empresas, que obtêm assim melhores produtos, a preços mais baixos e com uma maior variedade.[7]

Em Portugal, a aplicação das regras da concorrência é regulada pela Lei nº 19/2012 ("RJC"). O RJC foi amplamente influenciado pelas regras europeias, nomeadamente os artigos 101º a 109º do Tratado sobre o Funcionamento da União Europeia ("TFUE").

Para além das normas vertidas no RJC, as regras europeias aplicam-se diretamente a práticas que se tenham materializado em Portugal, desde que estas sejam "suscetíveis de afetar o comércio entre os Estados-Membros".[8] Com efeito, a aplicação paralela de regras europeias e nacionais obriga a uma interpretação conforme das regras nacionais com as regras europeias. Por conseguinte, a interpretação das regras consagradas no RJC é altamente influenciada pela jurisprudência do Tribunal de Justiça da União Europeia (TJUE)[9] e pelas decisões da Comissão Europeia, em matéria de concorrência.

Os principais elementos deste ramo do direito são: o regime jurídico do controlo de operações de concentração, as regras relativas aos acordos entre empresas (que inclui práticas concertadas e decisões de associações de empresas) e o regime dos abusos de posição dominante. Importa, também, referir que o direito europeu da concorrência e, consequentemente, o RJC consagram um regime de auxílios públicos (artigo 65º do RJC e 107º do TFUE), comumente conhecido como o regime dos auxílios de Estado.

Em primeiro lugar, o regime jurídico do controlo de operações de concentração (previsto nos artigos 36º a 41º do RJC e no Regulamento nº 139/2004 do Conselho da União Europeia)[10] permite a autoridades nacionais de concorrência analisar, prospetivamente, se uma concentração

---

[7] Ver WHISH, Richard; BAILEY, David. *Competition law*. 10. ed. Oxford: Oxford University Press, [s.d.]. p. 7-9.
[8] Cf. Artigo 101º, TFUE.
[9] O TJUE integra o Tribunal Geral ("TG"), que corresponde ao antigo Tribunal de Primeira Instância (criado em 1988), o Tribunal de Justiça ("TJ") e o Tribunal da Função Pública.
[10] Cf. Regulamento (CE) nº 139/2004 do Conselho, relativo ao controlo das concentrações de empresas («Regulamento das concentrações comunitárias»), JO L 24/1, 29.1.2004.

é suscetível de criar entraves significativos à concorrência efetiva no mercado.

Segundo, o regime jurídico dos acordos entre empresas (consagrado nos artigos 9º e 10º do RJC e 101º do TFUE) estabelece que são ilícitos acordos entre empresas, incluindo práticas concertadas e decisões de associações de empresas, que tenham como objeto ou como efeito restringir a concorrência no mercado, salvo se contribuírem para melhorar a produção ou distribuição de bens ou serviços. Um exemplo paradigmático de um acordo ilícito é o de um cartel entre empresas, que tenha como objetivo a fixação de preços, a repartição de mercados ou a restrição de produção – geralmente referido como acordos horizontais. Acordos entre empresas em níveis diferentes da cadeia de produção (*v.g.* entre fornecedores e retalhistas) – conhecidos como acordos verticais – também podem ser ilícitos: um exemplo típico seria um fornecedor obrigar um retalhista a não vender os seus produtos abaixo de certo nível de preços de venda ao público.

Relativamente ao regime dos abusos de posição dominante (que consta do artigo 11º do RJC e do artigo 102º do TFUE), as regras da concorrência visam impedir que empresas detentoras de uma posição dominante em determinado mercado façam desta uma exploração abusiva. Em traços gerais, considera-se que uma empresa detém um poder substancial de mercado quando pode afastar a manutenção de uma concorrência efetiva no mercado e atuar de modo independente em relação aos seus concorrentes, aos seus clientes e, finalmente, aos consumidores. Os abusos de posição dominante podem ser abusos de exclusão ou de exploração.[11] Um exemplo de um abuso de exclusão seria a prática, por parte de uma empresa dominante, de preços predatórios com o objetivo de expulsar um concorrente do mercado ou impedir a entrada de um potencial concorrente no mercado. Um exemplo típico de um abuso de exploração é a prática de preços excessivos por parte de uma empresa dominante.

Imagine-se, para efeitos do presente capítulo, que duas empresas concorrentes celebram um acordo para a eliminação progressiva de um produto não sustentável do mercado, o que motiva, consequentemente,

---

[11] Alguns autores têm falado de uma terceira categoria, a de abusos de discriminação. Contudo, a nosso ver, não é comum ver práticas de discriminação levadas a cabo por empresas dominantes totalmente dissociadas de comportamentos de exclusão de concorrentes em algum mercado onde a empresa dominante também se encontra presente. Nessa medida, optamos por não autonomizar esta categoria para efeitos do presente texto.

um aumento dos preços dos restantes produtos comercializados por estas empresas. Ou que um produtor proíbe os seus distribuidores de comercializarem determinado produto fora do território que lhes foi atribuído, alegando a redução de emissões de CO2 associadas aos transportes. Ora, é precisamente nesta colaboração entre empresas que entram as regras da concorrência.[12]

Qual o papel das normas de concorrência? Como é que o direito da concorrência trata acordos entre concorrentes que visam objetivos de sustentabilidade? Qual é a fronteira entre um acordo de sustentabilidade legítimo e um acordo proibido à luz do direito da concorrência?

Como veremos, a resposta não é unívoca e tem evoluído, com diversos avanços e recuos, ao longo dos últimos trinta anos.

## 1.2 Razão de ordem

O presente capítulo encontra-se dividido em quatro partes, ao longo das quais procuraremos mapear a evolução da relação entre o direito da concorrência e os objetivos de desenvolvimento sustentável, ao nível da UE e dos seus Estados-Membros. Neste sentido, e tendo em conta que a AdC ainda não tomou uma posição sobre em que medida é que o direito da concorrência deve incorporar considerações de sustentabilidade numa análise jusconcorrencial, o presente capítulo focar-se-á, exclusivamente, nos desenvolvimentos ao nível da União Europeia e dos demais Estados-Membros.

A primeira parte procura enquadrar os conceitos-chaves utilizados no âmbito do direito da concorrência. Assim, percorremos, brevemente, os benefícios de um regime de direito da concorrência, a relação do RJC com as regras europeias e as diferentes práticas que são reguladas pelo direito da concorrência português e europeu.

Na segunda parte, analisamos a evolução da relação entre o direito da concorrência e os objetivos de desenvolvimento sustentável ao nível da União Europeia. Para tal, focar-nos-emos mais incisivamente no projeto de Orientações sobre a aplicação do artigo 101º do TFUE aos acordos de cooperação horizontal e na prática decisória da Comissão Europeia.

---

[12] Importa, para este efeito, clarificar que o debate sobre a relação entre a sustentabilidade e o direito da concorrência não está limitado ao regime dos acordos horizontais, podendo estender-se a abusos de posição dominante (como uma justificação objetiva de uma conduta abusiva), ao controlo de operações de concentração e ao regime dos auxílios de Estado.

Na terceira parte, procuramos passar em revista os principais desenvolvimentos ao nível dos demais Estados-Membros, analisando, para este efeito, as orientações/projetos de orientações publicados por algumas autoridades nacionais de concorrência, tal como alguns dos seus processos mais notórios.

Na parte final, identificamos aquelas que, a nosso ver, são as principais conclusões do presente capítulo e potenciais desafios na operacionalização de uma análise integrada concorrência-sustentabilidade.

## 2 A evolução do direito da concorrência: uma perspetiva europeia

Historicamente, a Comissão Europeia e os Estados-Membros têm adotado uma postura proativa na promoção de objetivos de desenvolvimento sustentável. A promoção de um desenvolvimento sustentável e a proteção do ambiente são um dos princípios fundamentais previstos nos Tratados Europeus (Tratado da União Europeia e TFUE) e na Carta dos Direitos Fundamentais da União Europeia ("CDFUE"). Importa referir que o artigo 11º do TFUE, à semelhança do artigo 37º da CDFUE, estabelece que "as exigências em matéria de proteção do ambiente devem ser integradas na definição e execução das políticas e ações da União, em especial com o objetivo de promover um desenvolvimento sustentável".

No mesmo sentido, a Constituição da República Portuguesa ("CRP") consagra no nº 1 do artigo 66º um "direito a um ambiente de vida humano, sadio e ecologicamente equilibrado e o dever de o defender". Mais, a CRP estabelece que a defesa da natureza e do ambiente é uma das tarefas fundamentais do Estado Português (artigo 9º, alínea e), da CRP).

Tendo presente o exposto, uma crescente corrente de académicos, advogados e até de autoridades de concorrência tem defendido que as normas de concorrência não impedem parcerias para promover a sustentabilidade, até porque a correta leitura dos Tratados Europeus obriga já a aplicar estas regras tendo em conta estes objetivos.

Contudo, o debate sobre a "ecologização" do direito da concorrência não é um tema recente.[13]

---

[13] V. KINGSTON, Suzanne. Competition and sustainability in EU law: Nearer resolution of the old debate? *Sustainability and competition policy, Concurrences*, n. 1, p. 5-9, 2023.

A Comissão Europeia observou, já em 1999, que a análise jusconcorrencial de acordos de sustentabilidade deve incluir potenciais benefícios de sustentabilidade. Para este efeito, a Comissão pondera os potenciais efeitos anticoncorrenciais do acordo e os seus benefícios de sustentabilidade e aplica o princípio da proporcionalidade. Este entendimento vem reforçar a disponibilidade da Comissão para ponderar efeitos não económicos numa análise das normas de concorrência.

Paradigmática desta ideia é a decisão da Comissão no processo *CECED* (*Conseil Européen de la Construction d'Appareils Ménagers*),[14] no qual a Comissão tomou em consideração potenciais benefícios de sustentabilidade do acordo na sua análise jusconcorrencial. O presente processo diz respeito a um acordo entre fabricantes e importadores de máquinas de lavar roupa para eliminar progressivamente a produção de máquinas de lavar roupa menos eficientes em termos energéticos (o que representava aproximadamente 10% das vendas ao nível da Comunidade Europeia).[15] Não obstante esta eliminação progressiva conduzir a um potencial aumento entre 8-14% nos preços de venda aos consumidores,[16] a Comissão reconheceu a existência de benefícios de sustentabilidade para os consumidores afetados pelo aumento dos preços, como para a sociedade em geral – em particular, a redução do consumo de energia elétrica.

Na sequência do processo *CECED*, a Comissão vem, em 2001, adotar as Orientações sobre a aplicação do artigo 81º do Tratado CE (atualmente o artigo 101º do TFUE) aos acordos de cooperação horizontal,[17] incluindo um capítulo dedicado exclusivamente aos "acordos em matéria de ambiente".[18] De acordo com as Orientações, estes acordos:

> podem introduzir vantagens económicas que a nível do consumidor individual ou dos consumidores no seu conjunto compensam os seus efeitos negativos sobre a concorrência. A fim de que estas condições sejam cumpridas, devem existir vantagens líquidas em termos de redução da pressão sobre o ambiente, devido à aplicação do acordo e em comparação

---

[14] Ver decisão da Comissão, de 24.1.1999, Proc. IV.F.1/36.718 *Conseil Européen de la Construction d'Appareils Ménagers* (CECED).
[15] *Ibid.*, para. 45.
[16] *Ibid.*, para. 17.
[17] Cf. Comunicação da Comissão Europeia, Orientações sobre a aplicação do artigo 81º do Tratado CE aos acordos de cooperação horizontal, JO C 3/2, 6.1.2001.
[18] *Ibid.*, secção 7.

com uma situação de base. Por outras palavras, as vantagens económicas previstas devem compensar os custos.[19]

Importa, portanto, salientar que a Comissão Europeia foi, pelo menos num período inicial, favorável à integração de fatores não económicos numa análise jusconcorrencial.

Contudo, este entendimento da Comissão foi gradualmente revertido, em 2004, com a adoção das Orientações relativas à aplicação do artigo 101º, nº 3, do TFUE.[20] Estas consagraram uma abordagem mais económica ao direito da concorrência. Esta abordagem vem restringir a análise jusconcorrencial a uma análise estrita de eficiências económicas, parecendo excluir outros fatores não económicos, como potenciais benefícios de sustentabilidade.

Esta abordagem mais económica ao direito da concorrência é confirmada nas Orientações sobre a aplicação do artigo 101º do TFUE aos acordos de cooperação horizontal, que não contempla a secção dos "acordos em matéria de ambiente" prevista nas Orientações de 2001.

Neste sentido, os últimos anos foram marcados por uma certa ambiguidade quanto à relevância de considerações não económicas, como benefícios de sustentabilidade, para efeitos de uma análise jusconcorrencial.

Contudo, após um longo debate, a resposta começa a ser dada e parece que o caminho segue o trilho da flexibilização, com autoridades nacionais de concorrência e a Comissão Europeia a adotar orientações, e projetos de orientações, sobre a aplicação das regras da concorrência a acordos de sustentabilidade.

O projeto de Orientações, reconhecendo a importância que os acordos entre concorrentes podem ter na realização dos objetivos do Pacto Ecológico Europeu, visa proporcionar uma maior segurança jurídica sobre a análise de acordos de sustentabilidade à luz das regras da concorrência, incluindo, para o efeito, uma secção dedicada aos acordos de sustentabilidade.

De acordo com a Comissão, o conceito de "desenvolvimento sustentável" deve ser interpretado de forma ampla, incluindo atividades que "apoiam o desenvolvimento económico, ambiental e social (incluindo o

---

[19] *Ibid.*, para. 193.
[20] Cf. Comunicação da Comissão Europeia, Orientações relativas à aplicação do nº 3 do artigo 81º do TFUE, JO C 101/97, 27.4.2004.

trabalho e os direitos humanos)".[21] Para este efeito, as Orientações recorrem aos 17 Objetivos de Desenvolvimento Sustentável consagrados na Agenda 2030 das Nações Unidas para o Desenvolvimento Sustentável.[22] Por sua vez, a Comissão clarifica que o termo "acordo de sustentabilidade" refere-se a qualquer tipo de acordo de cooperação horizontal que vise efetivamente um ou mais objetivos de sustentabilidade, independentemente da forma de cooperação, incluindo-se, portanto, nesta definição acordos de I&D ou de normalização para a sustentabilidade.[23] Importa, desde logo, deixar claro que isto não implica que não possam existir acordos de cooperação vertical que configurem um acordo de sustentabilidade. De facto, as Orientações em causa aplicam-se, exclusivamente, a acordos horizontais.

Resulta, também do projeto de Orientações, que o mero facto de um acordo prosseguir um objetivo de sustentabilidade não significa que o direito da concorrência não lhe seja aplicável. Antes, pelo contrário, as próprias Orientações vêm clarificar que a análise dos acordos de sustentabilidade se fará em conformidade com o capítulo relevante das Orientações que regula especificamente o tipo de cooperação (*i.e.*, troca de informação comercialmente sensível, acordos de I&D, entre outros). Conclui-se, portanto, que a Comissão não criou uma metodologia própria para a análise de acordos de sustentabilidade, pelo que estes serão analisados de acordo com a metodologia estabelecida para o tipo de acordo em questão.

Para além do exposto, o projeto de Orientações vem identificar, pela primeira vez ao nível europeu, exemplos de acordos de sustentabilidade que não suscitam, em princípio, preocupações à luz das regras da concorrência.[24] Neste sentido, salientamos os acordos que dizem respeito à conduta interna das empresas e acordos relativos à criação de uma base de dados que contenha informações sobre os fornecedores e distribuidores que utilizam processos de produção sustentáveis.

---

[21] Cf. Comunicação da Comissão Europeia, Aprovação do conteúdo de um projeto de Comunicação da Comissão – Orientações sobre a aplicação do artigo 101º do Tratado sobre o Funcionamento da União Europeia aos acordos de cooperação horizontal, para. 542.
[22] Resolução da Assembleia-Geral das Nações Unidas, Agenda 2030 para o Desenvolvimento Sustentável, A/RES/70/01, Organização das Nações Unidas.
[23] Cf. Comunicação da Comissão Europeia, Aprovação do conteúdo de um projeto de Comunicação da Comissão – Orientações sobre a aplicação do artigo 101º do Tratado sobre o Funcionamento da União Europeia aos acordos de cooperação horizontal, paras. 541 e 556.
[24] *Ibid.*, secção 9.2.

Outro tipo de cooperação que beneficia do espaço de admissibilidade flexível (*soft safe habour*)[25] diz respeito aos acordos de normalização.[26] São exemplos deste tipo de acordos quaisquer iniciativas que procurem, por exemplo, eliminar gradualmente produtos e métodos de produção não sustentáveis, harmonizar tamanhos de embalagens de forma a reduzir os resíduos, entre outros.

Tais acordos poderão conduzir a custos de produção mais elevados e, por conseguinte, preços mais elevados para os consumidores. Estes são, também, suscetíveis de levar à exclusão de certos concorrentes do mercado. Com efeito, e para mitigar os potenciais efeitos anticoncorrenciais destes acordos, as Orientações consagraram um *soft safe harbour*. Por outras palavras, a Comissão enumerou várias condições, que, se cumpridas, garantem uma certa segurança jurídica às empresas de que o acordo está em conformidade com as normas da concorrência.

Para este efeito, salientamos as seguintes condições: (i) transparência; (ii) acesso não discriminatório; (iii) participação voluntária; (iv) permita a adoção de uma proteção mais elevada; e, por último, (v) não permita a partilha de informação comercialmente sensível entre concorrentes.[27] O acordo não deve levar a um aumento substancial dos preços ou a uma redução substancial da qualidade e da inovação.

Para além dos acordos *supra*, outros tipos de acordos de sustentabilidade que restrinjam a concorrência podem beneficiar de uma isenção das regras da concorrência se as restrições à concorrência forem indispensáveis à concretização do acordo e os consumidores beneficiarem de uma parte equitativa das vantagens resultantes do acordo.[28] Nesse sentido, as Orientações vêm expandir o cardápio de benefícios relevantes numa análise jusconcorrencial de acordos entre empresas.

De acordo com as Orientações, os benefícios para os consumidores podem assumir a forma de benefícios diretos, que refletem considerações de eficiências económicas, como uma melhor qualidade ou variedade do produto ou uma diminuição dos preços; ou benefícios indiretos, isto é, benefícios resultantes da apreciação que os consumidores têm do impacto do seu consumo sustentável nos outros.

---

[25] *Ibid.*, secção 9.3.2.4. (A).
[26] *Ibid.*, secção 9.3.2.1.
[27] *Ibid.*, para. 572.
[28] *Ibid.*, para. 576.

A Comissão cria, também, a possibilidade para as empresas alegarem que do acordo de sustentabilidade resultam externalidades positivas que beneficiam a sociedade como um todo, como acordos que promovem o abrandamento das alterações climáticas ou a redução da poluição.

O projeto de Orientações parece, assim, abrir a porta para que se considerem benefícios em mercados distintos do mercado afetado pelo acordo de sustentabilidade (os conhecidos e controvertidos *out-of-market benefits*).

Tendo presente todo o exposto, o projeto de Orientações da Comissão representa uma clara mudança de abordagem por parte da Comissão Europeia, que aponta no sentido de uma maior inclusão de considerações de sustentabilidade aquando de uma análise das regras da concorrência.

Contudo, esta flexibilização das regras da concorrência está longe de significar um sacrifício do direito da concorrência em detrimento de imperativos de sustentabilidade. Antes pelo contrário, a Comissão e as autoridades de concorrência não deixarão de averiguar se o acordo de sustentabilidade é de facto necessário e irão quantificar os supostos benefícios de sustentabilidade. Para além disso, tanto a Comissão Europeia como as autoridades nacionais de concorrência estão cientes do risco do aumento do número de cartéis disfarçados de acordos de sustentabilidade (*greenwashing*).

Com efeito, e de forma a combater esta prática, a Comissão Europeia anunciou, em março de 2023, uma proposta de diretiva sobre a fundamentação e comunicação de declarações ambientais explícitas (*Green Claims Directive*), no âmbito das relações de consumo.[29] Esta proposta legislativa visa combater o *greenwashing*, através da harmonização das regras de fundamentação e comunicação de declarações ambientais, garantindo assim que os consumidores recebem informação fiável, comparável e sindicável que lhes permita tomar decisões mais informadas.[30]

---

[29] V. Proposta de Diretiva do Parlamento Europeu e do Conselho sobre a fundamentação e comunicação de declarações ambientais explicitas (*Green Claims Directive*), COM/2023/166 final, 22.3.2023.
[30] *Ibid.*, secção 1.1.

## 3 Prática das autoridades de concorrência dos Estados-Membros

Conforme referido *supra*, os últimos anos foram especialmente férteis no que toca à interpretação e aplicação das regras da concorrência. De facto, várias foram as autoridades de concorrência que publicaram orientações sobre acordos de sustentabilidade.

Importa, deste modo, percorrer em revista a prática decisória destas autoridades, analisando, para este efeito, as orientações e projetos de orientações adotados por estas.

### 3.1 *Authority for Consumers and Markets* (Países Baixos)

A Autoridade de concorrência neerlandesa (ACM) foi pioneira no que toca à interpretação e aplicação do direito da concorrência a acordos de sustentabilidade, sendo a primeira autoridade de concorrência de um Estado-Membro da UE a publicar orientações sobre estas matérias.

Em 2020, a ACM elaborou um projeto de Orientações sobre acordos de sustentabilidade.[31] Na sequência desta proposta, a ACM publicou, em 2021, um segundo projeto de Orientações.[32] Esta proposta de orientações visava garantir uma maior segurança jurídica às empresas, com vista a fomentar a criação e colaboração em projetos com objetivos de sustentabilidade. Para além disso, a proposta pretendia estimular o debate no seio da União Europeia e dos seus Estados-Membros, pressionando a Comissão Europeia no sentido de adotar uma proposta de orientações ao nível europeu.

Ora, desde a adoção das suas orientações sobre acordos de sustentabilidade, a ACM foi chamada a analisar diversos acordos de sustentabilidade, tendo, em alguns casos, emitido uma carta indicando que não irá, oficiosamente, investigar a conduta em questão (*no-action letter*).[33]

Em 2013, a ACM foi confrontada com uma proposta de acordo destinado a encerrar cinco centrais elétricas movidas a carvão. Entendeu

---

[31] Authority for Consumers and Markets, Draft Guidelines 'Sustainability Agreements', 9.7.2020.

[32] *Authority for Consumers and Markets, Draft Guidelines on Sustainability Agreements – Opportunities within competition law*, 26.1.2021. Disponível em: Second draft version: Guidelines on Sustainability Agreements – Opportunities within competition law (acm.nl).

[33] *Authority for Consumers and Markets, No action letter for Agreement among distribution system operators*, 24.2.2022. Disponível em: System operators can collaborate in order to reduce $CO_2$ emissions (acm.nl).

esta autoridade que o encerramento simultâneo de cinco centrais elétricas conduziria a uma redução de 10% da capacidade instalada, o que levaria, inevitavelmente, a um aumento dos preços da eletricidade. Neste sentido, a ACM concluiu que os potenciais benefícios de sustentabilidade, nomeadamente a redução das emissões de $CO_2$, $NO_x$ e $SO_2$, não eram suficientes para justificar os efeitos restritivos do acordo.[34]

Posteriormente, a ACM opôs-se, em 2015, à celebração de um acordo entre produtores, fornecedores e retalhistas destinado a estabelecer um nível mínimo de proteção do bem-estar dos frangos: denominado Frangos do Amanhã (*Chicken of Tommorow*).[35] No processo em questão, a ACM conduziu um estudo de mercado analisando, em particular, a disponibilidade dos consumidores para pagar preços mais elevados (*willingness to pay*). Os resultados do estudo de mercado foram utilizados pela ACM como um forte indício dos potenciais benefícios para os consumidores.

Com base neste estudo, a ACM rejeitou os argumentos das partes, sustentando que os benefícios do acordo ao nível do bem-estar animal eram insignificantes em comparação com os potenciais aumentos de preço. Em suma, a ACM concluiu que os benefícios de sustentabilidade do pretenso acordo não eram suficientes para compensar os consumidores pelo aumento considerável dos preços.

Em todo o caso, um estudo de 2020 veio demonstrar que, não obstante a oposição da ACM a esta iniciativa, os supermercados criaram, por sua própria iniciativa, um sistema de classificação dos níveis de sustentabilidade dos produtos, de forma a garantir uma maior proteção do bem-estar animal.

Na senda da ACM, várias foram as autoridades nacionais da concorrência que publicaram orientações, ou projetos de orientações, sobre acordos de sustentabilidade.

---

[34] V. *Authority for Consumers and Markets, ACM analysis of closing down 5 coal power plants as part of SER Energieakkoord*, 26.9.2013. Disponível em: Aan (acm.nl). Ver também O'KEEFFE, Siún. Competition and sustainability: Doing nothing is not an option. *Sustainability and competition policy, Concurrences*, n. 1, p. 18, 2023.

[35] Authority for Consumers and Markets, ACM's analysis of the sustainability arrangements concerning the 'Chicken of Tomorrow', 26.1.2015. Disponível em: ACM's analysis of the sustainability arrangements concerning the 'Chicken of Tomorrow'.

## 3.2 Hellenic Competition Commission (Grécia)

À semelhança da ACM, a Autoridade de concorrência helénica (HCC) foi inovadora na interpretação e aplicação do direito da concorrência a acordos de sustentabilidade. A HCC publicou, em 2020, um projeto de orientações (*Draft Staff Discussion Paper on Sustainability Issues and Competition Law*),[36] elencando os principais pontos de contacto e de conflito entre as regras da concorrência e os objetivos de desenvolvimento sustentável.

A proposta da HCC vem reforçar a importância de uma análise integrada das regras da concorrência, incluindo os demais valores e objetivos fundamentais do Estado. A HCC entende que as regras da concorrência devem adaptar-se de forma a incluir considerações não económicas, como benefícios de sustentabilidade em longo prazo. Para tal, a HCC criou uma *sustainability sandbox*.[37] Esta iniciativa visa criar um espaço seguro em que as empresas podem, sob a supervisão da HCC, implementar diversos modelos de cooperação entre empresas que permitam alcançar, de uma forma mais eficiente, objetivos de desenvolvimento sustentável. Ora, esta iniciativa permite à HCC analisar, ainda numa fase embrionária, os potenciais efeitos anticoncorrenciais da cooperação e monitorizar mais facilmente a sua implementação. Para além do exposto, esta iniciativa visa proporcionar uma maior segurança jurídica aos operadores, garantindo assim um maior incentivo para o investimento em projetos sustentáveis.

Ao contrário da autoridade neerlandesa, a HCC entende que os objetivos de sustentabilidade devem ter um âmbito de aplicação mais amplo, aplicando-se aos demais regimes do direito da concorrência, nomeadamente, o regime jurídico do controlo de operações de concentração e o regime jurídico dos abusos de posição dominante.

Por exemplo, a HCC entende que um abuso de uma posição dominante pode ser objetivamente justificado se a conduta abusiva for necessária e proporcional para alcançar um objetivo de sustentabilidade.[38]

---

[36] Hellenic Competition Commission, Draft Staff Discussion Paper on Sustainability Issues and Competition Law (2020). Disponível em: Staff_Discussion_paper.pdf (epant.gr).

[37] Para mais informações sobre a *Sustainability Sandbox*, ver *Sustainability Sandbox* (epant.gr).

[38] Cf. Hellenic Competition Commission, Draft Staff Discussion Paper on Sustainability Issues and Competition Law, paras. 88-91.

Para além do exposto, a HCC sugere que as questões de sustentabilidade devem ser integradas numa análise de controlo de operações de concentração.[39]

### 3.3 Competition and Markets Authority (Reino Unido)

Aderindo a este ímpeto inicial, a autoridade de concorrência do Reino Unido (CMA) publicou, em fevereiro de 2023, um projeto de orientações sobre a aplicação das regras da concorrência a acordos de sustentabilidade, com vista a fomentar a criação de parcerias que prossigam objetivos de sustentabilidade.[40] Esta proposta visa proporcionar uma maior clareza sobre a forma de avaliar os acordos de sustentabilidade à luz das regras da concorrência, colmatando assim o efeito dissuasor (*chilling effect*) que a falta de segurança jurídica gera.

À semelhança do projeto de Orientações da Comissão Europeia, a CMA não criou uma metodologia própria para a análise de acordos de sustentabilidade, aplicando a metodologia já estabelecida para o tipo de acordo em questão . Para além desta iniciativa, a CMA publicou orientações sobre a fundamentação e comunicação de declarações ambientais (*Green Claims Code*).[41] Estas orientações visam estabelecer os princípios que guiam a comercialização de produtos sustentáveis, em particular, os critérios que regem a fundamentação de declarações ambientais, garantindo assim que os consumidores recebem informação fiável, que lhes permita tomar decisões mais informadas.

Esta iniciativa visa também combater possíveis casos de *greenwashing*. Neste sentido, a CMA vem sinalizar que os acordos de sustentabilidade não devem servir para disfarçar cartéis sob o véu da promoção da sustentabilidade.

---

[39] Ibid., secção 4.
[40] Competition and Markets Authority, Draft guidance on the application of the Chapter I prohibition in the Competition Act 1998 to environmental sustainability agreements, CMA177, 28.2.2023.
[41] *Competition and Markets Authority, Guidance: Making environmental claims on goods and services*, 20.9.2021. Disponível em: Making environmental claims on goods and services – GOV.UK (www.gov.uk)

## 4 Conclusão

Tendo presente o exposto, parece que a relação entre os objetivos de desenvolvimento sustentável e o direito da concorrência tem vindo a seguir uma tendência de relativa flexibilização. A Comissão Europeia tem demonstrado uma maior abertura para incorporar considerações não económicas, como benefícios de sustentabilidade numa análise jusconcorrencial de acordos entre empresas.

Paradigmático desta tendência é o projeto de Orientações da Comissão sobre a aplicação das regras da concorrência a acordos de cooperação horizontal, que inclui uma secção dedicada a acordos de sustentabilidade. O projeto de Orientações vem, assim, fornecer às empresas a segurança necessária para promoverem mais projetos de sustentabilidade.

Para além da Comissão, as autoridades nacionais de concorrência foram pioneiras na interpretação e aplicação das regras da concorrência a acordos de sustentabilidade. O presente texto passa em revista algumas das iniciativas mais relevantes (Secção 3) e que demonstram uma maior abertura, por parte destas autoridades, para a inclusão de imperativos de sustentabilidade na sua política de concorrência.

Importa, contudo, salientar que existem abordagens diferentes ao nível europeu e ao nível dos Estados-Membros, o que origina riscos de uma abordagem fragmentada no seio da União Europeia.[42] Neste sentido, e numa nota de cautela para as empresas, estas devem continuar a avaliar cuidadosamente os potenciais benefícios da celebração de um acordo de sustentabilidade e os moldes em que estes são efetivamente implementados. A flexibilização das regras da concorrência para atender a considerações de sustentabilidade está longe de significar um sacrifício do direito da concorrência.

De facto, tanto a Comissão Europeia como as autoridades nacionais de concorrência analisarão aprofundadamente os benefícios de sustentabilidade alegados pelas empresas, pelo que estas poderão ter dificuldades em quantificar os benefícios não económicos de um acordo de sustentabilidade. Para além disto, a Comissão e as autoridades nacionais de concorrência estão em alerta para o risco do aumento dos casos de *greenwashing*, nomeadamente, o aumento do número de cartéis disfarçados de acordos de sustentabilidade.

---

[42] V. MALINAUSKAITE, Jurgita. Competition Law and Sustainability: EU and National Perspectives. *Journal of European Competition Law & Practice*, v. 13, n. 5, p. 348, 2022.

Informação bibliográfica deste texto, conforme a NBR 6023:2018 da Associação Brasileira de Normas Técnicas (ABNT):

JUNQUEIRO, Ricardo Bordalo; BETTENCOURT, Rodrigo Pacheco. Concorrência e sustentabilidade em Portugal e na Europa. *In*: BORGES DE PAULA, Marco Aurélio (Coord.). A hora e a vez do ESG: provocações e reflexões em homenagem a Ricardo Voltolini. Belo Horizonte: Fórum, 2023. p. 533-549. ISBN 978-65-5518-619-2.

# O FUTEBOL É ESG: A JORNADA DE CRIAÇÃO DE CULTURA DENTRO E FORA DE CAMPO

**ROBERTA CODIGNOTO**
**ROBERTO ARMELIN**

*O esporte precisa de compliance e eu queria levar esse tema para o futebol para que se iniciasse um movimento de modernização do modelo tradicional de gestão.*
(Roberto Armelin)

*Futebol não orna com integridade, eu respondi ao Roberto, quando ele disse que queria levar compliance para um clube de futebol. Assim comecei minha jornada nessa aventura chamada compliance no esporte.*
(Roberta Codignoto)

Talvez não "ornasse" naquela época, meados de 2015, quando houve essa primeira conversa, mas essa realidade está ficando definitivamente para trás.

E assim começa essa história de alguém que amava o futebol com outro alguém que amava a cultura de *compliance*, e que hoje amam as duas coisas juntas, uma vez que ambas têm um potencial incrível de transformar nosso país.

Quando se pensou na ideia de levar o *compliance* para o São Paulo FC, ambos queriam mais do que um programa de *compliance*, mais do que conformidade, mas um programa de integridade, de "inteireza", que pudesse auxiliar a disseminar a cultura da integridade dos portões do Morumbi para dentro e para fora, aproveitando todo o engajamento que o esporte produz e todo impacto que um clube pode alcançar.

E assim ele foi construído, contemplando tudo o que poderia agregar valor ao clube e aos seus *stakeholders*, que só de torcedores são quase 20 milhões. E como o programa foi idealizado em janeiro de 2020, com o ESG em evidência em razão da pandemia de Covid, os seus pilares foram construídos já contemplando o ambiental, o social e a governança, com estruturas de riscos, normas, controle, canais, apuração, devida diligência, monitoramento e auditoria, e com as ferramentas e comunicação necessárias para fazê-lo ser vivo e efetivo, para entregar valor aos *stakeholders* e criar cultura, para dentro e para fora.

E assim nasceu o Programa Integridade Tricolor, com o famoso *Tone from the top*,[1] sem o qual não seria possível, visto que é um dos pilares fundamentais para que um programa de *compliance* nasça e se torne efetivo. E, como diria o grande Mario Sergio Cortella, "a ética não é algo que nos dê conforto, mas algo que nos coloca diante de dilemas".[2]

É de se imaginar que o apoio da alta direção nem sempre é uma tarefa fácil, pois são vários os desafios que a permeiam, ainda mais quando se trata de um esporte que tem o olhar e a supervisão de milhões de pessoas. Por que investir em *compliance* em vez de dedicar todos os esforços para o futebol, já que o objetivo é ganhar jogo? A resposta não poderia ser outra... *Sustentabilidade*!

O dinheiro de um clube não nasce em árvore (aliás, de nenhuma outra organização). Para que haja recursos para trazer os melhores talentos para o futebol, bem como todos os recursos que os jogadores necessitam, é preciso investimentos. No entanto, com torneiras abertas vazando preciosos recursos e grandes ralos por onde eles são escoados para fora do clube, não tem milagre ou mágica.

Além disso, o futebol tem um potencial incrível para gerar impactos, econômicos e sociais, o que é um importante argumento para patrocinadores. No entanto, empresas que já se comprometeram com uma agenda ESG não estão dispostas a investir e patrocinar entidades

---

[1] *Tone from the top*, expressão da língua inglesa que ficou consagrada com o primeiro pilar de um programa de *compliance* e significa o tom que vem do topo, ou seja, o apoio e o exemplo da alta administração de uma organização.

[2] CORTELLA, Mario Sergio *Qual é a tua obra?* – Inquietações propositivas sobre gestão, liderança e ética. 24. ed. Petrópolis: Vozes, 2015.

desportivas que não estejam também comprometidas com transparência, governança e cuidados com o meio ambiente e com as pessoas.

Afinal, "temos que entender a sustentabilidade como não só as questões ambientais, mas também as questões sociais, éticas, políticas, culturais, espirituais, enfim, tudo aquilo que possa intervir em nosso presente e em nosso futuro".[3]

Então, os argumentos estão postos. Mas como se coloca tudo isso na prática?

## Pilares de um programa de integridade

• Apoio:

Uma organização funciona (ou deveria funcionar) de forma integrada, ou seja, com suas ações conectadas com seus valores, com sua prática alinhada ao seu discurso. Dessa forma, a integridade corporativa deveria estar mais conectada com o *walk the talk*,[4] ou seja, com fazer o que se promete, e com todos os departamentos alinhados para o mesmo propósito. Afinal, não dá para um dos jogadores correr de forma desordenada, esperando que os demais "resolvam" o jogo.

Bem, tudo começa com o apoio da alta cúpula de uma organização, compreendendo que o tema é importante e que precisa ser endereçado. Como mencionado, sabe-se que existem desafios e cobranças para esse apoio, mas conforme o trabalho vai se desenrolando, cada vez mais haverá argumentos positivos para a manutenção desse apoio. E, além dos argumentos estratégicos, como se demonstrará, haverá argumentos econômicos. Afinal, para realmente se transformar o jeito de se fazer negócios, como menciona Sonia Favaretto, "precisamos começar a falar de EESG – *Economic, Enviromental, Social* e *Governance*. Precisamos trazer o E do Econômico definitivamente para dentro, junto, incorporado aos fatores ESG".[5]

---

[3] NAKAGAWA, Marcus Hyonai. *101 dias com ações mais sustentáveis para mudar o mundo*. 1. ed. 3. reimpr. São Paulo; Labrador, 2018.
[4] *Walk the talk*, expressão da língua inglesa que significa andar conforme a fala, ou seja, praticar o que é dito.
[5] FAVARETTO, Sonia Consiglio. *#vivipraver*. A história e as minhas histórias da sustentabilidade aos ESG. São Paulo: Helousa Belluzo Editora, 2021.

- Riscos:

Após o apoio, é preciso uma gestão de riscos detalhada. E é justamente aqui a etapa em que muitos aspectos positivos se destacarão. Como acima mencionado, em uma organização pode haver vários fatores que impõem riscos aos objetivos e às metas que se pretendem atingir. E pode haver muitos desperdícios e perdas de preciosos recursos que poderiam ser revertidos para uma maior eficiência organizacional.

Quais são os riscos que pode haver em um clube de futebol?

Por mais incrível que pareça, um clube de futebol profissional brasileiro não difere muito de uma empresa. Talvez o modelo societário, que está vinculado ao regime tributário – entidade sem fins lucrativos. Mas essa estrutura atualmente, embora rigorosamente lastreada na legislação, encontra sérios desafios com a Receita Federal, que defende ser possível tributar essas instituições como se empresas com fins lucrativos fossem. Por outro lado, os assim chamados "grandes clubes" brasileiros faturam, anualmente, dezenas de milhões de reais, equiparando-se naturalmente a muitas empresas de médio porte – e com potencial para cada vez mais se aproximarem das empresas de grande porte. Tema instigante a esse respeito é o potencial do regime jurídico societário específico recém criado para clubes de futebol: a sociedade anônima do futebol (SAF).

Voltando, porém, para os riscos inerentes aos clubes de futebol:

1. Riscos legais, especialmente fiscais e decorrentes de intercorrências em negociação de atletas (situação complexa que envolve vários sujeitos e múltiplas obrigações econômicas).
2. Riscos operacionais resultantes do ambiente ainda em fase de profissionalização, causados por erros de boa-fé que podem e devem ser facilmente mitigados, senão eliminados, com o sucesso do processo de construção de uma nova cultura no ecossistema do esporte, e do futebol em especial.
3. Riscos de *compliance* e integridade, resultantes de desconhecimento e cultura corporativa superada, que ainda não incorporou, como se deve, ESG e práticas adequadas de respeito, inclusão e diversidade.
4. Risco reputacional, uma vez que tudo que se faz no ambiente de um clube de futebol ganha dimensões monstruosas. Logo, tudo deve ser cuidado e conduzido com muita responsabilidade e consciência, além de responsabilidade, obviamente.

De toda forma, são riscos que podem ser reduzidos com um bom programa de *compliance* e integridade. Certamente, tudo aliado a uma eficiente gestão de riscos legais e operacionais, visando à eliminação dos riscos reputacionais.

E o investimento na cultura de gestão de riscos torna-se essencial para um bom resultado, uma vez que todos devem compreender seu papel, jogando como um time.

- Normas:

Por que normas? Porque é preciso diretrizes. Já pensou na hipótese de cada jogador entrar em campo e jogar do seu jeito, sem envolver os demais?

No esporte e no ambiente corporativo, o trabalho em equipe devidamente coordenado e orientado é imprescindível e determinante para obtenção de quaisquer resultados almejados.

As normas internas têm um papel essencial no programa de *compliance*, pois orientam os colaboradores acerca do que fazer, do que não fazer, e como fazer. Dessa forma, reduzem-se riscos e torna-se a força de trabalho mais eficiente e produtiva, colaborando com os objetivos institucionais da organização – num clube de futebol, indiretamente, melhora as condições econômicas de investimento do plantel de atletas, aumentando as chances de êxito e conquistas desportivas.

- Controles:

E qual a razão de se controlar as ações do programa ou suas diretrizes?

Os controles internos são imprescindíveis para municiar os gestores do programa de *compliance* e integridade de dados acerca da efetividade do próprio programa, possibilitando direcionamento de ações que corrijam elementos fragilizados do sistema.

Da mesma forma, oferece à alta administração dados que vão influenciar a tomada de decisões estratégicas, como investimento, por exemplo.

- Canais:

Os clubes de futebol não têm como evitar a abertura de canais de comunicação com sua comunidade de *stakeholders*. Mas são vários os canais, incluindo ouvidoria, SAC e, sem dúvida, enquanto pilar essencial de um programa de *compliance* efetivo, um canal de denúncias terceirizado e profissional.

Importante a comunicação educativa da diferença de todos os vários canais de comunicação, aliado a treinamentos efetivos de quem, quando e como fazer uso de cada canal.

Considerando-se eficiente essa comunicação, os canais, especialmente o de denúncias (ou relatos, como se optou por denominar para reduzir a percepção de denuncismo), desempenharão um papel fundamental não apenas no escopo de identificar as ações que se desviam da conduta esperada de todos os envolvidos no programa de *compliance*, mas principalmente na construção da cultura de integridade. Mais uma vez, dados e informações são fundamentais para identificação de pontos que devem ser trabalhados para a consolidação do programa, na busca incessante de fortalecer sempre e cada vez mais sua efetividade.

- Apuração:

Aliado essencial da importância dos canais está o pilar das apurações. Sem dúvida que a credibilidade da funcionalidade do programa está profundamente atrelada à eficiência das apurações, principalmente em se tratando de sistema novo na vida corporativa das instituições, o que é comum em todos os clubes de futebol.

A credibilidade da mudança de cultura se vincula à eficiência das investigações, mesmo que as fases iniciais de atuação sobre as violações identificadas tenham, na nossa visão, que assumir caráter predominantemente educacional, ou pedagógico – exatamente porque se está mudando de forma estrutural as relações, obrigações e responsabilidade de uma comunidade de *stakeholder*, especialmente colaboradores. Obviamente que, sem transigir com condutas graves e inaceitáveis, que ensejariam naturalmente reação corporativa sancionatória mesmo se inexistente o programa de integridade.

- Devida diligência:

A devida diligência não é uma atividade nova para os clubes de futebol. Mas sua integração no sistema de um programa de *compliance* ou integridade, sim, é.

No caso, esse pilar fortalece o efeito legal e preventivo de risco financeiro e econômico, assim como risco reputacional.

Como já exposto, tudo que ocorre num clube de futebol atrai muito interesse de mídia, de sorte que nenhum esforço de preservação da qualidade das relações da instituição com terceiros, e indene de conflitos internos de interesses, será pouco.

Trata-se de um pilar fundamental, mas, ao mesmo tempo, dos mais simples de implementar, na medida em que o mercado está repleto de boas ferramentas que auxiliam os gestores do programa de integridade a zelar pela qualidade nas relações a serem desenvolvidas pela instituição.

- Monitoramento:

Difícil apontar um pilar de programa de integridade mais importante que os demais... No entanto, o monitoramento é essencial para que o programa seja vivo e passível de correções e aprimoramentos.

Mais uma vez, aqui se deve destacar a relevância de dados e informações: um bom monitoramento possibilitará aos gestores do programa de integridade identificar o mais rápido possível pontos que mereçam ser trabalhados no próprio programa. Dessa forma, evita-se que o programa pareça o tipo "para inglês ver", ou seja, sem substância, apenas uma casca de ovo, para atender desejo de "aparência", mas sim para que haja efetivo comprometimento com os escopos de um verdadeiro programa de integridade.

- Auditoria:

Por fim, auditoria reforça o monitoramento, apurando "de fora" e depois de estar em funcionamento o programa, eventuais pontos a serem trabalhados, melhorados, eliminados, aprimorados.

## Como relacionar tudo isso ao ESG?

A verdade é que no esporte, ESG já é natural. Talvez os modelos tradicionais de gestão das entidades de práticas desportivas (clubes de futebol e mesmo outras modalidades) ainda não evidenciem essa colocação. Mas a essência do esporte se funda no bem para os praticantes e para o ecossistema, nos melhores valores, como respeito, disciplina, inclusão, diversidade etc.

O esporte respeita o meio ambiente e, mesmo havendo intervenções necessárias para estruturas de prática das diversas modalidades, há um potencial efetivamente pouco explorado de ações, políticas e projetos que potencializem a sustentabilidade ambiental, especialmente em clubes de futebol.

Já há bons projetos, e *players* importantes atuando nessa área. No "ambiental", energia limpa é só um dos temas óbvios e facilmente endereçados no ecossistema do esporte, especialmente do futebol e "governança" é um desafio óbvio e imprescindível, que deve ser profissionalizado "ontem"!

Como já observado, o modelo tradicional de gestão dos clubes que são entidades sem fins lucrativos, engessados numa estrutura societária que visa benefícios fiscais, já está superado. Não apenas pela necessidade premente de profissionalização da gestão, mas para o escopo primordial de um programa de integridade, vale dizer: descrição e estabilidade de cargos e funções, empoderamento dos colaboradores com a devida e imprescindível responsabilização profissional, mas também com premiação por desempenho – como, aliás, se pratica nas melhores organizações.

Uma governança eficiente é fundamental para a sustentabilidade da instituição, na medida em que traz estabilidade para a operação, reduzindo riscos, perdas e desperdícios, aumentando eficiência, responsabilidade e resultados. Neste ponto, nada de diferente de empresas de outros segmentos, diversos do esporte.

Mas é no "social" que o esporte potencializa exponencialmente sua contribuição com a sociedade. Afinal, não há – na nossa opinião – fenômeno social capaz de maior engajamento do que o esporte. Assim, quando canalizado o esporte para fins não apenas competitivos, mas sociais, estamos diante de um poderoso remédio social! Preventivo! E gostoso de se tomar, porquanto, nos permitimos afirmar: todo mundo gosta de esporte! Com maior ou menor envolvimento, não necessariamente futebol. Mas o esporte prende a atenção de todo e qualquer ser humano, quer ele perceba ou não.

Por essa razão, defendemos que o futebol é uma poderosa ferramenta educativa, através da qual podem-se levar informações rápidas e bons exemplos para milhares de famílias espalhadas pelo mundo. Quem nunca se contagiou com um belo exemplo de *fairplay* em campo? Ou, ainda, com uma campanha de jogadores em prol de alguma causa? Crianças repetem o comportamento de seus ídolos, e todo o fascínio do futebol pode auxiliar na disseminação de sensibilização para a integridade, educando sobre dilemas éticos, educando sobre fazer a coisa certa.

Uma das iniciativas criadas no Programa de Integridade Tricolor foi justamente baseada nessa crença. As "vivências", parte do pilar social do programa que chamamos de Educar pela Ética através do Esporte, consistem em um projeto educativo para crianças, propondo reflexão sobre virtudes (honestidade, generosidade, ética, respeito, empatia e justiça) diante de dilemas éticos inseridos em jogos. Elas são convidadas a colocar em prática as virtudes quando estão diante dos desafios, exercitando a escolha por fazer a coisa certa. E por que crianças? Porque elas são "fiscais" dos adultos, e os pais e mães são cautelosos em não adotar algumas ações em frente aos filhos. E, além disso, estão em desenvolvimento e são responsáveis por formar a cultura das próximas gerações. Afinal, "integridade é o princípio ético para não apequenar a vida, que já é curta",[6] como diria o grande Cortela.

Aqui encontramos uma das razões que permitem concluir que integridade e esporte sempre estiveram conectados. Um programa de *compliance* também consiste em treinamento para um jogo coletivo... São incontáveis as metáforas com o esporte que comunicam de forma poderosa!

As equipes de vendas, de *compliance*, de departamento de recursos humanos têm em comum o fato de precisarem trabalhar... em equipe! Mas o que isso significa? Que cada um faz a sua parte, mas coordenado com os demais, atuando com a complementaridade característica da equipe, sabendo que a dificuldade de um jogador/colaborador deve ser suprida ou compensada pelos demais, sob pena do coletivo como um todo ser prejudicado – seja em termos de falhas, seja mesmo deixando de qualificar para bonificações.

Portanto, o ESG está no futebol e o futebol é ESG!

E, com tudo alinhado, ambiental, social e governança, teremos clubes mais eficientes, com menos desperdícios por desconhecimento ou por má gestão, fazendo com que haja mais retorno para a sociedade, possibilitando que mais crianças e jovens tenham oportunidade pois os recursos serão devidamente utilizados para o desenvolvimento, como deveria ser, e não desviado para uso pessoal, como infelizmente vem se repetindo há tantos anos.

E com todo esse trabalho promovido pela integridade no esporte, num futuro bem próximo, para cada criança que assistir a uma partida, haverá em seu coração uma esperança de um futuro mais digno, pois o futebol tem o dom de gerar oportunidades, de mudar a vida de tantas crianças, de transformar a sociedade e as pessoas, não somente para

---

6   CORTELLA, Mario Sergio *Qual é a tua obra?* – Inquietações propositivas sobre gestão, liderança e ética. 24. ed. Petrópolis: Vozes, 2015.

que deixemos o mundo melhor para elas, mas para que elas se tornem melhores para o mundo. E que se possa educar pela ética através do esporte!

Informação bibliográfica deste texto, conforme a NBR 6023:2018 da Associação Brasileira de Normas Técnicas (ABNT):

CODIGNOTO, Roberta; ARMELIN, Roberto. O futebol é ESG: a jornada de criação de cultura dentro e fora de campo. In: BORGES DE PAULA, Marco Aurélio (Coord.). *A hora e a vez do ESG*: provocações e reflexões em homenagem a Ricardo Voltolini. Belo Horizonte: Fórum, 2023. p. 551-560. ISBN 978-65-5518-619-2.

# O *CRIMINAL TAX COMPLIANCE*: PREVENÇÃO (E MITIGAÇÃO DE CONSEQUÊNCIAS) DE CRIMES TRIBUTÁRIOS E EXIGÊNCIA DE UMA POSTURA ÉTICA EMPRESARIAL

**FABRIZIO BON VECCHIO**
**FRANCIS RAFAEL BECK**

## 1 Considerações iniciais

O presente artigo apresenta como tema os programas de *compliance* no âmbito penal e tributário.

Para tanto, analisa o *compliance* a partir de uma ideia de autorregulação regulada, até alcançar as especialidades do *criminial compliance* e *tax compliance* individualmente considerados.

Como ideia central, defende a necessidade de aproximação das referidas áreas dos programas, sintetizadas em um *criminal tax compliance*, como instrumento de prevenção (e mitigação de consequências) de crimes tributários e a exigência de uma postura ética empresarial, sob o viés da conformidade (em um contexto de busca cada vez maior de repressão aos *tax crimes*) e integridade.

## 2 Da autorregulação regulada ao *compliance*

A análise do *criminal tax compliance* exige algumas incursões prévias, com a fixação de antecedentes compreensivos que dizem respeito aos fundamentos e instrumentos de autorregulação e *compliance*.

Em uma primeira aproximação introdutória, deve ser referido que o direito sempre teve a pretensão de cumprimento de suas normas. No entanto, quando se trata de *compliance*, a questão não se resume a uma conformidade ao direito, mas sim de uma pretensão sistemática em adotar regras e processos interempresariais que façam com que o cumprimento do direito obedeça a uma arquitetura vinculada globalmente às atividades empresariais internas e externas. Dessa forma, além de prever uma reestruturação intraempresarial e a instauração de um grupo de cumprimento que centralize a atividade global de contenção de riscos, a extensão do *compliance* a todos os âmbitos da empresa apresenta o surgimento de novos deveres, incumbências, riscos e comportamentos empresariais.[1]

Essa cultura de cumprimento normativo é expressão da delegação para as empresas das funções de prevenção de ilícitos próprias do Estado. As empresas, por sua vez, têm assumido tal delegação mediante a adoção de medidas de autorregulação mediante programas de *compliance*. *Compliance*, assim, em boa medida, significa "autovigilância". Os programas de cumprimento, no entanto, não se circunscrevem à adoção de medidas de vigilância (controles, determinação de fluxos de informação etc.), mas também integram medidas positivas de formação, que tratam não somente de neutralizar fatores culturais ou dinâmicas de grupo favorecedoras de atos ilícitos, mas também de incentivar culturas de grupos de fidelidade ao direito.[2]

A autorregulação potencializa novas estratégias para que o direito controle e supervisione o funcionamento de organizações (empresariais, profissionais etc.) no marco de determinados sistemas sociais como o mercado, a técnica ou a ciência, que envolvem uma grande complexidade técnica ou ética.[3] Dessa forma, a autorregulação se mostra uma evolução do modo como o Estado regula o mundo empresarial, pela simples razão de que não está mais em condições de fazê-lo, ao menos de maneira isolada. O progressivo e constante aumento da complexidade

---

[1] COCA VILA, Ivó. ¿Programas de cumplimiento como forma de autorregulación regulada? In: SILVA SÁNCHEZ, Jesús-María; MONTANER FERNÁNDEZ, Raquel. *Criminalidad de empresa y compliance*: prevención y reacciones corporativas. Barcelona: Atelier, 2013. p. 55.

[2] SILVA SÁNCHEZ, Jesús-María. Deberes de vigilancia y compliance empresarial. In: KUHLEN, Lothar; MONTIEL, Juan Pablo; URBINA GIMENO, Íñigo Ortiz de. *Compliance y teoria del derecho penal*. Madrid: Marcial Pons, 2013. p. 100.

[3] FEIJOO SÁNCHEZ, Bernardo. *Autorregulación y derecho penal de la empresa: ¿una questión de responsabilidad individual?* Cuestiones Actuales de Derecho Penal Económico. Buenos Aires: BdeF, 2009. p. 53.

social, dos níveis técnicos e de desenvolvimento tecnológico, da especialização e profissionalização dos setores de atividade, a complexidade das estruturas organizativas e os correspondentes modelos de gestão, somados ao avassalador processo de globalização, retiraram do Estado a capacidade de regular de maneira adequada as estruturas empresariais. Em suma, o Estado não teria recursos suficientes nem saberia como fazê-lo.[4]

Nesse contexto, como uma forma de autorregulação regulada, o *compliance* representa um estado dinâmico de conformidade a uma orientação normativa de comportamento com relevância jurídica por força de contrato ou lei, caracterizado pelo compromisso com a criação de um sistema complexo de políticas, controles internos e procedimentos que demonstrem que a empresa busca assegurar que se mantenha em um estado de cumprimento.[5] No âmbito jurídico, trata-se de sempre obedecer ao direito, ou, de forma mais específica, dos pressupostos do comportamento lícito ou da sanção pelo comportamento ilícito.[6] No entanto, para além do aspecto jurídico, o *compliance* também envolve uma postura ética, consistente na integridade de seu agir. Dessa forma, a organização deverá fazer o que é o certo mesmo que não haja qualquer norma impondo comportamento específico nesse sentido.

## 3 *Criminal compliance* e *tax compliance*

Realizadas essas considerações iniciais, porém necessárias, acerca da autorregulação regulada que ampara a lógica dos *compliance programs*, é chegado o momento do direcionamento da temática à esfera penal e tributária.

De fato, o *compliance* tem se transformado em objeto de estudo dos mais variados ramos do ordenamento jurídico, não sendo o direito penal e o direito tributário exceções.[7] Embora utilizado para significar

---

[4] COCA VILA, Ivó. ¿Programas de cumplimiento como forma de autorregulación regulada? *In*: SILVA SÁNCHEZ, Jesús-María; MONTANER FERNÁNDEZ, Raquel. *Criminalidad de empresa y compliance*: prevención y reacciones corporativas. Barcelona: Atelier, 2013. p. 45-46.
[5] SAAVEDRA, Giovani. Compliance. *In*: SAAVEDRA, Giovani (Org.). *Compliance*. São Paulo: Thompson Reuters Brasil, 2022. p. 68.
[6] ROTSCH, Thomas. Criminal compliance. *In*: SAAVEDRA, Giovani (Org.). *Compliance*. São Paulo: Thompson Reuters Brasil, 2022. p. 102.
[7] ROTSCH, Thomas. Criminal compliance. *Revista para el Análises del Derecho – InDret*. p. 3. Disponível em: http://www.raco.cat/index.php/InDret/article/view/260786/347968. Acesso em: 6 dez. 2022.

o mecanismo empresarial de evitação e detecção de infrações legais em geral, o termo *compliance* é costumeiramente particularizado em função do âmbito jurídico específico em que suas medidas operativas repercutem. Nesse sentido, também se utiliza a expressão *criminal compliance* para se referir ao sistema de cumprimento normativo que procura assegurar a observância específica da normativa jurídico-penal[8] e *tax compliance* para a mesma finalidade em relação às normas de natureza fiscal e tributária.

Assim, por *criminal compliance* deve ser entendido o conjunto de medidas tendentes a garantir que todos os membros de uma empresa, desde o presidente do conselho de administração até o último colaborador, cumpram com os mandados e proibições jurídico-penais, e que, no caso de infração, seja possível sua descoberta e adequada sanção.[9]

No mesmo sentido, o *tax compliance* (ou *compliance* tributário) consiste no mecanismo de cumprimento voluntário das normas fiscais vigentes pelos contribuintes singulares e coletivos, em uma cultura de legalidade e cumprimento de obrigações fiscais,[10] evitando a verificação de ilícitos tributários e mitigando sua eventual ocorrência.

Como afirma Silva, o *tax compliance* consiste na melhor forma para o cumprimento das obrigações tributárias, buscando sistematizar a observância das normas e manter a organização em estado de conformidade fiscal, evitando danos ao erário e assegurando um funcionamento leal e isento de autuações e penalidades para a empresa.[11]

Na prática, o mais comum é que as empresas possuam um programa de *compliance* geral, em que a observância normativa atinge todos os setores da empresa. Essa não é, no entanto, uma regra absoluta, pois é possível que uma empresa opte por elaborar um programa setorial que se ocupe de assegurar o cumprimento das normas em um âmbito específico. Dessa forma, o *criminal compliance* e o *tax compliance* podem

---

[8] GARCIA CAVERO, Percy. *Criminal compliance*. Piura: Universidad de Piura, 2014. p. 53.
[9] COCA VILA, Ivó. ¿Programas de cumplimiento como forma de autorregulación regulada? *In*: SILVA SÁNCHEZ, Jesús-María; MONTANER FERNÁNDEZ, Raquel. *Criminalidad de empresa y compliance*: prevención y reacciones corporativas. Barcelona: Atelier, 2013. p. 54-55.
[10] MADEIRA, Inês Sofia de. *O papel do criminal tax compliance na responsabilidade penal fiscal dos entes coletivos*. 142 p. Dissertação (Mestrado em Direito) – Faculdade de Direito, Universidade de Coimbra, Coimbra, 2021. p. 102.
[11] SILVA, Alaís Aparecida Bonelli da. Inteligência artificial como ferramenta de programas de tax compliance: a transparência fiscal como realidade da era digital. *In*: SAAD-DINIZ, Eduardo; MENDES, Guilherme Adolfo dos Santos; RAMOS, Giulia (Org.). *Tax compliance e injustiça fiscal*. São Paulo: Tirant lo Blanch, 2021. v. IV. Coleção Business & Criminal Justice. p. 15.

ser parte deste *compliance* amplo ou um programa específico. De qualquer maneira, representarão um conjunto de medidas necessárias e permitidas para evitar que os membros da empresa cometam ilícitos dessa natureza, descobrir sua prática e, eventualmente, sancioná-los internamente e comunicá-los às autoridades competentes.[12]

## 4 O *criminal tax compliance*: prevenção (e mitigação de consequências) de crimes tributários e exigência de uma postura ética empresarial

Com base no exposto, é possível a abordagem de uma interação entre o *criminal compliance* e o *tax compliance*, resultando no que vem sendo chamado de *criminal tax compliance*, com foco na conformidade e agir ético para fins de prevenir riscos e mitigar consequências de ilícitos tributários que possam representar, ao mesmo passo, ilícitos penais.

Como afirma Saad-Diniz,[13] a interação entre política fiscal e política criminal torna possível compreender melhor a relação entre as liberdades pessoais do contribuinte e o dever de arrecadação do Fisco.

Nesse contexto, o *criminal tax compliance*, a partir de um olhar penal e tributário sobre o risco derivado de uma mesma situação concreta, permite a abordagem do problema passível de ser gerado de forma mais ampla e com tratamento mais efetivo.

De acordo com Madeira,[14] o *criminal tax compliance* consiste em uma nova abordagem empresarial de prevenção da prática de crimes fiscais, através da adoção e implementação de programas de cumprimento a partir de quatro pontos essenciais. O primeiro consiste na identificação, dentro da estrutura empresarial, de quais os departamentos ou seções se mostram mais propícios à prática de crimes fiscais. O segundo será o estabelecimento de procedimentos de formação da vontade do ente coletivo, tomada de decisões e execução de suas diretrizes, a fim de se identificar no programa quais os órgãos ou representantes podem determinar a atuação da empresa. Na medida em que todos os

---

[12] GARCIA CAVERO, Percy. *Criminal compliance*. Piura: Universidad de Piura, 2014. p. 53-54.
[13] SAAD-DINIZ, Eduardo. Tax compliance e injustiça fiscal. *In*: SAAD-DINIZ, Eduardo; MENDES, Guilherme Adolfo dos Santos; RAMOS, Giulia (Org.). *Tax compliance e injustiça fiscal*. São Paulo: Tirant lo Blanch, 2021. v. IV. Coleção Business & Criminal Justice. p. 9.
[14] MADEIRA, Inês Sofia de. *O papel do criminal tax compliance na responsabilidade penal fiscal dos entes coletivos*. 142 p. Dissertação (Mestrado em Direito) – Faculdade de Direito, Universidade de Coimbra, Coimbra, 2021. p. 109-112.

membros da empresa tenham conhecimento destes procedimentos, uma vez cometida uma infração criminal fiscal, mais facilmente será detectável quem tomou a decisão (e com amparo em quais razões) e quem a executou, a fim de que sejam possíveis as devidas responsabilizações. O terceiro ponto é o esclarecimento das obrigações tributárias da empresa, tanto como sujeito passivo quanto possível substituto ou responsável tributário, a fim de fomentar o cumprimento voluntário das obrigações fiscais. Por fim, o quarto ponto envolve a clarificação dos tipos penais de crimes contra a ordem tributária, de modo a que não haja dúvida entre os membros da empresa entre os limites de uma conduta lícita e ilícita.

Importante destacar que a Organização para a Cooperação e Desenvolvimento Econômico – OCDE reconhece que os crimes tributários afetam os interesses estratégicos, políticos e econômicos dos países, tanto desenvolvidos quanto em desenvolvimento, assim como a confiança dos cidadãos em relação ao governo, desmotivando-os a contribuir com o pagamento de tributos e prejudicando as receitas necessárias ao investimento governamental em desenvolvimento sustentável.[15]

O adequado recolhimento dos tributos, portanto, não envolve apenas uma questão de conformidade, mas também de ética e integridade.

Diante deste cenário, a referia organização desenvolve iniciativas para combate ao crime tributário, como aquelas que integram o Diálogo de Oslo,[16] que apresenta dez princípios globais para combate ao crime fiscal, quais sejam: (1) garantia de que as infrações fiscais sejam criminalizadas; (2) elaboração de uma estratégia eficaz para combater os crimes tributários; (3) adequados poderes investigatórios para a apuração dos fatos; (4) poderes efetivos para apreensão e confisco de bens relacionados aos crimes fiscais; (5) estrutura organizacional com responsabilidades definidas; (6) fornecimento de recursos adequados para a investigação; (7) transformação de crimes fiscais em infrações antecedentes para a lavagem de dinheiro; (8) estrutura legal e administrativa eficaz para facilitar a colaboração entre as autoridades fiscais

---

[15] THORSTENSEN, Vera; GULLO, Marcelly Fuzaro. Regulamentação e estabelecimento de boas práticas em assuntos tributários (fiscal affairs) pela OCDE. *Escola de Economia de São Paulo da Fundação Getúlio Vargas FGV EESP – Working Paper*, n. 536, CGI 31, set. 2020. p. 24.

[16] THORSTENSEN, Vera; GULLO, Marcelly Fuzaro. Regulamentação e estabelecimento de boas práticas em assuntos tributários (fiscal affairs) pela OCDE. *Escola de Economia de São Paulo da Fundação Getúlio Vargas FGV EESP – Working Paper*, n. 536, CGI 31, set. 2020. p. 24.

e outras autoridades nacionais de aplicação da lei e agências de inteligência; (9) acesso pelos órgãos de investigação de crimes fiscais aos instrumentos jurídico-criminais e a um quadro operacional adequado para a cooperação internacional; (10) garantias processuais asseguradas aos suspeitos ou acusados da prática de crimes fiscais.[17]

É clara a preocupação, portanto, tanto nacional quanto internacional, no sentido da repressão dos *tax crimes*, o que confere especial e necessário destaque ao *criminal tax compliance* como mecanismo de prevenção, detecção e remediação de ilícitos tributários-penais.

Nesse sentido, o que se espera dos programas de *criminal tax compliance* é que sejam capazes de demonstrar a idoneidade da informação declarada e expressar o comportamento ético do contribuinte,[18] evitando ou mitigando os danos causados pela sonegação fiscal não apenas à empresa (imposição de penalidades tributárias) e administradores (sanções penais), como também ao Estado (arrecadação) e à própria coletividade (devido custeio das demandas).

## 5 Considerações finais

O direito, por essência, tem a finalidade de que todas as pessoas, físicas e jurídicas, cumpram as suas normas. No entanto, ultrapassadas as possibilidades de o Estado regular adequadamente todas as áreas em que deve atuar, a autorregulação se mostra uma evolução do modo como disciplina o mundo empresarial. Nesse sentido, os modelos de autorregulação regulada são os que melhor respondem ao interesse estatal de reorganizar sua atuação através de um intervencionismo a distância, com a participação e colaboração da empresa regulada.

O termo *compliance*, embora utilizado para significar o mecanismo empresarial de evitação e detecção de infrações legais em geral, é costumeiramente particularizado em função do âmbito jurídico específico em que suas medidas operativas repercutem. Dessa forma, surgem o *criminal compliance* e *tax compliance* como forma de se referir ao sistema

---

[17] OECD. *Fighting Tax Crime*: The Ten Global Principles. Paris: OECD Publishing, [s.d.]. Disponível em http://www.oecd.org/tax/crime/fighting-tax-crime-the-ten-global-principles.htm. Acesso em: 6 dez. 2022.

[18] SAAD-DINIZ, Eduardo; RAMOS, Giulina. Tax compliance, crimes tributários e representação fiscal para fins penais. *In*: DIAS, Karem Jureidini; BRITTO, Lucas Galvão de (Org.). *Compliance no direito tributário*. São Paulo: Thompson Reuters Brasil, 2018. p. 301.

de cumprimento que procura assegurar a observância específica normativa e integridade penal e tributária.

Nesse contexto, o *criminal tax compliance* decorre da necessária interação entre essas duas áreas de *compliance*, a fim de conferir mecanismos de prevenção, detecção e remediação mais efetivos diante do risco penal-tributário.

## Referências

COCA VILA, Ivó. ¿Programas de cumplimiento como forma de autorregulación regulada? *In*: SILVA SÁNCHEZ, Jesús-María; MONTANER FERNÁNDEZ, Raquel. *Criminalidad de empresa y compliance*: prevención y reacciones corporativas. Barcelona: Atelier, 2013.

FEIJOO SÁNCHEZ, Bernardo. *Autorregulación y derecho penal de la empresa: ¿una questión de responsabilidad individual?* Cuestiones Actuales de Derecho Penal Económico. Buenos Aires: BdeF, 2009.

GARCIA CAVERO, Percy. *Criminal compliance*. Piura: Universidad de Piura, 2014.

MADEIRA, Inês Sofia de. *O papel do criminal tax compliance na responsabilidade penal fiscal dos entes coletivos*. 142 p. Dissertação (Mestrado em Direito) – Faculdade de Direito, Universidade de Coimbra, Coimbra, 2021.

OECD. *Fighting Tax Crime*: The Ten Global Principles. Paris: OECD Publishing, [s.d.]. Disponível em http://www.oecd.org/tax/crime/fighting-tax-crime-the-ten-global-principles.htm. Acesso em: 6 dez. 2022.

ROTSCH, Thomas. Criminal compliance. *In*: SAAVEDRA, Giovani (Org.). *Compliance*. São Paulo: Thompson Reuters Brasil, 2022. p. 101-182.

ROTSCH, Thomas. Criminal compliance. *Revista para el Análises del Derecho – InDret*. Disponível em: http://www.raco.cat/index.php/InDret/article/view/260786/347968. Acesso em: 6 dez. 2022.

SAAD-DINIZ, Eduardo. Tax compliance e injustiça fiscal. *In*: SAAD-DINIZ, Eduardo; MENDES, Guilherme Adolfo dos Santos; RAMOS, Giulia (Org.). *Tax compliance e injustiça fiscal*. São Paulo: Tirant lo Blanch, 2021. v. IV. Coleção Business & Criminal Justice. p. 9-11.

SAAD-DINIZ, Eduardo; RAMOS, Giulina. Tax compliance, crimes tributários e representação fiscal para fins penais. *In*: DIAS, Karem Jureidini; BRITTO, Lucas Galvão de (Org.). *Compliance no direito tributário*. São Paulo: Thompson Reuters Brasil, 2018. p. 279-301.

SAAVEDRA, Giovani. Compliance. *In*: SAAVEDRA, Giovani (Org.). *Compliance*. São Paulo: Thompson Reuters Brasil, 2022. p. 49-100.

SILVA SÁNCHEZ, Jesús-María. Deberes de vigilancia y compliance empresarial. *In*: KUHLEN, Lothar; MONTIEL, Juan Pablo; URBINA GIMENO, Íñigo Ortiz de. *Compliance y teoria del derecho penal*. Madrid: Marcial Pons, 2013.

SILVA, Alaís Aparecida Bonelli da. Inteligência artificial como ferramenta de programas de tax compliance: a transparência fiscal como realidade da era digital. *In*: SAAD-DINIZ, Eduardo; MENDES, Guilherme Adolfo dos Santos; RAMOS, Giulia (Org.). *Tax compliance e injustiça fiscal*. São Paulo: Tirant lo Blanch, 2021. v. IV. Coleção Business & Criminal Justice. p. 12-24.

Informação bibliográfica deste texto, conforme a NBR 6023:2018 da Associação Brasileira de Normas Técnicas (ABNT):

VECCHIO, Fabrizio Bon; BECK, Francis Rafael. O criminal tax compliance: prevenção (e mitigação de consequências) de crimes tributários e exigência de uma postura ética empresarial. *In*: BORGES DE PAULA, Marco Aurélio (Coord.). *A hora e a vez do ESG*: provocações e reflexões em homenagem a Ricardo Voltolini. Belo Horizonte: Fórum, 2023. p. 561-569. ISBN 978-65-5518-619-2.

# *WHISTLEBLOWING* NO DIREITO PORTUGUÊS: ENQUADRAMENTO E ARTICULAÇÃO ENTRE A PROTEÇÃO DE DENUNCIANTES E O REGIME LABORAL

NUNO MORAES BASTOS
TIAGO COCHOFEL DE AZEVEDO

## 1 Introdução

O enquadramento legal do *whistleblowing* e o regime de proteção dos denunciantes no ordenamento português mostra-se relativamente recente e, à semelhança de outros sistemas, visa corporizar soluções jurídicas efetivas de contrabalanceamento de interesses contrapostos e de difícil articulação.

De uma parte, o interesse geral da comunidade no conhecimento da prática de ilícitos (em especial de índole criminal) por parte dos seus agentes económicos, com vista à proteção do interesse público, bem como o reconhecimento de que certos indivíduos estarão em posição privilegiada de o fazer, com destaque para os trabalhadores da empresa. Àquele interesse geral acresce a posição individual dos que denunciem tais práticas, quer porque com elas não pretendem pactuar, quer porque o fazem ao abrigo do exercício da sua liberdade de expressão. De outra parte, o legítimo interesse das empresas em ver protegido o sigilo e confidencialidade da informação, cuja divulgação é passível de afetar seriamente a sua imagem, bom nome e reputação, com consequências nefastas para o seu valor de mercado.

Com o presente texto, pretende-se realizar uma breve exposição das soluções jurídicas adotadas pelo legislador português com vista à articulação dos referidos interesses, nomeadamente no que toca à obrigação de implementar linhas de denúncia, à definição do âmbito material destas e aos meios de proteção dos que a elas recorrem, com especial incidência no campo juslaboral, não sem antes realizar um breve excurso sobre os antecedentes que ditaram o atual quadro legal.

## 2 Contexto, evolução histórica e relevância prática dos mecanismos de *whistleblowing*

### 2.1 Enquadramento histórico internacional

Na sequência dos casos Enron (dezembro de 2001), WorldCom (julho de 2002) e Tyco (2002), com o *Sarbanes Oxley Act* (doravante "SOX")[1] – em 2002 – as sociedades cotadas na bolsa dos EUA viram-se obrigadas a promover um sistema de denúncia de casos ou situações de corrupção ou de má administração interna (doravante abreviadamente referido, ainda que não definido, como *whistleblowing*). O objetivo era promover a responsabilidade e transparência nas empresas e, com isso, fomentar a estabilidade dos mercados financeiros, estabelecendo condições para a deteção e investigação de situações de *fraud*[2] potencial ou efetiva decorrente da apropriação indevida de ativos ou incorreção da informação financeira reportada.

Esta obrigação abrangia igualmente as filiais e sucursais de sociedades constituídas e regularmente mantidas ao abrigo das legislações vigentes nos Estados europeus,[3] também vinculadas à observância

---

[1] Sendo comum apontar-se como primeiro antecedente conhecido a legislação anglo-saxónica (*Withred of Kent*, 695), bem como o primeiro mecanismo organizado à guerra civil norte-americana, não desenvolveremos nesta sede os diversos antecedentes históricos conhecidos, atentos à extensão do presente escrito.

[2] Inexistindo correspondência direta entre a expressão *fraud* e o conceito de fraude em sentido jurídico, nos termos previstos na legislação portuguesa, mantemos o conceito original.

[3] Ao invés do anteriormente sucedido, em que sobre estas impendia apenas o dever de informar os seus mecanismos de *governance*, a legislação impunha agora mecanismos concretos – materiais de *corporate governance* e densificava as responsabilidades dos emitentes e respetivo *top management*. Por todos, CARDILLI, Maria Camilla. Regulation without borders: the impact of Sarbanes-Oxley on European companies violations to authorities. *Fordham Law Review*, v. 27, issue 3, 2003.

das regras europeias, designadamente[4] em sede de proteção de dados pessoais, e detalhava a proibição de retaliação contra trabalhadores que legalmente reportem violações de padrões éticos às autoridades[5] desde que o denunciante tenha a convicção de que a conduta denunciada consiste numa violação dos *fraud statutes*. O SOX procedeu ainda a alterações à lei criminal federal destinadas a proibir actos legislativos que de algum modo pudessem detalhar – e por essa via limitar as condições laborais a aplicar a trabalhadores que prestem informação ou colaborem com investigações em curso.

Em termos materiais, este diploma determinava *(i)* que CEO e CFOs certificassem, sob responsabilidade pessoal, os documentos anuais e trimestrais das demonstrações financeiras; *(ii)* a proibição das sociedades de realizarem ou assegurarem empréstimos aos seus administradores e executivos;[6] *(iii)* a obrigatoriedade de divulgar a atuação de *principal financial officer and controller* ou *principal accounting officer*, numa abordagem de *comply or explain*, se encontravam abrangidas por um código de conduta adequado; *(iv)* mecanismos de *clawback* aplicáveis a CEO e CFO em caso de haver lugar à divulgação de alguma correção a tal informação decorrente de violação material de tais normas, ainda que tal violação não lhes seja diretamente imputável; bem como regras destinadas *(v)* à preservação da independência do auditor externo, *(vi)* observância de períodos de proibição de negociação de valores mobiliários emitidos pelo emitente em causa.

---

[4] Sem prejuízo de deverem igualmente ser considerados, designadamente, o Plano de Ação da União Europeia aplicável a Serviços Financeiros (Plano de Ação para os Serviços Financeiros, abreviadamente PASF), a Diretiva nº 78/660/EEC (relativa às contas anuais de certas formas de sociedades), a Diretiva nº 83/349/EEC (*relativa às contas consolidadas*) a Diretiva nº 84/253/EEC e 2006/43/EC (*relativa à aprovação das pessoas encarregadas da fiscalização legal dos documentos contabilísticos*); a Diretiva nº 2001/34/EC (relativa à admissão de valores mobiliários à cotação oficial de uma bolsa de valores e à informação a publicar sobre esses valores, usual e abreviadamente identificada como CARD – *Consolidated Admissions and Reporting directive*); a Diretiva nº 2004/109/EC (diretiva sobre a transparência da informação sobre emitentes); a Diretiva nº 1989/592/EEC (sobre informação privilegiada) e a Diretiva nº 2003/6/EC (sobre abuso de mercado).

[5] Aqui se incluindo, como bem refere Maria Camilla Cardilli: "These authorities include governmental agents or persons with supervisory power over the employee or those who are authorized by the issuer to investigate suspect conduct (e.g., the audit committee and auditors)" (CARDILLI, Maria Camilla. Regulation without borders: the impact of Sarbanes-Oxley on European companies violations to authorities. *Fordham Law Review*, v. 27, issue 3, 2003).

[6] Porventura o requisito com menos impacto, nas jurisdições da UE, decorrente do SOX.

Os países integrantes do espaço europeu (em particular, da União Europeia), ainda que não alheios à necessidade de melhorar o *governance* das sociedades, não apresentaram integral alinhamento com o regime estabelecido pelo SOX, seja pela sua complexidade, seja por especificidades em matéria de proteção dos trabalhadores ou de proteção de dados pessoais entendidas de forma díspar nos diversos países.

Assim, inicialmente de forma tímida, a Recomendação nº 2005/162/CE da Comissão Europeia constitui um primeiro ensaio material, sem prejuízo do acervo legislativo acima referido, no sentido de convergir com o regime do SOX. Os Estados-Membros deveriam incentivar as sociedades cotadas (leia-se, em mercado regulamentado pela Comunidade) a divulgar e a cumprir "códigos de ética". Em linha com esta tendência, o Código do Governo das Sociedades (2007) prevê então regras sobre a adoção de uma política de comunicação de irregularidades e obrigações de divulgação de informações sobre a política no relatório anual de governo da sociedade.

Eram, contudo, abordagens ainda tímidas, em larga medida provenientes de uma abordagem usualmente mais conservadora em matéria de proteção de dados.[7]

Em 2010, na sequência das insuficiências regulatórias e de controlo apontadas como origem ou catalisador da chamada "crise do *subprime*", foi aprovado o *Dodd-Frank Act*, que expandia significativamente o programa de proteção de denunciantes no mercado financeiro, aqui se incluindo um generoso sistema de recompensa financeira (assente nos valores recuperados) e requisitos de eficácia. Este diploma, como outros que se lhe seguiram,[8] enquadrou algumas investigações de elevado perfil noutras geografias[9] e, bem assim, resultou determinante para a evolução legislativa verificada no espaço económico europeu e, por via da União Europeia, também em Portugal.

---

[7] Por todas e porque declaradamente inspiradoras da Deliberação nº 765/2009 da CNPD, destaca-se a Deliberação nº 2005-305 da CNIL (de 8.12.2005).
[8] E.g. *Whistleblowing Protection Enhancement Act* de 2013.
[9] Por todos, Rodolfo Macedo do Prado refere a Operação Lava Jato e respetivos desdobramentos, como a Operação Pedra no Caminho, enquadrando a relevância do processo de proteção de denunciantes e descrevendo a evolução legislativa verificada nesta matéria (PRADO, Rodolfo Macedo do. *Combate à corrupção e whistleblowing*: uma análise de sua eficiência. [s.l.]: Mizuno, 2022. p. 62 e segs.).

## 2.2 A experiência portuguesa: antecedentes históricos

É este contexto que preside à divulgação, pela Comissão Nacional de Proteção de Dados ("CNPD"), da Deliberação nº 765/2009.[10] Esta deliberação estabelecia os princípios aplicáveis aos tratamentos de dados pessoais com a finalidade de comunicação interna de atos de gestão financeira irregular (linhas de *whistleblowing*).

A CNPD, ancorada nos entendimentos conhecidos do Grupo do artigo 29º, sublinhou a necessidade de se fazer uma rigorosa aplicação dos princípios de proteção de dados neste âmbito, repudiando o anonimato a favor de um regime de confidencialidade das denúncias tendo em vista a mitigação do risco de apresentação de denúncias caluniosas. Este aspeto, aparentemente lateral, determinou durante anos a necessidade de garantir em organizações internacionais uma triagem – e linha de atuação – distinta sempre que a lei portuguesa, pelo menos em matéria de proteção de dados pessoais, resultava aplicável.

De igual modo, na medida em que os dados pessoais objeto de tratamento no âmbito de mecanismos de *whistleblowing* eram legalmente enquadrados como especialmente protegidos[11] legalmente sujeitos a uma proteção especial que impõe a existência de controlo prévio da CNPD, nos termos do disposto na alínea a) do artigo 28º da Lei nº 67/98, obrigando consequentemente a aguardar a obtenção da respetiva autorização prévia antes de iniciar o tratamento de dados em causa, matéria que – atenta à dilação de tempo – era igualmente um fator relevante que obstava a implementação deste tipo de mecanismo.

Finalmente, em termos materiais, entendia a CNPD que a adequação, a pertinência, a necessidade (e o caráter não excessivo) do tratamento seriam por si aferidas aquando da apreciação das categorias de dados recolhidos, desenvolvendo, contudo, em termos hoje discutíveis, o princípio da proporcionalidade. Na verdade, entendia a CNPD que o sistema de denúncia se deveria restringir aos domínios da contabilidade, dos controlos contabilísticos internos, da auditoria, da luta contra a corrupção e do crime bancário e financeiro, ao nível dos atos de gestão e numa análise *bottom-up*, estabelecendo este mecanismo com

---

[10] FONSECA, Luís; SIMÕES, Patrick de Pitta. A implementação de uma linha (canal) de alerta ético. *In*: MAIA, António João; SIMÕES, Patrick de Pitta (Coord.). *O whistleblowing em Portugal* [Proteção do denunciante nas organizações]. Coimbra: Almedina, 2022. p. 214 e segs.

[11] Cfr. nº 2 do artigo 8º da Lei 67/98.

base voluntária e subsidiária, e postulando a independência da função a quem se encontre confiada a apreciação das denúncias. Precisamente porque arredia ao espírito do tempo (na substância) e, mais ainda, porque propiciadora de incerteza na atuação dos agentes económicos (em particular dos integrados em estruturas multinacionais ou destes sejam contraparte), sobretudo o dilatado prazo de decisão decorrente do controlo prévio, este entendimento limitou a afirmação dos mecanismos de comunicação de irregularidade em Portugal.

Como exceção, fortemente incentivada pela multijurisdicionalidade natural à atividade, deve apontar-se o setor financeiro. Na verdade, a implementação de mecanismos eficazes de deteção ou conhecimento de infrações reais ou potenciais teve várias declinações na legislação europeia (e, consequentemente, na ordem jurídica portuguesa), quer no que se refere a Organismos de Investimento Coletivo,[12] agências de notação de risco,[13] instituições de crédito[14] ou distribuição de seguro,[15] bem como a diversos produtos[16] ou categorias de risco de *compliance*.[17]

No final de 2021 altera-se, finalmente, a orientação vigente no plano europeu.

## 3 Regime jurídico de proteção dos denunciantes

Em dezembro de 2021 foram aprovados dois diplomas aplicáveis a empresas com mais de 50 trabalhadores:[18] o regime geral de preven-

---

[12] Diretiva 2009/65/CE, de 13.7.2009.
[13] Regulamento (CE) nº 1060/2009, de 16.9.2009.
[14] Diretiva 2013/36/UE, de 26.6.2013.
[15] Diretiva 2016/97/UE, de 10.1.2016.
[16] Por exemplo, no que se refere aos PRIIP, por via do Regulamento (UE) nº 1286/2014, de 26.11.2014, no que se refere a operações de financiamento através de valores mobiliários e de reutilização ou no que se refere à transferência de fundos, o legislador comunitário impõe o estabelecimento de procedimentos de comunicação de infrações em termos razoavelmente homogéneos.
[17] Aqui se incluindo, por exemplo, os diplomas em matéria de prevenção do abuso de mercado ou de branqueamento de capitais e do financiamento do terrorismo.
[18] *Brevitatis causa*, reportamo-nos sobretudo a empresas, querendo com isso reportar o âmbito de aplicação da lei a pessoas coletivas com sede em Portugal e sucursais em território nacional de pessoas coletivas com sede no estrangeiro. Contudo, a lei prevê também a sua aplicabilidade a serviços e pessoas coletivas da administração direta e indireta do Estado, das regiões autónomas, das autarquias locais e do setor público empresarial e entidades administrativas independentes com funções de regulação da atividade económica dos setores privado, público e cooperativo. Requisito comum a todos estes casos é a necessidade de empregarem 50 ou mais trabalhadores.

ção da corrupção e outras infrações (Decreto-Lei nº 109-E/2021) e o regime jurídico de proteção dos denunciantes (Lei nº 93/2021).[19] Destes diplomas resultavam, conjunta e designadamente, as seguintes linhas de ação: *(i)* aprovar um código de conduta; *(ii)* manter um plano de prevenção dos riscos de corrupção; *(iii)* nomear um *head of compliance*; *(iv)* assegurar formação e sensibilização sobre a matéria; e, com particular relevo para o que aqui importa, *(v)* implementar um sistema de comunicação de irregularidades.

O presente escrito versa – sobretudo – sobre o regime jurídico de proteção dos denunciantes (Lei nº 93/2021),[20] resultando por isso necessário definir denunciante, explicar as linhas mestras do regime e, muito em particular, as normas com relevância juslaboral ou para o processo disciplinar. Sublinha-se, contudo, o que o contexto histórico do surgimento do diploma de igual modo assinala: a ligação existente entre o surgimento de mecanismos de comunicação de irregularidades e o combate à corrupção.

A lei define denunciante como "a pessoa singular que denuncie ou divulgue publicamente uma infração com fundamento em informações obtidas no âmbito da sua atividade profissional,[21] independentemente da natureza desta atividade e do setor em que é exercida", clarificando que o referido conceito abrange não apenas trabalhadores, mas também prestadores de serviços, contratantes, subcontratantes e fornecedores, bem como quaisquer pessoas que atuem sob a sua supervisão e direção, titulares de participações sociais e membros de órgãos de administração[22] ou fiscalização das entidades, voluntários e estagiários, inde-

---

[19] Este diploma procede à transposição da Diretiva (UE) 2019/1937 do Parlamento Europeu e do Conselho, de 23.10.2019, relativa à proteção das pessoas que denunciam violações do direito da União.

[20] Quaisquer referências a normas legais no presente escrito deverão ter-se, salvo indicação em contrário, por relativas a este diploma a que nos referiremos também de forma abreviada por "Lei".

[21] Expressão pouco feliz do legislador, já que considera também informação obtida durante o processo de recrutamento ou durante fase pré-contratual. Registe-se não se dever ter por incluída nesta esfera – sobretudo para atribuição de recompensa, mais do que garantia – informação ou documentação recebida em função da natureza das funções desempenhadas sempre que estas impliquem um dever de comunicação (*vd. Garcetti v. Barcellos, US Supreme Court*).

[22] Cfr. art. 5º nº 2, al. c): "Os titulares de participações sociais e as pessoas pertencentes a órgãos de administração ou de gestão ou a órgãos fiscais ou de supervisão de pessoas coletivas, incluindo membros não executivos". Esta matéria relevará, como veremos, para efeitos de apuramento dos efeitos juslaborais, morrmente na vertente processual, o processo de averiguações desencadeado nesta sede.

pendentemente de remuneração. A infração, normalmente imputada a terceiros, respeita por isso – em sentido não técnico – normalmente ao empregador ou a superiores hierárquicos do denunciante.

A definição de infração, para efeitos deste regime, é relativamente ampla, abrangendo designadamente domínios como: *(i)* contratação pública, *(ii)* serviços, produtos e mercados financeiros e prevenção do branqueamento de capitais e do financiamento do terrorismo, *(iii)* segurança e conformidade dos produtos, *(iv)* segurança dos transportes, *(v)* proteção do ambiente, *(vi)* defesa do consumidor, *(vii)* proteção da privacidade e dos dados pessoais e segurança da rede e dos sistemas de informação e *(viii)* matérias de direito da concorrência. Abrange ainda, em termos que legisticamente se devem ter por discutível, ato ou omissão que contrarie o fim das referidas regras ou normas.[23]

Ainda que considerando normas materiais e adjetivas sobre o estabelecimento e gestão do canal de denúncias, o diploma pretende sobretudo impedir a adoção de medidas retaliatórias contra os denunciantes.[24] Na verdade, como sublinha Varricchio,[25] um dos principais riscos que impende sobre o denunciante é o risco de ser objeto de actos que constituam assédio moral.

Fá-lo clarificando que estas medidas podem ser ativas ou decorrer de omissões desde que, direta ou indiretamente e no contexto profissional, sejam suscetíveis de prejudicar o denunciante devido à apresentação de denúncia.[26]

---

[23] A este respeito, sublinha-se a relevância deste tipo de mecanismos na prevenção da dita *fraud*, que a *Association of Certified Fraud Examiners* (ACFE) atribuiu em 43% dos 2504 casos analisados, referentes ao ano de 2020, como razão de ciência primária. Sobre a inclusão de mecanismos de proteção de denunciantes em tratados de combate à corrupção, PRADO, Rodolfo Macedo do. *Combate à corrupção e whistleblowing*: uma análise de sua eficiência. [s.l.]: Mizuno, 2022. p. 55; e ALMEIDA, Jorge Fonseca de. Os denunciantes sob a perspetiva moral e ética – O estigma de Judas. *In*: MAIA, António João; SIMÕES, Patrick de Pitta (Coord.). *O whistleblowing em Portugal* [Proteção do denunciante nas organizações]. Coimbra: Almedina, 2022. p. 33.

[24] Como sublinha Rodolfo Macedo do Prado (PRADO, Rodolfo Macedo do. *Combate à corrupção e whistleblowing*: uma análise de sua eficiência. [s.l.]: Mizuno, 2022. p. 28), já as *Ordenações* – Manuelinas e Filipinas – previam a atribuição de recompensa a quem denunciasse e provasse a prática de corrupção por algum oficial do Rei.

[25] VARRICCHIO, Roberto; IANNONNE, Paolo. *Il whistleblowing nel mercato del lavoro*. [s.l.]: La Tribuna, 2021. p. 33.

[26] Trataremos adiante da presunção legal de que, se verificados nos dois anos seguintes à apresentação da denúncia, determinados atos ou categorias constituem atos retaliatórios.

Fá-lo, também, determinando a possibilidade de apresentar denúncias anónimas[27] e, mais em linha com a experiência histórica portuguesa, em todo o caso, um regime de confidencialidade[28] sobre a identidade do denunciante, bem como as informações que, direta ou indiretamente, permitam deduzir a sua identidade. Deve, por isso, assegurar-se circulação restrita da informação – impedindo-se o acesso a pessoas não autorizadas – que permita a referida identificação ou identificabilidade, ainda que a lei preveja quanto a estas a extensão do dever de confidencialidade.

Postula-se a imparcialidade, a confidencialidade, a proteção de dados, o sigilo e a ausência de conflitos de interesses no desempenho das funções, independentemente da externalização parcial do processo.[29]

Note-se que a lei prescreve prazos específicos para a prática de algumas diligências. Assim: *(i)* as entidades obrigadas notificam, no prazo de sete dias, o denunciante da receção da denúncia, informando-o dos requisitos, autoridades competentes, forma e admissibilidade da denúncia externa; *(ii)* no prazo máximo de três meses a contar da data da receção da denúncia, devem ser comunicadas ao denunciante as medidas previstas ou adotadas para dar seguimento à denúncia e à respetiva fundamentação[30] e, *(iii)* desde que tal seja solicitado, a todo o momento, as entidades abrangidas comunicam o resultado da análise efetuada à denúncia, neste caso no prazo de 15 dias após a respetiva conclusão.

---

[27] Roberto Varricchio assinala a existência de jurisprudência da *Corte di Cassazione* (Sentença nº 9047/2018) segundo a qual a denúncia anónima é plenamente válida no âmbito disciplinar, não sendo, todavia, absoluta e, por isso, resultando postulada pelo direito de defesa – no âmbito criminal – a identificação do *whistleblower* (VARRICCHIO, Roberto; IANNONNE, Paolo. *Il whistleblowing nel mercato del lavoro*. [s.l.]: La Tribuna, 2021. p. 37).

[28] Salvo obrigação legal ou de decisão judicial (cfr. 18º nº 3), caso em que a comunicação de informação confidencial é precedida de comunicação escrita ao denunciante. A lei exceciona a "prestação dessa informação" se comprometer as investigações ou processos judiciais relacionados. Com as limitações decorrentes de uma redação imperfeita, entendemos que basta um mero juízo de suscetibilidade e que por prestação de informação se deve considerar apenas o envio dos motivos da divulgação dos dados confidenciais em causa, em moldes similares a deveres de conteúdo idêntico previstos na legislação de *compliance* (sobretudo financeiro).

[29] A este respeito note-se que, de forma a nosso ver inteiramente criticável, se estabelece a limitação do recurso a externalização no caso de receção de denúncias, não do respetivo seguimento (cfr. art. 9º nºs 2 e 3).

[30] O encerramento das diligências parece, ao invés, decorrer unicamente do real apuramento dos factos, não se prevendo requisitos temporais fixos para a gestão processual ou contraordenação destinada especificamente a sancionar tal facto.

Decorre, portanto, daqui alguma latitude na gestão do andamento processual, reforçada ademais pela ausência de previsão sancionatória específica, situação que – ponderadas as finalidades dos canais de denúncia – se subscreve, mas que não deixa de aumentar a complexidade de articulação deste regime com o do processo disciplinar.

Trataremos, de seguida, dos aspetos laborais decorrentes ou relacionados com o regime de proteção do denunciante.[31]

## 4 Aspetos laborais

O regime de proteção do denunciante não é, em si mesmo, matéria do foro laboral, na medida em que âmbito de aplicação material da Lei nº 93/2021 não abarca a violação de regras reguladoras da relação de trabalho, mesmo que estas tenham origem no Direito da União.[32] Com efeito, o legislador comunitário conferiu aos Estados-Membros a amplitude necessária para que estes, assim o querendo, estendessem o regime de proteção do denunciante a outras matérias, como decorre expressamente do Considerando 5) da Diretiva (UE) 2019/1937: "Os Estados-Membros poderão decidir alargar a aplicação das disposições nacionais a outros domínios a fim de assegurar a existência de um regime de proteção dos denunciantes abrangente e coerente a nível nacional". Não foi essa a opção do legislador nacional, que aqui seguiu de perto a delimitação material desenhada pela Diretiva. Em todo o caso, e com vista a uma uniformidade de tratamento, julga-se que nada impedirá o empregador de, assim o querendo, aplicar os princípios gerais inscritos na Lei nº 93/2021 a outras tipologias de denúncias – como seja o

---

[31] Por todos e quanto às relações entre este regime e o direito penal e o processo penal, *vide* PATRÍCIO, Rui. Whistleblowing e algumas "pontes" para o direito penal e o processo Penal. *In*: MAIA, António João; SIMÕES, Patrick de Pitta (Coord.). *O whistleblowing em Portugal* [Proteção do denunciante nas organizações]. Coimbra: Almedina, 2022.

[32] Assim, e por exemplo, a proteção do denunciante não é aplicável a quem denuncie infrações a regras de segurança e saúde no trabalho, muito embora tal proteção já seja conferida se as normas violadas respeitarem à segurança de alimentos ou de animais (vide art. 2º, nº 1, alínea a), subalínea vii) da Lei nº 93/2021). Em todo o caso, e conforme GOMES, Júlio. Algumas Observações sobre a Diretiva (UE) 2019/1937 e a Lei nº 93/2021. *Prontuário de Direito do Trabalho – Centro de Estudos Judiciários*, II-2021. p. 158, a interpretação da Lei nº 93/2021 à luz da Diretiva levaria a estender a proteção do denunciante àqueles que, "com motivos razoáveis", acreditam que a informação prestada cabe no âmbito de aplicação da lei (o que não será o caso, julgando nós, se o empregador, por exemplo, divulgar a todos os trabalhadores qual a tipologia de denúncias cobertas pelo canal de *whistleblowing*).

tratamento confidencial ou a não retaliação – designadamente as que incidam sobre a violação de normas laborais.

Sem prejuízo, são inegáveis os pontos de contacto entre o regime de proteção de denunciantes e as relações de trabalho, a começar pela definição legal do próprio conceito de "denunciante". Efetivamente, e tal como já acima aludido, a proteção legal pressupõe que a infração divulgada tenha sido primeiramente obtida no *exercício de uma atividade profissional* (ou durante o processo de recrutamento e/ou negociação conducente a ela), ainda que a atividade tenha no entretanto cessado, sendo que, à cabeça dessa atividade, surgem as relações de trabalho subordinado (tanto do setor privado como público, ou mesmo social).

Por seu turno, sendo certo que o regime de proteção do denunciante não abrange, *a priori*, infrações a regras do direito do trabalho, uma leitura benevolente da lei parece abrir caminho a que tal possa ocorrer através de contratação coletiva (além de uma aplicação de *motu próprio* pelo empregador). Com efeito, o art. 3º, nº 5, da Lei nº 93/2021 estipula que não fica prejudicada "a autonomia e o direito das associações sindicais, das associações de empregadores e dos empregadores de celebrar um instrumento de regulamentação coletiva de trabalho". Uma interpretação possível desta salvaguarda seria, precisamente, a possibilidade de o direito coletivo densificar certos aspetos regimentais, introduzindo, por exemplo, uma proteção acrescida aos trabalhadores quando comparada com o estatuto de denunciante previsto na lei, ou mesmo alargando o âmbito material de proteção para nele incluir matérias laborais.

No que toca ao sistema de proteção, importa antes do mais salientar que a intervenção do legislador apresenta uma perspetiva relativamente neutra, na medida em que, contrariamente ao que sucede em outros campos jurídicos, não existe aqui um mecanismo de delação premiada, mas apenas uma preocupação de tutelar quem denuncia, eliminando os obstáculos à denúncia, nomeadamente o receio de potenciais represálias. O combate à violação do direito da União também não vai ao extremo de positivar uma obrigação de denúncia por parte de quem tome conhecimento de infrações, sem prejuízo de tal obrigação poder resultar (direta ou indiretamente) de outros regimes[33] ou mesmo de deveres gerais de lealdade, zelo e diligência do trabalhador.[34]

Um dos mecanismos primordiais de proteção do denunciante prende-se com a proibição de atos de retaliação. Para o efeito, a lei adota uma formulação ampla de "retaliação", incluindo nesta todos os atos (ainda que na forma tentada) ou omissões que, direta ou indiretamente, ocorrendo em contexto profissional e motivado por uma denúncia, causem ou possam causar ao denunciante, de modo injustificado, danos patrimoniais ou não patrimoniais.

Por seu turno, sendo a noção de "retaliação" um conceito vago e abstrato, assente numa relação causal entre a denúncia e um comportamento do empregador com reflexos juslaborais, a lei vem elencar o seguinte conjunto de atos que se presumem motivados pela denúncia (e como tal retaliatórios): *(i)* alterações das condições de trabalho, como funções, horário, local de trabalho ou retribuição, não promoção do trabalhador ou incumprimento de deveres laborais; *(ii)* suspensão de contrato de trabalho; *(iii)* avaliação negativa de desempenho ou referência negativa para fins de emprego; *(iv)* não conversão de um contrato de trabalho a termo num contrato sem termo, sempre que o trabalhador tivesse expectativas legítimas nessa conversão; *(v)* não renovação de um contrato de trabalho a termo; *(vi)* despedimento; *(vii)* inclusão em *black list*, com base em acordo à escala setorial, que possa levar à impossibilidade de, no futuro, o denunciante encontrar emprego no setor ou indústria em causa. Em todo o caso, a relação causal apenas é presumida pela lei quando o ato seja praticado até dois anos após a denúncia (sem prejuízo de o trabalhador poder sempre vir a demonstrar

---

[33] Veja-se, por exemplo, o Decreto-Lei nº 109-E/2021, cujo art. 32º, nº 2 estipula que incorrem em infração disciplinar (e eventual responsabilidade civil, criminal ou contraordenacional) os titulares de cargos de direção ou equiparados das entidades administrativas independentes com funções de regulação da atividade económica dos setores privado, público e cooperativo e do Banco de Portugal e os trabalhadores de quaisquer entidades abrangidas que deixem de participar de infrações de que tenham conhecimento no exercício ou por força das suas funções.

[34] No caso de trabalhadores cujas funções envolvam a fiscalização ou supervisão, a obrigação de denúncia mostra-se ínsita ao cabal e integral desempenho da atividade contratada. Já para a generalidade dos trabalhadores, será discutível que os deveres gerais de lealdade impliquem uma obrigação de denúncia em caso de conhecimento das infrações (recorrendo a uma expressão colorida, não existiria um dever geral de "ser bufo"). Sobre o tema, ver GOMES, Júlio. Um direito de alerta cívico do trabalhador subordinado? (ou a proteção laboral do whistleblower). *Revista de Direito e de Estudos Sociais*, ano LV (XXVIII da 2ª serie), n. 1-4, Coimbra, jan./dez. 2014. p. 137.

a retaliação volvidos mais de dois anos, mas nesse caso nos termos gerais da distribuição do ónus da prova e sem qualquer efeito presuntivo).

Conatural à proibição de retaliação é a previsão de que a denúncia de uma infração, feita de acordo com os requisitos impostos pela lei, não constitui, por si, fundamento de responsabilidade disciplinar.[35] A este propósito importa atentar nas condições de proteção previstas no art. 6º, nº 1, da Lei nº 93/2021, porquanto apenas está protegido o denunciante que atue de boa-fé e tenha fundamento sério para crer que, no momento da denúncia, as informações são verdadeiras. O trabalhador que conhece a falsidade da informação não ficará, pois, a coberto do estatuto de denunciante e poderá ser disciplinarmente sancionado. Fica, no entanto, a dúvida sobre se o trabalhador-denunciante terá um dever de, *(i)* antes da denúncia, diligenciar no sentido de confirmar (na medida do razoável) a veracidade dos factos relatados, ou, *(ii)* após a denúncia, atualizar a informação reportada caso chegue ao seu conhecimento de que ela era, afinal, falsa.[36]

Recebida a denúncia, o legislador prevê a obrigação de lhe dar seguimento, praticando os atos internos adequados à verificação das

---

[35] Não se mostrava exatamente assim previamente à entrada em vigor da Lei nº 93/2021. Sobre o tema veja-se GOMES, Júlio. Um direito de alerta cívico do trabalhador subordinado? (ou a proteção laboral do whistleblower). *Revista de Direito e de Estudos Sociais*, ano LV (XXVIII da 2ª serie), n. 1-4, Coimbra, jan./dez. 2014. p. 129-130, destacando o autor o Acórdão do Tribunal da Relação de Coimbra, de 27.9.2012 (Processo nº 471/11.0T4AGDC.C1), no qual foi reconhecida a justa causa de despedimento de um trabalhador que participou à ASAE (Autoridade para a Segurança Alimentar e Económica) alegadas falhas em matéria de condições de segurança e higiene, e que despoletou uma ação de investigação por parte daquela autoridade, porquanto (i) tais irregularidades mostravam-se pouco graves e de fácil solução, (ii) o trabalhador não tentou a correção das irregularidades junto do empregador em primeiro lugar, e como tal (iii) os deveres de lealdade e sigilo interditariam o trabalhador a apresentar a denúncia, tanto mais que as irregularidades em causa não ficaram provadas. Em todo o caso, a ponderação do equilíbrio de interesses realizada pelo Tribunal na sobredita ação judicial, e o reconhecimento de que a publicidade externa comporta prejuízos ao empregador (mais que não seja no seu bom nome, reputação e credibilidade), tem espelho em algumas das soluções da Lei nº 93/2021, designadamente na obrigação de o trabalhador esgotar em primeiro lugar o canal de denúncia interna antes de poder realizar uma denúncia externa ou divulgar publicamente a informação (salvo nos casos excecionais previstos na lei).

[36] Como observado por GOMES, Júlio. Algumas Observações sobre a Diretiva (UE) 2019/1937 e a Lei nº 93/2021. *Prontuário de Direito do Trabalho – Centro de Estudos Judiciários*, II-2021. p. 168-169, importa ter cuidado na interpretação do conceito de "boa-fé" previsto na lei, atento o seu conteúdo ético (a boa-fé em sentido subjetivo não se basta com um mero desconhecimento, sendo necessário que este não seja culposo ou censurável, apelando-se pois ao cumprimento de prévios deveres de diligência e cuidado). No entanto, uma leitura da Lei nº 93/2021 à luz da Diretiva sugere que este dever de confirmação não existiria aqui, pretendendo-se apenas que o denunciante tenha "motivos razoáveis" para acreditar na veracidade da informação.

alegações aí contidas, bem como os necessários à cessação da infração denunciada, inclusive através da abertura de um inquérito interno ou da comunicação a autoridade competente para investigação da infração (cfr. art. 11º, nº 2, da Lei nº 93/2021). Resta saber se desta obrigação resulta o dever de agir disciplinarmente contra o trabalhador infrator que venha a ser identificado, ou se o poder disciplinar só assume uma natureza de *poder-dever* quando tal seja estritamente necessário à cessação da infração cometida.[37]

Em todo o caso, a atuação disciplinar junto dos infratores impõe algum cuidado na articulação do regime de proteção do denunciante com o disposto no Código do Trabalho.

A Lei nº 93/2021 estabelece prazos para a prática de atos específicos no contexto da denúncia – notificação ao denunciante da receção da denúncia (até 7 dias, após receção), das medidas para dar seguimento à denúncia e a respetiva fundamentação (até 3 meses, após receção), e do resultado da análise efetuada à denúncia se assim requerido (15 dias, após conclusão da análise) – mas não prevê qualquer duração máxima da investigação a realizar.

Ora, a matéria objeto de infração é, a mais das vezes, tecnicamente complexa, exigindo um trabalho aturado de recolha e análise de prova, e que poderá inclusive envolver a intervenção de órgãos de polícia criminal (com as dificuldades inerentes à apreensão de elementos probatórios por parte destes órgãos, e cujo acesso pelo empregador poderá ficar restringido se o processo-crime estiver em segredo de justiça). Todas estas circunstâncias constituem entraves à celeridade da investigação que seja conduzida pelo empregador, para confirmar a veracidade da denúncia apresentada, bem como para dotar-se dos demais elementos factuais necessários ao exercício da ação disciplinar (no que toca à identidade dos trabalhadores envolvidos, bem como às circunstâncias de modo, tempo e lugar em que a infração foi cometida).

Do exposto decorre que o seguimento da denúncia, nos termos acima referidos, poderá não ser compatível com os prazos disciplinares previstos na lei laboral. Com efeito, nos termos do art. 329º, nº 3, do

---

[37] Sustentando tratar-se, efetivamente, de um poder vinculado (ou até mesmo um poder-dever), veja-se PINHEIRO, Paulo Sousa. O whistleblowing em Portugal – Algumas questões disciplinares no âmbito do direito do trabalho. *Minerva: Revista de Estudos Laborais*, ano X (II da 4ª Série), n. 3, 2020. p. 105. Na experiência legislativa portuguesa, tal obrigatoriedade, a existir, não seria caso único. Com efeito, nas situações em que o empregador tem conhecimento de alegadas situações de assédio no trabalho, tem o dever de instaurar procedimento disciplinar (cfr. art. 127º, nº 1, al. l) do Código do Trabalho).

Código do Trabalho, o procedimento disciplinar prescreve decorrido um ano contado da data em que é instaurado quando, nesse prazo, o trabalhador não seja notificado da decisão final, prazo este que se poderá mostrar manifestamente insuficiente atento à complexidade da matéria. Esta constatação é tanto mais evidente quanto o facto de o Código do Trabalho não prever, sequer, um mecanismo de suspensão dos prazos de procedimento disciplinar quando esteja em curso inquérito criminal sobre a mesma matéria, o que, aliás, poderá levar a resultados indesejáveis: pense-se na absolvição do trabalhador em sede disciplinar, mas que venha a ser condenado em sede criminal (à luz de elementos factuais e probatórios de que o empregador não dispunha).[38]

Ainda em matéria de prazos, importa ter em consideração que o empregador dispõe de 60 dias para notificar o trabalhador da acusação disciplinar (através de uma nota de culpa), contados desde a data em que o empregador toma conhecimento da infração. Quando o procedimento tenha em vista o potencial despedimento do trabalhador, o referido prazo de 60 dias pode ser interrompido se o empregador instaurar um processo prévio de inquérito, com vista a recolher a informação que necessita para formar a sua convicção no que toca à infração cometida, os responsáveis por ela e as circunstâncias envolventes.

Também esta faculdade de suspender a contagem de prazos para o exercício da ação disciplinar, através de abertura de inquérito, poderá esbarrar com a potencialidade de a investigação da denúncia, para efeitos do art. 11º, nº 2, da Lei nº 93/2021, estender-se por longos períodos de tempo. É que, malgrado o silêncio da lei na matéria, seria sustentável considerar que o prazo de prescrição de um ano aplicável ao procedimento disciplinar é, igualmente, aplicável à fase de inquérito que o preceda.[39] Ou seja, a duração total da ação disciplinar (incluindo

---

[38] O tema mostra-se contravertido na doutrina. Sustentando a possibilidade de suspensão, veja-se MARTINS, Pedro Furtado. *Cessação do contrato de trabalho*. 4. ed. rev. e atual. [s.l.]: Princípia, set. 2017. p. 192-194, para quem, muito embora a lei não o preveja, a suspensão é admissível quando a decisão do processo-crime constitua decisão prejudicial, porque referente aos mesmos factos da infração disciplinar. Em sentido oposto, ver PINHEIRO, Paulo Sousa. *O procedimento disciplinar no âmbito do direito do trabalho português*. Coimbra: Almedina, 2020. p. 232-233, invocando como argumentos nomeadamente o princípio de celeridade processual, a ausência de previsão normativa e a autonomia procedimental, muito embora admitindo algumas exceções justificativas da suspensão (como a incapacidade do trabalhador, ou o pedido deste último para suspender o processo enquanto decorrem os autos criminais)

[39] Sustentando este entendimento, veja-se MARTINS, Pedro Furtado. *Cessação do contrato de trabalho*. 4. ed. rev. e atual. [s.l.]: Princípia, set. 2017. p. 2022, com o argumento de que o inquérito já faz parte do procedimento disciplinar. Em sentido oposto, SOUSA, Pedro Ferreira

fase de inquérito) não poderia exceder um ano, e este prazo (aparentemente) não se suspenderia (quer na fase de inquérito, quer na fase disciplinar) pelo mero facto de a mesma matéria estar a ser investigada em sede criminal.[40]

A articulação dos dois processos – a investigação da denúncia, e a ação disciplinar – exige ainda um esforço de conjugação do exercício do direito de defesa do denunciado com a obrigação de proteção da confidencialidade. Com efeito, o trabalhador que venha a ser objeto de procedimento disciplinar terá direito a, em sede de defesa, consultar os autos disciplinares (o que inclui o processo prévio de inquérito, caso este exista), assim acedendo à documentação que suportou a acusação.[41] Todavia, nos termos do disposto no art. 18º, nº 1, da Lei nº 93/2021, "a identidade do denunciante, bem como as informações que, direta ou indiretamente, permitam deduzir a sua identidade, têm natureza confidencial e são de acesso restrito às pessoas responsáveis por receber ou dar seguimento a denúncias". O acesso restrito a quem recebe ou dá seguimento à denúncia não poderá significar uma violação do direito de defesa do trabalhador acusado, tanto mais que, tendo a ação disciplinar natureza sancionatória, tal direito tem beneplácito constitucional: o acesso aos autos disciplinares toma aqui precedência, em benefício do denunciado. Mas o balanceamento de interesses já permitiria, segundo julgamos, que tal acesso, sendo conferido, esteja ainda assim condicionado pela proteção da confidencialidade da identidade do denunciante (sob pena de denegação de um dos aspectos centrais deste regime): o

---

de. *O procedimento disciplinar laboral* – Uma construção jurisprudencial 2. ed. Coimbra: Almedina, 2017. p. 82, para quem "Nesse caso, o procedimento disciplinar propriamente dito, isto é, aquele que pressupõe a emissão e notificação ao trabalhador da nota de culpa, nem sequer chega a nascer".

[40] Sobre o tema, veja-se o entendimento sustentado no Ac. RP. de 8.11.2010 (Proc. 196/08.3TTGDM.P1): "O processo disciplinar não pode ser suspenso à espera de decisão em processo judicial que corre sobre os mesmos factos". Também no sentido da independência, ainda que no plano processual, veja-se o Ac. RP. de 7.1.2013 (Proc. 484/11.1TTMTS.P1) "A pendência de processo crime em que terão sido denunciados factos também imputados, no âmbito de procedimento disciplinar, ao A./trabalhador e pelos quais veio a ser despedido com invocação de justa causa não constitui, por si só, fundamento para a suspensão da instância laboral". De igual modo, pode ler-se no Ac. RP. de 8.11.2010 "A pendência de processo crime contra a Ré (empregadora) de um processo laboral – em que o A. (trabalhador) invoca a resolução do contrato de trabalho por alegada justa causa – não constitui, por si só, fundamento para a suspensão da instância laboral".

[41] A lei prevê expressamente esta faculdade para os casos de procedimento disciplinar instaurado com vista ao despedimento do trabalhador (cfr. art. 355º, nº 1, do Código do Trabalho). A sua aplicação a procedimentos disciplinares conservatórios do vínculo laboral já será, todavia, discutível.

empregador estaria autorizado (*rectius*, obrigado) a ocultar/truncar os dados dos quais se infira a identidade do denunciante, sem que tal configure uma violação do direito de defesa do denunciado (naturalmente que o tema não assume a mesma premência se a denúncia tiver sido apresentada por fonte anónima, caso em que o acesso integral à investigação poderá ser realizado sem prejuízo para o denunciante).[42]

Por fim, importa ainda ter em consideração que a condução da denúncia poderá constituir um processo investigatório autónomo do inquérito disciplinar, ainda que, por motivos de simplicidade processual (e de modo a evitar a duplicação de atos), poderá o seguimento da denúncia ser realizado mediante a abertura de processo prévio de inquérito (concentrando numa única tramitação todos os atos de investigação, ainda que para efeitos distintos). Em todo o caso, deverá ter-se presente que o conhecimento da denúncia não equivale, necessariamente, ao conhecimento dos factos por parte do empregador. Efetivamente, o canal de denúncia poderá ser operado por quem não detém o poder disciplinar relativamente ao trabalhador denunciado (e será porventura este o cenário mais frequente), nomeadamente um outro trabalhador ou inclusive um terceiro externo à empresa. Deste modo, a apresentação e seguimento da denúncia não equivale ao início da contagem dos prazos disciplinares, a menos que, na sequência da denúncia, seja dado conhecimento à pessoa ou órgão societário com competência disciplinar da existência de indícios da prática de factos passíveis de constituir ilícito disciplinar, nomeadamente para efeitos de abertura de processo prévio de inquérito.

Naturalmente que, se a investigação realizada na sequência da denúncia for conclusiva no apuramento dos factos e dos seus responsáveis, e sendo os resultados dessa investigação levados ao conhecimento de quem detém o poder disciplinar, começará, em princípio, o decurso do prazo de 60 dias para entrega de nota de culpa. Ou seja, ficando ciente de todos os elementos necessário para apuramento da responsabilidade disciplinar dos trabalhadores envolvidos em práticas ilícitas, dificilmente estará o empregador em condições de iniciar um processo prévio de inquérito: este último só se justificaria para fundamentar uma posterior nota de culpa, o que regra geral não se revelará

---

[42] Também neste sentido ver PINHEIRO, Paulo Sousa. *O procedimento disciplinar no âmbito do direito do trabalho português*. Coimbra: Almedina, 2020. p. 243.

necessário dado que a investigação realizada na sequência da denúncia será suficientemente elucidativa.

Mais discutível será a virtualidade de uma investigação realizada por quem opera o canal de denúncia ter a virtualidade de suspender o prazo de prescrição de 1 (um) ano (ou o prazo de prescrição da lei penal, se a infração for igualmente crime), quando não seja levada ao conhecimento do órgão com competência disciplinar. É que este prazo, recorde-se, não depende do conhecimento do empregador, ficando a sua suspensão dependente de abertura de processo prévio de inquérito, nos termos o art. 352º do Código do Trabalho. Sendo a investigação realizada por quem não tem competência disciplinar, e não sendo aberto qualquer inquérito prévio, poder-se-á dar o caso de, finda a investigação, e mesmo que nela se apure a ocorrência de infrações disciplinares perpetradas por trabalhadores, não ser mais possível o exercício da ação disciplinar por decurso do prazo de prescrição.[43]

## 5 Conclusões

A aplicação dos mecanismos jurídicos de proteção do denunciante, na sua atual configuração, resulta em larga medida inspirada e influenciada pelo regime jurídico e dinâmica do mercado de capitais norte-americanos.

A configuração legal adotada em Portugal cumpre com o objetivo preconizado num processo de transposição de normativos europeus, sem lugar ao estabelecimento de requisitos específicos que de algum modo com estes contendam, ou condicionem ou desenvolvam de forma material.

Assim, é sem surpresa que se constata que os mecanismos de denúncia de irregularidades instituídos em Portugal não se encontrem ainda num estado de maturidade avançado, demonstrando a experiência prática que estes são com alguma frequência utilizados para denúncias de comportamentos moral ou eticamente reprováveis, atentatórios do

---

[43] No sentido de investigações levadas a cabo por comissões de inquérito não constituírem processos prévios de inquérito para fins disciplinares, veja-se o Acórdão do Tribunal da Relação de Lisboa, de 29.4.2015 (Processo 4707/13.4TTLSB.L1-4): "A intervenção da comissão de inquérito não foi determinada para apurar se existia um ilícito disciplinar, mas antes para apurar a existência de eventual falha técnica com o funcionamento de um órgão mecânico e, para além disso, para que se pudesse considerar um procedimento de inquérito prévio disciplinar, a realização do mesmo teria que ser determinada por superior hierárquico que tivesse tido conhecimento dos factos e com competência para exercer o poder disciplinar".

bom ambiente laboral, mas que em rigor não se subsumem ao âmbito de aplicação material definido pelo quadro legal. Aliás, a associação das linhas de denúncia (ou linhas de ética) ao cumprimento dos códigos de conduta leva, precisamente, a que o denunciante preceda a denúncia a juízo qualificador do comportamento denunciado: tal qual o aplicador do direito, também o denunciado, antes de ver garantida a proteção estatuída, carece de primeiro de realizar uma operação de subsunção dos factos à violação de uma norma jurídica, aliás de assinalável tecnicidade (não apenas, e por vezes, não sobretudo jurídica).

Sendo um primeiro passo para o tratamento sistematizado da matéria, a proteção do denunciante convoca, em todo o caso, desafios ponderosos no que em particular toca ao campo juslaboral. Reconhece-se que o legislador procurou incorporar alguns aspetos regimentais da relação de trabalho nas soluções gizadas, com natural destaque para a proibição de retaliação e para o elenco de exemplos de comportamentos indiciadores da mesma. No entanto, haverá ainda trabalho a realizar, na medida em que os problemas de desarticulação procedimental entre a investigação e a ação disciplinar deixam em aberto um campo fértil para a incerteza jurídica, numa matéria em que ela não deverá existir.

Conviria que as instituições, animadas pela experiência que decorrerá da aplicação prática, na medida em que se avizinha este regime, conheçam também, no espaço europeu, as matizes e evolução já verificadas na experiência norte-americana.

## Referências[44]

ALMEIDA, Jorge Fonseca de. Os denunciantes sob a perspetiva moral e ética – O estigma de Judas. *In*: MAIA, António João; SIMÕES, Patrick de Pitta (Coord.). *O whistleblowing em Portugal* [Proteção do denunciante nas organizações]. Coimbra: Almedina, 2022.

CARDILLI, Maria Camilla. Regulation without borders: the impact of Sarbanes-Oxley on European companies violations to authorities. *Fordham Law Review*, v. 27, issue 3, 2003.

FONSECA, Luís; SIMÕES, Patrick de Pitta. A implementação de uma linha (canal) de alerta ético. *In*: MAIA, António João; SIMÕES, Patrick de Pitta (Coord.). *O whistleblowing em Portugal* [Proteção do denunciante nas organizações]. Coimbra: Almedina, 2022.

---

[44] Sem prejuízo de bibliografia de carácter geral sempre consultada na elaboração de estudos com carácter académico, foi especificamente consultada aquando da elaboração do presente artigo a seguinte bibliografia.

GOMES, Júlio. Algumas Observações sobre a Diretiva (UE) 2019/1937 e a Lei nº 93/2021. *Prontuário de Direito do Trabalho – Centro de Estudos Judiciários*, II-2021.

GOMES, Júlio. Um direito de alerta cívico do trabalhador subordinado? (ou a proteção laboral do whistleblower). *Revista de Direito e de Estudos Sociais*, ano LV (XXVIII da 2ª serie), n. 1-4, Coimbra, jan./dez. 2014.

MARTINS, Pedro Furtado. *Cessação do contrato de trabalho*. 4. ed. rev. e atual. [s.l.]: Princípia, set. 2017.

MATIAS, Tiago dos Santos. Os caminhos cruzados da solidariedade defensiva e da comunicação de irregularidades (whistleblowing) no setor financeiro. In: MAIA, António João; SIMÕES, Patrick de Pitta (Coord.). *O whistleblowing em Portugal* [Proteção do denunciante nas organizações]. Coimbra: Almedina, 2022.

PATRÍCIO, Rui. Whistleblowing e algumas "pontes" para o direito penal e o processo Penal. In: MAIA, António João; SIMÕES, Patrick de Pitta (Coord.). *O whistleblowing em Portugal* [Proteção do denunciante nas organizações]. Coimbra: Almedina, 2022.

PINHEIRO, Paulo Sousa. *O procedimento disciplinar no âmbito do direito do trabalho português*. Coimbra: Almedina, 2020.

PINHEIRO, Paulo Sousa. O whistleblowing em Portugal – Algumas questões disciplinares no âmbito do direito do trabalho. *Minerva: Revista de Estudos Laborais*, ano X (II da 4ª Série), n. 3, 2020.

PRADO, Rodolfo Macedo do. *Combate à corrupção e whistleblowing*: uma análise de sua eficiência. [s.l.]: Mizuno, 2022.

SOUSA, Pedro Ferreira de. *O procedimento disciplinar laboral* – Uma construção jurisprudencial 2. ed. Coimbra: Almedina, 2017.

VARRICCHIO, Roberto; IANNONNE, Paolo. *Il whistleblowing nel mercato del lavoro*. [s.l.]: La Tribuna, 2021.

---

Informação bibliográfica deste texto, conforme a NBR 6023:2018 da Associação Brasileira de Normas Técnicas (ABNT):

BASTOS, Nuno Moraes; AZEVEDO, Tiago Cochofel de. Whistleblowing no direito português: enquadramento e articulação entre a proteção de denunciantes e o regime laboral. In: BORGES DE PAULA, Marco Aurélio (Coord.). A hora e a vez do ESG: provocações e reflexões em homenagem a Ricardo Voltolini. Belo Horizonte: Fórum, 2023. p. 571-590. ISBN 978-65-5518-619-2.

# POSFÁCIO

Com a crescente demanda por responsabilidade corporativa e sustentabilidade, o ESG (Ambiental, Social e Governança) passou a ser uma exigência do setor financeiro, e testemunhamos uma rápida expansão nas discussões e implementações de programas relacionados. A implementação desses programas é essencial para as empresas, pois não apenas atende às crescentes demandas por responsabilidade corporativa e sustentabilidade, mas também impulsiona a criação de valor a longo prazo.

O ESG não apenas fortalece a reputação das empresas e atrai investidores éticos, mas também promove a inovação, a eficiência operacional e a resiliência em um mundo em constante mudança.

O Magazine Luiza sempre teve uma forte ênfase na promoção da diversidade em todos os seus aspectos, pois compreendíamos que quanto mais diversificada fosse a nossa equipe, mais inovadora e criativa poderia ser.

É por isso que consideramos a informação e o aprendizado proporcionados por renomados autores reunidos nesta obra, sob a coordenação de Marco Aurélio Borges de Paula, e em homenagem a um profundo conhecedor do tema e estrategista de sustentabilidade em empresas, Ricardo Voltolini, como uma leitura indispensável para aprofundar o entendimento desse importante tema.

**Luiza Helena Trajano**
Presidente do Conselho de Administração do Magazine Luiza e do Grupo Mulheres do Brasil.

## SOBRE OS AUTORES

**Ademar Bueno**
Administrador de empresas pela FGV. Mestre em Ciências da Saúde pela Medicina Santa Casa. Mestre em Liderança e Gestão Pública pelo Centro de Liderança Pública – CLP. Empreendedor social, empresarial e em governos. Foi Subsecretário de Empreendedorismo e Trabalho no Governo do Estado de São Paulo, foi Presidente da Junta Comercial de São Paulo. Professor Coordenador do Laboratório de Inovação Social da Economia – GV. É empreendedor da Green Boat Estaleiro e Turismo na Amazônia.

**Alexandre Seraphim**
Executivo do segmento farmacêutico. Engenheiro de Produção, formado pela Universidade Federal do Rio de Janeiro, com MBA pela Warwick University, Reino Unido. Mestre em Ciências pelo Programa de Pós-Graduação em Saúde Coletiva do Departamento de Medicina Preventiva da EPM-Unifesp.

**Ana Paula Carracedo**
Com formação em que Economia pela PUC, Marketing pela Anhembi Morumbi e pós-graduada em Gestão Econômica pela FGV, é diretora de *Compliance* da AEGEA Saneamento e Participações SA. Foi *Chief Risk, Compliance & Audit Officer* da Qualicorp e do Grupo Votorantim, onde atuou por mais de 8 anos. Foi diretora executiva da Votorantim Prev, membro do Comitê de Auditoria da Votorantim Energia e da Companhia Brasileira de Alumínio (CBA). É presidente do Comitê de *Compliance* da Amcham e membro do Conselho Consultivo da Plataforma Anticorrupção do Pacto Global da ONU, onde também atuou como coordenadora por 3 anos, liderando diversas ações coletivas setoriais contra a corrupção.

**Anna Karina Omena Vasconcellos Trennepohl**
Promotora de Justiça no Ministério Público da Bahia. Colaboradora da Corregedoria Nacional do Conselho Nacional do Ministério Público. Pós-Graduada em Direito. Mestranda em Direitos Humanos pela Pontifícia Universidade Católica de São Paulo – PUC.

**André Castro Carvalho**
Bacharel, Mestre e Doutor em Direito pela Universidade de São Paulo, teve sua tese de doutorado recebido o Prêmio Capes de Tese 2014, como a melhor tese de doutorado de Direito no Brasil em 2013. Realizou estudos em nível

de pós-doutorado no Massachusetts Institute of Technology – MIT (em 2016) e na Faculdade de Direito da USP (2017-2018). Cocoordenador do *Manual de compliance* (3. ed., Ed. Forense) e coautor do livro *Cultura organizacional em compliance* (Ed. Thomson Reuters) e *Gestão de risco e compliance* (Ed. Senac). É professor de pós-graduação e educação executiva em diversas escolas de negócios. Vice-Presidente do Instituto Brasileiro de Direito e Ética Empresarial. Consultor em projetos internacionais, como PNUD, UNODC, BID, CAF, ABA. É membro de órgãos de governança corporativa em São Paulo. É um profissional certificado em AML/CFT pela ACAMS dos Estados Unidos.

**Artur de Brito Gueiros Souza**

Professor Titular de Direito Penal da Universidade do Estado do Rio de Janeiro (UERJ). Editor-Chefe da *Revista Científica do CPJM* (ISSN 2764-1899). Doutor em Direito Penal pela USP (2006). Pós-Doutor em Direito Penal Econômico pela Universidade de Coimbra (2016). É Coordenador do Centro de Pesquisa em Crimes Empresariais e *Compliance* Prof. João Marcello de Araujo Jr. (CPJM) da UERJ. Membro do Ministério Público Federal (MPF), ocupando o cargo de Procurador-Chefe da Procuradoria Regional da República na 2ª Região.

**Bárbara de Abreu Mori**

Advogada com experiência em *compliance* corporativo na América Latina, contratos e projetos governamentais.

**Bianca Rosetti**

Formada em Comunicação das Artes do Corpo pela PUC-SP e Gestão de Organizações do Terceiro Setor pela FGV-SP. Pós-Graduada em Comunicação e Marketing Digital pela FAAP-SP. Atuou na área de arte-educação por 5 anos na empresa SESC-SP, promovendo projetos voltados à inclusão, educação e acessibilidade. Após esse período, foi coordenadora de projetos na Casa Flores, organização não governamental dedicada à ressocialização de mulheres em situação de vulnerabilidade, com foco em egressas do sistema prisional. Atualmente, coordena o setor de Responsabilidade Social da FAAP, promovendo ações de impacto social e ambiental.

**Bruno Teixeira Peixoto**

Mestre em Direito Internacional e Sustentabilidade (UFSC). Especialista em Direito Ambiental e Urbanístico (Cesusc). Formação Executiva em *Compliance* e Governança no setor público (Insper), *Compliance* ESG&D (PUC-Rio) e em GRI *Sustainability Reports*. Implementador e auditor líder de Sistemas de Gestão Antissuborno e *Compliance* ISO 37001 e ISO 37301. Ex-Gerente de Integridade e *Compliance* na CGE-SC. Advogado nas áreas Ambiental, Litigância Climática e Integridade Corporativa & ESG.

## Caio Cruz

Coautor da publicação *Pessoas & Práticas: como as ciências comportamentais podem contribuir para a inclusão*. Graduado em Administração Pública pela Fundação Getúlio Vargas de São Paulo. Assistente de Projeto Aplicado em Ciências Comportamentais para Políticas Públicas na FGV EAESP.

## Carlos Henrique Nascimento Barbosa

Consultor de *Compliance* na Votorantim S.A. Bacharel pela Universidade de Brasília. Mestre pela University of Sussex. CCEP-I.

## Carolina Beu

Graduada em Comunicação Social pela UNIP, com especialização em Jornalismo Científico pelo Núcleo José Reis de Divulgação Científica da ECA/USP e em Sociopsicologia pela FESPSP. Cursa graduação em *Design* Educacional na UNIFESP. Atuou na área de comunicação como repórter, *social media*, criação e monitoramento de conteúdo em empresas como GPA e FSB Digital e, atualmente, é redatora técnica na área de desenho de cursos do Senac São Paulo e pesquisadora dos temas *design* educacional e educomunicação.

## Cristina Rego de Oliveira

Mestre em Ciências Jurídico-Criminais pela Faculdade de Direito da Universidade de Coimbra. Doutora em Direito, Justiça e Cidadania no Século XXI pelas Faculdades de Direito e de Economia da Universidade de Coimbra – Portugal. Pós-Doutoranda na Faculdade de Direito de Ribeirão Preto – Universidade de São Paulo. Advogada. Contato: cris.regodeoliveira@gmail.com.

## Eduardo Dumont Araujo

Pós-Graduado em Direito Empresarial pela Fundação Getúlio Vargas – FGVlaw. Graduado em Direito pela Faculdade de Direito de São Bernardo do Campo – FDSBC. Advogado e consultor jurídico em São Paulo.

## Eloy Rizzo Neto

Sócio das áreas de prática de *Compliance* & Investigações e ESG do Demarest Advogados. Mestre (LLM) em Direito Concorrencial e Arbitragem Internacional da King's College London (Inglaterra). Pós-Graduado em Direito Civil Processual pela Pontifícia Universidade Católica de São (PUC-SP). Completou o Programa Global de Certificação (*ESG Certificate Program*) da *Competent Boards*, tendo recebido a designação de GBC.D por esta instituição. Possui experiência expressiva em investigações internas de alta complexidade, concentrando sua prática em possíveis violações de leis anticorrupção em casos multijurisdicionais. Adicionalmente, ele presta assessoria em procedimentos administrativos e processos originados de possíveis violações de legislação anticorrupção, além de negociar acordos de leniência com as autoridades competentes. Atua como professor na LEC – *Legal, Ethics & Compliance*, bem como em cursos de pós-graduação oferecidos pelas escolas de Direito da PUC-SP e FGV/RJ. Também é reconhecido como um dos principais advogados brasileiros com atuação em *compliance* por algumas das mais renomadas publicações legais, como *Chambers Global, Who's Who Legal* e *Leaders League*.

**Fábio Risério**

Sócio da Além das Palavras: Negócios Éticos e Sustentáveis, tem em seu histórico profissional atuação em projetos em organizações como a Rede Brasil do Pacto Global/ONU, Instituto Ethos e Núcleo de Sustentabilidade/FDC, além de se professor convidado pela FDC, FIA e PUC-Campinas. Graduado em Relações Públicas, com especialização em Comunicação Empresarial, Inteligência de Mercado e Sustentabilidade.

**Fabrizio Bon Vecchio**

Advogado. Doutorando em Direito pela Universidade do Vale do Rio dos Sinos – Unisinos. Doutorando em Ciências Jurídicas pela Pontifícia Universidad Católica de Buenos Aires (UCA). Mestre em Direito da Empresa e dos Negócios pela Universidade do Vale do Rio dos Sinos – Unisinos.

**Fernanda Schramm Holanda**

Doutoranda pela Universidade de São Paulo. Mestre em Direito pela Universidade Federal de Santa Catarina. Autora da obra *Compliance nas Contratações Públicas* (2ª ed., Editora Fórum, 2021). Advogada e professora. Especialista em *compliance*.

**Francis Rafael Beck**

Advogado. Pós-Doutor em Direito pela Universidade de Coimbra (UC). Doutor e Mestre em Direito pela Universidade do Vale do Rio dos Sinos – Unisinos. Professor do Mestrado Profissional em Direito da Empresa e dos Negócios da Unisinos.

**Gabriel Cabral**

Mestre em Direito pela PUC-Rio. Graduado em Direito pela UFRJ. Tem elaborado pesquisas e publicações focadas em *Behavioral Insights* aplicados à Comunicação, ao Direito, ao *Compliance* e à Regulação. Coautor do livro *Muitos – Como as ciências comportamentais podem tornar os programas de compliance anticorrupção mais efetivos*.

**Gabriela Revoredo**

Advogada na prática de *Compliance* & Investigações do Demarest Advogados. Formada pela Universidade Federal do Rio Grande do Norte (UFRN). Pós-graduada em Direito Empresarial pelo Insper (São Paulo). Presta assessoria relacionada aos temas anticorrupção e antifraude, em especial em demandas relacionadas à avaliação e implementação de programas *compliance*, realização de *due diligences* e avaliações de risco de integridade.

### Giovana Martinez

Advogada graduada pela Faculdade PUCPR. MBA em Gestão Estratégica de Negócios pela FGV/SP. LL.M. em Direito Empresarial Internacional pela ULB – Université Libre de Bruxelles, onde defendeu tese sobre o impacto do contencioso ESG em negócios sustentáveis. Certificada CCPE-I pela SCCE, em *Global Corporate Compliance* pela Fordham University School of Law, em Gestão de Projetos pela FIA Business School e em *Anti-Corruption* pela International Anti-Corruption Academy – IACA. Possui mais de 20 anos de atuação em posições estratégicas e de liderança nas áreas jurídica, *compliance* e governança, em cargos globais e regionais de empresas multinacionais de bens de consumo, tecnologia e aviação.

### Guilherme Brechbühler

Professor da Pontifícia Universidade Católica do Rio de Janeiro. Doutorando pela Faculdade de Direito da Universidade de Coimbra. Mestre pela Faculdade de Direito da Universidade de Coimbra. Advogado.

### Guilherme France

Advogado, pesquisador e consultor em integridade, transparência e anticorrupção. Doutorando em Ciências Políticas no IESP-UERJ. Mestre em Direito Internacional pela UERJ. Mestre em História, Política e Bens Culturais pela FGV.

### Hugo Bethlem

Pai e marido, inconformado com o jeito de se fazer investimentos e negócios no país, sendo cofundador e presidente do Instituto Capitalismo Consciente Brasil. Formado em Administração e Ciências Contábeis com especializações em Sustentabilidade, ESG, Liderança, Empreendedorismo Social, *Blockchain*, Conselhos de Administração de alta performance. Varejista como C-Level em empresas como Carrefour, Sé Supermercados, Dicico e GPA. Eleito "Equilibrista" – Executivo Financeiro do ano 1991 pelo IBEF – SP. Engajado em sustentabilidade e ESG desde os anos 90.

### Izabel de Albuquerque Pereira

Cofundadora do NOVA *Compliance* Lab (NCL). Idealizadora da IA+P (www.iamaisp.com). Mestre e licenciada em Direito pela UERJ (Brasil). Pós-Graduada em Direito Empresarial pelo IBMEC (Brasil). Especialista e certificada internacionalmente em Ética e *Compliance* (CCEP-I) pela SCCE. Mais de 15 anos de atuação em empresas multinacionais.

### Jefferson Carvalho

Sócio-Diretor da Tradius. Empresário. Conselheiro certificado. Especialista em governança, risco, *compliance* e ESG. Mais de 25 anos de experiência em certificação acreditada em mais de 15 países, ocupando função de CEO em certificadora multinacional. Qualificação internacional como auditor em normas como ISO 37001, ISO 37301, ISO 14001, ISO 9001, ISO 45001, SA8000, ISO 50001. Professor convidado em pós-graduações e autor de livros e artigos. LinkedIn: www.linkedin.com/in/jeffersoncsilva. Instagram: www.instagram.com/jeffcarvalhooficial. E-*mail*: jefferson.c.silva@hotmail.com

### João Daniel de Carvalho

Advogado, empreendedor, gestor ambiental e conservacionista. Diretor de Estratégia da ERA – Ecosystem Regeneration Associates. Graduado em Direito pela Pontifícia Universidade Católica do Rio de Janeiro. Pós-Graduado em Meio Ambiente e Sustentabilidade pela Universidade Federal do Rio de Janeiro (COPPE/UFRJ).

### Julián Leonardo D'Angelo

Licenciado en Administración (UBA). Posgrado en Gestión Sociourbana (FLACSO). Conferencista internacional, columnista y autor en Responsabilidad Social, sustentabilidad y desarrollo sostenible. Investigador y docente de grado y posgrado en la Universidad de Buenos Aires y otras universidades de Argentina y el exterior. Director del Centro Nacional de Responsabilidad Social Empresarial de la Universidad de Buenos Aires, director ejecutivo del Centro de Estudios en Desarrollo Sostenible de la Escuela Argentina de Negocios y director de la Cátedra Abierta de Administración "Enrique Shaw" de la Universidad Católica de Cuyo- San Luis. Es también secretario ejecutivo de la Red Iberoamericana de Universidades por la RSE y fue miembro de la Mesa Directiva de la Red Argentina del Pacto Global de Naciones Unidas entre 2020 y 2022. Autor del libro "Responsabilidad social y universidad. Agenda Latinoamericana". Publicaciones Empresariales UNAM FCA Publishing.

### Leyla Nascimento

CEO do Grupo Capacitare. Ex-Presidente e membro do *Board* da *World Federation People Management Associations*. Ex-Presidente e atual vice-presidente de Relações Internacionais da ABRH Brasil. Pedagoga e mestre em Gestão Executiva pela Fundação Getúlio Vargas. Integra o grupo Líderes com Valores do Ideia Sustentável.

### Lia Millecamps

Formada em Ciências da Comunicação, pela Faculdade de Ciências Sociais e Humanas da Universidade Nova de Lisboa, e em Gestão Internacional pela Nova School of Business and Economics da Universidade de Lisboa. É especialista em Sustentabilidade. Foi consultora na EY. É *partner* da stinma e *global COO* da Kismet.

## Marco Aurélio Borges de Paula

Advogado. Consultor de Ética e *Compliance* e palestrante. Professor de Ética Empresarial e *Compliance* Humanizado na Pós-Graduação ESG, Liderança e Inovação, da FAAP. Mestre em Ciências Jurídico-Econômicas e pós-graduado em *Compliance*, ambos pela Universidade de Coimbra, Portugal, onde também concluiu a pós-graduação em Direito Penal Econômico e Europeu. Realizou os cursos de *Compliance* e Avaliação de Riscos de Corrupção no Insper, bem como o curso de *Compliance* Anticorrupção da LEC. Cursou o período de créditos do *Master en Cumplimiento Normativo en Materia Penal*, na Universidade de Castilla La Mancha, Espanha. É autor do livro (*e-book*) *8 motivos para o advogado mergulhar no compliance* (Editora Fórum, 2019), coordenador e autor do livro *Compliance, gestão de riscos e combate à corrupção* (2. ed., Editora Fórum, 2020), coautor do livro *Compliance no setor público* (Editora Fórum, 2020), e coautor do livro *Compliance y Lucha Contra la Corrupción en España, Portugal e Iberoamérica* (Editora Dykinson, 2021). Instagram: @marcoaurelioborgespaula.

## Marcos Assi

Mestre em Ciências Contábeis e Atuariais pela PUC-SP. Pós-Graduado em Auditoria Interna e Perícia pela FECAP. Bacharel em Ciências Contábeis pelo Centro Universitário FMU. Possui certificações em: *Certified Compliance Officer* – CCO pelo GAFM, *Certified in Risk and Information Systems Control* – CRISC pelo ISACA, *Information Security Foundation* pela Exin e *Lead Implementer and Internal Auditor ISO 37001* pela QMS Brasil.

## Marcus H. Nakagawa

Doutor em Sustentabilidade pela USP/EACH. Mestre em Administração pela PUC-SP. Autor premiado Jabuti 2019. Mentor. TEDx *speaker* e palestrante de sustentabilidade, empreendedorismo e estilo de vida. Professor da Graduação e MBA da ESPM. Coordenador do CEDS – Centro ESPM de Desenvolvimento Socioambiental. Idealizador e conselheiro voluntário da Abraps – Associação Brasileira dos Profissionais pelo Desenvolvimento Sustentável. www.marcusnakagawa.com/@profNaka.

## Matheus de Alencar

Doutor em Direito Penal pela Faculdade de Direito da Universidade do Estado do Rio de Janeiro (UERJ, 2018-2023). Mestre em Direito Penal pela mesma instituição (UERJ, 2016-2017). *Máster en Cumplimiento Normativo en Materia Penal* pela Universidad de Castilla-La Mancha (UCLM, 2020). Especialista *en Cumplimiento Normativo en Derecho Penal* pela mesma instituição (UCLM, 2018). Bacharel em Direito pela Universidade Estadual Paulista Júlio de Mesquita Filho (UNESP), *campus* de Franca (2011-2015). Atualmente é consultor em matéria de Direito, Tecnologia e Conformidade Normativa junto à Gussem – Saad Consultoria.

## Miguel Trindade Rocha

Formado em Ciências Sociais, pela Universidade Aberta, em Direito e Segurança, pela Faculdade de Direito da Universidade Nova de Lisboa, em Estudos Políticos, pelo Instituto de Estudos Políticos da Universidade Católica Portuguesa, em Gestão, pela ISCTE Business School, e em U.S. *Political Institutions*, pela Harvard Kennedy School da Harvard University. Foi inspetor na Polícia Judiciária, *manager* na KPMG, adjunto do Secretário de Estado dos Negócios Estrangeiros e da Cooperação no Governo de Portugal, inspetor na Unidade de Informação Financeira, e *executive director* na EY. É *partner* da stinma e *global chairman and CEO* da Kismet.

## Nuno Moraes Bastos

Licenciado em Direito pela Faculdade de Direito da Universidade Católica Portuguesa (Lisboa), e detém várias pós-graduações e cursos de especialização em Direito, *Corporate Governance* e *Compliance*. Ao longo dos últimos 15 anos, tem liderado as áreas de assessoria jurídica, secretaria societária e *compliance* em diferentes áreas do setor financeiro, nomeadamente gestão de ativos, banca de retalho e banca de investimento, seguros (ramos vida e não vida) e crédito ao consumo. Antes de integrar a Galp, desempenhava funções como administrador e membro da comissão executiva de um banco dedicado ao crédito especializado. Atualmente é secretário de uma sociedade cotada, em que lidera as equipas de Secretaria Societária, *Compliance* e DPO. É membro do Conselho Consultivo do Instituto Português de *Corporate Governance* (IPCG), Presidente do Observatório Português de *Compliance* e Regulatório (OPCR) e da Secção de Jurisprudência da Sociedade de Geografia de Lisboa.

## Patricia Godoy Oliveira

Advogada com experiência em gestão de jurídico e *compliance* corporativos na América Latina.

## Paulo Roberto Estêves Grigorovski

Conselheiro consultivo e de administração, com vinte anos de experiência como executivo, diretor e *chief marketing officer* (CMO). Vice-Coordenador da Comissão Estratégica de Inovação e Investimentos em *Startups* e *Scaleups* do *Board Academy*. Bacharel em Economia pela UFRJ. Mestre em Estratégia e Administração de Empresas pelo Coppead/UFRJ.

## Raphael Soré

Mestre em Direito do Estado. Pós-Graduado em Direito Público e em Direito Comunitário Europeu. É especialista em investigações internas (CFE) e em prevenção à lavagem de dinheiro (CAMS). Foi secretário-executivo do Conselho Nacional de Controle Interno (Conaci) e presidente do Comitê de Transparência do Estado de São Paulo. Atualmente é consultor em *compliance*, investigações e direitos humanos e empresa, temas com os quais atua há mais de 15 anos.

### Ricardo Bordalo Junqueiro
Advogado. Sócio da VdA – Vieira de Almeida. LLM University of Essex. PG King's College London.

### Roberta Acras da Silva Nali
Advogada. Sócia na Atitude Integridade, Cultura Positiva Humanizada/ Atitude ESG. Especialista em *Compliance*. Facilitadora da Disciplina Positiva no ambiente de trabalho. Presidente da comissão de *Compliance* da OAB Ipiranga/ SP. Administradora fundadora do grupo InDESG (Inclusão, Diversidade, ESG e Acessibilidade).

### Roberta Codignoto
Advogada e consultora de *compliance*. Palestrante, professora e voluntária em iniciativas de promoção da integridade.

### Roberta Volpato Hanoff
Advogada graduada pela Universidade Federal de Santa Catarina (UFSC). Especialista em Direito Empresarial pela Fundação Getúlio Vargas (FGV), e em Controles Internos e Gerenciamento de Riscos pelo Internal Control Institute (ICI – USA). Conselheira de Administração certificada pela Fundação Dom Cabral. Auditora líder para as normas NBR ISO 37301:2021 e 37001:2016, de Sistemas de Gestão de *Compliance* e Antissuborno. Professora, palestrante, autora e articulista.

### Roberto Armelin
Diretor jurídico e de *compliance* do São Paulo Futebol Clube. Professor, palestrante e voluntário em iniciativas de promoção da integridade.

### Rodrigo Pacheco Bettencourt
Advogado-Estagiário, VdA – Vieira de Almeida. LLM University of Maastricht.

### Tiago Cochofel de Azevedo
Licenciado em Direito pela Faculdade de Direito da Universidade de Lisboa, detém Pós-Graduações em Direito do Trabalho e em Direito do Desporto. Mestre em Direito pela Faculdade de Direito da Universidade Católica Portuguesa (Lisboa). Doutorando em Direito pela NOVA School of Law, dedicando-se ao longo dos últimos 16 anos ao estudo do Direito do Trabalho e ao exercício da Advocacia na mesma área. É Vice-Presidente da AJJ (Associação de Jovens Juslaboralistas) e membro da APODIT (Associação Portuguesa de Direito do Trabalho).

**Terence Dorneles Trennepohl.**
Advogado. Mestre e Doutor em Direito pela UFPE. Pós-Doutor em Direito pela Universidade de Harvard.

**Yoon Jung Kim**
Consultora e advogada. Membro do Comitê de Auditoria, Riscos e Integridade do Hospital Alemão Oswaldo Cruz. Ex-Diretora de Integridade Corporativa da Aegea Saneamento e Participações S.A. Ex-Diretora Jurídica da concessionária Águas do Rio S.A. Ex-Promotora de Justiça do Ministério Público do Estado de São Paulo. Especialista em *US and International Anti-Corruption Law Program* pela American University – Washington College of Law (EUA).